2025 최신판 시대에듀

국가정보원 NIAT

시대에듀

2025 최신판 시대에듀 국가정보원 NIAT

Always **with you**

사람의 인연은 길에서 우연하게 만나거나 함께 살아가는 것만을 의미하지는 않습니다.
책을 펴내는 출판사와 그 책을 읽는 독자의 만남도 소중한 인연입니다.
시대에듀는 항상 독자의 마음을 헤아리기 위해 노력하고 있습니다. 늘 독자와 함께하겠습니다.

국가정보원의 모든 직원들은 아래와 같은 행동강령을 실천지표로 삼아 주어진 미션을 완수하기 위해 최선을 다하고 있다. 우리는 자랑스러운 대한민국 국가정보원 직원으로서, 국가안보와 국민보호를 위해 소리 없이 헌신하고, 자유민주주의 체제 수호와 조국통일의 초석이 될 것을 엄숙히 다짐하면서 다음과 같이 행동한다.

하나 국가와 국민의 안위를 생각하며, 먼저 알고 앞서 대비한다.

하나 투철한 애국심과 사명감으로 맡은 바 임무를 완수한다.

하나 국가정보기관 요원으로서의 신의와 명예를 지킨다.

하나 보안을 목숨같이 여기고 직무상 비밀은 끝까지 엄수한다.

머리말 PREFACE

국가정보원은 1961년 중앙정보부로 출발하여, 1981년 국가안전기획부를 거쳐, 1999년 국가정보원으로 개칭되어 오늘에 이르고 있습니다. 명실공히 대한민국의 최고 국가정보기관으로서 국가안전보장에 관련되는 정보 · 보안 및 범죄수사에 관한 사무를 관장하며 직제상 대통령 직속기관으로 되어 있습니다. 국가정보기관의 조직 구성과 인원은 국가기밀로 관리되기 때문에 상세한 내용을 알 수 없고 채용 과정에 있어서도 각종 자료가 전혀 공개되지 않는 현실이기에 수험생들이 시험을 준비하는 데 매우 어려움을 겪고 있는 것 또한 사실입니다.

국가정보원은 2014년 NIAT(National Intelligence Aptitude Test)를 도입해 필기시험을 진행하고 있고 2025년 시험을 앞두고 있습니다.

국가정보원의 일원이 되면, 국익을 위한 첩보를 수집하고, 분석하고, 보호하고, 검증하는 업무를 수행하게 됩니다. 이런 일련의 과정이 결코 쉽지만은 않겠지만, 국익을 위해 일하는 만큼 큰 만족을 줄 것이라 생각합니다.

도서의 특징

❶ 최신 기출복원 문제를 수록하여 영역별 출제경향을 파악할 수 있도록 하였습니다.

❷ NIAT 출제영역별 핵심이론과 적중예상문제를 통해 체계적인 학습이 가능하도록 하였습니다.

❸ NIAT 최종점검 모의고사 2회분과 모바일 OMR 답안채점/성적분석 서비스를 제공하여 자신의 실력을 스스로 점검할 수 있도록 하였습니다.

❹ 논술 핵심 가이드를 수록하여 한 권으로 국가정보원 채용에 완벽 대비할 수 있도록 하였습니다.

여러분의 도전을 응원하며, 여러분의 길에 합격의 영광이 함께하기를 진심으로 기원합니다.

시대 공무원시험연구소

국가정보원 소개

◇ 역대 원훈

	1대 부훈 : 중앙정보부 & 국가안전기획부 (1961.9 ~ 1998.12) 「우리는 陰地에서 일하고 陽地를 指向한다」 언제나 국가와 국민의 안위와 국익을 위해 일하면서 그 활동을 드러내지 않고 묵묵히 헌신해야 하는 정보요원상을 나타내고 있습니다.
	2대 원훈 : 국가정보원 (1999.1 ~ 2008.10) 「情報는 國力이다」 무한경쟁시대인 21세기를 대비하는 상황에서 국가발전의 원동력인 정보의 중요성을 강조하고 있습니다.
	3대 원훈 : 국가정보원 (2008.10 ~ 2016.6) 「自由와 眞理를 향한 無名의 헌신」 자유민주주의 체제 수호를 위해 진실된 정보만을 추구하며, 보이지 않는 곳에서 묵묵히 헌신하겠다는 의지를 나타냅니다.
	4대 원훈 : 국가정보원 (2016.6 ~ 2021.6) 「소리 없는 獻身, 오직 대한민국 守護와 榮光을 위하여」 소리없이 자신을 드러내지 않고 헌신하여 국가안보를 수호하고 대한민국의 번영을 위한 초석이 되겠다는 굳은 다짐이 담겨있습니다.
 	5대 원훈 : 국가정보원 (2021.6 ~ 2022.6) 「국가와 국민을 위한 한없는 충성과 헌신」 이름 한 줄 남기지 못할지라도 오직 국가와 국민을 위해 보이지 않는 헌신을 다할 것을 다짐하는 뜻을 담고 있습니다.
	현재 원훈 : 국가정보원 (2022.6 ~ 현재) 「우리는 陰地에서 일하고 陽地를 指向한다」  드러냄 없이 묵묵히 국가를 위해 헌신하겠습니다. 우리는 보이지 않는 애국의 최전선에서 소리 없이, 두려움 없이, 흔들림 없이 안보를 지키겠습니다. 우리는 개인의 명예를 내세우지 않고 국가와 국민의 안위를 먼저 생각하며, 소임을 다하기 위해 도전과 위험, 역경과 희생을 기꺼이 감수하겠습니다. 대한민국의 영광과 발전을 최고의 명예로 삼겠습니다. 자유민주주의 대한민국의 빛나는 영광과 발전이 우리가 일하는 의미이자 지켜야 할 명예입니다. 최고의 정보역량으로 세계 속에서 대한민국의 위상을 드높이고 국민에게 신뢰받는 정보기관이 되겠습니다.

◇ 인재상

최고를 넘어 더 큰 세계를 향해

당신은 자신이 무엇을 원하는지 이미 알고 있습니다.
눈높이를 높이세요, 마음껏 성장하세요.
국가정보원이 더 넓은 세상을 열겠습니다.

애국심 · 헌신 愛國心 · 獻身	책임감 · 전문지식 責任 · 知識	정보감각 · 보안상식 情報 · 保安
국가와 국민을 위해 헌신하려는 애국심이 있어야 합니다.	주어진 임무에 대한 전문지식과 함께 이를 완수하려는 책임감을 가져야 합니다.	정보기관 조직원으로서 정보감각과 보안의식을 겸비해야 합니다.

◇ GI(Government Identity) 소개

나침반 : 별 모양 나침반은 대한민국의 미래를 제시하는 정보기관의 소임을 상징합니다. 직원 개개인이 하나하나의 나침반이 되어 대한민국의 미래를 밝히는 별이 되겠다는 다짐이 담겨 있습니다.

태극 : 대한민국의 고유 상징인 태극을 나침반 중심에 위치시켜 우리나라 최고 정보기관인 '대한민국 국가정보원'을 상징하였습니다.

워드마크 : 별 모양 나침반과 국가정보원의 영문 이니셜을 결합한 워드마크를 제작, 다양한 온 · 오프라인 플랫폼에서 유연하게 활용할 수 있게 하였습니다.

색상 : 국가정보원의 대표 색상인 'NIS Blue'를 음영이나 기교 없이 정직하게 사용해, 국민의 신뢰를 받는 정보기관이 되겠다는 의지를 담았습니다. 나침반은 미래를 밝히는 '별'의 색상인 옐로 · 골드를 활용하였습니다.

국가정보원 소개

◇ 직무

01

다음에 해당하는 정보의 수집 · 작성 · 배포

가. 국외 및 북한에 관한 정보
나. 방첩, 대테러, 국제범죄조직에 관한 정보
※ 방첩 : 산업경제정보 유출, 해외 연계 경제질서 교란 및 방위 산업침해에 대한 방첩 포함
다. 「형법」 중 내란의 죄, 외환의 죄, 「군형법」 중 반란의 죄, 암호 부정사용의 죄, 「군사기밀 보호법」에 규정된 죄에 관한 정보
라. 「국가보안법」에 규정된 죄와 관련되고 반국가 단체와 연계되거나 연계가 의심되는 안보침해 행위에 관한 정보
마. 국제 및 국가배후 해킹조직 등 사이버안보 및 위성자산 등 안보 관련 우주 정보

02

국가 기밀에 속하는 문서 · 자재 · 시설 · 지역 및 국가안전보장에 한정된 국가기밀을 취급하는 인원에 대한 보안 업무

03

01 · 02의 직무수행에 관련된 조치로, 국가안보와 국익에 반하는 북한, 외국 및 외국인 · 외국단체 · 초국가행위자 또는 이와 연계된 내국인의 활동을 확인 · 견제 · 차단하고, 국민의 안전을 보호하기 위하여 취하는 대응조치

04

국가 · 공공기관 대상 사이버공격 및 위협에 대한 예방 및 대응

05

정보 및 보안 업무의 기획 · 조정

06

그 밖에 다른 법률에 따라 국정원의 직무로 규정된 사항
※ 「테러방지법」, 「북한이탈주민법」, 「방산기술보호법」, 「산업기술보호법」, 「출입국관리법」 등

❖ 01의 다 · 라의 직무는 2024년 1월 1일부터 시행하고, 종전의 국가정보원법(2014.12.30 시행)의 수사권과 관련된 직무는 2023년 12월 31일까지 적용

◇ 주요업무

방첩	정보전쟁시대, 대한민국의 안보와 국익을 지킵니다.
대테러	최정예 요원들이 테러청정국의 위상을 지켜갑니다.
산업보안	정보전쟁시대, 산업스파이로부터 첨단기술을 지킵니다.
방위산업보호	정보전쟁시대, 방산스파이로부터 대한민국의 방위산업을 지켜냅니다.
해외정보	글로벌시대, 해외정보 수집분석으로 국가안보와 국익을 수호합니다.
국제범죄	국민의 안전과 재산 보호를 위해 국제범죄 청정국가 실현에 앞장서겠습니다.
사이버안보	APT 공격 등 각종 사이버 위협으로부터 국가를 지킵니다.
안보조사	안보가 튼튼한 나라를 만듭니다.
대북정보	안보와 통일, 정확한 북한정보에서 출발합니다.
우주안보정보	우주경쟁시대, 보이지 않는 곳에서 대한민국의 우주안보를 지킵니다.
국가보안	우리나라의 소중한 국가기밀과 중요시설을 각종 침해행위로부터 보호합니다.
북한이탈주민보호	북한이탈주민은 우리 국민이자 통일의 자산입니다.

NIAT 안내

◇ NIAT란?

NIAT(National Intelligence Aptiude Test)는 정보요원 직무적격성을 검증하는 인적성검사 유형의 테스트입니다. NIAT는 특정 과목의 암기지식을 묻지 않으며 평소 본인이 보유한 언어 · 수리 · 추리 등 인지능력에 대한 평가와 함께 정보요원으로서의 인품성 자질을 검증합니다. 기존의 PSAT(공직적격성평가)나 주요 기업체 인적성검사 등에서 출제된 다양한 문제유형 파악이 어느 정도 도움이 될 수 있습니다.

◇ 시험 과목

분야	과목
해외정보, 북한정보, 안보조사 · 대테러 · 방첩, 어학(9개 언어)	국가정보적격성검사 I (적성검사), 국가정보적격성검사 II (인성검사), 일반논술
과학기술(전산 · 통신)	국가정보적격성검사 II (인성검사), 일반논술, 코딩논술 , 전공논술

◇ 선발분야 및 지원자격

분야		학력사항	임용직급
해외정보		제한없음	특정직 7급
북한정보			
안보조사 · 대테러 · 방첩			
과학기술	전산		
	통신		
어학	영어		
	중국어		
	프랑스어		
	러시아어		
	스페인어		
	아랍어		
	우즈베크어		
	힌디어		
	마인어		

❶ 1992.1.1부터 2004.12.31까지 출생한 대한민국 국민으로, 남자의 경우 병역을 畢하였거나 면제된 자 또는 2024.12.31까지 전역이 가능한 자

※ 軍 복무기간에 따라 응시연령 상한 연장(「제대군인 지원에 관한 법률」 등 관계법령에 의거하여 복무기간 1년 미만은 1세, 1년 이상~2년 미만은 2세, 2년 이상은 3세 연장)

❷ 정기공채 지원 시 학력 제한은 없으며, 「국가정보원직원법 시행령」에 따라 임용유예는 허용하지 않음

❸ 「국가정보원직원법」 제8조 제2항의 결격사유가 없으며, 「공무원임용시험령」 등 관계법령에 의하여 응시자격을 정지당하지 아니한 자

※ 결격사유는 최종시험 예정일(면접시험 최종예정일, 9월 중 예정)을 기준으로 해당하지 않아야 함

❖ 채용절차는 채용유형, 채용직무, 채용시기 등에 따라 변동될 수 있으므로 반드시 발표되는 채용공고를 확인하기 바랍니다.

◇ 전형일정

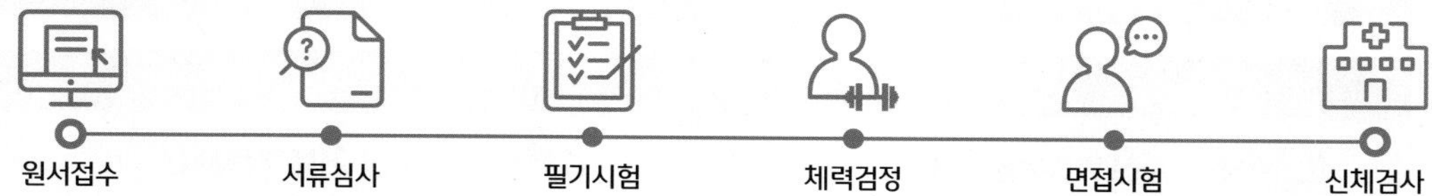

※ 구체적인 선발 내용은 모집분야별로 별도 공고될 예정이오니, 국가정보원 채용홈페이지(career.nis.go.kr)를 통해 확인하기 바랍니다.

◇ 모집시기

매년 1회(4~5월경)

◇ 유의사항

❶ 선발분야는 중복 지원 불가(1인 1개 분야만 지원 가능)

❷ 자체 유효기간이 2년인 시험은 2022.9.1 이후 실시한 시험 성적, 자체 유효기간이 없는 시험은 2021.1.1 이후 실시한 성적에 한해 인정

※ 과학기술(전산 · 통신) 분야 지원자의 경우 영어능력검정시험 성적이 없어도 지원 가능하나, 제출 시 가산점 부여 예정

❸ 서류심사 시 반영하는 자격사항(가산 대상)

분야	인정 자격	인정 기준
한국사	한국사능력검정시험	2급 이상
영어 말하기	영어말하기능력평가시험 (TOEIC · OPIC · TEPS · FLEX · G-TELP)	TOEIC 160점, OPIC IH, TEPS 70점, FLEX 1C, G-TELP Mastery Level 2 이상
기타 외국어	중국어능력검정시험(新HSK)	5급 210점 이상
	러시아어능력검정시험(TORFL)	1단계 이상
	일본어능력검정시험(JLPT)	N2 150점 이상
	프랑스어능력검정시험(DELF/DALF)	B2 이상
	스페인어능력검정시험(DELE)	
	독일어능력검정시험(GZ)	
	※ 상기 성적에 상응하는 FLEX(750점 이상) · SNULT(60점 이상) 성적 소지자	
무술	태권도 · 검도 · 유도 · 합기도 공인 단증	3단 이상 (2014.1.1 이후 취득한 단증)
기타	변호사 · 변리사 · 공인회계사 자격증	원서접수 마감일 기준 소지자
	통번역대학원 학위	

※ 무술의 경우 국기원, 대한검도회, 대한유도회, 대한민국합기도총협회 발급 단증에 한해 인정

도서 200% 활용하기

1 최신 기출복원문제로 출제경향 파악

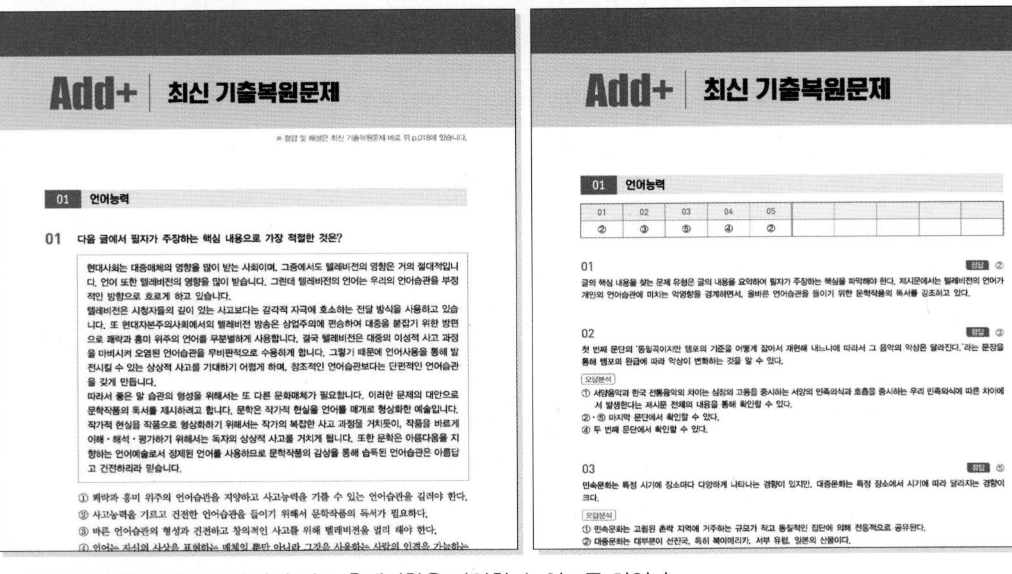

Add+ | 최신 기출복원문제

※ 정답 및 해설은 최신 기출복원문제 바로 뒤 p.018에 있습니다.

01 언어능력

01 다음 글에서 필자가 주장하는 핵심 내용으로 가장 적절한 것은?

> 현대사회는 대중매체의 영향을 많이 받는 사회이며, 그중에서도 텔레비전의 영향은 거의 절대적입니다. 언어 또한 텔레비전의 영향을 많이 받습니다. 그런데 텔레비전의 언어는 우리의 언어습관을 부정적인 방향으로 흐르게 하고 있습니다.
> 텔레비전은 시청자들의 깊이 있는 사고보다는 감각적 자극에 호소하는 전달 방식을 사용하고 있습니다. 또 현대자본주의사회에서의 텔레비전 방송은 상업주의에 편승하여 대중을 붙잡기 위한 방편으로 쾌락과 흥미 위주의 언어를 무분별하게 사용합니다. 결국 텔레비전은 대중의 이성적 사고 과정을 마비시켜 오염된 언어습관을 무비판적으로 수용하게 합니다. 그렇기 때문에 언어사용을 통해 발전시킬 수 있는 상상적 사고를 기대하기 어렵게 하며, 창조적인 언어습관보다는 단편적인 언어습관을 갖게 만듭니다.
> 따라서 좋은 말 습관의 형성을 위해서는 또 다른 문화매체가 필요합니다. 이러한 문제의 대안으로 문학작품의 독서를 제시하려고 합니다. 문학은 작가적 현실을 언어를 매개로 형상화한 예술입니다. 작가적 현실을 작품으로 형상화하기 위해서는 작가의 복잡한 사고 과정을 거치듯이, 작품을 바르게 이해 · 해석 · 평가하기 위해서는 독자의 상상적 사고를 거치게 됩니다. 또한 문학은 아름다움을 지향하는 언어예술로서 정제된 언어를 사용하므로 문학작품의 감상을 통해 습득된 언어습관은 아름답고 건전하리라 믿습니다.

① 쾌락과 흥미 위주의 언어습관을 지양하고 사고능력을 기를 수 있는 언어습관을 길러야 한다.
② 사고능력을 기르고 건전한 언어습관을 들이기 위해서 문학작품의 독서가 필요하다.
③ 바른 언어습관의 형성과 건전하고 창의적인 사고를 위해 텔레비전을 멀리 해야 한다.
④ 언어는 자신의 사상을 표현하는 매체일 뿐만 아니라 그것을 사용하는 사람의 인격을 가늠하는

Add+ | 최신 기출복원문제

01 언어능력

01	02	03	04	05					
②	③	⑤	④	②					

01 정답 ②

글의 핵심 내용을 찾는 문제 유형은 글의 내용을 요약하여 필자가 주장하는 핵심을 파악해야 한다. 제시문에서는 텔레비전의 언어가 개인의 언어습관에 미치는 악영향을 경계하면서, 올바른 언어습관을 들이기 위한 문학작품의 독서를 강조하고 있다.

02 정답 ③

첫 번째 문단의 '동일곡이지만 템포의 기준을 어떻게 잡아서 재현해 내느냐에 따라서 그 음악의 악상은 달라진다.'라는 문장을 통해 템포의 완급에 따라 악상이 변화하는 것을 알 수 있다.

오답분석
① 서양음악과 한국 전통음악의 차이는 심장의 고동을 중시하는 서양의 민족의식과 호흡을 중시하는 우리 민족의식에 따른 차이에서 발생한다는 제시문 전체의 내용을 통해 확인할 수 있다.
② · ⑤ 마지막 문단에서 확인할 수 있다.
④ 두 번째 문단에서 확인할 수 있다.

03 정답 ⑤

민속문화는 특정 시기에 장소마다 다양하게 나타나는 경향이 있지만, 대중문화는 특정 장소에서 시기에 따라 달라지는 경향이 크다.

오답분석
① 민속문화는 고립된 촌락 지역에 거주하는 규모가 작고 동질적인 집단에 의해 전통적으로 공유된다.
② 대중문화는 대부분이 선진국, 특히 북아메리카, 서부 유럽, 일본의 산물이다.

▸ 최신 기출복원문제를 수록하여 최근 출제경향을 파악할 수 있도록 하였다.
▸ 기출복원문제를 바탕으로 시작하기 전에 자신의 실력을 판단할 수 있도록 하였다.

2 핵심이론 & 적중예상문제로 영역별 학습

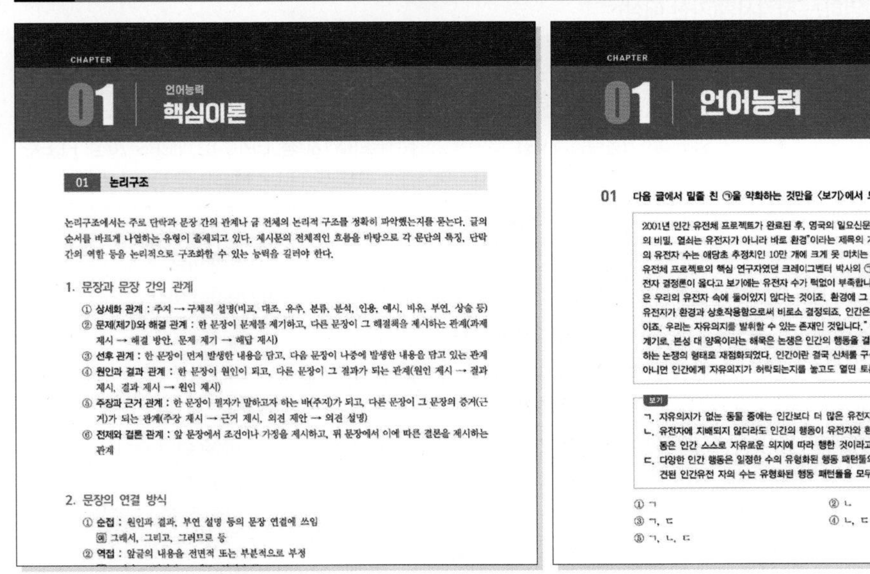

CHAPTER 01 | 언어능력 **핵심이론**

01 논리구조

논리구조에서는 주로 단락과 문장 간의 관계나 글 전체의 논리적 구조를 정확히 파악했는지를 묻는다. 글의 순서를 바르게 나열하는 유형이 출제되고 있다. 제시문의 전체적인 흐름을 바탕으로 각 문단의 특징, 단락 간의 역할 등을 논리적으로 구조화할 수 있는 능력을 길러야 한다.

1. 문장과 문장 간의 관계
   ① **상세화 관계** : 주지 → 구체적 설명(비교, 대조, 유추, 분류, 분석, 인용, 예시, 비유, 부연, 상술 등)
   ② **문제(제기)와 해결 관계** : 한 문장이 문제를 제기하고, 다른 문장이 그 해결책을 제시하는 관계(과제 제시 → 해결 방안, 문제 제기 → 해답 제시)
   ③ **선후 관계** : 한 문장이 먼저 발생한 내용을 담고, 다음 문장이 나중에 발생한 내용을 담고 있는 관계
   ④ **원인과 결과 관계** : 한 문장이 원인이 되고, 다른 문장이 그 결과가 되는 관계(원인 제시 → 결과 제시, 결과 제시 → 원인 제시)
   ⑤ **주장과 근거 관계** : 한 문장이 필자가 말하고자 하는 바(주지)가 되고, 다른 문장이 그 문장의 증거(근거)가 되는 관계(주장 제시 → 근거 제시, 의견 제안 → 의견 설명)
   ⑥ **전제와 결론 관계** : 앞 문장에서 조건이나 가정을 제시하고, 뒤 문장에서 이에 따른 결론을 제시하는 관계

2. 문장의 연결 방식
   ① **순접** : 원인과 결과, 부연 설명 등의 문장 연결에 쓰임
   예 그래서, 그리고, 그러므로 등
   ② **역접** : 앞글의 내용을 전면적 또는 부분적으로 부정

CHAPTER 01 | 언어능력

정답 및 해설 p.050

01 다음 글에서 밑줄 친 ㉠을 약화하는 것만을 <보기>에서 모두 고르면?

> 2001년 인간 유전체 프로젝트가 완료된 후, 영국의 일요신문 「옵저버」는 "드디어 밝혀진 인간 행동의 비밀, 열쇠는 유전자가 아니라 바로 환경"이라는 제목의 기사를 실었다. 유전체 연구 결과, 인간의 유전자 수는 애당초 추정치인 10만 개에 크게 못 미치는 3만 개로 드러났다. 해당 기사는 인간 유전체 프로젝트의 핵심 연구자였던 크레이그벤터 박사의 ㉠ 주장을 다음과 같이 인용하였다. "유전자 결정론이 옳다고 보기에는 유전자 수가 턱없이 부족합니다. 인간 행동과 형질의 놀라운 다양성은 우리의 유전자 속에 들어있지 않다는 것이죠. 환경에 그 열쇠가 있습니다. 우리의 행동 양식은 유전자가 환경과 상호작용함으로써 비로소 결정되죠. 인간은 유전자의 지배를 받는 존재가 아닌 것이죠. 우리는 자유의지를 발휘할 수 있는 존재인 것입니다." 여러 신문이 같은 기사를 실었다. 이를 계기로, 본성 대 양육이라는 해묵은 논쟁은 인간의 행동을 결정하는 것이 유전인지 아니면 환경인지 하는 논쟁의 형태로 재점화되었다. 인간이란 결국 신체를 구성하는 물질에 의해 구속받는 존재인지 아니면 인간에게 자유의지가 허락되는지를 놓고도 열띤 토론이 벌어졌다.

보기
ㄱ. 자유의지가 없는 동물 중에는 인간보다 더 많은 유전자 수를 가지고 있는 경우도 있다.
ㄴ. 유전자에 지배되지 않더라도 인간의 행동이 유전자와 환경의 상호작용으로 결정된다면, 그 행동은 인간 스스로 자유로운 의지에 따라 행한 것이라고 볼 수 없다.
ㄷ. 다양한 인간 행동은 일정한 수의 유형화된 행동 패턴들의 중층적 조합으로 분석될 수 있고, 발견된 인간유전 자의 수는 유형화된 행동 패턴들을 모두 설명하기에 적지 않다.

① ㄱ　② ㄴ
③ ㄱ, ㄷ　④ ㄴ, ㄷ
⑤ ㄱ, ㄴ, ㄷ

▸ 국가정보원 NIAT 필기시험에 출제되는 5개 영역의 핵심이론과 적중예상문제를 수록하였다.
▸ 최근 출제되는 유형을 체계적으로 학습하고 점검할 수 있도록 하였다.

3 최종점검 모의고사로 실전 연습

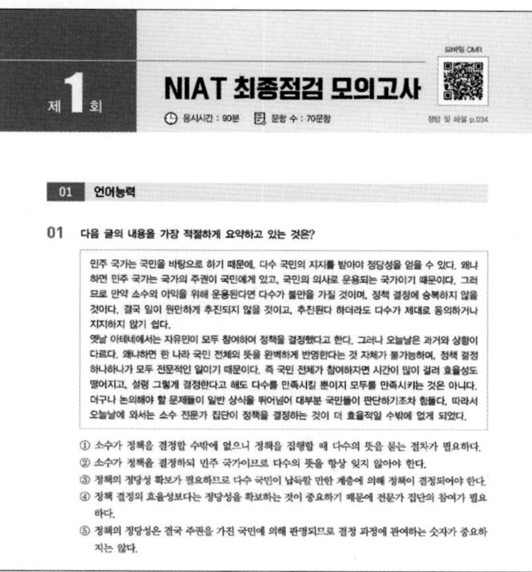

모바일 OMR

제 1 회 NIAT 최종점검 모의고사

응시시간 : 90분 문항 수 : 70문항

정답 및 해설 p.034

01 언어능력

01 다음 글의 내용을 가장 적절하게 요약하고 있는 것은?

민주 국가는 국민을 바탕으로 하기 때문에, 다수 국민의 지지를 받아야 정당성을 얻을 수 있다. 왜냐하면 민주 국가는 국가의 주권이 국민에게 있고, 국민의 의사로 운용되는 국가이기 때문이다. 그러므로 만약 소수의 이익을 위해 운용된다면 다수가 불만을 가질 것이며, 정책 결정에 승복하지 않을 것이다. 결국 일이 원만하게 추진되지 않을 것이고, 추진된다 하더라도 다수가 제대로 동의하거나 지지하지 않기 쉽다.

옛날 아테네에서는 자유민이 모두 참여하여 정책을 결정했다고 한다. 그러나 오늘날은 과거와 상황이 다르다. 왜냐하면 한 나라 국민 전체의 뜻을 완벽하게 반영한다는 것 자체가 불가능하며, 정책 결정 하나하나가 모두 전문적인 일이기 때문이다. 즉 국민 전체가 참여하자면 시간이 많이 걸려 효율성도 떨어지고, 설령 그렇게 결정한다고 해도 다수를 만족시킬 뿐이지 모두를 만족시키는 것은 아니다. 더구나 논의해야 할 문제들이 일반 상식을 뛰어넘어 대부분 국민들이 판단하기조차 힘들다. 따라서 오늘날에 와서는 소수 전문가 집단이 정책을 결정하는 것이 더 효율적일 수밖에 없게 되었다.

① 소수가 정책을 결정할 수밖에 없으니 정책을 집행할 때 다수의 뜻을 묻는 절차가 필요하다.
② 소수가 정책을 결정하되 민주 국가이므로 다수의 뜻을 항상 잊지 않아야 한다.
③ 정책의 정당성 확보가 필요하므로 다수 국민이 납득할 만한 계층에 의해 정책이 결정되어야 한다.
④ 정책 결정의 효율성보다는 정당성을 확보하는 것이 중요하기 때문에 전문가 집단의 참여가 필요하다.
⑤ 정책의 정당성은 결국 주권을 가진 국민에 의해 판명되므로 결정 과정에 관여하는 숫자가 중요하지는 않다.

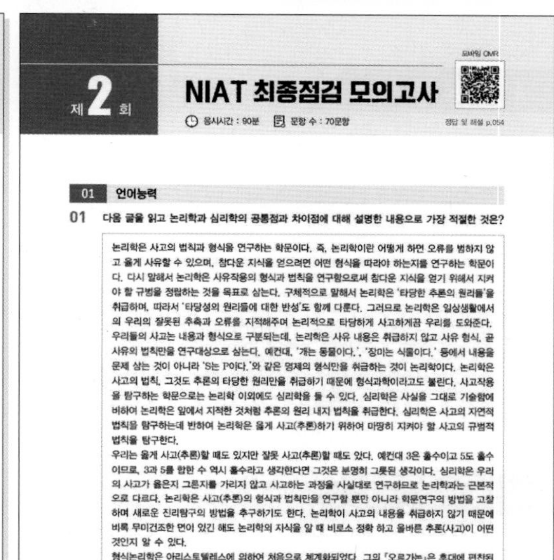

모바일 OMR

제 2 회 NIAT 최종점검 모의고사

응시시간 : 90분 문항 수 : 70문항

정답 및 해설 p.054

01 언어능력

01 다음 글을 읽고 논리학과 심리학의 공통점과 차이점에 대해 설명한 내용으로 가장 적절한 것은?

논리학은 사고의 법칙과 형식을 연구하는 학문이다. 즉, 논리학이란 어떻게 하면 오류를 범하지 않고 옳게 사유할 수 있으며, 참다운 지식을 얻으려면 어떤 형식을 따라야 하는지를 연구하는 학문이다. 다시 말해서 논리학은 사유작용의 형식과 법칙을 연구함으로써 참다운 지식을 얻기 위해서 지켜야 할 규범을 정립하는 것을 목표로 삼는다. 구체적으로 말해서 논리학은 '타당한 추론의 원리들'을 취급하며, 따라서 '타당성의 원리들에 대한 반성'도 함께 다룬다. 그러므로 논리학은 일상생활에서의 우리의 잘못된 추측과 오류를 지적해주며 논리적으로 타당하게 사고하게끔 우리를 도와준다.

우리들의 사고는 내용과 형식으로 구분되는데, 논리학은 사유 내용은 취급하지 않고 사유 형식, 곧 사유의 법칙만을 연구대상으로 삼는다. 예컨대, '개는 동물이다.', '장미는 식물이다.' 등에서 내용을 문제 삼는 것이 아니라 'S는 P이다.'와 같은 명제의 형식만을 취급하는 것이 논리학이다. 논리학은 사고의 법칙, 그것도 추론의 타당한 원리만을 취급하기 때문에 형식과학이라고도 불린다. 사고작용을 탐구하는 학문으로는 논리학 이외에도 심리학을 들 수 있다. 심리학은 사실을 그대로 기술함에 비하여 논리학은 앞에서 지적한 것처럼 추론의 원리 내지 법칙을 취급한다. 심리학은 사고의 자연적 법칙을 탐구하는데 반하여 논리학은 옳게 사고(추론)하기 위하여 마땅히 지켜야 할 사고의 규범적 법칙을 탐구한다.

우리는 옳게 사고(추론)할 때도 있지만 잘못 사고(추론)할 때도 있다. 예컨대 3은 홀수이고 5도 홀수이므로, 3과 5를 합한 수 역시 홀수라고 생각한다면 그것은 분명히 그릇된 생각이다. 심리학은 우리의 사고가 옳은지 그른지를 가리지 않고 사고하는 과정을 사실대로 연구하므로 논리학과는 근본적으로 다르다. 논리학은 사고(추론)의 형식과 법칙만을 연구할 뿐만 아니라 학문연구의 방법을 고찰하며 새로운 진리탐구의 방법을 추구하기도 한다. 논리학이 사고의 내용을 취급하지 않기 때문에 비록 무미건조한 면이 있긴 해도 논리학의 지식을 알 때 비로소 정확 하고 올바른 추론(사고)이 어떤 것인지 알 수 있다.

형식논리학은 아리스토텔레스에 의하여 처음으로 체계화되었다. 그의 『오르가논』은 후대에 편찬된

▸ 실제 시험과 유사하게 구성된 최종점검 모의고사 2회분을 통해 마무리를 하도록 하였다.
▸ OMR 답안카드를 수록하여 시험 직전 실전처럼 연습할 수 있도록 하였다.

4 해설 및 오답분석으로 풀이까지 완벽

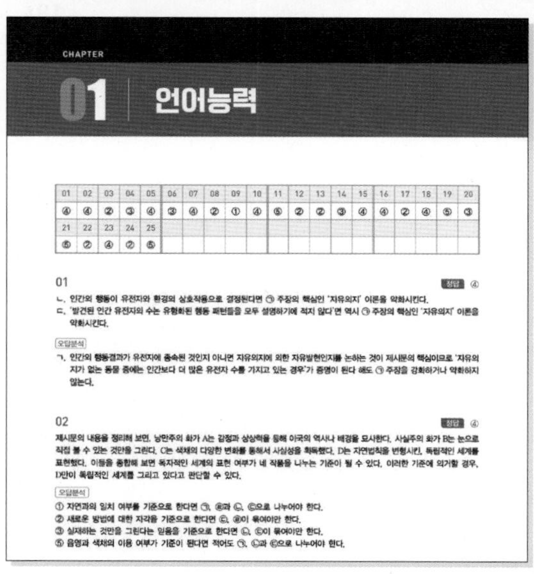

CHAPTER 01 언어능력

01	02	03	04	05	06	07	08	09	10	11	12	13	14	15	16	17	18	19	20
④	④	②	③	④	③	④	②	①	④	⑤	②	②	③	④	④	②	④	⑤	③
21	22	23	24	25															
⑤	②	④	②	⑤															

01 정답 ④

ㄴ. 인간의 행동이 유전자와 환경의 상호작용으로 결정된다면 ㉠ 주장의 핵심인 '자유의지' 이론을 약화시킨다.
ㄷ. '발견된 인간 유전자의 수는 유형화된 행동 패턴들을 모두 설명하기에 적지 않다'면 역시 ㉠ 주장의 핵심인 '자유의지' 이론을 약화시킨다.

오답분석

ㄱ. 인간의 행동결과가 유전자에 종속된 것인지 아니면 자유의지에 의한 자유발현인지를 논하는 것이 제시문의 핵심이므로 '자유의지가 없는 동물 중에는 인간보다 더 많은 유전자 수를 가지고 있는 경우'가 증명이 된다 해도 ㉠ 주장을 강화하거나 약화하지 않는다.

02 정답 ④

제시문의 내용을 정리해 보면, 낭만주의 화가 A는 감정과 상상력을 통해 이국의 역사나 배경을 묘사한다. 사실주의 화가 B는 눈으로 직접 볼 수 있는 것만을 그린다. C는 색채의 다양한 변화를 통해서 사실성을 획득했다. D는 자연법칙을 변형시킨, 독립적인 세계를 표현했다. 이들을 종합해 보면 독자적인 세계의 표현 여부가 네 작품을 나누는 기준이 될 수 있다. 이러한 기준에 의거할 경우, D만이 독립적인 세계를 그리고 있다고 판단할 수 있다.

오답분석

① 자연과의 일치 여부를 기준으로 한다면 ㉠, ㉣과 ㉡, ㉢으로 나누어야 한다.
② 새로운 방법에 대한 자각을 기준으로 한다면 ㉢, ㉣이 묶여야만 한다.
③ 실재하는 것만을 그린다는 믿음을 기준으로 한다면 ㉡, ㉢이 묶여야만 한다.
⑤ 음영과 색채의 이용 여부가 기준이 된다면 적어도 ㉠, ㉡과 ㉢으로 나누어야 한다.

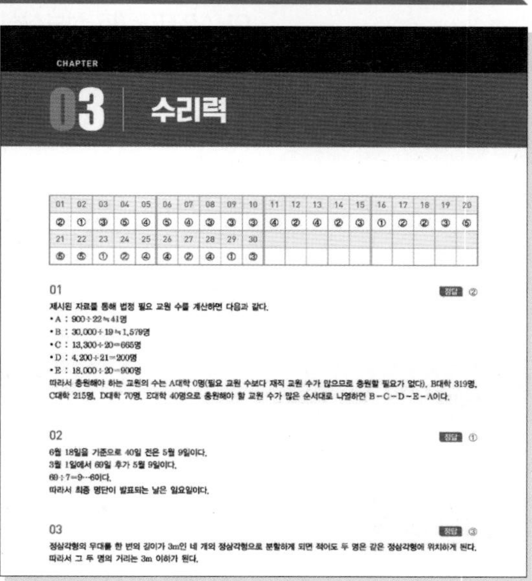

CHAPTER 03 수리력

01	02	03	04	05	06	07	08	09	10	11	12	13	14	15	16	17	18	19	20
②	①	③	⑤	④	⑤	④	③	③	③	④	②	④	②	③	①	②	②	③	⑤
21	22	23	24	25	26	27	28	29	30										
⑤	⑤	①	②	④	④	②	④	①	③										

01 정답 ②

제시된 자료를 통해 법정 필요 교원 수를 계산하면 다음과 같다.

- A : 900÷22≒41명
- B : 30,000÷19≒1,579명
- C : 13,300÷20=665명
- D : 4,200÷21=200명
- E : 18,000÷20=900명

따라서 충원해야 하는 교원의 수는 A대학 0명(필요 교원 수보다 재직 교원 수가 많으므로 충원할 필요가 없다), B대학 319명, C대학 215명, D대학 70명, E대학 40명으로 충원해야 할 교원 수가 많은 순서대로 나열하면 B－C－D－E－A이다.

02 정답 ①

6월 18일을 기준으로 40일 전은 5월 9일이다.
3월 1일에서 69일 후가 5월 9일이다.
69÷7=9…6이다.
따라서 최종 명단이 발표되는 날은 일요일이다.

03 정답 ③

정삼각형의 무대를 한 변의 길이가 3m인 네 개의 정삼각형으로 분할하게 되면 적어도 두 명은 같은 정삼각형에 위치하게 된다. 따라서 그 두 명의 거리는 3m 이하가 된다.

▸ 정답에 대한 상세한 해설과 오답분석을 통해 혼자서도 체계적인 학습이 가능하도록 하였다.

이 책의 차례

Add+

최신 기출복원문제

※ 본 기출복원문제는 주요 공기업과 대기업 기출복원문제로서, NIAT 출제 유형과 유사한 문제들로 구성하였으며, 본 저작물의 무단전재 및 복제를 금합니다.

Add+ | 최신 기출복원문제

※ 정답 및 해설은 최신 기출복원문제 바로 뒤 p.018에 있습니다.

01 언어능력

01 다음 글에서 필자가 주장하는 핵심 내용으로 가장 적절한 것은?

> 현대사회는 대중매체의 영향을 많이 받는 사회이며, 그중에서도 텔레비전의 영향은 거의 절대적입니다. 언어 또한 텔레비전의 영향을 많이 받습니다. 그런데 텔레비전의 언어는 우리의 언어습관을 부정적인 방향으로 흐르게 하고 있습니다.
> 텔레비전은 시청자들의 깊이 있는 사고보다는 감각적 자극에 호소하는 전달 방식을 사용하고 있습니다. 또 현대자본주의사회에서의 텔레비전 방송은 상업주의에 편승하여 대중을 붙잡기 위한 방편으로 쾌락과 흥미 위주의 언어를 무분별하게 사용합니다. 결국 텔레비전은 대중의 이성적 사고 과정을 마비시켜 오염된 언어습관을 무비판적으로 수용하게 합니다. 그렇기 때문에 언어사용을 통해 발전시킬 수 있는 상상적 사고를 기대하기 어렵게 하며, 창조적인 언어습관보다는 단편적인 언어습관을 갖게 만듭니다.
> 따라서 좋은 말 습관의 형성을 위해서는 또 다른 문화매체가 필요합니다. 이러한 문제의 대안으로 문학작품의 독서를 제시하려고 합니다. 문학은 작가적 현실을 언어를 매개로 형상화한 예술입니다. 작가적 현실을 작품으로 형상화하기 위해서는 작가의 복잡한 사고 과정을 거치듯이, 작품을 바르게 이해 · 해석 · 평가하기 위해서는 독자의 상상적 사고를 거치게 됩니다. 또한 문학은 아름다움을 지향하는 언어예술로서 정제된 언어를 사용하므로 문학작품의 감상을 통해 습득된 언어습관은 아름답고 건전하리라 믿습니다.

① 쾌락과 흥미 위주의 언어습관을 지양하고 사고능력을 기를 수 있는 언어습관을 길러야 한다.
② 사고능력을 기르고 건전한 언어습관을 들이기 위해서 문학작품의 독서가 필요하다.
③ 바른 언어습관의 형성과 건전하고 창의적인 사고를 위해 텔레비전을 멀리 해야 한다.
④ 언어는 자신의 사상을 표현하는 매체일 뿐만 아니라 그것을 사용하는 사람의 인격을 가늠하는 척도이므로 바른 언어습관이 중요하다.
⑤ 대중매체가 개인의 언어습관과 사고 과정에 미치는 영향이 절대적이므로 대중매체에서 문학작품을 다뤄야 한다.

02 다음 글의 내용으로 적절하지 않은 것은?

시간예술이라고 지칭되는 음악에서 템포의 완급은 대단히 중요하다. 동일곡이지만 템포의 기준을 어떻게 잡아서 재현해 내느냐에 따라서 그 음악의 악상은 달라진다. 그런데 이처럼 중요한 템포의 인지 감각도 문화권에 따라 혹은 민족에 따라서 상이할 수 있으니, 동일한 속도의 음악을 듣고도 누구는 빠르게 느끼는 데 비해서 누구는 느린 것으로 인지하는 것이다. 결국 문화권에 따라서 템포의 인지 감각이 다를 수도 있다는 사실은 바꿔 말해서 서로 문화적 배경이 다르면 사람에 따라 적절하다고 생각하는 모데라토의 템포도 큰 차이가 있을 수 있다는 말과 같다.

한국의 전통음악은 서양 고전음악에 비해서 비교적 속도가 느린 것이 분명하다. 대표적 정악곡(正樂曲)인 '수제천(壽齊天)'이나 '상령산(上靈山)' 등의 음악을 들어보면 수긍할 것이다. 또한 이 같은 구체적인 음악의 예가 아니더라도 국악의 첫인상을 일단 '느리다'고 간주해 버리는 일반의 통념을 보더라도 전래의 한국음악이 보편적인 서구음악에 비해서 느린 것은 틀림없다고 하겠다.

그런데 한국의 전통음악이 서구음악에 비해서 상대적으로 속도가 느린 이유는 무엇일까? 이에 대한 해답도 여러 가지 문화적 혹은 민족적인 특질과 연결해서 생각할 때 결코 간단한 문제가 아니겠지만, 여기서는 일단 템포의 계량적 단위인 박(Beat)의 준거를 어디에 두느냐에 따라서 템포 관념의 차등이 생겼다는 가설하에 설명을 하기로 한다.

한국의 전통문화를 보면 그 저변의 잠재의식 속에는 호흡을 중시하는 징후가 역력함을 알 수 있는데, 이 점은 심장의 고동을 중시하는 서양과는 상당히 다른 특성이다. 우리의 문화 속에는 호흡에 얽힌 생활 용어가 한두 가지가 아니다. 숨을 한 번 내쉬고 들이마시는 동안을 하나의 시간 단위로 설정하여 일식간(一息間) 혹은 이식간(二息間)이니 하는 양식척(量息尺)을 써 왔다. 그리고 감정이 격양되었을 때는 긴 호흡을 해서 감정을 누그러뜨리거나 건강을 위해 단전 호흡법을 수련한다. 이것은 모두 호흡을 중시하고 호흡에 뿌리를 둔 문화 양식의 예들이다. 더욱이 심장의 정지를 사망으로 단정하는 서양과는 달리 우리의 경우에는 '숨이 끊어졌다.'는 말로 유명을 달리했음을 표현한다. 이와 같이 확실히 호흡의 문제는 모든 생리현상에서부터 문화현상에 이르기까지 우리의 의식 저변에 두루 퍼져있는 민족의 공통적 문화소가 아닐 수 없다.

이와 같은 동서양 간의 상호 이질적인 의식 성향을 염두에 두고 각자의 음악을 관찰해 보면 서양의 템포 개념은 맥박, 곧 심장의 고동에 기준을 두고 있으며, 우리의 그것은 호흡의 주기, 즉 폐부의 운동에 뿌리를 두고 있음을 알 수 있다. 서양의 경우 박자의 단위인 박을 비트(Beat) 혹은 펄스(Pulse)라고 한다. 펄스라는 말이 곧 인체의 맥박을 의미하듯이 서양음악은 원초적으로 심장을 기준으로 출발한 것이다. 이에 비해 한국의 전통음악은 모음 변화를 일으켜 가면서까지 길게 끌며 호흡의 리듬을 타고 있음을 볼 때, 근원적으로 호흡에 뿌리를 둔 음악임을 알 수 있다. 결국 한국음악에서 안온한 마음을 느낄 수 있는 모데라토의 기준 속도는 1분간의 심장 박동 수와 호흡 주기와의 차이처럼 서양음악의 그것에 비하면 무려 3배쯤 느린 것임을 알 수 있다.

① 각 민족의 문화에는 민족의식이 반영되어 있다.
② 서양음악은 심장 박동 수를 박자의 준거로 삼았다.
③ 템포의 완급을 바꾸어도 동일곡의 악상은 변하지 않는다.
④ 우리 음악은 서양음악에 비해 상대적으로 느리다.
⑤ 우리 음악의 박자는 호흡 주기에 뿌리를 두고 있다.

03 **다음 글을 읽고 민속문화와 대중문화의 차이로 적절하지 않은 것을 고르면?**

> 문화는 하나의 집단을 이루는 사람들의 독특한 전통을 구성하는 관습적 믿음, 사회적 형태, 물질적 특성으로 나타나는 일종의 실체이다. 문화는 모든 사람들의 일상생활에서의 생존활동, 즉 의식주와 관련된 활동들로부터 형성된다. 지리학자들은 특정 사회관습의 기원과 확산 그리고 특정 사회관습과 다른 사회적 특성들의 통합을 연구하는데, 크게 고립된 촌락 지역에 거주하는 규모가 작고 동질적인 집단에 의해 전통적으로 공유되는 민속문화(Folk Culture)와 특정 관습을 공유하는 규모가 크고 이질적인 사회에서 나타나는 대중문화(Popular Culture)로 구분된다.
>
> 다수의 민속문화에 의해 지배되는 경관은 시간의 흐름에 따라 거의 변화하지 않는다. 이에 비해 현대의 통신매체는 대중적 관습이 자주 변화하도록 촉진시킨다. 결과적으로, 민속문화는 특정 시기에 장소마다 다양하게 나타나는 경향이 있지만 대중문화는 특정 장소에서 시기에 따라 달라지는 경향이 크다.
>
> 사회적 관습은 문화의 중심지역, 즉 혁신의 발상지에서 유래한다. 민속문화는 흔히 확인되지 않은 기원자를 통해서, 잘 알려지지 않은 시기에, 출처가 밝혀지지 않은 미상의 발상지로부터 발생한다. 민속문화는 고립된 장소로부터 독립적으로 기원하여 여러 개의 발상지를 가질 수 있다. 예를 들어, 민속노래는 보통 익명으로 작곡되며, 구두로 전파된다. 노래는 환경 조건의 변화에 따라 다음 세대로 전달되며 변형되지만, 그 소재는 대다수 사람들에게 익숙한 일상생활의 사건들로부터 빈번하게 얻어진다.
>
> 민속문화와 달리 대중문화는 대부분이 선진국, 특히 북아메리카, 서부 유럽, 일본의 산물이다. 대중음악과 패스트푸드가 대중문화의 좋은 예이다. 대중문화는 산업기술의 진보와 증가된 여가시간이 결합하면서 발생한 것이다. 오늘날 우리가 알고 있는 대중음악은 1900년경에 시작되었다. 그 당시 미국과 서부 유럽에서 대중음악에 의한 엔터테인먼트는 영국에서 뮤직 홀(Music Hall)로 불리고, 미국에서 보드빌(Vaudeville)이라고 불린 버라이어티쇼였다. 음악 산업은 뮤직홀과 보드빌에 노래를 제공하기 위해 뉴욕의 틴 팬 앨리(Tin Pan Alley)라고 알려진 구역에서 발달하였다. 틴 팬 앨리라는 명칭은 송 플러거(Song Plugger; 뉴욕의 파퓰러 송 악보 출판사가 고용한 선전 담당의 피아니스트)라고 불린 사람들이 악보 출판인들에게 음악의 곡조를 들려주기 위해 격렬하게 연타한 피아노 사운드로부터 유래하였다.
>
> 많은 스포츠가 고립된 민속문화로 시작되었으며, 다른 민속문화처럼 개인의 이동을 통해 확산되었다. 그러나 현대의 조직된 스포츠의 확산은 대중문화의 특징을 보여준다. 축구는 11세기 잉글랜드에서 민속문화로 시작되었으며, 19세기 전 세계 대중문화의 일부가 되었다. 축구의 기원은 명확하지 않다. 1863년 다수의 브리티시 축구 클럽들이 경기 규칙을 표준화하고, 프로 리그를 조직하기 위해 풋볼협회(Football Association)를 결성하였다. 풋볼협회의 'Association'이라는 단어가 축약되어 'Assoc'으로 그리고 조금 변형되어 마침내 'Soccer'라는 용어가 만들어졌다. 여가시간 동안 조직된 위락 활동을 공장 노동자들에게 제공하기 위해 클럽들이 교회에 의해 조직되었다. 영국에서 스포츠가 공식적인 조직으로 만들어진 것은 축구가 민속문화에서 대중문화로 전환된 것을 나타낸다.

① 민속문화는 규모가 작고, 동질적인 집단에 의해 전통적으로 공유된다.

② 대중문화는 서부 유럽이나 북아메리카 등 선진국에서 발생하였다.

③ 민속문화는 출처가 밝혀지지 않은 미상의 발상지로부터 발생한다.

④ 민속문화는 대중문화로 변하기도 한다.

⑤ 민속문화는 특정 장소에서 시기마다 달라지는 경향이 있지만, 대중문화는 특정 시기에서 장소에 따라 다양해지는 경향이 크다.

04 다음 글에서 ㉠ ~ ㉤의 수정 방안으로 적절하지 않은 것은?

선진국과 ㉠ 제3세계간의 빈부 양극화 문제를 해결하기 위해 등장했던 적정기술은 시대적 요구에 부응하면서 다양한 모습으로 발전하여 올해로 탄생 50주년을 맞았다. 이를 기념하기 위해 우리나라에서도 각종 행사가 열리고 있다. ㉡ 게다가 적정기술의 진정한 의미가 무엇인지, 왜 그것이 필요한지에 대한 인식은 아직 부족한 것이 현실이다.
그렇다면 적정기술이란 무엇인가? 적정기술은 '현지에서 구할 수 있는 재료를 이용해 도구를 직접 만들어 삶의 질을 향상시키는 기술'을 뜻한다. 기술의 독점과 집적으로 인해 개인의 접근이 어려운 첨단기술과 ㉢ 같이 적정기술은 누구나 쉽게 배우고 익혀 활용할 수 있다. 이런 이유로 소비 중심의 현대사회에서 적정기술은 자신의 삶에 필요한 것을 직접 생산하는 자립적인 삶의 방식을 유도한다는 점에서 시사하는 바가 크다.
적정기술이 우리나라에 도입된 것은 2000년대 중반부터이다. 당시 일어난 귀농 열풍과 환경문제에 대한 관심 등 다양한 사회·문화적 맥락 속에서 적정기술에 대한 고민이 싹트기 시작했다. 특히 귀농인들을 중심으로 농촌의 에너지 문제를 해결하기 위한 다양한 방법이 시도되면서 국내에서 활용되는 적정기술은 난방 에너지 문제에 ㉣ 초점이 모아져 있다. 에너지 자립형 주택, 태양열 온풍기·온수기, 생태 단열 등이 좋은 예이다.
우리나라의 적정기술이 에너지 문제에 집중된 이유는 시대적 상황 때문이다. 우리나라는 전력수요 1억 kW 시대 진입을 눈앞에 두고 있는 세계 10위권의 에너지 소비 대국이다. 게다가 에너지 소비량이 늘어나면서 2011년 이후 매년 대규모 정전 사태의 위험성을 경고하는 목소리가 커지고 있다. 이런 상황에서 에너지를 직접 생산하여 삶의 자립성을 추구하는 적정기술은 환경오염과 대형 재난의 위기를 극복하는 하나의 대안이 될 수 있다. 이뿐만 아니라 기술의 공유를 목적으로 하는 새로운 공동체 문화 형성에도 기여하기 때문에 ㉤ 그 어느 때만큼 적정기술의 발전 방향에 대한 진지한 논의가 필요하다.

① ㉠ – 띄어쓰기가 올바르지 않으므로 '제3세계 간의'로 고친다.
② ㉡ – 앞 문장과의 내용을 고려하여 '하지만'으로 고친다.
③ ㉢ – 문맥에 어울리지 않으므로 '달리'로 고친다.
④ ㉣ – 맞춤법에 어긋나므로 '촛점'으로 고친다.
⑤ ㉤ – 문맥의 흐름을 고려하여 '그 어느 때보다'로 수정한다.

05 다음 글의 내용으로 가장 적절한 것은?

> 우리는 물놀이를 할 때는 구명조끼, 오토바이를 탈 때는 보호대를 착용한다. 이외에도 각종 작업 및 스포츠활동을 할 때 안전을 위해 보호장치를 착용하는데, 위험성이 높을수록 이러한 안전장치의 필요성이 높아진다.
> 특히 자칫 잘못하면 생명을 위협할 수 있는 송배전 계통에선 감전 등의 전기사고를 방지하기 위한 안전장치가 필요한데 그중에 하나가 '접지'이다.
> 접지란 감전 등의 전기사고 예방 목적으로 전기회로 또는 전기기기, 전기설비의 어느 한쪽을 대지에 연결하여 기기와 대지의 전위차가 0V가 되도록 하는 것으로 전류는 전위차가 있을 때에만 흐르므로 접지가 되어있는 전기회로 및 설비에는 사람의 몸이 닿아도 감전되지 않게 된다.
> 접지를 하는 가장 큰 목적은 사람과 가축의 감전을 방지하기 위해서이다. 전기설비의 전선 피복이 벗겨지거나 노출된 상태에서 사람이나 가축이 전선이나 설비의 케이스를 만지면 감전사고로 인한 부상 및 사망 등의 위험이 높아지기 때문이다.
> 접지의 또 다른 목적 중 하나는 폭발 및 화재방지이다. 마찰 등에 의한 정전기 발생 위험이 있는 장치 및 물질을 취급하는 전기설비들은 자칫하면 정전기 발생이 화재 및 폭발로 이어질 수 있기 때문에 정전기 발생을 사전에 예방하기 위해 접지를 해둬야 한다.
> 그 외에도 송전선으로부터 인근 통신선의 유도장해 방지, 전기설비의 절연파괴 방지에 따른 신뢰도 향상 등을 위해 접지를 사용하기도 한다.
> 접지방식에는 비접지방식, 직접 접지방식, 저항 접지방식, 리액터 접지방식이 있다. 비접지방식의 경우 접지를 위해 중성점에 따로 금속선을 연결할 필요는 없으나, 송배전 계통의 전압이 높고 선로의 전압이 높으면 송전선로, 배전선로의 일부가 대지와 전기적으로 연결되는 지락사고를 발생시킬 수 있는 것이 단점이다. 반대로 우리나라에서 가장 많이 사용하는 직접 접지방식은 중성점에 금속선을 연결한 것으로 절연비를 절감할 수 있지만, 금속선을 타고 지락 전류가 많이 흐르므로 계통의 안정도가 나쁘다.
> 그 밖에도 저항 접지방식은 중성점에 연결하는 선의 저항 크기에 따라 고저항 접지방식과 저저항 접지방식이 있으며, 접지 저항이 너무 작으면 송배전선 인근 통신선에 유도장애가 커지고, 반대로 너무 크면 평상시 대지 전압이 높아진다.
> 리액터 접지방식도 저항 접지방식과 같이 임피던스의 크기에 따라 저임피던스 접지방식과 고임피던스 접지방식이 있고, 임피던스가 너무 작으면 인근 통신선에 유도장애가 커지고, 너무 크면 평상시 대지 전압이 높아진다.
> 이처럼 각 접지 종류별로 장단점이 있어 모든 전기사고를 완벽히 방지할 수는 없기에, 더 안전하고 완벽한 접지에 대한 연구의 필요성이 높아진다.

① 위험성이 낮을 경우 안정장치는 필요치 않게 된다.
② 전기사고를 방지하는 안정장치는 접지 외에도 다양한 방법들이 있다.
③ 전위차가 없더라도 전류가 흐를 수도 있다.
④ 접지를 하지 않으면 정전기가 발생한다.
⑤ 중성점에 연결하는 선의 저항 크기와 임피던스의 크기는 상관관계가 있다.

02 언어추리

01 다음 사실로부터 추론할 수 있는 것은?

- 딸기에는 비타민 C가 키위의 2.6배 정도 함유되어 있다.
- 귤에는 비타민 C가 키위의 1.6배 정도 함유되어 있다.
- 키위에는 비타민 C가 사과의 5배 정도 함유되어 있다.

① 키위의 비타민 C 함유량이 가장 많다.
② 딸기의 비타민 C 함유량이 가장 많다.
③ 귤의 비타민 C 함유량이 가장 많다.
④ 사과의 비타민 C 함유량이 가장 많다.
⑤ 키위의 비타민 C 함유량이 가장 적다.

02 다음 명제가 모두 참일 때, 빈칸에 들어갈 명제로 가장 적절한 것은?

- 낡은 것을 버려야 새로운 것을 채울 수 있다.
- ______________________________
- 새로운 것을 채우지 않는다면 더 많은 세계를 경험할 수 없다.

① 새로운 것을 채운다면 낡은 것을 버릴 수 있다.
② 낡은 것을 버리지 않는다면 새로운 것을 채울 수 없다.
③ 새로운 것을 채운다면 더 많은 세계를 경험할 수 있다.
④ 낡은 것을 버리지 않는다면 더 많은 세계를 경험할 수 없다.
⑤ 더 많은 세계를 경험하지 못한다면 새로운 것을 채울 수 없다.

03 N사에 근무 중인 A ~ E 5명은 사내 교육 프로그램 일정에 따라 요일별로 하나의 프로그램에 참가한다. 다음 〈조건〉에 따를 때, 항상 참인 것은?

〈사내 교육 프로그램 일정〉

월	화	수	목	금
필수 1	필수 2	선택 1	선택 2	선택 3

조건

- A는 선택 프로그램에 참가한다.
- C는 필수 프로그램에 참가한다.
- D는 C보다 나중에 프로그램에 참가한다.
- E는 A보다 나중에 프로그램에 참가한다.

① D는 반드시 필수 프로그램에 참가한다.
② B가 필수 프로그램에 참가하면 C는 화요일 프로그램에 참가한다.
③ C가 화요일 프로그램에 참가하면 E는 선택 2 프로그램에 참가한다.
④ A가 목요일 프로그램에 참가하면 E는 선택 3 프로그램에 참가한다.
⑤ E는 반드시 목요일 프로그램에 참가한다.

04 A ~ E 5명은 NIAT시험에 함께 응시하였다. 시험 도중 부정행위가 일어났다고 할 때, 다음 〈조건〉을 통해 부정행위를 한 사람을 모두 고르면?

조건

- 2명이 부정행위를 저질렀다.
- B와 C는 같이 부정행위를 하거나 같이 부정행위를 하지 않았다.
- B나 E가 부정행위를 했다면, A도 부정행위를 했다.
- C가 부정행위를 했다면, D도 부정행위를 했다.
- E가 부정행위를 하지 않았으면, D도 부정행위를 하지 않았다.

① A, B
② A, E
③ B, C
④ C, D
⑤ D, E

※ 다음 주어진 조건을 읽고 각 문제가 항상 참이면 ①, 거짓이면 ②, 알 수 없으면 ③을 고르시오. [5~7]

- A ~ D 네 사람은 검은색, 빨간색, 파란색 볼펜 중 한 가지 색의 볼펜을 가졌다.
- 세 가지 색의 볼펜 중 아무도 가지지 않은 색의 볼펜은 없다.
- C와 D가 가진 볼펜의 색은 서로 다르다.
- C는 빨간색 볼펜을 가지지 않았다.
- A는 검은색 볼펜을 가졌다.

05 B가 검은색 볼펜을 가졌다면, D는 빨간색 볼펜을 가졌다.

① 참　② 거짓　③ 알 수 없음

06 검은색 볼펜을 가진 사람은 두 명이다.

① 참　② 거짓　③ 알 수 없음

07 D가 빨간색 볼펜을 가졌다면, C는 파란색 볼펜을 가졌다.

① 참　② 거짓　③ 알 수 없음

03 수리력

01 N공장에서 제조하는 휴대전화 장식품은 원가가 700원이고 표시된 정가는 a원이다. 서울의 L매장에서 이 장식품을 표시된 정가에서 14% 할인하여 50개 팔았을 때의 이익과 M매장에서 20% 할인하여 80개 팔았을 때의 이익이 같다고 한다. 이때, a의 각 자리의 수를 모두 더한 값은?

① 1
② 2
③ 3
④ 4
⑤ 5

02 평소에 N아파트를 12층까지 올라갈 때, 엘리베이터를 이용하면 1분 15초가 걸리고, 계단을 이용하면 6분 50초가 걸린다. N아파트는 저녁 8시부터 8시 30분까지 사람들이 몰려서 엘리베이터 이용 시간이 2분마다 35초씩 늘어난다. 저녁 8시부터 몇 분이 지나면 엘리베이터를 이용하는 것보다 계단을 이용할 때 12층에 일찍 도착하는가?

① 12분
② 14분
③ 16분
④ 18분
⑤ 20분

03 다음은 유아교육 규모에 대한 자료이다. 〈보기〉의 설명 중 옳지 않은 것을 모두 고르면?

〈유아교육 규모〉

구분	2017년	2018년	2019년	2020년	2021년	2022년	2023년
유치원 수(원)	8,494	8,275	8,290	8,294	8,344	8,373	8,388
학급 수(학급)	20,723	22,409	23,010	23,860	24,567	24,908	25,670
원아 수(명)	545,263	541,603	545,812	541,550	537,822	537,361	538,587
교원 수(명)	28,012	31,033	32,095	33,504	34,601	35,415	36,461
취원율(%)	26.2	31.4	35.3	36.0	38.4	39.7	39.9
교원 1인당 원아 수(명)	19.5	17.5	17.0	16.2	15.5	15.2	14.8

보기

㉠ 유치원 원아 수의 변동은 매년 일정한 흐름을 보이지는 않는다.
㉡ 교원 1인당 원아 수가 적어지는 것은 원아 수 대비 학급 수가 늘어나기 때문이다.
㉢ 취원율은 매년 증가하고 있는 추세이다.
㉣ 교원 수가 매년 증가하는 이유는 청년 취업과 관계가 있다.

① ㉠, ㉡
② ㉠, ㉢
③ ㉡, ㉣
④ ㉢, ㉣
⑤ ㉠, ㉢, ㉣

04 다음은 대륙별 인터넷 이용자 수에 대한 자료이다. 이에 대한 설명으로 옳지 않은 것은?

〈대륙별 인터넷 이용자 수〉

(단위 : 백만 명)

구분	2016년	2017년	2018년	2019년	2020년	2021년	2022년	2023년
중동	66	86	93	105	118	129	141	161
유럽	388	410	419	435	447	466	487	499
아프리카	58	79	105	120	148	172	193	240
아시아·태평양	726	872	988	1,124	1,229	1,366	1,506	1,724
아메리카	428	456	483	539	584	616	651	647
독립국가연합	67	95	114	143	154	162	170	188

① 2023년 중동의 인터넷 이용자 수는 2016년에 비해 9천5백만 명이 늘었다.

② 2022년에 비해 2023년의 인터넷 이용자 수가 감소한 대륙은 한 곳이다.

③ 2023년 아프리카의 인터넷 이용자 수는 2019년에 비해 2배 증가했다.

④ 조사 기간 중 전년 대비 아시아·태평양의 인터넷 이용자 수의 증가량이 가장 큰 해는 2017년이다.

⑤ 대륙별 인터넷 이용자 수의 1·2·3순위는 2023년까지 계속 유지되고 있다.

05 다음은 주요 대상국별 김치 수출액에 대한 자료이다. 기타를 제외하고 2023년 수출액이 3번째로 많은 국가의 2022년 대비 2023년 김치 수출액의 증감률은?(단, 소수점 셋째 자리에서 반올림한다)

〈주요 대상국별 김치 수출액〉

(단위 : 천 달러, %)

구분	2022년		2023년	
	수출액	점유율	수출액	점유율
일본	44,548	60.6	47,076	59.7
미국	5,340	7.3	6,248	7.9
호주	2,273	3.1	2,059	2.6
대만	3,540	4.8	3,832	4.9
캐나다	1,346	1.8	1,152	1.5
영국	1,919	2.6	2,117	2.7
뉴질랜드	773	1.0	1,208	1.5
싱가포르	1,371	1.9	1,510	1.9
네덜란드	1,801	2.4	2,173	2.7
홍콩	4,543	6.2	4,285	5.4
기타	6,093	8.3	7,240	9.2
합계	73,547	100	78,900	100

① −5.06%
② −5.68%
③ −6.24%
④ −6.82%
⑤ −7.02%

04 도형추리

01 다음 규칙에 따라 바르게 변형한 것은?

⊂⊃∪∩ – ☆●○★

① ∩⊂∪⊃ – ★☆●○

② ∪⊂∩⊃ – ○☆★●

③ ⊂∪⊃∩ – ☆●○★

④ ⊃∩∪⊂ – ●★☆○

⑤ ∩∪⊃⊂ – ☆●○★

02 다음 전개도를 접었을 때 나타나는 입체도형으로 알맞은 것은?

①

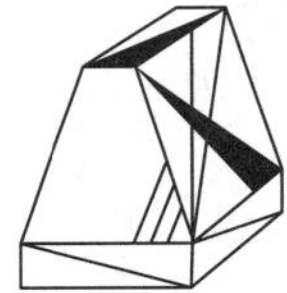

②

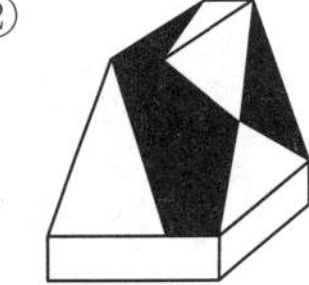

③

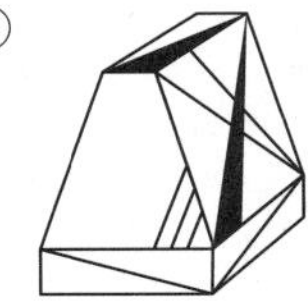

④

⑤

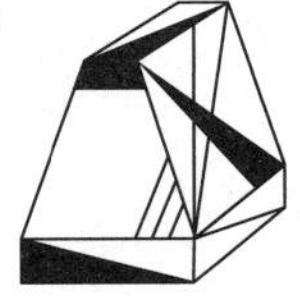

03 다음 두 블록을 합쳤을 때, 나올 수 없는 형태는?

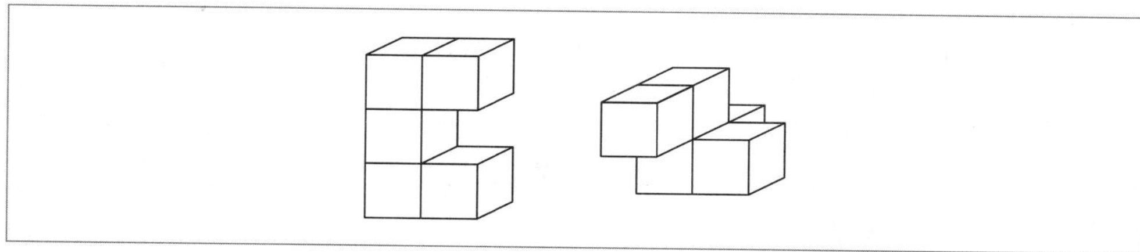

① 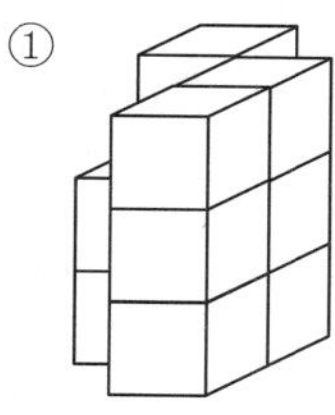

② 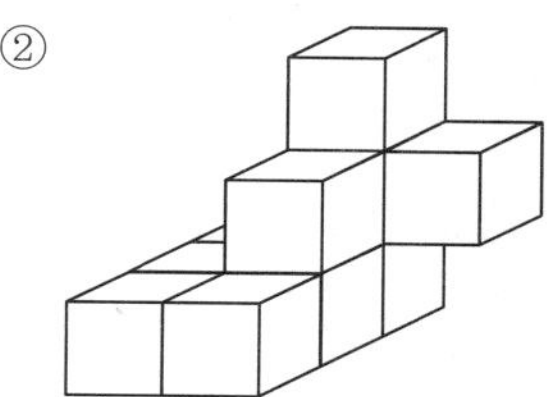

③ 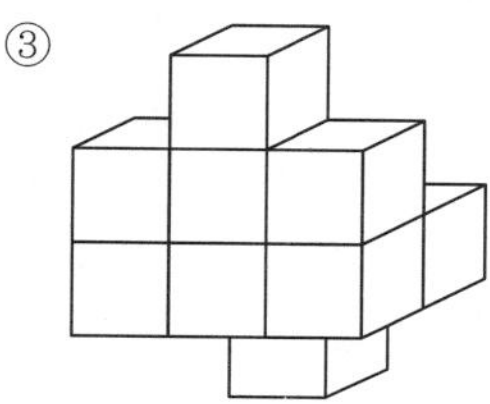

④ 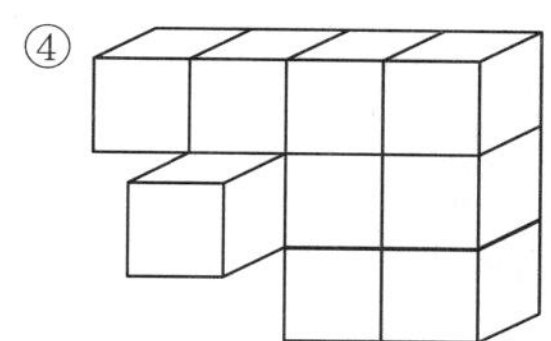

⑤ 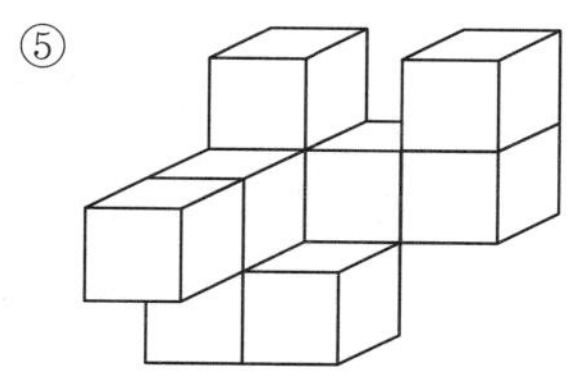

04 다음 그림과 같이 화살표 방향으로 종이를 접은 후 잘라 다시 펼쳤을 때의 그림으로 가장 적절한 것은?

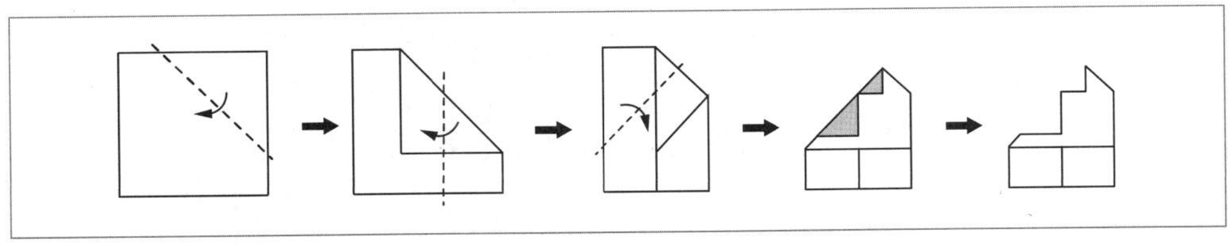

① 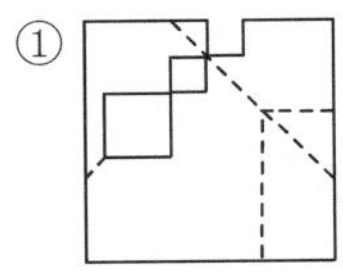

② 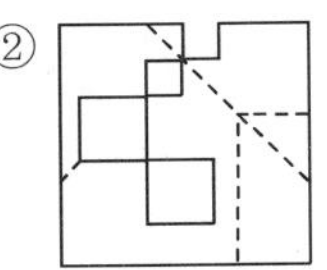

③ 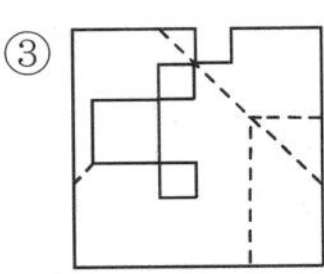

④ 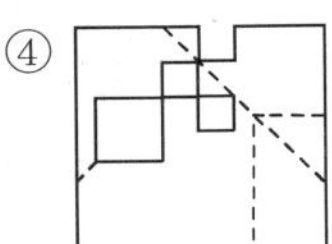

⑤ 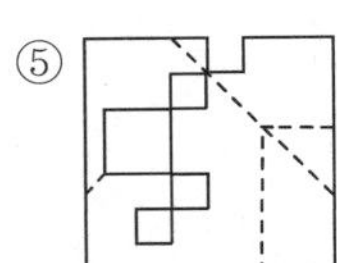

05 다음 도형 또는 내부의 기호들은 일정한 규칙으로 변화하고 있다. ?에 들어갈 도형으로 알맞은 것은?

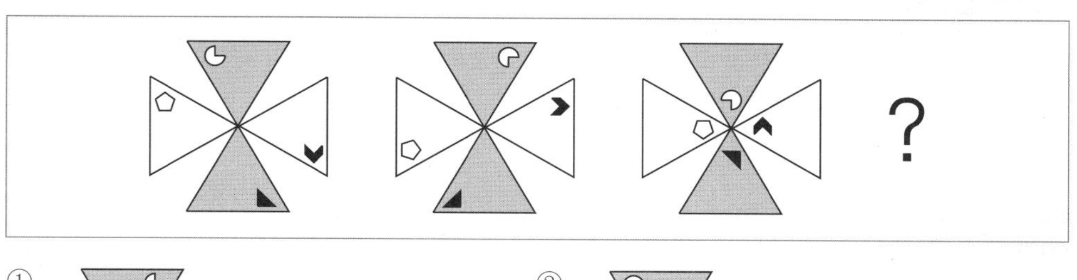

①
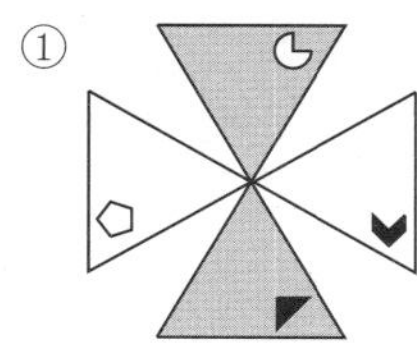

②
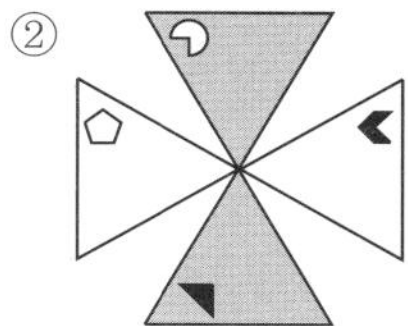

③
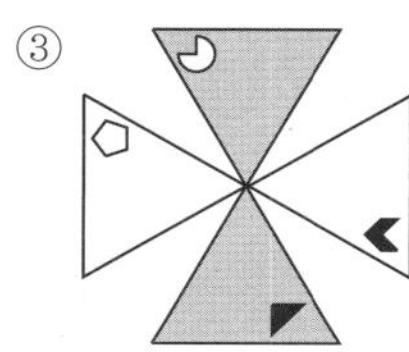

④
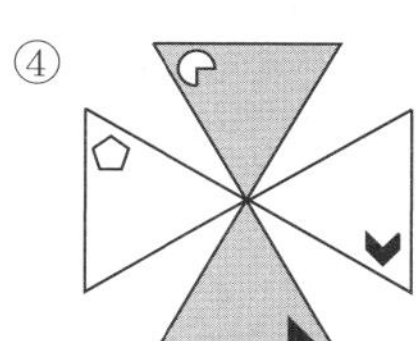

⑤
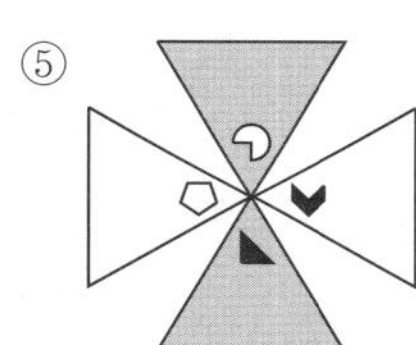

Add+ | 최신 기출복원문제

01 언어능력

01	02	03	04	05					
②	③	⑤	④	②					

01

정답 ②

글의 핵심 내용을 찾는 문제 유형은 글의 내용을 요약하여 필자가 주장하는 핵심을 파악해야 한다. 제시문에서는 텔레비전의 언어가 개인의 언어습관에 미치는 악영향을 경계하면서, 올바른 언어습관을 들이기 위한 문학작품의 독서를 강조하고 있다.

02

정답 ③

첫 번째 문단의 '동일곡이지만 템포의 기준을 어떻게 잡아서 재현해 내느냐에 따라서 그 음악의 악상은 달라진다.'라는 문장을 통해 템포의 완급에 따라 악상이 변화하는 것을 알 수 있다.

오답분석

① 서양음악과 한국 전통음악의 차이는 심장의 고동을 중시하는 서양의 민족의식과 호흡을 중시하는 우리 민족의식에 따른 차이에서 발생한다는 제시문 전체의 내용을 통해 확인할 수 있다.
②·⑤ 마지막 문단에서 확인할 수 있다.
④ 두 번째 문단에서 확인할 수 있다.

03

정답 ⑤

민속문화는 특정 시기에 장소마다 다양하게 나타나는 경향이 있지만, 대중문화는 특정 장소에서 시기에 따라 달라지는 경향이 크다.

오답분석

① 민속문화는 고립된 촌락 지역에 거주하는 규모가 작고 동질적인 집단에 의해 전통적으로 공유된다.
② 대중문화는 대부분이 선진국, 특히 북아메리카, 서부 유럽, 일본의 산물이다.
③ 민속문화는 흔히 확인되지 않은 기원자를 통해서, 잘 알려지지 않은 시기에, 출처가 밝혀지지 않은 미상의 발상지로부터 발생한다.
④ 스포츠는 민속문화로 시작되었지만, 현대의 스포츠는 대중문화의 특징을 보여준다.

04

정답 ④

한글 맞춤법 규정에 따르면 '초점(焦點)'의 경우 한자어의 결합이므로 사이시옷이 들어가지 않는다. 따라서 '초점'이 옳은 표기이다.

05

정답 ②

'전기사고를 방지하기 위한 안전장치가 필요한데 그중에 하나가 접지이다.'라는 내용에서 접지 이외에도 방법이 있음을 알 수 있다.

오답분석

① '위험성이 높을수록 이러한 안전장치의 필요성이 높아진다.'라고 했지만 위험성이 낮다고 안정장치가 필요치 않다고는 볼 수 없다.
③ '전류는 전위차가 있을 때에만 흐르므로'라고 했으므로 전위차가 없으면 전류가 흐르지 않는다.
④ '정전기 발생을 사전에 예방하기 위해 접지를 해둬야 한다.'에서 알 수 있듯이 접지를 하게 되면 정전기 발생을 막을 순 있지만, 접지를 하지 않는다고 정전기가 무조건 발생하는 것은 아니다.
⑤ 저항 또는 임피던스의 크기가 작으면 통신선에 유도장애가 커지고, 크면 평상시 대지 전압이 높아지는 등의 결과가 나타나지만, 저항 크기와 임피던스의 크기에 대한 상관관계는 제시문에서 확인할 수 없다.

02 언어추리

01	02	03	04	05	06	07			
②	④	④	②	①	③	③			

01

정답 ②

제시된 과일의 비타민 C 함유량을 정리하면, '사과 – 키위(=사과×5) – 귤(=키위×1.6=사과×8) – 딸기(=키위×2.6=사과×13)' 순이므로 딸기의 비타민 C 함유량이 가장 많은 것을 알 수 있으며, 비타민 C 함유량이 가장 적은 과일은 사과이다.

02

정답 ④

'낡은 것을 버리다.'를 p, '새로운 것을 채우다.'를 q, '더 많은 세계를 경험하다.'를 r이라고 하면, 첫 번째 명제는 $p \to q$이며, 마지막 명제는 $\sim q \to \sim r$이다. 이때 첫 번째 명제의 대우는 $\sim q \to \sim p$이므로 마지막 명제가 참이 되기 위해서는 $\sim p \to \sim r$이 필요하다. 따라서 빈칸에 들어갈 명제는 $\sim p \to \sim r$의 ④이다.

03

정답 ④

첫 번째 조건에 따라 A는 선택 프로그램에 참가하므로 A는 수・목・금요일 중 하나의 프로그램에 참가한다. A가 목요일 프로그램에 참가하면 E는 A보다 나중에 참가하므로 금요일의 선택 3 프로그램에 참가할 수밖에 없다. 따라서 항상 참이 되는 것은 ④이다.

오답분석

① 두 번째 조건에 따라 C는 필수 프로그램에 참가하므로 월・화요일 중 하나의 프로그램에 참가하며, 이때 C가 화요일 프로그램에 참가하면 C보다 나중에 참가하는 D는 선택 프로그램에 참가할 수 있다.
② B는 월・화요일 프로그램에 참가할 수 있으므로 B가 화요일 프로그램에 참가하면 C는 월요일 프로그램에 참가할 수 있다.
③ C가 화요일 프로그램에 참가하면 E는 선택 2 또는 선택 3 프로그램에 참가할 수 있다.

구분	월 (필수 1)	화 (필수 2)	수 (선택 1)	목 (선택 2)	금 (선택 3)
경우 1	B	C	A	D	E
경우 2	B	C	A	E	D
경우 3	B	C	D	A	E

⑤ E는 선택 프로그램에 참가하는 A보다 나중에 참가하므로 목요일 또는 금요일 중 하나의 프로그램에 참가할 수 있다.

04

정답 ②

B가 부정행위를 했을 경우 두 번째와 세 번째 조건에 따라 C와 A도 함께 부정행위를 하게 되므로 첫 번째 조건에 부합하지 않는다. 그러므로 B는 부정행위를 하지 않았으며, 두 번째 조건에 따라 C도 부정행위를 하지 않았다.
D가 부정행위를 했을 경우 다섯 번째 조건의 대우인 'D가 부정행위를 했다면, E도 부정행위를 했다.'와 세 번째 조건에 따라 E와 A가 함께 부정행위를 하게 되므로 첫 번째 조건에 부합하지 않는다. 그러므로 D 역시 부정행위를 하지 않았다.
따라서 B, C, D를 제외한 A, E가 시험 도중 부정행위를 했음을 알 수 있다.

05

정답 ①

제시된 조건을 정리하면 다음과 같다.

구분	A	B	C	D
경우 1	검은색	빨간색	검은색	파란색
경우 2	검은색	빨간색	파란색	검은색
경우 3	검은색	빨간색	파란색	빨간색
경우 4	검은색	파란색	검은색	빨간색
경우 5	검은색	파란색	파란색	빨간색
경우 6	검은색	검은색	파란색	빨간색

따라서 B가 검은색 볼펜을 가진 경우는 경우 6으로, D는 빨간색 볼펜을 가졌다.

06

정답 ③

경우 1, 경우 2, 경우 4, 경우 6의 경우 검은색 볼펜을 가진 사람은 두 명이지만, 경우 3과 경우 5에서는 그렇지 않다.
따라서 검은색 볼펜을 가진 사람이 두 명인지의 여부는 주어진 조건만으로 알 수 없다.

07

정답 ③

D가 빨간색 볼펜을 가진 경우는 경우 3, 경우 4, 경우 5, 경우 6이다. 경우 3, 경우 5, 경우 6에서 C는 파란색 볼펜을 가졌으나, 경우 4에서는 그렇지 않다.
따라서 D가 빨간색 볼펜을 가졌을 때, C가 파란색 볼펜을 가졌는지의 여부는 주어진 조건만으로 알 수 없다.

03 수리력

01	02	03	04	05					
①	⑤	③	④	②					

01

정답 ①

구분	L매장	M매장
판매가	$\left(1-\frac{14}{100}\right)a=\frac{86}{100}a$	$\left(1-\frac{20}{100}\right)a=\frac{80}{100}a$
총수입	$\frac{86}{100}a\times 50=43a$	$\frac{80}{100}a\times 80=64a$
이익	$43a-50\times 700=43a-35,000$	$64a-80\times 700=64a-56,000$

$43a-35,000=64a-56,000 \rightarrow 21a=21,000$

$\therefore\ a=1,000$

따라서 각 자리의 수를 모두 더한 값은 1이다.

02

정답 ⑤

평소에 12층까지 올라가는 데 걸리는 시간은 엘리베이터를 이용할 때 75초, 계단을 이용할 때 410초로, 335초의 차이가 난다. 엘리베이터를 이용하는 것보다 계단을 이용할 때 12층에 빨리 도착하는 시각이 저녁 8시 x분이라고 하면 다음과 같다.

$\frac{x}{2}\times 35\geq 335 \rightarrow \frac{x}{2}\geq\frac{67}{7}\fallingdotseq 9.6$

$\therefore\ x\geq 19.2$

따라서 저녁 8시 20분부터는 계단을 이용하면 12층에 빨리 도착한다.

03

정답 ③

ⓛ (교원 1인당 원아 수)$=\frac{(\text{원아 수})}{(\text{교원 수})}$이다. 따라서 원아 수 대비 학급 수가 아닌 교원 수가 늘어나기 때문이다.

ⓡ 제시된 자료만으로는 알 수 없다.

오답분석

ⓖ 유치원 원아 수는 감소, 증가가 뒤섞여 나타나므로 옳은 설명이다.

ⓒ 취원율은 2017년 26.2%를 시작으로 매년 증가하고 있다.

04

정답 ④

아시아·태평양의 연도별 인터넷 이용자 수의 증가량을 구하면 다음과 같다.

- 2017년 : 872−726=146백만 명
- 2018년 : 988−872=116백만 명
- 2019년 : 1,124−988=136백만 명
- 2020년 : 1,229−1,124=105백만 명
- 2021년 : 1,366−1,229=137백만 명
- 2022년 : 1,506−1,366=140백만 명
- 2023년 : 1,724−1,506=218백만 명

따라서 전년 대비 아시아·태평양의 인터넷 이용자 수의 증가량이 가장 큰 해는 2017년이 아닌 2023년이다.

오답분석

① 2016년 중동의 인터넷 이용자 수는 66백만 명이고, 2023년 중동의 인터넷 이용자 수는 161백만 명이다. 따라서 2023년 중동의 인터넷 이용자 수는 2016년에 비해 161−66=95백만 명, 즉 9천5백만 명이 늘었다.

②・⑤ 제시된 표에 의해 알 수 있다.

③ 2019년 아프리카의 인터넷 이용자 수는 120백만 명이고, 2023년 아프리카의 인터넷 이용자 수는 240백만 명이다. 따라서 2023년의 아프리카의 인터넷 이용자 수는 2019년에 비해 $\frac{240}{120}=2$배 증가했다.

05

정답 ②

2023년 김치 수출액이 3번째로 많은 국가는 홍콩이다. 홍콩의 2022년 대비 2023년 수출액의 증감률은 $\frac{4,285-4,543}{4,543}\times100$ ≒ -5.68%이다.

04 도형추리

01	02	03	04	05					
②	③	③	①	③					

01

정답 ②

오답분석

① ∩⊂∪⊃ – ★☆○●
③ ⊂∪⊃∩ – ☆○●★
④ ⊃∩∪⊂ – ●★○☆
⑤ ∩∪⊃⊂ – ★○●☆

02

정답 ③

03

정답 ③

오답분석

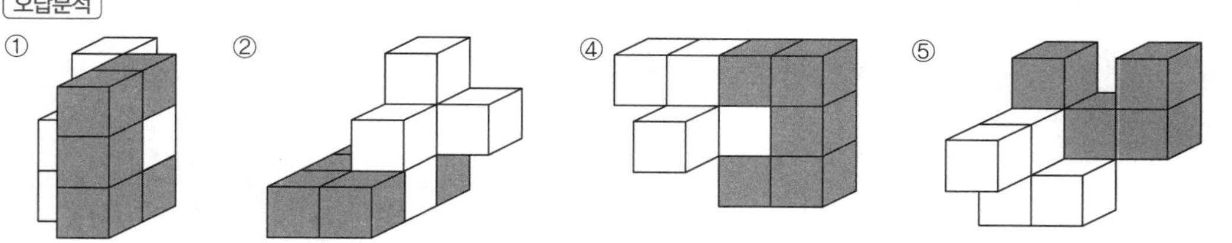

04

정답 ①

05

정답 ③

가장 큰 4개의 정삼각형 도형 안에서 회색 정삼각형 안의 작은 도형의 경우 모서리 쪽으로 시계 방향으로 이동하고 있으며, 흰색 정삼각형 안의 작은 도형의 경우 모서리 쪽으로 시계 반대 방향으로 이동하고 있다.
작은 도형들 중 흰색 도형은 시계 방향으로 90° 회전하고 있으며, 검은색 도형은 시계 반대 방향으로 90° 회전하고 있다.

남을 이기는 방법 중 하나는 예의범절로 이기는 것이다.

– 조쉬 빌링스 –

PART 1

NIAT 핵심이론

CHAPTER

01 언어능력 핵심이론

01 논리구조

논리구조에서는 주로 단락과 문장 간의 관계나 글 전체의 논리적 구조를 정확히 파악했는지를 묻는다. 글의 순서를 바르게 나열하는 유형이 출제되고 있다. 제시문의 전체적인 흐름을 바탕으로 각 문단의 특징, 단락 간의 역할 등을 논리적으로 구조화할 수 있는 능력을 길러야 한다.

1. 문장과 문장 간의 관계

① **상세화 관계** : 주지 → 구체적 설명(비교, 대조, 유추, 분류, 분석, 인용, 예시, 비유, 부연, 상술 등)

② **문제(제기)와 해결 관계** : 한 문장이 문제를 제기하고, 다른 문장이 그 해결책을 제시하는 관계(과제 제시 → 해결 방안, 문제 제기 → 해답 제시)

③ **선후 관계** : 한 문장이 먼저 발생한 내용을 담고, 다음 문장이 나중에 발생한 내용을 담고 있는 관계

④ **원인과 결과 관계** : 한 문장이 원인이 되고, 다른 문장이 그 결과가 되는 관계(원인 제시 → 결과 제시, 결과 제시 → 원인 제시)

⑤ **주장과 근거 관계** : 한 문장이 필자가 말하고자 하는 바(주지)가 되고, 다른 문장이 그 문장의 증거(근거)가 되는 관계(주장 제시 → 근거 제시, 의견 제안 → 의견 설명)

⑥ **전제와 결론 관계** : 앞 문장에서 조건이나 가정을 제시하고, 뒤 문장에서 이에 따른 결론을 제시하는 관계

2. 문장의 연결 방식

① **순접** : 원인과 결과, 부연 설명 등의 문장 연결에 쓰임
[예] 그래서, 그리고, 그러므로 등

② **역접** : 앞글의 내용을 전면적 또는 부분적으로 부정
[예] 그러나, 그렇지만, 그래도, 하지만 등

③ **대등 · 병렬** : 앞뒤 문장의 대비와 반복에 의한 접속
[예] 및, 혹은, 또는, 이에 반하여 등

④ **보충 · 첨가** : 앞글의 내용을 보다 강조하거나 부족한 부분을 보충하기 위해 다른 말을 덧붙이는 문맥
[예] 단, 곧, 즉, 더욱이, 게다가, 왜냐하면 등

⑤ **화제 전환** : 앞글과는 다른 새로운 내용을 이야기하기 위한 문맥

⑥ **비유 · 예시** : 앞글에 대해 비유적으로 다시 말하거나 구체적인 예를 보임
[예] 예를 들면, 예컨대, 마치 등

3. 원리 접근법

앞뒤 문장의 중심 의미 파악	→	앞뒤 문장의 중심 내용이 어떤 관계인지 파악	→	문장 간의 접속어, 지시어의 의미와 기능	→	문장의 의미와 관계성 파악
각 문장의 의미를 어떤 관계로 연결해서 글을 전개하는지 파악해야 한다.		지문 안의 모든 문장은 서로 논리적 관계성이 있다.		접속어와 지시어를 음미하는 것은 독해의 길잡이 역할을 한다.		문단의 중심 내용을 알기 위한 기본 분석 과정이다.

PART 1

02 논리적 이해

1. 전제의 추론

전제의 추론은 원칙적으로 주어진 내용의 이면에 내포되어 있는 이미 옳다고 인정된 사실을 유추하는 유형이다.

① 먼저 주장이 무엇인지 명확하게 파악해야 한다.
② 주장이 성립하기 위해서 논리적으로 필요한 요건이 무엇인지 생각해 본다.
③ 선택지 중 주장과 논리적으로 인과관계를 형성할 수 있는 조건을 찾아낸다.

2. 결론의 추론

주어진 내용을 명확히 이해한 다음, 이를 근거로 끌어낼 수 있는 올바른 결론이나 관련 사항을 논리적인 관점에서 찾는 문제 유형이다. 이와 같은 문제는 평상시 비판적이고 논리적인 관점으로 글을 읽는 연습을 충분히 해두어야 유리하다고 볼 수 있다.

3. 주제의 추론

주제와 관련된 추론 문제는 적성검사에서 자주 출제되는 유형으로서 글의 표제, 부제, 주제, 주장, 의도를 파악하는 형태의 문제와 같은 유형이다. 이러한 유형의 문제는 주제를 글의 첫 문단이나 마지막 문단을 통해서 찾을 수 있으며, 그렇지 않더라도 문단의 병렬·대등 관계를 파악하면 쉽게 찾을 수 있다. 여러 문단에서 공통된 주제를 추론할 때는 각각의 제시문을 먼저 요약한 뒤, 핵심 키워드를 찾은 다음 이를 토대로 주제문을 가려내어 하나의 주제를 유추하면 된다. 따라서 평소에 제시문을 읽고, 핵심 키워드를 찾아 문장을 구성하는 연습을 많이 해두어야 한다. 또한 겉으로 드러난 주제나 정보를 찾는 데 그치지 않고 글 속에 숨겨진 의도나 정보를 찾기 위해 꼼꼼히 관찰하는 태도가 필요하다.

01 내용일치

| 유형분석 |

- 글의 전체적인 주제뿐 아니라 세부적인 내용까지도 제대로 이해할 수 있는지 평가하는 유형이다.
- 경제 · 경영 · 철학 · 역사 · 예술 · 과학 등 다양한 분야와 관련된 지문이 제시되므로 평소 폭넓은 독서를 하는 것이 도움이 된다.

다음 글의 내용으로 가장 적절한 것은?

김치는 자연 발효에 의해 익어가기 때문에 미생물의 작용에 따라 맛이 달라진다. 김치가 발효되기 위해서는 효모와 세균 등 여러 미생물의 증식이 일어나야 하는데, 이를 위해 김치를 담글 때 찹쌀가루나 밀가루로 풀을 쑤어 넣어 준다. 이는 풀에 들어 있는 전분을 비롯한 여러 가지 물질이 김칫소에 있는 미생물을 쉽게 자랄 수 있도록 해주는 영양분의 역할을 하기 때문이다. 김치는 배추나 무에 있는 효소뿐만 아니라 그 사이에 들어가는 김칫소에 포함된 효소의 작용에 의해서도 발효가 일어날 수 있다.

김치의 발효 과정에 관여하는 미생물에는 여러 종류의 효모, 호기성 세균 그리고 유산균을 포함한 혐기성 세균이 있다. 갓 담근 김치의 발효가 시작될 때 호기성 세균과 혐기성 세균의 수가 두드러지게 증가하지만, 김치가 익어갈수록 호기성 세균의 수는 점점 줄어들어 나중에는 그 수가 완만하게 증가하는 효모의 수와 거의 비슷해진다. 그러나 혐기성 세균의 수는 김치가 익어갈수록 증가하며 결국 많이 익어서 시큼한 맛이 나는 김치에 있는 미생물 중 대부분을 차지한다. 김치를 익히는 데 관여하는 균과 매우 높은 산성의 환경에서도 잘 살 수 있는 유산균이 그 예이다.

김치를 익히는 데 관여하는 세균과 유산균뿐만 아니라 김치의 발효 초기에 증식하는 호기성 세균도 독특한 김치 맛을 내는 데 도움을 준다. 김치에 들어 있는 효모는 세균보다 그 수가 훨씬 적지만 여러 종류의 효소를 가지고 있어서 김치 안에 있는 여러 종류의 탄수화물을 분해할 수 있다. 또한 김치를 발효시키는 유산균은 당을 분해해서 시큼한 맛이 나는 젖산을 생산하는데, 김치가 익어가면서 김칫국물의 맛이 시큼해지는 것은 바로 이런 이유 때문이다.

김치가 익는 정도는 재료나 온도 등의 조건에 따라 달라지는데, 이는 유산균의 발효 정도가 달라지기 때문이다. 특히 이 미생물들이 만들어 내는 여러 종류의 향미 성분이 더해지면서 특색 있는 김치 맛이 만들어진다. 김치가 익는 기간에 따라 여러 가지 맛을 내는 것도 모두 유산균의 발효 정도가 다른 데서 비롯된다.

① 김치를 담글 때 넣는 풀은 효모에 의해 효소로 바뀐다.
② 강한 산성 조건에서도 생존할 수 있는 혐기성 세균이 있다.
③ 김칫국물의 시큼한 맛은 호기성 세균의 작용에 의한 것이다.
④ 특색 있는 김치 맛을 만드는 것은 효모가 만든 향미 성분 때문이다.
⑤ 시큼한 맛이 나는 김치에 있는 효모의 수는 호기성 세균이나 혐기성 세균보다 훨씬 많다.

정답 ②

두 번째 문단을 통해 알 수 있다.

오답분석

① 풀에 들어 있는 여러 가지 물질이 김칫소에 있는 미생물을 쉽게 자랄 수 있도록 해주는 영양분의 역할을 한다.
③ 김칫국물의 맛이 시큼해지는 것은 유산균이 당을 분해해 시큼한 맛이 나는 젖산을 생산하기 때문이다.
④ 미생물들이 만들어 내는 여러 종류의 향미 성분이 더해지면서 특색 있는 김치 맛이 만들어진다.
⑤ 호기성 세균의 수는 김치가 익어갈수록 점점 줄어들어 나중에는 효모의 수와 비슷해진다. 하지만 혐기성 세균의 수는 김치가 익어갈수록 증가하며 결국 많이 익어서 시큼한 맛이 나는 김치에 있는 미생물 중 대부분을 차지한다.

PART 1

30초 컷 풀이 Tip

제시문의 내용과 일치하는 것 또는 일치하지 않는 것을 고르는 문제의 경우 지문을 읽기 전에 문제와 선택지를 먼저 읽어보는 것이 좋다. 이를 통해 지문 속에서 찾아내야 할 정보가 무엇인지를 먼저 인지한 후 제시문을 읽어야 문제 푸는 시간을 단축할 수 있다.

02 주제 · 제목 찾기

| 유형분석 |

- 글의 중심 내용을 정확히 판단할 수 있는지 평가하는 유형이다.
- 글의 전체 내용을 포괄할 수 있는 제목이나 주제를 골라야 한다.
- 글의 일부 내용의 주제만을 담은 보기가 오답으로 섞여있을 수도 있으므로 주의하도록 한다.

다음 글의 제목으로 가장 적절한 것은?

맥주의 주원료는 양조용수 · 보리 · 홉 등이다. 맥주를 양조하기 위해서는 일반적으로 맥주 생산량의 10～20배 정도 되는 물이 필요하며, 이것을 양조용수라고 한다. 양조용수는 맥주의 종류와 품질을 좌우하므로, 무색 · 무취 · 투명해야 한다. 보리를 싹틔워 맥아로 만든 것을 사용하여 맥주를 제조하는데, 맥주용 보리로는 곡립이 고르고 녹말질이 많으며 단백질이 적은 것 그리고 곡피(穀皮)가 얇으며 발아력이 왕성한 것이 좋다. 홉은 맥주 특유의 쌉쌀한 향과 쓴맛을 만들어 내는 주요 첨가물이며, 맥주를 맑게 하고 잡균의 번식을 막아주는 역할을 한다.

맥주의 제조공정을 살펴보면 맥아제조, 담금, 발효, 저장, 여과의 다섯 단계로 나눌 수 있다.

이 중 발효공정은 맥즙이 발효되어 술이 되는 과정을 말하는데, 효모가 발효탱크 속에서 맥즙에 있는 당분을 알코올과 탄산가스로 분해한다. 이 공정은 1주일간 이어지며, 그동안 맥즙 안에 있던 당분은 점점 줄어들고 알코올과 탄산가스가 늘어나 맥주가 되는 것이다. 이때 발효 중 맥즙의 온도 상승을 막기 위해 탱크를 냉각코일로 감고 그 표면을 하얀 폴리우레탄으로 단열시키는데, 그 모습이 마치 남극의 이글루처럼 보이기도 한다.

발효의 방법에 따라 하면발효 맥주와 상면발효 맥주로 구분되는데, 이는 어떤 온도에서 발효시키느냐에 달려있다. 세계 맥주 생산량의 70%를 차지하는 하면발효 맥주는 발효 중 밑으로 가라앉는 효모를 사용해 저온에서 발효시킨 맥주를 말한다. 요즘 유행하는 드래프트비어가 바로 여기에 속한다. 반면, 상면발효 맥주는 주로 영국, 미국, 캐나다, 벨기에 등에서 생산되며 발효 중 표면에 떠오르는 효모로 비교적 높은 온도에서 발효시킨 맥주를 말한다. 에일, 스타우트 등이 상면발효 맥주에 포함된다.

① 맥주의 제조공정

② 맥주의 발효 과정

③ 주원료에 따른 맥주의 발효 방법 분류

④ 홉과 발효 방법의 종류에 따른 맥주 구분법

⑤ 맥주의 주원료와 발효 방법에 따른 맥주의 종류

정답 ⑤

제시문의 내용은 크게 두 부분으로 나눌 수 있다. 첫 번째 문단은 맥주의 주원료에 대해서 설명하고, 그 이후부터 마지막 문단까지는 맥주의 제조공정 중 발효에 대해 설명하며 이에 따른 맥주의 종류에 대해 설명하고 있다. 따라서 글의 제목으로 가장 적절한 것은 ⑤이다.

30초 컷 풀이 Tip

글의 중심이 되는 내용은 주로 글의 맨 앞이나 맨 뒤에 위치한다. 따라서 글의 맨 첫 문단과 마지막 문단을 먼저 확인해 보고 필요한 경우 그 문단을 보충해 주는 부분을 읽어가면서 주제를 파악해 나간다.

03 추론하기

| 유형분석 |

- 글에 드러나지 않은 부분을 추론하여 답을 도출해야 하는 유형이다.
- 글의 '주장'에 대한 반박을 찾는 경우, '근거'에 대한 반박을 찾지 않도록 주의해야 한다.
- 자신의 주관적인 판단보다는 글의 세부적 내용에 대한 이해를 기반으로 문제를 풀어야 한다.

다음 글을 읽고 추론할 수 있는 내용으로 가장 적절한 것은?

지식의 본성을 다루는 학문인 인식론은 흔히 지식의 유형을 나누는 데에서 이야기를 시작한다. 지식의 유형은 '안다'는 말의 다양한 용례들이 보여주는 의미 차이를 통해서 드러나기도 한다. 예컨대 '그는 자전거를 탈 줄 안다.'와 '그는 이 사과가 둥글다는 것을 안다.'에서 '안다'가 바로 그런 경우이다. 전자의 '안다'는 능력의 소유를 의미하는 것으로 '절차적 지식'이라 부르고, 후자의 '안다'는 정보의 소유를 의미하는 것으로 '표상적 지식'이라고 부른다.

어떤 사람이 자전거에 대해서 많은 정보를 갖고 있다고 해서 자전거를 탈 수 있게 되는 것은 아니며, 자전거를 탈 줄 알기 위해서 반드시 자전거에 대해서 많은 정보를 갖고 있어야 하는 것도 아니다. 아무 정보 없이 그저 넘어지거나 다치거나 하는 과정을 거쳐 자전거를 탈 줄 알게 될 수도 있다. 자전거 타기와 같은 절차적 지식을 갖기 위해서는 훈련을 통하여 몸과 마음을 특정한 방식으로 조직화해야 한다. 그러나 정보를 마음에 떠올릴 필요는 없다.

반면, '이 사과는 둥글다.'는 것을 알기 위해서는 둥근 사과의 이미지가 되었건 '이 사과는 둥글다.'는 명제가 되었건 어떤 정보를 마음속에 떠올려야 한다. '마음속에 떠올린 정보'를 표상이라고 할 수 있으므로 이러한 지식을 표상적 지식이라고 부른다. 그런데 어떤 표상적 지식을 새로 얻게 됨으로써 이전에 할 수 없었던 어떤 것을 하게 될지는 분명하지 않다. 이런 점에서 표상적 지식은 절차적 지식과 달리 특정한 일을 수행하는 능력과 직접 연결되어 있지 않다.

① 인식론은 머릿속에서 처리되는 정보의 유형만을 다루는 학문이다.
② 표상적 지식은 특정 능력의 습득에 전혀 도움을 주지 못한다.
③ '이 사과는 둥글다.'라는 지식은 이미지 정보에만 해당한다.
④ 절차적 지식을 통해 표상적 지식을 얻는 것이 가능하다.
⑤ 절차적 지식은 정보가 없이도 습득할 수 있다.

정답 ⑤

두 번째 문단의 마지막 문장에서 절차적 지식을 갖기 위해 정보를 마음에 떠올릴 필요가 없다고 한 내용을 통해 추론할 수 있다.

오답분석

① 인식론에서 나눈 지식의 유형에는 능력의 소유를 의미하는 절차적 지식과 정보의 소유를 의미하는 표상적 지식이 모두 포함된다.
② 마지막 문단에서 '표상적 지식은 절차적 지식과 달리 특정한 일을 수행하는 능력과 직접 연결되어 있지 않다.'고 하였으나, 특정 능력의 습득에 전혀 도움을 줄 수 없는지 아닌지는 제시문의 내용을 통해서는 알 수 없다.
③ 마지막 문단에 따르면 '이 사과는 둥글다.'라는 지식은 둥근 사과의 이미지일 수도, '이 사과는 둥글다.'라는 명제일 수도 있다.
④ 절차적 지식을 통해 표상적 지식을 얻는다는 내용은 제시문에 나와 있지 않다.

PART 1

30초 컷 풀이 Tip

문제에서 제시하는 추론 유형이 어떤 형태인지 파악한다.

- 글쓴이의 주장 / 의도를 추론하는 유형 : 글에 나타난 주장, 근거, 논증 방식을 파악하는 유형으로, 주장의 타당성을 평가하여 글쓴이의 관점을 이해하며 읽는다.
- 세부적인 내용을 추론하는 유형 : 주어진 선택지를 먼저 읽고 지문을 읽으면서 답이 아닌 선택지를 지워나가는 방법이 효율적이다.

04 빈칸추론

| 유형분석 |

- 글의 흐름과 내용을 잘 파악할 수 있는지를 평가하는 유형이다.
- 주어진 선택지와 빈칸의 앞뒤 문장을 읽으며 각각 어떤 내용이 들어갈지 유추해 본다.

다음 글의 밑줄 친 빈칸에 들어갈 내용으로 가장 적절한 것은?

포논(Phonon)이라는 용어는 소리(Pho-)라는 접두어에 입자(-non)라는 접미어를 붙여 만든 단어로, 실제로 포논이 고체 안에서 소리를 전달하기 때문에 이런 이름이 붙었다. 어떤 고체의 한쪽을 두드리면 포논이 전파해 반대쪽에서 소리를 들을 수 있다.

아인슈타인이 새롭게 만든 고체의 비열 공식(아인슈타인 모형)은 실험결과와 상당히 잘 맞았다. 그런데 그의 성공은 고체 내부의 진동을 포논으로 해석한 데에만 있지 않다. 그는 포논이 보존(Boson) 입자라는 사실을 간파하고, 고체 내부의 세상에 보존의 물리학(보즈 – 아인슈타인 통계)을 적용했다. 비로소 고체의 비열이 온도에 따라 달라진다는 결론을 얻을 수 있었다.

양자역학의 세계에서 입자는 스핀 상태에 따라 분류된다. 스핀이 1/2의 홀수배(1/2, 3/2, …)인 입자들은 원자로를 개발한 유명한 물리학자 엔리코 페르미의 이름을 따 '페르미온'이라고 부른다. 오스트리아의 이론물리학자 볼프강 파울리는 페르미온들은 같은 에너지 상태를 가질 수 없고 서로 배척한다는 사실을 알아냈다(즉, 같은 에너지 상태에서는 + / – 반대의 스핀을 갖는 페르미온끼리만 같이 존재할 수 있다). 이를 '파울리의 배타원리'라고 한다. 페르미온은 대개 양성자, 중성자, 전자 같은 물질을 구성하며 파울리의 배타원리에 따라 페르미온 입자로 이뤄진 물질은 우리가 손으로 만질 수 있다.

스핀이 0, 1, 2, … 등 정수 값인 입자도 있다. 바로 보존이다. 인도의 무명 물리학자였던 사티엔드라 나트 보즈의 이름을 본 땄다. 보즈는 페르미가 개발한 페르미 통계를 공부하고 보존의 물리학을 만들었다. 당시 그는 박사학위도 없는 무명의 물리학자여서 논문을 작성한 뒤 아인슈타인에게 편지로 보냈다. 다행히 아인슈타인은 그 논문을 쓰레기통에 넣지 않고 꼼꼼히 읽어본 뒤 자신의 생각을 첨가하고 독일어로 번역해 학술지에 제출했다. 바로 보존 입자의 물리학(보즈 – 아인슈타인 통계)이다. 이에 따르면 보존 입자는 페르미온과 달리 파울리의 배타원리를 따르지 않는다. 따라서 같은 에너지 상태를 지닌 입자라도 서로 겹쳐서 존재할 수 있다. 만져지지 않는 에너지 덩어리인 셈이다. 이들 보존 입자는 대개 힘을 매개한다.

빛 알갱이, 즉 ________________________________ 빛은 실험을 해보면 입자의 특성을 보이지만, 질량이 없고 물질을 투과하며 만져지지 않는다. 포논은 어떨까? 원자 사이의 용수철 진동을 양자화한 것이므로 물질이 아니라 단순한 에너지의 진동으로서 파울리의 배타원리를 따르지 않는다. 즉, 포논은 광자와 마찬가지로 스핀이 0인 보존 입자다.

① 광자는 보존의 대표적인 예다.

② 광자는 페르미온의 대표적인 예다.

③ 광자는 파울리의 배타원리를 따른다.

④ 광자는 스핀 상태에 따라 분류할 수 없다.

⑤ 광자는 스핀이 1/2의 홀수배인 입자의 대표적인 예다.

PART 1

정답 ①

빈칸의 앞 문단에서 '보존 입자는 페르미온과 달리 파울리의 배타원리를 따르지 않는다. 따라서 같은 에너지 상태를 지닌 입자라도 서로 겹쳐서 존재할 수 있다. 만져지지 않는 에너지 덩어리인 셈이다.'라고 하였고, 빈칸 다음 문장에서 '빛은 실험을 해보면 입자의 특성을 보이지만, 질량이 없고 물질을 투과하며 만져지지 않는다.'라고 하였다. 또한 마지막 문장에서 '포논은 광자와 마찬가지로 스핀이 0인 보존 입자다.'라고 하였으므로 광자는 스핀이 0인 보존 입자라는 것을 알 수 있다. 따라서 빈칸에 들어갈 내용으로 ①이 가장 적절하다.

오답분석

③ 광자가 파울리의 배타원리를 따른다면 파울리의 배타원리에 따라 페르미온 입자로 이뤄진 물질은 우리가 손으로 만질 수 있어야 한다. 그러나 광자는 질량이 없고 물질을 투과하며 만져지지 않는다고 하였으므로 적절하지 않은 내용이다.

④ '포논은 광자와 마찬가지로 스핀이 0인 보존 입자다.'라는 내용에서 광자는 스핀 상태에 따라 분류할 수 있는 입자임을 알 수 있으므로 적절하지 않은 내용이다.

⑤ 스핀이 1/2의 홀수배인 입자들은 페르미온이라고 하였고, 광자는 스핀이 0인 보존 입자이므로 적절하지 않은 내용이다.

30초 컷 풀이 Tip

제시문을 모두 읽고 풀기에는 시간이 부족하다. 따라서 빈칸의 전후 문장만을 통해 내용을 파악할 수 있어야 한다. 주어진 문장을 각각 빈칸에 넣었을 때 그 흐름이 어색하지 않은지 살펴보는 것도 좋은 방법이다.

CHAPTER

02 언어추리 핵심이론

01 문제해결능력

1. 문제의 의의

(1) 문제와 문제점

문제	업무를 수행함에 있어서 답을 요구하는 질문이나 의논하여 해결해야 하는 사항
문제점	문제의 원인이 되는 사항으로 문제해결을 위해서 조치가 필요한 대상

예 난폭운전으로 전복사고가 일어난 경우는 '사고의 발생'이 문제이며, '난폭운전'은 문제점이다.

(2) 문제의 유형

① 기능에 따른 분류 : 제조 문제, 판매 문제, 자금 문제, 인사 문제, 경리 문제, 기술상 문제
② 시간에 따른 분류 : 과거 문제, 현재 문제, 미래 문제
③ 해결방법에 따른 분류 : 논리적 문제, 창의적 문제

(3) 발생형 문제, 탐색형 문제, 설정형 문제

구분	내용
발생형 문제 (보이는 문제)	• 우리 눈앞에 발생되어 걱정하고 해결하기 위해 고민하는 문제를 말하며 원인지향적인 문제라고도 함 • 일탈 문제 : 어떤 기준을 일탈함으로써 생기는 문제 • 미달 문제 : 기준에 미달하여 생기는 문제
탐색형 문제 (찾는 문제)	• 현재의 상황을 개선하거나 효율을 높이기 위한 문제를 말하며 문제를 방치하면 뒤에 큰 손실이 따르거나 해결할 수 없게 되는 것 • 잠재 문제 : 문제가 잠재되어 인식하지 못하다가 결국 문제가 확대되어 해결이 어려운 문제 • 예측 문제 : 현재는 문제가 아니지만 계속해서 현재 상태로 진행할 경우를 가정하고 앞으로 일어날 수 있는 문제 • 발견 문제 : 현재는 문제가 없으나 좋은 제도나 기법, 기술을 발견하여 개선, 향상할 수 있는 문제
설정형 문제 (미래의 문제)	• 장래의 경영전략을 통해 앞으로 어떻게 할 것인가 하는 문제 • 새로운 목표를 설정함에 따라 일어나는 문제로서 목표 지향적 문제라고도 함 • 지금까지 경험한 바가 없는 문제로 많은 창조적인 노력이 요구되므로 창조적 문제라고도 함

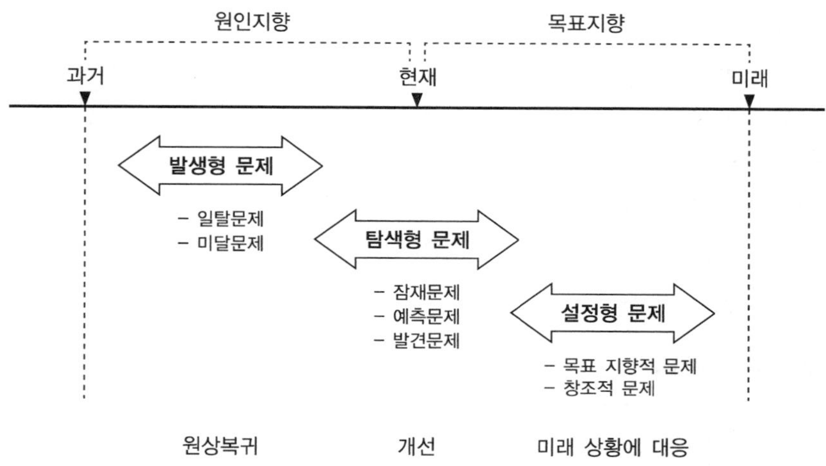

PART 1

2. 문제해결의 의의

(1) 문제해결이란?

목표와 현상을 분석하고, 분석 결과를 토대로 주요 과제를 도출한 뒤, 바람직한 상태나 기대되는 결과가 나타나도록 최적의 해결책을 찾아 실행, 평가해가는 활동을 말한다.

(2) 문제해결에 필요한 기본요소

① 체계적인 교육훈련
② 창조적 스킬의 습득
③ 전문영역에 대한 지식 습득
④ 문제에 대한 체계적인 접근

3. 문제해결에 필요한 기본적 사고

(1) 전략적 사고

현재 당면하고 있는 문제와 해결방법에만 집착하지 말고, 그 문제와 해결방안이 상위 시스템 또는 다른 문제와 어떻게 연결되어 있는지를 생각하는 것이 필요하다.

(2) 분석적 사고

전체를 각각의 요소로 나누어 그 요소의 의미를 도출한 다음 우선순위를 부여하고 구체적인 문제해결방법을 실행하는 것이 요구된다.

구분	요구되는 사고
성과 지향의 문제	기대하는 결과를 명시하고 효과적으로 달성하는 방법을 사전에 구상하고 실행에 옮길 것
가설 지향의 문제	현상 및 원인분석 전에 지식과 경험을 바탕으로 일의 과정이나 결과, 결론을 가정한 다음 검증 후 사실일 경우 다음 단계의 일을 수행할 것
사실 지향의 문제	일상 업무에서 일어나는 상식, 편견을 타파하여 객관적 사실로부터 사고와 행동을 출발할 것

(3) 발상의 전환

사물과 세상을 바라보는 인식의 틀을 전환하여 새로운 관점에서 바로 보는 사고를 지향하는 것이 필요하다.

(4) 내・외부자원의 효과적 활용

기술, 재료, 방법, 사람 등 필요한 자원 확보 계획을 수립하고 내・외부자원을 효과적으로 활용하도록 해야 한다.

4. 문제해결의 장애요소

- 문제를 철저하게 분석하지 않는 것
- 고정관념에 얽매이는 것
- 쉽게 떠오르는 단순한 정보에 의지하는 것
- 너무 많은 자료를 수집하려고 노력하는 것

5. 제3자를 통한 문제해결

구분	내용
소프트 어프로치	• 대부분의 기업에서 볼 수 있는 전형적인 스타일 • 조직 구성원들이 같은 문화적 토양을 가짐 • 직접적인 표현보다는 암시를 통한 의사전달 • 제3자 : 결론을 미리 그려가면서 권위나 공감에 의지함 • 결론이 애매하게 산출되는 경우가 적지 않음
하드 어프로치	• 조직 구성원들이 상이한 문화적 토양을 가짐 • 직설적인 주장을 통한 논쟁과 협상 • 논리, 즉 사실과 원칙에 근거한 토론 • 제3자 : 지도와 설득을 통해 전원이 합의하는 일치점 추구 • 이론적으로는 가장 합리적인 방법 • 창조적인 아이디어나 높은 만족감을 이끌어내기 어려움
퍼실리테이션	• 그룹이 나아갈 방향을 알려주고, 공감을 이룰 수 있도록 도와주는 것 • 제3자 : 깊이 있는 커뮤니케이션을 통해 창조적인 문제해결 도모 • 창조적인 해결방안 도출, 구성원의 동기와 팀워크 강화 • 퍼실리테이터의 줄거리대로 결론이 도출되어서는 안 됨

02 사고력

1. 창의적 사고의 의의

(1) 창의적 사고란?

당면한 문제를 해결하기 위해 이미 알고 있는 경험과 지식을 해체하여 다시 새로운 정보로 결합함으로써 새로운 아이디어를 다시 도출하는 것이다.

(2) 창의적 사고의 특징

- 발산적(확산적) 사고
- 새롭고 유용한 아이디어를 생산해 내는 정신적인 과정
- 기발하거나, 신기하며 독창적인 것
- 유용하고 적절하며, 가치가 있는 것
- 기존의 정보들을 새롭게 조합시킨 것

2. 창의적 사고의 개발 방법

(1) 자유 연상법 – 생각나는 대로 자유롭게 발상 – 브레인스토밍

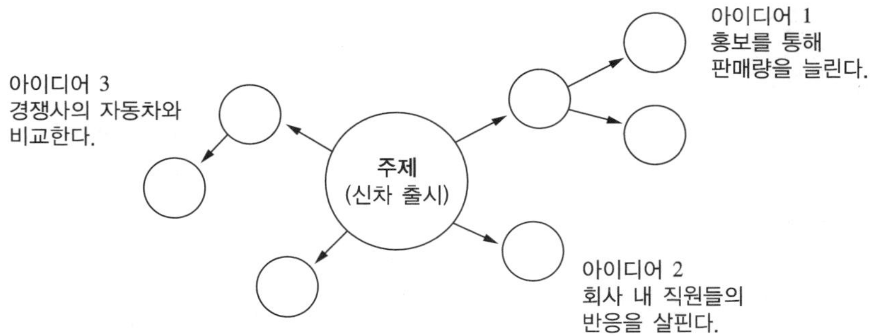

(2) 강제 연상법 – 각종 힌트와 강제적으로 연결지어서 발상 – 체크리스트

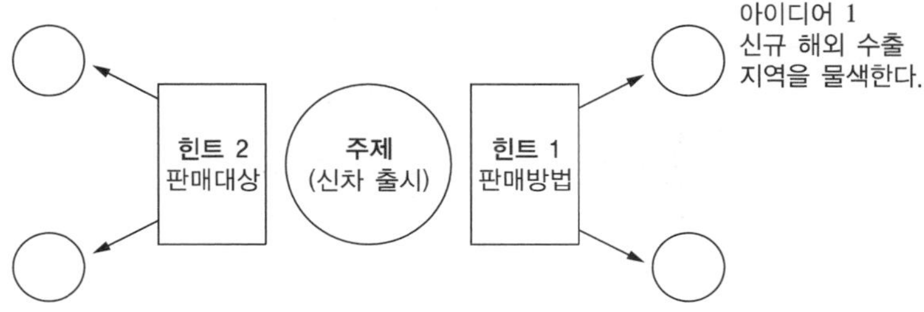

PART 1

(3) 비교 발상법 – 주제의 본질과 닮은 것을 힌트로 발상 – NM법, Synectics

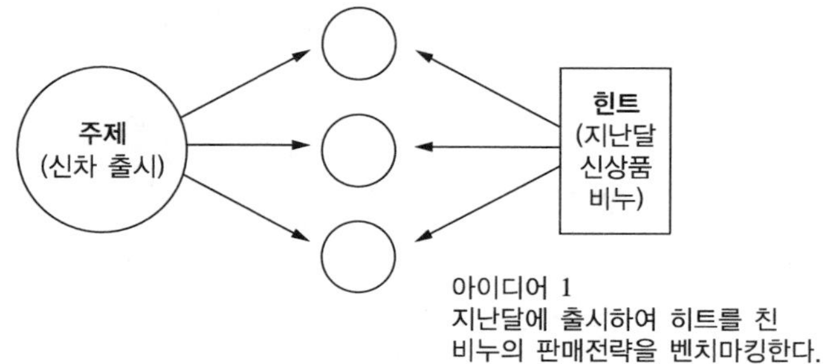

(4) 브레인스토밍 진행 방법

- 주제를 구체적이고 명확하게 정한다.
- 구성원의 얼굴을 볼 수 있는 좌석 배치와 큰 용지를 준비한다.
- 구성원들의 다양한 의견을 도출할 수 있는 사람을 리더로 선출한다.
- 구성원은 다양한 분야의 사람들로 5～8명 정도로 구성한다.
- 발언은 누구나 자유롭게 할 수 있도록 하며, 모든 발언 내용을 기록한다.
- 아이디어에 대한 평가는 비판해서는 안 된다.

3. 논리적 사고

(1) 논리적 사고란?

사고의 전개에 있어서 전후의 관계가 일치하고 있는가를 살피고, 아이디어를 평가하는 능력을 말한다.

(2) 논리적 사고의 5요소

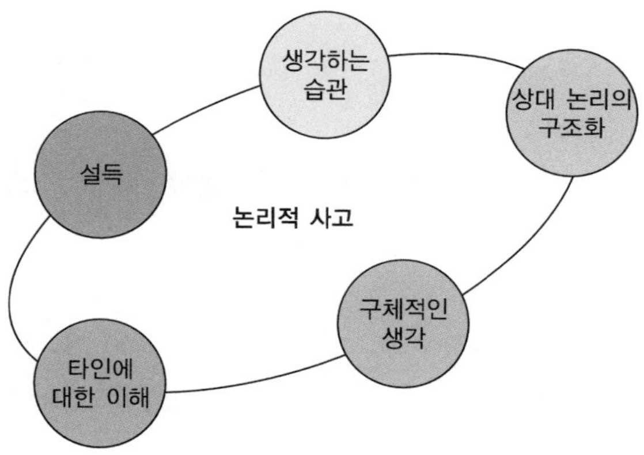

(3) 논리적 사고를 개발하기 위한 방법

① 피라미드 기법

보조 메시지들을 통해 주요 메인 메시지를 얻고, 다시 메인 메시지를 종합한 최종적인 정보를 도출해 내는 방법이다.

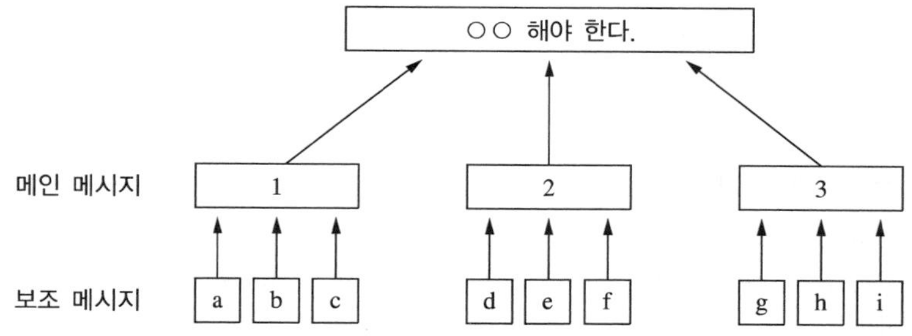

② So What 기법

"그래서 무엇이지?" 하고 자문자답하는 의미로 눈앞에 있는 정보로부터 의미를 찾아내어 가치 있는 정보를 끌어내는 사고이다. "So What?"은 "어떻게 될 것인가?", "어떻게 해야 한다."라는 내용이 포함되어야 한다. 다음은 이에 대한 사례이다.

[상황]

ㄱ. 우리 회사의 자동차 판매 대수가 사상 처음으로 전년 대비 마이너스를 기록했다.
ㄴ. 우리나라의 자동차 업계 전체는 일제히 적자 결산을 발표했다.
ㄷ. 주식 시장은 몇 주간 조금씩 하락하는 상황에 있다.

[So What?을 사용한 논리적 사고의 예]

a. 자동차 판매의 부진
b. 자동차 산업의 미래
c. 자동차 산업과 주식시장의 상황
d. 자동차 관련 기업의 주식을 사서는 안 된다.
e. 지금이야말로 자동차 관련 기업의 주식을 사야 한다.

[해설]

a. 상황 ㄱ만 고려하고 있으므로 So What의 사고에 해당하지 않는다.
b. 상황 ㄷ을 고려하지 못하고 있으므로 So What의 사고에 해당하지 않는다.
c. 상황 ㄱ ~ ㄷ을 모두 고려하고는 있으나 자동차 산업과 주식시장이 어떻게 된다는 것을 알 수 없으므로 So What의 사고에 해당하지 않는다.
d · e. "주식을 사지 마라(사라)."는 메시지를 주고 있으므로 So What의 사고에 해당한다.

4. 비판적 사고

(1) 비판적 사고란?

어떤 주제나 주장 등에 대해서 적극적으로 분석하고 종합하며 평가하는 능동적인 사고를 말한다. 이는 문제의 핵심을 중요한 대상으로 하며, 지식과 정보를 바탕으로 합당한 근거에 기초를 두고 현상을 분석, 평가하는 사고이다. 비판적 사고를 개발하기 위해서는 지적 호기심, 객관성, 개방성, 융통성, 지적 회의성, 지적 정직성, 체계성, 지속성, 결단성, 다른 관점에 대한 존중과 같은 합리적인 태도가 요구된다.

(2) 비판적 사고에 필요한 태도

① 문제의식

문제의식을 가지고 있다면 주변에서 발생하는 사소한 것에서도 정보를 수집하고 새로운 아이디어를 끊임없이 생산해 낼 수 있다.

② 고정관념 타파

지각의 폭을 넓히는 일은 정보에 대한 개방성을 가지고 편견을 갖지 않는 것으로 이를 위해서는 고정관념을 타파하는 것이 중요하다.

03 문제처리능력

1. 문제 인식

(1) 문제 인식 절차

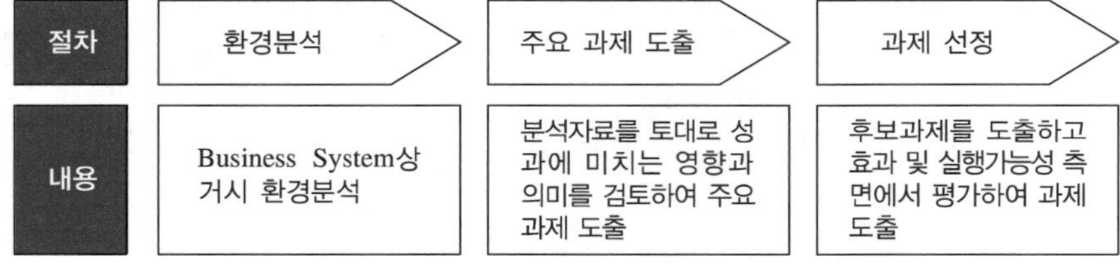

(2) 환경 분석

① 3C 분석

사업환경을 구성하고 있는 요소인 자사, 경쟁사, 고객을 3C라고 한다.

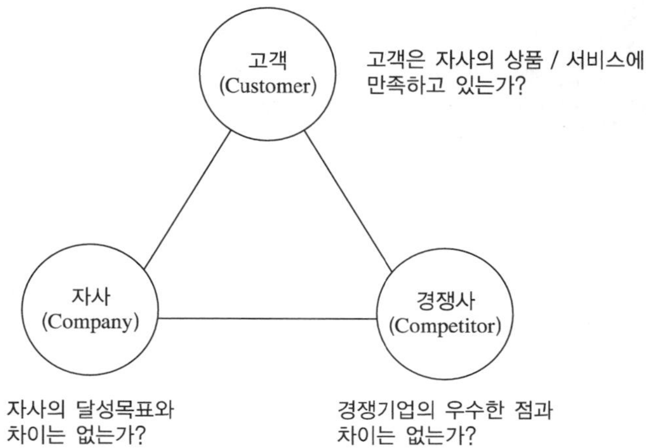

② SWOT 분석

㉠ 의의 : 기업내부의 강점, 약점과 외부환경의 기회, 위협 요인을 분석 평가하고 이들을 서로 연관 지어 전략을 개발하고 문제해결 방안을 개발하는 방법이다.

내부환경 요인

외부환경 요인	강점 (Strengths)	약점 (Weaknesses)
기회 (Opportunities)	SO 내부강점과 외부기회 요인을 극대화	WO 외부기회를 이용하여 내부약점을 강점으로 전환
위협 (Threats)	ST 외부위협을 최소화하기 위해 내부강점을 극대화	WT 내부약점과 외부위협을 최소화

㉡ SWOT 분석 방법

외부환경 분석	• 좋은 쪽으로 작용하는 것은 기회, 나쁜 쪽으로 작용하는 것은 위협으로 분류 • 언론매체, 개인 정보망 등을 통하여 입수한 상식적인 세상의 변화 내용을 시작으로 당사자에게 미치는 영향을 순서대로 점차 구체화 • 인과관계가 있는 경우 화살표로 연결 • 동일한 Data라도 자신에게 긍정적으로 전개되면 기회로, 부정적으로 전개되면 위협으로 구분 • 외부환경 분석 시에는 SCEPTIC 체크리스트를 활용 ① Social(사회), ② Competition(경쟁), ③ Economic(경제), ④ Politic(정치), ⑤ Technology(기술), ⑥ Information(정보), ⑦ Client(고객)
내부환경 분석	• 경쟁자와 비교하여 나의 강점과 약점을 분석 • 강점과 약점의 내용 : 보유하거나 동원 가능하거나 활용 가능한 자원 • 내부환경 분석에는 MMMITI 체크리스트를 활용 ① Man(사람), ② Material(물자), ③ Money(돈), ④ Information(정보), ⑤ Time(시간), ⑥ Image(이미지)

㉢ SWOT 전략 수립 방법

내부의 강점과 약점을, 외부의 기회와 위협을 대응시켜 기업 목표 달성을 위한 SWOT 분석을 바탕으로 구축한 발전전략의 특성은 다음과 같다.

SO전략	외부환경의 기회를 활용하기 위해 강점을 사용하는 전략 선택
ST전략	외부환경의 위협을 회피하기 위해 강점을 사용하는 전략 선택
WO전략	자신의 약점을 극복함으로써 외부환경의 기회를 활용하는 전략 선택
WT전략	약점을 보완해 미래의 위협에 대응하거나 비상시 대처하기 위한 전략 선택

(3) 주요 과제 도출

과제 도출을 위해서는 다양한 과제 후보안을 다음 그림과 같은 표를 이용해서 하는 것이 체계적이며 바람직하다. 주요 과제 도출을 위한 과제안 작성 시 과제안 간의 동일한 수준, 표현의 구체성, 기간 내 해결 가능성 등을 확인해야 한다.

(4) 과제 선정

과제안 중 효과 및 실행 가능성 측면을 평가하여 가장 우선순위가 높은 안을 선정하며, 우선순위 평가 시에는 과제의 목적, 목표, 자원현황 등을 종합적으로 고려하여 평가한다.

(5) 과제안 평가기준

과제해결의 중요성, 과제착수의 긴급성, 과제해결의 용이성을 고려하여 여러 개의 평가기준을 동시에 설정하는 것이 바람직하다.

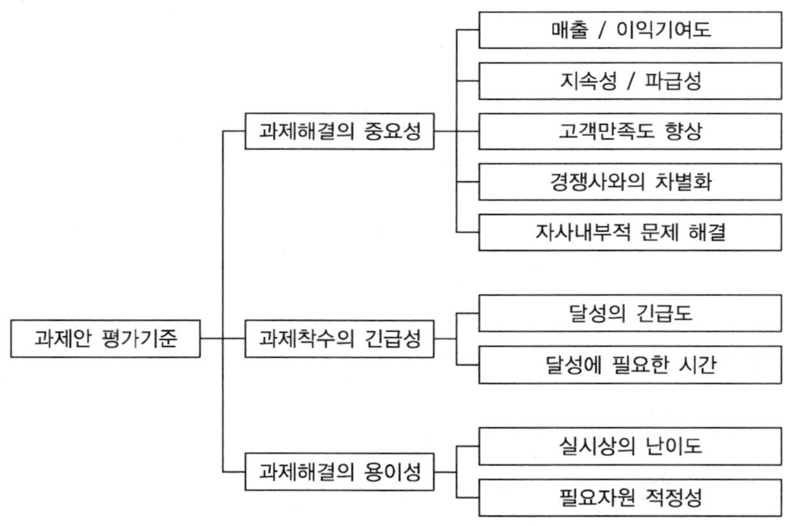

2. 문제 도출

(1) 세부 절차

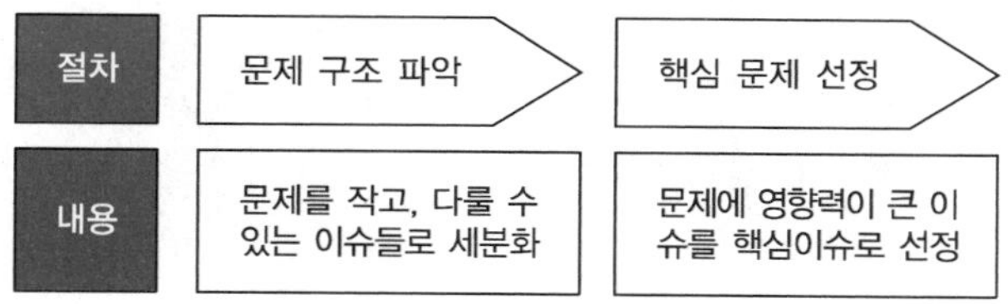

절차	문제 구조 파악	핵심 문제 선정
내용	문제를 작고, 다룰 수 있는 이슈들로 세분화	문제에 영향력이 큰 이슈를 핵심이슈로 선정

(2) 문제 구조 파악

전체 문제를 개별화된 세부 문제로 나누는 과정으로 문제의 내용 및 부정적인 영향 등을 파악하여 문제의 구조를 도출해내는 것이다. 이를 위해서는 문제가 발생한 배경이나 문제를 일으키는 원인을 분명히 해야 하며, 문제의 본질을 다양하고 넓은 시야로 보아야 한다.

(3) Logic Tree

주요 과제를 나무모양으로 분해, 정리하는 기술로 제한된 시간 동안 문제의 원인을 깊이 파고든다든지 해결책을 구체화할 때 유용하게 사용된다. 이를 위해서는 전체 과제를 명확히 해야 하며 분해해 가는 가지의 수준을 맞춰야 하고, 원인이 중복되거나 누락되지 않고 각각의 합이 전체를 포함해야 한다.

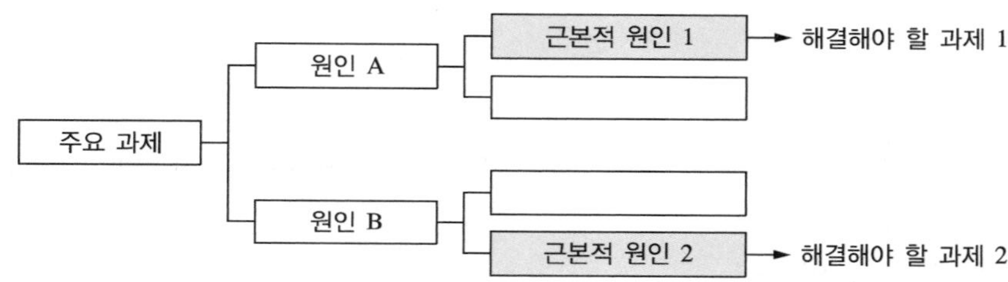

3. 원인 분석

(1) 세부 절차

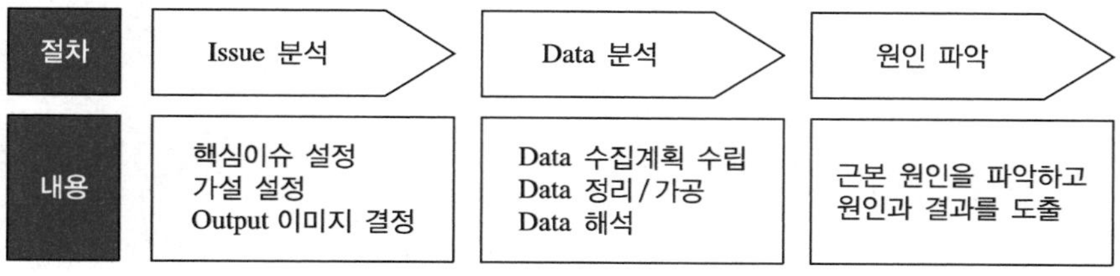

절차	Issue 분석	Data 분석	원인 파악
내용	핵심이슈 설정 가설 설정 Output 이미지 결정	Data 수집계획 수립 Data 정리 / 가공 Data 해석	근본 원인을 파악하고 원인과 결과를 도출

(2) Issue 분석

① 핵심이슈 설정

업무에 가장 크게 영향을 미치는 문제로 선정하며, 사내외 고객 인터뷰 등을 활용한다.

② 가설 설정

이슈에 대해 자신의 직관, 경험 등에 의존하여 일시적인 결론을 예측하는 것이며 설정된 가설은 관련자료 등을 통해 검증할 수 있어야 하고, 논리적이며 객관적이어야 한다.

③ Output 이미지 결정

가설검증계획에 따라 분석결과를 미리 이미지화하는 것이다.

(3) Data 분석

① Data 수집계획 수립

데이터 수집 시에는 목적에 따라 수집 범위를 정하고, 전체 자료의 일부인 표본을 추출하는 전통적인 통계학적 접근과 전체 데이터를 활용한 빅데이터 분석을 구분해야 한다. 이때, 객관적인 사실을 수집해야 하며 자료의 출처를 명확히 밝힐 수 있어야 한다.

② Data 정리 / 가공

데이터 수집 후에는 목적에 따라 수집된 정보를 항목별로 분류 정리하여야 한다.

③ Data 해석

정리된 데이터는 '무엇을', '왜', '어떻게' 측면에서 의미를 해석해야 한다.

(4) 원인 파악

① 단순한 인과관계

원인과 결과를 분명하게 구분할 수 있는 경우로, 날씨가 더울 때 아이스크림 판매량이 증가하는 경우가 이에 해당한다.

② 닭과 계란의 인과관계

원인과 결과를 구분하기가 어려운 경우로, 브랜드의 향상이 매출 확대로 이어지고 매출 확대가 다시 브랜드의 인지도 향상으로 이어져 원인과 결과를 쉽게 밝혀내기 어려운 상황이 이에 해당한다.

③ 복잡한 인과관계

단순한 인과관계와 닭과 계란의 인과관계의 유형이 복잡하게 서로 얽혀 있는 경우로, 대부분의 문제가 이에 해당한다.

4. 해결안 개발

(1) 세부 절차

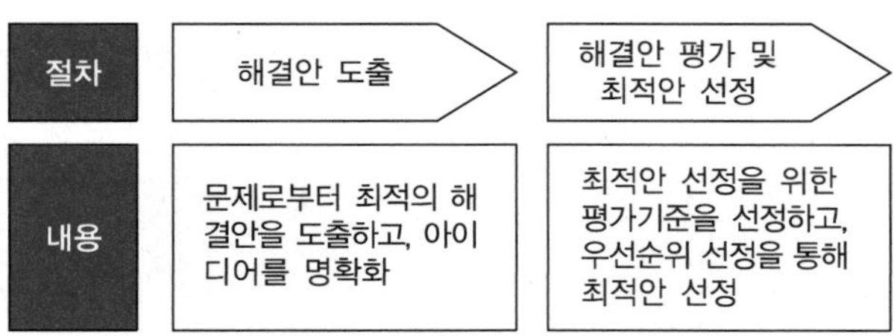

(2) 해결안 도출 과정

① 근본원인으로 열거된 내용을 어떠한 방법으로 제거할 것인지를 명확히 한다.
② 독창적이고 혁신적인 방안을 도출한다.
③ 유사한 방법이나 목적을 갖는 내용을 군집화한다.
④ 최종 해결안을 정리한다.

(3) 해결안 평가 및 최적안 선정

문제(What), 원인(Why), 방법(How)을 고려해서 해결안을 평가하고 가장 효과적인 해결안을 선정해야 하며, 중요도와 실현 가능성 등을 고려해서 종합적인 평가를 내리고 채택 여부를 결정하는 과정이다.

5. 실행 및 평가

(1) 세부 절차

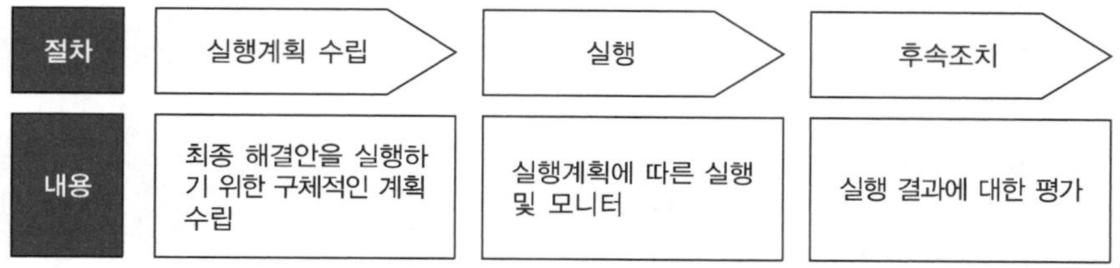

(2) 실행계획 수립

세부 실행 내용의 난이도를 고려하여 가급적 구체적으로 세우는 것이 좋으며, 해결안별 실행계획서를 작성함으로써 실행의 목적과 과정별 진행 내용을 일목요연하게 파악하도록 하는 것이 필요하다.

(3) 실행 및 후속조치

① 파일럿 테스트를 통해 문제점을 발견하고, 해결안을 보완한 후 대상 범위를 넓혀서 전면적으로 실시해야 한다. 그리고 실행상의 문제점 및 장애요인을 신속히 해결하기 위해서 모니터링 체제를 구축하는 것이 바람직하다.
② 모니터링 시 고려 사항

- 바람직한 상태가 달성되었는가?
- 문제가 재발하지 않을 것을 확신할 수 있는가?
- 사전에 목표한 기간 및 비용은 계획대로 지켜졌는가?
- 혹시 또 다른 문제를 발생시키지 않았는가?
- 해결책이 주는 영향은 무엇인가?

04 언어추리

1. 연역 추론

이미 알고 있는 판단(전제)을 근거로 새로운 판단(결론)을 유도하는 추론이다. 연역 추론은 진리일 가능성을 따지는 귀납 추론과는 달리, 명제 간의 관계와 논리적 타당성을 따진다. 즉, 연역 추론은 전제들로부터 절대적인 필연성을 가진 결론을 이끌어내는 추론이다.

(1) 직접 추론 : 한 개의 전제로부터 중간적 매개 없이 새로운 결론을 이끌어내는 추론이며, 대우 명제가 그 대표적인 예이다.

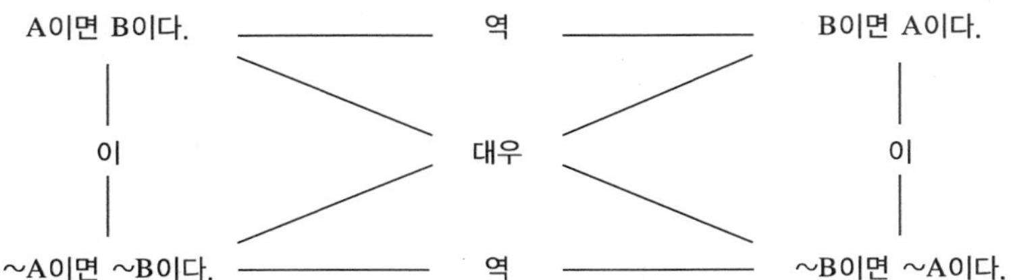

• 한국인은 모두 황인종이다.	(전제)
• 그러므로 황인종이 아닌 사람은 모두 한국인이 아니다.	(결론 1)
• 그러므로 황인종 중에는 한국인이 아닌 사람도 있다.	(결론 2)

(2) 간접 추론 : 둘 이상의 전제로부터 새로운 결론을 이끌어내는 추론이다. 삼단논법이 가장 대표적인 예이다.

① **정언 삼단논법** : 세 개의 정언명제로 구성된 간접추론 방식이다. 세 개의 명제 가운데 두 개의 명제는 전제이고, 나머지 한 개의 명제는 결론이다. 세 명제의 주어와 술어는 세 개의 서로 다른 개념을 표현한다(P는 대개념, S는 소개념, M은 매개념이다).

② **가언 삼단논법** : 가언명제로 이루어진 삼단논법을 말한다. 가언명제란 두 개의 정언명제가 '만일 ~이라면'이라는 접속사에 의해 결합된 복합명제이다. 여기서 '만일'에 의해 이끌리는 명제를 전건이라고 하고, 그 뒤의 명제를 후건이라고 한다. 가언 삼단논법의 종류로는 혼합가언 삼단논법과 순수가언 삼단논법이 있다.

㉠ 혼합가언 삼단논법 : 대전제만 가언명제로 구성된 삼단논법이다. 긍정식과 부정식 두 가지가 있으며, 긍정식은 'A면 B다. A다. 그러므로 B다.'이고, 부정식은 'A면 B다. B가 아니다. 그러므로 A가 아니다.'이다.

- 만약 A라면 B다.
- B가 아니다.
- 그러므로 A가 아니다.

㉡ 순수가언 삼단논법 : 대전제와 소전제 및 결론까지 모두 가언명제들로 구성된 삼단논법이다.

- 만약 A라면 B다.
- 만약 B라면 C다.
- 그러므로 만약 A라면 C다.

③ 선언 삼단논법 : '~이거나 ~이다.'의 형식으로 표현되며 전제 속에 선언 명제를 포함하고 있는 삼단논법이다.

- 내일은 비가 오거나 눈이 온다. A 또는 B이다.
- 내일은 비가 오지 않는다. A가 아니다.
- 그러므로 내일은 눈이 온다. 그러므로 B다.

④ 딜레마 논법 : 대전제는 두 개의 가언명제로, 소전제는 하나의 선언명제로 이루어진 삼단논법으로, 양도추론이라고도 한다.

- 만일 네가 거짓말을 하면, 신이 미워할 것이다. (대전제)
- 만일 네가 거짓말을 하지 않으면, 사람들이 미워할 것이다. (대전제)
- 너는 거짓말을 하거나, 거짓말을 하지 않을 것이다. (소전제)
- 그러므로 너는 미움을 받게 될 것이다. (결론)

2. 귀납 추론

특수한 또는 개별적인 사실로부터 일반적인 결론을 이끌어내는 추론을 말한다. 귀납 추론은 구체적 사실들을 기반으로 하여 결론을 이끌어내기 때문에 필연성을 따지기보다는 개연성과 유관성, 표본성 등을 중시하게 된다. 여기서 개연성이란, 관찰된 어떤 사실이 같은 조건 하에서 앞으로도 관찰될 수 있는가 하는 가능성을 말하고, 유관성은 추론에 사용된 자료가 관찰하려는 사실과 관련되어야 하는 것을 일컬으며, 표본성은 추론을 위한 자료의 표본 추출이 공정하게 이루어져야 하는 것을 가리킨다. 이러한 귀납 추론은 일상생활 속에서 많이 사용하고, 우리가 알고 있는 과학적 사실도 이와 같은 방법으로 밝혀졌다.

- 히틀러도 사람이고 죽었다.
- 스탈린도 사람이고 죽었다.
- 그러므로 모든 사람은 죽는다.

그러나 전제들이 참이어도 결론이 항상 참인 것은 아니다. 단 하나의 예외로 인하여 결론이 거짓이 될 수 있다.

- 성냥불은 뜨겁다.
- 연탄불도 뜨겁다.
- 그러므로 모든 불은 뜨겁다.

위 예문에서 '성냥불이나 연탄불이 뜨거우므로 모든 불은 뜨겁다.'라는 결론이 나왔는데, 반딧불은 뜨겁지 않으므로 '모든 불이 뜨겁다.'라는 결론은 거짓이 된다.

(1) **완전 귀납 추론** : 관찰하고자 하는 집합의 전체를 다 검증함으로써 대상의 공통 특질을 밝혀내는 방법이다. 이는 예외 없는 진실을 발견할 수 있다는 장점은 있으나, 집합의 규모가 크고 속성의 변화가 다양할 경우에는 적용하기 어려운 단점이 있다.

예 1부터 10까지의 수를 다 더하여 그 합이 55임을 밝혀내는 방법

(2) **통계적 귀납 추론** : 통계적 귀납 추론은 관찰하고자 하는 집합의 일부에서 발견한 몇 가지 사실을 열거함으로써 그 공통점을 결론으로 이끌어내려는 방식을 가리킨다. 관찰하려는 집합의 규모가 클 때 그 일부를 표본으로 추출하여 조사하는 방식이 이에 해당하며, 표본 추출의 기준이 얼마나 적합하고 공정한가에 따라 그 결과에 대한 신뢰도가 달라진다는 단점이 있다.

예 여론조사에서 일부의 국민에 대한 설문 내용을 바탕으로, 전체 국민의 여론으로 제시하는 것

(3) **인과적 귀납 추론** : 관찰하고자 하는 집합의 일부 원소들이 지닌 인과 관계를 인식하여 그 원인이나 결과를 이끌어내려는 방식을 말한다.

① **일치법** : 공통적인 현상을 지닌 몇 가지 사실 중에서 각기 지닌 요소 중 어느 한 가지만 일치한다면 이 요소가 공통 현상의 원인이라고 판단

예 마을 잔칫집에서 돼지고기를 먹은 사람들이 집단 식중독을 일으켰다.
따라서 식중독의 원인은 상한 돼지고기가 아닌가 생각한다.

② **차이법** : 어떤 현상이 나타나는 경우와 나타나지 않은 경우를 놓고 보았을 때, 각 경우의 여러 조건 중 단 하나만이 차이를 보인다면 그 차이를 보이는 조건이 원인이 된다고 판단

예 현수와 승재는 둘 다 지능이나 학습 시간, 학습 환경 등이 비슷한데 공부하는 태도에는 약간의 차이가 있다.
따라서 둘의 성적이 차이를 보이는 것은 학습 태도의 차이 때문으로 생각된다.

③ **일치·차이 병용법** : 몇 개의 공통 현상이 나타나는 경우와 몇 개의 그렇지 않은 경우를 놓고 일치법과 차이법을 병용하여 적용함으로써 그 원인을 판단

예 학업능력 정도가 비슷한 두 아동 집단에 대해 처음에는 같은 분량의 과제를 부여하고 나중에는 각기 다른 분량의 과제를 부여한 결과, 많이 부여한 집단의 성적이 훨씬 높게 나타났다. 이로 보아, 과제를 많이 부여하는 것이 적게 부여하는 것보다 학생의 학업 성적 향상에 도움이 된다고 판단할 수 있다.

④ **공변법** : 관찰하는 어떤 사실의 변화에 따라 현상의 변화가 일어날 때 그 변화의 원인이 무엇인지 판단

예 담배를 피우는 양이 각기 다른 사람들의 집단을 조사한 결과, 담배를 많이 피울수록 폐암에 걸릴 확률이 높다는 사실이 발견되었다.

⑤ **잉여법** : 앞의 몇 가지 현상이 뒤의 몇 가지 현상의 원인이며, 선행 현상의 일부분이 후행 현상의 일부분이라면, 선행 현상의 나머지 부분이 후행 현상의 나머지 부분의 원인임을 판단

예 어젯밤 일어난 사건의 혐의자는 정은이와 규민이 두 사람인데, 정은이는 알리바이가 성립되어 혐의 사실이 없는 것으로 밝혀졌다. 따라서 그 사건의 범인은 규민이일 가능성이 높다.

3. 유비 추론

두 개의 대상 사이에 일련의 속성이 동일하다는 사실에 근거하여 그것들의 나머지 속성도 동일하리라는 결론을 이끌어내는 추론, 즉 이미 알고 있는 것에서 다른 유사한 점을 찾아내는 추론을 말한다. 그렇기 때문에 유비 추론은 잣대(기준)가 되는 사물이나 현상이 있어야 한다. 유비 추론은 가설을 세우는 데 유용하다. 이미 알고 있는 사례로부터 아직 알지 못하는 것을 생각해 봄으로써 쉽게 가설을 세울 수 있다. 이때 유의할 점은 이미 알고 있는 사례와 이제 알고자 하는 사례가 매우 유사하다는 확신과 증거가 있어야 한다. 그렇지 않은 상태에서 유비 추론에 의해 결론을 이끌어내면, 그것은 개연성이 거의 없고 잘못된 결론이 될 수도 있다.

- 지구에는 공기, 물, 흙, 햇빛이 있다.
  – A는 a, b, c, d의 속성을 가지고 있다.
- 화성에는 공기, 물, 흙, 햇빛이 있다.
  – B는 a, b, c, d의 속성을 가지고 있다.
- 지구에 생물이 살고 있다.
  – A는 e의 속성을 가지고 있다.
- 그러므로 화성에도 생물이 살고 있을 것이다.
  – 그러므로 B도 e의 속성을 가지고 있을 것이다.

01 상황추리

| 유형분석 |

- 언어추리 문제해결능력을 측정하는 유형이다.
- 문제해결이란 목표와 현상을 분석하고, 이 분석 결과를 토대로 주요 과제를 도출하여 바람직한 상태나 기대되는 결과가 나타나도록 최적의 해결안을 찾아 실행·평가하는 활동을 말한다. 따라서 문제 상황을 제시하고 그 상황을 정확히 파악한 다음에 합리적인 판단이나 올바른 방안을 선택할 수 있는가를 측정한다.
- 이 영역을 연습할 때는 문제 상황이 무엇인지를 명확히 분석 및 파악하는 연습을 해야 한다.

어느 국가의 기업 1만 개를 조사한 결과, 기업의 여성 종업원 비율과 이익률과의 관계에 있어서 다음과 같은 두 가지의 경향이 나타났다. 이 두 가지의 경향으로부터 논리적 모순 없이 도출될 수 있는 가장 적절한 가설은?

- 경향 1 : 과거 10년간 기업 간에 여성 종업원 비율과 이익률을 비교해 보면, 여성 종업원 비율이 높은 기업이 항상 이익률도 높은 정비례 관계가 나타났다.
- 경향 2 : 개개의 기업 자체를 고찰해 보면, 과거 10년간 여성 종업원 비율과 이익률 간에는 아무 관계가 없다.

① 이익을 내고 있는 기업은 남녀고용의 기회균등이라는 사회적 책임의 압력으로 인하여 여성을 많이 채용하기 때문에 여성 종업원 비율이 상승하는 경향이 있다.

② 여성을 활용하는 노무관리능력은 기업마다 다르지만 각 기업은 각각의 노무관리능력에 따라 적절한 비율로 여성을 고용하고 있다. 이 노무관리능력이 좋아 여성 종업원 비율이 높은 기업은 그러하지 않은 기업보다 이익률을 높일 수가 있다.

③ 여성은 출산·육아로 인하여 이직할 확률이 높지만, 기업으로서는 채용 시점에서 개개 여성의 이직 확률을 측정하는 것이 불가능하다. 이 때문에 기업이 이익률의 감소를 막기 위해 여성의 채용에 소극적으로 되는 것이 합리적이다.

④ 여성은 취직에 있어 차별받는 경향이 있기 때문에 노동시장에 능력이 좋은 여성이 많이 남아있다. 이로 인하여 차별 없이 여성을 많이 고용하는 기업은 임금에 비해 우수한 종업원을 확보할 수 있어 이익률이 높아진다.

⑤ 기업은 실적이 나빠져 이익률이 낮아지면, 채용을 중지하는 경향이 강하다. 채용을 중지하게 되면, 이직률이 높아 평균 근속연한이 짧은 여성의 비율이 낮아진다. 따라서 이익률과 여성 비율 사이에 정비례의 관계가 나타난다고 할 수 있다.

정답 ②

경향 1의 '여성 종업원 비율이 높은 기업이 항상 이익률도 높은 정비례 관계'와 경향 2의 '여성 종업원 비율과 이익률 간에는 아무 관계가 없다.'를 놓고 판단해 볼 때 '여성 종업원 비율'이 이익과는 직접적인 상관관계가 없으므로 다른 요소인 '노무관리능력'이 작용한 것으로 보는 것은 논리적 모순이 없다.

오답분석

① '사회적 책임의 압력으로 인하여 여성을 많이 채용하기 때문에 여성 종업원 비율이 상승'한다는 내용이 경향 2와 모순되며 경향 1, 2와는 아무런 관계가 없다.
③ '여성의 출산·육아로 인하여 이직할 확률'은 경향 1, 2에서 아예 다루어지지 않은 사안이므로 적절하지 않다.
④ '여성은 취직에 있어 차별받는 경향'으로 추정할 수 있는 요인을 경향 1, 2에서 찾을 수 없으므로 적절하지 않다.
⑤ '기업의 이익률과 평균 근속연한'과의 상관성을 추론할 수 있는 근거를 경향 1, 2에서 찾아볼 수 없으므로 적절하지 않다.

02 | 명제

| 유형분석 |

- 제시된 명제의 역 · 이 · 대우를 활용하여 푸는 유형이다.
- 조건명제와 대우명제를 이용하여 출제되는 경우가 많다. 따라서 명제의 기본 이론을 익히며 명제를 도식화하는 습관을 가져야 한다.

다음 명제가 모두 참일 때, 반드시 참인 명제는?

- 테니스를 좋아하는 사람은 가족여행을 싫어한다.
- 가족여행을 좋아하는 사람은 독서를 좋아한다.
- 독서를 좋아하는 사람은 쇼핑을 싫어한다.
- 쇼핑을 좋아하는 사람은 그림 그리기를 좋아한다.
- 그림 그리기를 좋아하는 사람은 테니스를 좋아한다.

① 그림 그리기를 좋아하는 사람은 가족여행을 좋아한다.
② 쇼핑을 싫어하는 사람은 그림 그리기를 좋아한다.
③ 테니스를 좋아하는 사람은 독서를 좋아한다.
④ 쇼핑을 좋아하는 사람은 가족여행을 싫어한다.
⑤ 쇼핑을 싫어하는 사람은 테니스를 좋아한다.

정답 ④

제시된 명제를 정리하면 다음과 같다.

- 테니스 ○ → 가족여행 ×
- 가족여행 ○ → 독서 ○
- 독서 ○ → 쇼핑 ×
- 쇼핑 ○ → 그림 그리기 ○
- 그림 그리기 ○ → 테니스 ○

위 조건을 정리하면 '쇼핑 ○ → 그림 그리기 ○ → 테니스 ○ → 가족여행 ×'이므로 ④는 반드시 참이다.

30초 컷 풀이 Tip

- 참인 명제는 대우명제도 반드시 참이므로, 명제의 대우를 우선적으로 구한다.
  쉬운 난도의 문제는 대우명제가 답인 경우도 있다. 따라서 대우명제를 통해 확실하게 참인 명제와 그렇지 않은 명제를 구별한다.
- 하나의 명제를 기준으로 잡고 주어진 명제 및 대우명제들을 연결한다.
  'A → B, B → C이면 A → C이다.'와 'A → B가 참이면 ~B → ~A가 참이다.'의 성질을 이용하여 전제와 결론 사이에 연결고리를 찾는다.

03 배열하기

| 유형분석 |

- 제시된 여러 조건 / 상황 / 규칙들을 정리하여 경우의 수를 구한 후 문제를 해결하는 유형이다.
- 고정 조건을 중심으로 표나 도식으로 정리하여 확실한 조건과 배제해야 할 조건들을 정리한다.

민하, 상식, 은희, 은주, 지훈은 점심 메뉴로 쫄면, 라면, 우동, 김밥, 어묵 중 각각 하나씩을 주문하였다. 다음 내용이 모두 참일 때, 바르게 짝지어진 것은?(단, 모두 서로 다른 메뉴를 주문하였다)

- 민하와 은주는 라면을 먹지 않았다.
- 상식과 민하는 김밥을 먹지 않았다.
- 은희는 우동을 먹었고, 지훈은 김밥을 먹지 않았다.
- 지훈은 라면과 어묵을 먹지 않았다.

① 지훈 – 라면, 상식 – 어묵
② 지훈 – 쫄면, 민하 – 라면
③ 은주 – 어묵, 상식 – 김밥
④ 은주 – 쫄면, 민하 – 김밥
⑤ 민하 – 어묵, 상식 – 라면

정답 ⑤

주어진 내용을 바탕으로 각자 먹은 음식을 표로 정리하면 다음과 같다.

구분	쫄면	라면	우동	김밥	어묵
민하	×	×	×	×	○
상식	×	○	×	×	×
은희	×	×	○	×	×
은주	×	×	×	○	×
지훈	○	×	×	×	×

따라서 민하는 어묵을, 상식이는 라면을 먹었음을 알 수 있다.

30초 컷 풀이 Tip

고정적인 조건을 가장 먼저 파악하는 것이 중요하다. 보통 고정적인 조건은 마지막 부분에 제시되는 경우가 많은데, 앞에 나온 조건들을 아무리 잘 정리해 봐도 고정 조건 하나에 경우의 수가 많이 줄어든다. 때문에 이를 중심으로 조건을 정리한다.

04 삼단논법

| 유형분석 |

• 주어진 전제와 결론을 통해, 필요한 전제를 추가하거나 결론을 도출해 내는 유형이다.

다음 명제를 통해 얻을 수 있는 결론으로 옳은 것은?

• 비가 오면 큰아들의 나막신이 잘 팔릴 것이므로 좋다.
• 비가 오지 않으면 작은아들의 짚신이 잘 팔릴 것이므로 좋다.
• 비가 오거나 오지 않거나 둘 중의 하나일 것이다.
• 그러므로 ______________________

① 비가 왔으면 좋겠다.
② 비가 오지 않았으면 좋겠다.
③ 비가 오거나 오지 않거나 좋다.
④ 비가 오거나 오지 않거나 걱정이다.
⑤ 비가 오거나 오지 않거나 상관없다.

정답 ③

비가 오면 큰아들의 장사가 잘 돼서 좋고, 비가 오지 않으면 작은 아들의 장사가 잘 돼서 좋다.
따라서 비가 오거나 오지 않거나 반드시 둘 중의 하나이므로, '항상 좋다.'라는 내용이 결론에 들어가야 한다.

30초 컷 풀이 Tip

• 주어진 명제를 도식화하여 학습한다.
  – 도식화의 방법에는 집합 부호 사용, 벤다이어그램 활용 등 여러 가지 방법이 있으므로 문제를 풀 때 자신에게 맞는 방법을 선택하여 학습하며, 많은 연습을 통해 실전에서는 객관적인 문제해결이 가능하도록 한다.
• 전제를 추가하는 유형인지, 결론을 도출하는 유형인지 먼저 파악한 후, 유형에 따라 접근법을 다르게 한다.
  – 전제를 추가하는 유형일 경우 : 결론과 주어진 전제의 연결고리를 찾는다.
  – 결론을 도출하는 유형일 경우 : 두 가지 전제로 도출할 수 있는 결론들을 정리한다.

대표기출유형

05 진실게임

| 유형분석 |

- 일반적으로 4 ~ 5명의 진술이 제시되며, 각 진술의 진실 및 거짓 여부를 확인하여 범인을 찾는 유형이다.
- 추리 영역 중에서도 체감 난도가 상대적으로 높은 유형으로 알려져 있다.
- 각 진술 사이의 모순을 찾아 성립하지 않는 경우의 수를 제거하거나, 경우의 수를 나누어 모든 조건이 성립하는지를 확인해야 한다.

준수, 민정, 영재, 세희, 성은 5명은 항상 진실만을 말하거나 거짓만 말한다. 다음 진술을 토대로 추론할 때, 거짓을 말하는 사람을 모두 고르면?

- 준수 : 성은이는 거짓만 말한다.
- 민정 : 영재는 거짓만 말한다.
- 영재 : 세희는 거짓만 말한다.
- 세희 : 준수는 거짓만 말한다.
- 성은 : 민정이와 영재 중 1명만 진실만 말한다.

① 민정, 세희　　② 준수, 영재
③ 영재, 성은　　④ 영재, 세희
⑤ 민정, 영재, 성은

정답 ②

만약 민정이가 진실을 말한다면 영재가 거짓, 세희가 진실, 준수가 거짓, 성은이의 '민정이와 영재 중 1명만 진실만을 말한다.'가 진실이 되면서 모든 조건이 성립한다. 반면, 만약 민정이가 거짓을 말한다면 영재가 진실, 세희가 거짓, 준수가 진실, 성은이의 '민정이와 영재 중 1명만 진실만을 말한다.'가 거짓이 되면서 모순이 생긴다.
따라서 거짓을 말한 사람은 준수와 영재이다.

30초 컷 풀이 Tip

진실게임 유형 중 90% 이상은 다음 두 가지 방법으로 풀 수 있다. 주어진 진술이 해당하는 경우를 확인한 후 문제를 푼다.

- 두 명 이상의 발언 중 한쪽이 진실이면 다른 한쪽이 거짓인 경우
  1) A가 진실이고 B가 거짓인 경우, B가 진실이고 A가 거짓인 경우 두 가지로 나눌 수 있다.
  2) 두 가지 경우에서 각 발언의 진위 여부를 판단하여 범인을 찾는다.
  3) 주어진 조건과 비교한다(범인의 숫자가 맞는지, 진실 또는 거짓을 말한 인원수가 조건과 맞는지 등).
- 두 명 이상의 발언 중 한쪽이 진실이면 다른 한쪽도 진실인 경우
  1) A와 B가 모두 진실인 경우, A와 B가 모두 거짓인 경우 두 가지로 나눌 수 있다.
  2) 두 가지 경우에서 각 발언의 진위 여부를 판단하여 범인을 찾는다.
  3) 주어진 조건과 비교한다(범인의 숫자가 맞는지, 진실 또는 거짓을 말한 인원수가 조건과 맞는지 등).

03 수리력 핵심이론

01 자료해석

(1) 꺾은선(절선)그래프

① 시간적 추이(시계열 변화)를 표시하는 데 적합하다.

예 연도별 매출액 추이 변화 등

② 경과·비교·분포를 비롯하여 상관관계 등을 나타날 때 사용한다.

〈중학교 장학금, 학비감면 수혜현황〉

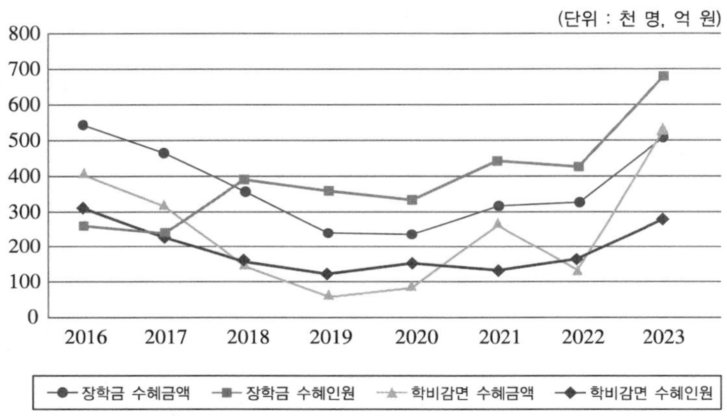

(2) 막대그래프

① 비교하고자 하는 수량을 막대 길이로 표시하고, 그 길이를 비교하여 각 수량 간의 대소 관계를 나타내는 데 적합하다.

예 영업소별 매출액, 성적별 인원분포 등

② 가장 간단한 형태로 내역・비교・경과・도수 등을 표시하는 용도로 사용한다.

〈경상수지 추이〉

(잠정치, 단위 : 억 달러)

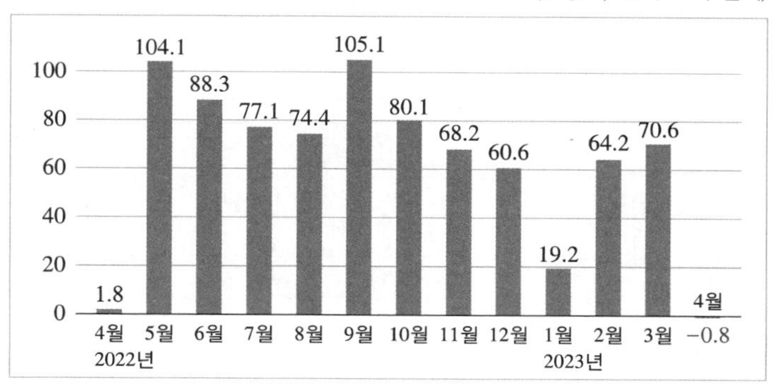

(3) 원그래프

① 내역이나 내용의 구성비를 분할하여 나타내는 데 적합하다.

예 제품별 매출액 구성비 등

② 원그래프를 정교하게 작성할 때는 수치를 각도로 환산해야 한다.

〈C국의 가계 금융자산 구성비〉

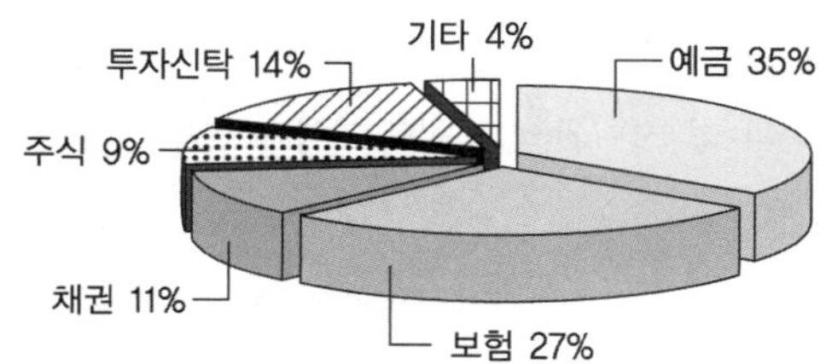

PART 1

(4) 점그래프

① 지역 분포를 비롯하여 도시, 지방, 기업, 상품 등의 평가나 위치, 성격을 표시하는 데 적합하다.

  예 광고 비율과 이익률의 관계 등

② 종축과 횡축에 두 요소를 두고, 보고자 하는 것이 어떤 위치에 있는가를 알고자 할 때 사용한다.

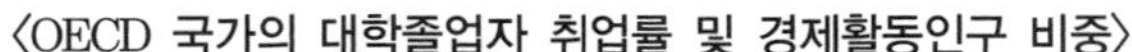

〈OECD 국가의 대학졸업자 취업률 및 경제활동인구 비중〉

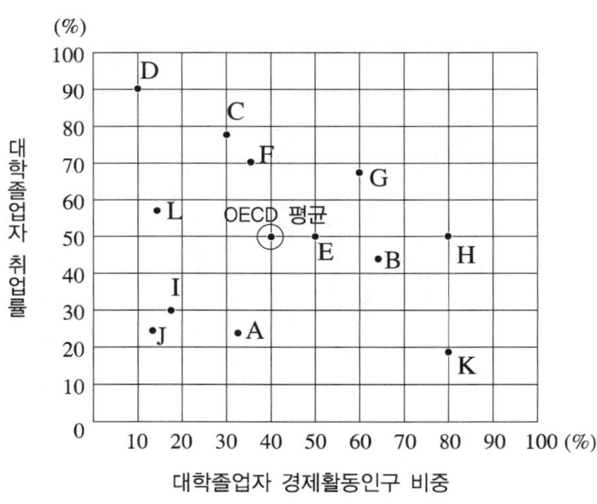

(5) 층별그래프

① 합계와 각 부분의 크기를 백분율로 나타내고 시간적 변화를 보는 데 적합하다.

② 합계와 각 부분의 크기를 실수로 나타내고 시간적 변화를 보는 데 적합하다.

  예 상품별 매출액 추이 등

③ 선의 움직임보다는 선과 선 사이의 크기로써 데이터 변화를 나타내는 그래프이다.

〈우리나라 세계유산 현황〉

(6) 레이더 차트(거미줄그래프)

① 다양한 요소를 비교할 때, 경과를 나타내는 데 적합하다.

예 매출액의 계절변동 등

② 비교하는 수량을 직경, 또는 반경으로 나누어 원의 중심에서의 거리에 따라 각 수량의 관계를 나타내는 그래프이다.

〈외환위기 전후 한국의 경제상황〉

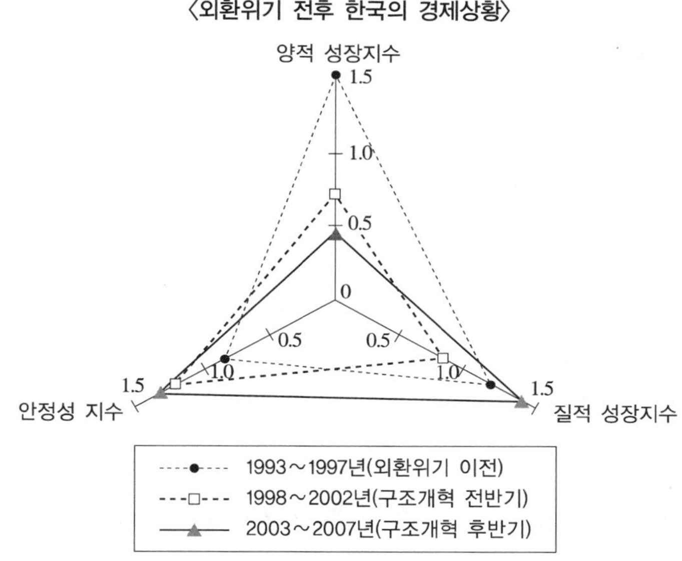

02 수열

(1) 등차수열 : 앞의 항에 일정한 수를 더해 이루어지는 수열

예 1 3 5 7 9 11 13 15
(+2 +2 +2 +2 +2 +2 +2)

(2) 등비수열 : 앞의 항에 일정한 수를 곱해 이루어지는 수열

예 1 2 4 8 16 32 64 128
(×2 ×2 ×2 ×2 ×2 ×2 ×2)

(3) 계차수열 : 앞의 항과의 차가 일정하게 증가하는 수열

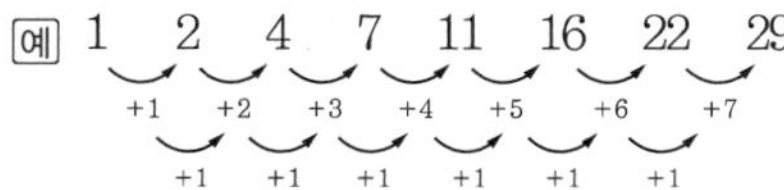

(4) 피보나치 수열 : 앞의 두 항의 합이 그 다음 항의 수가 되는 수열

$a_n = a_{n-1} + a_{n-2}$ $(n \geq 3,\ a_n = 1,\ a_2 = 1)$

예 1 1 2 3 5 8 13 21
(2 = 1+1, 3 = 1+2, 5 = 2+3, 8 = 3+5, 13 = 5+8, 21 = 8+13)

(5) 건너뛰기 수열

- 두 개 이상의 수열이 일정한 간격을 두고 번갈아가며 나타나는 수열

  예 1 1 3 7 5 13 7 19
  - 홀수항 : 1 3 5 7 (+2 +2 +2)
  - 짝수항 : 1 7 13 19 (+6 +6 +6)

- 두 개 이상의 규칙이 일정한 간격을 두고 번갈아가며 적용되는 수열

  예 0 1 3 4 12 13 39 40
  (+1 ×3 +1 ×3 +1 ×3 +1)

(6) 군수열 : 일정한 규칙성으로 몇 항씩 묶어 나눈 수열

예
- 1 1 2 1 2 3 1 2 3 4
  ⇒ 1 | 1 2 | 1 2 3 | 1 2 3 4
- 1 3 4 6 5 11 2 6 8 9 3 12
  ⇒ 1 3 4 (1+3=4) | 6 5 11 (6+5=11) | 2 6 8 (2+6=8) | 9 3 12 (9+3=12)
- 1 3 3 2 4 8 5 6 30 7 2 14
  ⇒ 1 3 3 (1×3=3) | 2 4 8 (2×4=8) | 5 6 30 (5×6=30) | 7 2 14 (7×2=14)

03 응용수리

1. 수의 관계

(1) 약수와 배수

a가 b로 나누어떨어질 때, a는 b의 배수, b는 a의 약수

(2) 소수

1과 자기 자신만을 약수로 갖는 수, 즉 약수의 개수가 2개인 수

(3) 합성수

1과 자신 이외의 수를 약수로 갖는 수, 즉 소수가 아닌 수 또는 약수의 개수가 3개 이상인 수

(4) 최대공약수

2개 이상의 자연수의 공통된 약수 중에서 가장 큰 수

(5) 최소공배수

2개 이상의 자연수의 공통된 배수 중에서 가장 작은 수

(6) 서로소

1 이외에 공약수를 갖지 않는 두 자연수, 즉 최대공약수가 1인 두 자연수

(7) 소인수분해

주어진 합성수를 소수의 거듭제곱의 형태로 나타내는 것

(8) 약수의 개수

자연수 $\mathrm{N}=a^m \times b^n$에 대하여, N의 약수의 개수는 $(m+1)\times(n+1)$개

(9) 최대공약수와 최소공배수의 관계

두 자연수 A, B에 대하여, 최소공배수와 최대공약수를 각각 L, G라고 하면 $\mathrm{A}\times\mathrm{B}=\mathrm{L}\times\mathrm{G}$가 성립한다.

2. 방정식의 활용

(1) 날짜 · 요일 · 시계

① 날짜 · 요일

㉠ 1일=24시간=1,440분=86,400초

㉡ 날짜 · 요일 관련 문제는 대부분 나머지를 이용해 계산한다.

② 시계

㉠ 시침이 1시간 동안 이동하는 각도 : 30°

㉡ 시침이 1분 동안 이동하는 각도 : 0.5°

㉢ 분침이 1분 동안 이동하는 각도 : 6°

(2) 거리 · 속력 · 시간

① (거리)=(속력)×(시간)

㉠ 기차가 터널을 통과하거나 다리를 지나가는 경우

- (기차가 움직인 거리)=(기차의 길이)+(터널 또는 다리의 길이)

㉡ 두 사람이 반대 방향 또는 같은 방향으로 움직이는 경우

- (두 사람 사이의 거리)=(두 사람이 움직인 거리의 합 또는 차)

② $(\text{속력})=\frac{(\text{거리})}{(\text{시간})}$

㉠ 흐르는 물에서 배를 타는 경우

- (하류로 내려갈 때의 속력)=(배 자체의 속력)+(물의 속력)
- (상류로 올라갈 때의 속력)=(배 자체의 속력)−(물의 속력)

③ $(\text{시간})=\frac{(\text{거리})}{(\text{속력})}$

(3) 나이 · 인원 · 개수

구하고자 하는 것을 미지수로 놓고 식을 세운다. 동물의 경우 다리의 개수에 유의해야 한다.

(4) 원가 · 정가

① (정가)=(원가)+(이익), (이익)=(정가)−(원가)

② (a원에서 b% 할인한 가격)$=a\times\left(1-\frac{b}{100}\right)$

(5) 일률 · 톱니바퀴

① 일률

전체 일의 양을 1로 놓고, 시간 동안 한 일의 양을 미지수로 놓고 식을 세운다.

- $(\text{일률})=\dfrac{(\text{작업량})}{(\text{작업기간})}$
- $(\text{작업기간})=\dfrac{(\text{작업량})}{(\text{일률})}$
- (작업량)=(일률)×(작업기간)

② 톱니바퀴

(톱니 수)×(회전수)=(총 맞물린 톱니 수)

즉, A, B 두 톱니에 대하여, (A의 톱니 수)×(A의 회전수)=(B의 톱니 수)×(B의 회전수)가 성립한다.

(6) 농도

① $(\text{농도})=\dfrac{(\text{용질의 양})}{(\text{용액의 양})}\times 100$

② $(\text{용질의 양})=\dfrac{(\text{농도})}{100}\times(\text{용액의 양})$

(7) 수 I

① 연속하는 세 자연수 : $x-1$, x, $x+1$

② 연속하는 세 짝수(홀수) : $x-2$, x, $x+2$

(8) 수 II

① 십의 자릿수가 x, 일의 자릿수가 y인 두 자리 자연수 : $10x+y$

이 수에 대해, 십의 자리와 일의 자리를 바꾼 수 : $10y+x$

② 백의 자릿수가 x, 십의 자릿수가 y, 일의 자릿수가 z인 세 자리 자연수 : $100x+10y+z$

(9) 증가 · 감소

① x가 $a\%$ 증가 : $\left(1+\dfrac{a}{100}\right)x$

② y가 $b\%$ 감소 : $\left(1-\dfrac{b}{100}\right)y$

3. 경우의 수 · 확률

(1) 경우의 수

① **경우의 수** : 어떤 사건이 일어날 수 있는 모든 가짓수

② **합의 법칙**

㉠ 두 사건 A, B가 동시에 일어나지 않을 때, A가 일어나는 경우의 수를 m, B가 일어나는 경우의 수를 n이라고 하면, 사건 A 또는 B가 일어나는 경우의 수는 $m+n$이다.

㉡ '또는', '~이거나'라는 말이 나오면 합의 법칙을 사용한다.

③ **곱의 법칙**

㉠ A가 일어나는 경우의 수를 m, B가 일어나는 경우의 수를 n이라고 하면, 사건 A와 B가 동시에 일어나는 경우의 수는 $m \times n$이다.

㉡ '그리고', '동시에'라는 말이 나오면 곱의 법칙을 사용한다.

④ **여러 가지 경우의 수**

㉠ 동전 n개를 던졌을 때, 경우의 수 : 2^n

㉡ 주사위 m개를 던졌을 때, 경우의 수 : 6^m

㉢ 동전 n개와 주사위 m개를 던졌을 때, 경우의 수 : $2^n \times 6^m$

㉣ n명을 한 줄로 세우는 경우의 수 : $n! = n \times (n-1) \times (n-2) \times \cdots \times 2 \times 1$

㉤ n명 중, m명을 뽑아 한 줄로 세우는 경우의 수 : ${}_nP_m = n \times (n-1) \times \cdots \times (n-m+1)$

㉥ n명을 한 줄로 세울 때, m명을 이웃하여 세우는 경우의 수 : $(n-m+1)! \times m!$

㉦ 0이 아닌 서로 다른 한 자리 숫자가 적힌 n장의 카드에서, m장을 뽑아 만들 수 있는 m자리 정수의 개수 : ${}_nP_m$

㉧ 0을 포함한 서로 다른 한 자리 숫자가 적힌 n장의 카드에서, m장을 뽑아 만들 수 있는 m자리 정수의 개수 : $(n-1) \times {}_{n-1}P_{m-1}$

㉨ n명 중, 자격이 다른 m명을 뽑는 경우의 수 : ${}_nP_m$

㉩ n명 중, 자격이 같은 m명을 뽑는 경우의 수 : ${}_nC_m = \dfrac{{}_nP_m}{m!}$

㉪ 원형 모양의 탁자에 n명을 앉히는 경우의 수 : $(n-1)!$

⑤ **최단거리 문제** : A에서 B 사이에 P가 주어져 있다면, A와 P의 최단거리, B와 P의 최단거리를 각각 구하여 곱한다.

(2) 확률

① $(\text{사건 A가 일어날 확률})=\dfrac{(\text{사건 A가 일어나는 경우의 수})}{(\text{모든 경우의 수})}$

② 여사건의 확률

㉠ 사건 A가 일어날 확률이 p일 때, 사건 A가 일어나지 않을 확률은 $(1-p)$이다.

㉡ '적어도'라는 말이 나오면 주로 사용한다.

③ 확률의 계산

㉠ 확률의 덧셈

두 사건 A, B가 동시에 일어나지 않을 때, A가 일어날 확률을 p, B가 일어날 확률을 q라고 하면, 사건 A 또는 B가 일어날 확률은 $p+q$이다.

㉡ 확률의 곱셈

A가 일어날 확률을 p, B가 일어날 확률을 q라고 하면, 사건 A와 B가 동시에 일어날 확률은 $p\times q$이다.

④ 여러 가지 확률

㉠ 연속하여 뽑을 때, 꺼낸 것을 다시 넣고 뽑는 경우 : 처음과 나중의 모든 경우의 수는 같다.

㉡ 연속하여 뽑을 때, 꺼낸 것을 다시 넣지 않고 뽑는 경우 : 나중의 모든 경우의 수는 처음의 모든 경우의 수보다 1만큼 작다.

㉢ $(\text{도형에서의 확률})=\dfrac{(\text{해당하는 부분의 넓이})}{(\text{전체 넓이})}$

PART 1

01 | 자료해석

| 유형분석 |

- $(\text{백분율})=\frac{(\text{비교하는 양})}{(\text{기준량})}\times 100$
- $(\text{증감률})=\frac{(\text{비교대상의 값})-(\text{기준값})}{(\text{기준값})}$
- (증감량)=(비교대상의 값 A)−(또 다른 비교대상의 값 B)

다음은 L시즌 K리그 주요 구단의 공격력을 분석한 자료이다. 이에 대한 설명으로 옳은 것은?

〈L시즌 K리그 주요 구단 공격력 통계〉

(단위 : 개)

구분	경기	슈팅	유효 슈팅	골	경기당 평균 슈팅	경기당 평균 유효 슈팅
울산	6	90	60	18	15	10
전북	6	108	72	27	18	12
상주	6	78	30	12	13	5
포항	6	72	48	9	12	8
대구	6	84	42	12	14	7
서울	6	42	18	10	7	3
성남	6	60	36	12	10	6

① 슈팅과 유효 슈팅 개수가 높은 상위 3개 구단은 동일하다.
② 유효 슈팅 대비 골의 비율은 상주가 울산보다 높다.
③ 전북과 성남의 슈팅 대비 골의 비율의 차이는 10%p 이상이다.
④ 골의 개수가 적은 하위 두 팀의 골 개수의 합은 전체 골 개수의 15% 이하이다.
⑤ 경기당 평균 슈팅 개수가 가장 많은 구단과 가장 적은 구단의 차이는 경기당 평균 유효 슈팅 개수가 가장 많은 구단과 가장 적은 구단의 차이보다 작다.

정답 ②

유효 슈팅 대비 골의 비율은 울산이 $\frac{18}{60}\times100=30\%$, 상주가 $\frac{12}{30}\times100=40\%$로 상주가 울산보다 높다.

오답분석

① 슈팅 개수의 상위 3개 구단은 '전북, 울산, 대구'이나 유효 슈팅 개수의 상위 3개 구단은 '전북, 울산, 포항'이다.

③ 슈팅 대비 골의 비율은 전북이 $\frac{27}{108}\times100=25\%$, 성남이 $\frac{12}{60}\times100=20\%$이며, 그 차이는 $25-20=5\%$p로 10%p 이하이다.

④ 골의 개수가 적은 하위 두 팀은 9개인 포항과 10개인 서울로 골 개수의 합은 $9+10=19$개이다. 이는 전체 골 개수인 $18+27+12+9+12+10+12=100$개의 $\frac{19}{100}\times100=19\%$이므로 15% 이상이다.

⑤ 경기당 평균 슈팅 개수가 가장 많은 구단은 18개로 전북이고, 가장 적은 구단은 7개로 서울이므로 그 차이는 $18-7=11$개이다. 또한 경기당 평균 유효 슈팅 개수가 가장 많은 구단은 12개로 전북이고, 가장 적은 구단은 3개로 서울이므로 그 차이는 $12-3=9$개이다.

30초 컷 풀이 Tip

- 계산이 필요 없는 선택지를 먼저 해결한다.
- 정확한 값을 비교하기보다 근사치를 활용한다.

02 자료변환

| 유형분석 |

- 제시된 표를 그래프로 올바르게 변환한 것을 묻는 유형이다.
- 복잡한 표가 제시되지 않으므로 수의 크기만을 판단하여 풀이할 수 있다.

N기업은 갑, 을, 병, 정, 무 5명의 직원을 대상으로 신년회를 위한 장소 A ~ E에 대한 만족도 조사를 하였다. 5점 만점을 기준으로 장소별 직원들의 점수를 시각화한 것으로 옳은 것은?

〈A ~ E장소 만족도〉

(단위 : 점)

구분	갑	을	병	정	무	평균
A장소	2.5	5.0	4.5	2.5	3.5	3.6
B장소	3.0	4.0	5.0	3.5	4.0	3.9
C장소	4.0	4.0	3.5	3.0	5.0	3.9
D장소	3.5	3.5	3.5	4.0	3.0	3.5
E장소	5.0	3.0	1.0	1.5	4.5	3.0

①

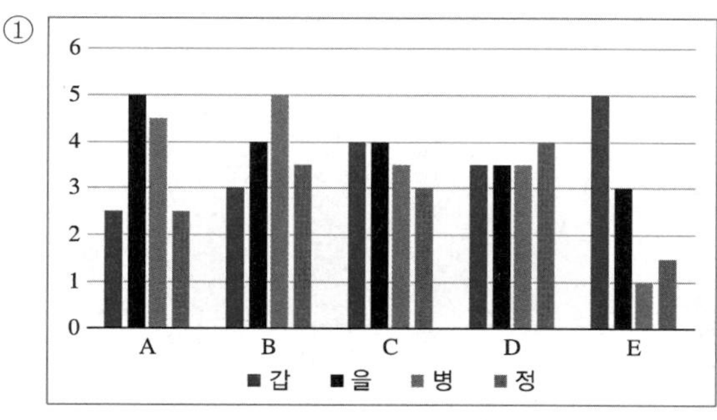

②

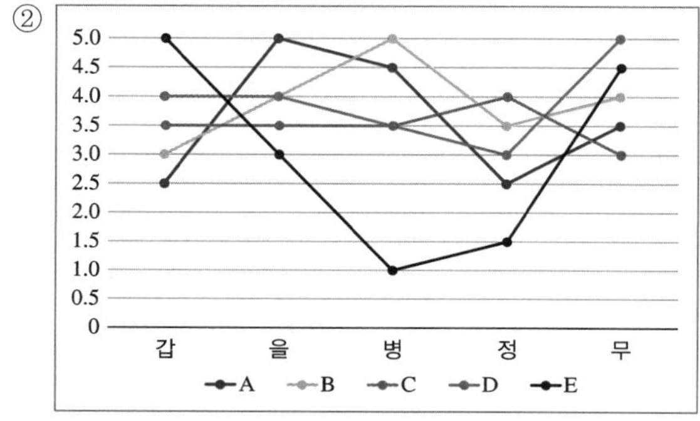

③

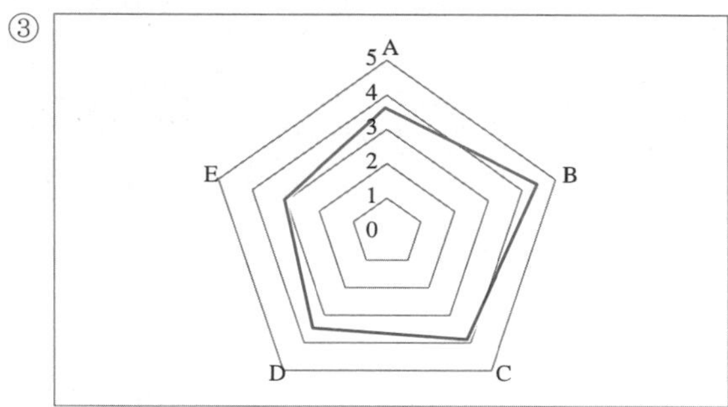

④

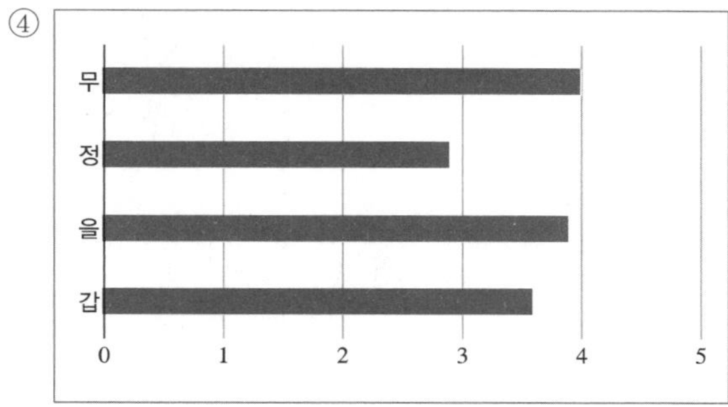

⑤

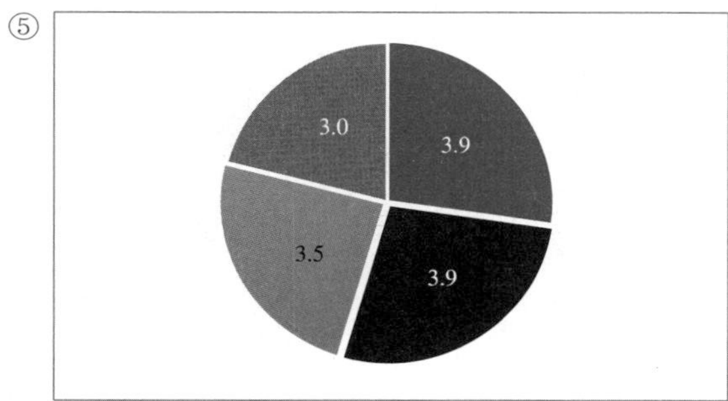

정답 ②

오답분석

① 무 직원의 장소에 대한 만족도 점수가 없다.
③ B장소의 평균 점수가 3.9점이지만 4점 이상으로 나타나 있다.
④ 병 직원의 A ~ E장소에 대한 만족도 평균이 없고, 직원 1명당 만족하는 A ~ E장소 평균은 자료의 목적과는 거리가 멀다.
⑤ A ~ E장소에 대한 만족도 평균에서 표와의 수치를 비교해 보면 3.6점인 A장소가 없고, 수치가 어느 장소의 평균을 나타내는지 알 수 없다.

30초 컷 풀이 Tip

- 빠르게 확인 가능한 선택지부터 확인한다.
- 수치를 일일이 확인하는 것보다 증감 추이를 먼저 판단해서 선택지를 1차적으로 거르고 나머지 선택지 중 그래프의 모양이 크게 차이 나는 곳을 확인한다.
- 선택지의 제목과 자료에서 필요한 정보를 확인한다.
- 특징적인 부분이 있는 선택지를 먼저 판단한다.

대표기출유형

03 수열

| 유형분석 |

- 나열된 수를 분석하여 그 안의 규칙을 찾고 적용할 수 있는지를 평가하는 유형이다.
- 규칙에 분수나 소수가 나오면 어려운 문제인 것처럼 보이지만 오히려 규칙은 단순한 경우가 많다.

다음은 일정한 규칙으로 나열한 수이다. 빈칸에 들어갈 수는?

2	2
3	5
5	10
6	16
10	( )

① 22
② 23
③ 24
④ 25
⑤ 26

정답 ⑤

2열에 대해서 다음과 같은 규칙이 성립한다.

(바로 위의 수)+(왼쪽의 수)=(해당 칸의 수)

따라서 ( )=16+10=26이다.

30초 컷 풀이 Tip

- 처음에 규칙이 잘 보이지 않아서 어렵다는 평이 많은 유형이지만 항상 지난 기출문제와 비슷한 방법으로 풀이 가능하다는 후기가 많은 유형이기도 하다. 때문에 수록되어 있는 문제의 다양한 풀이 방법을 충분히 숙지하는 것이 중요하다.
- 한 번에 여러 개의 수열을 보는 것보다 하나의 수열을 찾아서 규칙을 찾은 후 다른 것에 적용해 보는 것이 빠른 방법일 수 있다.

04 거리 · 속력 · 시간

| 유형분석 |

- (거리)=(속력)×(시간) 공식을 활용한 문제이다.

  $(\text{속력})=\frac{(\text{거리})}{(\text{시간})}$, $(\text{시간})=\frac{(\text{거리})}{(\text{속력})}$

거리	
속력	시간

으로 기억해두면 세 가지 공식을 한 번에 기억할 수 있다.

- 기차와 터널의 길이, 물과 같이 속력이 있는 장소 등 추가적인 거리나 속력 시간에 관한 조건과 결합하여 난도 높은 문제로 출제된다.

지하철 환승구간에서 0.6m/s로 움직이는 무빙워크가 반대 방향으로 2대가 설치되어 있다. A씨는 0.8m/s로 무빙워크 위를 걸어가고, B씨는 반대 방향인 무빙워크를 타고 걸어가고 있다. A씨와 B씨가 같은 지점에서 서로 반대 방향으로 걸어갈 경우, B씨가 무빙워크를 타고 걸어갈 때와 타지 않고 걸어갈 때의 30초 후 A씨와 B씨의 멀어진 거리 차이는 몇 m인가?(단, 각자 무빙워크와 같은 방향으로 걸어가고 있다)

① 15m
② 16m
③ 17m
④ 18m
⑤ 19m

정답 ④

걷는 속력이 A씨가 오른쪽으로 0.8m/s, B씨는 왼쪽으로 xm/s라고 하자.
같은 지점에서 반대 방향으로 걸어가는 두 사람의 30초 후 거리는 각자 움직인 거리의 합이다.
B씨가 무빙워크를 탈 때와 타지 않을 때의 거리를 각각 구하면 다음과 같다.

- B씨가 무빙워크를 탈 때
  $(0.6+0.8)\times 30+(0.6+x)\times 30=42+18+30x=(60+30x)$m
- B씨가 무빙워크를 타지 않을 때
  $(0.6+0.8)\times 30+x\times 30=(42+30x)$m

따라서 B씨가 무빙워크를 탈 때와 타지 않을 때의 거리 차이는 $(60+30x)-(42+30x)=18$m이다.

30초 컷 풀이 Tip

A씨는 조건이 같고, B씨의 조건이 무빙워크를 탈 때와 타지 않을 때의 속력이 다르다. B씨의 걷는 속도는 일정하며, 무빙워크를 타면 무빙워크의 속력이 더해져 무빙워크의 속력만큼 더 멀리 움직일 수 있다.
따라서 두 경우 거리 차이는 30초간 무빙워크가 움직인 거리인 $0.6\times 30=18$m가 된다.

05 | 농도

| 유형분석 |

- $(\text{농도})=\frac{(\text{용질의 양})}{(\text{용액의 양})}\times100$
- $(\text{용질의 양})=\frac{(\text{농도})}{100}\times(\text{용액의 양})$

  다음과 같이 주어진 정보를 한눈에 알아볼 수 있도록 표를 그리면 식을 세우기 쉽다.

구분	용액 1	용액 2	…
용질의 양			
용액의 양			
농도			

- (소금물의 양)=(물의 양)+(소금의 양)이라는 것에 유의하고, 더해지거나 없어진 것을 미지수로 두고 풀이한다.

농도가 25%인 소금물 200g에 농도가 10%인 소금물을 섞었다. 섞은 후 소금물에 함유된 소금의 양이 55g 일 때, 섞은 후의 소금물의 농도는 얼마인가?

① 20%
② 21%
③ 22%
④ 23%
⑤ 24%

정답 ③

주어진 정보를 표로 나타내고 미지수를 설정한다.

구분	소금물 1		소금물 2		섞은 후
농도	25%	+	10%	=	$\frac{55}{y}\times 100$
소금의 양	$\frac{25}{100}\times 200=50$g		$x\times 0.1$g		55g
소금물의 양	200g		xg		yg

섞기 전과 섞은 후의 소금의 양과 소금물의 양으로 다음과 같이 식을 세울 수 있다.

$50+x\times 0.1=55$ ⋯ ㉠

$200+x=y$ ⋯ ㉡

㉠, ㉡을 연립하면 다음과 같다.

$\therefore x=50,\ y=250$

따라서 섞은 후의 소금물의 농도는 $\frac{55}{y}\times 100=\frac{55}{250}\times 100=22\%$이다.

30초 컷 풀이 Tip

- 농도의 경우 분수와 정수가 같이 제시되고, 최근에는 비율을 활용한 문제가 많이 출제되고 있으므로 통분이나 약분을 통해 수를 간소화시켜 계산 실수를 줄일 수 있도록 한다.
- 소금물이 증발하는 경우 소금의 양은 유지되지만, 물의 양이 감소한다. 따라서 농도는 증가한다.
- 농도가 다른 소금물 두 가지를 섞는 문제의 경우 보통 두 소금물을 합했을 때의 전체 소금물의 양을 제시해 주는 경우가 많다. 때문에 각각의 미지수를 x, y로 정하는 것보다 하나를 x로 두고 다른 하나를 (전체)$-x$로 식을 세우면 계산을 간소화할 수 있다.

PART 1

06 | 금액

| 유형분석 |

- 원가, 정가, 할인가, 판매가 등의 개념을 명확히 한다.
  - (정가)=(원가)+(이익)
  - (이익)=(정가)−(원가)
  - a원에서 b% 할인한 가격$=a\times\left(1-\frac{b}{100}\right)$
- 난도가 높은 편은 아니지만 비율을 활용한 계산 문제이기 때문에 실수하기 쉽다.

원가가 a원인 물품에 30%의 이익을 붙여 정가를 책정했지만 팔리지 않아 결국 정가의 20%를 할인하여 팔았다고 한다. 이때 이익은 얼마인가?

① $0.02a$　　② $0.04a$
③ $0.06a$　　④ $0.08a$
⑤ $0.10a$

정답 ②

(정가)−(원가)=(이익)이므로
$a\times(1+0.3)\times(1-0.2)=1.04a$
→ $1.04a-a=0.04a$
따라서 정가의 20%를 할인하여 팔았을 때의 이익은 $0.04a$이다.

30초 컷 풀이 Tip

- 제시된 문제의 원가(a)처럼 기준이 동일하고, 이를 기준으로 모든 값을 계산하는 경우에 처음부터 a를 생략하고 식을 세우는 연습을 한다.
- 정가가 반드시 판매가인 것은 아니다.
- 금액을 계산하는 문제는 보통 비율과 함께 제시되기 때문에 풀이 과정에서 실수하기 쉬우므로 선택지의 값을 대입해서 풀이하는 것이 실수 없이 빠르게 풀 수 있는 방법이다.

07 일률

| 유형분석 |

- $(일률)=\frac{(작업량)}{(작업기간)}$, $(작업기간)=\frac{(작업량)}{(일률)}$, $(작업량)=(일률)\times(작업기간)$
- 전체 일의 양을 1로 두고 풀이하는 유형이다.
- 분이나 초 단위 계산이 가장 어려운 유형으로 출제되고 있다.

한 공장에서는 기계 2대를 운용하고 있다. 이 공장의 전체 작업을 수행할 때 A기계로는 12시간이 걸리며, B기계로는 18시간이 걸린다. 이미 절반의 작업이 수행된 상태에서 A기계로 4시간 동안 작업하다가 이후로는 A, B 두 기계를 모두 동원해 작업을 수행했다고 할 때 A, B 두 기계를 모두 동원해 작업을 수행하는 데 소요된 시간은?

① 1시간
② 1시간 12분
③ 1시간 20분
④ 1시간 30분
⑤ 1시간 45분

정답 ②

전체 일의 양을 1이라고 하면, A기계가 한 시간 동안 작업할 수 있는 일의 양은 $\frac{1}{12}$이고, B기계가 한 시간 동안 작업할 수 있는 일의 양은 $\frac{1}{18}$이다. 이미 절반의 작업이 수행되었으므로 남은 일의 양은 $1-\frac{1}{2}=\frac{1}{2}$이다.

이 중 A기계로 4시간 동안 작업을 수행했으므로 A기계와 B기계가 함께 작업해야 하는 일의 양은 $\frac{1}{2}-\left(\frac{1}{12}\times4\right)=\frac{1}{6}$이다.

따라서 A, B 두 기계를 모두 동원해 남은 $\frac{1}{6}$을 수행하는 데는 $\frac{\frac{1}{6}}{\left(\frac{1}{12}+\frac{1}{18}\right)}=\frac{\frac{1}{6}}{\frac{5}{36}}=\frac{6}{5}$시간, 즉 1시간 12분이 걸린다.

30초 컷 풀이 Tip

1. 전체의 값을 모르는 상태에서 비율을 묻는 문제의 경우 전체를 1이라고 하면 쉽게 풀이할 수 있다.

   예 L이 1개의 빵을 만드는 데 3시간이 걸린다. 1개의 빵을 만드는 일의 양을 1이라고 하면 L은 한 시간에 $\frac{1}{3}$만큼의 빵을 만든다.

2. 난도가 높은 일의 양 문제를 접근할 때 전체 일의 양을 막대 그림으로 표현하면서 풀이하면 한눈에 파악할 수 있다.

   예

$\frac{1}{2}$ 수행됨	A기계로 4시간 동안 작업	A, B 두 기계를 모두 동원해 작업

08 경우의 수

| 유형분석 |

- 순열(P)과 조합(C)을 활용한 문제이다.

  ${}_nP_m = n\times(n-1)\times\cdots\times(n-m+1)$

  ${}_nC_m = \frac{{}_nP_m}{m!} = \frac{n\times(n-1)\times\cdots\times(n-m+1)}{m!}$
- 벤다이어그램을 활용한 문제가 출제되기도 한다.

N커피숍에서는 이벤트로 6장의 서로 다른 쿠폰을 처음 오는 손님에게 1장, 두 번째 오는 손님에게 2장, 세 번째 오는 손님에게 3장을 나눠 주기로 하였다. 이때 가능한 경우의 수는 모두 몇 가지인가?

① 32가지
② 60가지
③ 84가지
④ 110가지
⑤ 120가지

정답 ②

- 첫 번째 손님이 6장의 쿠폰 중 1장을 받을 경우의 수 : ${}_6C_1=6$가지
- 두 번째 손님이 5장의 쿠폰 중 2장을 받을 경우의 수 : ${}_5C_2=10$가지
- 세 번째 손님이 3장의 쿠폰 중 3장을 받을 경우의 수 : ${}_3C_3=1$가지

$\therefore\ 6\times10\times1=60$

따라서 구하고자 하는 경우의 수는 총 60가지이다.

30초 컷 풀이 Tip

경우의 수의 합의 법칙과 곱의 법칙 등에 대해 명확히 한다.

- 합의 법칙
  - ㉠ 두 사건 A, B가 동시에 일어나지 않을 때, A가 일어나는 경우의 수를 m, B가 일어나는 경우의 수를 n이라고 하면, 사건 A 또는 B가 일어나는 경우의 수는 $m+n$이다.
  - ㉡ '또는', '~이거나'라는 말이 나오면 합의 법칙을 사용한다.
- 곱의 법칙
  - ㉠ A가 일어나는 경우의 수를 m, B가 일어나는 경우의 수를 n이라고 하면, 사건 A와 B가 동시에 일어나는 경우의 수는 $m\times n$이다.
  - ㉡ '그리고', '동시에'라는 말이 나오면 곱의 법칙을 사용한다.

대표기출유형

09 확률

| 유형분석 |

- 순열(P)과 조합(C)을 활용한 문제이다.
- 조건부 확률 문제가 출제되기도 한다.

주머니 A, B가 있는데 A주머니에는 흰 공 3개, 검은 공 2개가 들어있고, B주머니에는 흰 공 1개, 검은 공 4개가 들어있다. 주머니에서 1개의 공을 꺼낼 때, 검은 공을 뽑을 확률은?(단, 공을 뽑기 전에 A, B주머니를 선택하는 확률은 같다)

① $\frac{3}{10}$　　② $\frac{2}{5}$

③ $\frac{1}{2}$　　④ $\frac{3}{5}$

⑤ $\frac{6}{7}$

정답 ④

- A주머니에서 검은 공을 뽑을 확률 : $\frac{1}{2}\times\frac{2}{5}=\frac{1}{5}$
- B주머니에서 검은 공을 뽑을 확률 : $\frac{1}{2}\times\frac{4}{5}=\frac{2}{5}$

$\therefore \frac{1}{5}+\frac{2}{5}=\frac{3}{5}$

따라서 주머니에서 1개의 공을 꺼낼 때, 검을 공을 뽑을 확률은 $\frac{3}{5}$ 이다.

30초 컷 풀이 Tip

- 여사건의 확률
  ㉠ 사건 A가 일어날 확률이 p일 때, 사건 A가 일어나지 않을 확률은 $(1-p)$이다.
  ㉡ '적어도'라는 말이 나오면 주로 사용한다.
- 확률의 덧셈
  두 사건 A, B가 동시에 일어나지 않을 때, A가 일어날 확률을 p, B가 일어날 확률을 q라고 하면, 사건 A 또는 B가 일어날 확률은 $p+q$이다.
- 확률의 곱셈
  A가 일어날 확률을 p, B가 일어날 확률을 q라고 하면, 사건 A와 B가 동시에 일어날 확률은 $p\times q$이다.

CHAPTER

04 도형추리 핵심이론

01 도형추리

1. 회전 모양

(1) 180° 회전한 도형은 좌우가 상하가 모두 대칭이 된 모양이 된다.

예

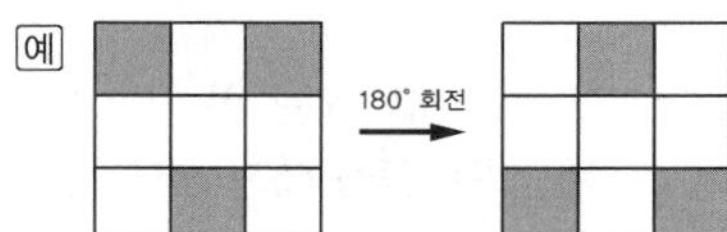

(2) 시계 방향으로 90° 회전한 도형은 시계 반대 방향으로 270° 회전한 도형과 같다.

예

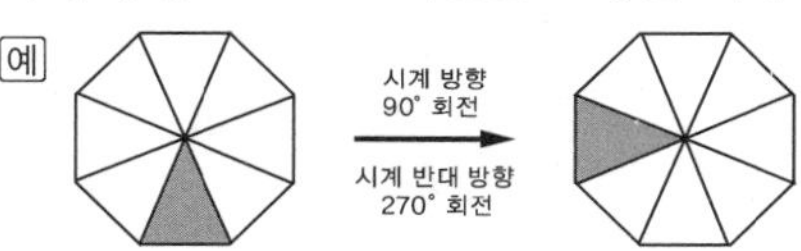

(3) 좌우 반전 → 좌우 반전, 상하 반전 → 상하 반전은 같은 도형이 된다.

예

(4) 도형을 거울에 비친 모습은 방향에 따라 좌우 또는 상하로 대칭된 모습이 나타난다.

예

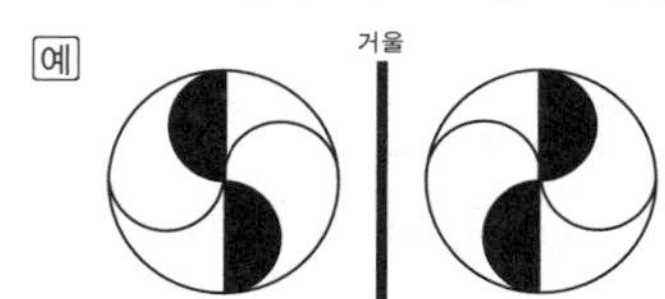

2. 회전 각도

도형의 회전 각도는 도형의 모양으로 유추할 수 있다.

(1) 회전한 모양이 회전하기 전의 모양과 같은 경우

도형	가능한 회전 각도
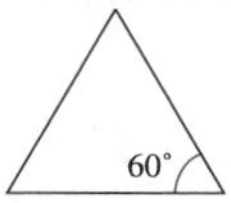 60°	…, $-240°$, $-120°$, $+120°$, $+240°$, …
 90°	…, $-180°$, $-90°$, $+90°$, $+180°$, …
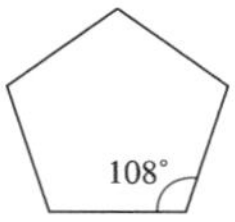 108°	…, $-144°$, $-72°$, $+72°$, $+144°$, …

(2) 회전한 모양이 회전하기 전의 모양과 다른 경우

회전 전 모양	회전 후 모양	회전한 각도
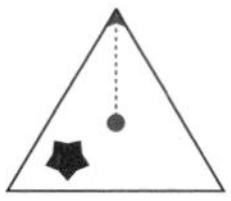	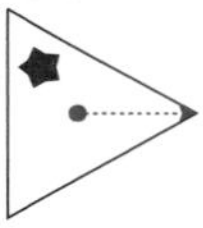	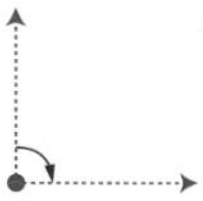

	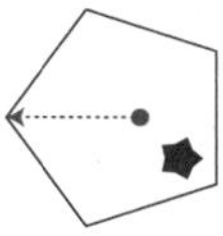	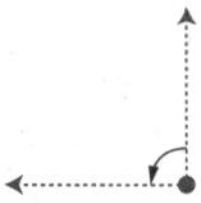

02 평면도형

1. 펀칭

주어진 종이를 조건에 맞게 접은 후 구멍을 뚫고 펼쳤을 때 나타나는 모양을 고르는 유형이 출제된다.

- 펀칭 유형은 종이에 구멍을 낸 후 다시 종이를 펼쳐가며 구멍의 위치와 모양을 추적하는 방법으로 해결할 수 있다.
- 종이를 펼쳤을 때 구멍의 개수와 위치를 판별하는 것이 핵심이다. 이를 위해서는 '대칭'에 대한 이해가 필요하다. 구멍은 종이를 접은 선을 기준으로 대칭되어 나타난다는 것에 유의한다.
  - 개수 : 면에 구멍을 뚫으면 종이를 펼쳤을 때 구멍이 2개 나타나고, 접은 선 위에 구멍을 뚫으면 종이를 펼쳤을 때 구멍이 1개 나타난다.
  - 위치 : 종이를 접는 방향을 주의 깊게 살펴야 한다. 종이를 왼쪽에서 오른쪽으로 접은 경우, 구멍의 위치는 오른쪽에서 왼쪽으로 표시하며 단계를 거슬러 올라간다.

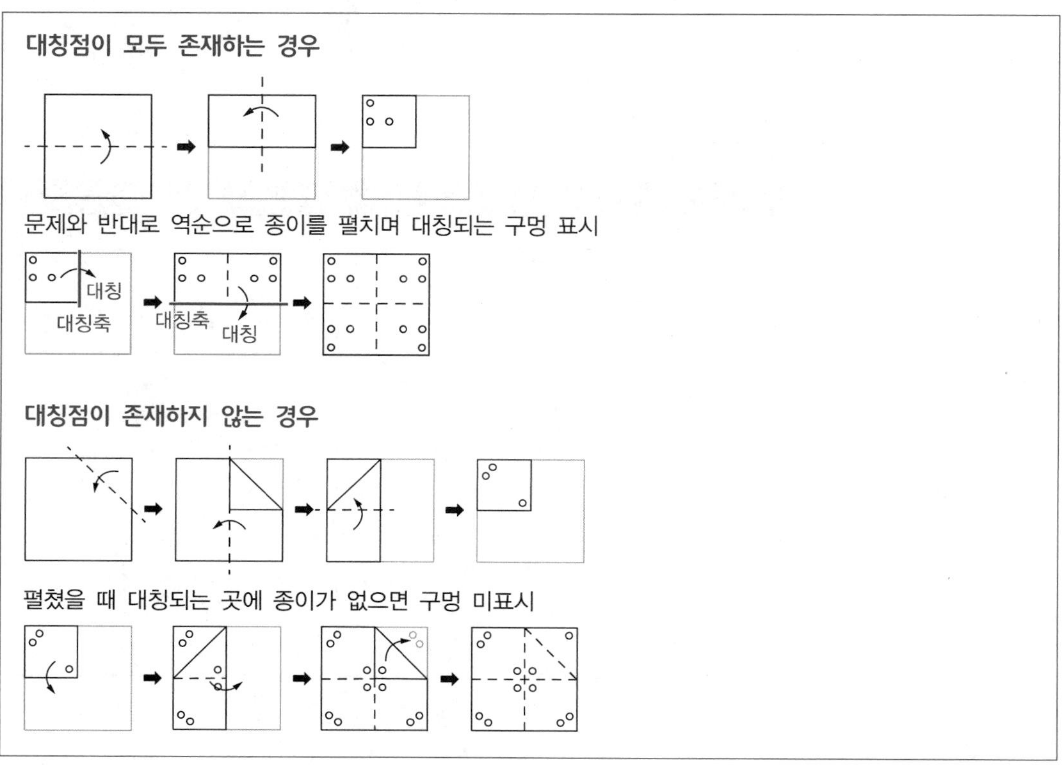

2. 도형추리

(1) 180° 회전한 도형은 좌우와 상하가 모두 대칭이 된 모양이 된다.

예

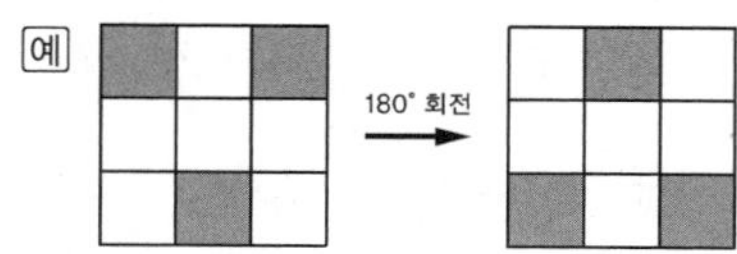

(2) 시계 방향으로 90° 회전한 도형은 시계 반대 방향 270° 회전한 도형과 같다.

예

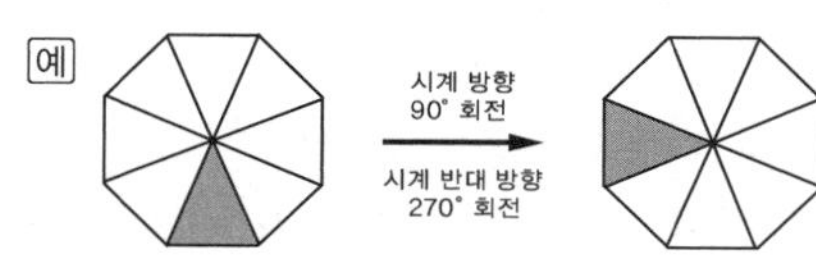

(3) 좌우 반전 → 좌우 반전, 상하 반전 → 상하 반전은 같은 도형이 된다.

예

(4) 도형을 거울에 비친 모습은 방향에 따라 좌우 또는 상하로 대칭된 모습이 나타난다.

예

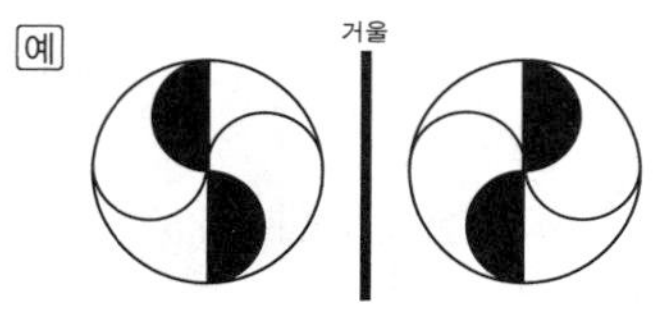

03 입체도형

1. 전개도

제시된 전개도를 이용하여 만들 수 있는 입체도형을 찾는 문제와 제시된 입체도형의 전개도로 알맞은 것을 고르는 유형이 출제된다.

- 전개도상에서는 떨어져 있지만 입체도형으로 만들었을 때 서로 연결되는 면을 주의 깊게 살핀다.
- 마주보는 면과 인접하는 면을 구분하여 학습한다.
- 평면이었던 전개도가 입체도형이 되면서 면의 그림이 회전되는 모양을 확인한다.
- 많이 출제되는 전개도는 미리 마주보는 면과 인접하는 면, 만나는 꼭짓점을 학습한다.
  - ①～⑥은 접었을 때 마주보는 면을 의미한다. 즉, 두 수의 합이 7이 되는 면끼리 마주 보는 면이다. 또한 각 전개도에서 ①에 위치하는 면이 같다고 할 때, 전개도마다 면이 어떻게 배열되는지도 나타낸다.
  - 1～8은 접었을 때 만나는 점을 의미한다. 즉, 접었을 때 같은 숫자가 적힌 점끼리 만난다.

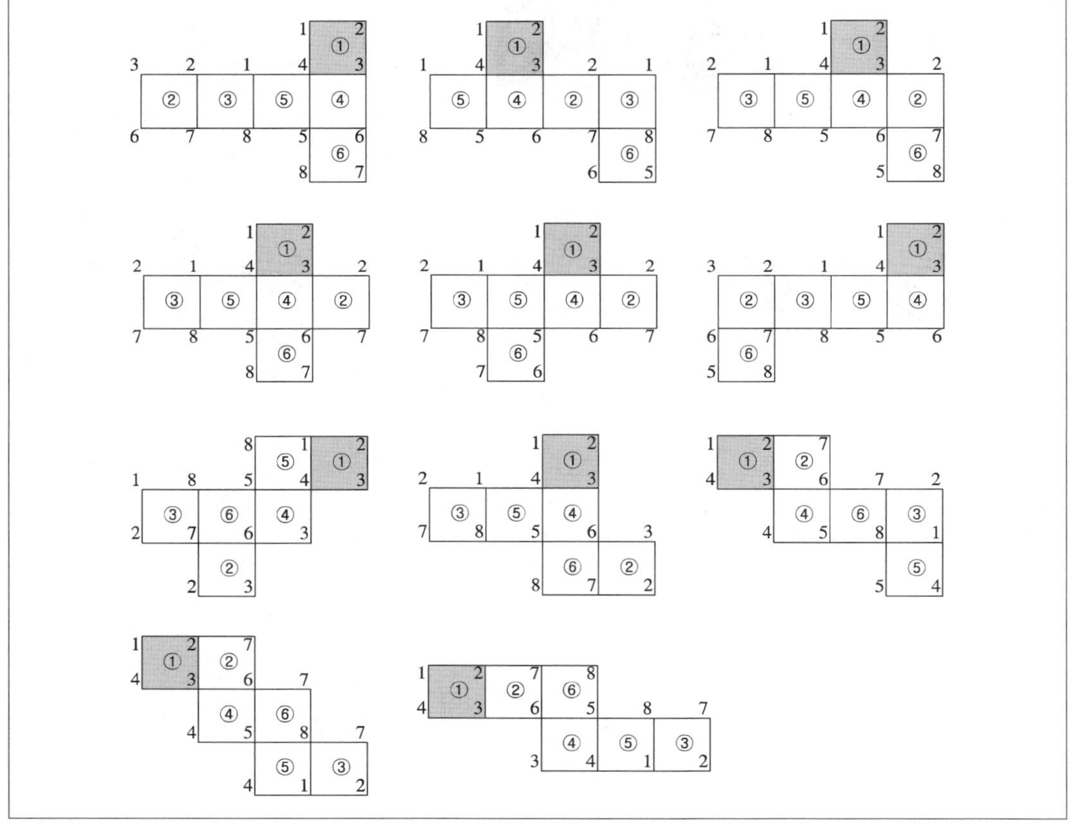

2. 단면도

입체도형을 세 방향에서 봤을 때 나타나는 단면과 일치하는 것을 고르는 유형이 출제된다.

- 제시된 세 단면이 입체도형을 어느 방향에서 바라본 단면인지 파악한다.
- 보기에 제시된 입체도형에서 서로 다른 부분을 표시한다.
- 입체도형에 표시된 부분을 기준으로 제시된 단면과 일치하지 않는 입체도형을 지워나간다.

3. 투상도

여러 방향으로 회전된 입체도형 중에 일치하지 않는 것을 고르는 유형이 출제된다.

- 주로 밖으로 나와 있는 모양이나 안으로 들어가 있는 모양이 반대로 되어 있거나 입체도형을 회전하였을 때 모양이 왼쪽, 오른쪽이 반대로 되어 있는 경우가 많으므로 이 부분을 중점으로 확인한다.

4. 블록결합

직육면체로 쌓아진 블록을 세 개의 블록으로 분리했을 때 제시되지 않은 하나의 블록을 고르는 유형이 출제된다.

- 쉽게 파악되지 않는 블록의 경우 블록을 한 층씩 나누어 생각한다.
- 블록은 다양한 방향과 각도로 회전하여 결합할 수 있으므로 결합되는 여러 가지 경우의 수를 판단한다.

직육면체의 입체도형을 세 개의 블록으로 분리했을 때, 들어갈 블록의 모양으로 옳은 것을 고르는 유형

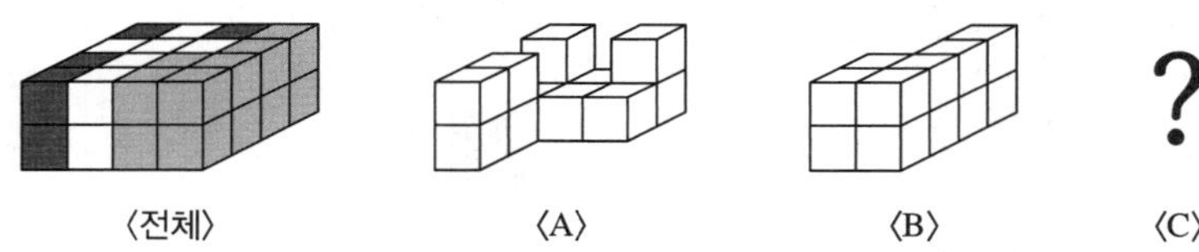

- 개별 블록과 완성된 입체도형을 비교하여 공통된 부분을 찾는다.
- 완성된 입체도형에서 각각의 블록에 해당되는 부분을 소거한다. 전체 블록은 16개의 정육면체가 2단으로 쌓인 것으로, 〈A〉와 〈B〉를 제하면 윗단은 이 되고, 아랫단은 이 되어 〈C〉에는

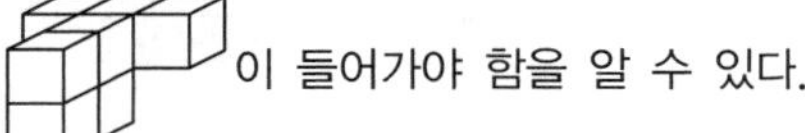
이 들어가야 함을 알 수 있다.

01 도형추리 ①

| 유형분석 |

- 3×3의 칸에 나열된 각 도형들 사이의 규칙을 찾아 ?에 들어갈 알맞은 도형을 찾는 유형이다.
- 이때 규칙은 가로 또는 세로로 적용되며, 회전, 색 반전, 대칭, 겹치는 부분 지우기 / 남기기 / 색 반전 등 다양한 규칙이 적용된다.

다음 제시된 도형의 규칙을 보고 ?에 들어갈 도형으로 알맞은 것을 고르면?

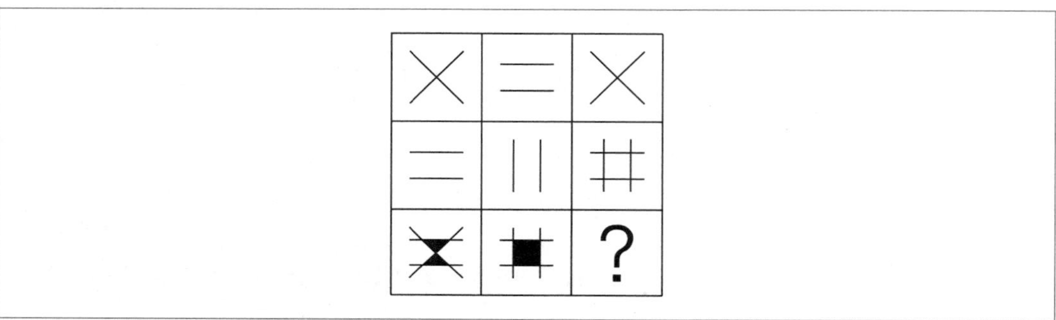

①
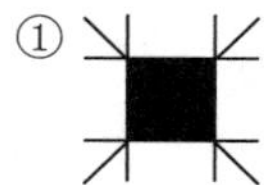

②
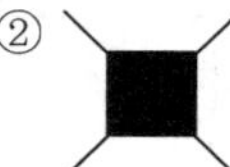

③

④
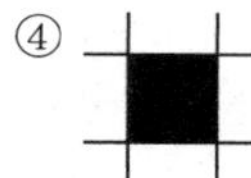

⑤
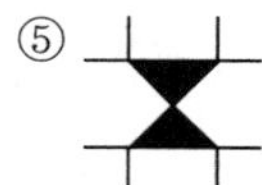

정답 ①

규칙은 세로로 적용된다.

첫 번째 도형과 두 번째 도형을 합쳤을 때, 만들어지는 면에 색을 칠한 도형이 세 번째 도형이다.

30초 컷 풀이 Tip

도형추리 영역은 도형, 암호, 지도 등의 유형을 중심으로 출제된다. 따라서 사전에 각각의 유형과 풀이 방법을 익혀 빠르게 해결할 수 있어야 한다.

- **도형**
  문제에서 제시된 순서를 따라 전체 도형과 내부 도형이 각각 임의 방향에 대해 회전 · 대칭하는지, 모양이 변경되는지 등을 확인해 빈칸에 들어가는 도형을 유추하는 연습을 하는 것이 중요하다.
- **기호와 문자열 관계식별**
  문자나 기호 등을 나열하고 개수 등을 맞추는 유형이다. 짧은 시간 안에 복잡하게 나열된 기호나 문자열을 정확히 파악하기 위해서는 전체를 한 번에 보려고 하지 말고 일정한 개수씩 나눠서 비교하는 방식으로 풀어야 실수 없이 정확하게 풀 수 있다.
- **암호**
  암호는 평문(누구나 읽을 수 있는 보통의 글)을 해독이 어려운 모습으로 바꾸거나 암호화된 문서 등을 해독 가능한 모습으로 바꾸기 위한 방법 등을 말한다. NIAT에서는 치환 암호 같은 문자의 순서를 바꾸는 형식을 묻는 문제가 출제되고 있으며 치환 암호 같은 암호를 만들거나 해독하기 위해서는 문자의 배열을 살펴보고 규칙을 파악할 수 있어야 한다.
- **지도**
  지도를 제시하고 현재의 위치를 파악하는 것을 묻는 문제가 출제된다. 지도를 보고 문제에서 목표 지점의 위치와 방향을 정확히 찾아내야 하기 때문에 연습을 통해 위치 감각을 기르는 것이 중요하다.

02 도형추리 ②

| 유형분석 |

- 평면도형에 대한 형태지각 능력과 추리 능력을 평가하는 유형이다.
- 내부 도형 이동, 색 반전, 회전 등 다양한 규칙이 적용된다.

다음 도형들은 일정한 규칙으로 변화하고 있다. ?에 들어갈 도형으로 알맞은 것은?

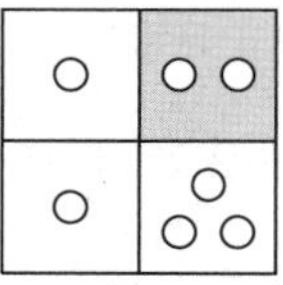 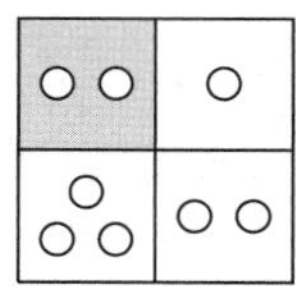 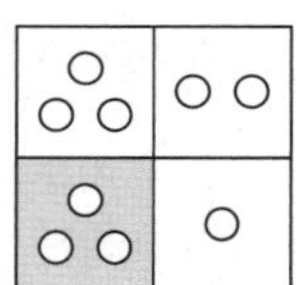 

① 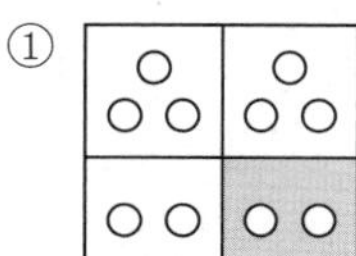

② 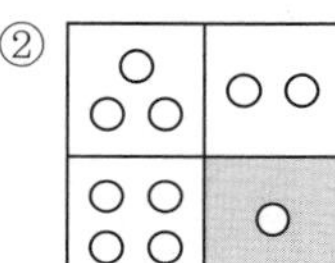

③ 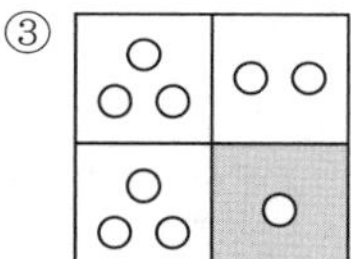

④ 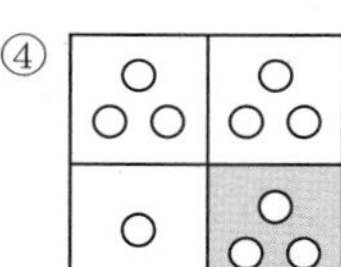

⑤ 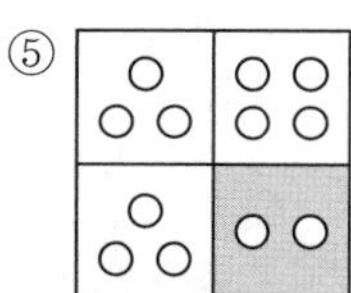

정답 ④

정사각형 4개의 칸에 있는 작은 원들은 시계 방향으로 이동하고 있으며, 정사각형 4개의 칸은 시계 반대 방향으로 한 칸씩 이동한다. 이동이 끝난 후 회색 칸에 있는 작은 원은 한 개 늘어나게 된다.

03 도형추리 ③

| 유형분석 |

- 제시된 도형을 보고 규칙을 찾는 유형이다.
- 내부 도형 이동, 색 반전, 회전 등 다양한 규칙이 적용된다.

다음 기호들은 일정한 규칙에 따라 도형을 변화시킨다. 기호에 해당하는 규칙을 파악하여 ?에 들어갈 도형으로 알맞은 것은?

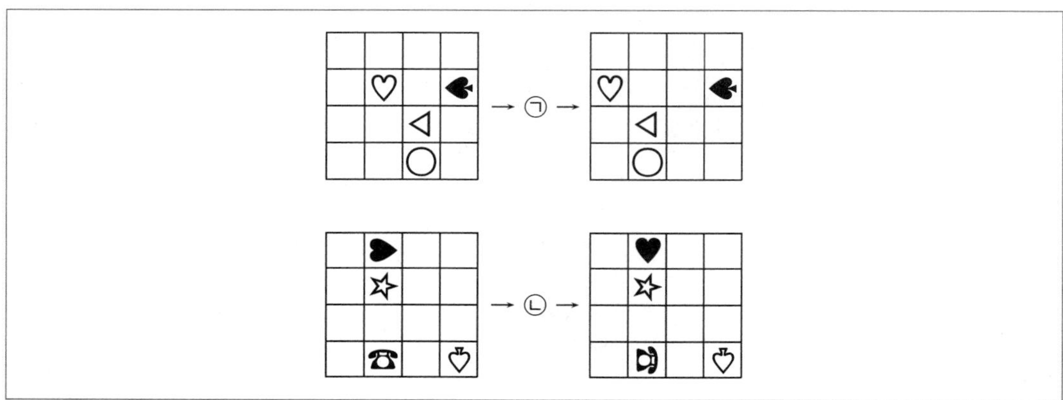

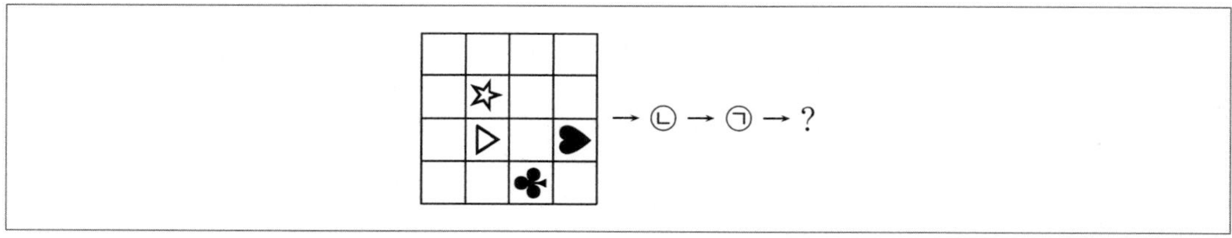

①
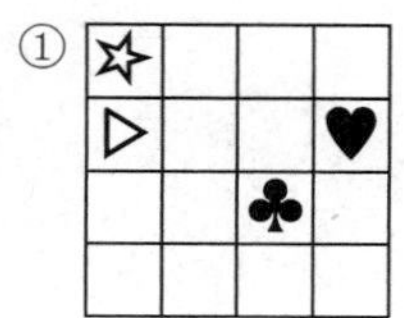

②

③
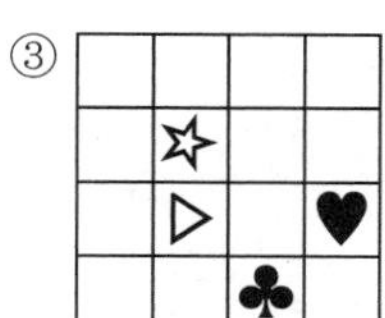

④
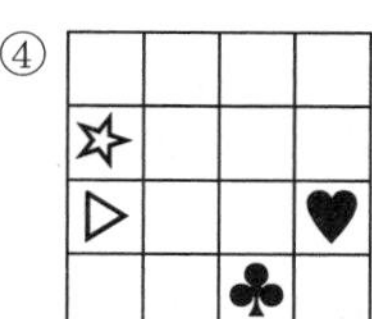

⑤
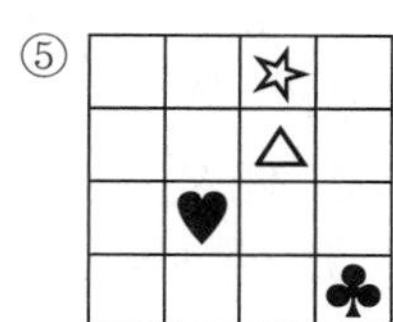

정답 ④

㉠ : 흰색 도형만 왼쪽으로 한 칸 이동

㉡ : 검은색 도형만 시계 방향으로 90° 회전

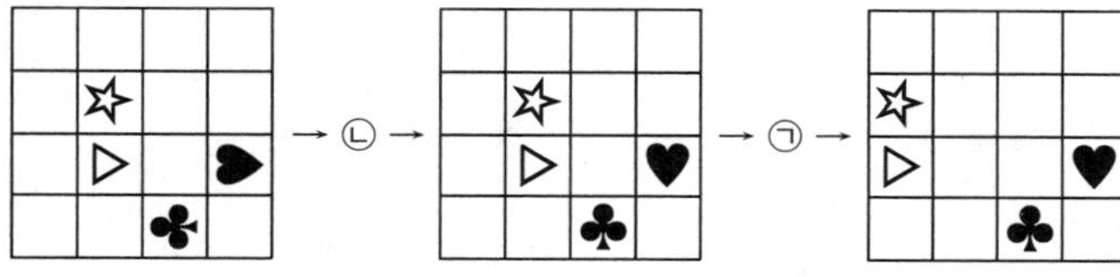

CHAPTER

05 정보상식 핵심이론

01 최신 상식

① AI 소라 : 챗GPT를 개발한 미국 오픈AI가 2024년 2월 15일 공개한 영상제작 AI시스템
기존의 이미지를 활용하거나 텍스트로 간단히 명령어를 입력하면 최대 1분 길이의 고화질 영상을 제작해 주고, 기존의 동영상을 확장하거나 누락된 프레임을 채울 수도 있다. '소라(Sora)'는 일본어로 '하늘'이라는 뜻으로 오픈AI는 해당 명칭이 '무한한 잠재력을 의미한다.'고 밝혔다. 다만 샘 올트먼 오픈AI 최고경영자는 초반에는 엑스를 통해 '제한된 수의 창작자만 사용할 수 있도록 허용된다.'고 밝혔으며, 오픈AI는 해당 시스템을 자사 제품에 통합하기 전에 전문팀에 안전성 여부를 평가할 계획인 것으로 알려졌다.

② AI 얼라이언스(AI Alliance) : 인공지능(AI) 분야의 개방성 향상과 업계 간 협력 촉진을 위해 출범한 국제단체
누구나 AI기술을 활용할 수 있는 개방형 AI 생태계를 구축하고 보안을 강화하여 신뢰할 수 있는 AI기술을 만드는 것을 목표로 하며, 메타, 인텔, IBM 등 기업 및 산업계와 예일대, 코넬대 등 학계 및 연구기관, 미국 항공우주국(NASA)을 비롯한 정부기관 등 100여 개의 기업・기관이 협력하고 있다.

③ AI 동맹 : 메타와 IBM을 비롯해 50개 이상 인공지능(AI) 관련 기업과 기관이 결성한 연합체
2023년 12월 5일 출범하였으며, 오픈소스 AI모델에 대한 협업, AI연구를 위한 자본 기여 등을 목표로 한다. 이들은 AI의 미래가 근본적으로 개방형 과학적 아이디어 교환과 개방형 혁신을 기반으로 구축될 것이라는 점을 분명히 하고 있으며, 이는 곧 AI의 선두주자로 꼽히는 챗GPT 개발사 오픈AI와 구글에 공동 대응하기 위한 전략으로 분석되고 있다.

④ NFT(Non-Fungible Token) : 블록체인의 토큰을 다른 토큰으로 대체하는 것이 불가능한 암호화폐
블록체인 기술로 저장된 일종의 '디지털 등기권리증'으로, 블록체인 기술을 기반으로 위조・복제가 불가능한 암호를 증명서처럼 붙여 저작물을 NFT로 만드는 과정을 민팅(Minting)이라고 부른다. NFT의 특징으로는 위조, 복제가 불가능하다는 점이 있는데 각각의 NFT마다 고유한 인식 값이 부여되어 있으며 최초의 발행자와 소유권 이전 등 모든 거래 내역이 투명하게 공개되고, 블록체인으로 발행되기 때문에 원천적으로 위조 또는 복제가 불가능하다. 이처럼 디지털 자산에 복제가 불가능한 정보 값을 저장해 고유한 가치를 부여한 것이 바로 NFT이다. 또한 대체・교환도 불가능하다는 특징도 있다. 비트코인 등 기존의 암호화폐는 각기 동일한 가치를 지니기 때문에 일대일 교환이 가능한 반면에, 각각의 NFT는 저마다 고유한 인식값을 부여받음으로써 서로 대체할 수 없는 가치와 특성이 있기 때문에 상호 교환할 수 없다.

⑤ **간편결제 서비스(Simple Payment Service)** : 복잡한 절차 없이 간단하게 결제하는 시스템
온·오프라인 상거래에서 스마트폰, 스마트워치 등 기기에 저장된 생체 정보, 신용카드 정보 등을 이용한 생체인식 결제, 근거리 무선통신 방식, QR코드 방식, 마그네틱 안전 전송(MST) 방식, 일회용 가상카드번호를 활용하는 앱카드 결제 방식 등을 사용하여 빠르고 간편하게 결제하는 전자결제 서비스이다.

⑥ **좀비 사물인터넷(Zombie IoT)** : 전체 네트워크를 마비시키는 악성 IoT 바이러스
공격자가 사물인터넷(IoT) 기기를 해킹해 좀비 PC처럼 만들어 전체 네트워크를 마비시키는 악성 IoT 바이러스이다.

PART 1

⑦ **지그비(Zigbee)** : 개방형 글로벌 표준 무선 기술
지그재그로 움직여 정보를 전달하는 벌처럼 경제적으로 정보를 전송하는 근거리(10 ~ 100m) 무선통신 체계로서 저속(최대 0.25Mbps), 저전력, 저비용의 홈오토메이션 및 데이터 네트워크를 위한 표준 기술을 뜻한다. 전력 소모량이 적고 저렴해 홈네트워크 등 유비쿼터스 구축 솔루션으로 주목받고 있다.

⑧ **디지털 치료제(Digital Therapeutics)** : 환자에게 근거 기반 치료적 개입을 제공하는 소프트웨어 의료기기
약물은 아니지만 의약품과 같이 환자의 질병을 치료하고 건강을 향상시킬 수 있는 소프트웨어(SW)를 의미하며, 일반적으로 애플리케이션(앱), 게임, 가상현실(VR) 등이 디지털 치료제로 활용되고 있다.

⑨ **디지털 아카이브(Digital Archive)** : 문화유산 및 아날로그 정보를 모아 놓은 데이터 저장고
시간이 지남에 따라 질이 떨어지거나 없어질 우려가 있는 정보들을 디지털화하여 항구적인 기록과 보존 및 이용을 가능하게 하는 시스템이다.

⑩ **디지털 유산** : SNS, 블로그 등에 남아있는 사진, 일기, 댓글 등 개인이 온라인상에 남긴 디지털 흔적
온라인 활동량이 증가하면서 고인이 생전 온라인에 게시한 데이터에 대한 유가족의 상속 관련 쟁점이 제기됐으나, 국내에서는 살아 있는 개인에 한해 개인정보보호법이 적용되고 디지털 유산을 재산권과 구별되는 인격권으로 규정해 상속 규정에 대한 정확한 법적 근거가 마련되어 있지 않다. 유가족의 상속권을 주장하는 이들은 데이터의 상속이 고인의 일기장이나 편지 등을 전달받는 것과 동일하다고 주장하고 있으며, 반대하는 이들은 사후 사생활 침해에 대한 우려를 표하며 잊힐 권리를 보장받아야 한다고 주장한다.

⑪ **코로나19(COVID-19)** : 폐렴 증상을 일으키는 신종 감기바이러스
2019년 12월부터 유행하기 시작한 급성호흡기증후군을 일으키는 코로나 계열의 바이러스이다. 중국 후베이성 우한시에서 처음 발견되어 중국 전역과 인근 국가로 퍼져나갔다. 2020년 6월 기준 최초 발생 원인은 아직 밝혀지지 않았고 백신 또한 미개발 상태이다. 2003년 유행했던 SARS보다 치사율은 낮지만 잠복기에도 감염될 가능성과 점막을 통해서도 감염될 가능성이 높다는 점 때문에 더욱 치명적인 피해를 입혔다.

⑫ **언택트(Untact)** : 비대면·비접촉 방식
콘택트(Contact)에 부정어인 언(Un)을 붙인 말로, 사람과 사람끼리 직접 대면하지 않거나, 최소화하는 것을 의미한다. 처음에는 새로운 소비문화를 설명하는 말이었으나, 최근 코로나19 바이러스로 인해 다양한 분야에서 활용되고 있다.

⑬ **볼피피 지수(Volfefe Index)** : 트럼프가 올리는 트윗이 경제에 미치는 영향을 나타내는 지수

도널드 트럼프 전 미국 대통령이 게재하는 트윗이 채권시장에 미치는 영향을 분석해 보여주는 지수이다. 미국 은행 JP모건이 2019년 9월 만들어 발표하기 시작했다. '볼피피'의 'vol-'은 변동성을 의미하는 '볼라틸리티(Volatility)'를 말하며, '-fefe'는 과거 트럼프 대통령이 트윗에서 언급한 의미불명의 용어 '코브피피(covfefe)'에서 따온 말이다. 트럼프의 하루 트윗 건수와 '중국', '상품' 등 특정 단어의 언급 여부를 분석하여 미국 국채 2년물과 5년물의 가격변화에 영향을 미치는 정도를 보여준다. JP모건에 따르면 트럼프의 트윗 업로드 건수가 많을수록 가격이 떨어지는 추세를 보인다고 한다.

⑭ **고위공직자범죄수사처** : 공직자의 범죄 사실을 수사하는 독립된 기관

기존 사법기구로부터 독립되어 공직자의 비리를 고발하는 수사기관이다. 흔히 '공수처'라 줄여 불린다. 공수처는 독립기구로서 부패 범죄에 대한 수사권 및 기소권을 갖게 되며, 수사 대상은 현직 및 퇴직한 대통령, 국무총리, 장성, 국회의원, 법관, 검사, 3급 이상 공무원과 그 가족이다. 공수처장의 임명은 후보추천위원회에서 2명을 추천하여 대통령이 1명을 골라 인사청문회를 거쳐 임명한다. 공수처장의 임기는 3년이며 중임할 수 없다.

⑮ **슬로벌라이제이션(Slowbalisation)** : 국제 공조와 통상이 점차 악화되는 상황

영국의 경제 전문 주간지 「이코노미스트」가 2019년 진단한 세계 경제의 흐름이다. 글로벌라이제이션(Globalization)의 속도가 점차 늦어진다(Slow)는 의미를 담고 있다. 2008년 미국발 금융위기로 인해 많은 국가들이 자국 산업의 보호를 위해 부분적 보호무역주의를 실시했고 최근의 무역전쟁으로 이어지면서 이런 진단이 나오게 되었다. 개발도상국의 성장으로 무역 시장의 역할 변화가 이뤄지면서 선진국과 개도국의 관계가 상호 호혜적관계에서 경쟁적 관계로 변화한 것이 큰 요인이라고 평해진다.

⑯ **보르네오 동 칼리만탄** : 자카르타를 대신하는 인도네시아의 새로운 수도

인도네시아의 수도 자카르타는 지반이 매년 평균 7.5cm씩 가라앉고 있다. 이에 인도네시아 정부는 40조 원을 들 여 '보르네오섬의 동 칼리만탄 북프나잠 파세르군'에 새로 도시를 건설한 뒤 이곳에 천도하겠다고 밝혔다. 보르네오섬은 세계에서 3번째 큰 섬으로, 인도네시아, 말레이시아, 브루나이 3개 국가의 영토로 나뉘어 있다.

⑰ **셰일가스(Shale Gas)** : 미국에서 2010년대 들어서 개발되기 시작한 퇴적암 오일

퇴적암의 한 종류인 셰일층에서 채굴 할 수 있는 '액체 탄화수소'를 가리키는 말이다. 이전에는 채굴 불가능하거나 시추 비용이 많이 들어 채산성이 없다고 여겨진 자원들이 '수압파쇄', '수평시추' 등의 기술 발전으로 채산성을 갖춘 자원이 되면서 생산량이 폭발적으로 늘어났다. 수압파쇄 기술은 시추를 한 뒤 시추공 내로 물을 주입하여 지하암석층에 균열을 일으켜 가스를 뽑아내는 기술이다. 수평시추 기술은 지면에서 수직으로 들어가 인근의 자원만 시추하던 종전의 기술과 달리, 수평에 가깝게 파고 들어가 시추 포인트당 자원 접촉면을 넓혀 많은 양을 시추하는 방법이다.

⑱ **펠리컨 경제(Pelican Economy)** : 대기업과 중소기업이 협력해 산업을 발전시키는 경제

부리 주머니에 머리를 담아 자기 새끼에게 먹이는 펠리컨처럼 국내 대기업과 중소기업이 함께 긴밀하게 협력해 경제를 살리는 것을 말한다. 한국에서는 중소기업을 통해 소재 부품 산업자립도를 올릴 경우 대기업 호황 기조와 맞물려 이러한 경제를 실현할 수 있을 것으로 예측된다. 이와 반대되는 개념으로는 '가마

우지 경제'가 있다. 가마우지 경제란 어부가 가마우지의 목에 매듭을 묶은 뒤 물고기를 잡게 하고 이를 빼앗는 가마우지 낚시법처럼, 국내 대기업들이 수출을 통해 큰돈을 벌어들여도 소재부품을 외국기업에 의존할 경우 대부분의 이익을 외국에 지불해야 하는 경제 상황을 가리킨다.

⑲ **데이터 3법** : 통계·연구 목적의 개인정보 활용을 위한 관련 법률 개정법
2020년 1월 국회를 통과한 「정보통신망법」, 「신용정보법」, 「개인정보보호법」 3개의 개정법을 말한다. 4차 산업혁명 시대의 핵심 자원인 데이터의 축적과 연구를 진행하기 위해, 개인정보를 '가명정보' 상태에서 다룰 수 있도록 하는 것을 골자로 한다. 이전까지는 관련 법률이 개인정보에 대해 우선적인 보호조치만을 해왔다면 법률 개정으로 인해, 신원을 특정할 수 없는 상태라면 개인 데이터를 기업들이 다양한 산업에 활용할 수 있게 하였다. 이러한 개인정보의 활용 과정에서 발생할 수 있는 문제와 오남용을 막기 위해 대통령 소속으로 개인정보보호위원회를 설립한다.

PART 1

⑳ **환율조작국** : 미국에서 지정하는 외환시장에 개입해 환율을 조작하는 국가
미국에서 지정하는 '자국의 수출을 늘리고 자국 제품의 가격경쟁력을 확보하기 위해 정부가 인위적으로 외환시장에 개입해 환율을 조작하는 국가'를 말한다. 미국은 매년 4월과 10월 경제 및 환율정책 보고서를 통해 환율조작국을 발표한다. 미국의 「교역촉진법」에 따르면 대미 무역수지 흑자가 200억 달러 이상, 경상수지 흑자가 국내총생산(GDP)의 3% 이상, 외환시장 개입 규모가 GDP의 2% 이상 등 3개 요건에 모두 해당하면 환율조작국으로 지정한다고 명시되어 있다. 2024년 6월 미국은 중국과 일본, 대만 등을 환율조작국으로 지정했다.

㉑ **종합부동산세(종부세)** : 고액 부동산 소유자에게 부과하는 보유세
고액의 부동산 보유자에게 세금을 부과하여 부동산 보유에 대한 조세부담의 형평성을 개선하기 위해 2004년 마련된 세금이다. 소유한 부동산 가격의 합이 2주택 이상 보유자는 6억 원을 초과할 경우, 1세대 1주택자는 9억 원을 초과할 경우 종합부동산세를 부과 받는다. 3주택 이상 보유자인지 여부와 투기과열지역·조정대상지역 주택 보유자인지 여부를 판단하여 추가 세율이 산정된다. 부동산 소유자가 5년 이상의 장기보유자이거나 고령일 경우에는 납부액이 공제되기도 한다. 지방세인 '재산세'와는 별개의 세금으로 국세인 종합부동산세는 중앙정부가 부동산 가격폭증 방지를 위해 정책적으로 활용하는 세금이 되기도 한다.

㉒ **윤창호법** : 음주운전 처벌강화 「도로교통법」 개정법
음주운전 사고 피해자로 혼수상태에 있다 사망한 윤창호씨의 이름을 딴 법률 개정안이다. 「도로교통법」은 기존 3회 이상 음주운전 적발 시 처벌에서 2회 이상 음주운전 적발 시 처벌로 바뀌고 처벌 강도 또한 2년 이상 5년 이하 징역 또는 1,000만 원 이상 2,000만 원 이하 벌금으로 강화되었다. 음주운전 판정 기준도 면허 정지는 혈중알코올 농도 0.03%로 면허취소는 0.08%로 0.02%p씩 더 엄격해졌다. 「특정범죄 가중처벌법」도 개정되어 음주운전으로 사람을 사망에 이르게 하면 최고 무기징역, 최저 3년 이상의 징역형에 처하도록 개정되었다.

㉓ **그로스해킹(Growth Hacking) :** 데이터를 통해 사용자를 분석해 마케팅 전략을 수립하는 것

사용자의 네트워킹 행동을 분석해 나타나는 다양한 정보를 사업적으로 활용하는 것이다. 사용자가 특정 페이지에 접속한 기록, 시간 등의 단순한 정보부터 선호 정보, 선호 정보전달 양식 등과 같은 고차원적인 정보까지 모든 데이터를 활용하여 마케팅 전략을 수립하거나 새로운 비즈니스를 모색한다. 페이스북, 인스타그램, 에어비앤비, 트위터, 드롭박스 등이 이 기술을 활용하여 사업을 성장시킨 것으로 유명하다.

㉔ **DLS(Derivatives Linked Securities) :** 파생상품의 가격변동 위험성을 담보로 하는 주식 상품

파생상품의 가치가 하락할 경우 발생하는 위험을 파는 상품이다. 파생상품이란 산업 원자재, 원자재 지수, 원유, 금, 금리, 환율, 채권 등의 가치변동을 상품화한 것이다. 기업의 신용등급 변동, 파산 여부, 날씨, 부동산, 탄소배출권 등까지 파생상품으로 보기도 한다. 약정을 건 파생상품 가치가 계약 기간 동안 일정 수준 아래로 내려가지 않았을 경우 일정 이율을 보상으로 받는 방식이다. 원금 보장 옵션을 걸지 않을 경우 리스크가 아주 큰 상품으로 분류된다. 얼마 전 일부 은행으로부터 관련 상품을 구입한 일반 투자자들이 단체로 막대한 손해를 입는 사건이 발생하면서 문제가 되었다.

㉕ **베이다이허 회의(北戴河 會議) :** 중국의 정치 수뇌부가 모이는 비공식 회의

베이다이허는 베이징에서 동쪽으로 약 280km 떨어진 해변이다. 1954년부터 중국 공산당 지도자들의 여름 휴양지로 쓰이고 있는 것으로 유명하다. 매년 8월이면 중국의 전현직 당 – 정 – 군 고위간부들은 베이다이허에 모여 13일 간의 회의를 개최한다.

㉖ **검·경 수사권 조정 :** 수사·기소를 분리한 검·경의 직권 변화

경찰이 검찰로부터 1차적 수사권을 받는 내용과 그에 대한 검찰의 견제권한을 보장하는 「형사소송법」·「검찰청법」 개정법이다. 특수사건(공직·경제·선거·방위사업·경찰 범죄 등)의 경우를 제외하고 모든 사건은 경찰이 수사를 하며 검찰에 송치하지 않고 종결할 수 있다. 검찰은 자신들에게 사건이 송치된 뒤 사건을 수사할 수 있으나, 경찰 단계에서 사건이 불송치된다면 수사할 수 없고 보완수사를 요구하거나 해당 경찰의 징계를 요구할 수 있다. 반대로 경찰은 검찰의 불기소 처분에 대해 영장심의위원회를 통해 이의를 제기할 수 있다.

㉗ **키 테넌트(Key Tenant) :** 이용객이 많이 몰려 집객 효과가 뛰어난 핵심 점포

편의점, 영화관, 화장품판매 브랜드, 카페, 패스트푸드업체 등 다수의 방문객을 보장하여 입점할 경우 상가 전체의 상권을 키우는 점포를 말한다. 최근 상업시설 초반 승패를 결정짓는 요인으로서 '키 테넌트'에 대한 중요성이 커지고 있다.

㉘ **유니콘 기업(Unicorn Company) :** 비상장 고부가가치 신흥기업

유니콘과 같이 '혜성처럼 나타난 기업'을 말한다. '생겨난 지 10년이 되지 않고 주식을 상장시키지 않았지만 기업가치가 10억 달러(1조 원)를 넘는 기업'을 가리킨다. 2021년 말 기준 우리나라의 유니콘 기업에는 쿠차와 피키캐스트 등을 운영하는 '옐로모바일', 마스크팩 메디힐을 히트시킨 '엘엔피코스메틱', 토스 송금앱으로 성공한 '비바리퍼블리카', 전자상거래업체 '위메프', 숙박 중개 어플 '야놀자', 패션 플랫폼 '무신사' 등이 있다. 우리나라는 미국, 중국, 영국, 인도, 독일 등에 이어 열 번째로 유니콘 기업을 많이 보유하고 있다.

㉙ 마이야르 반응(Maillard Reaction) : 음식이 갈변되며 풍미가 생기는 현상
프랑스의 화학자 카미유 마이야르(1878 ~ 1936)가 발견한 화학 작용이다. 식재료를 가열할 때 단백질과 당 성분이 갈색으로 그을게 되는 현상을 말한다. 일반적으로 이 과정에서 요리에 감칠맛과 풍미가 더해진다고 한다. 연구 결과 식재료를 176℃로 가열할 때 가장 활발한 반응이 일어난다. 간장・된장 등의 저장음식은 보존 과정에서 서서히 마이야르 반응이 발생하여 맛이 더해지는 경우라고 한다. '홈쿠킹'을 취미로 하는 이들이 늘어나면서 요리의 맛을 살리는 핵심 효과로 지목되어, 유튜브 등의 뉴미디어에서 자주 거론되고 있다.

㉚ 김용균법 : '위험의 외주화' 방지를 위한 안전 규제 강화법안
산업 사고로 안타깝게 숨진 김용균씨 사건의 원인이 안전관련 법안의 한계에서 비롯되었다는 사회적 합의에 따라 '위험한 작업을 외주화시키는 기업들의 관행'을 막기 위해 마련된 「산업안전보건법」 개정법이다. 노동자 안전보건 조치 의무 위반 시 사업주와 도급인에 대한 처벌을 강화하고 하청 가능한 사업의 종류를 축소시키는 등의 내용을 담고 있다.

㉛ 인티머시 코디네이터(Intimacy Coordinator) : 배우들이 수위 높은 애정 장면을 촬영할 때 성폭력을 감시하는 사람
배우들이 '육체적 친밀함(Intimacy)'을 보여주는 장면을 연기할 때 불쾌감을 느끼거나, 성희롱으로 이어지는 일을 방지하는 일을 하는 직업이다. 뉴욕타임스는 미투(Me Too)시대를 맞아 방송, 공연계에 이 직종이 새로 등장했다고 보도했다. '인티머시 코디네이터'의 주요 임무는 이런 일이 없도록 현장을 모니터하고 배우들의 기분을 파악하는 것이다. 연기 도중 성희롱이 발생하지 않도록 교육하는 워크숍도 연다. HBO(Home Box Office)는 "신체접촉이 많은 장면을 촬영할 때는 '인티머시 코디네이터'가 지켜보는 가운데 촬영이 이루어지도록 하겠다."라고 발표했다.

㉜ 글로컬리제이션(Glocalization) : 세계적인 것을 추구하면서도 현지화를 이루는 것
세계화를 의미하는 'Globalization'과 현지화를 의미하는 'Localization'의 합성어이다. 외국시장 혹은 세계시장에 진입하는 기업들이 추구해야 할 경영・마케팅 덕목으로 꼽히고 있다. 기업이 국제 시장에서 얻은 경쟁력을 바탕으로 현지 시장에 맞게끔 침투하는 모습, 혹은 지역시장에서 성공한 요인을 바탕으로 세계 보편성을 가미하여 국제시장에 도전하는 모습 등으로 나타난다. 1980년대 하버드 비즈니스 리뷰(Harvard Business Review)에서 처음 언급된 용어로 알려져 있다.

㉝ 아마존 효과(Amazon Effect) : 전자상거래의 발달로 경제 상황과 관계없이 물가가 내려가는 것
경제학적으로 일정 이상의 물가 상승은 경제 견인을 위해 필수적이나, 온라인 마켓의 치열한 가격경쟁으로 인해 시장물가가 오르지 않아, 경제가 준수하게 부양되고 있음에도 디플레이션 현상을 보일 때를 가리키는 말이다. 대표적인 전자상거래 업체인 아마존닷컴의 이름을 따서 '아마존 효과'라고 부른다.

㉞ 아프리카돼지열병(African Swine Fever) : 돼지 농가 집단 폐사 사유가 되고 있는 돼지 전염병
아프리카 지역의 야생 돼지들이 보균 숙주이며, 물렁진드기가 바이러스를 전파시킨다고 알려진 돼지 전염병이다. 돼지과 동물들만 걸릴 수 있는 질병이나, 양돈 돼지가 아프리카돼지열병에 걸릴 경우 치사율이 100%에 이르고 치료제나 백신이 없기 때문에 우리나라에서는 「가축전염병예방법」에 제1종 법정전염병으로 분류하고 있다.

㉟ 레거시미디어(Legacy Media) : 영향력을 잃어가는 TV · 신문 등의 기성 미디어
'뉴미디어'가 생겨나자 이에 반대되는 미디어를 뜻하는 용어로 쓰이게 되었다. 뉴미디어가 새롭게 생겨난 플랫폼 형식의 쌍방향소통 미디어라면, 레거시미디어는 TV · 신문 등의 기성 매체를 말한다. 뉴미디어에 소비자들을 빼앗긴 레거시미디어들이 위기를 맞자 이에 대한 활로로 다중채널 네트워크(MCN), 온라인 시프트 등의 자구책을 내놓고 있다.

㊱ 딥페이크(Deep - fake) : 인공지능기술을 활용한 가짜 합성자료
딥페이크는 인공지능이나 얼굴 매핑(Facial Mapping) 기술을 활용해 특정 영상의 일부나 음성을 합성한 편집물을 일컫는다. 특정인의 표정이나 버릇, 목소리, 억양 등을 그대로 흉내내면서 하지도 않은 말 · 행동을 한 것처럼 보이게 할 수 있어 문제가 된다.

㊲ 케톤 다이어트(Ketogenic Diet) : 탄수화물과 당을 제한하는 식이요법
탄수화물의 양을 줄이고 고지방 식사를 하면 케톤 수치가 증가하면서 지방을 태우는 효과가 나타나는 '케톤 식이요법' 효과를 이용한 다이어트 방법이다. 케톤 다이어트를 진행하는 동안에는 고기와 녹색 채소, 지방으로 식단을 구성해야 하며, 유제품 및 견과류와 계란 섭취는 피해야 한다. 탄수화물 대신 지방을 에너지원으로 사용하게 체질을 바꾸는 과정에서 무기력증에 빠질 수도 있다.

㊳ 뉴스 큐레이션(News Curation) : 뉴스 취향 분석 및 제공서비스
사용자의 뉴스구독패턴을 분석하여, 사용자의 관심에 맞는 뉴스를 선택해 읽기 쉽게 정리하여 제공해 주는 서비스이다. 인터넷뉴스 시대에 기사가 범람함에 따라 피로를 느낀 신문 구독자들이 자신에게 맞는 뉴스를 편리하게 보기 위해 뉴스 큐레이션 서비스를 찾고 있다고 한다. 이러한 뉴스 큐레이션 작업은 포털에서부터 SNS의 개인에 이르기까지 다양한 주체에 의해 이뤄지고 있으며, 최근에는 뉴스 큐레이션만을 전문으로 담당하는 사이트도 생기고 있다.

㊴ 앰비슈머(Ambisumer) : 평소에는 아끼지만 좋아하는 것에는 돈을 아끼지 않는 소비자
자신의 가치관에 부합하는 소비를 할 경우에는 돈을 아끼지 않고 최고의 가치를 추구하지만, 그 외에 것에 관하여는 최대한 돈을 아끼는 이중적인 소비자들을 뜻한다. 이중성을 뜻하는 'Ambivalent'와 소비자를 뜻하는 'Consumer'의 합성어이다. 뭐든 고가품을 선호하거나 뭐든 저가품을 선호하던 종전의 소비자들과 구분되는 최신 소비 트렌드로 지목되고 있다.

⑩ **팹리스(Fabless)** : 제조공장 없이 반도체 설계와 개발에 전문화된 회사

제작을 의미하는 'Fabrication'과 없음을 의미하는 'Less'의 합성어로, 반도체의 설계는 하지만 제조 및 양산은 하청에 맡기는 개발사를 가리키는 말이다. 애플, 퀄컴, 엔비디아, AMD 등이 있다. 반대로 인텔, 삼성과 같이 한 회사(계열사)에서 개발과 제작을 동시에 하는 것을 IDM(종합반도체)이라고 한다. 팹리스로부터 양산 하청을 받아 생산만 하는 반도체 제작업체들은 파운드리(Foundry)라고 한다. TSMC, UMC 등이 있으며, 대만이 파운드리 강국인 것으로 유명하다.

⑪ **헬리콥터 머니(Helicopter Money)** : 중앙은행이 새로 돈을 찍어 마구 뿌리는 정책

중앙은행이 직접 현금을 뿌리는 극단적인 경기 부양책으로, 노벨경제학상 수상자인 밀턴 프리드먼이 1969년 저 서에서 해당 정책을 헬리콥터에서 돈을 뿌리는 것에 비유하면서 붙여진 이름이다. 민간이 보유한 채권을 사들여 간접적으로 유동성을 키우는 양적 완화와 달리, 새로 발행한 돈으로 가계에 돈을 지급하거나 정부 지출 재원을 조 달하는 방식으로 진행한다. 코로나19 여파로 전 세계 경제가 침체되자, 온 국민에 현금을 지급하는 등의 헬리콥터 머니 정책이 각국에서 펼쳐졌었다.

⑫ **빈지워칭(Binge-watching)** : 방송 프로그램이나 드라마, 영화 등을 한꺼번에 몰아보는 현상

폭식·폭음을 의미하는 빈지(Binge)와 본다는 워치(Watch)를 합성한 단어로 휴일, 주말, 방학 등에 콘텐츠를 몰아 보는 것을 폭식에 비유한 말이다. 빈지워칭은 2013년 넷플릭스가 처음 자체 제작한 드라마 '하우스 오브 카드'의 첫 시즌 13편을 일시에 선보였고 이후로도 이용자들은 이 전편을 시청할 수 있는 서비스를 선호하는 모습을 보이자 생겨난 말이다.

⑬ **분양가상한제** : 초강력 주택가격 상승 억제책

건설사가 아파트를 짓고 최초 분양하는 데에 정부가 나서서 매매가를 일정 이상 넘지 못하도록 제한하는 제도이다. 본래 공공주택의 경우 분양가상한제를 실시했으나 이를 '투기과열지구로 지정된 지역'에서는 민간주택에까지 확장시키도록 변경되었다. 분양가상한의 결정은 '감정평가된 아파트 부지의 금액+정부가 정해놓은 기본형 건축비+가산비용'으로 결정된다.

⑭ **선전시** : 중국의 새로운 금융중심지 홍콩반도와 접경해 있는 중국 광둥성의 도시

홍콩과 인접해 있다는 이점으로 1981년부터 덩샤오핑 정부의 전격적인 지원 아래 부성급 시(市)로 격상되어 선전시로 불리기 시작했다. 선전시에는 화웨이, 텐센트, ZTE, BYD 등 많은 전자 기업이 제조 공장을 차리고 있으며, 대만과 홍콩, 우리나라 등 다양한 동아시아 국가들의 제조 기업이 진출해 있다. 2016년부터 중국 정부는 홍콩을 견제하기 위해 선전시를 증권거래 중심지로 키우려하고 있다.

01 정보상식

| 유형분석 |

- 국가정보원과 관련된 상식이 주로 출제되고 있다.
- 국가정보원의 최근 이슈 및 주요 업무를 반드시 숙지하고 있어야 한다.

개발도상국의 경제개발을 지원하고 우리나라의 국제적 지위 향상에 상응하는 역할을 수행하기 위하여 1987년 6월 1일 설립된 정부의 개발원조자금인 대외협력기금은?

① ODA
② UNICEF
③ EDCF
④ OECD
⑤ WTO

정답 ③

EDCF(대외경제협력기금)는 개발도상국의 경제개발을 지원하고 우리나라의 국제적 지위 향상에 상응하는 역할을 수행하기 위하여 1987년 6월 1일 설립된 정부의 개발원조자금이다.

오답분석

① ODA(Official Development Assistance) : 공적개발원조 혹은 정부개발원조
② UNICEF(United Nations Children's Fund) : 국제연합아동기금
④ OECD(Organization for Economic Cooperation and Development) : 경제협력개발기구
⑤ WTO(World Trade Organization) : 세계무역기구

30초 컷 풀이 Tip

국가정보원과 관련된 상식뿐 아니라 사회, 경제, 법률, 북한 등 다양한 분야에서 출제된다. 따라서 평소 신문기사나 시중에 출간되고 있는 상식 자료집 등을 보면서 기본적인 상식과 최신 상식까지 공부해 둘 필요가 있다.

- **북한**
  국가정보원의 기관 특성상 북한에 대한 상식은 필수 출제 영역이 된다. 북한의 권력 기구라든지, 북한의 정치, 경제, 사회 등 북한에 대한 모든 내용은 출제 대상이 될 수 있으므로 관련된 이슈를 주의 깊게 살펴보아야 한다.
- **사회**
  사회 영역에서는 인문학, 공학, 외교 등에 관한 일반적인 수준의 상식을 묻는 문제가 출제된다. 특히 직전 시험 이후로 이슈가 된 상식들은 유심히 습득해 둘 필요가 있다.
- **경제**
  경제 영역에서는 일반적인 경제 및 경영 용어와 부동산, 경제 정책 관련 상식이 주로 출제된다. SWOT 분석, 파레토 법칙, 그레샴의 법칙 등 과거부터 중요시되던 용어들의 의미를 파악해 두어야 하며, 새롭게 등장한 경제 용어나 최근 경제 정책 등도 반드시 알아두어야 한다.
- **법률**
  법률 영역에서는 법치주의나 법의 형식 및 종류 등 법에 관한 일반적인 내용과 더불어 「헌법」, 「민법」, 「형법」, 「형사소송법」 등에 등장하는 법률 용어들과 중요한 조항 등에 관해 문제가 출제된다. 해당 법을 법 과목 시험공부를 하듯이 상세하게 공부할 수는 없지만, 해당 법에서 중요시되는 개념 등은 반드시 알아두어야 한다.
- **한국사**
  한국사 영역은 고조선, 삼국시대, 고려, 조선시대, 근현대사 등 시대별로 한국사의 주요한 역사적 사건이나 흐름 위주로 정리할 필요가 있다. 또 시대별 유물 사진을 알아두거나 각 시기의 지배세력을 등장 순서나 나라의 건국 순서 등을 파악해 두어야 하며 큰 사건 위주로 공부하면 도움이 될 것이다.

교육은 우리 자신의 무지를 점차 발견해 가는 과정이다.

– 윌 듀란트 –

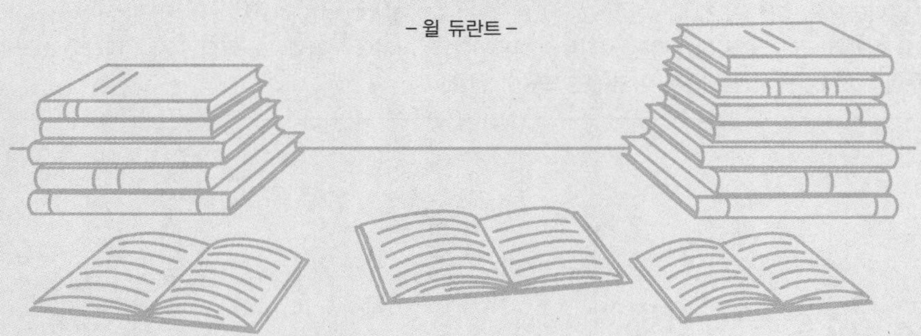

PART 2

NIAT 적중예상문제

CHAPTER

01 언어능력

정답 및 해설 p.002

01 다음 글에서 밑줄 친 ㉠을 약화하는 것만을 〈보기〉에서 모두 고르면?

2001년 인간 유전체 프로젝트가 완료된 후, 영국의 일요신문 「옵저버」는 "드디어 밝혀진 인간 행동의 비밀, 열쇠는 유전자가 아니라 바로 환경"이라는 제목의 기사를 실었다. 유전체 연구 결과, 인간의 유전자 수는 애당초 추정치인 10만 개에 크게 못 미치는 3만 개로 드러났다. 해당 기사는 인간 유전체 프로젝트의 핵심 연구자였던 크레이그벤터 박사의 ㉠ 주장을 다음과 같이 인용하였다. "유전자 결정론이 옳다고 보기에는 유전자 수가 턱없이 부족합니다. 인간 행동과 형질의 놀라운 다양성은 우리의 유전자 속에 들어있지 않다는 것이죠. 환경에 그 열쇠가 있습니다. 우리의 행동 양식은 유전자가 환경과 상호작용을 함으로써 비로소 결정되죠. 인간은 유전자의 지배를 받는 존재가 아닌 것이죠. 우리는 자유의지를 발휘할 수 있는 존재인 것입니다." 여러 신문이 이와 같은 기사를 실었다. 이를 계기로 본성 대 양육이라는 해묵은 논쟁은 인간의 행동을 결정하는 것이 유전인지 아니면 환경인지 하는 논쟁의 형태로 재점화되었다. 인간이란 결국 신체를 구성하는 물질에 의해 구속받는 존재인지 아니면 인간에게 자유의지가 허락되는지를 놓고도 열띤 토론이 벌어졌다.

보기

ㄱ. 자유의지가 없는 동물 중에는 인간보다 더 많은 유전자 수를 가지고 있는 경우도 있다.
ㄴ. 유전자에 지배되지 않더라도 인간의 행동이 유전자와 환경의 상호작용으로 결정된다면, 그 행동은 인간 스스로 자유로운 의지에 따라 행한 것이라고 볼 수 없다.
ㄷ. 다양한 인간 행동은 일정한 수의 유형화된 행동 패턴들의 중층적 조합으로 분석될 수 있고, 발견된 인간유전 자의 수는 유형화된 행동 패턴들을 모두 설명하기에 적지 않다.

① ㄱ
② ㄴ
③ ㄱ, ㄷ
④ ㄴ, ㄷ
⑤ ㄱ, ㄴ, ㄷ

02 다음 글에서 주어진 정보를 토대로 ㉠~㉣을 두 가지로 분류하려고 할 때, 분류와 기준이 적절하게 제시된 것은?

중세 이후, 낭만주의자들은 감정과 상상력의 자유를 무엇보다도 존중하였다. 그래서 ㉠ 「사르다나팔의 죽음」을 그린 A는 상상력을 자극시킬 만한 주제를 찾아 이국적인 역사 이야기나 문학으로 관심을 돌렸다. 실제로 가보지 않고 창작된 이 그림은 바이런이 쓴 시에서 영감을 얻은 것으로, A는 자신이 이 그림을 그릴 당시까지는 한 번도 방문한 적이 없는 북아프리카의 아랍 세계를 배경으로 삼았다.

그러나 혁명의 물결이 전 유럽을 휩쓸던 때, 사실주의 화가들은 노동자와 농민의 생활을 진지하게 그리기 시작하였다. B가 그린 ㉡ 「돌 깨는 인부」에는 고귀한 이상이나 공상의 비상 같은 것은 없다. 그는 마음의 눈에 비친 것이 아니라, 눈으로 직접 볼 수 있는 것만을 그려야 한다고 믿었다. 하지만 그의 회화기법은 그의 신념에도 불구하고 여전히 한계를 보여주고 있다. 그는 자신이 할 수 있는 '새로운 방법'보다 자신이 말하고 싶은 '새로운 것'에 더 깊은 관심이 있었기 때문이다. '새로운 방법'을 발견한 사람은 또 다른 위대한 화가인 C였다. 그는 실제로 눈에 보이는 것만을 그려야 한다는 B의 생각에 공감하였지만, 이를 실행하기 위해서는 회화의 언어를 재고해야만 한다고 생각했다. 그의 ㉢ 「피리부는 소년」은 스스로 달성한 새로운 언어를 보여준다. 회화가 세계를 반영하는 하나의 창(窓)이 되었던 중세 이래로 그림 속의 형태와 공간이 입체감, 깊이, 넓이를 갖고 있는 것처럼 보여주기 위하여 화가는 살붙임과 음영에 의존해 왔다. 그러나 C는 명암에 따른 다양한 음영이 아니라, 색채의 다양한 변화를 통해서 이를 이루려고 하였다. 빛이 형태 바로 앞에서 비치고 있기 때문에 「피리부는 소년」에서 그림자는 보이지 않는다. 게다가 음영법도 사용하지 않았다.

C의 찬미자였던 D의 정물화 ㉣ 「과일그릇, 유리잔, 그리고 사과」에는 인상주의 회화에서 보았던 신선한 색채와 활달한 붓놀림이 있다. 대부분의 형태는 윤곽선으로 둘러싸여 있고, 실물보다 훨씬 단순하게 그려져 있다. 책상은 기울어져 보이고, 그릇이나 유리잔의 원근법도 정확하지 않다. 비록 자연에 비춰 보면 그림 속의 물체들은 '틀린' 것일 테지만, 그림 속에서 우리는 그것들이 '올바로' 보인다고 느끼게 된다. D에게 캔버스는 독립된 세계였고, 그 자체의 법칙이 있으며, 그 법칙은 자연의 법칙보다 중요한 것이었다. 그는 자연의 물체를 그릴 때면 반드시 그것을 그림에 맞추어서 변화시켰다.

①

자연에 비추어 보아 '틀린' 그림인지 아닌지에 따라	
㉠	㉡, ㉢, ㉣

②

새로운 방법에 따라야 하는가에 대한 자각이 있는지 없는지에 따라	
㉠	㉡, ㉢, ㉣

③

눈으로 직접 볼 수 있는 것만을 그린다는 믿음이 있는지 없는지에 따라	
㉠, ㉡	㉢, ㉣

④

회화가 독립적 세계인지 아닌지에 따라	
㉠, ㉡, ㉢	㉣

⑤

입체감을 표현하기 위해 음영을 이용하느냐 색채를 이용하느냐에 따라	
㉠, ㉡, ㉢	㉣

PART 2

03 다음 글의 내용으로 적절하지 않은 것은?

"그래도 지구는 돈다." 17세기 이탈리아의 물리학자 갈릴레이가 남긴 유명한 말이다. 지구는 둥글고 태양 주위를 지구가 도는 것이라는 주장으로 당시 사람들에게 충격을 준 그가, 너무 빛나서 맨눈으로는 볼 수 없는 태양에 흑점이 있다고 발표함으로써 또다시 엄청난 반향을 불러일으켰다. 이렇게 시작된 태양의 흑점에 대한 관심은 과학자들의 연구로 인해 많은 사실들을 밝혀내기에 이르렀다. 우리가 흑점에 대하여 관심을 갖는 이유는 흑점의 활동 변화가 우리의 삶에 미치는 영향이 크기 때문이다.

흑점은 이름만으로 보면 검은색이라고 생각하기 쉽지만 실제로는 달을 100개 정도 모아 놓은 것과 같은 정도의 상당한 밝기를 가지고 있다. 그런데도 흑점이라 부르는 이유는 태양표면 밝기의 40% 정도에 불과하고 온도도 1,000 ~ 2,000℃ 정도 낮아 태양의 표면보다 상대적으로 검게 보이기 때문이다. 흑점은 지금도 계속해서 생기고 있으며 성장하고 소멸되는 과정을 되풀이하는데, 그 기간은 흑점에 따라 각기 다르다. 이렇게 생성되는 흑점은 최소 수백km에서 수만km에 이르기까지 크기가 다양하며, 흑점이 모인 무리가 10만km를 넘는 것도 있다.

흑점은 반드시 쌍으로 생성되는데, 하나가 생기고 나서 또 다른 하나가 생기며 하나가 작아지면 똑같이 작아지고 커지면 똑같이 커지는 특성이 있다. 쌍은 항상 서로 반대의 극을 띠고 있기 때문에 흑점에 자기(磁氣)가 형성되는 중요한 역할을 한다.

태양의 흑점은 지구의 3천 ~ 4천 배에 달하는 강력한 자기장을 갖고 있으므로 거대한 전자석이라고 생각하면 이해하기가 쉬울 것이다. 흑점 내에 흐르는 전파는 10의 12제곱 암페어(A)로 엄청난 양의 전류가 흐르는데, 흑점 내의 전류는 지구와는 다른 좀 특이한 현상을 보여준다. 지구에서는 남극에서나 북극에서나 자석이 N, S의 방향이 동일하지만, 태양에서는 흑점마다 지니고 있는 자기의 방향이 서로 다르다. 예를 들어, 태양의 남극에 위치한 흑점은 오른쪽이 N극이고 왼쪽이 S극이라면 북극에 위치한 흑점은 왼쪽이 N극이고 오른쪽이 S극을 띠고 있다. 그러나 더 재미있는 사실은 극의 방향이 태양의 활동에 따라 변한다는 점이다.

태양 흑점의 주기는 매번 차이가 있어 정확히 계산할 수는 없지만 보통 11년이라고 이야기하고 있다. 한 주기 동안에 흑점의 폭발은 수없이 일어나는데 폭발과 동시에 밝은 불꽃이 발견되며 이 현상을 플레어(Flare)라고 부른다. 플레어는 태양 주변에 생성된 자기장이 태양의 대류층에 있다가 흑점을 뚫고 코로나 속으로 솟아올라 폭발적으로 안정성을 잃게 될 때 일어난다. 플레어는 흑점이 있는 곳에서 언제나 발견되는 현상으로, 평상시에는 우리에게 별다른 영향을 주지 못하지만 태양 흑점의 활동이 최대가 되어 큰 흑점의 무리가 형성될 때에는 이야기가 달라진다. 조그만 흑점이 폭발할 때는 지구까지 도달하지 못하지만 규모가 커질 경우에는 폭발 후에 생긴 입자들이 지구까지 시속 800km의 속도로 떨어져 지구의 상층부에 형성되어 있는 전리층을 건드리게 된다. 이 결과 지구의 극지방에서는 아름다운 오로라가 생겨나고, 지구 전역의 방송국에서 발사하는 전파에 영향을 미쳐 라디오와 같이 단파를 이용하는 통신수단에 장애를 일으키게 된다. 이 장애 현상을 통신 두절 현상(델린저 현상)이라 한다. 태양은 우리 생활에 꼭 필요한 에너지를 제공하는 가장 근원적인 원천이므로 태양이 없어지거나 변화하면 지구의 상황이 어렵게 변화될 것임은 두말할 필요가 없다. 흑점은 태양 표면보다 온도가 낮아서 태양 자체의 온도 변화에도 큰 영향을 미치므로 흑점의 활동과 태양의 활동은 밀접한 관계가 있다. 16 ~ 17세기에 흑점의 활동이 적었던 70년 동안 유럽에는 소빙하기라고 부를 수 있을 정도의 혹한이 불어닥쳤다. 또한 흑점이 많이 나타났던 동안에는 지구에서 자라고 있는 나무의 성장이 활발했던 것을, 나무의 나이테와 흑점의 활동에 관한 데이터를 비교해 본 결과 알게 되었다. 또 흑점이 많아지면 밀의 수확량이 증가하고 흑점이 줄어들면 밀의 수확량이 감소된다는 연구 결과도 있다. 흥미 있는 예를 하나 더 들어보면 흑점 수가 최대였던 1789년과 1917년에는 각각 프랑스대혁명과 러시아혁명이 일어났는데, 확실하다고 할 수는 없지만 흑점의 증감에 따라 사람들의 생각도 변화되는 것이 아닌가하고 생각하기도 한다. 그렇지만 이것은 단지 상관관계를 맺어 본 것에 불과한 이야기이다. 2차 대전 때는 영국의 레이더에 독일의 폭격기가 공격을 해오고 있다는 신호가 잡혔는데 비상 출동한 후에 알아본 결과 독일 군의 공격은 없었다. 바로 이 순간 태양에서는 거대한 흑점의 폭발이 있었다는 것이 밝혀졌다.

① 흑점은 태양 표면보다 온도가 낮다.
② 태양의 흑점은 정확한 주기를 두고 발생한다.
③ 흑점 활동이 왕성하면 나무의 성장이 활발해진다.
④ 태양의 흑점은 지구보다 강한 자기장을 가지고 있다.
⑤ 흑점의 한 주기 동안 플레어 현상은 수없이 일어난다.

04 다음 글에서 사용한 설명 방법에 해당하는 것을 〈보기〉에서 모두 고르면?

사물인터넷(Internet of Things)은 단어의 뜻 그대로 '사물들(Things)'이 '서로 연결된(Internet)' 것 혹은 '사물들로 구성된 인터넷'을 말한다. 기존의 인터넷이 컴퓨터나 무선 인터넷이 가능했던 휴대전화들이 서로 연결되어 구성되었던 것과는 달리, 사물인터넷은 책상, 자동차, 나무, 애완견 등 세상에 존재하는 모든 사물들이 연결되어 구성된 인터넷이라 할 수 있다. 사물인터넷은 연결되는 대상에 있어서 책상이나 자동차처럼 단순히 유형의 사물에만 국한되지 않으며 교실, 커피숍, 버스정류장 등 공간은 물론 상점의 결제 프로세스 등 무형의 사물까지도 그 대상에 포함한다.
사물인터넷의 표면적인 정의는 사물, 사람, 장소, 프로세스 등 유/무형의 사물들이 연결된 것을 의미하지만, 본질에서는 이러한 사물들이 연결되어 진일보한 새로운 서비스를 제공하는 것을 의미한다. 즉, 두 가지 이상의 사물들이 연결됨으로써 개별적인 사물들이 제공하지 못했던 새로운 기능을 제공하는 것이다.
가령 침대와 실내등이 연결되었다고 가정해 보자. 지금까지는 침대에서 일어나서 실내등을 켜거나 꺼야했지만, 사물인터넷 시대에는 침대가 사람이 자고 있는지를 스스로 인지한 후 자동으로 실내등이 켜지거나 꺼지도록 할 수 있게 된다. 마치 사물들끼리 서로 대화를 함으로써 사람들을 위한 편리한 기능을 수행하게 되는 것이다.
이처럼 편리한 기능들을 수행하기 위해서는 침대나 실내등과 같은 현실 세계에 존재하는 유형의 사물들을 인터넷이라는 가상의 공간에 존재하는 것으로 만들어줘야 한다. 그리고 스마트폰이나 인터넷상의 어딘가에 '사람이 잠들면 실내등을 끈다.'거나 혹은 '사람이 깨어나면 실내등을 켠다.'와 같은 설정을 미리 해놓으면 새로운 사물인터넷 서비스를 이용할 수 있게 된다.

보기

㉠ 인용 ㉡ 구분 ㉢ 예시 ㉣ 역설 ㉤ 대조

① ㉠, ㉣
② ㉡, ㉢
③ ㉢, ㉤
④ ㉠, ㉣, ㉤
⑤ ㉡, ㉢, ㉤

05 다음 글을 읽고 글을 구조화한 것으로 가장 적절한 것은?

(가) 비가 내리는 날에는 시야도 가려지고, 젖은 도로로 인해 미끄러워 운전하기 훨씬 어려워진다. 실제로 장마철에 교통사고 발생률이 매우 높아진다고 한다. 곧 다가오는 장마철, 안전한 운전과 쾌적한 환경을 위한 차량 관리가 꼭 필요하다.

(나) 장마철 발생하는 교통사고의 치사율이 높은 이유는 바로 수막현상 때문이다. 수막현상이란 빗물로 인해 미끄러워진 도로에서 타이어와 노면 사이에 수막이 생겨, 타이어가 노면에 대한 접지력을 상실하여 제동이 어려워지는 현상이다. 제동이 어려워지는 만큼 사고로 쉽게 이어질 뿐더러 대형 사고로 번질 확률도 높다. 그럼 수막현상으로 발생할 수 있는 사고는 어떻게 예방할 수 있을까?

(다) 수막현상을 완전히 막을 수는 없지만, 타이어 공기압 체크와 마모의 정도를 확인하는 것만으로도 자동차의 제동력을 향상시킬 수 있다. 여름철에는 타이어의 공기압을 평소보다 높이고, 타이어의 홈 깊이가 조금만 낮아져도 타이어 교체를 고려해보는 것을 추천한다.

(라) 타이어 상태 확인으로 제동력이 향상되었을지라도, 앞이 제대로 보이지 않는다면 위험한 것은 마찬가지이다. 운전 중 갑작스럽게 비가 내리는 상황에서 와이퍼가 갑자기 고장이 난다거나 와이퍼 블레이드(고무날)가 낡아 시야 확보가 어려워진다면 위험한 상황에 처할 수 있다. 장마나 태풍이 시작되기 전에는 와이퍼의 상태와 워셔액 양을 체크해주는 것이 좋다. 와이퍼뿐만 아니라 빗방울이 차 유리에 맺히지 않고 미끄러지듯 흘러내려, 많은 양의 비가 쏟아져도 선명한 시야를 확보할 수 있는 유리 방수 관리 역시 장마철에는 필수이다.

(마) 전조등은 시야 확보에 도움을 주는 기능을 하지만 빗속에서는 다른 차량에게 자신의 위치를 알려주는 기능을 하기도 한다. 그래서 비 오는 날에는 안전을 위해 항상 전조등을 켜고 다니는 것이 좋다. 장마철이 시작되기 전 전조등의 등화 여부를 확인해야 한다.

(바) 여름철에는 에어컨 작동과 각종 전기장치의 사용이 많아진다. 그렇기 때문에 배터리의 상태를 체크하는 것이 좋다. 배터리 상태의 확인은 자동차 보닛을 연 뒤, 배터리 윗면의 인디게이터를 확인하면 된다. 녹색이면 정상인 상태, 검정색이면 충전이 필요한 상태를 의미한다.

①
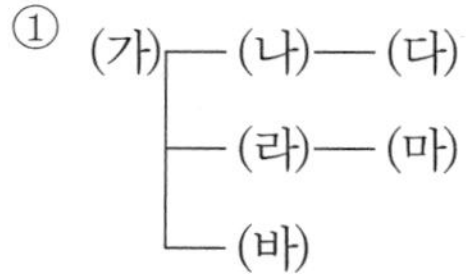

② ┌(가)—(다)—(라)
└(나)—(마)—(바)

③
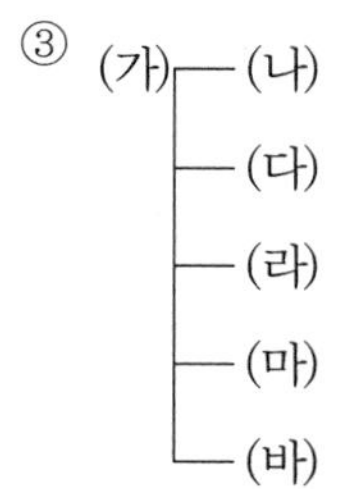

④
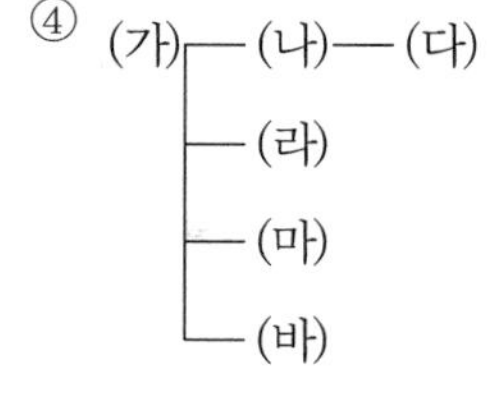

⑤ ┌(가)—(라)
├(나)—(마)
└(다)—(바)

06 다음 글에서 〈보기〉가 들어갈 위치로 가장 적절한 곳은?

한국의 전통문화는 근대화의 과정에서 보존되어야 하는가, 아니면 급격한 사회변동에 따라 해체되어야 하는가? 한국 사회변동 과정에서 외래문화는 전통문화에 흡수되어 토착화되는가, 아니면 전통문화 자체를 전혀 다른 것으로 변질시키는가? 이러한 질문에 대해서 오늘 한국 사회는 진보주의와 보수주의로 나뉘어 뜨거운 논란을 빚고 있다. ___㉠___ 그러나 전통의 유지와 변화에 대한 견해 차이는 단순하게 진보주의와 보수주의로 나뉠 성질의 것이 아니다. 한국 사회는 한 세기 이상의 근대화 과정을 거쳐 왔으며 앞으로도 광범하고 심대한 사회 구조의 변동을 가져올 것이다. ___㉡___ 이런 변동 때문에 보수주의적 성향을 가진 사람들도 전통문화의 변질을 어느 정도 수긍하지 않을 수 없고, 진보주의 성향을 가진 사람 또한 문화적 전통의 가치를 인정하지 않을 수 없다. ___㉢___ 근대화는 전통문화의 계승과 끊임없는 변화를 다 같이 필요로 하며 외래문화의 수용과 토착화를 동시에 요구하기 때문이다. ___㉣___ 근대화에 따르는 사회구조적 변동이 문화를 결정짓기 때문에 전통문화의 변화 문제는 특수성이나 양자택일이라는 기준으로 다룰 것이 아니라 끊임없는 사회구조의 변화라는 시각에서 바라보고 분석하는 것이 중요하다. ___㉤___

보기

또한 이 논란은 단순히 외래문화나 전통문화 중 양자택일을 해야 하는 문제도 아니다.

① ㉠
② ㉡
③ ㉢
④ ㉣
⑤ ㉤

PART 2

07 다음 글의 서술 방식에 대한 설명으로 가장 적절한 것은?

1912년 독일의 기후학자인 알프레드 베게너(Alfred Wegener)는 현재의 대륙들이 약 2억 년 전에는 판게아(Pangaea)라 불리는 하나의 거대한 초대륙으로 합쳐져 있었다고 생각했다. 베게너의 이론에 따르면, 이 초대륙은 시간이 흐르면서 갈라져 나가 그 조각들이 지구 표면 도처로 이동하여 오늘날의 대륙들을 형성했다는 것이다. 이러한 베게너의 생각은 당시의 대부분의 학자들에게 인정을 받지 못했으며, 더 나아가 많은 지구 물리학자들 사이에 웃음거리가 되었었다. 그러나 베게너는 지각의 구성에 대해 많은 것을 알고 있었다. 특히, 해저는 대륙 지각보다 부력이 작기 때문에 대륙이 해저보다 위로 올려지는 것이라는 사실을 알고 있었다. 이러한 지식을 바탕으로 그는 대륙이 이동한다는 이론을 제안했다. 베게너는 자신의 대륙 이동설이 학자들에 의해 받아들여질 수 있도록 많은 증거들을 수집했다. 남아메리카의 동부 해안선과 아프리카 서부 해안선이 그림 맞추기 퍼즐의 두 조각처럼 들어맞으며, 또한 아프리카 남단 희망봉에 있는 습곡대와 남아메리카의 습곡대를 붙여 보면 서로 연결되고, 남아메리카의 동해안과 아프리카 서해안의 식물과 동물들은 서로 유사한 점이 많고, 특히 화석화한 생물의 형태에서 더욱 많은 유사성이 발견된다는 것 등이 그것이다. 그럼에도 불구하고 그의 주장이 학자들에게 여전히 인정을 받지 못했다는 것은 아마도 지구는 변하지 않는다는 전통적인 인식에 그가 도전했기 때문일 것이다.
베게너의 사후 판구조론이 등장하기 전에 대륙 이동을 알려주는 몇 가지 학문적 발전이 있었다. 즉, 대륙 암석의 자기적 특성에 대한 연구들은 과거에 대륙들이 이동했다는 몇 가지 증거들을 제시했다. 그리고 2차 대전 후 발전된 과학기술은 깊은 해저에 대한 조사를 가능케 함으로써 대륙 이동을 뒷받침하는 새로운 증거들을 찾아내게 되었다. 대륙 이동의 개념이 다시 관심을 끌 수 있게 된 것은 그의 사후에 발견된 화성암에 대한 자기 측정 데이터이다. 이는 많은 암석들이 과거의 지구 자극의 방향에 대한 증거를 보유하고 있다는 원리에 바탕을 둔 것이다. 이 원리는 특히 화산암에 잘 적용된다. 화산암 속의 철원자나 다른 자기 물질들은 나침반 바늘이 남북을 가리키듯이 자기적 남북 방향으로 배열되어 있다. 용암이 냉각될 때에 그 안의 자기 물질들은 용암 상태일 때 가졌던 배열 상태를 그대로 유지하기 때문이다. 이렇게 화석화된 자기 물질들의 기울어진 정도를 측정함으로써 암석이 용해되어 있던 때에 지구 자극에서 그 암석이 얼마나 떨어져 있었는지를 알 수 있는 것이다. 극지방에서 자기 입자들의 배열은 수직 하방을 가리키는데 적도로 접근함에 따라 그 기울기가 작아지다가 적도에 이르면 전혀 기울지 않는다. 이러한 원리를 바탕으로 하여 암석이 응고했을 때 위치했던 위도뿐만 아니라 극의 방향까지도 추정할 수 있는 것이다. 만약 현재의 측정 수치와 차이가 있다면 대륙이 이동했다는 증거가 될 수 있는 것이다. 1950년대에 영국의 지리학자 런콘(Stanley Runcorn)과 그의 동료들은 유럽에서 암석의 자기적 특성을 조사하여 특이한 결과를 얻었다. 같은 지역에서 다른 시대의 암석의 자기적 특성을 탐구한 결과 지구의 자극은 과거에 위치를 바꾼 것으로 나타난 것이다. 이 연구에 대하여 학자들 사이에 두 가지 주된 해석이 있었다. 대륙은 그대로 있고 지구의 자극이 지질학적 역사 동안 이동을 했거나, 유럽 대륙이 이동하고 지구 자극은 같은 곳에 머물렀을 것이란 해석이 그것이다. 그러나 대부분의 과학자들은 그 데이터를 믿지 못할 것으로 치부하거나 전자의 해석을 받아들임으로써 대륙 이동설을 거부하였다.
그런데 다른 대륙의 암석들에 대한 자기적 특성에 대한 조사가 진행되면서 그 곳의 지구 자극도 과거에는 분명히 다른 위치에 있었음이 밝혀졌다. 이러한 조사 결과를 바탕으로 지구 자극의 방향을 지구 표면에 그렸을 때 그것들은 서로 일치하지 않은 것이다. 만약 하나의 극이 있었다면 모든 대륙에서 같은 시기에는 같은 위치에서 나타나야 하는데 그렇지를 못했던 것이다. 대륙이 움직이지 않았다면 이에 대한 유일한 설명은 과거 지구에는 몇 개의 자극이 있었다는 것인데, 이는 대륙에서 일치하는 것이다. 즉, 자극은 정지해 있었고 대륙이 이동한 것이다. 아직도 이러한 이론을 받아들이지 않는 과학자들이 많지만 대륙 이동이 가능하다는 것을 확신하는 과학자들도 상당수에 이르게 되었다. 그 후 대륙 이동설은 해저에 대한 자세한 정보가 알려지면서 학계의 인정을 받았고 판구조론으로 발전하게 되었다.

① 비교와 대조를 통해 개념을 설명하고 있다.
② 자문자답의 방법으로 논지를 확대하고 있다.
③ 예상되는 반론을 비판함으로써 주장을 강화하고 있다.
④ 시간의 경과에 따른 이론의 확립 과정을 설명하고 있다.
⑤ 각종 자료들을 통계적으로 분석하여 주장을 끌어내고 있다.

08 다음 글의 각 단락에 대한 주된 내용으로 거리가 먼 것은?

(가) 하늘나라에서 들어온 지 이천사오백 년 된 그리스의 철학자들이 모여 앉았다. 무슨 이유에선지 이들이 사는 구역은 다른 곳과 격리되어 그간 인간 세상에서 일어난 과학의 발전은 모른 채 아직도 우주의 근원에 대한 논쟁을 계속하고 있다.
탈레스가 "만물의 근원은 물이다."라고 주장하자, 헤라클레이토스는 "아니야, 만물의 근원은 불이야."라고 하였다. 아낙시메네스는 "모두가 아직도 쓸데없는 주장만 하는군. 우주의 근원은 공기지."라고 주장하였다. 그때 데모크리토스는 그의 주장이 현대 인간 세상에서 옳다고 밝혀진지도 모르는 채 다음과 같이 말하였다. "당신들은 아직도 우주가 진공과 그를 채우는 원자로 이루어져 있는지도 모른단 말이오." 고대로부터 인간은 생명 현상은 신의 영역으로 신비하게 생각해서 묻어 두었지만, 물질의 근본에 대해서는 계속 탐구해 왔다. 이런 호기심이 현대 과학의 발전을 가져오는 원동력이 되었다. 인류의 오래된 호기심은 데모크리토스의 가설을 낳았고, 이것은 물체를 나노미터*의 크기에 대해서 연구하는 학문 분야인 '나노 과학'의 탄생을 가져와, 만물은 원자로 이루어졌다는 그의 가설이 진실임을 직접 눈으로 확인할 수 있게 된 것이다.

(나) 그러면 마이크로미터** 크기를 다루는 '마이크로 과학'과 비교해 볼 때 나노 과학의 영역에서는 어떤 문제점이 있을까? 어떤 작은 물체를 집어서 다른 용액이나 물체가 있는 곳으로 옮기기 위해서는 핀셋이 필요하다. 핀셋은 옮기고자 하는 물체에 너무 세지 않은 힘을 가하여 집어서 떨어뜨리지 않고 옮긴 후, 조심스럽게 물체를 원하는 곳에 놓을 수 있어야 한다. 아무리 젓가락질에 능한 우리나라 사람도 이러한 핀셋을 가지고는 1mm 이하 크기의 물체를 조작하기는 힘들다. 그리고 현대에는 연구에 쓰이는 많은 대상의 크기가 1마이크로미터 이내이다. 예를 들면 대부분의 바이러스가 그러하고, 분자들, 유전자 정보가 들어 있는 DNA 또한 그러하다. 이러한 작은 물체는 어떠한 방법으로 조작이 가능할까? 공상 과학 소설에서는 초소형 로켓을 만들어 인간의 혈관 속에서 병을 치료하는 이야기가 유행한 적도 있었다. 실제로 지금까지 개발된 반도체 소자를 만드는 기술을 이용하여 과학자들은 1mm 크기의 모터, 수십 마이크로미터 크기의 펌프 등을 만들어 냈고, 이를 이용하여 마이크로미터 크기의 물체 조작을 가능케 하였다. 이처럼 마이크로미터까지는 단순화, 소형화로 그 목적을 이룰 수 있었다.

(다) 그러나 원자를 다루는 분야에는 단순화, 소형화만으로는 대상을 조작할 수가 없다. 이로 인해 호기심 많은 과학자들은 원자나 분자를 하나씩 집어 옮길 수 있는 원자 핀셋을 개발하였다. 원자 핀셋은 분자들이 전압이 걸린 전기장 하에서 극성을 띠게 되는 성질을 이용한 것이다. 극성을 띤 분자들에 전압을 걸어주면, 분자들은 끌거나 미는 힘의 작용을 받게 된다. 이러한 원리를 이용하여 주사형 전자 터널 통과 현미경의 검침에 음전압을 걸어 주면 극성화된 분자는 검침에 붙고, 반대로 양전압을 걸어 주면 밀린다. 이것이 바로 원자나 분자를 하나씩 집어 옮길 수 있는 원자 핀셋의 작동 원리이다. 원자 핀셋을 이용하면 구리 표면 위에 원자로 글자를 새길 수도 있다. 이제 우리 인간은 원자를 원하는 위치에 마음대로 배열할 수 있는 능력을 가지게 된 것이다. 이를 통해 나노 과학은 획기적인 발전을 이룩하였다.

(라) 나노 과학의 응용 분야에는 우선 원자 조작에 의한 기억 소자의 개발이 있다. 원자가 있는 곳은 1, 원자가 없는 곳은 0이라는 논리로 기억 소자를 만든다고 했을 때 현재 신문 128면을 손톱 크기의 반도체 16메가디램에 기억시킬 수 있다. 하지만 나노 과학을 이용하면, 이보다 10만 개 이상의 기억 소자를 같은 크기에 넣을 수 있다. 그리고 원자나 분자를 마음대로 움직일 수 있다면, 자연계에 존재하지 않는 물질의 합성이 가능해질 수도 있다. 뿐만 아니라 과학자들이 이제까지 신비의 대상으로 여겨 왔던 생명 현상의 근원에 대한 이해도 한층 앞당길 수 있을 것이다.

(마) 우리는 호기심 그 자체를 우리 문화의 일부로 하여 새로운 사고, 모르는 차원에 대한 이해, 행해지지 않은 것에 대한 시도, 전개되지 않은 논리의 개발 등을 계속해 나갈 때 발견이나 발명이 보상으로 다가오리라는 것을 잘 알고 있다. 영국의 찰스 2세가 왕립학회 과학자를 모아 놓고 어항 안의 금붕어가 죽었을 때와 살아있을 때의 어항의 무게가 다른 이유를 물었을 때, 왕이 제시한 질문이었기 때문에 학자들은 질문 자체가 틀렸다는 사실을 의심하지 않았다는 일화가 있다. 우리 주위의 자연을 끊임없이 호기심 어린 눈으로 관찰하는 자세야말로 지금의 우리를 미지의 과학의 장으로 인도하는 시금석이 될 것이다.

* 나노미터(Nanometer) : 1m를 10억 개로 쪼갰을 때 그중 한 조각의 길이. 10억 분의 1m
** 마이크로미터(Micrometer) : 1백만 분의 1m

① (가) : 고대인들의 호기심과 과학의 발전
② (나) : 나노 과학의 문제점과 해결책
③ (다) : 원자 핀셋의 개발과 나노 과학의 발전
④ (라) : 나노 과학의 응용 분야
⑤ (마) : 과학적 사고를 기르기 위한 방법

09 다음 글의 내용으로 적절하지 않은 것은?

위기지학(爲己之學)이란 15세기의 사림파 선비들이 「소학(小學)」을 강조하면서 내세운 공부 태도를 가리킨다. 원래 이 말은 위인지학(爲人之學)과 함께 「논어(論語)」에 나오는 말이다. "옛날에 공부하던 사람들은 자기를 위해 공부했는데, 요즘 사람들은 남을 위해 공부한다." 즉, 공자는 공부하는 사람의 관심이 어디에 있느냐를 가지고 학자를 두 부류로 구분했다. 어떤 학자는 "위기(爲己)란 자아가 성숙하는 것을 추구하며, 위인(爲人)이란 남들에게서 인정받기를 바라는 태도"라고 했다. 조선 시대를 대표하는 지식인 퇴계 이황(滉)은 이렇게 말했다. "위기지학이란, 우리가 마땅히 알아야 할 바가 도리이며, 우리가 마땅히 행해야 할 바가 덕행이라는 것을 믿고, 가까운 데서부터 착수해 나가되 자신의 이해를 통해서 몸소 실천하는 것을 목표로 삼는 공부이다.
반면 위인지학이란, 내면의 공허함을 감추고 관심을 바깥으로 돌려 지위와 명성을 취하는 공부이다." 위기지학과 위인지학의 차이는 공부의 대상이 무엇이냐에 있다기보다 공부를 하는 사람의 일차적 관심과 태도가 자신을 내면적으로 성숙시키는 데 있느냐 아니면 다른 사람으로부터 인정을 받는 데 있느냐에 있다는 것이다. 이것은 학문의 목적이 외재적 가치에 의해서가 아니라 내재적 가치에 의해서 정당화된다는 사고방식이 나타났음을 뜻한다.
이로써 당시 사대부들은 출사(出仕)를 통해 정치에 참여하는 것 외에 학문과 교육에 종사하면서도 자신의 사회적 존재 의의를 주장할 수 있다고 믿었다. 더 나아가 학자 또는 교육자로서 사는 것이 관료 또는 정치가로서 사는 것보다 훌륭한 것이라고 주장할 수 있게 되었다. 또한 위기지학의 출현은 종래 과거제에 종속되어 있던 교육에 독자적 가치를 부여했다는 점에서 역사적 사건으로 평가받아 마땅하다.

① 국가가 위기지학을 권장함으로써 그 위상이 높아졌다.
② 위인지학을 추구하는 사람들은 체면과 인정을 중시했다.
③ 위기적 태도를 견지한 사람들은 자아의 성숙을 추구했다.
④ 공자는 학문하는 태도를 기준으로 삼아 학자들을 나누었다.
⑤ 위기지학은 사대부에게 출사만이 훌륭한 것은 아니라는 근거를 제공했다.

10 다음 (가) ~ (나)의 빈칸에 포함될 필요가 없는 문장은?

> 우리나라 교과서에는 아메리카 정복 시기의 역사적인 사실들을 잘못 기록하거나 왜곡하여 서술한 오류도 자주 발견된다.
>
> ______________________ (가) ______________________
>
> 위의 인용문에는 유럽 사람들이 "라틴 아메리카를 탐험하고 정복하였다."라고 기술했는데, '라틴 아메리카'를 '아메리카'로 정정해야 한다. 이 사건은 영국이 아메리카 북동부에 식민지를 건설하기 전에 이루어졌기 때문이다. 1670년 에스파냐와 영국 간의 협약에 따라 북쪽지역이 영국의 식민지가 된 이후에야 앵글로 아메리카와 라틴 아메리카라는 용어를 사용할 수 있다. 또한, 에스파냐인 정복자 에르난 코르테스가 16세기 중반에 멕시코를 탐험했다는 내용도 오류이다. 그는 16세기 중반이 아니라 초반인 1519년에 멕시코의 베라크루스 지역에 도착했고, 아스테카 제국의 수도인 테노치티틀란을 멸망시킨 것은 1521년이었다. 그리고 엘도라도가 '황금으로 가득 찬 도시'라는 뜻이라고 설명한 것도 오류이다. 에스파냐어 El Dorado는 직역하자면 '황금으로 도금된 사람' 정도이고, 의역하면 아메리카에서 황금을 찾아 벼락부자가 된 '황금의 사나이'란 뜻이다. 이외에도 아메리카 정복에 관해 흔히들 오해하는 내용이 있다.
>
> ______________________ (나) ______________________
>
> 우리는 일반적으로 에스파냐 왕실이 아메리카 정복을 직접 지휘했고 정복자들은 에스파냐의 정식 군인이었다고 생각한다. 이러한 생각은 완전히 착각이다. 아메리카 정복은 민간 사설 무장 집단이 주도했고, 정복자들도 일반 민간인이었다.

① "엘도라도에 대한 호기심과 황금에 대한 욕심 때문에 유럽 사람들이 라틴 아메리카를 탐험하고 정복하였다."

② "1532년 11월 16일 잉카 제국은 에스파냐의 피사로가 이끄는 180여 명의 군대에 의해 멸망했다."

③ "이후 16세기 중반에 멕시코를 탐험하였던 코르테스가 카카오를 에스파냐의 귀족과 부유층에 소개하여, 17세기 중반에는 유럽 전역에 퍼졌다."

④ "코르테스는 이 도시를 철저하게 파괴하여 폐허로 만들고, 그 위에 '새로운 에스파냐'라고 불리는 멕시코시티를 건설하였다."

⑤ "엘도라도는 에스파냐어로 '황금으로 가득 찬 도시'라는 뜻이 있다."

11 다음 글의 ㉠에 담긴 내용으로 적절하지 않은 것은?

오늘날 경제학은 법적 판단을 내리는 데에도 적극 활용되고 있다. 그 한 사례가 주주들의 집단소송에서 경제이론을 주요한 근거로 하여 판결이 내려졌던 '베이식 사 대(對) 레빈슨' 사건이다. 베이식 사는 컴버스천 사와의 인수 합병을 진행하는 과정에서 이를 공개적으로 부인하다가 결국 컴버스천 사에 합병이 되었다. 그 후, 합병 발표 이전에 주식을 처분했던 일부 주주들은 베이식 사의 부인으로 인해 재산상의 큰 손실을 입었다며 집단소송을 제기했다. 원고 측과 피고 측 사이에 뜨거운 논쟁이 오간 끝에 1988년 미국 연방대법원은 ㉠ 원고 측의 손을 들어주는 판결을 하였다.

당시 경제학에서는 "사람들은 기업의 진정한 가치를 염두에 두고 주식 투자를 하며, 해당 기업의 진정한 가치에 대한 모든 정보는 주가에 반영되므로 기업의 진정한 가치와 주가는 일치한다."라는 전통적 이론이 힘을 발휘하고 있었다. 이 이론이 현실에서 항상 성립하는지 아니면 오랜 기간에 걸쳐 근사적으로만 성립하는지에 대해서는 논란이 있었지만 기본 취지는 많은 학자들의 동의를 얻었다. 연방대법원은 주식시장이 모든 이에게 열려있다면 이 이론을 법적 판단에 적용할 수 있다고 보았다. 이러한 상황에서는 사람들이 주가만 가지고도 투자 결정을 내린다고 볼 수 있으므로, 베이식 사가 합병 과정을 공개하지 않음으로써 투자자들로 하여금 잘못된 결정을 하게 하여 재산상의 손실을 입게 했다고 추정할 만한 충분한 합리적 근거가 있다는 것이 연방대법원의 판단이었다. 이 판결은 이후 부정 공시 관련 집단소송의 판단 기준으로 자리 잡게 되었다. 이는 결국 기업의 진정한 가치에 관한 중요한 정보의 공시와 관련된 분쟁에서 부정 공시로 인한 피해 여부를 어떻게 입증할 것인가 하는 어려운 문제를 해결할 확실한 논리를 경제학이 제공했다는 것을 의미한다.

하지만 전통적 이론의 정당성을 약화시킬 논의들도 적지 않다. 우선, "주식 투자자들의 진정한 관심은 기업의 가치에 있는 것이 아니라 주식을 얼마에 팔아넘길 수 있는가에 있다."라는 케인스의 주장은 전통적 이론의 근본 전제를 뒤흔드는 비판으로 해석될 수 있다. 그리고 1980년대 초부터는 전통적 이론에 대해 더욱 직접적으로 문제가 제기되었다. 주가가 진정한 가치를 반영한다는 전통적 이론이 성립하려면 진정한 가치에 관심을 기울이는 사람과 그렇지 않은 사람 사이에 끊임없는 매수와 매도의 상호작용이 있어야만 한다. 그리고 이것이 가능하려면 진정한 가치에 관심을 갖는 전문적인 주식 투자자들이 정보가 부족한 투자자들을 상대로 미래 주가의 향방에 대한 상반되는 예상 위에서 매매 차익을 얻을 여지가 있어야만 한다. 그런데 매매 차익을 얻을 기회란 주가와 진정한 가치가 적어도 단기적으로는, 일치하지 않을 때에만 발생한다는 점에서 이는 전통적 이론의 또 다른 약점으로 해석될 수 있다.

최근 들어 경제학계에서 새롭게 주목받고 있는 행동경제학은 주식시장의 정보 전달 메커니즘에 관한 전통적 이론의 문제점을 보다 통렬하게 비판하고 있다. 이들은 심리학의 연구 성과를 적극적으로 받아들여 전통적인 견해와는 다른 방식으로 행동하는 인간의 모습을 제시한다. 이들에 따르면, 인간은 자신의 미래를 통제할 수 있다고 과신하는 반면, 남들이 성공할 때 자신만 뒤처지는 것을 지나치게 두려워하는 존재이다. 이러한 비합리적 특성이 주식시장에서 발현되면 심지어 전문적인 투자자들까지도 주가와 진정한 가치의 괴리를 키우는 역설적인 행동을 하게 된다. 이들은 주가가 진정한 가치와 괴리되어 있다고 확신하더라도, 주가가 어느 시점에서 진정한 가치와 일치할지를 정확하게 알 수 없으므로, 현재의 추세가 반전되기 직전에 빠져나갈 수 있다고 자신하며 다수에 맞서는 대신 대세에 편승하는 선택을 할 것이기 때문이다.

법적 문제의 해결 과정에서 경제학의 다양한 영역 중 그동안 상대적으로 주목을 받지 못했던 연구 성과들을 적극적으로 수용한다면, 연방대법원의 판결은 이론적 근거도 취약할뿐더러 기업의 진정한 가치에 관심을 갖는 투자자들을 보호한다는 본래의 취지 또한 제대로 반영하지 못한다는 비판에 직면할 가능성이 높다.

① 인수합병을 부인한 공시로 인해 주가가 기업의 진정한 가치를 반영하지 못했다.
② 인수합병을 부인한 공시로 인해 주식 투자자들에게 재산상의 손실이 발생했다.
③ 인수합병이 진행 중이라는 정보가 주식시장에 유포되었다면 주가가 상승했을 것이다.
④ 인수합병 진행이 공시되었다면 주식 투자자들은 이것이 반영된 주가를 근거로 투자 결정을 했을 것이다.
⑤ 인수합병을 부인한 공시를 보았던 주식 투자자들이 그동안 공시자료를 근거로 주식 투자를 해 왔다는 사실이 입증되어야 한다.

12 다음 글을 읽고 사람들의 반응으로 적절하지 않은 것은?

(가) 적응주의는 유기체가 지니는 모든 또는 대부분의 형질이 자연에 대한 최적의 적응 결과라고 보는 순수한 다윈주의적 견해이다. 도킨즈(R. Dawkins)와 디닛(D. Dennet)이 그 대표적 옹호자들이다. 르원틴(R. Lewontin) 과 굴드(S. J. Gould) 같은 대표적 반적응주의자들은 적응주의가 생물의 진화에서 적응과 자연선택의 역할을 지나치게 강조한다고 비판한다. 적응(Adaptation)은 다윈이 발견한 선택의 메커니즘이다. 그에 따르면 특정 형질의 진화는 그 형질이 지니는 적응적 특성이 긴 시간을 통해 성공적으로 자연에 의해 선택되었음을 뜻한다. 그러나 『종의 기원』이 소개된 때부터 적응이라는 개념은 논란의 소지가 있었다. 자연에 있는 대다수 유기체의 대부분 특성들이 자연에 가장 적합하게 적응된 것이라고 볼 수 없었기 때문이다.

(나) 다윈의 적응에서 가장 중요한 관건은 시간이다. 새로운 변이가 나타나고, 그것이 하나의 형질로 고정되는 데는 긴 시간이 필요하다. '동일한 조건에서 충분히 긴 시간이 주어진다면' 완전한 적응의 산물이 나타나겠지만, 매우 급격한 생태학적 변동이 발생할 경우 그 영향력이 기존의 자연선택력을 초과할 수 있고, 그 결과 선택 노선이 예측 불가능하게 붕괴될 수 있다. 굴드의 단속 평형론은 그런 사태를 설명하기 위해 다윈의 진화론에 대한 대안으로 제시된 이론이다.

(다) 적응주의자들은 자연계에 효과적인 적응의 산물로 보기 힘든 형질들이 존재한다는 점을 인정한다. 문제의 핵심은 '과연 그런 예외적인 경우가 얼마나 많으며, 그 영향력은 얼마나 되는가', 그리고 '적응과 자연선택이라는 하나의 원리가 진화에서 지배적 역할을 하는가, 아니면 다른 원리들과 복수적으로 작용하는가'이다. 지금으로서는 이 물음에 확정된 답을 내리기가 어렵다. 반적응주의자들은 적응주의자들이 그렇고 그런 식의 임기응변을 통해 빠져 나간다고 비판하고, 적응주의자들은 반적응주의자들이 적응의 진정한 의미를 모르고 허수아비를 공격하는 오류를 범하고 있다고 비판한다. 어느 한쪽의 승리를 입증할 결정적 실험은 아직 없다.

① 굴드는 돌연변이, 이주 등과 같은 임의적인 요소나 유전시스템의 특성, 각 표현형 간의 상호작용, 그리고 발생제약들도 형질의 진화에 영향을 끼친다는 입장인 것으로 보여.

② 사람의 눈은 혈관이 망막의 표면 위에 있어 충격이나 노화에 의해 망막으로부터 박리되어 시력을 상실할 위험이 커. 이런 사례는 적응주의를 반박하는 결정적인 근거가 될 거야.

③ 적응주의는 진화가 주로 단일 메커니즘에 의해 유발된다고 보는 데 반해, 반적응주의는 대략적으로 비슷한 중요성을 지닌 복수의 메커니즘에 의해 유발된다고 보고 있어.

④ (다)의 밑줄 친 문장으로 미루어 볼 때, 적응주의자들은 비적응적으로 보이는 사례들에 대해서도 다양한 보조 가설을 통해 적응주의의 수정본을 제시해 왔던 것으로 추측할 수 있어.

⑤ 6,500만 년 전에 직경 약 10km의 소행성이 지구에 충돌하여 공룡을 비롯해 당시 생물종의 약 70%가 멸종하고, 그 후 공룡들이 사라진 무주공산에 설치류가 급격히 번성하게 된 사건은 (나)에서 밑줄 친 문장의 좋은 예라고 할 수 있어.

13 다음 글의 내용으로 적절하지 않은 것은?

문지기나 우편배달부는 비단 우리나라에서뿐만 아니라 미국이나 영국에서도 사회적으로 평가가 높지 않은신 분이다. 오히려 평가가 낮은 대표적인 직업일 것이다. 미국과 영국의 사회층 고정화(固定化)에 대한 조사 논문에서 이 두 직업의 자손에의 계승률을 광범위하게 조사해 놓은 것을 본 일이 있다. 아버지의 직업을 아들이 이어받는 비율이 영국에서 70%, 미국에서 40%였다.
우리나라에서 문지기라는 직업은 희귀하기에 잘 알 수 없으나 우편배달부의 세습률은 0.001%나 될지 모르겠다. 거의 없다. 사반(士班)의 계급의식이 깨진 이래 아버지보다는 한결 사회평가가 높은 직업으로의 상향 욕구(上向 欲求)가 우리 사회를 압도적으로 지배해 왔다는 증거다. 이 같은 상향 의식(上向 意識)은 세상 사람들이 고루 지니고 있으나 한국인에게 유독 강하다는 점에 조명을 대보고 싶어진 것이다.
한 사회의 기능은 대학 출신도 필요하지만 중학 출신도 아울러 필요하다. 고(高)지식보다 저(低)지식을 몇 곱 더 많이 필요로 하고 있다. 한데 한국인의 억센 이 상향 의식과 위로만 치닫는 사회 동력(Mobility)의 상향 구조 때문에 하층에 머물러 있다는 것에 심리적 부담과 정신적인 열등감을 갖는다. 엄연하게 상향 루트가 트여 있는데도 불구하고 하층에 머물러 있는 자는 패배와 몰락감을 갖는다는 건 극히 당연하다.
옛날에는 계급사회의 신분이 그지없이 상향하는 사회 동력을 억제했었다. 가령 중인(中人)은 아무리 잘나도 역관(譯官), 의원(醫員) 등 일정 직업 이상 오를 수가 없다. 서족(庶族)은 아무리 잘나도 벼슬을 가질 수 없듯이 곧 계급은 이상향 사회 동력의 체크 포인트이다.
인도 여행에서 느낀 일이지만 인도의 하층 계급 사람들은 한국의 하층 사회에 속한 사람처럼 심리적으로 비참한 법은 없었다. 곧 계급이나 직업은 숙명적이기에 오히려 안정과 연대감으로 상호부조하고 있기 때문이다. 상향 구조의 사회는 마치 전기가 같은 플러스를 배척하듯이 동류나 같은 지위에 있는 동렬의 남을 기피하고 종적인 지위에 있는 사람, 이를테면 자기의 과장(課長), 자기의 계원(係員)을 수용한다.
희랍 시대 이래 서양 정치사에서는 과두정치(寡頭政治)나 집단지도체제(集團指導體制) 같은 동지위에 있는 동등한 사람끼리의 정치 체계가 잦았고 또 효력을 가져왔다. 하지만 한국에서 이 같은 복수의 동류 정치가 있어 본 일이 없고, 해방 후에 정당 같은 데서 집단지도체제를 채택해 보았으나 오히려 내분과 암투만 조장했을 뿐 성공한 전례를 본 일이 없다. 상향 구조 사회에서 지도자는 반드시 하나이어야만 한다. 1, 2, 3의 종적인 서열이어야지 1, 1, 1의 횡적인 3개는 있을 수 없다.
나는 우리나라에 있어 부(Vice)의 지위를 무척 흥미 있게 생각하고 있다. 서양의 기능주의 사회에서 부통령이니, 부차관보니, 부군단장이니, 부사단장이니 하는 부(副)는 어떤 기능을 담당하기에 존재 이유가 뚜렷하다. 한데 서열 상향 구조의 한국에서 '부(副)'는 '정(正)'의 유고시에 정(正)의 일을 대행하는 것으로 끝난다. 곧 1 다음의 2가 아니라 1이 없을 때 1을 대행한다. 서열성보다 동류성에 가깝다. 그러기에 지도자는 하나이어야만 하는 종적사회의 생리 때문에 배척을 받고 그 권력을 형편없이 무화(無化)시킨다.

① 미국의 직업 계승률은 우리나라에 비해 높다.
② 계급사회에서는 개인의 의지가 사회 동력의 원동력이었다.
③ 한국의 부모들은 자식들의 직업이 자기보다 더 높아지기를 원한다.
④ 한국 사회의 부(副)의 기능적 약체성은 종적사회의 특성 때문이다.
⑤ 서양의 정치구조는 대체로 우리나라에 비해 동류 개념이 강한 수평적 구조이다.

14 다음 글에 언급된 '조선시대의 의리'와 관련이 먼 것은?

자기 행동과 결단의 옳고 그름에 대한 판단을 다른 사람들에게서 찾기 전에 먼저 자기 자신에게서 심판받았던 조선의 유학자와 관료들이 심리적 지표로 중시했던 것은 의리(義理)라는 개념이었다. 의리는 원래 '마땅함'을 의미하는 의(義)에서 나왔는데, 조선시대에는 점차 대인관계(對人關係)에서, 그리고 대외관계(對外關係)에서 의리가 어떤 것인가에 대한 기준과 사례가 정해지게 되었다. 가정에서는 부인이 일단 결혼하면 오로지 한 남편만을 섬기는 것이 부인의 의리였고, 기왕에 군주로 섬겼던 사람에게 끝까지 집착하는 것을 신하의 의리라고 했다. 또한 외교관계에서도 기왕에 친선을 맺었던 국가와 변치 않는 관계를 유지하는 것을 의리라고 했다. 의리를 이런 방향으로 생각하게 만든 주체는 기왕에 정치권력을 잡고 있던 사람들이었다. 백성들이 이런 의리 의식에 사로잡혀 있으면 그들은 죽으나 사나 오직 한 마음으로 기왕에 섬겼던 군주와 그 정통적 계승자들에게만 충성하게 되고, 기존의 군주권에 도전하는 반란 세력에 가담하는 것을 의리에 어긋난 것으로 생각하게 됨으로써, 기존에 짜여져 있는 정치권력 관계가 변동될 가능성이 억제될 것으로 기대한 것이다.
의리를 이렇게 해석함으로써 이미 자리잡고 있는 군주권(君主權)과 그 전통적 가계(家系)에 대해 백성들이 관성적으로 복종하는 의식은 굳어졌지만, 이는 기득권을 차지하고 있는 사람들을 나태하게 만들었다. 체제에 대한 근본적 비판과 도전이 상당 부분 봉쇄됨으로써 권력을 잡고 있는 자들이 스스로 각성하지 않는 한, 개혁이 어렵게 되는 답답한 상황이 초래되었다. 그것이 결국 부패의 원인이 되었다.
조선시대에는 의리를 지키게 하는 규범을 만들어 내기 위해 여성의 실절(失節)을 처벌했으며 재가(再嫁)를 허용하지 않았다. 정치적 목적에 의해 유교 윤리라는 이름으로 지나치게 강성화된 순결 의식과 절개는 진실로 인간을 위한다는 윤리 정신에 어긋난 측면도 있다. 실절한 여성들을 처벌하였던 이면에는, 정치 관계의 변동이나 반역을 꿈꾸는 것이 기왕에 모시고 있는 사람에 대한 의리를 저버린 불손한 행동으로 보이게 하는 것과 같은 맥락의 불순한 정치적 의도가 담겨 있기 때문이다. 조선 말기에 정치적 부패가 극심해지고 유교 윤리마저 민중에 의해 조롱당했던 바와 같은 위기 상황이 초래된 것은, 일단 잡은 권력을 끝까지 유지하는 데 골몰하였던 정치 권력자들의 욕심에 의해서 자초된 것이다.
현대사회에서 유교문화가 비판받는 부분은 바로 이와 같이 정치성이 가미된 채 지금까지 전승되어 온 윤리이다. 그렇기 때문에 현대사회에서 사회적으로 유용하고 진실로 인간의 삶을 윤택하게 할 수 있는 윤리를 유교문화에서 찾으려 할 때 좋고 나쁨을 구별할 필요가 있다. 지금 이 시대에 필요한 규범으로서의 의리는 무조건 특정 인간에게 집착하는 것이 아니라, 원래 유교에서 강조되었던 바대로 모든 사람들의 행복과 이익에 부합하는 것이어야 한다.
정치권력에 의해 조작된 의리는 오로지 은인에게 은혜를 갚고 원수에게 복수하는 것만을 미덕으로 삼는다. 의리가 이런 방향으로만 강조되면 아무리 나쁜 임금이더라도 자기에게 은혜를 베풀었으면 자기는 끝까지 목숨을 다해 그 임금을 모셔야 하는 것이 의리를 지키는 것이라고 생각하게 된다. 정치 세계에서는 이런 식의 의리 정신은 위험하다. 그렇게 되면 공동체 속에 사는 모든 사람의 행복과 이익에 앞서 특정한 인간을 지키는 데만 관심을 두게 된다. 이런 식의 의리 정신이 만연하면 참다운 정의(正義)를 저버린 채 오로지 은인과 원수가 누구인가를 알아내는 데만 골몰하게 된다.
모든 사람의 행복과 이익보다는 특정 인간만을 위한 행복과 이익에 집착하는 것이 진정한 의리일 순 없다. 특정한 인간만을 섬기는 것이 아니라 인간으로서 해야 할 도리를 섬기는 것이 진정한 의리이다. 정치 세계에서 그런 의리 정신이 넘쳐야 온 나라 사람들이 한 가족처럼 되는 공동체를 만드는 유교 정치가 가능해진다. 또한 인간 관계에서 실천되는 의리는 남에게 보이기 위한 것이 아니라 순수하게 자발적으로 선택한 결단이어야 한다. 추사 김정희의 '세한도(歲寒圖)'에 그려진 진실한 우정 관계처럼, 인간을 이용할 대상이나 수단으로 삼지 않고 어려울 때일수록 더욱 깊어지는 인격적인 만남을 소중히 여기는 태도가 진정한 의리이다.

① 정치적 의도에서 권장되었다.
② 사회의 주요 규범으로 지켜졌다.
③ 백성의 지지를 받아 정착되었다.
④ 주로 상하관계에 적용되었다.
⑤ 정치부패의 원인이 되기도 했다.

15 다음 글을 내용에 따라 크게 둘로 나눈다고 할 때, 그 경계로 가장 적절한 것은?

(가) 말과 글은 모두 우리의 사고를 객관화하는 데 없어서는 안 될 소중한 도구이다. 우리는 말과 글을 통해 자신의 사고와 의견을 표현함으로써 사회적인 의사소통 과정에 참여한다. 그뿐 아니라 우리는 말과 글을 통해서 삶의 과정에서 부딪치는 여러 가지 문제들을 합리적으로 해결하기 위한 방법과 방향을 모색한다. 게다가 우리는 말과 글을 통해서 자신의 생각을 표현함으로써 다른 사람들에게 생활 속에서 부딪치는 복잡한 문제들에 대한 관심을 환기시키고 문제에 대한 인식을 다른 사람과 공유하게 된다. 이러한 과정은 문제를 해결하기 위한 방법을 모색하는 과정에서 대단히 중요한 역할을 한다. 곧 우리는 말과 글을 통해서 삶의 과정에서 부딪치는 온갖 문제들에 대한 인식을 정리하고 분석하여 그 본질을 파악할 수 있을 뿐 아니라, 그 인식을 말과 글로 표현하여 다른 사람과 공유함으로써 그러한 문제들을 해결할 수 있는 실마리를 찾게 되는 것이다.

(나) 물론 선종(禪宗)에서 말하는 '불립문자 견성오도(不立文字 見性悟道)'의 경지처럼 말이나 글의 매개를 거치지 않고 순간적인 영감이나 직관(直觀)을 통해서 어떤 깨달음에 도달하거나 높은 수준의 인식을 획득하는 경우도 전혀 없는 것은 아니다. 이런 경우 그 인식 내용은 대부분 섬광처럼 머릿속을 스치고 지나가기 때문에 그것을 말이나 글로 정리하거나 표현하기란 대단히 어렵다. 이런 이유 때문에 어떤 사람들은 말과 글을 유일한 인식의 도구로 볼 수는 없다고 주장하기도 한다.

(다) 그러나 이러한 주장을 액면 그대로 받아들일 수는 없다. 왜냐하면, 불립문자의 경지란 것도 엄밀하게 따지고 보면 말과 글을 통해서 일정한 수준의 깨달음에 도달했을 때에나 나타날 수 있는 현상이기 때문이다. 또 영감이나 직관이란 것도 어떤 문제를 골똘히 생각하거나 그에 집중하는 가운데 의식이 비약적으로 상승되는 현상을 의미하는 것이지 어떤 초월적인 존재의 계시로서 주어지는 것은 아니다. 따라서 영감이나 직관 같은 것도 근본적으로는 말과 글의 매개를 통해서만 얻어질 수 있는 것이라고 할 수 있다. 또 영감이나 직관을 통해 얻어진 인식 내용은 언뜻 보기에는 말이나 글로 표현하기 어려운 듯이 보이지만, 결국에는 말이나 글로 정리되거나 표현되며, 또 그렇게 될 때라야 비로소 사회적으로 의미 있는 것, 다시 말하면 남과 공유할 수 있는 것이 된다.

(라) 또 이심전심(以心傳心)이란 말이 암시하는 것처럼 말과 글을 통하지 않고 순간적으로 의사소통이 이루어지는 경우도 생각해 볼 수 있다. 그러나 이 경우에도 말과 글의 역할이 부정되는 것은 결코 아니다. 왜냐하면 이심전심이란 이미 말이나 글을 통해서 서로 간에 어느 정도의 이해와 신뢰가 축적되었을 때에만 나타날 수 있는 현상이기 때문이다. 이렇게 보면 말이나 글을 통하지 않은 인식이나 의사소통은 거의 불가능하다고 하지 않을 수 없다.

(마) 그러나 말과 글이 단순히 인식과 의사소통의 도구로만 이용된다고 할 수는 없다. 그것은 인간관계에 있어서 교분을 유지, 강화시켜 줄 뿐만 아니라 말하는 이의 정서를 표현하고 더 나아가서는 새로운 미적가치를 산출하기도 하는 등 실로 다양한 기능들을 갖고 있기 때문이다. 그러나 우리가 다루고 있는 주제와 관련하여 특히 강조해야 할 것은 말과 글이 갖고 있는 인식과 전달의 기능이다. 왜냐하면 이러한 기능들은 말과 글이 보다 중요한 사회적 기능 – 삶의 과정에서 부딪치게 되는 여러 가지 문제들을 합리적으로 인식하고 그것을 해결하기 위한 사회적 합의를 끌어내는 도구로서의 – 을 수행할 수 있도록 해주는 가장 기본적인 전제이기 때문이다.

(바) 우선 말과 글은 다양한 사회생활 과정에서 나타나는 사람들 사이의 복잡한 이해관계와 그로 인한 대립과 갈등을 조절하거나 완화시켜 준다. 개인과 개인, 또는 사회집단 간에는 항상 복잡한 이해관계가 존재하고, 그에 따라 끊임없이 크고 작은 대립과 갈등이 생겨난다. 많은 경우 그러한 대립과 갈등은 상대방에 대한 이해가 부족하거나 상대방을 오해하는 데서 기인한다. 그러므로 그러한 요소들을 없앤다면, 그로 인한 대립과 갈등의 상당 부분은 극복되고 사람들 사이의 유대관계는 더욱 강화될 수 있다. 사람들 사이의 의사소통을 매개하는 도구로서 말과 글의 중요성이 강조되는 것은 바로 이 때문이다. 이렇게 보면 일상생활에서 이루어지는 수많은 대화와 토론, 회의 같은 다양한 형태의 말하기 양식들과, 일기나 편지 같은 사적인 글쓰기에서부터 담화문이나 성명서, 각종 학술서나 문학 작품 같은 공적인 글쓰기의 양식들은 모두 인간들 사이의 의사소통을 가능하게 하고 사회적 유대를 강화해 주는 도구로서 대단히 중요한 역할을 수행한다는 사실을 알 수 있다. 이와 관련해서 말과 글이 불필요한 오해와 불신의 씨앗이 되는 경우도 없지는 않다는 지적도 고려해 볼 수 있다. 그러나 이런 현상은 말과 글이 그 본질에서 벗어나 그릇되게 사용된 데서 초래된 것일 뿐이다.

① (가)의 뒤
② (나)의 뒤
③ (다)의 뒤
④ (라)의 뒤
⑤ (마)의 뒤

16 다음 중 〈보기〉의 ⓐ, ⓑ와 성격이 가장 가까운 것을 이 글에서 찾아 바르게 연결한 것은?

한국인의 정서의 본바탕은 흔히 한(恨)이라고 한다. 이 한이라는 매우 문학적인 용어를 오늘날의 사회학적인 개념으로 바꾸면 무엇이 될까? 여기에서 잠시 영국의 비평가 '레이먼드 윌리엄스(Raymond Williams)'의 분석을 간단히 음미하는 것이 도움이 되리라 생각한다. 그에 따르면 개인이 사회와 맺는 관계에는 대략 여섯 가지가 있다. 이 여섯 가지에 대해 그가 쓰고 있는 용어를 오늘날 우리 사회에서 쓰이는 표현으로 자유롭게 바꾸어 풀이하면 사회의 주인으로서의 시민(Member), 백성(Subject), 하수인(Servant), 체제 도전자(Rebel), 망명자(Exile), 떠돌이(Vagrant) 등이 되겠다.
자신이 몸담고 사는 사회와의 관계에서 주인의 역할을 하는 '시민'은 사회에 통용되는 가치와 규범이 곧 자신의 가치와 규범인 것으로 체험하며 사회에서 일어나는 모든 일에서 소외되지 않는 위치에 있다. 그는 자신의 가장 인간다운 삶의 실현이 곧 사회의 운용과 조화롭게 맺어져 있음을 알며, 사회의 변화와 발전에 적극적으로 참여할 기회를 부여받고 동시에 그런 기회를 스스로 추구한다.
자신이 사회와의 관계에서 '백성'의 위치에 놓인 사람은 스스로의 뜻에 관계없이 사회가 부과한 위치와 역할을 감수할 수밖에 없다. 그에게는 선택권이 없으며, 살아남기 위해서는 아무리 싫어도 사회의 요구에 복종해야 한다. 사회와의 관계에서 '하수인' 노릇을 하는 경우도 백성의 경우처럼 사회의 방식을 싫으나 좋으나 받아들여야 하는데, 그의 경우는 이때 생기는 압박이나 긴장이 그다지 심하지 않다. 그는 백성과 달리 자신에게 선택권이 있다는 환상을 갖고 있으며 주어진 조건에 기꺼이 동화해 들어간다. 때때로 그는 사회에서 자신이 중요한 일을 하고 있다는 망상에 빠지는데, 이런 망상이 그로 하여금 자신이 하는 일이 스스로의 선택에 의한 것이라는 환상을 유지시켜 준다. 우리가 소시민이라고 지칭하는 계층도 알게 모르게 하수인 노릇을 하는 경우가 많다. 물론 소시민은 적극적인 하수인과는 구별되는 일종의 소극적 하수인이라고 하겠다.
'체제 도전자'는 일정한 보편적 가치에 의거한 사회의 운용이 자신의 개인적인 성취와 불가분의 관계에 있음을 신봉한다는 점에서 사회의 주인으로서의 시민과 비슷하다고 할 수 있다. 사회가 돌아가는 모습이 자신의 기대에 미치지 못함을 발견할 때, 그는 바람직한 새로운 사회질서의 건설을 위해 주어진 사회 질서에 도전한다. 사회가 인간다운 삶을 보장하는 일과는 역행되는 원리로 운용될 때, 주인 역할을 하는 시민이 흔히 체제 도전자로 변모한다. 도전자에는 두 가지 유형이 있다. 즉, 혁명가와 개혁주의자(혹은 비판자)가 그것이다.
'망명자'도 주어진 사회 조건의 부조리를 거부한다는 점에서는 도전자와 같으나 대결과 싸움 대신에 떠남을 택한다는 측면에서 그와 다르다. 망명자의 한 가지 중요한 유형이 '정신적 망명자'이다. 정신적 망명자는 마음먹기에 따라서는 주어진 사회에서 편안히 살 수도 있겠지만, 그렇게 하는 것은 자신의 양심을 속이는 일이라고 느낀다. 그는 비록 자신이 사회를 실제로 떠나지는 않았지만 본질적으로는 그 사회를 떠나 있는 사람이다. 싸움과 대결을 택한 체제 도전자와는 달리 정신적 망명자는 참음과 기다림 속에서 자신의 일종의 체념적 태도와 양심 사이의 갈등을 느끼며 살아간다.
'떠돌이' 역시 자신의 사회가 썩었고 부당한 원리에 따라 운영된다는 것을 안다. 그러나 그는 자신의 양심이나 개인적으로 신봉하는 원칙에 대한 긍지와 애착이 있는 것도 아니기 때문에, 의롭지 못한 질서에 도전하거나, 정신 적으로 혹은 실제로 그 사회를 떠나거나 하지도 않는다. 그가 원하는 것은 자신이 하는 일을 방해받지 않고 싶다는 것뿐이다. 그가 보기에 사회란 별다른 의미 없는 귀찮은 장치이다. 그 속에서 살아남기 위해 그는 어떤 일도 사양하지 않겠지만, 자신의 일에서 어떤 개인적 성취감이나 사회적 의미를 느끼지도, 느끼려 하지도 않는다. 그는 체념 속에서 함몰된 존재이다.
이상의 개념들 가운데서 한국 민족의 기본적 정서로서의 한에 대한 우리의 논의에 맥이 닿을 수 있는 것이 있다면, 정신적 망명자와 떠돌이쯤이 될 것이다. 한을 철저히 부정적인 시각에서 가차 없는 매도의 대상으로 파악하려 할 때, 그것은 떠돌이의 개념과 연결된 한이다. 한을 찬양의 대상으로까지는 아닐지라도 철저한 매도의 대상으로 타기(唾棄)하지 않고, 유감스러운 대로나마 어떤 연민을 받을 수 있는 면모를 인정하는 입장에 설 때, 우리는 한을 정신적 망명자의 어떤 정신의 상황으로 파악할 수 있다. 한 자체에 어떤 재생의 가능성이 있음을 얘기할 수 있으려면 그것의 바탕에 썩은 사회의 질서에 대한 거부와 개인적 양심이 조금이나마 숨쉬고 있음을 인정해야 할 것이다.

보기

무릇 이루어진 일이나 함께 기뻐하면서 늘 보이는 것에 얽매인 자, 시키는 대로 법을 받들고 윗사람에게 부림을 받는 자는 ⓐ 항민(恒民)이다. 이들 항민은 두려워할 만한 자가 아니다.
모질게 착취당하며 살이 발겨지고, 뼈가 뒤틀리며, 집에 들어온 것과 논밭에서 난 것을 다 가져다 끝없는 요구에 바치면서도, 걱정하고 탄식하되 중얼중얼 윗사람을 원망이나 하는 자는 원민(怨民)이다. 이들 원민도 반드시 두려운 존재는 아니다.
자기의 모습을 푸줏간에 감추고 남모르게 딴 마음을 품고서 세상 돌아가는 것을 엿보다가, 때를 만나면 자기의 소원을 풀어 보려는 자가 ⓑ 호민(豪民)이다. 이들 호민이야말로 크게 두려운 존재이다.

	ⓐ	ⓑ
①	하수인	시민
②	백성	하수인
③	하수인	망명자
④	백성	체제 도전자
⑤	떠돌이	정신적 망명자

PART 2

17 다음 글의 (가) ~ (마)에 들어갈 문장을 〈보기〉에서 골라 바르게 연결한 것은?

(가) 다시 말해서 현상학적 입장에서 볼 때 철학도 지식의 내용이 어떤 존재하는 것이라는 점에서는 과학적 지식의 구조와 다를 바가 없다. 존재하는 것과 그 존재하는 무엇무엇으로 의식되는 것과의 사이에는 근본적인 구별이 선다. 백두산의 금덩어리는 누가 그것을 의식하든 말든 그대로 있고, 화성에서 일어나는 여러 가지 물리적 현상도 누가 의식하든 말든 그대로 존재한다. 존재와 의식과의 위와 같은 관계를 우리는 존재차원과 의미차원이란 말로 구별할 수 있을 것이다. 여기서 차원이란 말을 붙인 까닭은 의식 이전의 백두산과 의식 이후의 백두산은 순전히 관점의 문제, 즉 백두산을 생각할 수 있는 차원의 문제이기 때문이다.
(나) 바꿔 말하자면 현상학적 입장에서 볼 때 철학은 아무래도 어떤 존재를 인식하는 데 그 근본적인 기능이 있다고 보아야 하는 데 반해서, 분석철학의 입장에서 볼 때 철학은 존재와는 아무런 직접적인 관계가 없이 존재에 대한 이야기, 서술을 대상으로 한다. 구체적으로 말해서 철학은 그것이 서술할 존재하는 대상을 갖고 있지 않고, 오직 어떤 존재를 서술한 언어만을 갖고 있다. 그러나 철학이 언어를 사고의 대상으로 삼는다고 말하지만 철학은 언어학과 다르다. (다) 그래서 언어학은 한 언어의 기원이라든지, 한 언어가 왜 그러한 특정한 기호, 발음 혹은 문법을 갖게 되었는가, 또는 그것들이 각기 어떻게 체계화되는가 등등을 알려고 한다.
이에 반해서 분석철학이 언어를 대상으로 할 때, 분석철학은 그 언어의 구체적인 면에는 근본적인 관심을 두지 않고, 그와 같은 구체적인 언어가 갖고 있는 의미를 밝히고자 한다. 여기서 철학의 기능은 한 언어가 갖고 있는 개념을 해명하고 이해하는 데 있다. 바꿔 말해서, 철학의 기능은 언어가 서술하는 어떤 존재를 인식하는데 있지 않고, 그와는 관계없이 한 언어가 무엇인가를 서술하는 경우, 무엇인가의 느낌을 표현하는 경우 또는 그 밖의 경우에 그 언어가 정확히 어떻게 의미를 갖고 있는가를 이해하는 데 있다. (라)
개념은 어떤 존재하는 대상을 표상(表象)하는 경우도 많기 때문에 존재와 그것을 의미하는 개념과는 언뜻 보아서 어떤 인과적 관계가 있는 듯하다. 그러나 사실 그것들 사이에는 아무런 관계도 없다. 어떤 개념이 어떤 대상을 존재하는 그대로 표상한다 하더라도, 좀 억지 같은 말이긴 하나 그것은 우연의 일치라고 생각할 수밖에 없다. 가령 나는 '금송아지'라는 말의 의미, 즉 그 말의 개념을 충분히 그리고 명확히 이해할 수 있다. 그러나 세상에는 그와 같은 금송아지가 존재하지 않을 뿐만 아니라, 나는 그것이 존재하지 않는다는 사실도 알고 있다. 이와 같이 볼 때 언어의 의미, 즉 어떤 언어가 갖고 있는 개념은 인식의 대상이 될 수 없고 오직 이해의 대상이 될 수 있을 뿐이다. (마)

보기

ㄱ. 현상학적 사고를 존재차원에서 이루어지는 것이라고 말할 수 있다면 분석 철학에서 주장하는 사고는 의미차원에서 이루어진다.
ㄴ. 과학에서 말하는 현상과 현상학에서 말하는 현상은 다른 내용을 가지고 있지만, 그러나 그것들은 다 같이 어떤 존재, 즉 우주 안에서 일어나는 사건을 가리킨다.
ㄷ. 언어학은 과학의 한 분야로서 그 연구의 대상을 하나의 구체적 사물로 취급한다.
ㄹ. 그러므로 인식하는 것과 이해하는 것은 전혀 별개의 지적 활동임이 밝혀진다.
ㅁ. 따라서 분석철학자들은 흔히 말하기를, 철학은 개념의 분석에 지나지 않는다는 주장을 하게 되는 것이다.

	(가)	(나)	(다)	(라)	(마)
①	ㄱ	ㄴ	ㄷ	ㄹ	ㅁ
②	ㄴ	ㄱ	ㄷ	ㅁ	ㄹ
③	ㄴ	ㄱ	ㄹ	ㄷ	ㅁ
④	ㄷ	ㄴ	ㄷ	ㄱ	ㅁ
⑤	ㄹ	ㄴ	ㄷ	ㄱ	ㅁ

18 다음 중 각 단락의 핵심 내용으로 적절하지 않은 것은?

(가) 20세기 연주 문화를 지난 시기와 구별해 주는 가장 큰 사건은 음향기기의 발명이다. 음향기기의 발명은 연주의 유통에 있어 커다란 변화를 가져왔을 뿐만 아니라, 피아니스트들이 예술적 가치와 상품적 가치를 동시에 지니게 하는, 존재의 의미를 변화시키는 결정적 요소가 되었다. 또한, 녹음 기술은 시간과 함께 사라져버리고 마는 연주를 붙잡을 수 있게 하여 연주를 음반에 의하여 좀 더 손쉽게 사고 팔 수 있는 물건으로 바꾸어 놓았다. 그리하여 대중음악에서처럼 클래식 음악에서도 연주와 – 음반 산업 – 청중의 관계는 이윤 추구라는 상업적 동기로 연결되게 된 것이다. 음반산업의 발달은 피아노 연주에 있어 대부분의 레퍼토리를 고전과 낭만주의 음악으로 국한시켜 버렸다. 고전과 낭만주의 음악은 공통의 음악언어로 되어 있으며, 성격상 보편적인 음악 면모를 갖추고 있기 때문에 실험성이 강한 현대 음악보다 상업주의적인 동기에 잘 활용될 수 있기 때문이다. 이렇게 하여 200여 년 전의 음악이 오늘날까지 매우 대중적으로 애호되는 유례없는 현상이 나타난 것이다. 물론 현대음악도 녹음되지만 고전, 낭만주의에 비하면 수적 열세를 면치 못한다. 연주에서 고전음악은 이제 불변의 텍스트가 되었다. 이는 19세기까지만 해도 자신의 작품이 연주되고, 남의 곡을 연주한다 하더라도 당대의 음악을 연주했던 것과는 분명한 차이가 있다.

(나) 그렇다면 피아니스트들이 과거의 음악을 연주할 때 현대의 피아노 음악은 피아노 연주에 아무런 영향도 미치지 못하고 있는가? 20세기에 이르러 피아노 작곡 기법에서 이루어지는 두 가지 발전은 피아노 연주 기술에 지대한 영향을 미치게 된다. 하나는 드뷔시 피아노 음악과 그 동시대 음악가들의 피아노 음악에서 이루어진 것으로 음향에 대한 새로운 접근 방법이다. 드뷔시와 인상주의 피아노 음악에서는 연속 페달의 기능에 대한 재평가를 요구하는 것과 같은 교묘한 방법으로 차츰 사라져가는 화음들을 결합하고, 용해시키고 혹은 다시 만들어 내는 방법을 사용하고 있다. 이외에도 피아노의 기존 한계를 극복하여 새로운 음향을 창조하려는 시도가 있었다. 바르톡은 피아노를 통해 다른 타악기의 효과를 얻기 위한 시도를 했고, 스트라빈스키는 발레곡 '페트루슈카'에서 극적 효과를 위한 피아노 사용의 극치를 보여 주고 있다.

(다) 다른 하나는 몇몇 전위적인 작곡가들의 작품에서 요구되는 피아노 기법이다. 존 케이지의 '조작을 위한 피아노(Prepared Piano)'에서는 V자형의 작은 탄성 고무나 다른 물질로 피아노의 현에 가는 구멍을 낸 피아노를 사용함으로써 악음기 사용과 같은 특수한 음향 효과를 내었다. 이러한 방법은 사실 연주자에게 별다른 어려움을 주는 것은 아니며, 어느 정도는 하프시코드의 속성으로 피아노를 복귀시키는 효과를 가질 뿐이다. 연주자들에게 보다 어려운 문제는 피아노 악기의 나무 부분을 타격하거나 피아노 연주자가 직접 피아노 줄을 두드리게 하는 등 비관습적인 방법을 사용하는 것이다. 일례로 로버트 쉘라우 존슨(Robert Scheriaw Johnson) 의 2번 소나타(1967)는 피아노 내부의 현을 연주자들이 직접 조작하여 변화된 음향을 내게 하는 작품인데, 20여 가지 방법이 목록화되어 있다. 문제는 그들이 외관상 너무 비슷하기 때문에 연주자들이 바른 위치를 찾는 데 어려움을 겪는다는 점이다. 그래서 그 현들을 분필이나 색깔 있는 끈으로 표시하여 구분하기도 하였다.

(라) 이와 같이 현대의 피아노 작곡가들은 피아노라는 악기에 끊임없이 새로운 요구를 하고 있다. 그렇기 때문에 피아노라는 기존의 형태가 언제까지 이 요구들을 감당해 낼지는 미지수이다. 이러한 관점에서 피아노에 전자 기기나 컴퓨터 등을 접목시키려는 움직임은 눈길을 끌고 있다. 과거에 피아노가 클라비코드와 하프시코드를 대체했듯이 시대의 요구에 의해 현재의 피아노를 대체할 미래의 악기가 새롭게 탄생되지 말란 법은 없다.

(마) 19세기는 피아노 음악과 피아노 연주가 한 배를 타고 황금시대를 구가했다. 피아노 음악은 낭만주의를 대표하는 것이었으며, 피아노 연주와 연주가들 역시 음악계에서 가장 중요한 위치를 차지하였었다. 그러나 20세기에 와서 피아노 연주가 여전히 독보적인 위치를 차지하고는 있지만, 오늘의 음악이 아닌 과거의 음악에 침잠해 있으며, 기존 피아노 악기의 개념을 변화시킬 만큼 극도의 실험성을 추구함으로써, 피아노 음악은 일반 대중 및 대부분의 연주자들과 분리되어 피아노 음악과 연주는 다시는 만날 수 없는 평행선을 달리고 있는 것처럼 보인다. 이러한 상황 속에서 21세기 피아노 연주 문화는 또 어떻게 변할까? 상상만 해도 흥미로운 일이 아닐 수 없다.

① (가) : 음향기기의 발명이 연주 문화에 미친 영향
② (나) : 현대의 피아노 음악이 연주 기술에 미친 영향
③ (다) : 전위적인 작곡가들이 요구하는 피아노 연주 기법
④ (라) : 피아노에 대한 피아노 작곡가들의 새로운 요구
⑤ (마) : 피아노 연주 문화의 현실과 21세기에 대한 전망

19 다음 글에서 '임금'을 비판하는 근거로 볼 수 없는 것은?

정치에는 근본이 있고 기강이 있습니다. 전하께서 폐조(廢朝 : 연산군)의 어지러웠던 자취를 제거하고 선왕의 정치를 회복하시어 정치에 힘쓰신 지 지금 8년이나 되었습니다. 한 가지 계획을 세우거나 명령을 내리실 때는 마음대로 하지 않으시고 반드시 대신(大臣)에게 의논을 하시니 이는 자신을 책망하는 지극한 마음가짐입니다.
그러나 근래 조정(朝廷)을 보건대 각자 자기의 고집만을 내세워 시비(是非)를 결단하지 못하고 있습니다. 그런데도 국시(國是)를 정하고 국론을 결단하여 임금이나 백성이 믿고 따르게 하는 대신이 한 사람도 없습니다. 이것은 전하께서 대신에게 일을 전적으로 맡기는 정성이 없어서 그런 것입니다. 옛말에도 '어진 이를 구하기에 힘써야 하며, 어진 이를 구해서 맡겼으면 안심하라.' 하였습니다. 전하께서는 어진 보좌(補佐)를 구하여 자신의 수고를 대신하게 해야 하는데도 자잘한 말단의 일에까지 심력을 쓰시니 어찌 편안하실 때가 있을 것이며, 그렇다면 누가 전하께서 정치의 근본을 아신다고 하겠습니까?
신(臣)들은 들으니 '의심나면 맡기지 말고, 맡겼으면 의심하지 말라.' 하였습니다. 참으로 인재를 얻어 벼슬에 임명했다면 그 직무에 간여해서는 안 됩니다. 그런데 전하께서는 이런 점에 대해서는 노력하지 않고 어쩌다 한 가지 잘못이 있어도 뭔가 사정(私情)이 있는가 의심을 하고 심지어는 서류를 갖고 오라 하여 친히 열람하시면서 엄책(嚴責)을 내려 사람들로 하여금 서로 의심나게 하고 두렵게 만드시는데, 전하께서는 이런 것 때문에 사람마다 의심을 두어서는 안 됩니다. 만약, 온 조정을 의심하고 믿지 못하겠다면 전하께서 믿고 의지할 사람은 누구란 말씀입니까? 신들의 생각에는 아마 전하께서는 정치하는 요강(要綱)을 알지 못한 듯 싶습니다.
신들은 들으니 '안을 밝히는 자는 항상 자신의 허물을 보고 남의 허물은 보지 않으며, 밖을 밝히는 자는 남의 허물을 보고 자신의 허물은 보지 못한다.' 하였습니다. 전하께서는 천품(天稟)이 총명하여 시비를 판단하고 사람의 잘잘못을 살피는 데는 실로 여유가 있습니다. 그러나 별것 아닌 서류에 약간 잘못된 것까지 친히 살피고 고치는 데, 사소한 일을 지나치게 살피는 것이 자신의 허물이 된다는 것을 알지 못하십니다. 이는 전하께서 안을 밝히는 것이 아니라 한갓 밖으로만 밝히는 것이 아니겠습니까?
옛날 송(宋) 나라 신종(神宗)이 사소한 일에 간섭하기를 좋아하여 항상 궁중에서 직접 조서(詔書)를 써서 지방의 일을 지휘하였는데, 아첨하는 모든 신하들은 '폐하께 총명하고 용단이 있으니 형벌을 내리거나 복을 주는 것은 오직 폐하께 있어야 합니다.' 하였으나 사마광(司馬光)만이 '그렇게 하는 것은 옳지 않다.'고 말했습니다.
요즈음 들으니 전하께서 역시 궁중에서 친히 전지(傳旨)를 초(抄)하시는데 그중에 한 글자만 잘못 베껴도 '내가 밝혀 놓은 일에 방해가 된다.'하니, 과연 임금의 할 일이 이런 데 있다고 봅니까?
옛말에 '물이 너무 맑으면 고기가 없고, 사람이 너무 따지고 살피면 동료가 없다.' 하였습니다. 대개 윗사람으로서 지나치게 살피는 것을 좋아하면 아랫사람이 용납될 곳이 없습니다. 그렇다면 전하께서 하시는 일은 한갓 말단 일 뿐입니다. 아! 임금이란, 뛰어난 자질(資質)과 총명한 지혜가 없는 것을 걱정할 게 아닙니다. 참으로 도덕(道德)과 성명(性命)에 조예가 깊다면 사물의 이치를 다 알기 때문에 온갖 일에 대응할 수 있습니다. 더구나 남을 위하여 자신을 살펴보고 자신을 미루어서 남을 용서하는 것은 학문 중의 학문이오니, 전하께서는 이점 깊이 생각하소서.

① 사소한 일에 간섭하기를 좋아함
② 등용한 신하들을 의심하여 믿지 않음
③ 도덕(道德)과 성명(性命)에 조예가 깊지 못함
④ 남의 허물은 잘 보고 자신의 허물은 보지 못함
⑤ 자기의 고집만을 내세워 시비(是非)를 결단하지 못함

20 다음 글의 각 문단에 대한 설명으로 적절하지 않은 것은?

(가) 사회현상을 볼 때는 돋보기로 세밀하게, 그리고 때로는 멀리 떨어져서 전체 속에 어떻게 위치하고 있는가를 동시에 봐야 한다. 숲과 나무는 서로 다르지만 따로 떼어 생각할 수 없기 때문이다. 현대 사회현상의 최대 쟁점인 과학기술에 대해 평가할 때도 마찬가지이다. 로봇 탄생의 숲을 보면 그 로봇개발에 투자한 사람들의 의도와 로봇을 개발한 사람들의 욕심이 드러난다. 그리고 로봇을 세밀히 보면, 그 로봇이 생산에 이용되는지 아니면 감옥의 죄수들을 감시하기 위한 것인지 그 용도를 알 수가 있다. 이렇듯 과학기술은 하나의 성격을 가진 하나의 개념으로 보기에는 너무 광범위하다. 이 광범한 기술의 성격을 '객관적이고 물질적이어서 가치관이 없다.'고 쉽게 생각하면 로봇에 당하기 십상이다.

(나) 현실에서도 이런 고정관념이 가져오는 파급은 의외로 크다. 은행에 현금을 자동으로 세는 기계가 등장하면 당장에 은행원들은 현금을 세는 작업이 줄어든다. 손님들도 기계가 현금을 재빨리 세는 것을 보고 감탄하면서 행원이 세는 것보다 더 많은 신뢰를 보낸다. 기계가 거짓말이나 사기를 치지는 않을 것이라고 생각하면서. 그러나 현금 세는 기계의 도입에는 이익 추구라는 의도가 숨어있다. 이것은 기업의 속성상 당연하다. 그렇다면 어디서 이윤을 남기겠는가. 현금 세는 기계는 행원의 수고를 덜어준다. 그러나 현금 세는 기계를 들여옴으로써 10명이 하던 일을 9명 정도면 수행할 수 있게 된다. 그 결과 9명은 업무 내용만 좀 바뀔 뿐 이전만큼 그대로 일한다. 그리고 1명은 일자리가 없는 실업자 신세가 되고 만다. 사람이 잘만 이용하면 잘 써먹을 수 있을 것만 같은 기계가 엄청나게 혹독한 성품을 지닌 프랑켄슈타인으로 돌변하는 것이다.

(다) 자동화는 자본주의의 실업을 늘려 실업자에 대해 생계의 위협을 가하는 측면뿐 아니라 기존 근로자에 대해서는 감시 역할을 더욱 효율적으로 해내는 역할도 수행한다. 흔히 자동화는 생산성을 극대화시킨다는 사실 때문에 생산 부문에만 국한되어 있다는 선입견이 널리 퍼져있다. 자동화기기 자체가 재화의 형태이기 때문에 그렇기도 하겠지만, 자동화를 적용하는 기업 측에서도 자동화가 인간의 삶을 증대시키는 이미지로 일반 사람들에게 다가가기를 바란다. 그래야 자동화 도입을 두고 노동자의 반대도 별로 없이 기업가의 구상을 관철시킬 수 있기 때문이다. 그러나 자동화나 기계화 도입으로 인해 실업을 두려워하고, 업무 내용이 바뀌는 것을 탐탁해 하지 않았던 유럽의 노동자들은 자동화 도입에 대해 극렬 반대했던 경험들을 갖고 있다.

(라) 채플린이 영화 「모던 타임즈」에서 적나라하게 보여주었던 것처럼 기계화에 종속되는 인간 생활의 노예화는 차라리 눈에 보일 수 있어서 그나마 저항할 수 있는 공간을 만들어낸다. 그러나 현대의 자동화기기는 그 첨병이 정보통신기기로 바뀌면서 문제는 질적으로 달라진다. 무인 생산까지 진전된 자동화나 정보통신화는 인간에게 단순노동을 반복시키는 그런 모습을 보이지는 않는다. 그래서인지는 몰라도 정보통신혁명은 별 무리 없이 어느 나라에서나 급격하게 개발·보급되고 보편화되어 있다. 그런데 문제는 이 자동화기기가 생산에만 이용되는 것이 아니라 노동자를 감시하거나 관리하는 데도 이용될 수 있다는 것이다. 특히 정보통신기기가 발달하면서 그럴 가능성은 더 커졌다. 휴대폰만 보아도 국토 전 지역에서 업무관리와 통제를 가능하게 했다. 정보통신의 발달로 이전보다 사람들은 더 많은 감시와 통제를 받게 되었다.

(마) 물론 이런 정보통신이 먼 곳에 있는 사람들을 서로 이어주고 교감 형성에 큰 도움을 주는 측면도 있지만, 자동화나 정보화는 앞서 보았듯이 그렇게 순진하지 않다. 자동화와 정보화를 추진하는 핵심은 기업이란 것에서도 알 수 있듯이 기업은 이윤추구에 도움이 되지 않는 행위는 무가치하다고 판단한다. 감시의 자동화도 기업가의 입장에서는 생산성을 늘리는 중요한 수단이기 때문에 개발하는 것이다. 그러므로 자동화는 그 계획 단계에서부터 누군가의 의도가 스며들며 탄생된다. 또한 그 의도대로 자동화나 정보화가 성숙되면, 그 자체는 다른 한편으로 의도하지 않은 결과를 초래한다. 자동화와 같은 과학기술은 하나가 아닌 여러 가지의 얼굴을 갖고 있으므로, 이것이 풍요를 생산하는 단순한 얼굴로 사람에게 비춰지는 것은 하나의 고정관념에 불과하다.

① (가) : 비유를 이용하여 논제를 제시하고 있다.

② (나) : 사례를 이용하여 논지를 뒷받침하고 있다.

③ (다) : 반대 측의 입장을 소개하여 타협점을 찾고 있다.

④ (라) : 사례를 이용하여 논지를 심화시키고 있다.

⑤ (마) : 논거를 종합하여 결론을 내리고 있다.

21 다음 글의 중심 내용을 요약하기 위해 필요한 핵심어를 바르게 나열한 것은?

최근 우리 사회에서 심각한 병폐가 되고 있는 가족이기주의는 가족 문제를 심화시키는 중요한 요인이 되고 있다. 급격한 산업화과정에서 확산되어 온 서구의 개인주의 사상과 집단적 질서를 존중하는 전통적 가족주의의 결합은 특유의 가족이기주의 현상으로 나타났다. 즉, 친족공동체의 성격을 지닌 가족주의가 자기 보호를 위한 가족 중심주의로 변질되고, 서구의 개인주의는 개인보다 가족을 단위로 한 일종의 집단 이기주의로 변형되었다.
가족 중심적인 삶의 한 형태는 자신의 가족에 대해 항상 바람직한 결과를 가져오는 것은 아니며, 특히 자녀들의 성장 과정에서 심각한 부작용을 초래할 수 있다. 사회로부터 고립된 가족 내에서 부모 중 한 사람만(주로 어머니) 이 자녀 양육을 전담하는 현실에서는 자녀들이 사적 소유물처럼 인식되며, 폐쇄적 양육 방식으로 인해 아이들은 소외된 개인주의적 인성 구조를 형성하게 된다. 자녀들은 미래의 사회성원이 되어야 하지만 그들은 부모를 통해서, 그리고 부모를 위해서 길러지며 부모가 이루지 못한 삶의 보상물이 되기도 한다. 또한 가족의 번영을 우선시하는 부모들은 자녀들에게 공동체 의식을 가진 민주사회의 시민이 아니라 경쟁 논리에서 승리자가 되기를 기대한다.
개별 가족 중심의 자녀 양육 방식은 결과적으로 그들의 자녀들을 자신의 안락과 편안함만을 추구하는 이기적인 인간으로 성장시키게 되어, 부모와 자녀 간의 대립과 갈등을 야기시키기도 한다. 자녀들은 성장하면서 자신들이 원하는 삶을 추구하기 위하여 부모를 도구화하는 경우가 빈번히 나타난다. 자녀 세대들은 부모로부터 간섭받지 않고 자유롭고 독립적인 삶을 영위하기를 원하면서도, 그러한 삶을 보장받기 위해서 부모로부터 경제적인 지원을 받는 것을 기대할 뿐만 아니라 당연시한다. 부모들의 경제적 지원은 자녀들을 여전히 자신들의 울타리에 묶어두려는 의도이지만 자녀들은 이에 저항한다. 결국 자녀들은 자신들의 복지를 위해 부모를 도구화하게 되며, 부모들은 가족의 복지와 번영만을 위해 치러 온 희생과 노력이 헛된 것임을 알게 된다.
우리 사회에서 나타나는 사회윤리와 규범의 혼란도 가족주의와 개인주의가 결합, 갈등하면서 나타나는 파행적 현상으로 볼 수 있다. 이러한 현상은 사회조직의 운영 논리에 부정적인 영향을 미치는 비합리적인 가족주의의 타파를 주장하면서도 가족 내에서만은 가족주의 이념과 행위를 고수하려고 하는 불일치성을 보이고 있는 데에서도 알 수 있다. 예컨대 개개인의 자율성과 평등을 존중하는 핵가족 형태로의 변화를 바람직하거나 또는 최소한 불가피한 것으로 규정하면서도 극단적인 개인주의가 가족의 질서를 유지해 온 전통적 윤리를 변화시킬 것을 우려한다.
그러면 한국의 가족제도는 어떻게 변화하여야 하나? 우리는 가족 변화의 방향을 단일한 형태로 규정할 필요는 없다. 개인의 생존, 인간의 재생산, 사회의 기능 유지 등을 담당하는 가족공동체의 모습은 사회적, 역사적 맥락에 따라 다양한 형태로 변화되어 왔으며, 미래에도 그러할 것이다. 따라서 미래에서의 가족의 삶의 모습은 개인의 정서적, 경제적 기본 욕구가 충족되고, 가족구성원들 간의 평등하고 민주적인 관계가 유지되며, 공동체 원리와 개인의 자율권이 보장될 수 있는 방향으로 변화되는 것이 바람직할 것이며 그 구체적인 형태는 다양할 수 있다.
사회 변화에 대응할 수 있는 가족공동체를 우리 사회에 정착시키기 위해서는 우리가 전제하고 있는 가족에 대한 고정관념에서 탈피하여 보다 개방적인 사고를 할 필요가 있다. '가족은 이러해야 한다.'고 주장하면서 단일한 가족 형태만을 고집한다면 갈수록 다양해지는 개개인의 욕구와 사회적 욕구를 충족시킬 수 없으며, 당면한 가족의 문제를 해결하기보다는 심화시킬 가능성이 더 높다.
따라서 가족 성원의 개별적 욕구가 존중되고 그들의 선택이 반영될 수 있는 다양한 형태의 공동체적 삶이 보장되어야 한다. 이렇게 될 때만이 사회 전체의 공동체적 연대와 진정한 사회통합이 이루어질 수 있을 것이다.

① 한국 가족의 형태, 개인주의, 가족주의, 공동체적 삶
② 개인주의, 대립과 갈등, 현대인의 욕구, 공동체적 삶
③ 개인주의, 가족이기주의, 현대인의 욕구, 사회 통합
④ 가족이기주의, 대립과 갈등, 현대인의 욕구, 사회 변화
⑤ 가족이기주의, 개방적 사고, 공동체적 연대, 사회통합

22 다음 글의 입장으로 적절하지 않은 것을 <보기>에서 모두 고르면?

(가) A라 불리는 정치철학은 모든 개인들이 자기 자신의 생명의 소유자라는 원칙, 그리고 어느 누구도 타인이 지닌 생명의 소유자가 아니라는 원칙을 포함한다. 그리고 그 결과로서 스스로의 선택에 따라 행위 할 수 있는 타인의 동등한 자유를 침해하지 않는 한 모든 인간은 자신의 선택에 따라 행위 할 수 있는 권리를 갖는다.

(나) 그 체제는 어떠한 소유권도 '분배되지' 않는 사회, 다시 말해 인신과 물건에 대한 개인의 재산권이 어떤 사람에 의해서도 방해받거나 침해되거나 간섭받지 않는 사회라고 말할 수 있다. 이것은 사회적 의미에서의 '절대적 자유'를 고립된 로빈슨 크루소뿐만 아니라 어떤 사회의 사람들도 누릴 수 있다는 것을 의미한다. 아무리 복잡하고 발전한 사회의 사람들일지라도 말이다. 모든 사람들이 크루소처럼 절대적인 자유 – 순수한 자유 – 를 누린다면 그들의 (인신과 물건에 대한) '자연적인' 소유권은 타인의 침해나 간섭으로부터 자유로운 것이다.

(다) 정치 경제와 관련하여 이 마지막 것(재산권)은 특별히 강조할 필요가 있다. 인간은 생명을 부지하기 위해 일하고 생산해야만 한다. 그는 자신의 노력과 이성의 지도하에 자기의 생명을 지탱해야 한다. 그가 자신의 생산물을 마음대로 처분할 수 없다면 자기의 노력을 마음대로 할 수 없는 것과 같다. 그리고 자기의 노력을 마음대로 할 수 없다면 자기의 생명을 마음대로 할 수 없는 것과 같다. 요컨대 재산권이 없다면 어떤 다른 권리들도 누릴 수 없다.

(라) 정부가 도움이 필요한 사람들을 도와주고 사회보장을 제공하며 최소 임금을 법률로 정하고 가격을 결정하며 임대료의 상한선을 정하고 독점을 금지시키며 관세를 정하고 직업을 보장하며 화폐의 공급을 관장하는 역할을 해야 하는가? 이러한 모든 질문들에 대해 A를 옹호하는 자들은 모호한 부정으로 대답한다.

보기

ㄱ. B는 이와 같은 이유로 가능한 한 모든 영역에서 정부의 간섭과 역할을 최소화하려고 한다. 정부의 주요 목표는 시민들이 소비할 어떤 특정한 재화와 서비스를 산출하는 것이 아니라 재화와 서비스의 생산을 규제하는 메커니즘이 잘 작동하는가를 살피는 것이다. 국가는 시장경제에 간섭해서는 안 된다. 아무리 숭고한 목적이 있다고 해도 정부의 개입은 억압적이며 관료적 비효율성을 빚어내기 때문이다.

ㄴ. 어떤 이들은 결과주의적인 공리주의 관점에서 또 어떤 이들은 인간의 본성으로부터 연역적으로 그리고 또 다른 이들은 자연권 및 자연법사상에 입각하여 사유재산제도와 시장경제의 중요성을 논증하고자 한다. 하지만 이런 차이에도 불구하고 그들은 모두 시장제도가 평화롭고 부유하며 민주적인 사회를 이룰 수 있는 필수불가결한 조건이라고 주장하는 점에서 일치하고 있다. 그리고 그들의 이론에서 민주주의는 주로 최소주의적인 성격을 띠고 있어서 보다 적극적인 민주주의 개념을 발전시킬 수 있는 여지가 없다는 점도 공통적이다.

ㄷ. C에게는 민주주의가 상대적으로 독립적인 하나의 원리로서 시장경제의 (도덕적) 결함과 한계를 제약하거나 보완하는 역할을 한다. 시장경제하의 자유경쟁은 단순히 사람들의 선호 차이만을 반영하는 것이 아니라 재능, 가족적 배경, 곤궁, 필요에 있어서의 숙명적인 차이도 반영하므로 도덕적으로 정당화될 수 없는 그와 같은 차이의 불평등한 결과를 제한해야만 한다. 복지권은 바로 이와 같은 논리에 입각하여 도출된다.

ㄹ. D는 시장질서의 절대적 우월성에 대한 믿음과 자연법 및 자연권 사상을 결합시켜 시장질서의 기초인 소유권 개념을 정당화한다. 그는 재산권의 정당성은 국가의 법령과 상관없이 수립된다고 강조하고 국가에 의한 어떠한 조세부과도 비도덕적이라 주장한다. 왜냐하면 그것은 개인의 정당한 재산을 강제로 압수하는 것이기 때문이다.

ㅁ. E는 시장경제와 민주주의가 모두 필요하다고 믿기 때문에 사유재산권과 계약의 권리 및 정치적 참여의 권리를 당연히 인정한다. 하지만 그런 제도들은 도덕적으로 정당화될 수 없는 불평등을 관용하는 문제가 있기 때문에 복지권과 민권체계의 도입을 통해 보완되어야 한다. 그리하여 이 복지권과 민권체계 역시 재산권이나 정치적 권리와 동일한 효력을 가져야 한다고 생각한다.

① ㄴ, ㄷ
② ㄷ, ㅁ
③ ㄱ, ㄴ, ㅁ
④ ㄴ, ㄹ, ㅁ
⑤ ㄷ, ㄹ, ㅁ

23 다음 중 (가)와 (나)에서 '인생에서의 실수'를 바라보고 있는 인식의 차이점을 바르게 지적한 것은?

(가) 일본어로 '가야'라는 나무 – 자전(字典)에는 '비(榧)'라고 했으니 우리말로 비자목이라는 것이 아닐까……. 이 '가야'로 두께 여섯 치, 게다가 연륜이 고르기만 하면 바둑판으로는 그만이다. 오동으로 사방(四方)을 짜고 속이 빈 – 돌을 놓을 때마다 떵! 떵! 하고 울리는 우리네 바둑판이 아니라, 이건 일본식 기반(基盤)을 두고 하는 말이다.

'가야'는 연하고 탄력이 있어 이삼 국(二三 局)을 두고 나면 반면(盤面)이 얽어서 곰보같이 된다. 얼마 동안만 그냥 내버려 두면 반면은 다시 본래대로 평평해진다. 이것이 가야반의 특징이다. 가야반이면 어느 바둑판보다도 어깨가 맞치지 않는다는 것이다. 아무리 흑단(黑檀)이나 자단(紫檀)이 귀목(貴木)이라고 해도 이런 것으로 바둑판을 만들지 않는다.

가야반 일급품 위에 또 한층 뛰어 특급이란 것이 있다. 용재(用材)며 칫수며 연륜이며 어느 점이 일급과 다르다는 것은 아닌데, 반면에 머리카락 같은 가느다란 흉터가 보이면 이게 특급이다. 상처가 있어서 값이 내리는 게 아니라 되려 비싸진다는 데 진진(津津)한 흥미가 있다.

반면이 갈라진다는 것은 기약(期約)치 않은 불측(不測)의 사고이다. 사고란 어느 때 어느 경우에도 별로 환영할 것이 못 된다. 그 균열의 성질 여하에 따라서는 일급품 바둑판이 목침(木枕)감으로 떨어져 버릴 수도 있다. 그러나 그렇게 큰 균열이 아니고 회생할 여지가 있을 정도라면 헝겊으로 싸고 뚜껑을 덮어서 조심스럽게 간수해둔다. 갈라진 균열 사이로 먼지나 티가 들어가지 않도록 하는 단속이다.

일년, 이태… 때로는 삼년까지 그냥 내버려둔다. 계절이 바뀌고 추위, 더위가 여러 차례 순환한다. 그동안에 상처 났던 바둑판은 제 힘으로 제 상처를 고쳐서 본래대로 밀착해 버리고 균열진 자리에 머리카락 같은 흔적만이 남는다.

'가야'의 생명은 유연성이란 성질에 있다. 한번 균열이 생겼다가 제 힘으로 도로 밀착, 결합했다는 것은 그 유연성이란 특질을 실지로 증명해 보인, 이를테면 졸업증서이다. 하마트면 목침감이 될 뻔한 불구 병신이 그 치명적인 시련을 이겨내면 되려 한 급이 올라 특급품이 되어 버린다. 재미가 깨를 볶는 이야기다. 더 부연할 필요도 없거니와 나는 이것을 인생의 과실(過失)과 결부시켜 생각해 본다.

(나) 매년 정초면 세배를 가는 선생님댁 응접실에서 본 사진, 평소에 학교에서 늘 뵈옵는 선생님이니까 댁으로 찾아가는 것은 일 년에 정초하고 어쩌다 한 번쯤 더 있을 정도다. 선생님댁 응접실에서 본 그 사진, 그러니까 한 해에 한 번 본다는 것과, 또 그렇게 여러 해를 두고 몇 번 봤다는 데 의미가 있다.

그런데 그 사진이 사실은 예술적인 것이 아니라, 지극히 사실적인 것이다. 아주 깊은 골짜기, 양쪽에는 깎아 세운 듯한 절벽, 그 두 절벽 사이에 높이 – 아주 골짜기가 까마득하니 내려다보일 만치 높이 밧줄이 하나 전선 모양으로 걸렸다. 그 전선 같은 줄 위를 한 개의 긴 장대를 가로 쥔 사나이가 줄타기로 건너는 것이다. 사진으로 보기에 만도 아찔하니 현기증이 나는 것이다. 그저 그런 사진이다. 아마 어떤 잡지에서 오려낸 것이리라. 처음 그 사진을 보았을 때 나는 '참 멋없는 사진도 걸어 놓으셨군!' 했다. 다음 해 정초에도 또 세배를 갔다. 거기서 또 나는 꼭 같은 위치에 같은 그 사진을 볼 수 있었다. 그 해에는 가까이 가보지도 않았다.

그렇게 삼 년째 세배를 갔을 때였다. 역시 그 자리에 그 평범한 사진이 그대로 걸려있었다. 나는 비로소 좀 이상한 생각이 들었다. '가만 있자, 선생님께서 저 평범한 사진을 저기 저렇게 벌써 여러 해 동안 걸어두신 데는 무슨 까닭이 있을 것 같다'고.
그러나 직접 선생님께 물을 수도 없었다. 나는 한 번 사진 앞으로 가까이 가서 자세히 살펴보았다. 그런데 사진 밑에 설명이 적혀있었다.
'실수할 수 없는 사람!'
간단한 것이었다. 실수를 할 수 없는 사람! 나는 자리에 가 앉아서도 몇 번이고 되생각해 보았다. 선생님께서 그 사진을 그렇게 오래 걸어두시는 이유는 꼭 그 사진 설명에 들어있을 것 같았기 때문이었다.

① (가)에서는 실수의 필요성을, (나)에서는 실수의 정당성을 지적하고 있다.
② (가)에서는 실수의 좋은점을, (나)에서는 실수의 문제점을 제기하고 있다.
③ (가)에서는 실수의 당위성을, (나)에서는 실수에 대한 책임을 강조하고 있다.
④ (가)에서는 실수의 극복을, (나)에서는 실수에 대한 경계를 강조하고 있다.
⑤ (가)에서는 실수에 대한 관용을, (나)에서는 실수에 대한 질책의 필요성을 드러내고 있다.

24 다음 글의 내용으로 가장 적절한 것은?

인간에게는 언어화되지 않은, 그리고 언어화될 수도 없는 직관적인 앎이 있다. 로고스적 서양 문화의 관점에서 보면 언어화되지 않은 앎은 진정한 의미에서 앎이 아니요, 인식이 아니라고 할 것이다. 그것은 하나의 불분명한 상념이나 인상 정도에 지나지 않을 것이다. 로고스, 즉 말과 이성을 존중하는 입장에서 볼 것 같으면, 인식이란 어디까지나 분명한 개념적 명확성을 지녀야 하기 때문이다. 이것이 소크라테스 이래 서양 철학의 로고스 중심적 사고이다.

이와는 대조적으로 동양 사상에서는 최고의 진리는 결코 말로 담을 수 없음이 강조되어 왔다. 언어란 일상적 삶에서 접하는 사물들의 표현에는 적합할는지 모르나, 이러한 사물들의 배후에 있는 숨은 진리를 나타내기에는 부족하다고 여겨져 온 것이다. 이른바 언어도단(言語道斷)이라는 말은 바로 이러한 사실을 말해 주는 것이다.

여기서 오해는 없어야 하겠다. 동양사상이라 해서 언어와 개념을 무조건 무시하는 것은 결코 아니다. 만약 그렇다면 동양사상은 경전이나 저술을 통해 언어화되지 않고 순전히 침묵 속에서 전수되어 왔을 것이다. 물론 이것은 사실이 아니다. 동양사상도 끊임없이 언어적으로 다듬어져 왔으며 논리적으로 전개되어 왔다. 흔히 동양사상은 신비적이라고 말하지만, 이것은 동양사상의 한 면만을 특정지우는 것이지 결코 동양의 철인(哲人)들이 사상을 전개함에 있어 논리를 무시했다거나 항시 어떤 신비적인 체험에 호소해서 자신의 주장들을 폈다는 것을 뜻하지는 않는다.

그러나 역시 동양사상은 신비주의적임에 틀림없다. 거기서는 지고(至高)의 진리란 언제나 언어화될 수 없는 어떤 신비한 체험의 경지임이 늘 강조되어 왔기 때문이다. 최고의 진리는 언어 이전, 혹은 언어 이후의 무언(無言)의 진리이다. 엉뚱하게 들리겠지만, 동양사상의 정수(精髓)는 말로써 말이 필요 없는 경지를 가리키려는 데에 있다고 해도 과언이 아니다. 말이 스스로를 부정하고 초월하는 경지를 나타내도록 사용된 것이다. 언어로써 언어를 초월하는 경지를 나타내고자 하는 것이야말로 동양철학이 지닌 가장 특징적인 정신이다.

언어와 이성의 능력에 대해서 결코 과대평가하지 않았던 동양 사상가들과는 달리 서양 사상가들은 로고스의 능력에 대하여 철저한 신앙적 태도를 지녀 왔다. 철학자들은 물론이요, 심지어는 이성의 권위를 넘어서는, 계시의 권위를 신봉하는 그리스도교 신학자들조차도 신(神)에 관한 진리가 명확한 명제적 언어에 담겨질 수 있다고 생각할 정도였다. 이러한 서구의 합리주의는 동양인의 눈에는 매우 전투적이고 교조주의적(敎條主義的)으로 보이며, 철없는 어린아이의 어리석은 만용(蠻勇)으로 보인다. 인간의 좁다란 언어적 이성으로 과연 우주와 인생에 대한 심오한 진리를 얼마나 파악할 수 있다는 말이며, 분석적 지성에 의해 잡히는 것 이상의 진리란 없단 말인가 하고 동양적 지혜는 반문(反問)한다. 이성이란 인간이 지닌 능력의 일부에 지나지 않으며, 인간의 인식 능력이란 이성과 감성, 의지와 신체적 감각 등 전인적(全人的)인 현상이라는 생각을 동양인들은 해왔다. 뿐만 아니라 인식은 인간과 자연, 즉 대상 세계와의 자연스러운 교류의 결과로 생기는 것이라 믿었기에 주관과 객관의 명확한 분리를 전제로 한 서구식 인식론적 성찰도 동양 사상가들에게는 별로 문제가 되지 않았다.

동양에서는 인식의 주체를 심(心)이라는 매우 애매하면서도 포괄적인 말로 이해해 왔다. 심(心)은 물(物)과 항시 자연스러운 교류를 하고 있으며, 이성은 단지 심(心)의 일면일 뿐인 것이다. 동양은 이성의 오만이라는 것을 모른다. 지고의 진리, 인간을 살리고 자유롭게 하는 생동적 진리는 언어적 지성을 넘어선다는 의식이 있었기 때문일 것이다. 언어는 언제나 마음을 못 따르며 둘 사이에는 항시 괴리가 있다는 생각이 동양인들의 의식의 저변에 깔린 것이다.

① 서양사상은 줄곧 동양사상과 대립하는 가운데 발전해 왔다.
② 동양사상에서 쓰이는 '심(心)'은 이성(理性)을 포괄하는 개념이다.
③ 동양의 사상가들은 자신의 의견을 언어로 표현하는 경우가 드물었다.
④ 서양의 철학자들은 종교가 비합리적인 영역에 속하는 것이라고 생각해 왔다.
⑤ 동양사상에서 추구하는 진리는 서양사상의 그것에 비해 고차원적인 것이다.

PART 2

25 다음 글의 각 단락의 중심 내용으로 적절하지 않은 것은?

(가) 피상적인 관찰에 의하면, 과학과 예술은 스펙트럼의 반대편에 위치한 것처럼 보인다. 그러나 과학과 예술 모두 무질서한 것처럼 보이는 자연 세계와 인간의 내면세계로부터 질서와 아름다움을 발견하고자 한다는 공통의 목표를 추구한다는 점에서 어쩌면 상이점보다는 유사점이 더 많을 수도 있다. 단지 과학이 인간의 이성에 의존하여 전개되고 주관적인 감성을 가급적 배제하는 반면, 예술은 인간의 이성뿐 아니라 감성을 예술 활동의 근간으로 삼는다는 방법론적 차이가 나타난다고 하겠다.

(나) 과학 기술이 예술에 영향을 끼친 사례는 무수히 많다. 우선 과학의 신이론이나 새로운 발견은 예술가의 이성과 감성에 영향을 준다. 물론 이 영향은 예술가의 작품에 반영되고 새로운 예술 풍조, 더 나아가서 새로운 예술사상이 창조되는 원동력으로서 작용되기도 한다. 그리고 과학기술의 발전은 예술가로 하여금 변화하기를 강요한다. 예를 들어 수세기 동안 회화는 2차원의 캔버스에 3차원의 환영을 나타내는 것을 궁극적인 목표로 삼아왔으나 사진 기술의 발달은 직·간접적으로 사실적인 회화 기법의 입지를 약화시키는 역할을 했다. 또 과학기술의 발전은 예술가에게 새로운 연장, 그리고 재료를 제공함으로써 예술가는 자신의 표현 영역을 넓힐 수 있게 되고 한 걸음 더 나아가서 새로운 기법, 새로운 예술 양식의 출현을 가져온다.

(다) 과학기술 중에서 컴퓨터의 발달은 주목할 만하다. 1940년대의 수학자인 튜링은 이른바 '튜링 테스트'라 불리는 문답 형식의 테스트를 제안해 컴퓨터가 지능을 보유하고 있는지의 판단을 내리기 위한 척도로 사용했다. 그 후 지난 30여 년간의 인공지능의 발전은 사고와 추론 능력에 관한 한 컴퓨터가 어느 정도 인간의 능력에 접근하고 있음을 실험적으로 증명하였다. 예술 행위는 자아와 의식, 추론과 사고, 감정, 그리고 물리적 행동의 산물이라 볼 수 있다. 따라서 이러한 인간의 특성들을 컴퓨터가 가진다면, 바꾸어 말해 컴퓨터가 인간에 필적하는 이성과 감성을 소유할 수 있다면 당연히 예술 행위에 필요한 창의력도 자동적으로 표출될 것이다.

(라) 그러나 아직은 예술 활동에 컴퓨터를 이용하는 것은 예술 양식 그 자체를 변화시키지는 않고 예술가의 창조력을 극대화시키거나 생산성을 향상시킬 뿐이다. 예를 들어, 컴퓨터를 이용한 작곡, 편곡은 새로운 유형의 음악을 창조하지는 않고 단순히 음악가로 하여금 창작활동을 효율적으로 하게끔 도울 뿐이다. 또 컴퓨터가 예술 활동의 중심에 자리잡음으로써 예술의 유형이 컴퓨터에 의해 정의되는 경우도 있다. 활동사진 기술에 의해 영화라는 새로운 예술 형태가 발생했고, 비디오 기술에 의해 영화라는 비디오 예술이 생겨났듯이 컴퓨터 없이는 불가능한 새로운 예술 형태를 발생시킨다.

(마) 예술과 과학은 공존해 왔고 앞으로도 공존할 것이다. 이 둘은 각각의 발전 과정 중에 간헐적인 만남을 통해 상호 도움을 받아 왔다. 예술과 과학 사이에 교류가 빈번하면 할수록 서로를 발전시킬 수 있는 기회는 증가하게 된다. 이때 컴퓨터는 상호 교류와 이해를 증진시키는 데 가장 좋은 매체 역할을 하게 될 것이다. 따라서 컴퓨터 과학자는 다른 분야의 과학자에 비해 예술가와의 접촉이나 협력 기회를 많이 가지게 될 것이며 이로 인해 그 영향력은 더욱 커질 것이다.

① (가) : 과학과 예술의 공통점과 차이점
② (나) : 과학기술이 예술에 미친 영향
③ (다) : 컴퓨터의 예술 행위 가능성
④ (라) : 컴퓨터가 예술에 미치는 영향
⑤ (마) : 컴퓨터 발달에 따른 예술의 다양성

CHAPTER

02 언어추리

정답 및 해설 p.007

01 A ~ D 4명은 각각 1명의 자녀를 두고 있는 아버지이다. 4명의 아이 중 2명은 아들이고, 2명은 딸이다. 아들의 아버지인 2명만 사실을 말할 때, 올바른 결론은?

조건

- A : B와 C의 아이는 아들이다.
- B : C의 아이는 딸이다.
- C : D의 아이는 딸이다.
- D : A와 C의 아이는 딸이다.

① A의 아이는 아들이다.
② B의 아이는 딸이다.
③ C의 아이는 아들이다.
④ D의 아이는 아들이다.
⑤ D와 A의 아이는 딸이다.

02 주차장에 이부장, 박과장, 김대리 세 사람의 차가 나란히 주차되어 있고, 순서는 알 수 없다. 다음 중 한 사람의 말이 거짓이라고 할 때, 주차된 순서로 알맞은 것을 고르면?

- 이부장 : 내 옆에는 박과장 차가 세워져 있더군.
- 박과장 : 제 옆에 김대리 차가 있는 걸 봤어요.
- 김대리 : 이부장님 차가 가장 왼쪽에 있어요.
- 이부장 : 김대리 차는 가장 오른쪽에 주차되어 있던데.
- 박과장 : 저는 이부장님 옆에 주차하지 않았어요.

① 김대리 – 이부장 – 박과장
② 박과장 – 김대리 – 이부장
③ 박과장 – 이부장 – 김대리
④ 이부장 – 박과장 – 김대리
⑤ 이부장 – 김대리 – 박과장

03 **어떤 방에 A ~ D 네 개의 상자가 있다. 이 중 어느 한 상자에 두 개의 진짜 열쇠가 들어있고, 다른 어느 한 상자에는 두 개의 가짜 열쇠가 들어있다. 또한 각 상자에는 다음과 같이 두 개의 안내문이 쓰여있는데, 각 상자의 안내문 중 적어도 하나는 참이다. 다음 중 진위를 알 수 없는 것은?**

〈A상자〉

1. 어떤 진짜 열쇠도 순금으로 되어 있지 않다.
2. C상자에 진짜 열쇠가 들어있다.

〈B상자〉

1. 가짜 열쇠는 이 상자에 들어 있지 않다.
2. A상자에는 진짜 열쇠가 들어 있다.

〈C상자〉

1. 이 상자에 진짜 열쇠가 들어 있다.
2. 어떤 가짜 열쇠도 구리로 되어 있지 않다.

〈D상자〉

1. 이 상자에 진짜 열쇠가 들어 있고, 모든 진짜 열쇠는 순금으로 되어 있다.
2. 가짜 열쇠 중 어떤 것은 구리로 되어 있다.

① B상자에 가짜 열쇠가 들어있지 않다.
② C상자에 진짜 열쇠가 들어있지 않다.
③ D상자의 안내문 1은 거짓이다.
④ 가짜 열쇠 중 어떤 것은 구리로 되어있다.
⑤ 어떤 진짜 열쇠도 순금으로 되어있지 않다.

04 甲 정당과 乙 정당은 선거구별로 1명의 의원을 선출하는 소선거구제를 유지하되, 자료와 같은 10개의 선거구(A～J)를 5개로 통합하기로 하였다. 다음 〈조건〉에 근거할 때, 甲 정당에 가장 유리한 통합 방안은?

〈선거구 위치와 선거구 내 정당별 지지율〉

북

A 20:80	B 30:70	C 40:60	D 75:25
E 50:50	F 65:35	G 50:50	H 60:40
I 40:60	J 30:70		

서 / 동

남

조건

- 각 선거구의 유권자 수는 동일하며, 모든 유권자는 자신이 지지하는 정당의 후보에게 1인 1표제에 따라 투표한다.
- 선거구의 통합은 동서 또는 남북으로 인접한 2개의 선거구 사이에서만 이루어질 수 있다.
- 위 그림에서 선거구 내 앞의 숫자는 甲 정당 지지율, 뒤의 숫자는 乙 정당 지지율이다.
- 선거구 통합은 정당 지지율을 포함한 다른 조건에 영향을 주지 않는다.

① (A+B), (C+D), (E+F), (G+H), (I+J)
② (A+B), (C+D), (E+I), (F+J), (G+H)
③ (A+B), (C+G), (D+H), (E+I), (F+J)
④ (A+E), (B+F), (C+D), (G+H), (I+J)
⑤ (A+E), (B+F), (C+G), (D+H), (I+J)

05 다음으로부터 추론한 것 중에 〈보기〉에서 옳은 것만 고르면?

신입사원 선발에서 어학능력, 적성시험, 학점, 전공적합성을 각각 상, 중, 하로 평가하여 총점이 높은 사람부터 선발하기로 하였다. 합격선에 있는 동점자는 모두 선발하기로 하고, 상은 3점, 중은 2점, 하는 1점을 부여하였다. 지원자 A, C, D의 평가 결과는 다음과 같았다.

구분	어학능력	적성시험	학점	전공적합성
A	중	상	중	상
C	상	중	상	상
D	하	하	상	상

문서 전달의 실수로 인사 담당자에게 B의 평가 결과가 알려지지 않았다.
그 대신에 다음 사실이 알려졌다.

- B가 선발되지 않고 C가 선발된다면, A는 선발된다.
- D가 선발되지 않을 경우, 나머지 세 명의 지원자는 선발된다.

보기

ㄱ. A와 C는 반드시 선발된다.
ㄴ. 두 명을 선발하는 경우가 있다.
ㄷ. B는 상, 중, 하로 평가 받은 영역이 최소한 하나씩은 있다.

① ㄱ
② ㄴ
③ ㄱ, ㄷ
④ ㄴ, ㄷ
⑤ ㄱ, ㄴ, ㄷ

06 한국화학회는 시상규칙에 따라 학술상을 수여한다. 어느 해 같은 계절에 유기화학과 무기화학 분야에 상을 수여하였다면, 그 해의 시상에 대한 진술 중 참일 수 없는 것은?

〈시상규칙〉

- 매년 물리화학, 유기화학, 분석화학, 무기화학의 네 분야에 대해서만 수여한다.
- 봄, 여름, 가을, 겨울에 수여하며 매 계절 적어도 한 분야에 수여한다.
- 각각의 분야에 매년 적어도 한 번 상을 수여한다.
- 매년 최대 여섯 개까지 상을 수여한다.
- 한 계절에 같은 분야에 두 개 이상의 상을 수여하지 않는다.
- 두 계절 연속으로 같은 분야에 상을 수여하지 않는다.
- 물리화학 분야에는 매년 두 개의 상을 수여한다.
- 여름에 유기화학 분야에 상을 수여한다.

① 봄에 분석화학 분야에 수여한다.
② 여름에 분석화학 분야에 수여한다.
③ 여름에 물리화학 분야에 수여한다.
④ 가을에 무기화학 분야에 수여한다.
⑤ 겨울에 유기화학 분야에 수여한다.

07 다음으로부터 바르게 추론한 것은?

이번 학기에 4개의 강좌 '수학사', '정수론', '위상수학', '조합수학'이 새로 개설된다. 수학과장은 강의 지원자 A ~ E 중 4명에게 각 한 강좌씩 맡기려 한다. 배정 결과를 궁금해하는 A ~ E는 다음과 같이 예측했다.

- A : "B가 '수학사' 강좌를 담당하고 C는 강좌를 맡지 않을 것이다."
- B : "C가 '정수론' 강좌를 담당하고 D의 예측은 맞을 것이다."
- C : "D는 '조합수학'이 아닌 다른 강좌를 담당할 것이다."
- D : "E가 '조합수학' 강좌를 담당할 것이다."
- E : "B의 예측은 틀릴 것이다."

배정 결과를 보니 이 중 한 명의 예측만 틀렸고, 나머지는 맞음이 드러났다.

① A는 '수학사'를 담당한다.
② B는 '위상수학'을 담당한다.
③ C는 '정수론' 강좌를 맡지 않는다.
④ D는 '조합수학'을 담당한다.
⑤ E는 '정수론'을 담당한다.

PART 2

08 다음으로부터 추론한 것으로 옳은 것만을 〈보기〉에서 있는 대로 고르면?

6명의 선수 A ~ F가 참가하는 어떤 게임은 다음 조건을 만족한다고 한다. 이 게임에서 X선수가 Y선수에게 우세하면 Y선수는 X선수에게 열세인 것으로 본다.

- A, B, C 각각은 D, E, F 중 정확히 2명에게만 우세하다.
- D, E, F 각각은 A, B, C 중 정확히 2명에게만 열세이다.
- A는 D와 E에게 우세하다.

보기

ㄱ. C는 E에게 우세하다.
ㄴ. F는 B와 C에게 열세이다.
ㄷ. B가 E에게 우세하면 C는 D에게 우세하다.

① ㄱ　　② ㄴ
③ ㄷ　　④ ㄱ, ㄷ
⑤ ㄴ, ㄷ

※ 다음 글을 읽고 각 문제가 항상 참이면 ①, 거짓이면 ②, 알 수 없으면 ③을 고르시오. [9~11]

청과물의 거래 방식으로 밭떼기, 수의계약, 경매가 있고, 이 중 한 가지를 농가가 선택한다고 하자. 밭떼기는 재배 초기에 수집 상인이 산지에 와서 계약하고 대금을 지급한 다음, 수확기에 가져가 도매시장의 상인 에게 파는 방식이다. 수의계약은 수확기에 농가가 도매시장 내 도매상과의 거래를 성사시킨 후 직접 수확하여 보내는 방식인데, 이때 운송 책임은 농가가 진다. 경매는 농가가 수확한 청과물을 도매시장에 보내서 경매를 위임하는 방식인데, 도매시장에 도착해서 경매가 끝날 때까지 최소 하루가 걸린다.
같은 해 동일 품목의 경우, 수의계약의 평균거래가격과 경매의 평균거래가격은 밭떼기의 거래가격과 같다고 가정한다. 단, 생산량과 소비량의 변동으로 가격변동이 발생하는데, 도매시장에서의 가격변동 폭은 경매가 수의계약보다 크다.
농가 A, B, C, D는 여름철 청과물을 생산하는데, 안정된 가격에 팔기 원하는지와 거래가 완료될 때까지 신선도가 유지되는지 만을 고려하여 재배 초기에 거래 방식을 결정한다. 이들 농장에서 도매시장까지의 거리는 D가 가장 가깝고, A와 B가 동일하게 가장 먼데, 가장 먼 곳이라도 6시간이면 시장까지 도착한다.
A와 B는 하루 안에 거래를 마쳐야 할 정도로 빨리 시드는 청과물을 생산한다. A는 안정된 가격에 팔기 원하지만, B는 가격의 변동을 이용하여 평균가격보다 높게 팔려고 한다.
C와 D가 생산하는 청과물은 빨리 시들지 않아 거래에 일주일 이상의 여유가 있다. C와 D는 B와 마찬가지로 가격의 변동을 이용하여 평균가격보다 높게 팔려고 하는데, 그 정도는 C와 D가 동일하다.

09 **A와 B는 가장 선호하는 거래 방식이 다르지만, 가장 기피하는 거래 방식은 같다.**

① 참 ② 거짓 ③ 알 수 없음

10 **C와 D는 가장 선호하는 거래 방식이 같지만, 가장 기피하는 거래 방식은 다르다.**

① 참 ② 거짓 ③ 알 수 없음

11 **A, B, C, D가 각자 가장 선호하는 방식으로 거래할 때, 도매시장으로 오는 동안 발생하는 청과물의 품질 하락으로 인한 손실 가능성이 가장 적은 농가는 D뿐이다.**

① 참 ② 거짓 ③ 알 수 없음

12 다음 논증에 대한 분석으로 적절하지 않은 것은?

> ⓐ 다른 지식에서 추론됨으로써 정당화되는 지식이 있다.
> ⓑ 이러한 지식을 '추론적 지식'이라고 하고, 추론적 지식이 아닌 지식을 '비추론적 지식'이라고 하자.
> ⓒ 모든 지식이 추론적 지식이라고 가정해 보자.
> ⓓ 어떤 추론적 지식을 G1이라고 하면, G1을 추론적으로 정당화하는 다른 지식이 있다.
> ⓔ 그중 어떤 것을 G2라고 하면, G2는 추론적 지식이다.
> ⓕ G2를 추론적으로 정당화하는 다른 지식이 있고, 그중 하나를 G3이라고 하면 G3도 추론적 지식이다.
> ⓖ 이런 과정은 무한히 계속될 것이다.
> ⓗ 정당화의 과정이 무한히 이어질 수는 없다.
> ⓘ 정당화의 과정이 끝나려면 다른 지식을 정당화하는 어떤 지식은 비추론적 지식이어야 한다.
> ⓙ 그러므로 비추론적 지식이 존재한다.

① ⓔ는 ⓒ와 ⓓ로부터 도출된다.

② ⓒ~ⓖ는, ⓒ의 '가정'이 주어지는 한, 지식을 정당화하는 과정이 끝나지 않는다는 것을 보여준다.

③ ⓖ의 '과정'이 순환적일 가능성을 배제할 수 없으므로, ⓖ가 참이기 위해 무한히 많은 추론적 지식이 존재할 필요는 없다.

④ ⓖ와 ⓗ가 충돌하므로 ⓐ도 부정되고 ⓒ의 '가정'도 부정된다.

⑤ 이 논증이 타당하다면 '비추론적 지식이 없으면 추론적 지식도 있을 수 없다'는 것이 증명된다.

13 **다음 〈조건〉에 따라 노래대회 예선이 진행된다. 甲이 심사위원장을 알아내고자 할 때, 〈보기〉에서 옳은 것만을 모두 고르면?**

조건

- 예선의 심사위원은 심사위원장 1인을 포함하여 총 4인이며, 그중 누가 심사위원장인지 참가자에게 공개되지 않는다.
- 심사위원은 참가자의 노래를 들은 후 동시에 ○ 또는 ×의 결정을 내리며, 다수결에 의해 예선 통과 여부가 결정된다.
- 만약 ○와 ×를 결정한 심사위원의 수가 같다면, 심사위원장이 ○ 결정을 한 경우 통과, × 결정을 한 경우 탈락한다.
- 4명의 참가자들은 어떤 심사위원이 자신에게 ○ 또는 × 결정을 내렸는지와 통과 또는 탈락 여부를 정확히 기억하여 甲에게 알려주었다.

보기

ㄱ. 4명의 참가자가 모두 심사위원 3인의 ○ 결정으로 통과했다면, 甲은 심사위원장을 알아낼 수 없다.
ㄴ. 4명의 참가자가 모두 같은 2인의 심사위원에게만 ○ 결정을 받아 탈락했다면, 甲은 심사위원장을 알아낼 수 있다.
ㄷ. 4명의 참가자가 모두 2인의 심사위원에게만 ○ 결정을 받았고, ○ 결정을 한 심사위원의 구성이 모두 다르다면, 甲은 심사위원장을 알아낼 수 있다.

① ㄱ
② ㄴ
③ ㄱ, ㄷ
④ ㄴ, ㄷ
⑤ ㄱ, ㄴ, ㄷ

14 강원도에 1박 2일로 여행을 떠난 A ~ F 6명은 게임을 통해 3명을 야외취침자로 선정하려고 한다. 다음 게임규칙과 개인의 종목별 평균기록에 근거할 때, 실내에서 취침하는 3명을 고르면?

〈게임규칙〉

- 게임은 1라운드 – 2라운드 – 3라운드 순으로 진행되고, 각 라운드에서 게임종목별 점수의 합계가 가장 낮은 한 명이 야외취침자로 결정된다. 단, 최하위 점수자가 2명 이상일 경우 동점자끼리 가위바위보를 하여 진 사람이 야외취침을 한다.
- 각 라운드에서 야외취침이 확정된 사람은 더 이상 게임에 참여하지 않는다.
- 각 라운드에서 게임종목별 기록은 개인의 평균 기록대로 나온다고 가정한다.
- 종목의 순위별 점수는 다음과 같이 산정한다.

순위	1위	2위	3위	4위	5위	6위
점수	5점	4점	3점	2점	1점	0점

※ 모든 라운드에서 야외취침자로 확정된 선수는 제외한 채 순위를 책정함

- 선수별로 각 라운드에서 가위바위보를 내는 순서는 다음과 같다.

이름	가위바위보 순서	이름	가위바위보 순서
A	바위, 바위, 가위	B	가위, 가위, 보
C	보, 가위, 바위	D	바위, 보, 바위
E	보, 보, 가위	F	가위, 바위, 보

〈개인의 종목별 평균기록〉

라운드	종목	A	B	C	D	E	F
1	100m달리기(초)	12.56	12.72	12.19	12.23	11.64	11.05
	멀리뛰기(m)	5.32	5.76	5.44	6.42	6.21	6.07
	포환던지기(m)	16.72	16.24	15.82	15.55	16.08	15.29
2	높이뛰기(m)	1.95	1.76	1.68	1.82	2.01	1.97
	110m 장애물경기(초)	15.66	15.01	15.11	14.88	14.67	14.59
	원반던지기(m)	69.43	67.21	66.74	65.97	66.19	64.35
3	창던지기(m)	76.08	75.34	71.47	67.05	72.80	69.46
	1500m 달리기(초)	251	256	258	244	254	249

① A, B, F　　② A, D, E
③ A, D, F　　④ B, C, E
⑤ C, D, E

15 환경부의 인사실무 담당자는 환경정책과 관련된 특별위원회를 구성하면서 외부 환경 전문가를 위촉하려 한다. 현재 거론되고 있는 외부 환경 전문가는 A～F이다. 이 여섯 명의 외부 인사에 대해서 담당자는 다음 〈조건〉을 충족시키는 선택을 해야 한다. 만약 B가 위촉되지 않는다면, 몇 명이 위촉되는가?

조건

- 만약 A가 위촉되면, B와 C도 위촉되어야 한다.
- 만약 A가 위촉되지 않는다면, D가 위촉되어야 한다.
- 만약 B가 위촉되지 않는다면, C나 E가 위촉되어야 한다.
- 만약 C와 E가 위촉되면, D는 위촉되어서는 안 된다.
- 만약 D나 E가 위촉되면, F도 위촉되어야 한다.

① 1명
② 2명
③ 3명
④ 4명
⑤ 5명

16 다음 글의 내용이 참이라고 할 때 〈보기〉에서 반드시 참인 것을 모두 고르면?

진화 심리학의 가르침과 유전자 결정론이 둘 다 옳다면, 인간에게 자유 의지가 있다는 주장은 더 이상 근거가 없어 보인다. 그러나 인간에게 자유 의지가 없다는 말이 과연 성립할 수 있을까? 인간에게 자유 의지가 없다면, 우리는 양심과 도덕의 문제에 관심을 가질 필요가 없다. 인간의 행위는 모두 마지못해 한 행위에 불과할 것이기 때문이다. 하지만 우리는 양심과 도덕의 문제에 관심을 가질 필요가 있을 뿐만 아니라 그런 문제에 관심을 갖지 않을 수 없다. 나아가 만일 유전자 결정론이 옳지 않다면, 우리는 이에 근거하고 있는 현대 생물학의 몇몇 이론을 포기해야 한다. 그런데 우리는 분명히 그럴 수 없다. 그것은 마침내 과학 전반을 불신하는 결과를 낳을 것이기 때문이다.

보기

ㄱ. 인간에게 자유 의지가 있다.
ㄴ. 유전자 결정론은 옳지 않다.
ㄷ. 진화 심리학의 가르침은 옳지 않다.
ㄹ. 현대 생물학은 인간의 자유 의지를 설명할 수 없다.

① ㄱ, ㄴ
② ㄱ, ㄷ
③ ㄴ, ㄹ
④ ㄱ, ㄷ, ㄹ
⑤ ㄴ, ㄷ, ㄹ

17 다음 글에 대한 분석으로 옳은 것만을 〈보기〉에서 모두 고르면?

영민은 다음 설명을 보고 처음에는 ⓐ "S1의 낙하가 S2 낙하의 원인이다."라는 직관적 판단을 했지만, 인과 이론을 배운 후에는 ⓑ "S2의 낙하가 S1 낙하의 원인이다."라는 판단도 가능하다고 생각하게 되었다.

〈설명〉

실린더 속에 금속판 S1과 S2가 접해있다. 위쪽의 S1은 줄에 매달려있고, 아래쪽의 S2는 양 옆에 칠한 강한 접착제에 의해서 지탱되고 있다. 만약 접착제에 의하여 S2가 지탱되지 않는다면, S2는 중력에 의해서 낙하할 것이다.

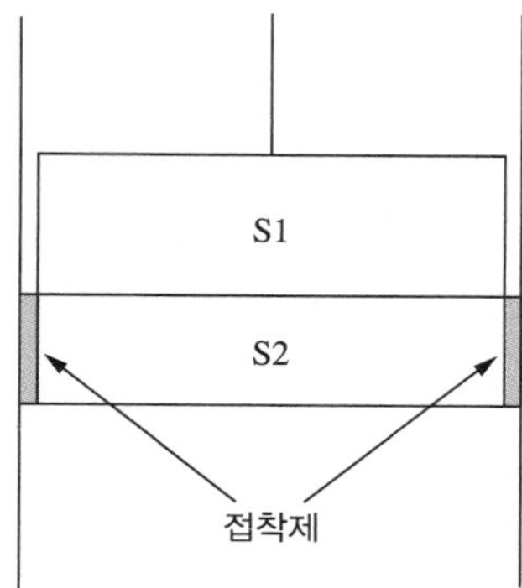

〈인과 이론〉

집중호우가 산사태의 원인이라는 것은 "만약 집중호우가 발생하지 않았다면 산사태가 발생하지 않았을 것이다."로 분석할 수 있다. 즉, 사건 A가 B의 원인이라는 것은 A가 발생하지 않으면 B도 발생하지 않는다는 의미이다.

이 이론에 따라 영민은 설명을 다음과 같이 분석했다. 어떤 시점에 S1이 매달려 있던 줄이 끊어지고, 그에 따라 자유낙하를 하고자 하는 S1이 아래 방향의 힘을 S2에 가하여 접착제가 부서지고, S2와 S1이 낙하하게 된다.

영민은 S2가 S1보다 먼저 떨어진다고 생각했다. 그래서 영민은 만약 S2가 낙하하지 않으면 S1 역시 낙하하지 않을 것이므로, "S2의 낙하가 S1의 낙하의 원인이다."라고 판단했다.

보기

ㄱ. "S1이 낙하하지 않았다면 S2 역시 낙하하지 않았을 것이다."라는 판단이 참이라면, 판단 ⓐ는 인과 이론에 의해서 지지될 수 있다.

ㄴ. 원인은 결과보다 시간적으로 앞선다고 할 때, 영민이 생각한 대로 S2의 낙하가 S1의 낙하에 시간적으로 앞선다면 판단 ⓑ는 설득력을 갖는다.

ㄷ. S1이 아래 방향으로 힘을 가하는 사건과 S1이 낙하하는 사건을 구분해서, S1이 아래 방향으로 힘을 가하여 S2가 낙하하고, 그래서 S1이 낙하한다고 생각하면, 판단 ⓐ는 옳지만 판단 ⓑ는 옳지 않다.

① ㄱ
② ㄷ
③ ㄱ, ㄴ
④ ㄴ, ㄷ
⑤ ㄱ, ㄴ, ㄷ

18 다음 글을 읽고, 〈보기〉에서 반드시 참인 것과 반드시 거짓인 것을 모두 고르면?

> 수나 집합, 함수와 같은 추상적 대상들의 존재론적 지위와 관련하여 여러 가지 입장이 있다. 강한 유형의 실재론자는 책상이나 의자와 같은 구체적 대상들이 우리 세계에 존재하듯이 수와 같은 추상적 대상들도 우리 세계에 존재한다고 주장한다. 구체적 대상과 달라서 우리는 그런 대상을 감각으로 지각할 수 없다는 차이가 있을 뿐 추상적 대상이나 구체적 대상 모두 우리 세계에 존재한다는 점에서 전혀 다르지 않다는 것이다. 한편 약한 유형의 실재론자는 그러한 대상들이 물리적 대상과 나란히 우리 세계에 존재한다고 말할 수는 없지만 그럼에도 불구하고 추상적 대상은 우리와 독립해서 존재한다고 주장한다. 반면 약한 유형의 반실재론자는 추상적 대상들이 존재한다는 점을 인정하기는 하지만 그럼에도 불구하고 그것들은 우리 인간의 구성물이라고 주장한다. 강한 유형의 반실재론자는 추상적 대상들이란 단지 그 이름만 있을 뿐 세계 어디에도 존재하지 않는다고 주장한다.

보기

ㄱ. 영수가 수 2가 존재한다고 주장한다면, 영수는 강한 유형의 실재론자이다.
ㄴ. 영수는 수 2가 존재한다고 주장하지만 강한 유형의 실재론자가 아니다.
ㄷ. 영수가 강한 유형의 반실재론자라면, 영수는 수 2가 존재한다고 주장하지 않는다.
ㄹ. 영수는 강한 유형의 반실재론자이지만 수 2가 우리와 독립해 존재한다고 주장한다.
ㅁ. 영수가 수 2가 책상처럼 존재한다고 주장하지는 않는다면, 영수는 약한 유형의 실재론자이다.

① ㄱ, ㄴ　② ㄱ, ㅁ
③ ㄴ, ㄷ　④ ㄷ, ㄹ
⑤ ㄹ, ㅁ

19 A～F 여섯 사람으로 구성된 부서에서 주말 당직을 정하는데 다음 〈조건〉을 모두 지켜야 한다. 당직 근무를 할 수 있는 사람을 바르게 짝지은 것은?

조건

- A와 B가 당직을 하면 C도 당직을 한다.
- C와 D 중 한 명이라도 당직을 하면 E도 당직을 한다.
- E가 당직을 하면 A와 F도 당직을 한다.
- F가 당직을 하면 E는 당직을 하지 않는다.
- A가 당직을 하면 E도 당직을 한다.

① A, B　② A, E
③ B, F　④ C, E
⑤ D, F

20 다음 글에서 추론한 것으로 옳은 것만을 〈보기〉에서 모두 고르면?

가정부 로봇에 대한 갑, 을, 병의 판단을 기준으로 하여, 몇 가지 가상 사례들에 대하여 동일성 여부를 판단해 보았다.
철수는 시점 t1에 가정부 로봇을 하나 구입하였다. 인공지능 회로에 고장이 나서 t2에 같은 종류의 새 부품으로 교체하였으며, t3에 새로운 소프트웨어로 로봇을 업그레이드하였고, t4에 로봇의 외형을 새로운 모습으로 바꾸었다. 화재로 t4의 로봇이 망가지자 철수는 t4 시점의 로봇을 복제한 새 로봇을 t5에 구입하였다. 시점 t1에서 t5에 이르는 로봇의 동일성 여부에 대하여 갑, 을, 병은 각기 다른 기준으로 다음과 같이 판단하였다.

- 갑 : 시점 t1과 t4의 로봇은 동일하지만, t5의 로봇은 이들과 동일하지 않다.
- 을 : 시점 t2와 t3의 로봇은 동일하지만, t1의 로봇은 이들과 동일하지 않다.
- 병 : 시점 t3과 t5의 로봇은 동일하지만, t2의 로봇은 이들과 동일하지 않다.

우리는 인간의 신체와 정신의 관계에 대하여 다음 가정을 받아들이기로 한다.
- 신체와 정신의 관계는 하드웨어와 소프트웨어의 관계와 같다. 두뇌를 포함한 인간의 신체가 하드웨어라면, 정신은 신체를 제어하는 소프트웨어이다.
- 만약 두뇌가 복제되면, 정신도 함께 복제된다.

보기

ㄱ. 왕자와 거지의 심신이 뒤바뀌어서 왕자의 정신과 거지의 몸이 결합된 사람을 을은 거지라고, 병은 왕자라고 판단할 것이다.
ㄴ. 사고로 두뇌와 신체를 크게 다친 철수는 첨단 기술의 도움으로 인간과 기계가 결합된 사이보그가 되었다. 갑과 을은 둘 다 원래의 철수와 사이보그가 된 철수를 다른 사람이라고 판단할 것이다.
ㄷ. 한 개인의 신체에 관한 모든 정보를 다른 장소로 원격 전송한 다음에, 인근에 있는 분자를 이용하여 그 정보에 따라 신체를 똑같이 조합하였다. 원래의 존재와 조합된 존재를 갑은 다르다고, 병은 같다고 판단할 것이다.

① ㄱ
② ㄴ
③ ㄱ, ㄷ
④ ㄴ, ㄷ
⑤ ㄱ, ㄴ, ㄷ

21 **어느 컨벤션 센터에는 세미나를 개최할 수 있는 공간이 5개 있으며, 3명의 직원(A, B, C)이 있다. 어느 날 5명의 고객(갑, 을, 병, 정, 무)으로부터 회의 공간 예약이 접수되었다. 다음 〈조건〉에 근거할 때, 3명의 직원이 공간을 제공할 수 있는 방법에 대한 설명으로 옳지 않은 것은?**

조건

- 세미나를 개최할 수 있는 공간과 수용 인원은 다음과 같다.
  - 101호(100인용), 102호(500인용), 201호(300인용), 202호(200인용), 301호(150인용)
- 각 직원의 공간 배정 방법은 다음과 같다.
  - 신청 인원을 수용할 수 없는 공간은 배정할 수 없다.
  - A는 남은 공간에서 가장 큰 공간을 먼저 배정한다.
  - B는 신청 인원을 수용할 수 있는 공간 중 수용 인원과 신청 인원 간의 차이가 가장 작은 공간을 배정한다.
  - C는 공간리스트 순서(101호, 102호, 201호, 202호, 301호 순으로 정리되어 있음)에서 신청 인원을 수용할 수 있는 첫 번째 공간을 배정한다.
- 예약이 접수된 순서는 갑, 을, 병, 정, 무이며, 각 고객의 신청 인원은 다음과 같다.
  - 갑(180명), 을(450명), 병(250명), 정(100명), 무(80명)

① B는 무에게 301호를 할당한다.
② B와 C는 정에게 같은 방을 배정한다.
③ A와 C는 202호에 같은 고객을 배정한다.
④ A와 C는 을에게 공간을 할당해 줄 수 없다.
⑤ 병은 어느 직원이 공간을 배정하더라도 같은 방을 배정받는다.

22 **국제영화제에 참석한 충원이는 A ~ F영화를 다음 〈조건〉에 맞춰 5월 1 ~ 6일까지 하루에 한 편씩 보려고 한다. 다음 중 항상 옳은 것은?**

조건

- F영화는 3일과 4일 중 하루만 상영한다.
- D영화는 C영화가 상영된 날 이틀 후에 상영한다.
- B영화는 C, D영화보다 먼저 상영된다.
- 첫째 날 B영화를 볼 가능성이 가장 높다면 5일에 반드시 A영화를 본다.

① A영화는 C영화보다 먼저 상영될 수 없다.
② C영화는 E영화보다 먼저 상영된다.
③ D영화는 5일이나 폐막작으로 상영될 수 없다.
④ B영화는 첫째 날 또는 둘째 날 상영된다.
⑤ E영화는 개막작이나 폐막작으로 상영된다.

23 **다음 글에 비추어 〈보기〉에서 항상 옳은 것을 모두 고르면?**

G회사는 다음과 같은 원칙에 따라 신입사원을 선발한다.
1. 지원자 중 1명 이상은 반드시 선발하여야 한다.
2. 추천을 받은 지원자 중에서는 1명을 초과하여 선발할 수 없다.
3. 같은 학교 출신 지원자는 1명을 초과하여 선발할 수 없다.
4. 남성 지원자만을 선발하거나 여성 지원자만을 선발할 수 없다.

A ~ D 4명이 지원했는데 그중 A와 B는 추천을 받은 지원자이고, B와 C는 같은 학교 출신 지원자이며, A와 C는 남성이고, B와 D는 여성이다.

보기

ㄱ. A는 선발될 수도 있고 탈락할 수도 있다.
ㄴ. B는 선발될 수도 있고 탈락할 수도 있다.
ㄷ. C는 선발될 수도 있고 탈락할 수도 있다.
ㄹ. D는 선발될 수도 있고 탈락할 수도 있다.

① ㄱ, ㄴ
② ㄱ, ㄷ
③ ㄱ, ㄹ
④ ㄴ, ㄷ
⑤ ㄷ, ㄹ

※ 다음 제시문을 읽고 각 문제가 항상 참이면 ①, 거짓이면 ②, 알 수 없으면 ③을 고르시오. [24~26]

- B는 자식이 둘이다.
- A는 B의 딸이다.
- A와 C는 남매이다.
- D는 B의 외손녀이다.
- C는 E를 매제라 부른다.

24 E는 B의 사위이다.

① 참 ② 거짓 ③ 알 수 없음

25 D는 C의 딸이다.

① 참 ② 거짓 ③ 알 수 없음

26 C의 아들은 B의 외손자이다.

① 참 ② 거짓 ③ 알 수 없음

27 3인의 경리사원 갑, 을, 병이 업무수행에 대한 4개 평가 부문(정확성, 신속성, 책임감, 사회성)에 각각 우수와 미흡 중 하나의 평가를 받았다. 평가결과가 다음과 같을 때 추론할 수 있는 것을 〈보기〉에서 모두 고르면?

- A. 3인의 평가결과는 서로 다르다.
- B. 각각의 경리사원은 정확성의 평가결과와 신속성의 평가결과가 상반된다.
- C. 각각의 경리사원은 책임감의 평가결과와 사회성의 평가결과가 동일하다.
- D. 갑과 을은 4개 분야 중 3개 분야에서 우수로 평가를 받았다.

보기

ㄱ. 병이 두 분야에서 우수 평가를 받는 경우도 가능하다.
ㄴ. 갑과 병이 4개 평가 분야 모두에서 상반된 평가를 받는 경우도 가능하다.
ㄷ. 갑, 을, 병 3인이 받을 수 있는 평가결과의 경우의 수는 6가지이다.
ㄹ. 을과 병이 4개 평가 분야 중 2개 분야에서는 동일하고 2개 분야에서는 상반된 평가를 받을 확률은 50%이다.

① ㄱ, ㄷ
② ㄱ, ㄹ
③ ㄴ, ㄷ
④ ㄴ, ㄹ
⑤ ㄴ, ㄷ, ㄹ

PART 2

28 다음 글에 비추어 항상 옳은 것을 〈보기〉에서 모두 고르면?

민수를 포함한 네 친구는 자주 커피숍에 간다. 네 사람은 언제나 같은 순서로 도착해서 커피를 주문한다. 그들이 주문하는 커피는 프림설탕커피, 프림커피, 설탕커피, 블랙커피이며, 모두 다른 커피를 마신다. 네 사람의 성은 박, 정, 윤, 한이다.

1. 처음 도착하는 사람은 프림을 넣는다. 네 번째로 오는 한씨는 프림을 넣지 않는다.
2. 박씨는 프림을 넣지 않고 동준이보다 빨리 온다. 동준이는 프림을 넣는다.
3. 정씨는 영섭이보다 빨리 온다. 두 사람은 모두 설탕을 넣지 않는다.
4. 창호는 프림을 넣지 않는다.

보기

ㄱ. 두 번째, 네 번째로 오는 사람은 창호 또는 영섭이다.
ㄴ. 동준이의 성은 정씨이다.
ㄷ. 세 번째로 오는 사람은 프림설탕커피를 마신다.
ㄹ. 첫 번째로 오는 사람은 정민수이다.

① ㄱ
② ㄱ, ㄴ
③ ㄱ, ㄷ
④ ㄱ, ㄹ
⑤ ㄴ, ㄷ, ㄹ

29 다음 명제를 통해 얻을 수 있는 결론으로 타당한 것은?

짬뽕을 좋아하는 사람은 군만두도 좋아한다. 자장면을 좋아하는 사람은 짬뽕도 좋아한다. 탕수육을 좋아하지 않는 사람은 군만두도 좋아하지 않는다.

① 군만두를 좋아하는 사람은 짬뽕도 좋아한다.
② 탕수육을 좋아하는 사람은 군만두도 좋아한다.
③ 짬뽕을 좋아하지 않는 사람은 군만두도 좋아하지 않는다.
④ 탕수육을 좋아하지 않는 사람은 짬뽕도 좋아하지 않는다.
⑤ 군만두를 좋아하지 않는 사람은 탕수육을 좋아하지 않는다.

30 다음 중 〈보기〉에서 '결정적 정보'에 해당하는 것은?

> 조건만으로는 5명의 증언이 각각 참인지 아닌지가 결정되지 않지만, 어떤 정보가 추가된다면 이들의 증언이 각각 참인지 아닌지가 완전히 결정될 수 있다. 5명의 증언이 각각 참인지 아닌지를 완전히 결정하게 만드는 추가 정보를 '결정적 정보'라고 한다.

보기

- A, B, C 가운데 적어도 한 사람의 증언은 참이다.
- D와 E 가운데 적어도 한 사람의 증언은 참이다.
- A의 증언이 참이면, C의 증언도 참이고 D의 증언도 참이다.
- B의 증언이 참이면, E의 증언은 참이 아니다.

① A의 증언은 참이다.
② B의 증언은 참이다.
③ C의 증언은 참이다.
④ D의 증언은 참이 아니다.
⑤ E의 증언은 참이 아니다.

PART 2

03 수리력

정답 및 해설 p.014

01 다음은 '갑'국 A～E 대학의 재학생 수 및 재직 교원 수와 법정 필요 교원 수 산정기준에 대한 자료이다. 이에 근거하여 법정 필요 교원 수를 충족시키기 위해 충원해야 할 교원 수가 많은 대학부터 순서대로 나열한 것은?

〈재학생 수 및 재직 교원 수〉

(단위 : 명)

구분 \ 대학	A	B	C	D	E
재학생 수	900	30,000	13,300	4,200	18,000
재직 교원 수	44	1,260	450	130	860

〈법정 필요 교원 수 산정기준〉

재학생 수	법정 필요 교원 수
1,000명 미만	재학생 22명당 교원 1명
1,000명 이상 10,000명 미만	재학생 21명당 교원 1명
10,000명 이상 20,000명 미만	재학생 20명당 교원 1명
20,000명 이상	재학생 19명당 교원 1명

※ 법정 필요 교원 수 계산시 소수점 첫째 자리에서 올림

① B－C－D－A－E
② B－C－D－E－A
③ B－D－C－E－A
④ C－B－D－A－E
⑤ C－B－D－E－A

02 축구 국가대표팀은 3월 6일에 그리스와 평가전을 한다. 평가전이 열리기 4일 전 국가대표팀 감독은 기자회견을 했다. 기자회견에서 감독은 월드컵 예선 첫 경기가 열리는 6월 18일을 기준으로 40일 전에 국가대표팀 최종 명단을 발표한다고 말했다. 최종 명단이 발표되는 날은 무슨 요일인가?(단, 3월 1일은 월요일이다)

① 일요일
② 월요일
③ 화요일
④ 수요일
⑤ 목요일

03 다섯 명의 학생이 한 변의 길이가 6m인 정삼각형 모양의 무대 위에 임의로 올라선다고 할 때. 다음 명제 중 옳은 것은?

① 둘 사이의 거리가 2m 이하인 학생이 적어도 두 명 있다.
② 둘 사이의 거리가 2m 이하인 학생이 적어도 세 명 있다.
③ 둘 사이의 거리가 3m 이하인 학생이 적어도 두 명 있다.
④ 둘 사이의 거리가 3m 이하인 학생이 적어도 세 명 있다.
⑤ 둘 사이의 거리가 3m 이상인 학생이 적어도 두 명 있다.

04 다음은 지식재산권의 출원 및 등록 현황에 대한 자료이다. 이에 대한 설명으로 가장 적절한 것은?

〈지식재산권의 출원 및 등록 현황〉

(단위 : 건)

구분		2020년	2021년	2022년	2023년
출원	계	372,697	364,990	362,074	371,116
	특허	170,632	163,523	170,101	178,924
	실용신안	17,405	17,144	13,661	11,854
	디자인	56,750	57,903	57,187	56,524
	상표	127,910	126,420	121,125	123,814
등록	계	193,939	145,927	159,977	214,013
	특허	83,523	56,732	68,843	94,720
	실용신안	4,975	3,949	4,301	5,853
	디자인	39,858	32,091	33,697	42,185
	상표	65,583	53,155	53,136	71,255

① 조사 기간 중 출원건수 대비 등록률이 가장 높은 해는 2020년이다.
② 2023년 출원건수 대비 등록률이 가장 높은 분야는 상표 부문이다.
③ 2022년 실용신안 부문의 출원건수 대비 등록률은 30% 미만이다.
④ 2020년 대비 2023년 등록률 증가율이 가장 낮은 부문은 상표 부문이다.
⑤ 2021년 대비 2023년 특허부문 출원 증가율은 10% 미만이다.

05 **다음은 4ℓ, 9ℓ 들이의 두 그릇을 이용하여 수도에서 6ℓ의 물을 받아가는 방법에 대한 설명이다. 다음 ㉮, ㉯에 들어갈 알맞은 수를 순서대로 고르면?**

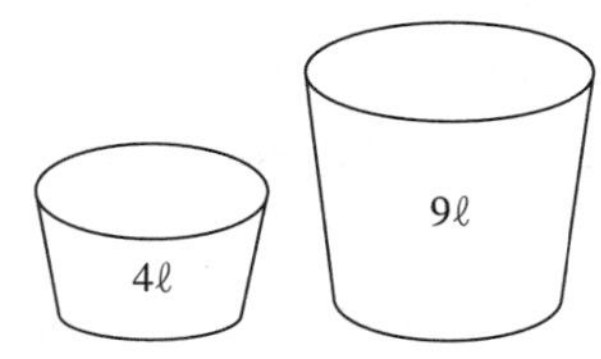

먼저 4ℓ 들이의 그릇에 xℓ, 9ℓ 들이의 그릇에 yℓ의 물이 있음을 순서쌍 (x, y)로 나타내자.
또, (x, y)의 물을 서로 옮겨 담거나 버려서 남은 물이 (a, b)임을 (x, y) → (a, b)로 나타내자.
처음 빈 그릇 상태에서 출발하여 (0, 0) → (0, 9) → (4, 5) → (0, 5) → ㉮ → (0, 1)
또, (0, 6)을 만들어야 하므로 역으로 생각하여 (0, 6) → (4, 6) → ㉯ → (1, 0) → (0, 1)
따라서 다음과 같은 과정에 의하여 9ℓ 들이의 그릇에 6ℓ의 물을 담을 수 있다.
(0, 0) → (0, 9) → (4, 5) → (0, 5) → ㉮ → (0, 1) → (1, 0) → ㉯ → (4, 6) → (0, 6)

① (0, 1), (1, 9)
② (1, 4), (9, 1)
③ (1, 0), (2, 5)
④ (4, 1), (1, 9)
⑤ (4, 0), (2, 5)

06 **다음은 국내 비사업용 승용차의 운행 특성을 나타낸 자료이다. 이에 대한 〈보기〉의 설명 중 옳은 것을 모두 고르면?**

〈국내 비사업용 승용차 운행 특성〉

구분	차량 등록대수(천대)	연비(km/ℓ)	대당 일일 통행 거리(km)	연료 가격(원/ℓ)	이산화탄소 발생량(g/ℓ)
휘발유	8,000	12	40	2,000	2
경유	2,400	12	55	1,900	2.5
LPG	1,200	8	50	1,000	3.5
기타	3	12	60	1,900	2

보기

ㄱ. 차량 대당 일일 연료 소모량은 휘발유 차량이 가장 적다.
ㄴ. 차량 대당 일일 연료비가 가장 적은 연료는 LPG이다.
ㄷ. 등록된 전체 경유 차량의 일일 총 연료비는 2백억 원 이상이다.
ㄹ. 차량 대당 일일 이산화탄소 발생량이 가장 적은 것은 휘발유 차량이다.

① ㄱ, ㄴ
② ㄷ, ㄹ
③ ㄱ, ㄴ, ㄷ
④ ㄴ, ㄷ, ㄹ
⑤ ㄱ, ㄴ, ㄷ, ㄹ

07 다음은 N사의 사업평가에 대한 자료이다. 제시된 표의 내용 일부가 훼손되었다고 할 때, 다음 중 (가), (나)에 들어갈 수 있는 수치는?(단, 인건비와 재료비 이외의 투입요소는 없다)

〈사업평가 자료〉

구분	목표량	인건비	재료비	산출량	효과성 순위	능률성 순위
A	(가)	200	50	500	3	2
B	1,000	(나)	200	1,500	2	1
C	1,500	1,200	800	3,000	1	3
D	1,000	300	500	800	4	4

※ 능률성 $=\frac{\text{산출}}{\text{투입}}$, 효과성 $=\frac{\text{산출}}{\text{목표}}$

	(가)	(나)
①	300	500
②	500	800
③	800	500
④	500	300
⑤	800	800

08 소비자물가지수란 가계가 일상생활을 영위하기 위해 구입하는 상품 가격과 서비스 요금의 변동을 종합적으로 측정하기 위해 작성하는 지수를 의미한다. N나라에서는 국민들이 오로지 보리와 쌀만을 사고 팔고 서비스는 존재하지 않는다고 가정할 때, 2021 ~ 2023년 보리와 쌀의 가격은 다음과 같다. 매년 N나라 국민은 보리 200g, 쌀 300g을 소비한다고 가정했을 때, 2023년도 물가상승률은?(단, 2021년이 기준연도이며, 소비자물가지수를 100으로 가정한다)

〈1g당 보리 및 쌀 가격〉

(단위 : 원)

구분	보리	쌀
2021년	120	180
2022년	150	220
2023년	180	270

※ 물가상승률(%) $=\frac{\text{(해당연도 소비자물가지수)}-\text{(기준연도 소비자물가지수)}}{\text{(기준연도 소비자물가지수)}}\times 100$

※ 소비자물가는 연간 국민이 소비한 상품 및 서비스의 총 가격임

① 10%
② 30%
③ 50%
④ 100%
⑤ 150%

09 다음은 약물 투여 후 특정기간이 지나 완치된 환자 수에 대한 자료이다. 이에 대한 〈보기〉의 설명 중 옳은 것을 모두 고르면?

〈약물 종류별, 성별, 질병별 완치 환자의 수〉

(단위 : 명)

약물 종류		A약물		B약물		C약물		D약물	
성별		남	여	남	여	남	여	남	여
질병	가	2	3	2	4	1	2	4	2
	나	3	4	6	4	2	1	2	5
	다	6	3	4	6	5	3	4	6
합계		11	10	12	14	8	6	10	13

※ 세 가지 질병(가 ~ 다) 중 한 가지 질병에만 걸린 환자를 질병별로 40명씩, 총 120명을 선정하여 실험함
※ 질병별 환자 40명을 무작위로 10명씩 4개 집단으로 나눠, 각 집단에 네 가지 약물(A ~ D) 중 하나씩 투여함

보기

ㄱ. 완치된 전체 남성 환자 수가 완치된 전체 여성 환자 수보다 많다.
ㄴ. 네 가지 약물 중 완치된 환자 수가 많은 약물부터 나열하면 B－D－A－C이다.
ㄷ. '다' 질병의 경우 완치된 환자 수가 가장 많다.
ㄹ. 전체 환자 수 대비 D약물을 투여 받고 완치된 환자 수의 비율은 25% 이상이다.

① ㄱ
② ㄱ, ㄷ
③ ㄴ, ㄷ
④ ㄴ, ㄹ
⑤ ㄷ, ㄹ

10 수현이는 노트 필기를 할 때 검은 펜, 파란 펜, 빨간 펜 중 한 가지를 사용하는데 검은 펜을 쓴 다음날은 반드시 빨간 펜을 사용하고, 파란 펜을 쓴 다음날에는 검은 펜이나 빨간 펜을 같은 확률로 사용한다. 또 빨간 펜을 쓴 다음날은 검은 펜과 파란 펜을 2 : 1의 비율로 사용한다. 만약 수현이가 오늘 아침에 주사위를 던져서 눈의 수가 1이 나오면 검은 펜을, 3이나 5가 나오면 빨간 펜을, 그리고 짝수가 나오면 파란 펜을 사용하기로 했다면, 내일 수현이가 검은 펜을 사용할 확률은?

① $\frac{5}{12}$　② $\frac{4}{9}$
③ $\frac{17}{36}$　④ $\frac{1}{2}$
⑤ $\frac{19}{36}$

PART 2

11 수도관으로 물을 가득 채우는 데 1시간이 걸리는 수영장이 있다. 반면 이 수영장에 가득 찬 물을 배수로로 빼내는 데 1시간 40분이 걸린다. 만약 텅 빈 수영장에 물을 채우기 시작했는데 배수로로 물이 계속 빠져나가고 있었다면 수영장에 물을 가득 채우는 데 얼마나 걸리겠는가?

① 2시간　② 2시간 10분
③ 2시간 20분　④ 2시간 30분
⑤ 2시간 40분

12 우리가 사용하는 달력은 그레고리력으로 평년은 1년이 365일이고 다음과 같은 윤년 규칙을 가지고 있다. 2003년 6월 11일은 수요일이었다. 2403년 6월 11일은 무슨 요일인가?

- 4의 배수가 되는 해는 윤년으로 1년을 366일로 한다(2월에 29일까지 있는 해로, 2004년이 이에 해당한다).
- 4의 배수이지만 100의 배수인 해는 윤년이 아닌 평년으로 1년을 365일로 한다.
- 400으로 나누어 떨어지는 해는 다시 윤년으로 하여 1년을 366일로 한다.

① 화요일　② 수요일
③ 목요일　④ 금요일
⑤ 토요일

13 다음은 A사와 B사가 조사한 주요 TV 프로그램의 2024년 7월 넷째 주 주간 시청률을 나타낸 자료이다. 이에 대한 〈보기〉의 설명 중 옳은 것을 모두 고르면?

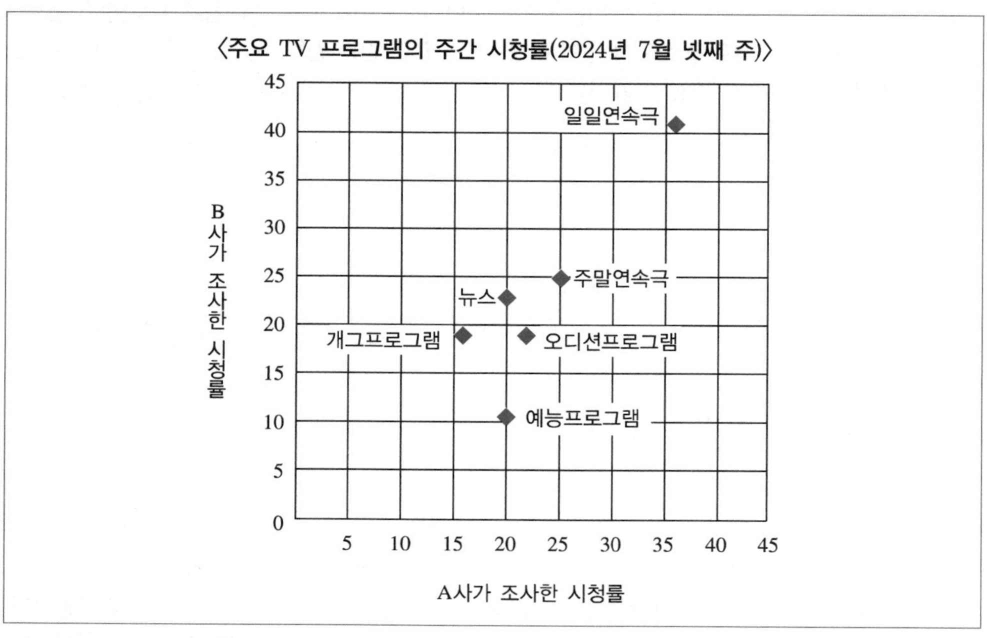

보기

ㄱ. B사가 조사한 일일연속극 시청률은 40% 미만이다.
ㄴ. A사가 조사한 시청률과 B사가 조사한 시청률 간의 차이가 가장 큰 것은 예능프로그램이다.
ㄷ. 오디션프로그램의 시청률은 B사의 조사결과가 A사의 조사결과보다 높다.
ㄹ. 주말연속극의 시청률은 A사의 조사결과가 B사의 조사결과보다 높다.
ㅁ. A사의 조사에서는 오디션프로그램이 뉴스보다 시청률이 높으나 B사의 조사에서는 뉴스가 오디션프로그램보다 시청률이 높다.

① ㄱ, ㄷ
② ㄱ, ㅁ
③ ㄴ, ㄹ
④ ㄴ, ㅁ
⑤ ㄷ, ㄹ

14 다음은 특정 분야의 기술에 대한 정보검색 건수를 연도별로 나타낸 자료이다. 이에 대한 〈보기〉의 설명 중 옳은 것을 모두 고르면?

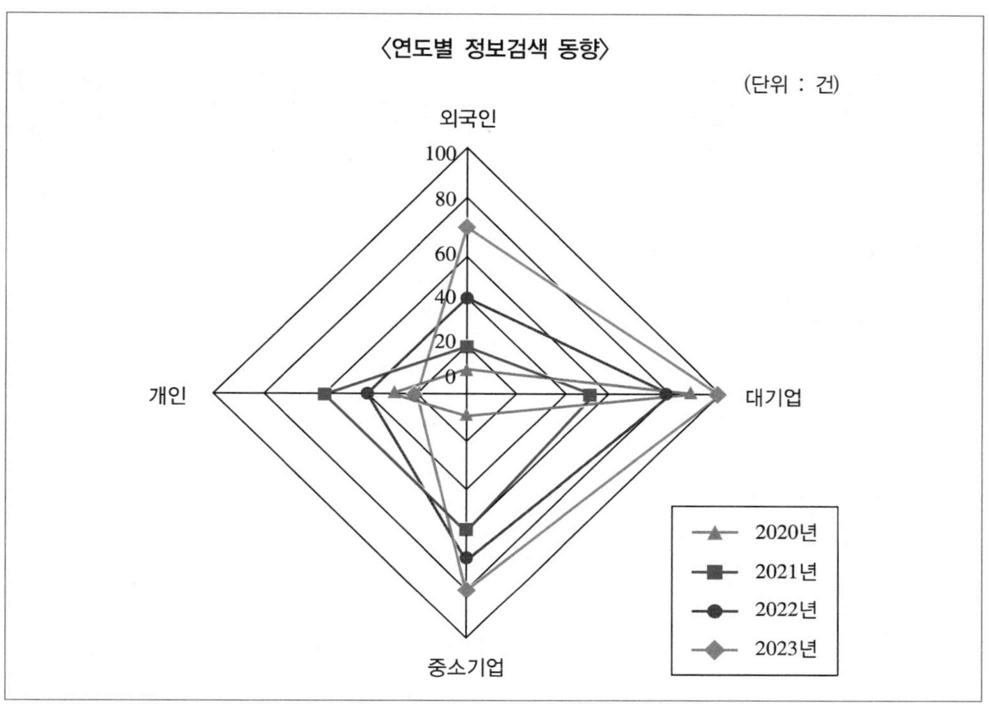

보기

ㄱ. 전체 검색 건수는 2021년에 가장 적었다.
ㄴ. 중소기업의 검색 건수는 2020년부터 2023년까지 계속 증가하고 있다.
ㄷ. 2020년부터 2023년까지의 검색 건수 총합은 대기업이 가장 많았다.
ㄹ. 2022년에는 외국인과 개인의 검색 건수가 가장 적었고, 중소기업의 검색 건수가 가장 많았다.

① ㄱ, ㄴ
② ㄴ, ㄷ
③ ㄷ, ㄹ
④ ㄱ, ㄴ, ㄷ
⑤ ㄴ, ㄷ, ㄹ

15 다음은 2023년 A국의 자동차 매출에 대한 자료이다. 이에 대한 설명으로 옳은 것은?

〈2023년 10월 매출액 상위 10개 자동차의 매출 현황〉

(단위 : 억 원, %)

자동차	순위	월매출액		
			시장점유율	전월 대비 증가율
A	1	1,139	34.3	60
B	2	1,097	33.0	40
C	3	285	8.6	50
D	4	196	5.9	50
E	5	154	4.6	40
F	6	149	4.5	20
G	7	138	4.2	50
H	8	40	1.2	30
I	9	30	0.9	150
J	10	27	0.8	40

※ 시장점유율 $=\frac{(\text{해당 자동차 월매출액})}{(\text{전체 자동차 월매출총액})}\times 100$

〈2023년 I자동차 누적매출액〉

(단위 : 억 원)

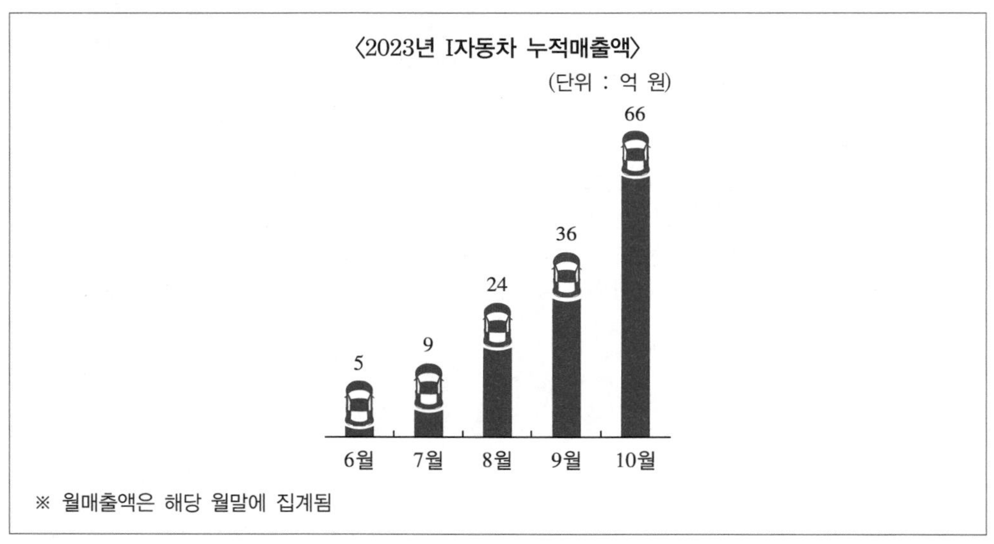

※ 월매출액은 해당 월말에 집계됨

① 2023년 9월 C자동차의 월매출액은 200억 원 이상이다.
② 2023년 10월 매출액 상위 5개 자동차의 순위는 전월과 동일하다.
③ 2023년 10월 A국의 전체 자동차 월매출 총액은 4,000억 원 미만이다.
④ 2023년 6 ~ 10월 중 I자동차의 월매출액이 가장 큰 달은 8월이다.
⑤ 2023년 10월 매출액 상위 5개 자동차의 10월 매출액 기준 시장점유율은 80% 미만이다.

16 다음은 자영업자들이 일을 그만두려는 이유에 대한 설문조사 자료이다. ㉠에 들어갈 수치로 적절한 것은?(단, '보다 적성에 맞는 다른 일을 위해' 항목의 수치는 일정한 규칙으로 변화한다)

〈연도별 자영업자들이 일을 그만두려는 이유〉

(단위: %)

구분	더 나은 업종으로의 전환	보다 적성에 맞는 다른 일을 위해	임금근로로 취업을 위해	전망이 없거나, 사업부진	개인적인 사유	기타
2014년	14.9	6.7	4.8	44.9	24.3	4.4
2015년	10.5	㉠	3.6	47.3	23.9	
2016년	14.4	7.1	2.3	48.5	26.6	1.1
2017년	14.1	6.3	4.8	38.3	35.8	0.7
2018년	8.3	7.5	6.0	38.5	34.5	5.2
2019년	8.2	6.7	5.6	41.8	31.4	6.3
2020년	12.0	7.9	9.0	51.6	16.0	3.5

① 5.9 ② 6.1
③ 6.4 ④ 6.9
⑤ 7.4

17 어느 상점에는 가 ~ 다 3개의 진열대가 있다. 9월 1일에 가, 나, 다에 진열된 상품은 각각 A, B, C이다. 9월 2일부터 다음과 같은 규칙에 따라 상품을 진열할 때, 같은 해 9월 30일에 진열될 상품을 바르게 나타낸 것은?

> 규칙 1 : 홀수 날에는 전날 가에 진열되었던 상품을 나로, 나의 상품을 다로, 다의 상품을 가로 옮겨 진열한다.
> 규칙 2 : 짝수 날에는 전날 나와 다에 진열되었던 상품을 서로 바꾸어 진열한다.

	가	나	다
①	A	B	C
②	A	C	B
③	B	A	C
④	B	C	A
⑤	C	B	A

PART 2

18 K씨는 결혼기념일을 맞이하여 아내와의 데이트를 계획 중이다. K씨는 아내 F씨를 데리러 가는 길에 백화점에 들러 아내에게 줄 선물을 산 뒤 미리 예약해둔 레스토랑에 들러 예약을 다시 한 번 확인한 후, 꽃집에 들러 아내가 좋아하는 노란 튤립을 찾아 아내를 놀라게 해줄 생각이다. K씨가 아내를 만나러 가는 최단 경로의 경우의 수는?

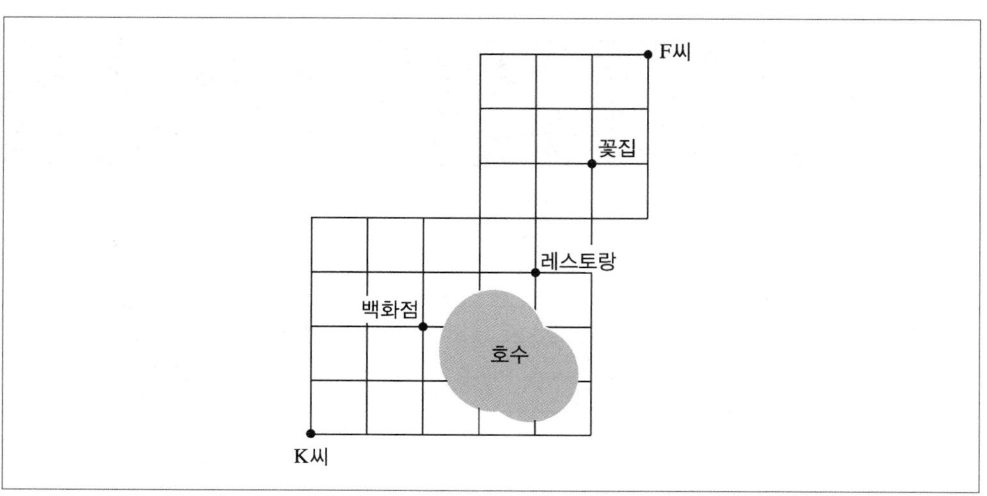

① 53가지
② 54가지
③ 55가지
④ 56가지
⑤ 57가지

19 다음은 2020 ~ 2023년 국가별 인구·GDP·면적 구성 추이에 대한 자료이다. 이에 대한 설명으로 적절하지 않은 것은?

〈국가별 인구·GDP·면적 구성 추이〉

구분	인구(만 명)				GDP(백 억 달러)				면적
	2020년	2021년	2022년	2023년	2020년	2021년	2022년	2023년	(천km²)
A국	4,400	4,500	4,550	4,700	2,850	2,880	2,790	2,880	354
B국	2,500	2,520	2,550	2,450	1,950	1,990	2,020	2,010	290
C국	23,500	23,400	23,200	23,150	10,930	10,980	11,040	11,030	7,800
D국	1,520	1,550	1,565	1,620	980	970	960	940	3,200

① 2020년 대비 2023년 인구 증가율이 가장 큰 나라는 A국이다.
② 2023년 1인당 국민소득(GNI)이 가장 높은 나라는 B국이다.
③ 2023년 기준 인구밀도가 가장 높은 나라는 C국이다.
④ 2020년 대비 2023년 GDP 증가율이 가장 큰 나라는 C국이다.
⑤ 2020년부터 2023년까지 매년 인구가 감소한 나라는 한 국가 이상이다.

20 다음은 인구구성을 유년인구, 생산가능인구, 노년인구로 분류하여, 우리나라 인구구성비와 부양비에 대한 통계 및 예측을 보여주는 자료이다. 이에 대한 설명으로 가장 적절한 것은?

〈우리나라 인구구성비와 부양비에 대한 통계 및 예측〉

연도	총인구 (천 명)	인구 수(천 명)			구성비(%)			부양비(%)	
		유년 0 ~ 14세	생산가능 15 ~ 64세	노년 65세 이상	유년 0 ~ 14세	생산가능 15 ~ 64세	노년 65세 이상	유년 0 ~ 14세	노년 65세 이상
1990년	42,869	10,974	29,701	2,194	25.6	69.3	5.1	36.9	7.4
1995년	45,093	10,537	31,899	2,657	23.4	70.7	5.9	33.0	8.3
2000년	47,008	9,911	33,702	3,395	21.1	71.7	7.2	29.4	10.1
2005년	48,294	9,240	34,671	4,383	19.1	71.8	9.1	26.7	12.6
2015년	49,803	6,920	36,438	6,445	13.9	73.2	12.9	19.0	17.7
2020년	49,956	6,297	35,838	7,821	12.6	71.7	15.7	17.6	21.8
2025년	49,836	N	–	–	–	68.3	–	17.3	–

보기

- 유엔은 65세 이상 노년인구가 총인구에서 차지하는 노년인구 구성비가 7% 이상이면 고령화사회, 14% 이상이면 고령사회, 20% 이상이면 초고령사회로 정의하고 있다.
- 유년부양비는 $\frac{\text{유년인구}}{\text{생산가능인구}} \times 100\%$로 정의한다.

① 우리나라가 고령화사회로 처음 접어드는 해는 2000년이다.
② 우리나라가 고령화사회에서 고령사회로 가는 데 걸리는 시간은 20년이다.
③ 인구 구성비가 일정하게 증가한다면 고령사회가 처음되는 시점은 2018년이다.
④ 초고령사회로 접어드는 시점은 2025년 이후이다.
⑤ 2025년에 유년인구는 600만 명을 못 넘는다.

PART 2

21 독도 순시선은 그림과 같이 독도를 중심으로 A지점에서 B지점까지는 반원모양으로 이동하고, B지점에서 C지점까지는 직선으로 이동하며 순시한다. 독도의 한 지점 X에서 순시선까지 시간에 대한 거리의 변화를 그래프로 나타낼 때, 그래프의 개형으로 옳은 것은?(단, 배는 등속도로 이동한다)

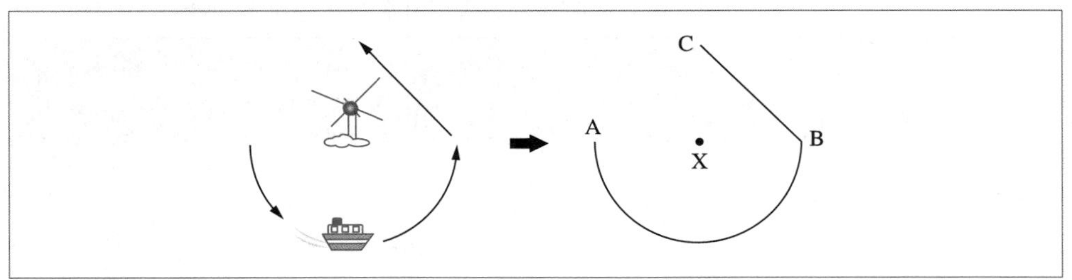

① 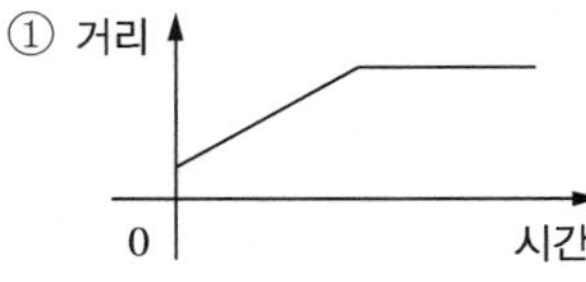

② 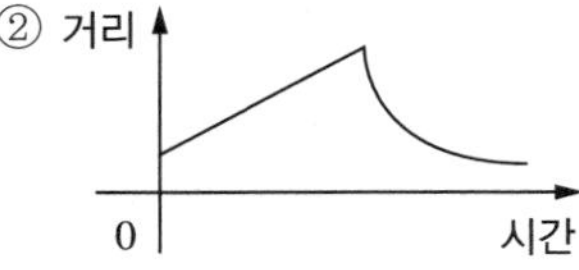

③ 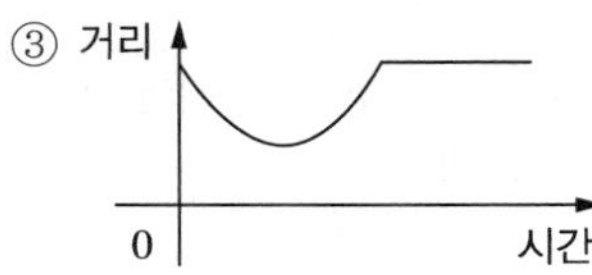

④ 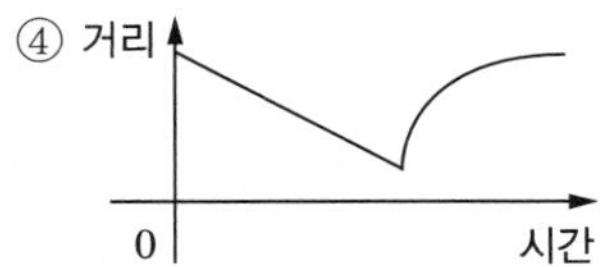

⑤ 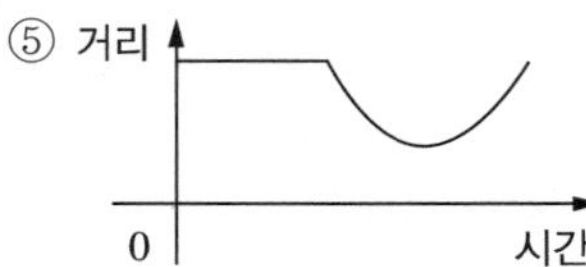

22 N회사는 甲, 乙, 丙 중 총점이 가장 높은 업체를 협력업체로 선정하고자 한다. 업체 평가기준과 지원업체 정보를 근거로 판단할 때, 〈보기〉에서 옳은 것만을 모두 고르면?

〈평가 항목과 배점비율〉

평가 항목	품질	가격	직원규모	합계
배점비율	50%	40%	10%	100%

〈가격 점수〉

가격(만 원)	500 미만	500 ~ 549	550 ~ 599	600 ~ 649	650 ~ 699	700 이상
점수	100	98	96	94	92	90

〈직원규모 점수〉

직원규모	100명 초과	100 ~ 91	90 ~ 81	80 ~ 71	70 ~ 61	60 이하
점수	100	97	94	91	88	85

※ 품질 점수의 만점은 100점으로 함

〈지원업체 정보〉

업체	품질 점수	가격(만 원)	직원규모(명)
甲	88	575	93
乙	85	450	95
丙	87	580	85

※ 품질 점수의 만점은 100점으로 함

보기

ㄱ. 총점이 가장 높은 업체는 乙이며 가장 낮은 업체는 丙이다.
ㄴ. 甲이 현재보다 가격을 30만 원 더 낮게 제시한다면, 乙보다 더 높은 총점을 얻을 수 있을 것이다.
ㄷ. 丙이 현재보다 직원규모를 10명 더 늘린다면, 甲보다 더 높은 총점을 얻을 수 있을 것이다.
ㄹ. 丙이 현재보다 가격을 100만 원 더 낮춘다면, N회사는 丙을 협력업체로 선정할 것이다.

① ㄱ, ㄴ
② ㄱ, ㄹ
③ ㄴ, ㄷ
④ ㄷ, ㄹ
⑤ ㄱ, ㄴ, ㄹ

PART 2

23 다음은 N회사에서 징계를 받은 사원들의 자료이다. 이에 대한 〈보기〉의 설명 중 옳은 것을 모두 고르면?

〈성별 징계유형 현황〉

(단위 : 명)

징계유형 / 성별	주의	경징계	중징계	합계
남	18	15	22	55
여	25	15	5	45
전체	43	30	27	100

※ 복수 징계는 없는 것으로 간주함

보기

ㄱ. 징계유형 중 남자사원의 비중이 가장 큰 것은 중징계이다.
ㄴ. 징계를 받은 사원 중 57%가 경징계 또는 중징계를 받았다.
ㄷ. 징계를 받은 남자사원 중 경징계를 받은 사원의 비율이 징계를 받은 여자사원 중 경징계를 받은 사원의 비율 보다 높다.
ㄹ. 남자사원과 여자사원 각각 징계유형 중 주의를 받은 사원의 비율이 가장 높다.

① ㄱ, ㄴ
② ㄱ, ㄴ, ㄷ
③ ㄱ, ㄴ, ㄹ
④ ㄱ, ㄷ, ㄹ
⑤ ㄴ, ㄷ, ㄹ

24 다음은 N식당의 세트메뉴에 따른 월별 판매 개수 현황에 대한 자료이다. ㉠, ㉡에 들어갈 수치로 알맞게 나열된 것은?(단, 각 수치는 매년 일정한 규칙으로 변화한다)

〈월별 세트메뉴 판매 개수〉

(단위 : 개)

구분	5월	6월	7월	8월	9월	10월	11월
A세트	212	194	180	㉠	194	228	205
B세트	182	164	150	184	164	198	175
C세트	106	98	112	140	120	150	121
D세트	85	86	87	81	92	100	121
E세트	35	40	54	55	60	57	59
F세트	176	205	214	205	241	232	211
G세트	216	245	254	245	281	272	㉡

	㉠	㉡
①	213	250
②	214	251
③	215	251
④	215	250
⑤	214	249

25 **다음 일자리에 대한 보고서에서 제시된 설명에 이용되지 않은 자료는?**

〈일자리에 대한 보고서〉

2000년에 비해 2007년의 경우, 전체 산업의 취업계수는 8.2로 감소하였다. 구체적으로 서비스업과 제조업의 취업계수가 감소한 반면 건설업의 취업계수는 증가하였다. 2009년 상반기 중 제조업의 일자리는 전년동기 대비 15.7만 명 감소해 전체산업 일자리 감소폭을 상회하였다. 이에 비해 서비스업의 일자리는 2009년 상반기 중 전년 동기 대비 9.6만 명 늘어나 전체 산업 일자리 감소의 완충 역할을 수행하였다. 서비스 산업의 경상 GDP 내 비중은 1995년 46.7%에서 2008년 54.2%로 증가하였다. 이와 같이, 제조업의 고용창출력 약화, 경제 내 서비스업 비중 증가, 고령화 추이, 삶의 질에 대한 욕구 등을 고려할 때, 향후 일자리 창출의 돌파구는 서비스업에서 모색할 필요가 있다. 2007년에 한국의 서비스업 고용비중은 OECD 20위이나 1997 ~ 2007년 한국 서비스업의 고용증가율은 OECD 10위를 기록할 정도로 높은 점을 감안할 때, 고용측면에서 한국 서비스업이 규모는 작지만 아직 성장단계로 향후 발전 가능성이 크다는 것을 보여준다. 그러나 한국 서비스업의 1인당 실질부가가치는 35,000달러로 OECD 30개국 중 28위에 불과한 바, 향후 서비스업 고용 관련 정책은 부가가치 창출력 강화에 초점을 맞추면서 소득 수준 향상에 맞게 양적 확대를 모색하는 데 초점을 맞출 필요가 있다.

※ 서비스업은 도소매업, 운수업, 숙박 및 음식점업, 출판·영상·방송통신 및 정보 서비스업, 금융 및 보험업, 부동산 및 임대업, 보건업 및 사회복지 서비스업, 기타서비스업 등을 지칭함

① 서비스 산업의 경상 GDP내 비중

(단위 : %)

연도	1995	2000	2008
비중	46.7	51.2	54.2

② OECD 국가의 서비스업 고용비중 및 고용증가율

고용 비중순위	국가	고용비중(2007년)	고용증가율 (1997 ~ 2007년 연평균 증가율)	고용증가율 순위
1	미국	78.8%	1.9%	16
2	네덜란드	77.9%	2.1%	14
3	영국	76.3%	1.7%	21
…				
16	일본	67.9%	0.8%	29
…				
20	한국	66.7%	2.5%	10

③ 산업별 전년동기 대비 일자리 증감(2009년 1～6월 기준)

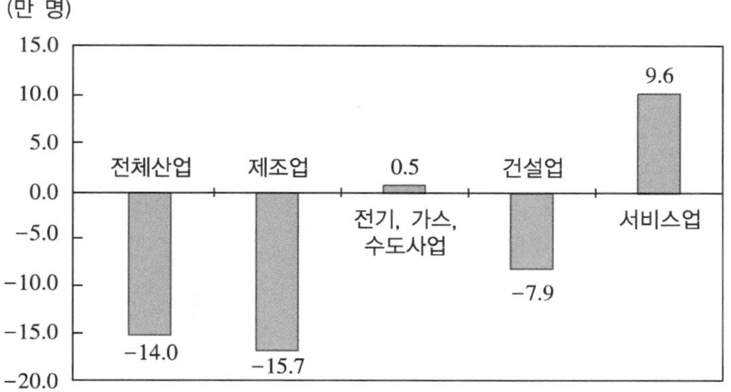

④ 총 부가가치 대비 제조업과 서비스업의 실질 부가가치(원화기준) 비중 추이

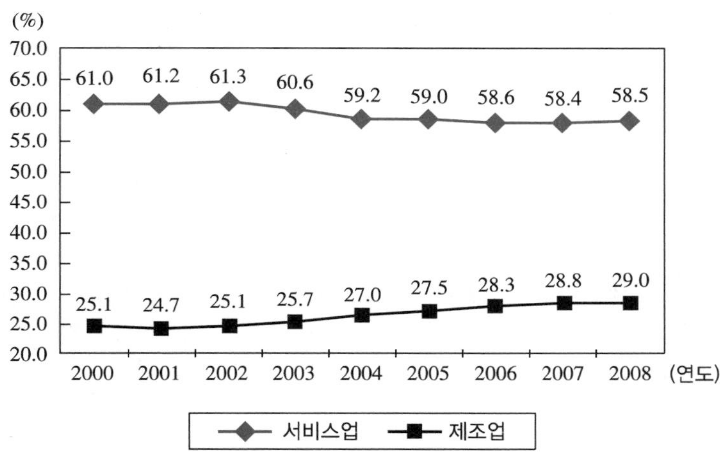

⑤ 산업별 취업계수 추이

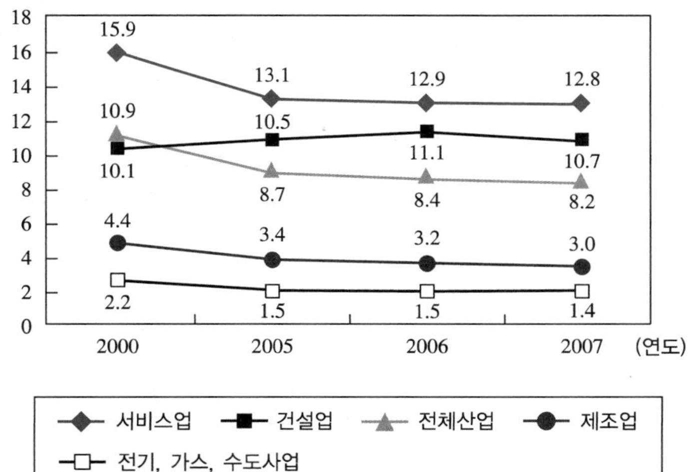

※ 취업계수 : 산출액 10억 원 생산에 직접 필요한 취업자 수

※ 다음과 같이 일정한 규칙으로 숫자 또는 문자를 나열할 때, 빈칸에 들어갈 알맞은 것을 고르시오. [26~30]

26

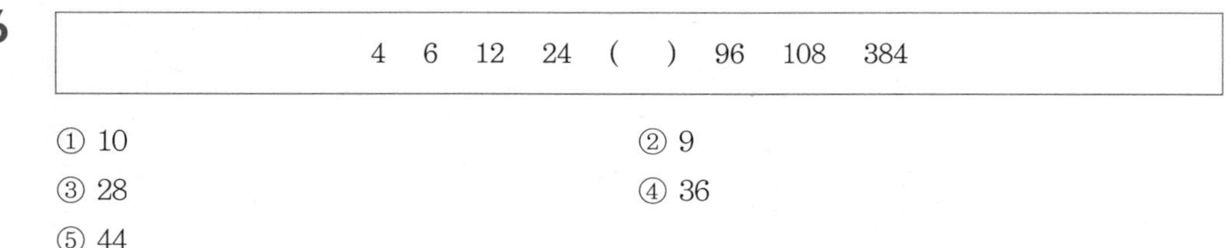

4 6 12 24 ( ) 96 108 384

① 10
② 9
③ 28
④ 36
⑤ 44

27

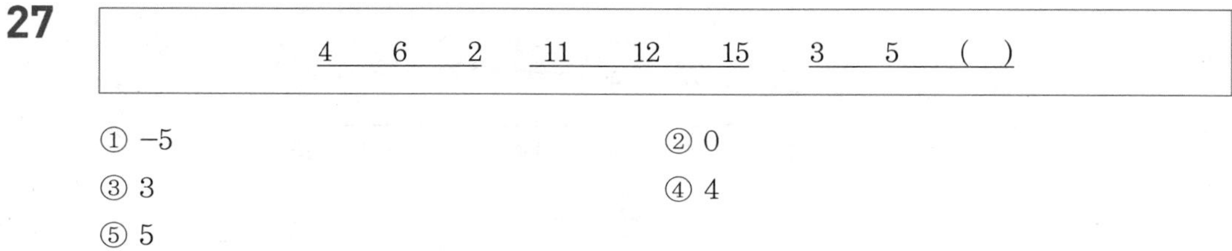

4 6 2 11 12 15 3 5 ( )

① −5
② 0
③ 3
④ 4
⑤ 5

28

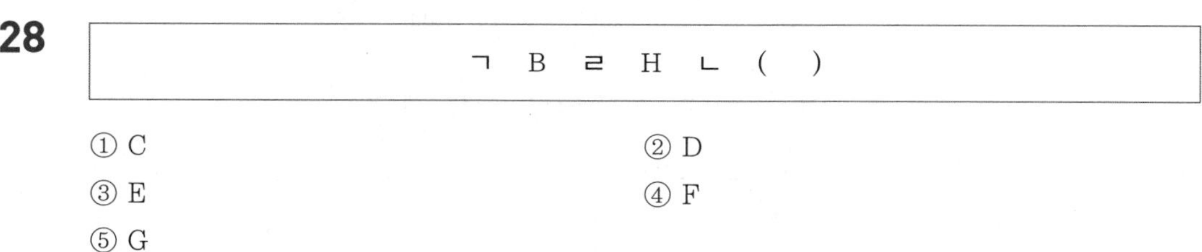

ㄱ B ㄹ H ㄴ ( )

① C
② D
③ E
④ F
⑤ G

29

10	2	8	5	6	8
	20		19	19	

① 15
② 19
③ 21
④ 29
⑤ 38

PART 2

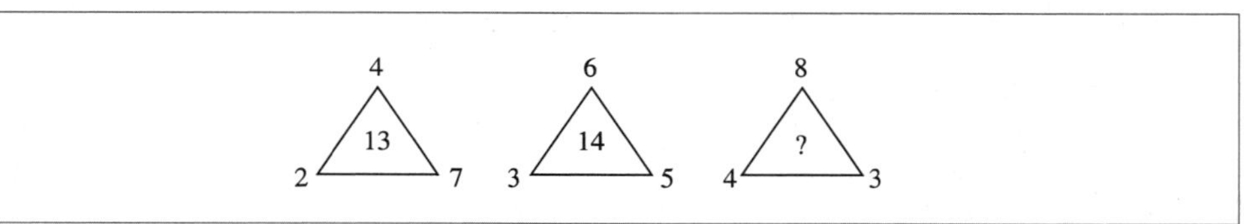

① 9
② 13
③ 15
④ 16
⑤ 17

CHAPTER

04 도형추리

정답 및 해설 p.021

01 다음 기호들은 일정한 규칙에 따라 도형을 변화시킨다. 주어진 도형을 도식에 따라 변화시켰을 때의 결과로 알맞은 것은?

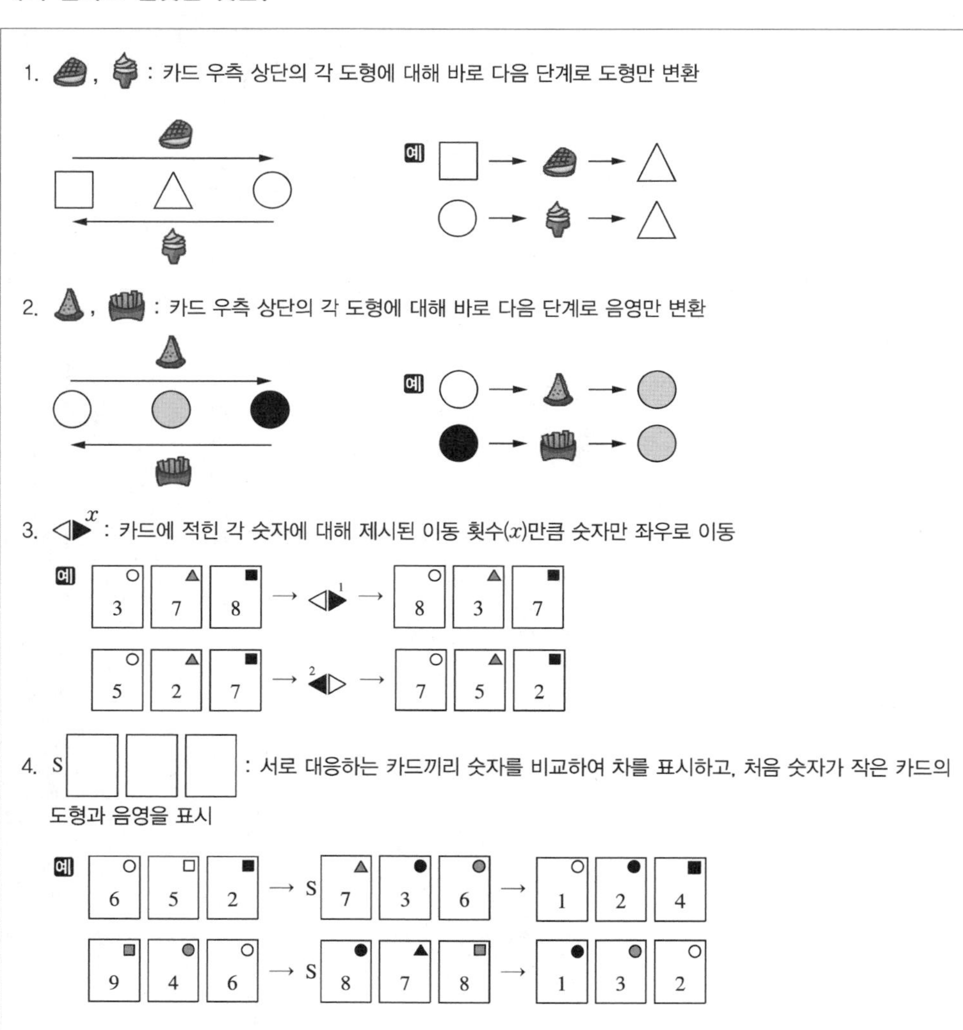

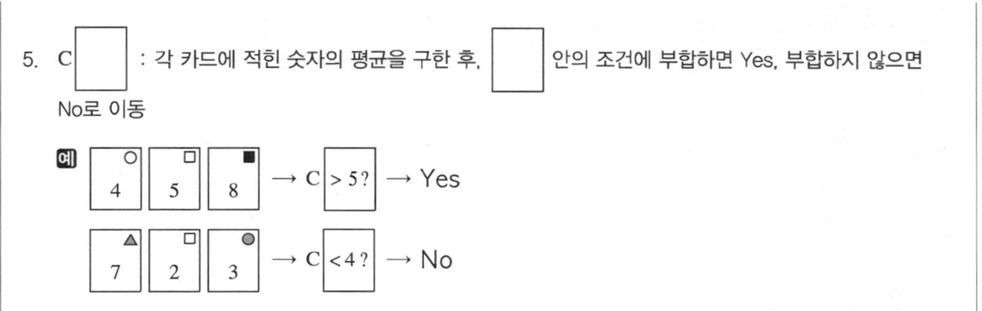

5. C[ ] : 각 카드에 적힌 숫자의 평균을 구한 후, [ ] 안의 조건에 부합하면 Yes, 부합하지 않으면 No로 이동

예 4 5 8 → C > 5? → Yes

7 2 3 → C < 4? → No

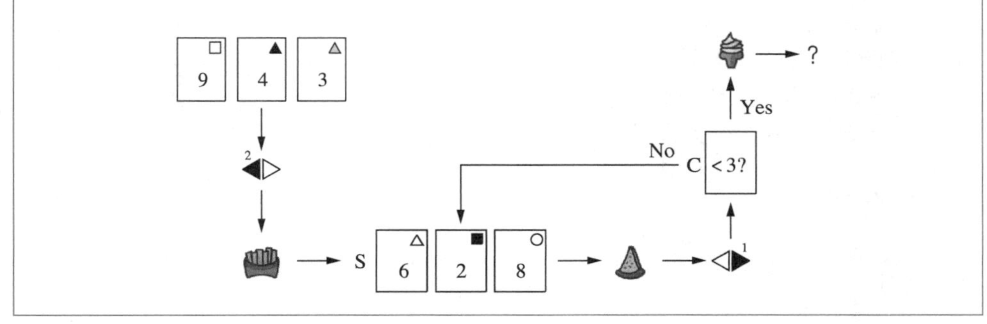

① 1 2 1 ② 2 1 1

③ 1 2 1 ④ 2 1 1

⑤ 4 3 7

02 다음 도형은 조건에 따라 변화한다. 조건을 적용했을 때 나올 수 있는 도형으로 옳은 것은?

〈조건 1〉

△ + △ = □　　△ + □ = ⬠

□ + □ = △　　△ + ⬠ = △

⬠ + ⬠ = ⬠　　□ + ⬠ = □

〈조건 2〉

흰색 + 흰색 = 흰색

흰색 + 검은색 = 검은색

검은색 + 검은색 = 흰색

〈조건 3〉

A	B
C	D

(가)

C	B
A	D

(나)

B	D
A	C

(다)

A	A+C
B+D	D

(라)

B+C	B
C	A+D

(마)

A+A′	B+B′
C+C′	D+D′

• 해당 위치의 도형과 색이 같으면 Yes, 아니면 No

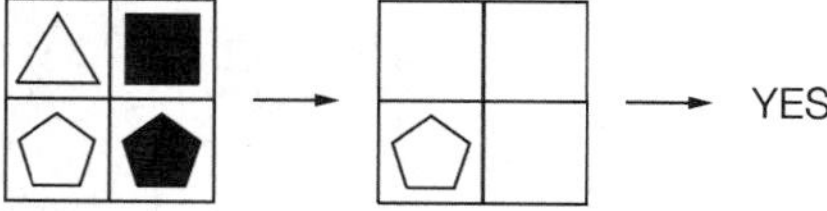

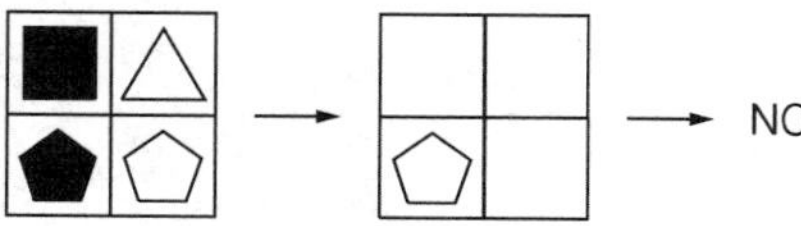

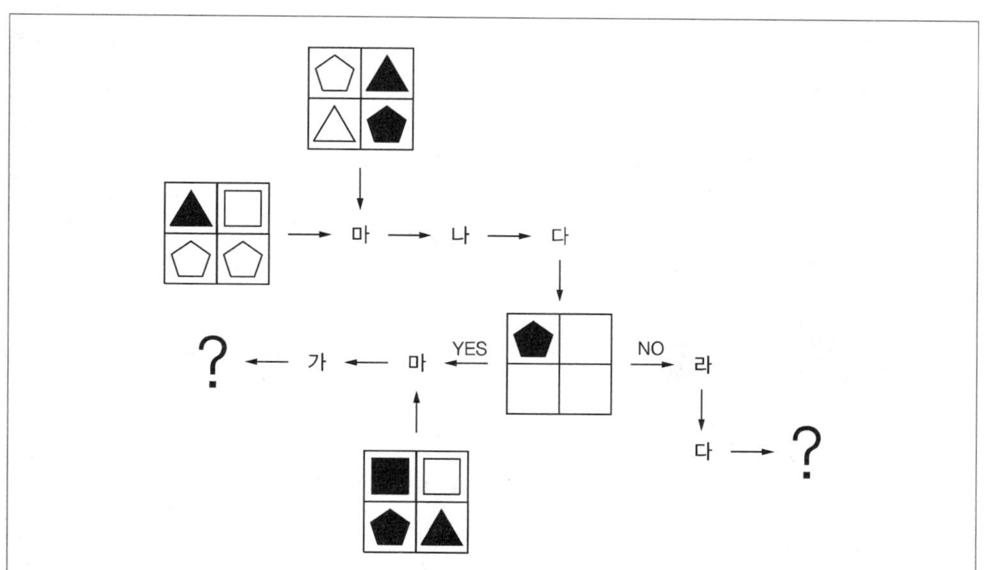

①
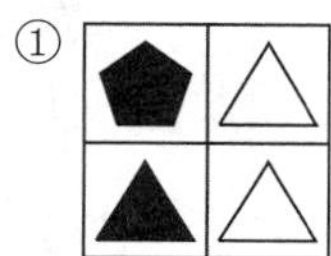

②
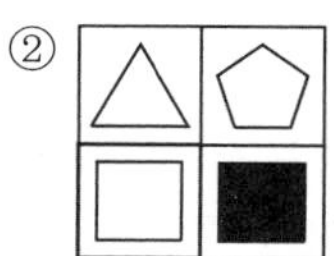

③
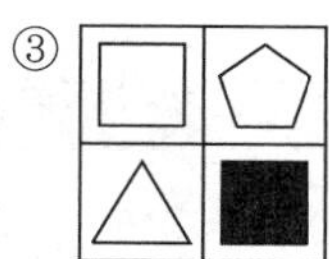

④
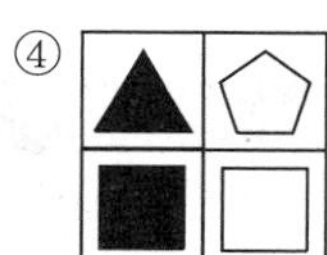

⑤
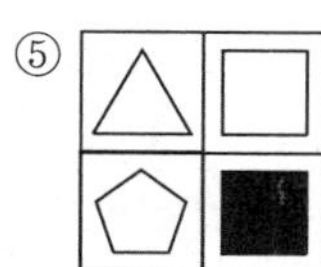

PART 2

03 다음 신호등과 방향표지판은 일정한 규칙에 따라 도형을 변화시킨다. 주어진 도형을 규칙에 따라 변화시켰을 때, 그 결과로 알맞은 것은?

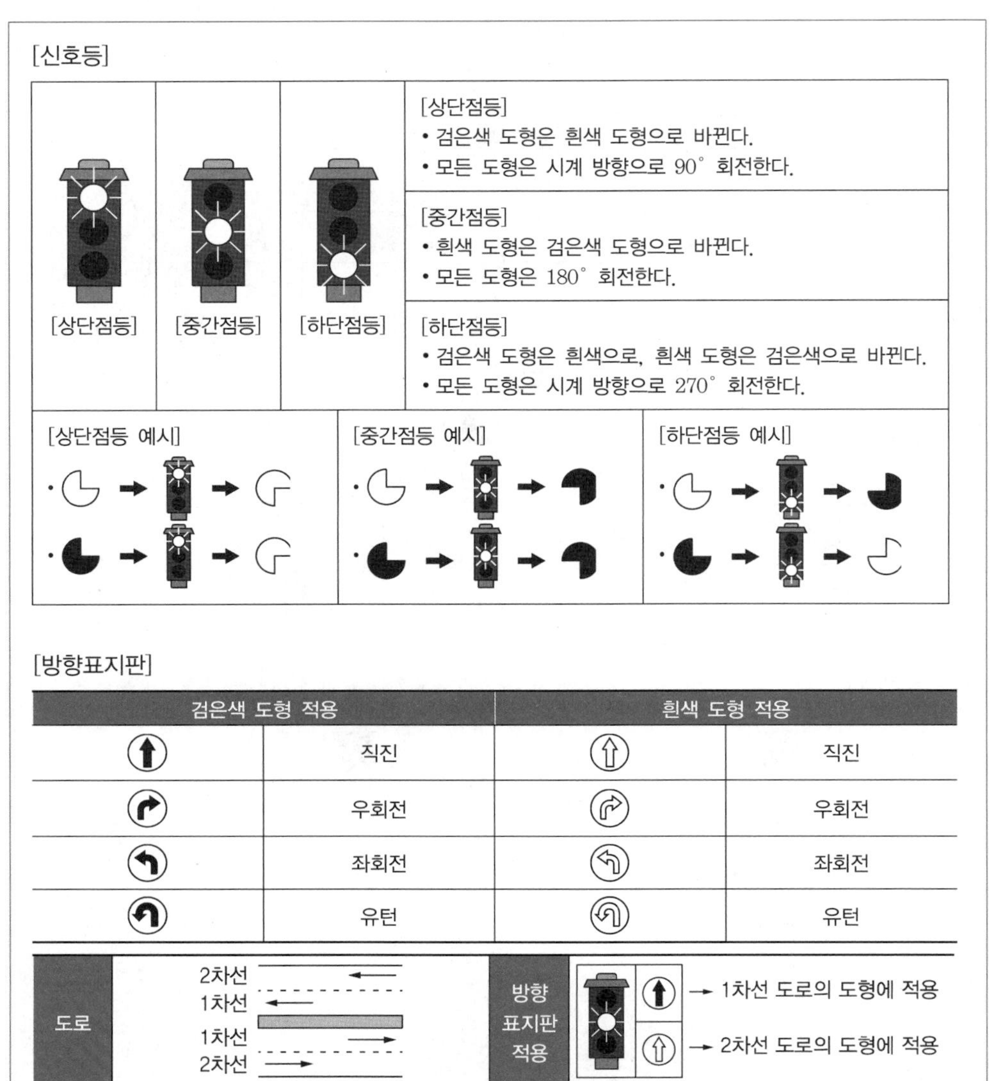

• 도형은 각 차선에 따라 움직이며, 신호등을 마주칠 경우 신호등의 규칙에 따라 모습이 변화된다. 이후 변화된 도형은 방향표지판의 지시에 따라 다른 도형과 독립적으로 움직인다.
• 변화된 도형이 방향표지판의 색과 맞지 않아 통과하지 못할 경우, 도형은 다음 신호등을 기다려 방향표지판의 색과 맞는 도형으로 변화된 후에 통과해야 한다.
• 신호등은 순차적으로 [상단점등] → [중간점등] → [하단점등] → [상단점등] 순서로 바뀐다.

예

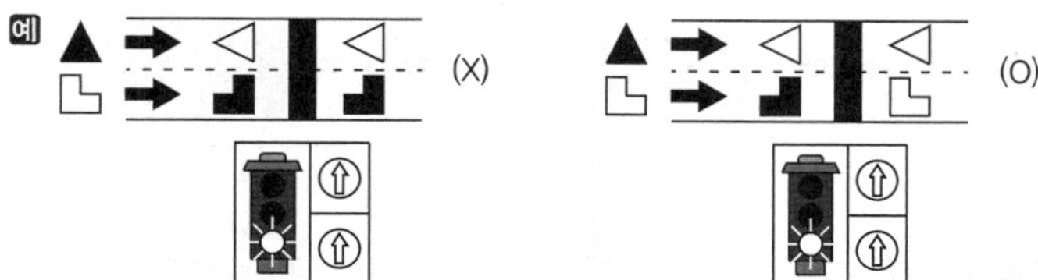

※ 2차선의 도형은 신호등의 다음 점등(상단점등)을 기다려 2차선 도로 표지판의 맞는 색의 도형으로 변화 후 통과

• 도형의 차선은 변경되지 않는다(직진, 좌회전, 우회전, 유턴을 통해 차선이 변경되지 않는다).
• 좌회전, 우회전, 유턴의 과정에서 도형의 모습은 변화하지 않는다(신호등의 점등에 의해서만 도형의 모습이 변화된다).
• 도형이 도착지점에 1차선으로 도착 시 ①에 도착하게 되며, 2차선으로 도착 시 ②에 도착하게 된다.

예

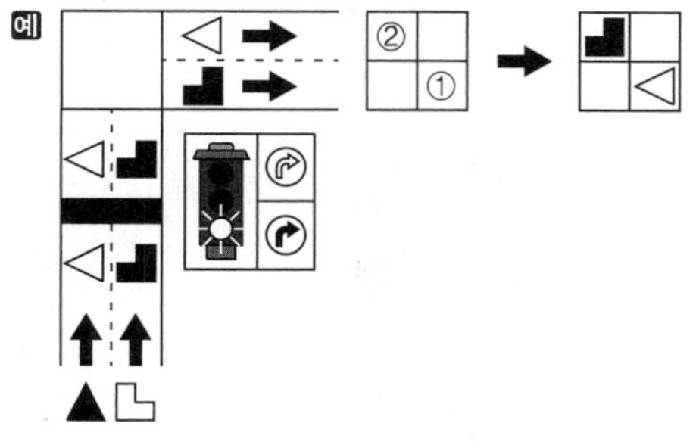

PART 2

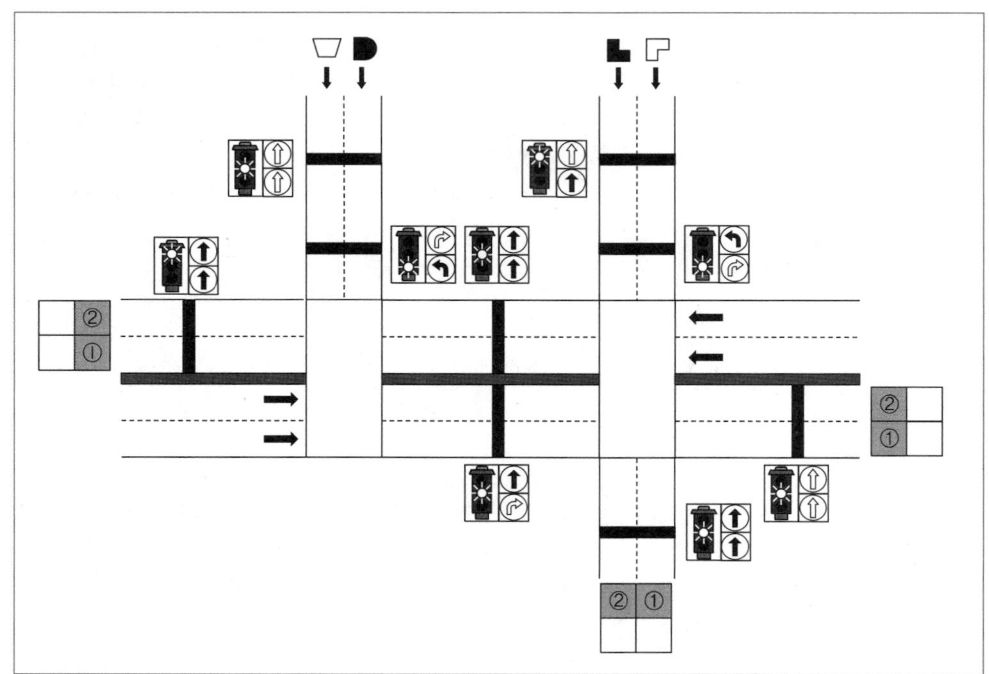

① 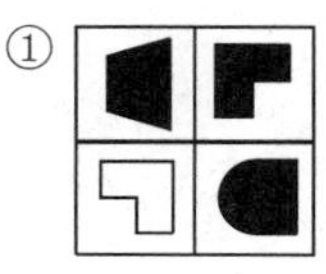

② 

③ 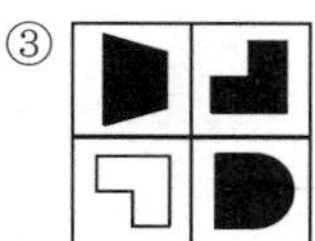

④ 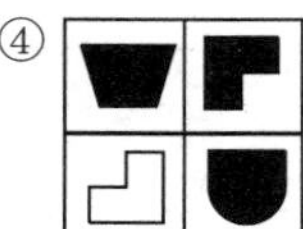

⑤ 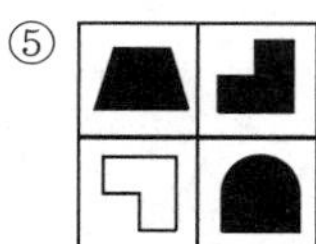

※ 다음 제시된 도형의 규칙을 보고 ?에 들어갈 알맞은 도형을 고르시오. [4~5]

04

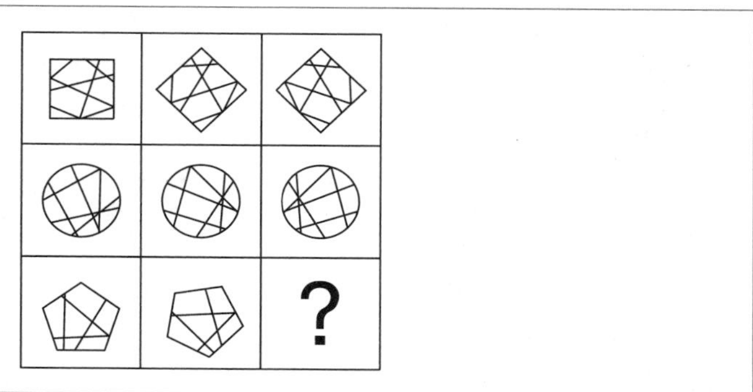

①

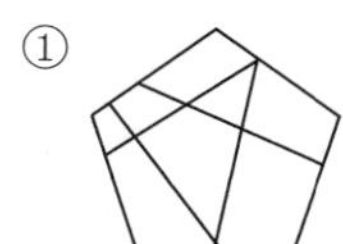

②

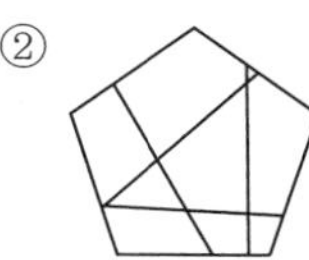

③

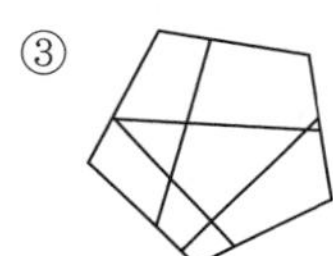

④

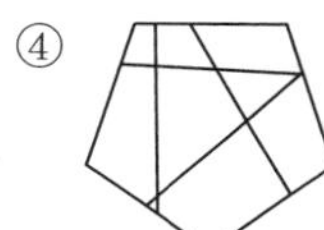

⑤

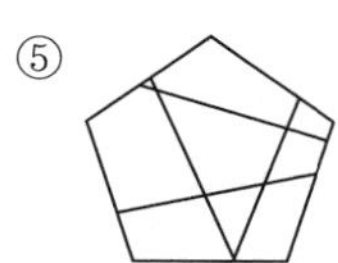

PART 2

05

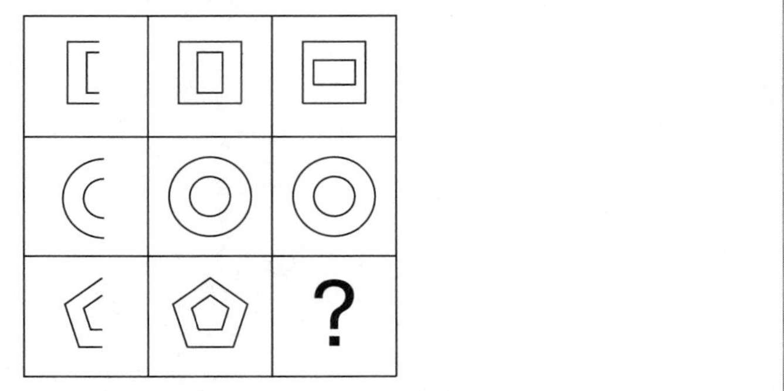

① 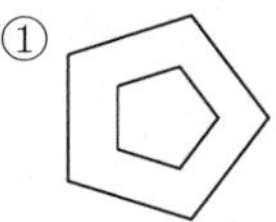

② 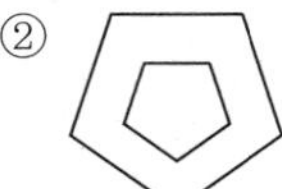

③ 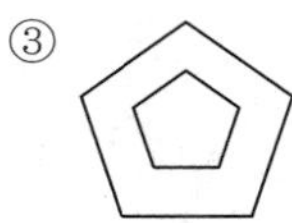

④ 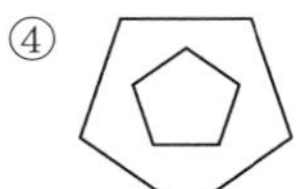

⑤ 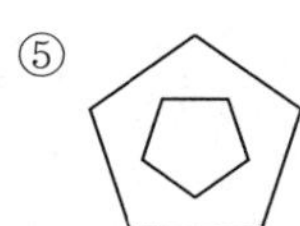

06 다음 숫자는 각각 일정한 규칙에 따라 도형을 변화시킨다. ?에 들어갈 알맞은 도형을 고르면?(단, 해당 규칙이 적용되는 사각형 내부의 사각형 또한 규칙이 적용된다)

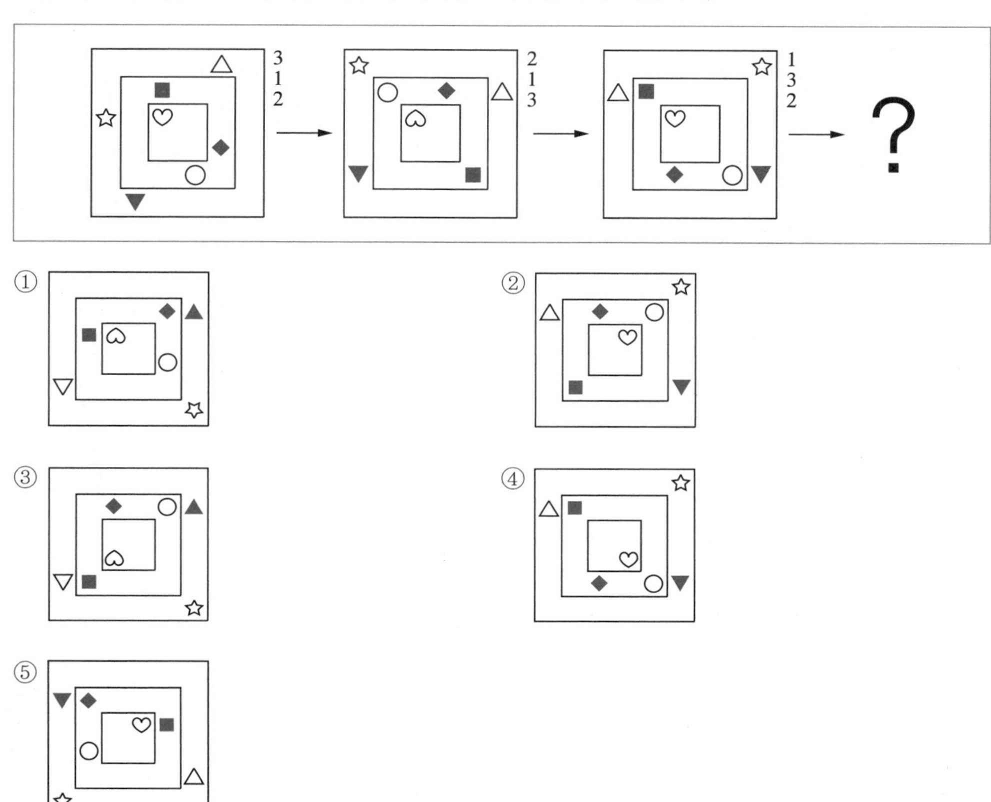

07 다음 도형들은 일정한 규칙으로 변화하고 있다. ?에 들어갈 알맞은 도형을 고르면?

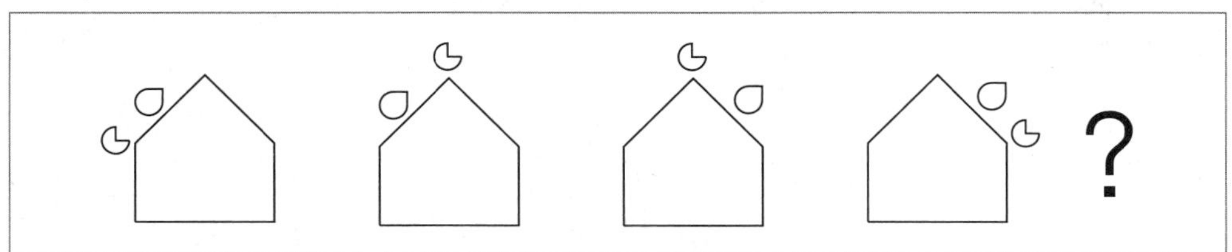

① 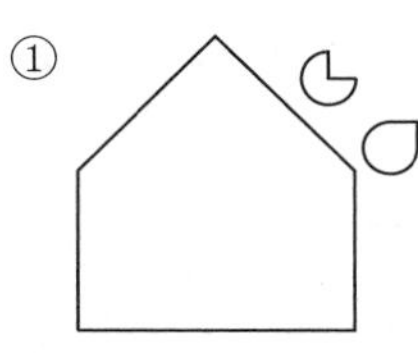

② 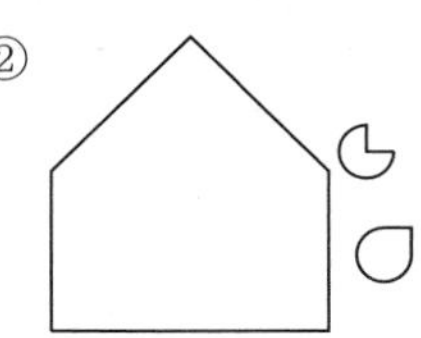

③ 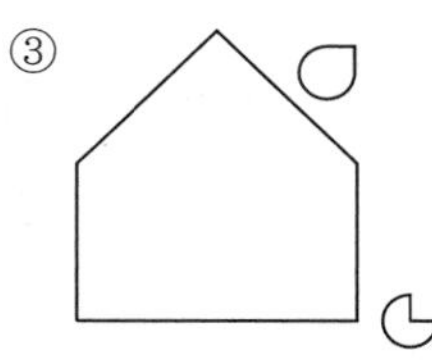

④ 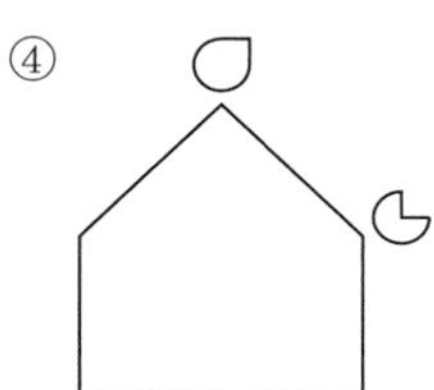

⑤ 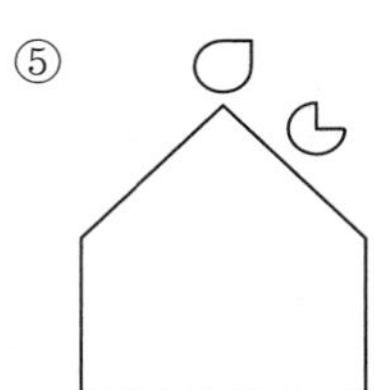

※ 다음 제시된 그림에서 찾을 수 없는 도형을 고르시오. [8~9]

08

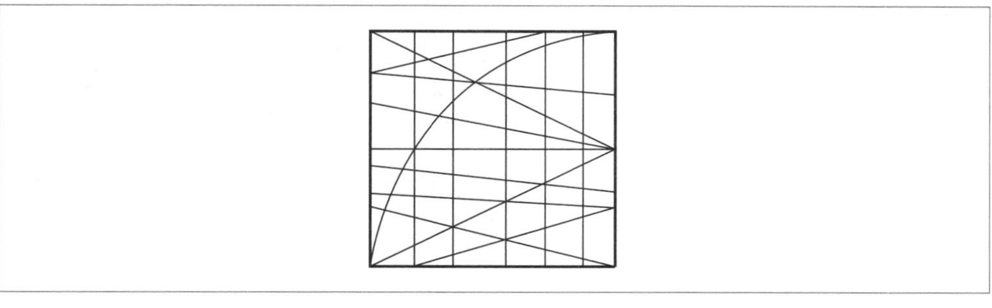

①　　　　　　　　②

③　　　　　　　　④

⑤

09

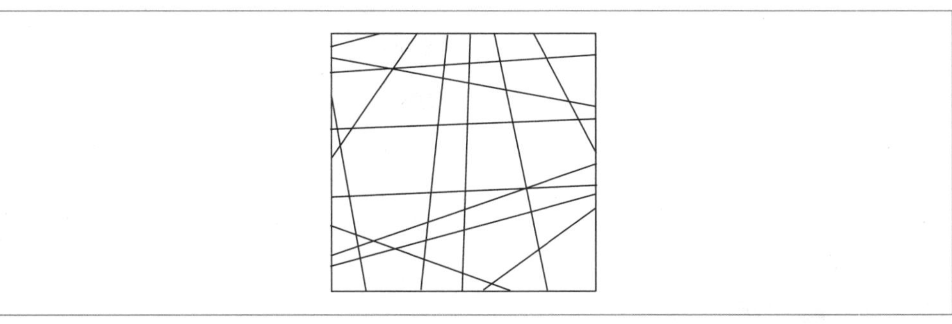

① 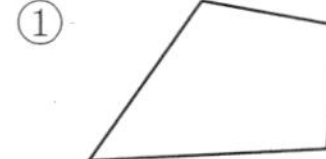

② 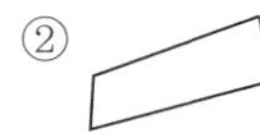

③ 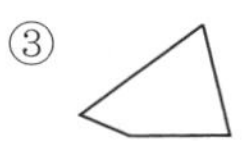

④ 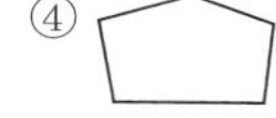

⑤

10 다음 블록의 개수는?(단, 보이지 않는 곳에 있는 블록은 있다고 가정한다)

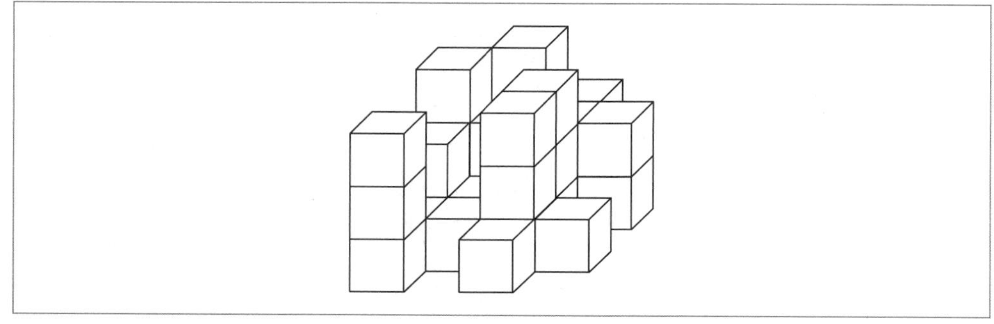

① 34개
② 33개
③ 32개
④ 31개
⑤ 30개

11 주어진 전개도로 정육면체를 만들 때, 다음 중 만들어질 수 없는 것은?

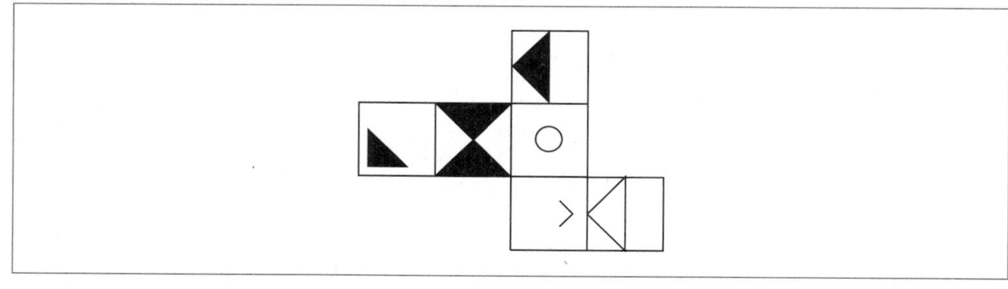

①
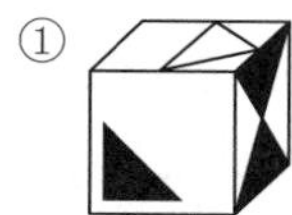

②
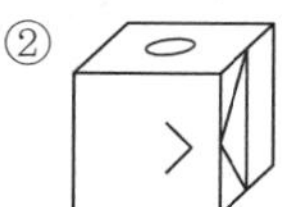

③
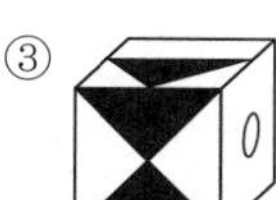

④
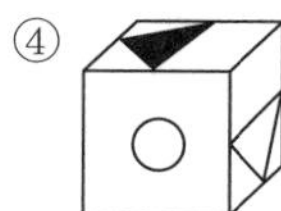

⑤

12 두 개의 종이테이프로 만든 고리 2개가 그림과 같이 어두운 부분에서 서로 수직으로 붙여져 있다. 이때, 점선을 따라서 테이프의 중심을 자를 때 생기는 모양은?

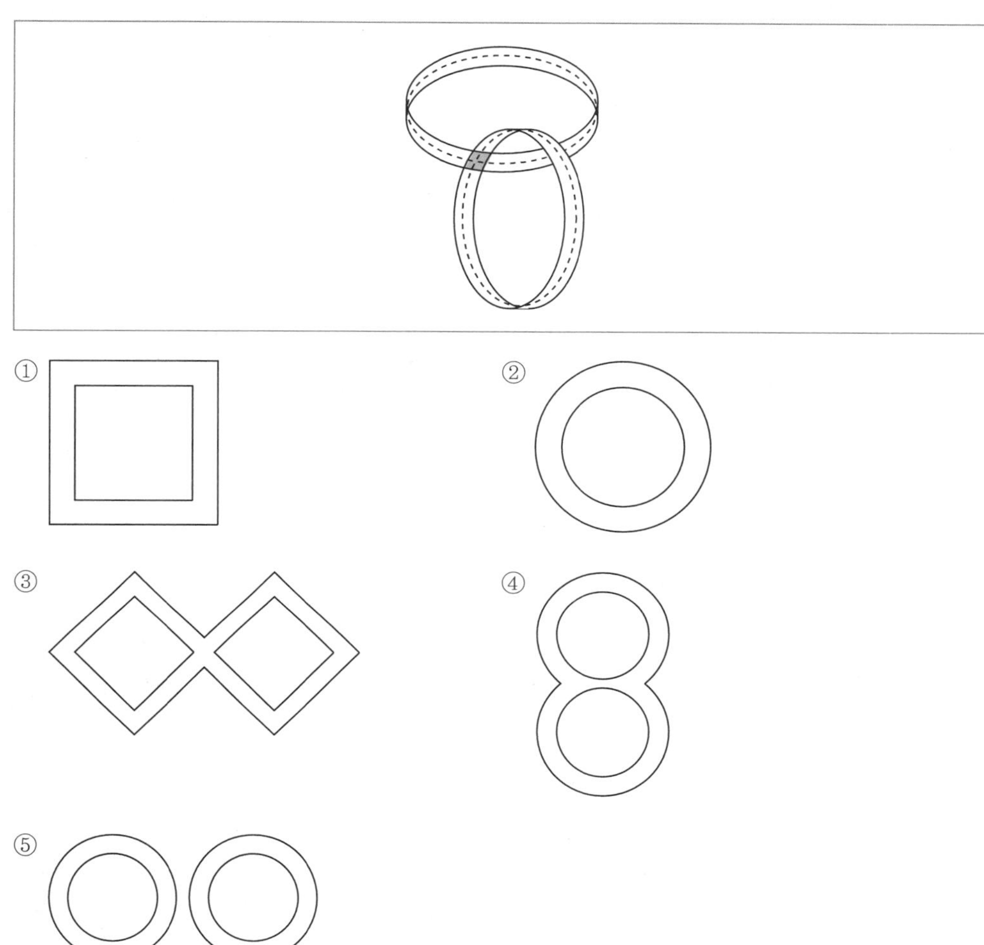

PART 2

13 다음 그림과 같이 화살표 방향으로 종이를 접은 후, 일부분을 잘라내어 다시 펼쳤을 때의 그림으로 가장 적절한 것은?

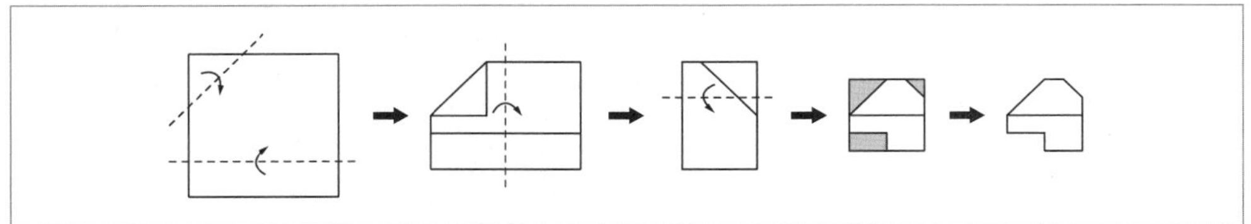

① 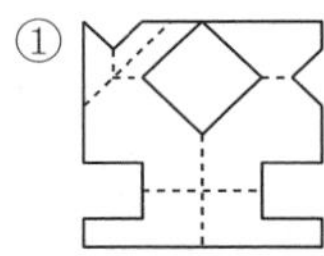

② 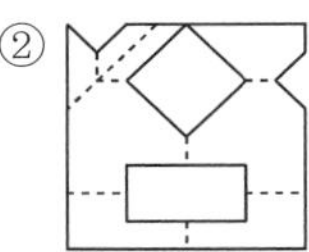

③ 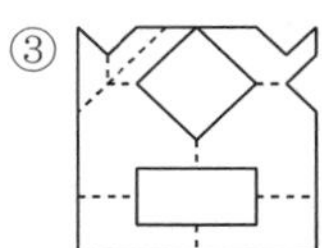

④ 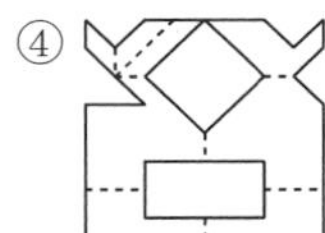

⑤ 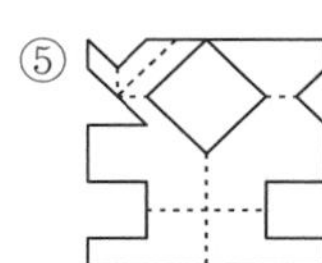

14 다음과 같은 정사각형의 종이를 화살표 방향으로 접고 〈보기〉의 좌표가 가리키는 위치에 구멍을 뚫었다. 다시 펼쳤을 때 뚫린 구멍의 위치를 좌표로 나타낸 것으로 옳은 것을 고르면?(단, 좌표가 그려진 사각형의 크기와 종이의 크기는 일치하며, 종이가 접힐 때 종이의 위치는 바뀌지 않는다)

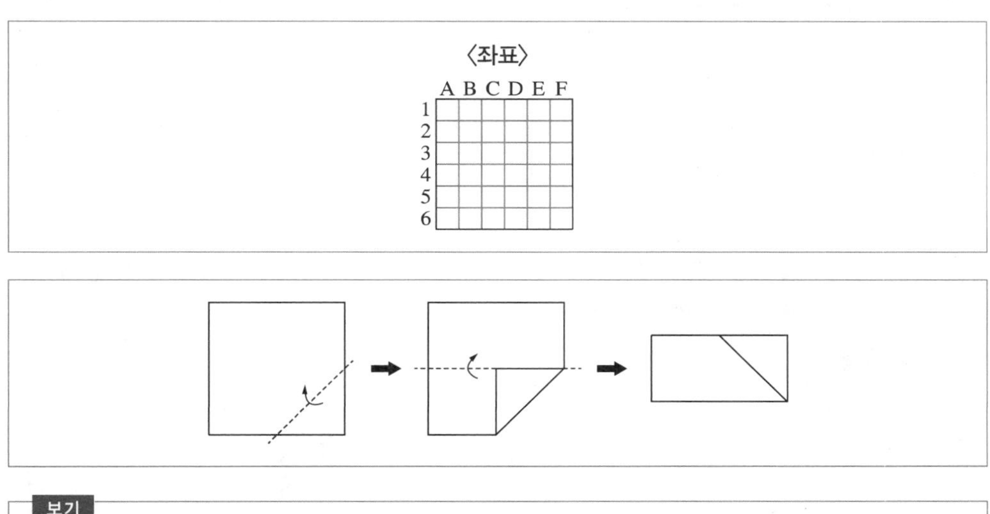

보기

D2

① A1, C2, D2, D5
② A2, C1, D2, D5
③ C2, D2, D5, E6
④ D2, D5, E6
⑤ D2, D5, F6

※ 다음 규칙을 읽고, 이어지는 질문에 답하시오. [15~16]

작동 버튼	기능
◇	1번과 3번의 전구를 끈다(켜져 있는 전구만 끈다).
◆	2번과 4번의 전구를 켠다(꺼져 있는 전구만 켠다).
□	2번과 3번의 전구를 끈다(켜져 있는 전구만 끈다).
■	3번과 4번의 전구를 켠다(꺼져 있는 전구만 켠다).

※ ■ 소등, □ 점등

15 〈보기〉의 왼쪽 상태에서 작동 버튼을 두 번 눌렀더니, 오른쪽과 같은 결과가 나타났다. 다음 중 작동 버튼의 순서를 바르게 나열한 것은?

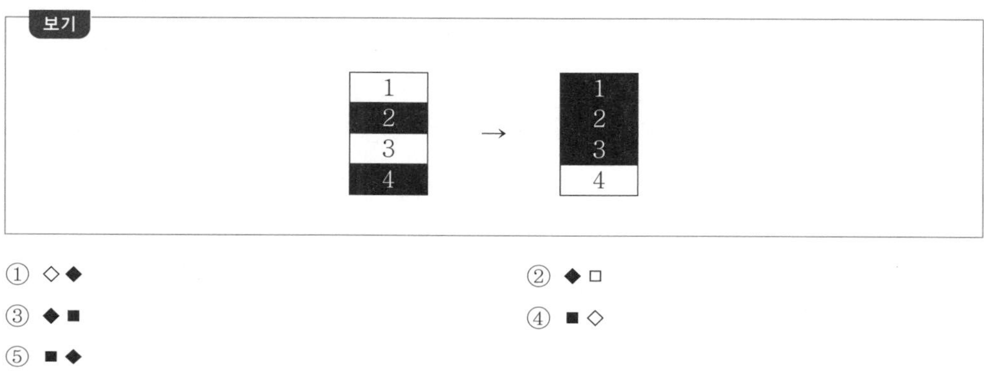

① ◇◆
② ◆□
③ ◆■
④ ■◇
⑤ ■◆

16 〈보기〉의 왼쪽 상태에서 작동 버튼을 두 번 눌렀더니, 오른쪽과 같은 결과가 나타났다. 다음 중 작동 버튼의 순서를 바르게 나열한 것은?

보기

1 2 3 4 → 1 2 3 4

① ◇◆
② □◆
③ □■
④ ■◇
⑤ ■◆

※ 다음 주어진 입체도형 중 일치하지 않은 것을 고르시오. [17~18]

17

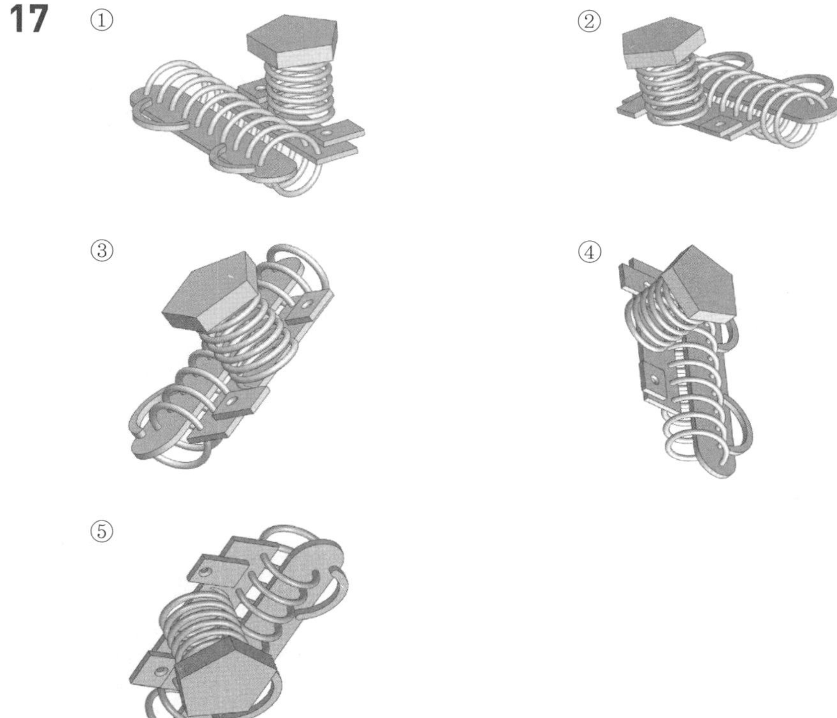

18

①

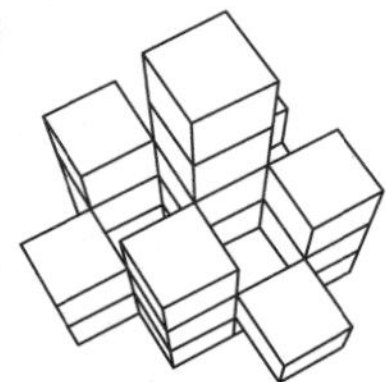

②

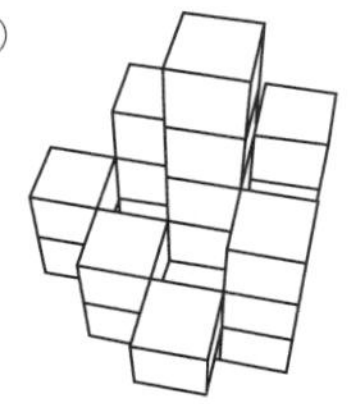

③

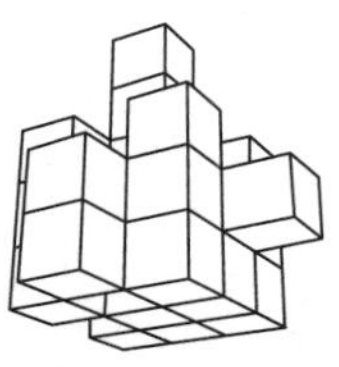

④

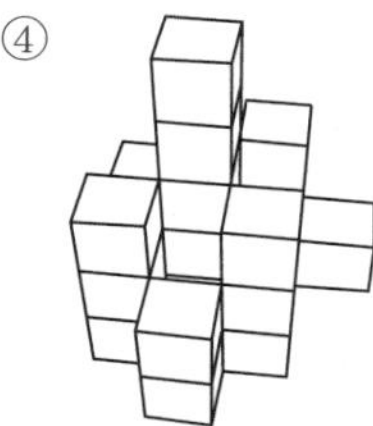

⑤

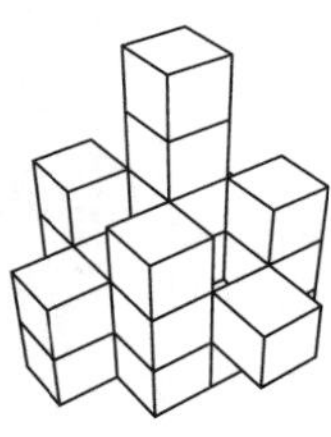

19 다음 세 블록을 합쳤을 때, 나올 수 없는 형태는?

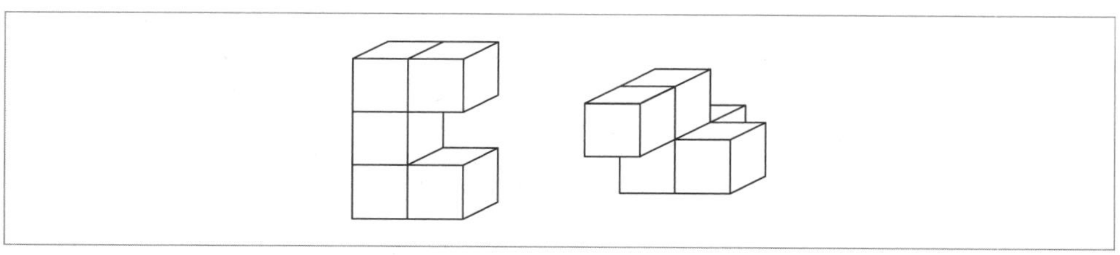

①
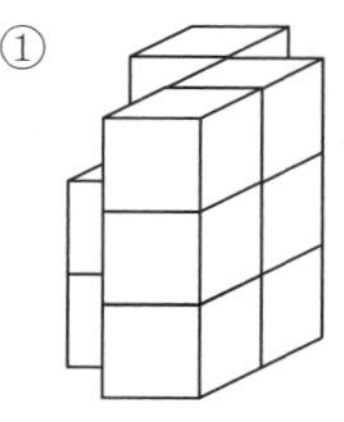

②
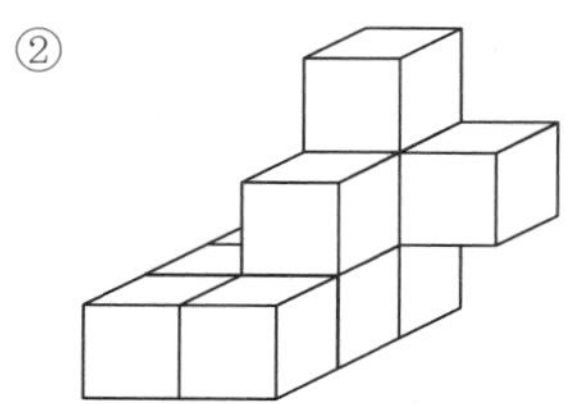

③
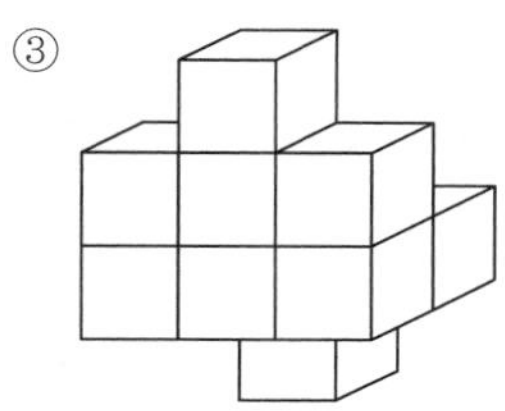

④
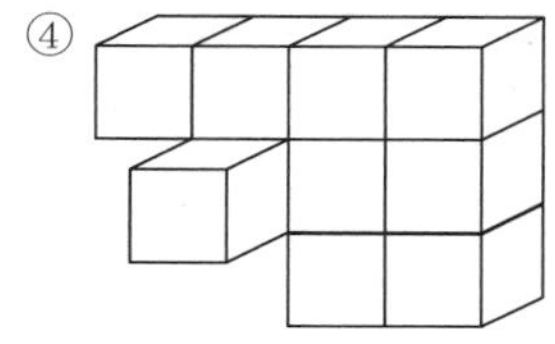

⑤
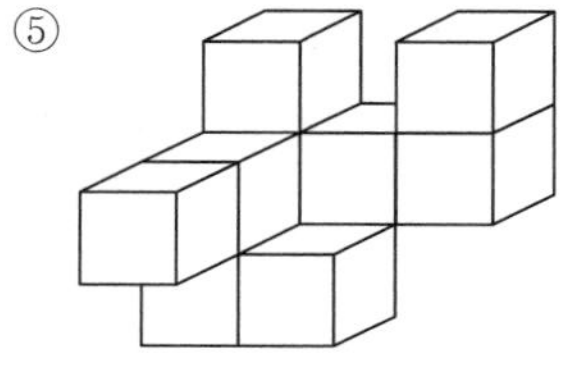

20 다음 지도의 A～E 중 '나'가 서 있는 곳으로 가장 적절한 곳은?

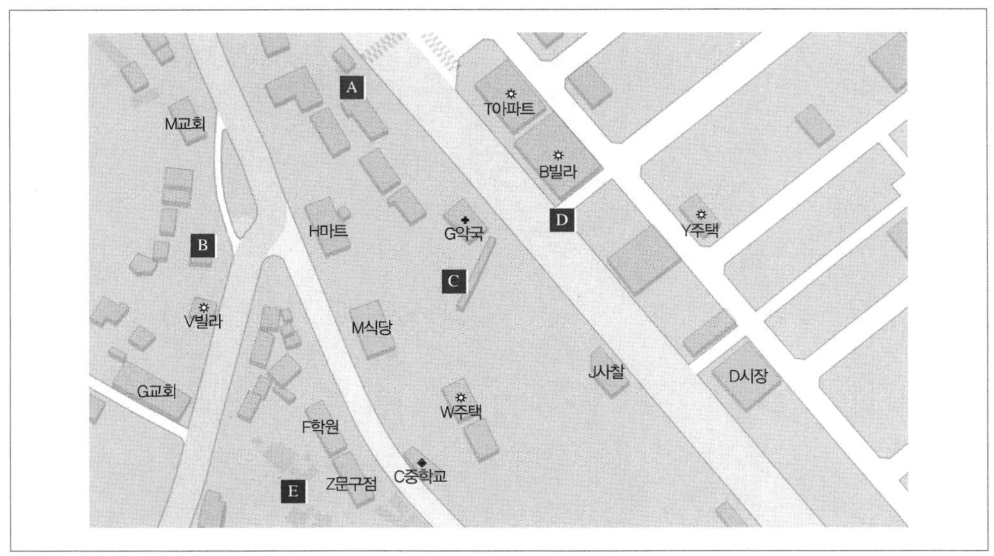

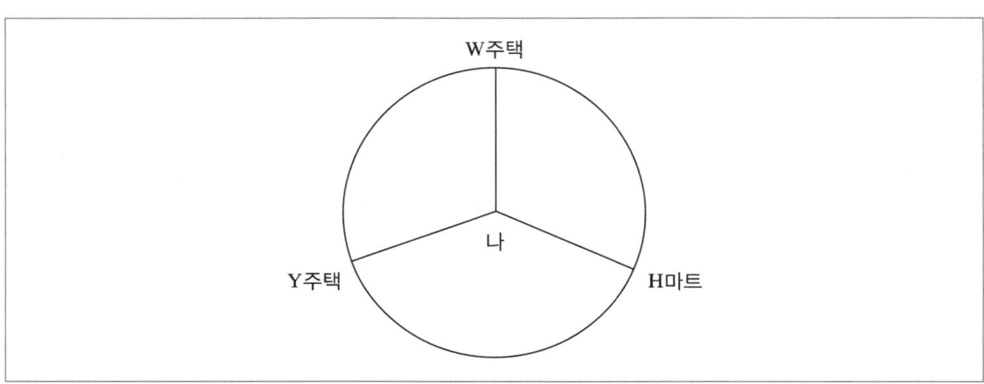

① A
② B
③ C
④ D
⑤ E

21 다음 도식에서 기호들은 일정한 규칙에 따라 문자를 변화시킨다. ?에 들어갈 알맞은 문자를 고르면?(단, 규칙은 가로와 세로 중 한 방향으로만 적용된다)

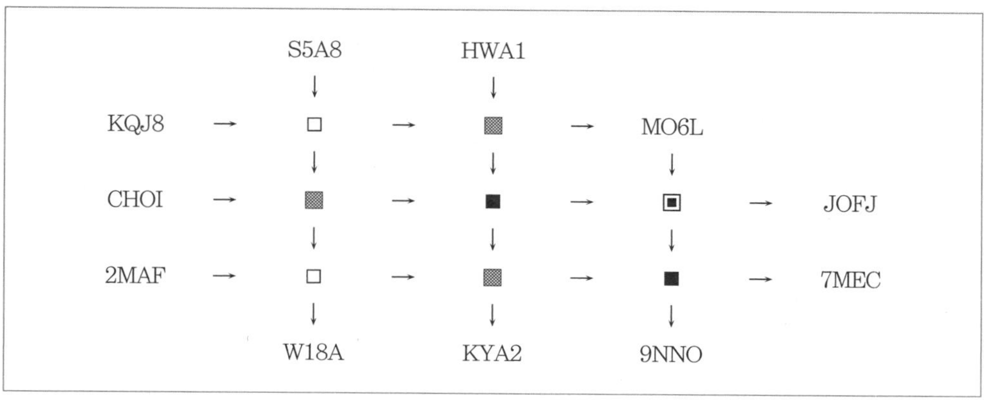

VEN8 → ▣ → ▩ → ?

① N8VE
② 8NEV
③ N8EV
④ 8ENV
⑤ 8NVE

22 앞면은 흰색, 뒷면은 검은색으로 된 카드 9개를 배열하여 〈그림 1〉과 같은 기준판을 만들었다. [R1] [R2] [R3]버튼을 누르면 해당되는 가로줄 전체의 카드가, [C1] [C2] [C3]버튼을 누르면 해당되는 세로줄 전체의 카드가 뒤집어진다. 예를 들면 〈그림 2〉는 〈그림 1〉의 기준판의 [R2] [C3] [R1]버튼을 차례로 눌렀을 때 바뀌는 모습을 나타낸 것이다. 〈그림 1〉의 기준판의 여러 가지 버튼을 눌렀을 때, 나타날 수 있는 판의 모양은?

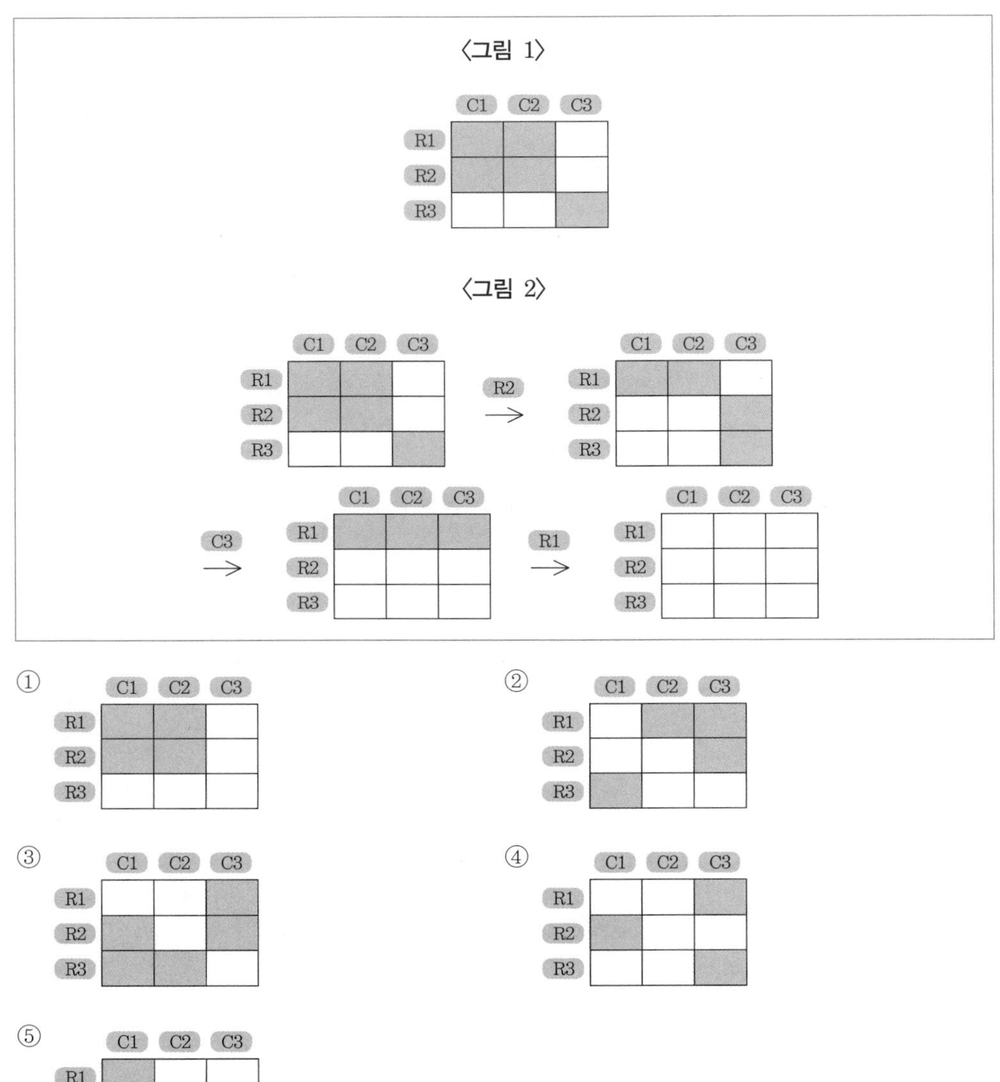

①

②

③

④

⑤

※ 다음 〈보기〉와 같은 방법으로 만든 암호로 옳은 것을 고르시오. [23~26]

23

보기

Nothing grows old sooner than a kindness. → Qrwklqj jurzv rog vrrqhu wkdq d nlqgqhvv.

A sound mind in a sound body

① D vrxqg plqg lq d vrxqg ergb
② C urwpf okpf kp c urwpf drfa
③ Z rntmg lhmg hm z rntmg angx
④ D urwqf olpg kq d urwqf drfb
⑤ Z rnxqg lhqg hm z rrxqg argx

PART 2

24

보기

최고를넘어더큰세계를향해 → 최를어큰계향고넘더세를해

우리는 자랑스런 대한민국의 국민이다.

① 우는랑런한국국이대민의리자스민다.
② 우는랑런한국국이리자스대민의민다.
③ 리자스대우는랑런한국국이민의민다.
④ 리자스대민우는랑런한의민다국국이.
⑤ 우는랑런대한민국국이리자스의민다.

25

보기

공무원은공정해야한다. → 공원공해한무은정야다.

공직자는 자기가 맡은 일을 완수해야 한다.

① 공자자가직은을수야다는기맡일완해한.
② 공직자는자가은을수야다기맡일완해한.
③ 공직야다자가은을수자는기맡일완해한.
④ 공자자가은을수야다직는기맡일완해한.
⑤ 공자가자은을맡수야다직는기일완한해.

26

보기

하늘은스스로돕는자를돕는다. → 늘스로는를는하은스돕자돕다.

인천연안부두다섯시십오분입항예정

① 천안두섯십분항정인연부다시오입예
② 인부섯십오항정천연두다분시입정예
③ 부시섯인안연천두오정항예분십다입
④ 항인연부시천정다분섯예입안두오십
⑤ 시정안분천두십예항인다연오입부섯

27 다음 중 제시된 문장과 다른 것은?

The director hasn't decided where to release the product.

① The director hasn't decided where to release the product.
② The director hasn't decided where to release the product.
③ The directer hasn't decided where to release the product.
④ The director hasn't decided where to release the product.
⑤ The director hasn't decided where to release the product.

PART 2

※ 각 문제의 왼쪽에 표시된 숫자 혹은 문자의 개수를 오른쪽에서 찾아 고르시오. [28~30]

28

5	09598787245123865098762598747523

① 4개
② 5개
③ 6개
④ 7개
⑤ 8개

29

ㅜ	공중을 활동무대로 하여 항공기를 주요한 무기로 사용하는 군대

① 2개
② 3개
③ 4개
④ 5개
⑤ 6개

30

e	The planes were part of the South Korean Air Force.

① 5개
② 6개
③ 7개
④ 8개
⑤ 9개

CHAPTER

05 정보상식

정답 및 해설 p.027

01 다음 중 미국의 오픈AI가 2024년 2월 발표한 인공지능 시스템으로, 텍스트 입력으로 명령을 하면 영상을 제작해주는 시스템의 이름은?

① AI 동맹
② AI 워싱
③ AI 소라
④ AI 얼라이언스
⑤ AI 챗봇

02 다음 중 기업 가치가 1,000억 달러(USD) 이상인 스타트업을 가리키는 용어는?

① 유니콘(Unicorn) 기업
② 데카콘(Decacorn) 기업
③ 기가콘(Gigacorn) 기업
④ 헥토콘(Hectocorn) 기업
⑤ 좀비(Zombie) 기업

03 다음 보기가 설명하는 것으로 옳은 것끼리 나열한 것은?

> **보기**
> • A : 미국 항공우주국의 화성 탐사 로봇으로, 화성 적도지역을 돌아다니며 생명체의 흔적을 조사한다.
> • B : 물질을 구성하는 기본입자 중 소립자에 질량을 부여하는 입자로, '신의 입자'라고 불린다.

	A	B
①	힉스	라돈
②	큐리오시티	힉스
③	힉스	쿼크
④	쿼크	라돈
⑤	큐리오시티	라돈

04 다음 중 태양의 표면이 폭발할 때 단파(短波)를 사용하는 국제 통신에 일시적으로 장애가 발생하는 현상을 가리키는 말은?

① 스프롤 현상
② 태양간섭 현상
③ 도넛 현상
④ 델린저 현상
⑤ 백야 현상

PART 2

05 다음 중 중국의 위안화 절상으로 인한 결과가 아닌 것은?

① 국내 소비자 물가 상승
② 국제 무역수지 악화
③ 중국의 핫머니 유입 증가
④ 위안화의 외환가치 상승
⑤ 중국으로의 수출 증가

06 1973년 북한이 서해 5개 섬 주변 수역이 북한 연해라고 주장하면서 서해 5도라는 말이 사용되기 시작하였다. 오늘날 서해 5도는 국가 안보상 매우 중요한 요충지이다. 다음 중 서해 5도에 속하지 않는 섬은?

① 우도
② 백령도
③ 연평도
④ 덕적도
⑤ 대청도

07 **다음 중 국제앰네스티가 규정하는 사실상의 사형제 폐지국(Abolitionist in practice)으로 분류되기 위해 필요한 사형 미집행 기간은?**

① 5년
② 10년
③ 20년
④ 30년
⑤ 35년

08 **다음 중 의원내각제에 대한 설명으로 옳지 않은 것은?**

① 내각은 의회에 대해 연대적으로 책임을 진다.
② 내각의 각료는 의회의 신임 여하에 따라 임명된다.
③ 의회다수파의 횡포 가능성이 존재한다.
④ 정치적 책임에 둔감하다.
⑤ 입법부와 행정부에 한정해서 대통령제와 같은 엄격한 권력분립의 원리가 적용되지 않는다.

09 **다음 중 국제원자력기구(IAEA)에 대한 설명으로 옳지 않은 것은?**

① 본부는 스위스 제네바에 있다.
② 한국은 설립연도인 1957년에 가입했다.
③ 원자력의 평화적 이용과 국제적인 공동 관리를 목적으로 한다.
④ 핵무기 비보유국이 핵연료를 군사적으로 전용하는 것을 방지하기 위해 핵무기 비보유국의 핵물질 관리실태를 점검하고 현지에서 직접 사찰할 수 있다.
⑤ 국제연합 총회 아래 설치된 준독립기구이다.

10 **1950 ~ 1954년 미국을 휩쓴 공산주의자 색출 열풍을 가리키는 말로, 당시 미국 상원의원이었던 이 사람이 "미국 내에서 공산주의자들이 암약하고 있으며, 나는 그 명단을 갖고 있다."라고 주장한 사건이 계기가 되었는데, 다음 중 이 사람의 이름을 따서 생긴 용어는?**

① 토미즘(Thomism)
② 다위니즘(Darwinism)
③ 쇼비니즘(Chauvinism)
④ 매카시즘(MaCarthyism)
⑤ 알렉산드리아니즘(Alexandrianism)

11 **다음 중 국정조사에 대한 설명으로 옳지 않은 것은?**

① 비공개 진행이 원칙이며, 국정조사위원회의 활동결과는 국정보고서 형태로 본회의에 제출된다.
② 재적의원 4분의 1 이상의 요구가 있을 때에 시행한다.
③ 국정조사위원회는 관련기관에 자료를 요청하거나 그 기관의 보고를 들을 수 있다.
④ 국정 전반에 대한 일반 조사는 인정되지 않는다.
⑤ 국회의 권한에 속하지 않는 사항에 대한 조사를 금지한다.

12 **다음 중 주식투자에서 특정 기업에 집중함으로써 발생할 수 있는 위험을 피하고, 투자수익을 극대화하기 위해 여러 종목에 분산 투자하는 방법을 가리키는 말은?**

① 리베이트
② 포트폴리오
③ 베이시스
④ 골든크로스
⑤ 서킷브레이커

13 **다음 중 아시아 개발도상국들이 도로, 학교와 같은 사회간접자본을 건설할 수 있도록 자금 등을 지원하는 국제기구로, 중국이 주도한다는 점이 특징인 조직은?**

① IMF
② AIIB
③ ASEAN
④ WB
⑤ ASEM

14 **다음 중 국내 시장에서 외국 기업들이 활개를 치고 다니는 반면, 자국 기업들은 부진을 면하지 못하는 현상을 가리키는 말은?**

① 윔블던 효과
② 롱테일 법칙
③ 서킷브레이커
④ 스핀오프
⑤ 프리거니즘

15 **다음 중 환율제도에 대한 설명으로 옳지 않은 것은?**

① 고정환율제 : 외환시세의 변동을 전혀 인정하지 않고 고정시켜 놓은 환율제도
② 시장평균환율제 : 외환시장의 수요와 공급에 따라 결정되는 환율제도
③ 복수통화바스켓 : 자국과 교역비중이 큰 복수 국가의 통화들의 가중치에 따라 반영하는 환율제도
④ 공동변동환율제 : 역내에서는 변동환율제를 채택하고, 역외에 대해서는 제한환율제를 택하는 환율제도
⑤ 변동환율제 : 외환시장의 수요와 공급에 의해 환율이 자유롭게 결정되도록 하는 환율제도

16 **다음 중 노동조합의 일반적 정의로 옳지 않은 것은?**

① 노동조합은 근로자의 자주적인 단체이다.
② 노동조합은 근로조건의 유지·개선을 목적으로 하는 단체이다.
③ 노동조합은 근로자의 조직적 단결력에 의해 그 이익을 옹호한다.
④ 노동조합은 노동자의 임금 향상을 도모하는 단체이다.
⑤ 노동자의 경제적·사회적 지위 향상을 도모한다.

17 **다음 글이 설명하는 증상은?**

> "그들은 우리의 일상 속에서 늘 함께 있다. 이 사실을 인정하고 그들을 알아야 한다."
> – 마샤 스타우트
>
> 심리학자 마샤 스타우트가 말한 이것은 유전적인 원인으로 잘못을 인지하지 못한다기보다 자라온 환경에 의해 발생한다고 보았다. 잘못을 알면서도 저지르는 반사회적 인격장애로 분류된다.

① 아도니스증후군
② 아스퍼거증후군
③ 사이코패스
④ 소시오패스
⑤ 조현병

18 **다음 중 LOHAS에 대한 설명으로 옳지 않은 것은?**

① 라이프스타일과 관련이 있다.
② 2006년부터 우리나라에서 인증제도가 시작됐다.
③ 친환경제품을 소비하고자 한다.
④ 사회참여운동으로서의 친환경주의와 동일하다.
⑤ 건강과 관련된 현재 시점의 개인적 소비행위와 미래에도 지속가능한 경제발전과 소비활동을 연결시키는 데 주안점을 둔다.

PART 2

19 **다음 중 작곡가와 오페라 작품의 연결이 옳지 않은 것은?**

① 라보엠 – 푸치니
② 라 트라비아타 – 베버
③ 아이다 – 베르디
④ 니벨룽겐의 반지 – 바그너
⑤ 피가로의 결혼 – 모차르트

20 **다음 광고 용어에 대한 설명으로 옳지 않은 것은?**

① POP광고 : 소비자가 상품을 구매하기 전에 대형 광고업체에서 광고물을 제작・게시하여 소비자의 구매를 촉진한다.
② 인포머셜광고 : 상품이나 점포에 대한 상세한 정보를 제공해 소비자의 이해를 돕는 광고기법이다.
③ 키치광고 : 어떤 제품을 알리는 데 있어서 설명보다는 기호와 이미지를 중시하는 광고기법이다.
④ 티저광고 : 핵심부분을 내보이지 않고, 점차 단계적으로 전체 모습을 명확히 해나가는 광고기법이다.
⑤ 리치미디어광고 : 인터넷 광고 용어로, Javascript, Java 프로그래밍과 같은 신기술 및 고급기술을 배너 광고에 적용해 보다 풍부(rich)하게 만든 멀티미디어 광고기법이다.

21 **다음 중 리튬폴리머 전지에 대한 설명으로 옳지 않은 것은?**

① 안정성이 높고, 에너지 효율이 높은 2차 전지이다.
② 외부전원을 이용해 충전하여 반영구적으로 사용한다.
③ 전해질이 액체 또는 젤 형태이므로 안정적이다.
④ 제조공정이 간단해 대량생산이 가능하다.
⑤ 노트북 등에 주로 사용된다.

22 **다음 중 증강현실에 대한 설명으로 옳지 않은 것은?**

① 현실세계에 3차원 가상물체를 겹쳐 보여준다.
② 스마트폰의 활성화와 함께 주목받기 시작했다.
③ 실제 환경은 볼 수 없다.
④ 위치 기반 서비스, 모바일 게임 등으로 활용범위가 확장되고 있다.
⑤ 가상현실(VR)과는 다른 개념이다.

23 **다음 중 달 탐사와 관련된 위성들과 업적을 연결한 것으로 옳지 않은 것은?**

① 파이어니어 1호(미국) – 최초로 달 궤도 진입
② 루나 9호(소련) – 최초로 달 착륙
③ 아폴로 11호(미국) – 최초로 달 착륙한 유인 우주선
④ 스마트 1호(EU) – 유럽 최초의 달 탐사선
⑤ 루나 2호(소련) – 최초로 달의 반대편 사진을 지구에 전송

24 **다음 중 정신적 · 육체적 건강에 해로운 음식이나 행동을 철저히 멀리하는 극단적 절제주의를 의미하는 용어는?**

① 노니즘　　② 웰빙
③ 그린노마드　　④ 로하스
⑤ 프리거니즘

25 다음에서 설명하는 북한의 예술단은?

> • 2018년 평창동계올림픽에 맞춰 임시 연합악단으로 시작했다.
> • 현송월을 단장으로 남한에 내려와 공연을 했다.

① 모란봉악단 ② 삼지연관현악단
③ 만수대예술단 ④ 은하수관현악단
⑤ 국립민족예술단

PART 2

26 다음 중 선거에서 약세 후보가 유권자들의 동정을 받아 지지도가 올라가는 경향을 가리키는 말은?

① 밴드왜건 효과 ② 언더독 효과
③ 스케이프고트 현상 ④ 레임덕 현상
⑤ 후광 효과

27 다음 중 '고문이나 불법 도청 등 위법한 방법으로 수집한 자료는 증거로 쓸 수 없다.'라는 뜻의 법률 용어는?

① 독수독과 ② 배상명령
③ 작량감경 ④ 기소
⑤ 미란다원칙

28 **다음 중 환율이 1,000원에서 1,100원으로 올랐을 때의 결과는?**

① 외채상환부담이 줄어든다.

② 내국인의 해외여행이 증가한다.

③ 수입이 감소한다.

④ 무역수지가 악화된다.

⑤ 수출이 감소한다.

29 **다음 중 미군이 베트남전에서 전쟁을 종료하고 희생을 최소화하면서 빠져나오기 위해 사용했던 전략에서 유래된 말로 금리인상, 흑자예산 등 경기회복 시점에서 사용하는 경제정책은?**

① 후퇴전략

② 출구전략

③ 회복전략

④ 기만전략

⑤ 확대전략

30 **다음 중 5.18 민주화운동 당시 광주의 상황을 카메라에 담아 외국에 알린 독일 언론인의 이름은?**

① 귄터 발라프

② 토마스 크레취만

③ 위르겐 힌츠페터

④ 카를 폰 오시에츠키

⑤ 윌리엄 랜돌프 허스트

PART 3

NIAT 최종점검 모의고사

제1회 NIAT 최종점검 모의고사

제2회 NIAT 최종점검 모의고사

구분	문항 수	응시시간
언어능력	15문항	20분
언어추리	15문항	20분
수리력	15문항	20분
도형추리	30문항	20분
정보상식	30문항	20분

제 1 회 NIAT 최종점검 모의고사

응시시간 : 100분 문항 수 : 105문항

정답 및 해설 p.034

01 언어능력

01 다음 글을 요약한 내용으로 가장 적절한 것은?

> 민주 국가는 국민을 바탕으로 하기 때문에 다수 국민의 지지를 받아야 정당성을 얻을 수 있다. 왜냐하면 민주 국가는 국가의 주권이 국민에게 있고, 국민의 의사로 운용되는 국가이기 때문이다. 그러므로 만약 소수의 이익을 위해 운용된다면 다수가 불만을 가질 것이며, 정책 결정에 승복하지 않을 것이다. 결국 일이 원만하게 추진되지 않을 것이고, 추진된다 하더라도 다수가 제대로 동의하거나 지지하지 않기 쉽다.
> 옛날 아테네에서는 자유민이 모두 참여하여 정책을 결정했다고 한다. 그러나 오늘날은 과거와 상황이 다르다. 왜냐하면 한 나라 국민 전체의 뜻을 완벽하게 반영한다는 것 자체가 불가능하며, 정책 결정 하나하나가 모두 전문적인 일이기 때문이다. 즉 국민 전체가 참여하자면 시간이 많이 걸려 효율성도 떨어지고, 설령 그렇게 결정한다고 해도 다수를 만족시킬 뿐이지 모두를 만족시키는 것은 아니다. 더구나 논의해야 할 문제들이 일반 상식을 뛰어넘어 대부분 국민들이 판단하기조차 힘들다. 따라서 오늘날에 와서는 소수 전문가 집단이 정책을 결정하는 것이 더 효율적일 수밖에 없게 되었다.

① 소수가 정책을 결정할 수밖에 없으니 정책을 집행할 때 다수의 뜻을 묻는 절차가 필요하다.
② 소수가 정책을 결정하되 민주 국가이므로 다수의 뜻을 항상 잊지 않아야 한다.
③ 정책의 정당성 확보가 필요하므로 다수 국민이 납득할 만한 계층에 의해 정책이 결정되어야 한다.
④ 정책 결정의 효율성보다는 정당성을 확보하는 것이 중요하기 때문에 전문가 집단의 참여가 필요하다.
⑤ 정책의 정당성은 결국 주권을 가진 국민에 의해 판명되므로 결정 과정에 관여하는 숫자가 중요하지는 않다.

02 다음 글에서 추론할 수 있는 것만을 〈보기〉에서 모두 고르면?

아기를 키우다보면 정확히 확인해야 할 것이 정말 많다. 육아 훈수를 두는 주변 사람들이 많은데 어디까지 믿어야 할지 헷갈리는 경우가 대부분이다. 특히 아기가 먹는 음식에 관한 것이라면 난감하기 그지없다. 이럴 때는 전문가의 답을 들어 보는 것이 우리가 선택할 수 있는 최상책이다.

A박사는 아기 음식에 대한 권위자다. 미국 유명 어린이 병원의 진료 부장인 그의 저서에는 아기의 건강과 성장 등에 관한 200여 개 속설이 담겨 있고, 그것들이 왜 잘못된 것인지가 설명되어 있다. 다음은 A박사의 설명 중 대표적인 두 가지이다.

속설에 따르면 어떤 아기는 모유에 대해 알레르기 반응을 보인다. 하지만 이것은 사실이 아니다. 엄마의 모유에 대해서 알레르기 반응을 일으키는 아기는 없다. 이는 생물학적으로 불가능한 이야기이다. 어떤 아기가 모유를 뱉어낸다고 해서 알레르기가 있는 것은 아니다. A박사에 따르면 이러한 생각은 착각일 뿐이다.

또 다른 속설은 당분을 섭취하면 아기가 흥분한다는 것이다. 하지만 이것도 사실이 아니다. 아기는 생일 케이크의 당분 때문이 아니라 생일이 좋아서 흥분하는 것인데 부모가 이를 혼동하는 것이다. 이는 대부분의 부모가 믿고 있어서 정말로 부수기 어려운 속설이다. 당분을 섭취하면 흥분한다는 어떤 연구 결과도 보고된 바가 없다.

보기

ㄱ. 엄마가 갖지 않은 알레르기는 아기도 갖지 않는다.
ㄴ. 아기의 흥분된 행동과 당분 섭취 간의 인과적 관계는 확인된 바 없다.
ㄷ. 육아에 관한 주변 사람들의 훈수는 모두 비과학적인 속설에 근거하고 있다.

① ㄴ
② ㄷ
③ ㄱ, ㄴ
④ ㄱ, ㄷ
⑤ ㄱ, ㄴ, ㄷ

03 다음 문단을 논리적 순서대로 바르게 나열한 것은?

(가) 그렇다면 우리나라는 어떻게 신뢰를 확보할 수 있을까? 전문가들은 고위 공직자들이 솔선수범하여 스스로 부패를 없애는 일이야말로 신뢰를 쌓기 위한 첫 번째 조건이라고 말한다. 언론은 사실에 입각하여 객관적이고 공정한 보도를 하여야 독자들이 신뢰할 것이다. 가짜 뉴스는 걸러야 하며 오보는 반드시 정정 보도를 내보내야 한다. 또한 법과 원칙이 사회를 지배해야 하며, 법은 누구에게나 정의롭고 공정해야 한다. 힘 있는 사람이 법망을 빠져나가고 거리마다 자기의 주장을 외쳐대는 행위는 신뢰를 크게 무너뜨린다. 마지막으로 아프리카의 보츠와나처럼 학생들에게 어릴 때부터 청렴 교육을 할 필요가 있다.

(나) 프랑스 혁명 당시 시민혁명군이 왕궁을 포위했을 때 국왕 루이 16세와 왕비를 마지막까지 지킨 것은 프랑스 군대가 아니었다. 모든 프랑스 수비대는 도망갔지만 스위스 용병 700여 명은 남의 나라 왕과 왕비를 위해 용맹스럽게 싸우다가 장렬하게 전사했다. 프랑스 시민혁명군이 퇴각할 기회를 주었는데도 스위스 용병들은 그 제의를 거절했다. 당시 전사한 한 용병이 가족에게 보내려던 편지에는 이렇게 쓰여 있었다. '우리가 신뢰를 잃으면 우리 후손들은 영원히 용병을 할 수 없을 것이다. 우리는 죽을 때까지 왕궁을 지키기로 했다.' 오늘날까지 스위스 용병이 로마 교황의 경비를 담당하는 것은 이러한 용병들의 신뢰성 덕분이다. 젊은 용병들이 목숨을 바치며 송금한 돈도 결코 헛되지 않았다. 스위스 은행은 용병들이 송금했던 핏값을 목숨을 걸고 지켜냈다. 그 결과 스위스 은행은 안전과 신뢰의 대명사가 되어 이자는커녕 돈 보관료를 받아 가면서 세계 부호들의 자금을 관리해주는 존재가 되었다.

(다) 신뢰(信賴)란 무엇인가? 신뢰에 대한 정의는 다양하지만 일반적으로 '타인의 미래 행동이 자신에게 호의적일 것이라는 기대와 믿음'을 말한다. 우리가 가족을 믿고 친구를 믿고 이웃을 믿는 것은 신뢰가 있기 때문이다. 로버트 퍼트넘은 신뢰란 한 사회를 유지하는 데 꼭 필요한 요소로 사회적 자본이라고 했다. 프랜시스 후쿠야마는 신뢰가 낮은 나라는 큰 사회적 비용이 발생한다고 지적했다.

(라) 한국의 신뢰지수는 아주 낮다. OECD 사회신뢰도(2016년)에 의하면, 한국은 '믿을 사람이 없다.', '사법시스템도 못 믿겠다.', '정부도 못 믿겠다.'라는 질문에 모두 높은 순위를 기록했다. '미래에 대한 심각한 불안감을 가지고 있느냐.'는 질문에 대해 한국의 청년 응답자들은 무려 79.7%가 '그렇다.'고 답했다. 신뢰가 낮은 국가는 이해당사자 간에 발생하는 갈등을 사회적 대타협으로 해결하지 못한다. 일례로 한국에서 노사정 대타협이 성공했다는 소식을 들은 적이 없는 것 같다. 서로가 서로를 신뢰하지 못하기 때문이다.

(마) 스위스는 우리나라와 비슷한 점이 많다. 독일, 프랑스, 이탈리아, 오스트리아 등 주변국에 시달리며 비극적인 역사를 이어왔다. 국토의 넓이는 우리나라 경상도와 전라도를 합한 크기로 국토의 75%가 산이며, 자원이라곤 사람밖에 없다. 150년 전까지만 하여도 최빈국이었던 스위스가 지금은 1인당 GDP가 세계 2위(2016년)인 $78,000의 선진국이 되었다. 그 이유는 무엇일까? 가장 큰 이유는 신앙에 기초를 둔 '신뢰' 덕분이었다.

(바) 이제 우리나라는 자본, 노동과 같은 경제적 자본만으로는 성장의 한계에 도달했다. 이제 튼튼한 신뢰성이 산업계 전반으로 퍼져 나감으로써 신뢰와 같은 사회적 자본을 확충해 경제 성장을 도모해야 나라 경제가 부강해질 수 있을 것이다.

① (나) – (바) – (다) – (가) – (라) – (마)
② (나) – (마) – (다) – (라) – (가) – (바)
③ (다) – (라) – (바) – (마) – (나) – (가)
④ (다) – (라) – (가) – (나) – (마) – (바)
⑤ (라) – (마) – (나) – (다) – (가) – (바)

04 다음 빈칸에 들어갈 내용으로 가장 적절한 것은?

> 미국 대통령 후보 선거제도 중 '코커스'는 정당 조직의 가장 하위 단위인 기초선거구의 당원들이 모여 상위의 전당대회에 참석할 대의원을 선출하는 당원회의이다. 대의원 후보들은 자신이 대통령 후보로 누구를 지지하는지 먼저 밝힌다. 상위 전당대회에 참석할 대의원들은 각 대통령 후보에 대한 당원들의 지지율에 비례해서 선출된다. 코커스에서 선출된 대의원들은 카운티 전당대회에서 투표권을 행사하여 다시 다음 수준인 의회선거구 전당대회에 보낼 대의원들을 선출한다. 여기서도 비슷한 과정을 거쳐 주(州) 전당대회 대의원들을 선출해내고, 거기서 다시 마지막 단계인 전국 전당대회 대의원들을 선출한다. 주에 따라 의회선거구 전당대회는 건너뛰기도 한다.
>
> 1971년까지는 선거법에 따라 민주당과 공화당 모두 5월 둘째 월요일까지 코커스를 개최해야 했다. 그런데 민주당 전국위원회가 1972년부터는 대선후보 선출을 위한 전국 전당대회를 7월 말에 개최하도록 결정하면서 1972년 아이오와주 민주당의 코커스는 그해 1월에 열렸다. 아이오와주 민주당 규칙에 코커스, 카운티 전당대회, 의회선거구 전당대회, 주 전당대회, 전국 전당대회 순서로 진행되는 각급 선거 간에 최소 30일의 시간적 간격을 두어야 한다는 규정이 있었기 때문이다. 이후 아이오와주에서 공화당이 1976년부터 코커스 개최시기를 1월로 옮기면서, ______________________________
> ______________________________.
>
> 아이오와주의 선거 운영 방식은 민주당과 공화당 간에 차이가 있었다. 공화당의 경우 코커스를 포함한 하위 전당대회에서 특정 대선후보를 지지하여 당선된 대의원이 상위 전당대회에서 반드시 같은 후보를 지지해야 하는 것은 아니었다. 반면 민주당의 경우 그러한 구속력을 부여하였다. 그러나 2016년부터 공화당 역시 상위 전당대회에 참여하는 대의원에게 같은 구속력을 부여함으로써 기층 당원의 대통령 후보에 대한 지지도가 전국 전당대회에 참여할 주(州) 대의원 선출에 반영되도록 했다.

① 아이오와주는 미국의 대선후보 선출 과정에서 선거 운영 방식이 달라진 최초의 주가 되었다.

② 아이오와주는 미국의 대선후보 선출 과정에서 민주당과 공화당 사이에 깊은 골을 남기게 되었다.

③ 아이오와주는 미국의 대선후보 선출 과정에서 코커스의 개정을 요구하는 최초의 주가 되었다.

④ 아이오와주는 미국의 대선후보 선출 과정에서 민주당과 공화당 모두 가장 먼저 코커스를 실시하는 주가 되었다.

⑤ 아이오와주는 미국의 대선후보 선출 과정에서 코커스 제도를 폐지한 최초의 주가 되었다.

PART 3

※ 다음 글에서 ㉠ ~ ㉤의 수정 방안으로 적절하지 않은 것을 고르시오. [5~6]

05

적혈구는 일정한 수명을 가지고 있어서 그 수와 관계없이 총적혈구의 약 0.8% 정도는 매일 몸 안에서 파괴된다. 파괴된 적혈구로부터 빌리루빈이라는 물질이 유리되고, 이 빌리루빈은 여러 생화학적 대사 과정을 통해 간과 소장에서 다른 물질로 변환된 후에 대변과 소변을 통해 배설된다. ㉠ 소변의 색깔을 통해 건강상태를 확인할 수 있다.

적혈구로부터 유리된 빌리루빈이라는 액체는 강한 지용성 물질이어서 혈액의 주요 구성 물질인 물에 ㉡ 용해되지 않는다. 이런 빌리루빈을 비결합 빌리루빈이라고 하며, 혈액 내에서 비결합 빌리루빈은 알부민이라는 혈액 단백질에 부착된 상태로 혈류를 따라 간으로 이동한다. 간에서 비결합 빌리루빈은 담즙을 만드는 간세포에 흡수되고 글루쿠론산과 결합하여 물에 잘 녹는 수용성 물질인 결합 빌리루빈으로 바뀌게 된다. 결합 빌리루빈의 대부분은 간세포에서 만들어져 담관을 통해 ㉢ 분비돼는 담즙에 포함되어 소장으로 배출되지만 일부는 다시 혈액으로 되돌려 보내져 혈액 내에서 알부민과 결합하지 않고 혈류를 따라 순환한다.

간세포에서 분비된 담즙을 통해 소장으로 들어온 결합 빌리루빈의 절반은 장세균의 작용에 의해 소장에서 흡수되어 혈액으로 이동하는 유로빌리노젠으로 전환된다. 나머지 절반의 결합 빌리루빈은 소장에서 흡수되지 않고 대변에 포함되어 배설된다. 혈액으로 이동한 유로빌리노젠의 일부분은 혈액이 신장을 통과할 때 혈액으로부터 여과되어 신장으로 이동한 후 소변으로 배설된다. 하지만 대부분의 혈액 내 유로빌리노젠은 간으로 이동하여 간세포에서 만든 담즙을 통해 소장으로 배출되어 대변을 통해 배설된다.

빌리루빈의 대사와 배설에 장애가 있을 때 여러 임상 증상이 나타날 수 있다. ㉣ 그러나 빌리루빈이나 빌리루빈 대사물의 양을 측정한 후, 그 값을 정상치와 비교하면 임상 증상을 일으키는 원인이 되는 질병이나 문제를 ㉤ 추측할 수 있다.

① ㉠ – 글의 통일성을 해치고 있으므로 삭제한다.
② ㉡ – 문맥에 흐름을 고려하여 '융해되지'로 수정한다.
③ ㉢ – 맞춤법에 어긋나므로 '분비되는'으로 수정한다.
④ ㉣ – 문장을 자연스럽게 연결하기 위해 '따라서'로 고친다.
⑤ ㉤ – 띄어쓰기가 올바르지 않으므로 '추측할 수'로 수정한다.

06

물에 녹아 단맛이 나는 물질을 일반적으로 '당(糖)'이라 한다. 각종 당은 신체의 에너지원으로 ㉠ 쓰는 탄수화물의 기초가 된다. 인류는 주로 과일을 통해 당을 섭취해 왔는데, 사탕수수에서 추출한 설탕이 보급된 후에는 설탕을 통한 당 섭취가 일반화되었다. ㉡ 그러므로 최근 수십 년 사이에 설탕의 과다 섭취로 인한 유해성이 부각되면서 식품업계는 설탕의 대체재로 액상과당에 관심을 갖기 시작했다.

포도당이 주성분인 옥수수 시럽에 효소를 넣으면 포도당 중 일부가 과당으로 전환된다. 이때 만들어진 혼합액을 정제한 것이 액상과당(HFCS)이다. 액상과당 중 가장 널리 쓰이는 것은 과당의 비율이 55%인 'HFCS55'이다. 설탕의 단맛을 1.0이라 할 때 포도당의 단맛은 0.6, 과당의 단맛은 1.7이다. 따라서 액상과당은 적은 양으로도 강한 단맛을 ㉢ 낼수 있다. 그런데 액상과당은 많이 섭취해도 문제가 없는 것일까? 이에 대한 답을 찾기 위해서는 포도당과 과당의 대사를 살펴볼 필요가 있다.

먼저 포도당의 대사를 살펴보자. 음식의 당분이 포도당으로 분해되면 인슐린과 함께 포만감을 느끼게 하는 호르몬인 렙틴(Leptin)이 분비된다. 렙틴이 분비되면 식욕을 촉진하는 호르몬인 그렐린(Ghrelin)의 분비는 억제된다. 그렐린의 분비량은 식사 전에는 증가했다가 식사를 하고 나면 렙틴이 분비되면서 자연스럽게 감소하게 된다. 한편 과당의 대사는 포도당과는 다르다. 과당은 인슐린과 렙틴의 분비를 촉진하지 않으며, 그 결과 그렐린의 분비량이 ㉣ 줄어든다. 게다가 과당은 세포에서 포도당보다 더 쉽게 지방으로 축적된다. 이런 이유로 사람들은 과당의 비율이 높은 액상과당을 ㉤ 달갑잖게 생각한다.

① ㉠ – 주어와 서술어의 호응 관계를 고려하여 '쓰이는'으로 고친다.
② ㉡ – 앞 문장과의 관계를 고려하여 '그런데'로 고친다.
③ ㉢ – 띄어쓰기가 올바르지 않으므로 '낼 수'로 고친다.
④ ㉣ – 문맥의 흐름을 고려하여 '줄어들지 않는다.'로 고친다.
⑤ ㉤ – 문맥을 고려하여 '달갑게'로 고친다.

PART 3

※ 다음 글의 내용으로 적절하지 않은 것을 고르시오. [7~8]

07

서울의 청계광장에는 '스프링(Spring)'이라는 다슬기 형상의 대형 조형물이 설치돼 있다. 이것을 기획한 올덴버그는 공공장소에 작품을 설치하여 대중과 미술의 소통을 이끌어내려 했다. 이와 같이 대중과 미술의 소통을 위해 공공장소에 설치된 미술 작품 또는 공공 영역에서 이루어지는 예술 행위 및 활동을 공공미술이라 한다.

1960년대 후반부터 1980년대까지의 공공미술은 대중과 미술의 소통을 위해 작품의 설치 장소를 점차 확장했기 때문에 장소 중심의 공공미술이라 할 수 있다. 이전까지는 미술관에만 전시되던 작품을 사람들이 자주 드나드는 공공건물에 설치하기 시작했다.

하지만 이렇게 공공건물에 설치된 작품들은 건물의 장식으로 인식되어 대중과의 소통에 한계가 있었기 때문에 작품은 공원이나 광장 같은 공공장소로 옮겨졌다. 그러나 공공장소에 놓인 작품 중에는 주변 공간과 어울리지 않거나, 미술가의 미학적 입장이 대중에게 수용되지 못하는 일들이 벌어졌다.

이는 소통에 대한 미술가의 반성으로 이어졌고, 시간이 지남에 따라 공공미술은 점차 주변의 삶과 조화를 이루는 방향으로 발전하였다.

1990년대 이후의 공공미술은 참된 소통이 무엇인가에 대해 진지하게 성찰하며, 대중을 작품 창작 과정에 참여시키는 쪽으로 전개되었기 때문에 '참여' 중심의 공공미술이라 할 수 있다. 이때의 공공미술은 대중들이 작품 제작에 직접 참여하게 하거나, 작품을 보고 만지며 체험하는 활동 속에서 작품의 의미를 완성할 수 있도록 하여 미술가와 대중, 작품과 대중 사이의 소통을 강화하였다. 장소 중심의 공공미술이 이미 완성된 작품을 어디에 놓느냐에 주목하던 '결과 중심'의 수동적 미술이라면, 참여 중심의 공공미술은 작품의 창작 과정에 대중이 참여하여 작품과 직접 소통하는 '과정 중심'의 능동적 미술이라고 볼 수 있다.

한편 공공미술에서는 대중과의 소통을 위해 누구나 쉽게 다가가 감상할 수 있는 작품을 만들어야 하므로, 미술가는 자신의 미학적 입장을 어느 정도 포기해야 한다고 우려할 수 있다. 그러나 이러한 우려는 대중의 미적 감상 능력을 무시하는 편협한 시각이다. 왜냐하면 추상적이고 난해한 작품이라도 대중과의 소통의 가능성은 늘 존재하기 때문이다. 따라서 공공미술에서 예술의 자율성은 소통의 가능성과 대립하지 않는다. 공공미술가는 예술의 자율성과 소통의 가능성을 높이기 위해 대중의 예술적 감성이 어떠한지, 대중이 어떠한 작품을 기대하는지 면밀히 분석하며 작품을 창작해야 한다.

① 장소 중심의 공공미술은 결과 중심의 미술이다.
② 올덴버그의 '스프링'은 대중과의 소통을 위한 작품이다.
③ 장소 중심의 공공미술은 대중과의 소통에 한계가 있었다.
④ 장소 중심의 공공미술은 작품 창작에서 대중의 참여를 중요시하였다.
⑤ 공공 영역에서 이루어지는 예술 행위 및 활동은 공공미술이라 할 수 있다.

08

별의 밝기는 별과의 거리, 크기, 온도 등을 연구하는 데 중요한 정보를 제공한다. 별의 밝기는 등급으로 나타내며, 지구에서 관측되는 별의 밝기를 '겉보기 등급'이라고 한다. 고대의 천문학자 히파르코스는 맨눈으로 보이는 별의 밝기에 따라 가장 밝은 1등급부터 가장 어두운 6등급까지 6개의 등급으로 구분하였다. 이후 1856년에 포그슨은 1등급의 별이 6등급의 별보다 약 100배 밝고, 한 등급 간에는 밝기가 약 2.5배 차이가 나는 것을 알아내었다. 이러한 등급 체계는 망원경이나 관측 기술의 발달로 인해 개편되었다. 맨눈으로만 관측 가능했던 1～6등급 범위를 벗어나 그 값이 확장되었는데 6등급보다 더 어두운 별은 6보다 더 큰 수로, 1등급보다 더 밝은 별은 1보다 더 작은 수로 나타내었다.
별의 겉보기 밝기는 지구에 도달하는 별빛의 양에 의해 결정된다. 과학자들은 단위 시간 동안 단위 면적에 입사하는 빛에너지의 총량을 '복사 플럭스'라고 정의하였는데 이 값이 클수록 별이 더 밝게 관측된다. 그러나 별의 복사 플럭스 값은 빛이 도달되는 거리의 제곱에 반비례하기 때문에 별과의 거리가 멀수록 그 별은 더 어둡게 보인다. 이처럼 겉보기 밝기는 거리에 따라 다르게 관측되기 때문에 별의 실제 밝기는 절대 등급으로 나타낸다. 예를 들어, '리겔'의 경우 겉보기 등급은 0.1 정도이지만, 절대 등급은 －6.8 정도에 해당한다.
절대 등급은 별이 지구로부터 10파섹*(약 32.6광년)의 거리에 있다고 가정했을 때 그 별의 겉보기 등급으로 정의한다. 별의 실제 밝기는 별이 매초 방출하는 에너지의 총량인 광도가 클수록 밝아지게 된다. 광도는 별의 반지름의 제곱과 별의 표면 온도의 네 제곱에 비례한다. 즉, 별의 실제 밝기는 별의 표면적이 클수록, 표면 온도가 높을수록 밝다.
과학자들은 별의 겉보기 등급에서 절대 등급을 뺀 값인 거리 지수를 이용하여 별까지의 거리를 판단하며, 이 값이 큰 별일수록 지구에서 별까지의 거리가 멀다. 어떤 별의 거리 지수가 0이면 지구와 그 별 사이의 거리가 10파섹임을 나타내고, 0보다 크면 10파섹보다 멀다는 것을 의미한다. 예를 들어 '북극성'의 겉보기 등급은 2.0 정도이고, 절대 등급은 －3.6 정도이므로 거리 지수는 5.6이다. 이 값이 0보다 크기 때문에 북극성은 10파섹보다 멀리 있으며, 실제로 지구에서 133파섹 떨어져 있다. 이처럼 별의 밝기와 관련된 정보를 통해 멀리 떨어져 있는 별에 대해 탐구할 수 있다.

*파섹 : 거리의 단위로서 1파섹은 3.086×10^{13}km, 즉 약 3.26광년에 해당한다.

① 별빛이 도달되는 거리가 3배가 되면 복사 플럭스 값은 1/9배가 된다.
② 망원경으로 관측한 별 중에 히파르코스의 등급 범위를 벗어난 것이 있을 수 있다.
③ 겉보기 등급과 절대 등급이 같은 별은 지구에서 약 32.6광년 떨어져 있겠다.
④ 어떤 별과 지구 사이의 거리가 10파섹 미만이라면 그 별의 거리 지수는 0보다 작다.
⑤ 겉보기 등급이 －1인 별과 겉보기 등급이 1인 별의 밝기는 약 2.5배 차이가 난다.

PART 3

09 다음 글을 읽고 알 수 있는 내용으로 적절하지 않은 것은?

기존의 분자 생물학은 구성 요소를 하나하나 분해하여 개별적인 기능을 알아내는 환원주의적 방식을 통해 발전해 왔다. 그러나 유기체는 수많은 유전자와 단백질, 다수의 화합물들이 복잡한 반응을 통해 끊임없이 상호작용하고 있기 때문에 환원주의적 접근만으로 생명 현상의 전모를 이해하는 데에는 한계가 있었다. 이러한 문제의식 속에서 대안으로 등장하게 된 것이 시스템 생물학이다.

시스템 생물학은 최근 들어 박테리아에서 인간에 이르는 거의 모든 생물체에 대한 생물학적 데이터가 대량으로 축적됨에 따라 주목을 받고 있다. 시스템 생물학자들은 축적된 생물학적 데이터를 바탕으로 특정 생명 현상과 관련된 구성 요소들을 파악하고, 그 구성 요소들 간에 그리고 그 구성 요소들을 포괄하는 시스템 내에 어떠한 상호작용이 이루어지고 있는지 분석함으로써 고도의 복잡성을 지닌 생명 현상에 대해 설명하고자 한다. 그 방법 가운데 하나가 컴퓨터를 사용하여 생명체와 동일한 원리로 작동하는 프로그램을 만든 후, 그 메커니즘을 분석하는 것이다.

가상 심장을 최초로 개발한 데니스 노블은 이러한 방법으로 심장이 박동하는 현상 속에 작동하는 심장 근육 세포의 피드백 효과를 설명하였다. 지금까지 심장의 박동은 세포 내의 단백질 채널을 통해 이온의 흐름이 생기면, 그것이 심장의 근육 세포에 전압 변화를 가져옴으로써 발생된다고 설명되어 왔다.

노블은 심장 박동이 이러한 단일의 인과 관계에 의해 나타나는 것이 아니라, 단백질 채널이라는 구성 요소와 그것의 상부 구조라 할 수 있는 근육 세포 간의 상호작용에 의한 것이라고 보았다. 이를 입증하기 위해 살아 있는 심장을 컴퓨터로 모델화한 후, 다른 조건들은 그대로 둔 채 피드백 효과와 관련된 것만을 수행하지 않도록 만든 실험을 진행하였다. 그리고 이 과정에서 근육 세포의 전압 변화와 단백질 채널인 칼륨 채널, 칼슘 채널 그리고 혼합 이온 채널의 변화를 살펴보았다.

먼저 처음 1초 동안에는 세포 전압의 진동과 이에 대응되는 단백질 채널의 진동이 네 차례 있었다. 네 차례의 진동 후 세포 전압을 일정하게 유지시켜 세포 전압에서 단백질 채널로의 피드백을 정지시켰다. 단백질 채널의 진동 중에 한 개라도 세포 전압의 진동을 만들어 낼 수 있다면 단백질 채널은 원래의 진동을 계속할 것이며, 그에 따라 세포 전압의 진동이 발생하게 될 것이다. 하지만 실험해 본 결과 단백질 채널의 진동이 멈추었고, 각 경우의 활동 수준을 보여주는 선(線)들이 편평해졌다. 이러한 결과는 단백질 채널의 작동만으로 심장의 박동이 설명될 수 없으며, 심장의 근육 세포에서 단백질 채널로의 피드백이 심장의 박동을 발생시키는 데 필수적이라는 사실을 증명하는 것이다. 이 실험은 생명 현상이 유전자나 단백질에서부터 세포 소기관이나 세포로 향하는 위 방향으로의 인과 관계로만 발생하는 것이 아니며, 이와 반대되는 아래 방향으로의 인과 관계도 생명 현상에 중요하게 작용하고 있음을 말해준다. 노블은 이러한 실험을 바탕으로 하여, 유전자를 중심으로 한 환원주의적 방식에서 벗어나 유기체 내의 다양한 생명 현상에 대해 전체적이고 통합적인 관점으로 접근할 필요가 있다고 주장하였다.

① 시스템 생물학이 출현하게 된 배경
② 기존 분자 생물학의 주된 연구 방식
③ 시스템 생물학자들의 다양한 연구 성과
④ 심장 박동 현상에 대한 노블의 실험 과정
⑤ 생명 현상의 인과 관계에 대한 노블의 주장

10 다음 글의 내용으로 가장 적절한 것은?

풍속화는 문자 그대로 풍속을 그린 그림이다. 세속을 그린 그림이라는 뜻에서 속화(俗畵)라고도 한다. 정의는 이렇게 간단하지만 따져야 할 문제들은 산적해 있다. 나는 풍속화에 대해 엄밀한 학문적 논의를 펼 만큼 전문적인 식견을 갖고 있지는 않다. 하지만 한 가지 확실하게 말할 수 있는 것은 풍속화가 인간의 모습을 화폭 전면에 채우는 그림이라는 사실이다. 그런데 현재 우리가 접하는 그림에서 인간의 모습이 그림의 전면을 차지하는 작품은 생각보다 많지 않다. 우리의 일상적인 모습은 더욱 그렇다. 만원 지하철에 시달리며 출근 전쟁을 하고, 직장 상사로부터 핀잔을 듣고, 포장마차에서 소주를 마시고, 노래방에서 스트레스를 푸는 평범한 사람들의 일상의 모습은 그림에 등장하지 않는다. 조선 시대에도 회화의 주류는 산수와 꽃과 새, 사군자와 같은 인간의 외부에 존재하는 대상을 그리는 것이었다. 이렇게 말하면 너무 지나치다고도 할 것이다. 산수화에도 인간이 등장하고 있지 않은가? 하지만 산수화 속의 인간은 산수에 부속된 것일 뿐이다. 산수화에서의 초점은 산수에 있지, 산수 속에 묻힌 인간에 있지 않다. 인간의 그림이라면, 초상화가 있지 않느냐고 물을 수도 있다. 사실 그렇다. 초상화는 인간이 화면 전체를 차지하는 그림이다. 나는 조선 시대 초상화에서 깊은 감명을 받은 적도 있다. 그것은 초상에 그 인간의 내면이 드러나 보일 때인데, 특히 송시열의 초상화를 보고 그런 느낌을 받았다. 하지만 초상화는 아무래도 딱딱하다. 초상화에서 보이는 것은 얼굴과 의복일 뿐, 구체적인 삶의 모습은 아니다. 이에 반해 조선 후기 풍속화는 인간의 현세적・일상적 모습을 중심 제재로 삼고 있다. 조선 사회가 양반 관료 사회인만큼 양반들의 생활이 그려지는 것은 당연하겠지만, 풍속화에 등장하는 인물의 주류는 이미 양반이 아니다. 농민과 어민 그리고 별감, 포교, 나장, 기생, 뚜쟁이 할미까지 도시의 온갖 인간들이 등장한다. 풍속화를 통하여 우리는 양반이 아닌 인간들을 비로소 만나게 된 것이다. 여성이 그림에 등장하는 것도 풍속화의 시대에 와서이다. 조선 시대는 양반・남성의 사회였다. 양반・남성 중심주의는 양반이 아닌 이들과 여성을 은폐하였다. 이들이 예술의 중심대상이 된 적은 거의 없었다. 특히 그림에서는 인간이 등장하는 일이 드물었고, 여성이 등장하는 일은 더욱 없었다. 풍속화에 와서야 비로소 여성이 회화의 주요대상으로 등장했던 것이다. 조선 시대 풍속화는 18 ~ 19세기에 '그려진 것'이다. 물론 풍속화의 전통을 따지고 들면 저 멀리 고구려 시대의 고분벽화에 까지 이를 수 있다. 그러나 그것들은 의례적・정치적・도덕적 관념의 선전이란 목적을 가지고 '제작된 것'이다. 좀 더 구체적으로 말하자면, 죽은 이를 위하여, 농업의 중요성을 강조하고 생산력을 높이기 위하여 혹은 민중의 교화를 위하여 '제작된 것'이다. 이점에서 이 그림들은 18 ~ 19세기의 풍속화와는 구분되어야 마땅하다.

① 풍속화는 인간의 외부에 존재하는 대상을 그리는 것이었다.
② 조선 후기 풍속화에는 양반들의 생활상이 주로 나타나 있다.
③ 조선 시대 산수화 속에 등장하는 인물은 부수적 존재에 불과하다.
④ 조선 시대 회화의 주류는 인간의 내면을 그린 그림이 대부분이었다.
⑤ 조선 전기에도 여성이 회화의 주요대상으로 등장했다.

11 다음 (가), (나)에서 공통적으로 추론할 수 있는 내용으로 가장 적절한 것은?

(가) 우생학적 간섭은 해당 인격체를 제3자의 의도에 고정시켜 자신을 자신의 삶에 대한 유일한 저자로서 이해할 기회를 제공하지 않으며 상황을 되돌릴 수도 없다. 따라서 우생학적 간섭은 비록 개선을 의도하더라도 윤리적 자유에 영향을 끼친다. 스스로를 자신에게 인위적으로 부여된 능력 및 소질과 동일시하는 것이 자연적으로 주어진 자신의 성향이나 성격과 동일시하는 것보다 더 쉬울 수도 있는 일이다. 그러나 당사자가 자신에게 행해진 우생학적 간섭에 대해 그 프로그래밍의 기획과 결부된 의도를 심리적으로 수긍할 수 있는 경우는 매우 제한적일 것이라고 가정할 수 있다. 아마도 극단적이고 매우 일반적인 악의 제거라는 소극적 경우에서만 당사자가 우생학적 목표 설정에 동의하게 될 것이다. 나아가 자유주의적 우생학은 단지 프로그램된 인격체의 '자신으로 있을 수 있음'에만 영향을 미치는 것은 아니다. 그와 같은 실행은 또한 아무런 비교할 전범도 없는 그런 인간관계를 낳을 수도 있다. 한 인격체가 다른 인격체의 유전자를 원하는 대로 조합하면서 내리는 비가역적 결정 때문에 두 인격체 사이에는 자율적으로 행위하고 판단하는 인격체들의 도덕적 자기 이해를 위해서 지금껏 자명한 것으로 간주되던 전제를 허무는 그런 유형의 관계가 성립한다.

– 위르겐 하버마스, 『인간이라는 자연의 미래 – 자유주의적 우생학 비판』

(나) 유전자 조작이 자유롭게, 그리고 비싸지 않게 이용된다 하더라도 그 조작이 바람직한 다원성을 실제로 얼마나 위협할 것인지는 분명하지 않다. 설령 모든 부모가 그들의 아이들에게 그들이 우수한 것으로 믿고 있는 자질을 갖게 한다 하더라도 그것을 바람직하지 않은 것으로 볼 필요가 없다. 지성과 기술 수준을 전면적으로 향상하는 것은 교정적 교육의 목적일 뿐만 아니라 일상적 교육의 목적이다. 만일 부모가 선택할 수 있다면, 그들이 두 사람의 유전자를 모두 갖고 있는 아이를 생산하는 성관계를 통한 재생산보다 그들 가운데 하나를 – 또는 제3자를 – 복제하고 싶어할 것을 두려워할 좋은 이유가 있는가? 또는 심각한 문제를 일으킬 수 있는 대립 유전자를 배제하기 위한 것이나 다른 이유로 복제를 선택하는 것을 두려워할 좋은 이유를 갖고 있는가? 그들이 성관계로는 재생산을 할 수 없기 때문에 복제를 선택하는 것을 두려워할 좋은 이유가 있는가? 그럴 가능성은 없는 것처럼 보인다. 예를 들어 (많은 사람들이 두려워하듯이) 부모들이 자신의 아이들을 여자가 아니라 남자 아이가 되도록 유전자를 조작하는 것을 두려워할 이유가 있는가? 특정한 공동체에서는 분명히 남자 아이들을 여자 아이들보다 더 선호한다. 그러나 그 선호는 변천하는 문화적 편견뿐만 아니라 경제적 여건에도 매우 민감한 것처럼 보여서 세계가 갑자기 남자가 압도적으로 많은 시대로 휩쓸리게 될 것이라고 생각할 이유는 없다.

– 로널드 드워킨, 『자유주의적 평등』

① 유전자 조작을 하는 것은 결국 유전자 조작으로 태어난 개체의 선택권이나 그 조작을 택한 부모 또는 당사자에게 좋지 않은 결과를 가져올 뿐만 아니라 사회 전체에 악영향을 끼치게 되기 때문에 당연히 윤리적인 문제를 수반할 수밖에 없다.
② 인간의 우생학적인 간섭은 결국 그것을 선택하게 된 인간의 이기심을 적나라하게 드러내는 것이기 때문에 비록 그 간섭을 통해서 우수한 유전자를 확보하게 되었다 하더라도 과연 그것이 인간사회에 유익하느냐는 문제점을 수반한다고 할 수 있다.
③ 인간이 유전자 조작을 통해 기존 바탕보다 좀 더 우월한 인지를 생산할 수 있다면 그것을 싫어할 사람은 아무도 없기 때문에 유전자를 조작해서라도 보다 우성인 후손을 가지고 싶어 하는 것은 사실이지만 그렇다고 그것이 커다란 사회 변혁의 요인이라고 볼 수는 없다.
④ 유전자 조작을 통해서 후손이 우월적인 능력을 가지게 된다면 누구도 그것에 대해 부정적으로 바라볼 소지는 없지만 그런 간섭이 기존의 인간적인 틀을 파괴할 수 있는 문제가 있기 때문에 부정적인 요소를 제거하는 외로 사용되는 것에 대해 찬성할 수 없다.
⑤ 유전자 조작을 통해서 우생학적인 자식을 가질 수 있다면 부모의 입장에서는 그 결과에 대해서 두려워하거나 싫어할 이유가 전혀 없는 것이기 때문에 그러한 가능성이 주어진다면 후손을 변화시키기 위해 누구라도 시도할 것이다.

※ 다음 글을 읽고 이어지는 질문에 답하시오. [12~14]

세계사는 유목 민족과 정주 민족 간 투쟁의 역사이다. 유목 민족은 농경을 주업으로 하여 문명에서 앞서간 정주 민족에게 결국 패배하였다. 유럽을 공포로 몰아넣었던 용맹한 유목 민족인 훈족 역시 역사에서 흔적 없이 소멸했다. 그러나 21세기 들어 새로운 유목 민족이 새 역사를 쓰고 있다. 이들은 과거의 기마병이 상상조차 할 수 없는 속도로 세계 거의 모든 나라의 국경을 무너뜨리고 끊임없이 영토를 확장해 나가고 있다. 이처럼 신유목 시대를 열고 있는 종족이 바로 21세기의 화두로 떠오르고 있는 (가) <u>디지털 노마드</u>[1]이다. 프랑스의 지성 자크 아탈리는 '21세기는 정보기술(IT)을 갖추고 지구를 떠도는 디지털 노마드의 시대'라고 예언했다.

신유목 시대는 자본과 노동의 자유로운 이동을 추구하는 세계화와 관련이 있다. 국경을 넘나드는 세계화 시대의 돈과 노동력은 철저하게 유목화한다. 유목민이 말을 타고 새로운 영토를 찾아 끊임없이 이동했듯 21세기의 자본은 더 높은 수익률을, 노동력은 더 나은 삶을 모색하며 쉬지 않고 움직인다. 현대의 유목은 물리적인 현실 공간을 넘어 사이버 공간으로 이동된다. 프랑스의 철학자 피에르 레비는 '현대인에게 움직인다는 것의 의미는 더 이상 지구 표면 한 지점에서 다른 지점으로 이동하는 것만을 뜻하지 않는다.'라고 했다.

신유목 시대의 두 축은 사이버 세계와 유목 행위이다. 과거 유목민이 오아시스라는 허브[2]를 통해 생존의 네트워크를 만들었듯, 디지털 노마드는 인터넷에서 생존의 조건을 확보한다. 시간과 장소에 구애를 받지 않고 다양하고 새로운 서비스를 받을 수 있는 유비쿼터스[3]는 새로운 유목민의 환경이다. 유목민은 성을 쌓지 않을 뿐만 아니라 성을 떠난다. 조상과 자신이 출생한 공간은 낡은 사진 이상의 의미를 갖지 못한다. 그들은 모국어를 버리고 이방에서 외국어를 쓰며 생활한다.

신유목 시대에는 국가주의가 퇴조하고 세계시민주의가 확대될 것으로 예상된다. 또한 세계화와 민족주의 사이의 갈등과 불확실성이 더욱 심해질 전망이다. 지구촌은 남북 격차[4]에 디지털 격차까지 겹쳐 빈익빈부익부 구조가 더욱 심해지고 고착될 수도 있다. 남쪽 세계에 속한 인구는 디지털 노마드로 변신을 꾀하기는커녕, ㉠ <u>생존이 가능한 공간을 찾아 흙먼지 길을 전전해야 하는 가난한 유랑민으로 남게 될지도 모른다</u>. 이를 해결할 수 있는 길은 바로 네트워크를 통한 공동체적 유대를 회복하는 데 있다. 공동체적 유대의 기본 정신은 '박애와 관용'이다. 과학 기술과 네트워크에 인간적 온기를 불어넣을 때, 인간을 소외시켰던 바로 그 과학기술과 네트워크는 신유목 시대의 미래를 열어가는 정신적 토대로 전환될 수 있다. 1600여 년 전 세계를 휩쓸었던 유목 민족인 훈족은 새로운 길을 찾지 못하고 역사에서 사라졌다. 21세기의 새로운 유목민도 비슷한 상황을 맞을 수 있다. 그러나 이미 도처에서 자라고 있는 희망의 싹을 잘 키운다면, 디지털 노마드는 인류 역사의 위대한 종족으로 남게 될 수 있을 것이다.

1) 노마드(Nomad) : 유목민
2) 허브(Hub) : 중심에 위치하여 바큇살 모양으로 다른 부분을 접속하는 중계 장치
3) 유비쿼터스(Ubiquitous) : 장소에 상관없이 네트워크에 접속할 수 있는 정보통신 환경
4) 남북 격차 : 북반구에 있는 나라와 남반구에 있는 나라 사이의 불균형한 경제 관계

12 다음 중 밑줄 친 (가)에 해당하는 경우를 〈보기〉에서 모두 고르면?

보기

ㄱ. 전자 회사에 취직하여 최첨단 광통신 장비에 들어갈 부품을 만드는 노동자
ㄴ. 한국에서 인터넷을 통해 미국의 주식 시장에 실시간으로 투자를 하는 사람
ㄷ. 해외로 출장 가서 컴퓨터를 통해 인터넷에 접속하여 업무를 처리하는 회사원
ㄹ. 국제민간기구에 가입하여 제3세계를 돌며 인류 평화를 위해 봉사하는 젊은이

① ㄱ, ㄴ
② ㄴ, ㄷ
③ ㄷ, ㄹ
④ ㄱ, ㄴ, ㄷ
⑤ ㄴ, ㄷ, ㄹ

PART 3

13 다음 중 밑줄 친 ㉠의 의미를 바르게 이해한 것은?

① 지록위마(指鹿爲馬)의 상황이라는 말이군.
② 전화위복(轉禍爲福)의 양상이 잘 드러나 있군.
③ 오리무중(五里霧中)이라더니 바로 그 상태로군.
④ 남부여대(男負女戴)의 상황이 될 수도 있다는 말이군.
⑤ 상전벽해의 상황이라는 말이군.

14 다음 중 윗글의 내용으로 적절하지 않은 것은?

① 역사적으로 유목 민족과 정주 민족은 갈등을 겪어 왔다.
② 남북의 경제적 격차로 인해 디지털 노마드가 늘고 있다.
③ 디지털 노마드의 생활 양식은 빠른 속도로 확산되고 있다.
④ 과거의 유목민에게 오아시스는 생존의 중요한 조건이었다.
⑤ 새로운 유목민은 유비쿼터스라는 환경에서 생존한다.

15 다음 글의 제목으로 가장 적절한 것은?

'5060세대'. 몇 년 전까지만 해도 그들은 사회로부터 '지는 해' 취급을 받았다. '오륙도'라는 꼬리표를 달아 일터에서 밀어내고, 기업은 젊은 고객만 왕처럼 대우했다. 젊은 층의 지갑을 노려야 돈을 벌 수 있다는 것이 기업의 마케팅 전략이었기 때문이다.

그러나 최근 들어 상황이 달라졌다. 5060세대가 새로운 소비 군단으로 주목되기 시작한 가장 큰 이유는 고령화 사회로 접어들면서 시니어(Senior) 마켓 시장이 급속도로 커지고 있는데다 이들이 돈과 시간을 가장 넉넉하게 가진 세대이기 때문이다. L경제연구원에 따르면 2010년이면 50대 이상 인구 비중이 30%에 이르면서 50대 이상을 겨냥한 시장 규모가 100조 원대까지 성장할 예정이다.

통계청이 집계한 가구주 나이별 가계수지 자료를 보면, 한국 사회에서는 50대 가구주의 소득이 가장 높다. 월평균 361만 500원으로 40대의 소득보다도 높은 것으로 집계됐다. 가구주 나이가 40대인 가구의 가계수지를 보면, 소득은 50대보다 적으면서도 교육 관련 지출(45만 6,400원)이 압도적으로 높아 소비 여력이 낮은 편이다. 그러나 50대 가구주의 경우 소득이 높으면서 소비 여력 또한 충분하다. 50대 가구주의 처분가능소득은 288만 7,500원으로 전 연령층에서 가장 높다.

이들이 신흥 소비군단으로 떠오르면서 '애플(APPLE)족'이라는 마케팅 용어까지 등장했다. 활동적이고(Active) 자부심이 강하며(Pride) 안정적으로(Peace) 고급문화(Luxury)를 즐기는 경제력(Economy) 있는 50대 이후 세대를 뜻하는 말이다. 통계청은 여행과 레저를 즐기는 5060세대를 '2008 주목해야 할 블루슈머* 7' 가운데 하나로 선정했다. 과거 5060세대는 자식을 보험으로 여기며 자식에게 의존하면서 살아가는 전통적인 노인이었다. 그러나 애플족은 자녀로부터 독립해 자기만의 새로운 인생을 추구한다. '통크족(TONK; Two Only, No Kids)'이라는 별칭이 붙는 이유다. 통크족이나 애플족은 젊은 층의 전유물로 여겨졌던 자기중심적이고 감각 지향적인 소비도 주저하지 않는다. 후반전 인생만은 자기가 원하는 일을 하며 멋지게 살아야 한다고 생각하기 때문이다.

애플족은 한국 국민 가운데 해외여행을 가장 많이 하는 세대이기도 하다. 2007년 통계청의 사회통계조사에 따르면 2006년 6월 15일 ~ 2007년 6월 14일 50대의 17.5%가 해외여행을 다녀왔다. 20 ~ 30대보다 높은 수치다. 그리고 그들은 어떤 지출보다 교양·오락비를 아낌없이 쓰는 것이 특징이다. 전문가들은 애플족의 교양·오락 및 문화에 대한 지출비용은 앞으로도 증가할 것으로 내다보고 있다. 한 사회학과 교수는 "고령사회로 접어들면서 성공적 노화 개념이 중요해짐에 따라 텔레비전 시청, 수면, 휴식 등 소극적 유형의 여가에서 게임 등 재미와 젊음을 찾을 수 있는 진정한 여가로 전환되고 있다."라고 말했다. 이 교수는 젊은이 못지않은 의식과 행동반경을 보이는 5060세대를 겨냥한 다양한 상품과 서비스에 대한 수요가 앞으로도 크게 늘 것이라고 내다보았다.

*블루슈머(Bluesumer) : 경쟁자가 없는 시장을 의미하는 블루오션(Blue Ocean)과 소비자(Consumer)의 합성어로 새로운 제품에 적응력이 높고 소비성향을 선도하는 소비자를 의미한다.

① 애플족의 소비 성향은 어떠한가?
② 5060세대의 사회·경제적 위상 변화
③ 다양한 여가 활동을 즐기는 5060세대
④ 애플족을 '주목해야 할 블루슈머 7'로 선정
⑤ 점점 커지는 시니어 마켓 시장의 선점 방법

01 다음 〈조건〉을 바탕으로 할 때 5층에 있는 부서는?

조건

- 기획조정실의 층수에서 경영지원실의 층수를 빼면 3이다.
- 보험급여실은 경영지원실 바로 위층에 있다.
- 급여관리실은 빅데이터운영실보다는 아래층에 있다.
- 빅데이터운영실과 보험급여실 사이에는 두 층이 있다.
- 경영지원실은 가장 아래층이다.

① 빅데이터운영실
② 보험급여실
③ 경영지원실
④ 기획조정실
⑤ 급여관리실

02 요리 경연에 출전한 갑 ~ 무 다섯 명은 정식코스요리에 도전한다. 〈조건〉에 따라 전채, 수프, 메인, 디저트를 각각 1시간씩 오후 1시부터 오후 5시까지 완성해야 한다. 1번부터 5번까지 적힌 주방에서 1시간마다 다른 종류의 요리를 해야 하는 마지막 미션이다. 다음 중 옳지 않은 것은?

조건

- 모방을 막기 위하여 서로 맞닿아 있는 주방에 있는 사람들은 동 시간대에 같은 종류의 요리를 만들 수 없다.
- 갑은 3번 주방을 사용하고, 2시부터는 디저트를 만든다.
- 을은 마지막 요리로 메인요리를 만들고, 3시에는 갑과 같은 요리를 만든다.
- 무는 5번 주방을 사용하고 처음 시작할 때 수프를 만들며, 마지막 요리는 디저트로 끝낸다.
- 을과 정은 마지막 구간에서만 같은 종류의 요리를 만든다.
- 2번과 4번 주방에 있는 요리사들은 처음에 반드시 디저트를 제외한 같은 종류의 요리를 만든다.

① 무는 2 ~ 3시에 전채나 메인을 만들어야 한다.
② 갑이 3시부터 전채를 만든다고 한다면, 을은 처음부터 디저트를 만들어야 한다.
③ 을이 처음에 디저트, 2시부터 전채를 만든다고 한다면 갑은 처음에 메인부터 만들어야 한다.
④ 병의 마지막 요리가 수프일 때, 갑의 마지막 요리는 전채이다.
⑤ 정의 요리 순서는 전채 – 수프 – 디저트 – 메인이다.

03 **마지막 명제가 참일 때, 빈칸에 들어갈 명제로 가장 적절한 것은?**

- 유행에 민감한 모든 사람은 고양이를 좋아한다.
- ______________________________
- 고양이를 좋아하는 어떤 사람은 쇼핑을 좋아한다.

① 고양이를 좋아하는 모든 사람은 유행에 민감하다.
② 유행에 민감한 어떤 사람은 쇼핑을 좋아한다.
③ 쇼핑을 좋아하는 모든 사람은 고양이를 좋아하지 않는다.
④ 유행에 민감하지 않은 어떤 사람은 쇼핑을 좋아한다.
⑤ 고양이를 좋아하지 않는 모든 사람은 쇼핑을 좋아한다.

04 **주어진 명제가 모두 참일 때, 빈칸에 들어갈 명제로 가장 적절한 것은?**

- 바람이 불면 별이 회색이다.
- ______________________________
- 그러므로 별이 회색이 아니면 사과가 떨어지지 않는다.

① 별이 회색이면 바람이 분다.
② 바람이 불면 사과가 떨어진다.
③ 바람이 불지 않으면 사과가 떨어지지 않는다.
④ 사과가 떨어지면 바람이 불지 않는다.
⑤ 별이 회색이 아니면 바람이 분다.

05 **네 명의 피의자 A～D가 경찰에게 다음과 같이 진술하였다. 한 사람의 진술만이 참일 경우의 범인과 한 사람의 진술만이 거짓일 경우의 범인을 순서대로 나열한 것은?(단, 범인은 네 명 중 한 명뿐이다)**

- A : C가 범인이다.
- B : 나는 범인이 아니다.
- C : D가 범인이다.
- D : C는 거짓말을 했다.

① A, B
② A, C
③ A, D
④ B, C
⑤ B, D

06 A ~ E 5명을 포함한 8명이 달리기 경기를 하였다. 다음을 바탕으로 추론할 때, 항상 옳은 것은?

- A와 D는 연속으로 들어왔으나, C와 D는 연속으로 들어오지 않았다.
- A와 B 사이에 3명이 있다.
- B는 일등도, 꼴찌도 아니다.
- E는 4등 또는 5등이고, D는 7등이다.
- 5명을 제외한 3명 중에 꼴찌는 없다.

① C가 3등이다.
② A가 C보다 늦게 들어왔다.
③ E가 C보다 일찍 들어왔다.
④ B가 E보다 늦게 들어왔다.
⑤ D가 E보다 일찍 들어왔다.

07 한 경기장에는 네 개의 탈의실이 있는데 이를 대여할 때에는 다음과 같은 〈조건〉을 따라야 하며, 이미 예약된 탈의실은 제시된 표와 같다. 금요일의 빈 시간에 탈의실을 대여할 수 있는 단체를 모두 고르면?

구분	월	화	수	목	금
A	시대		한국		
B	우리			시대	
C			나라		나라
D	한국	시대		우리	

조건

- 일주일에 최대 세 번, 세 개의 탈의실을 대여할 수 있다.
- 한 단체가 하루에 두 개의 탈의실을 대여하려면, 인접한 탈의실을 대여해야 한다.
- 탈의실은 A – B – C – D 순서대로 직선으로 나열되어 있다.
- 탈의실은 하루에 두 개까지 대여할 수 있다.
- 전날 대여한 탈의실을 똑같은 단체가 다시 대여할 수 없다.

① 나라
② 우리, 나라, 한국
③ 한국, 나라
④ 시대, 한국, 나라
⑤ 우리, 나라, 시대

08 다음 명제가 모두 참일 때, 항상 참인 것은?

- 수학 수업을 듣지 않는 학생들은 국어 수업을 듣지 않는다.
- 모든 학생들은 국어 수업을 듣는다.
- 수학 수업을 듣는 어떤 학생들은 영어 수업을 듣는다.

① 모든 학생들은 영어 수업을 듣는다.
② 모든 학생들은 국어, 수학, 영어 수업을 듣는다.
③ 어떤 학생들은 국어와 영어 수업만 듣는다.
④ 어떤 학생들은 국어, 수학, 영어 수업을 듣는다.
⑤ 모든 학생들은 국어 수업을 듣거나 수학 수업을 듣는다.

09 주어진 명제가 모두 참일 때, 빈칸에 들어갈 명제로 가장 적절한 것은?

- 포유류는 새끼를 낳아 키운다.
- 고양이는 포유류이다.
- ____________________

① 포유류는 고양이이다.
② 고양이는 새끼를 낳아 키운다.
③ 새끼를 낳아 키우는 것은 고양이이다.
④ 새끼를 낳아 키우는 것은 포유류가 아니다.
⑤ 고양이가 아니면 포유류가 아니다.

※ 다음 주어진 조건을 읽고 각 문제가 참이면 ①, 거짓이면 ②, 알 수 없으면 ③을 고르시오. [10~12]

- 왼쪽부터 차례대로 1, 2, 3, 4, 5, 6번 방이 있고, 한 방에 한 명씩 들어간다.
- A와 B 사이에는 두 명이 있고, B가 항상 A의 오른편에 있다.
- C는 D의 바로 왼쪽 방에 있다.
- E는 5번 방에 있다.

10 F는 6번 방에 있다.

① 참　② 거짓　③ 알 수 없음

11 E는 항상 F의 옆방에 있다.

① 참　② 거짓　③ 알 수 없음

12 A와 B의 방 사이에는 C와 F의 방이 있다.

① 참　② 거짓　③ 알 수 없음

13 甲과 乙이 다음 〈조건〉에 따라 게임을 할 때, 옳지 않은 것은?

조건

• 甲과 乙은 다음과 같이 시각을 표시하는 하나의 시계를 가지고 게임을 한다.

0	9	:	1	5

• 甲, 乙 각자가 일어났을 때, 시계에 표시된 4개의 숫자를 합산하여 게임의 승패를 결정한다. 숫자의 합이 더 작은 사람이 이기고, 숫자의 합이 같을 때에는 비긴다.
• 甲은 반드시 오전 6시에서 오전 6시 59분 사이에 일어나고, 乙은 반드시 오전 7시에서 오전 7시 59분 사이에 일어난다.

① 甲이 오전 6시 정각에 일어나면, 반드시 甲이 이긴다.
② 乙이 오전 7시 59분에 일어나면, 반드시 乙이 진다.
③ 乙이 오전 7시 30분에 일어나고, 甲이 오전 6시 30분 전에 일어나면 반드시 甲이 이긴다.
④ 甲과 乙이 정확히 1시간 간격으로 일어나면, 반드시 甲이 이긴다.
⑤ 甲과 乙이 정확히 50분 간격으로 일어나면, 甲과 乙은 비긴다.

14 N사가 A ~ D 네 부서에 1명씩 신입 요원을 선발하였다. 지원자는 총 5명이었으며, 선발 결과에 대해 다음과 같이 진술하였다. 이 중 1명의 진술만 거짓으로 밝혀졌을 때 추론한 내용으로 옳은 것은?

• 지원자 1 : 지원자 2가 A부서에 선발되었다.
• 지원자 2 : 지원자 3은 A부서 또는 D부서에 선발되었다.
• 지원자 3 : 지원자 4는 C부서가 아닌 다른 부서에 선발되었다.
• 지원자 4 : 지원자 5는 D부서에 선발되었다.
• 지원자 5 : 나는 D부서에 선발되었는데, 지원자 1은 선발되지 않았다.

① 지원자 1은 B부서에 선발되었다.
② 지원자 2는 A부서에 선발되었다.
③ 지원자 3은 D부서에 선발되었다.
④ 지원자 4는 B부서에 선발되었다.
⑤ 지원자 5는 C부서에 선발되었다.

15 **다음 글과 <조건>을 근거로 판단할 때 국회의원의 이름, 지역구, 지역구 활동을 한 요일, 발의한 법안명을 바르게 연결한 것은?**

국회 환경노동위원회에 소속되어 있는 국회의원 신국가, 한국민, 박정치, 황의정은 국회 임시회에 참여하는 와중에 각 지역구에서 의정활동을 하느라 바쁜 일정을 보내고 있다. 서울지역 국회의원인 네 사람은 지난 선거에서 용산구, 강서구, 영등포구, 송파구에서 선출되었다. 최근 환경노동위원회의 법안심사소위원회 일정이 빠듯하여 위 네 명의 국회의원들은 월요일부터 목요일까지 하루씩 돌아가며 지역구 활동을 하기로 결정하였고, 금요일에는 각자 법안 A, B, C, D 중 하나씩을 발의하기로 하였다.

조건

1. 신국가는 목요일에 지역구 활동을 하였다.
2. 한국민은 강서구에서 선출되었다.
3. 송파구에서 선출된 국회의원은 C법안을 발의하였다.
4. 신국가는 용산구에서 선출되지 않았다.
5. 한국민은 월요일에 지역구 활동을 하지 않았다.
6. 용산구에서 선출된 국회의원은 A법안을 발의하였다.
7. 황의정은 화요일에 지역구 활동을 하였다.
8. D법안을 발의한 국회의원은 영등포구에서 선출되지 않았다.
9. 영등포구에서 선출된 국회의원은 월요일에 지역구 활동을 하였다.

① 신국가 – 영등포구 – C법안
② 한국민 – 강서구 – 월요일
③ 박정치 – 수요일 – B법안
④ 황의정 – 화요일 – A법안
⑤ 송파구 – 목요일 – D법안

PART 3

01 다음은 한국축산업중앙회가 발표한 2023년 도매시장의 소 종류별·등급별 경락두수에 대한 자료이다. 이에 대한 내용으로 옳은 것은?

〈2023년 도매시장의 소 종류별·등급별 경락두수〉

(단위 : 마리)

구분	한우	육우	젖소	합계
1++등급	9,006	144	1	9,151
1+등급	30,083	1,388	27	31,498
1등급	39,817	6,313	189	46,319
2등급	35,241	23,399	1,221	59,861
3등급	26,427	34,996	7,901	69,324
D등급	3,634	726	16,545	20,905
합계	144,208	66,966	25,884	237,058

① 육우가 1++등급을 받는 비율보다 한우가 D등급을 받는 비율이 더 낮다.
② 한우가 1등급을 받는 비율이 육우가 2등급을 받는 비율보다 더 높다.
③ 육우는 3등급 이하의 판정을 받은 경우가 50%를 넘는다.
④ 젖소가 1등급 이상을 받는 비율보다 육우가 1++등급을 받는 비율이 더 높다.
⑤ D등급을 차지하고 있는 한우의 비율은 1등급을 차지하고 있는 육우의 비율보다 낮다.

02 다음은 A도시와 다른 도시들 간의 인구이동량과 거리에 대한 자료이다. 인구가 많은 도시부터 적은 도시 순으로 바르게 나열한 것은?

〈도시 간 인구이동량과 거리〉

(단위 : 천 명, km)

구분	인구이동량	거리
A ↔ B	60	2
A ↔ C	30	4.5
A ↔ D	20	7.5
A ↔ E	55	4

※ (두 도시 간 인구이동량)$=k\times\frac{\text{(두 도시의 인구의 곱)}}{\text{(두 도시 간의 거리)}}$ (k는 양의 상수)

① B－C－D－E
② D－C－E－B
③ D－E－C－B
④ E－D－B－C
⑤ E－D－C－B

PART 3

03 다음은 통계청에서 전망한 2020년을 기준으로 본 미래 인구성장률 추이에 대한 자료이다. 이에 대한 내용으로 옳지 않은 것은?

〈총인구, 성비 및 인구성장률 추이 : 2020 ~ 2060년〉

(단위 : 천 명)

연도	총인구			성비	인구성장률(%)
	합계	남자	여자		
2020	48,874	24,540	24,334	100.8	0.26
2025	49,277	24,707	24,570	100.6	0.1
2030	49,326	24,680	24,646	100.1	−0.02
2035	49,108	24,506	24,602	99.6	−0.12
2040	48,634	24,190	24,444	99	−0.25
2045	47,734	23,647	24,087	98.2	−0.46
2050	46,343	22,854	23,489	97.3	−0.67
2055	44,521	21,864	22,657	96.5	−0.88
2060	42,343	20,734	21,609	96	−1.07

※ 성비 : 여자 100명당 남자 수

① 2030년 이후부터 우리나라 인구는 점차 감소할 것이다.
② 2035년부터는 여성의 인구수가 남성의 인구수보다 많아질 것이다.
③ 2060년 남녀 인구의 차이는 2020년 남녀 인구의 차이보다 더 클 것이다.
④ 인구성장률은 계속하여 감소하고 있다.
⑤ 전 지표보다 인구성장률이 가장 크게 감소한 해는 2025년이다.

04 주사위를 2번 굴려서 나온 수의 합이 짝수가 되는 확률은?

① $\frac{1}{3}$
② $\frac{1}{2}$
③ $\frac{2}{3}$
④ $\frac{5}{6}$
⑤ $\frac{1}{6}$

05 다음은 폐기물협회에서 제공하는 전국 폐기물 발생 현황 자료이다. 빈칸 (ㄱ), (ㄴ)에 해당하는 값으로 옳은 것은?(단, 소수점 둘째 자리에서 반올림한다)

〈전국 폐기물 발생 현황〉

구분		2018년	2019년	2020년	2021년	2022년	2023년
총계	발생량	359,296	357,861	365,154	373,312	382,009	382,081
	증감율(%)	6.6	−0.4	2.0	2.2	2.3	0.02
의료 폐기물	발생량	52,072	50,906	49,159	48,934	48,990	48,728
	증감율(%)	3.4	−2.2	−3.4	(ㄱ)	0.1	−0.5
사업장 배출시설계 폐기물	발생량	130,777	123,604	137,875	137,961	146,390	149,815
	증감율(%)	13.9	(ㄴ)	11.5	0.1	6.1	2.3
건설 폐기물	발생량	176,447	183,351	178,120	186,417	186,629	183,538
	증감율(%)	2.6	3.9	−2.9	4.7	0.1	−1.7

	(ㄱ)	(ㄴ)
①	−0.5	−5.5
②	−0.5	−4.5
③	−0.6	−5.5
④	−0.6	−4.5
⑤	−0.7	−5.5

PART 3

06 다음은 소매 업태별 판매액을 나타낸 자료이다. 2021년 대비 2023년 두 번째로 높은 비율의 판매액 증가를 보인 업태의 2021년 대비 2023년 판매액의 증가율은?(단, 소수점 첫째 자리에서 반올림한다)

〈소매 업태별 판매액〉

(단위 : 십억 원)

구분	2021년	2022년	2023년
백화점	29,028	29,911	29,324
대형마트	32,777	33,234	33,798
면세점	9,198	12,275	14,465
슈퍼마켓 및 잡화점	43,481	44,361	45,415
편의점	16,455	19,481	22,237
승용차 및 연료 소매점	91,303	90,137	94,508
전문 소매점	139,282	140,897	139,120
무점포 소매점	46,788	54,046	61,240
합계	408,312	424,342	440,107

① 31%
② 35%
③ 42%
④ 55%
⑤ 57%

07 A수건공장은 선물세트를 만들고자 수건을 포장하기로 하였다. 4개씩 포장하면 1개가 남고, 5개씩 포장하면 4개가 남고, 7개씩 포장하면 1개가 남고, 8개씩 포장하면 1개가 남는다고 한다. 다음 중 가능한 재고량의 최솟값은?

① 166개
② 167개
③ 168개
④ 169개
⑤ 170개

08 다음 표는 양성 평등 정책에 대한 의견을 성별 및 연령별로 정리한 자료이다. 이에 대한 〈보기〉의 설명 중 옳은 것을 모두 고르면?

〈양성 평등 정책에 대한 성별 및 연령별 의견〉

(단위 : 명)

구분	30세 미만		30세 이상	
	여성	남성	여성	남성
찬성	90	78	60	48
반대	10	22	40	52
합계	100	100	100	100

보기

ㄱ. 30세 미만 여성이 30세 이상 여성보다 양성 평등 정책에 찬성하는 비율이 높다.
ㄴ. 30세 이상 여성이 30세 이상 남성보다 양성 평등 정책에 찬성하는 비율이 높다.
ㄷ. 양성 평등 정책에 찬성하는 비율의 성별 차이는 연령별 차이보다 크다.
ㄹ. 남성의 절반 이상이 양성 평등 정책에 찬성하고 있다.

① ㄱ, ㄷ
② ㄴ, ㄹ
③ ㄱ, ㄴ, ㄷ
④ ㄱ, ㄴ, ㄹ
⑤ ㄴ, ㄷ, ㄹ

※ 다음은 주부들을 대상으로 주4일 근무제 실시 이전의 가정의 소득 및 소비 변화에 대한 설문조사 결과와 실제 주4일 근무제 시행 후 가계 소득에 변화가 있었는지에 대한 설문조사 결과 자료이다. 이어지는 질문에 답하시오. **[9~11]**

〈주4일 근무제에 따른 가정의 소득과 소비 변화 예측〉

(단위 : 명)

항목	전혀 그렇지 않다	대체로 그렇지 않다	모르겠다	대체로 그렇다	매우 그렇다
주4일 근무제가 시행되어서 가정 소득이 줄어들 것 같다.	8	21	70	56	12
주4일 근무제가 시행된 후 부족한 소득 보충을 위해 다른 일을 찾아야 할 것이다.	40	65	33	23	8
소득이 줄더라도 주4일 근무제의 실시를 찬성한다.	8	7	22	56	76
주4일 근무제가 시행되어서 가정의 소비가 늘어날 것이다.	2	9	27	114	17

〈주4일제 시행 후 가계의 소득 변화〉

(단위 : 명)

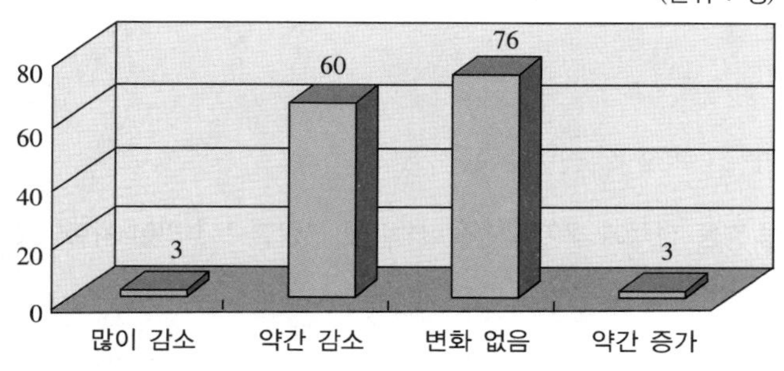

09 주4일 근무제 실시 이후 가정의 소득이 줄어들 것이라고 생각하는 주부의 비율은?(단, 소수점 첫째 자리에서 반올림한다)

① 35%
② 41%
③ 45%
④ 50%
⑤ 56%

10 소득이 줄더라도 주4일 근무제를 찬성하는 주부의 수는?

① 114명
② 126명
③ 132명
④ 138명
⑤ 142명

11 주4일 근무제 시행 이후 소득의 변화가 없을 것이라고 대답한 주부의 비율은?(단, 소수점 둘째 자리에서 반올림한다)

① 45.8%
② 48.6%
③ 53.5%
④ 58.1%
⑤ 59.7%

12 다음은 N국 국회의원의 SNS 이용자 수 현황을 나타낸 자료이다. 이를 이용하여 작성한 그래프로 옳지 않은 것은?(단, 소수점 둘째 자리에서 반올림한다)

〈N국 국회의원의 SNS 이용자 수 현황〉

(단위 : 명)

구분	정당	당선 횟수별				당선 유형별		성별	
		초선	2선	3선	4선 이상	지역구	비례대표	남자	여자
여당	A	82	29	22	12	126	19	123	22
야당	B	29	25	13	6	59	14	59	14
	C	7	3	1	1	7	5	10	2
합계		118	57	36	19	192	38	192	38

① 국회의원의 여야별 SNS 이용자 수

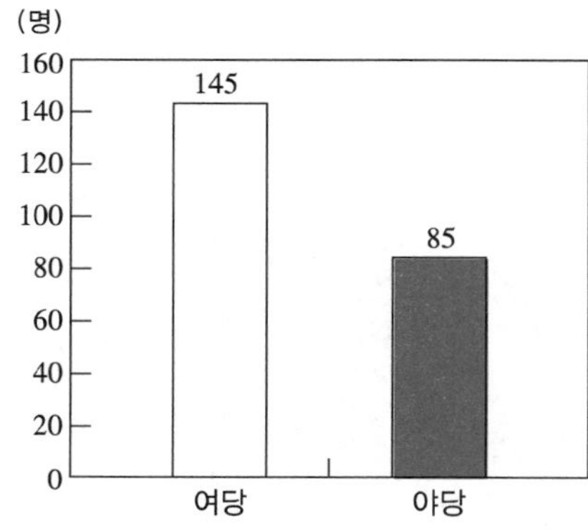

② 남녀 국회의원의 여야별 SNS 이용자 구성비

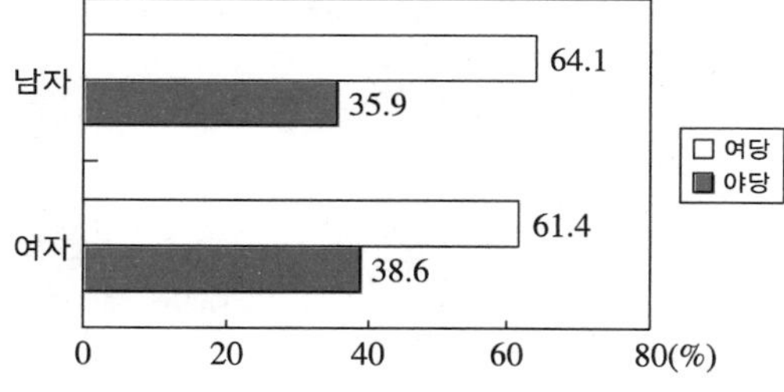

③ 야당 국회의원의 당선 횟수별 SNS 이용자 구성비

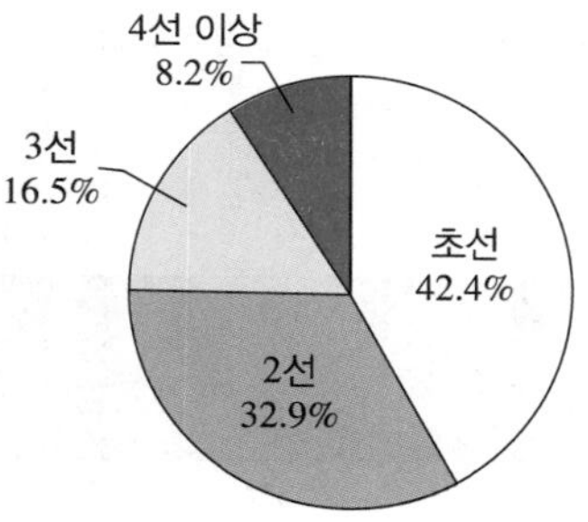

④ 2선 이상 국회의원의 정당별 SNS 이용자 수

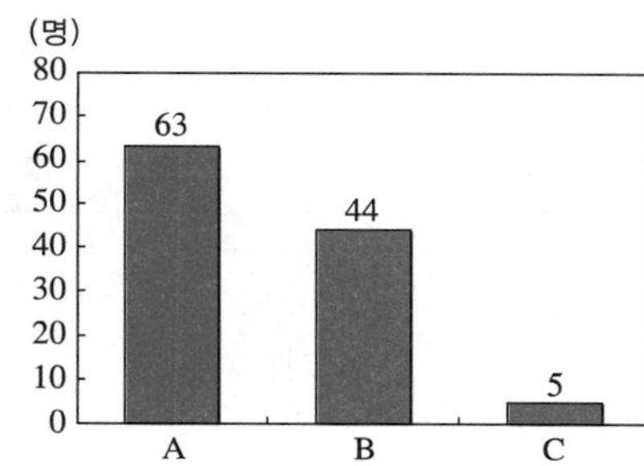

⑤ 여당 국회의원의 당선 유형별 SNS 이용자 구성비

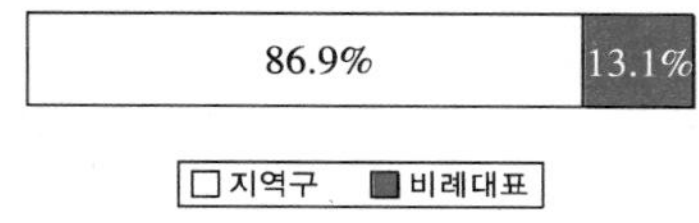

PART 3

13 다음은 방송통신위원회가 발표한 2022년 방송직 임직원 분포현황이다. 지상파 방송직 중 기자가 차지하는 비율을 바르게 산출한 것은?(단, 소수점 둘째 자리에서 반올림한다)

〈방송직 임직원 분포현황〉

(단위 : 명)

유형	전체	임원	관리 행정직	방송직					기술직	연구직	영업 / 홍보직	기타
				기자	PD	아나운서	제작관련	기타				
지상파	13,691	131	1,831	2,298	2,388	525	1,660	507	2,315	138	558	1,340
구성비 (%)	100	1.0	13.4	16.8	17.4	3.8	12.1	3.7	16.9	1.0	4.1	9.8
지상파 DMB	118	5	18	1	17	2	28	6	24	5	8	4
구성비 (%)	100	4.2	15.3	0.8	14.4	1.7	23.7	5.1	20.3	4.2	6.8	3.4

① 31.1%
② 33.5%
③ 36.8%
④ 38.6%
⑤ 40.3%

14 작년 A고등학교의 전교생 수는 1,200명이고, 2학년 학생 수는 1학년과 3학년 학생 수의 평균이다. 올해 2학년 학생 수는 작년보다 5% 증가하였고, 3학년 학생 수는 2학년보다 12명이 더 적다고 한다. A고등학교가 올해도 작년과 같은 수준의 학생 수를 유지하는 데 필요한 신입생의 수는?

① 372명
② 373명
③ 374명
④ 375명
⑤ 376명

15 다음 표는 2023년 방송 산업 매출실적 자료의 일부이다. 빈칸에 들어갈 수치를 바르게 짝지은 것은?(단, 소수점 이하는 절사한다)

〈2023년 방송 산업 매출실적〉

(단위 : 개, 명, 백만 원)

구분	사업체 수	종사자 수	매출액	업체당 평균매출액	1인당 평균매출액
지상파방송 사업자	53	13,691	3,914,473	73,858	286
종합유선방송 사업자	94	4,846	2,116,851	22,520	427
일반위성방송 사업자	1	295	373,853	(ㄴ)	(ㄷ)
홈쇼핑PP	6	3,950	2,574,848	429,141	652
IPTV	3	520	616,196	205,399	1,185
전체	(ㄱ)	23,302	9,596,221	61,122	412

	(ㄱ)	(ㄴ)	(ㄷ)
①	147	373,853	1,257
②	147	383,853	1,257
③	157	373,853	1,267
④	157	373,853	1,277
⑤	167	373,853	1,287

PART 3

04 도형추리

01 다음 도형을 회전할 때, 나올 수 있는 도형으로 알맞은 것은?

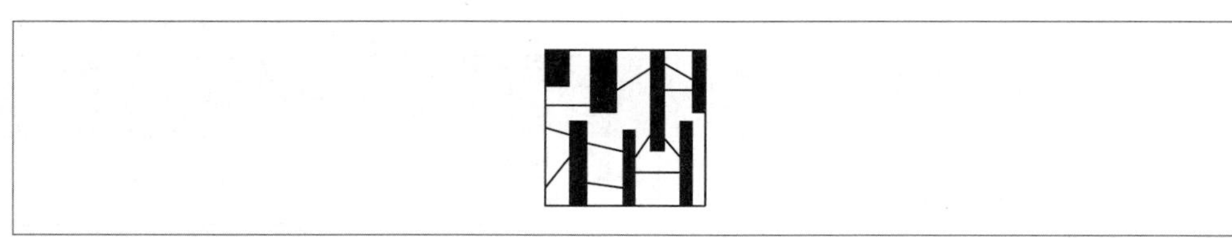

① 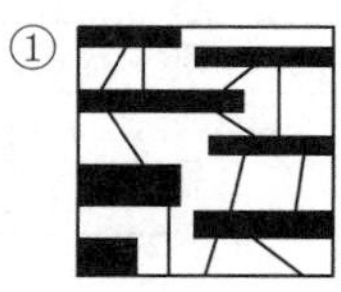

② 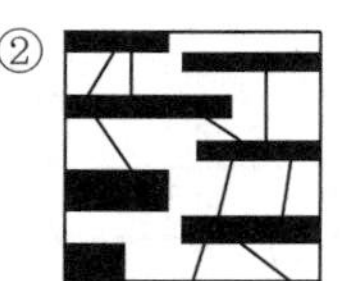

③ 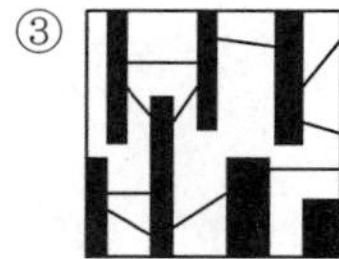

④ 

⑤ 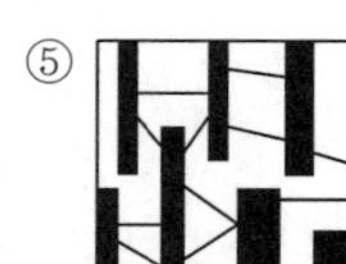

02 다음 중 제시된 그림에서 찾을 수 없는 조각은?

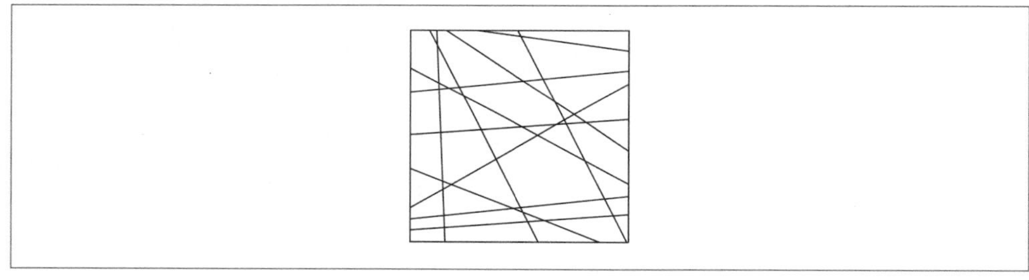

① 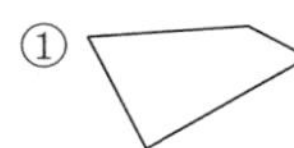

② 

③ 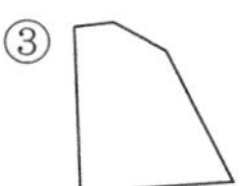

④ 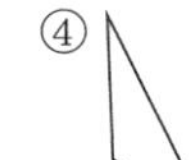

⑤ 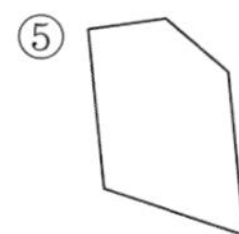

※ 다음 도식에서 기호들은 일정한 규칙에 따라 문자를 변화시킨다. ?에 들어갈 알맞은 문자를 고르시오. [3~4]

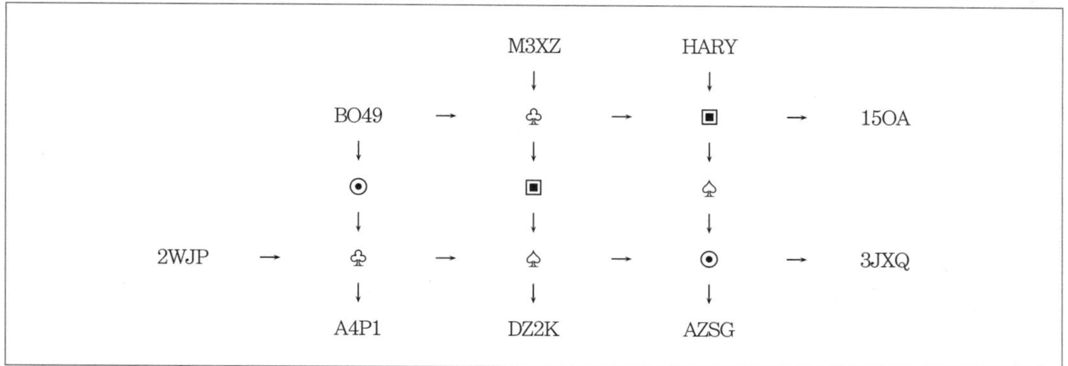

PART 3

03

7ㅅ3ㄷ → ▣ → ◉ → ?

① ㄷㅅ37
② ㄷ3ㅅ6
③ ㄴㅅ47
④ ㄷ36ㅅ
⑤ ㄴㅅ46

04

Pㄹㅎ U → ♧ → ♤ → ?

① ㅁRㅎV
② ㅁㅎRW
③ Qㅁㅎ V
④ Qㅂㄱ V
⑤ QㅂWㄱ

※ 다음 제시된 도형의 규칙을 보고 ?에 들어갈 알맞은 도형을 고르시오. [5~6]

05

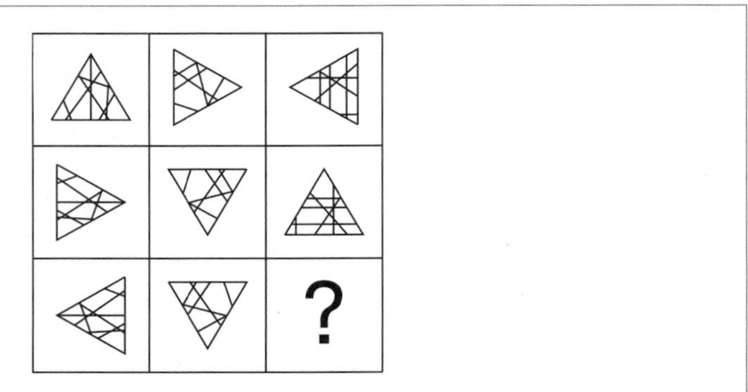

① 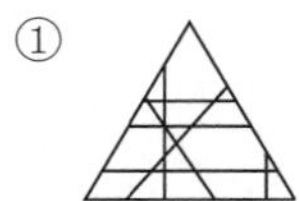

② 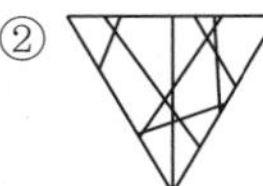

③ 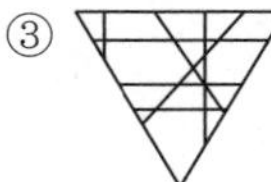

④ 

⑤ 

06

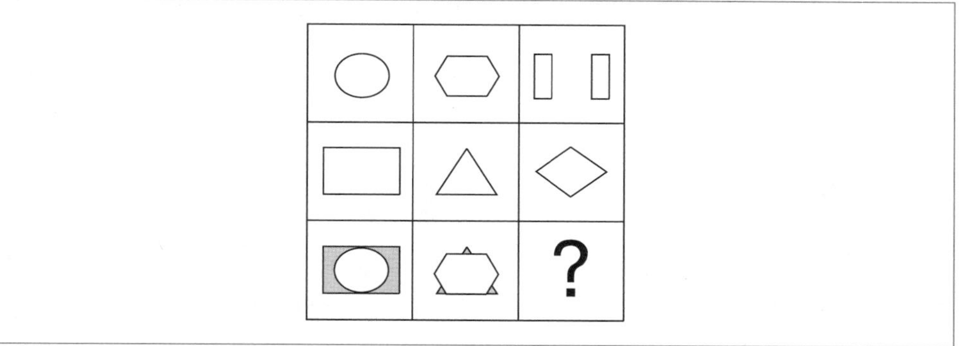

① 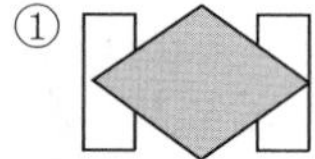

② 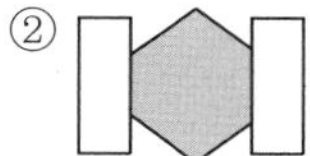

③ 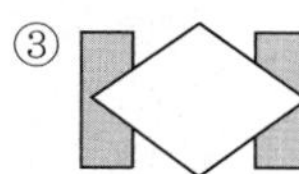

④ 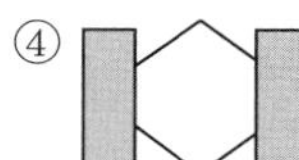

⑤ 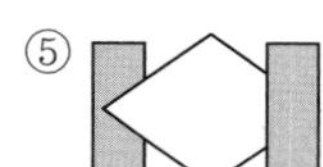

PART 3

※ 제시된 문장을 <보기>에서 사용한 암호법에 따라 암호화할 때, 바르게 변환한 것을 고르시오. [7~8]

07

Go Straight

보기

Do your Best → Bm wmsp Zcqr

① Em Qrppgefr
② Da Srpygefr
③ Em Qrpygefr
④ Da Qrpygefr
⑤ Em Srpygefr

08

국가와 국민을 위한 한없는 충성과 헌신

보기

대한민국의 안보를 굳건히 지킵니다 → 대민의보굳히킵다한국안를건지니

① 국민을국가와한없는위한헌신충성과
② 와가국을민국한위는없한과성충신헌
③ 국국위한충헌가민한없성신와을는과
④ 국와민위한는성헌가국을한없충과신
⑤ 신헌과성충는없한한위을민국와가국

※ 다음 규칙을 읽고 이어지는 질문에 답하시오. [9~10]

작동버튼	기능
○	알파벳 소문자를 모두 대문자로 바꾼다.
●	알파벳 대문자를 모두 소문자로 바꾼다.
◇	두 번째와 세 번째 문자의 자리를 바꾼다.
◆	첫 번째와 네 번째 문자의 자리를 바꾼다.

※ 맨 위 칸의 알파벳이 첫 번째 문자이다.

09 〈보기〉의 처음 상태에서 작동버튼을 두 번 눌렀더니, 다음과 같은 결과가 나타났다. 다음 중 작동버튼의 순서를 바르게 나열한 것은?

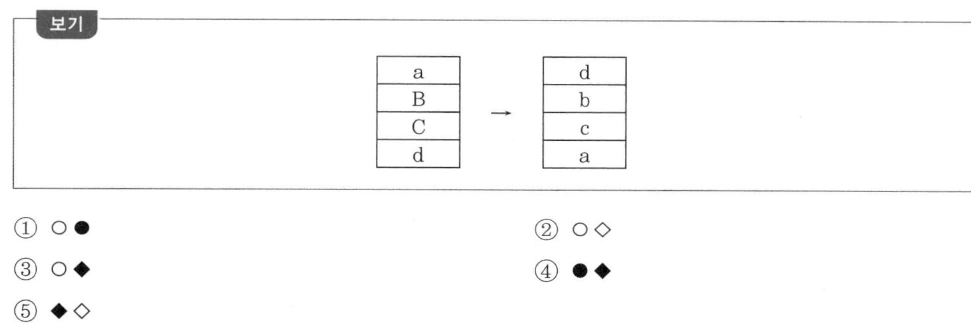

① ○●
② ○◇
③ ○◆
④ ●◆
⑤ ◆◇

10 〈보기〉의 처음 상태에서 작동버튼을 두 번 눌렀더니, 다음과 같은 결과가 나타났다. 다음 중 작동버튼의 순서를 바르게 나열한 것은?

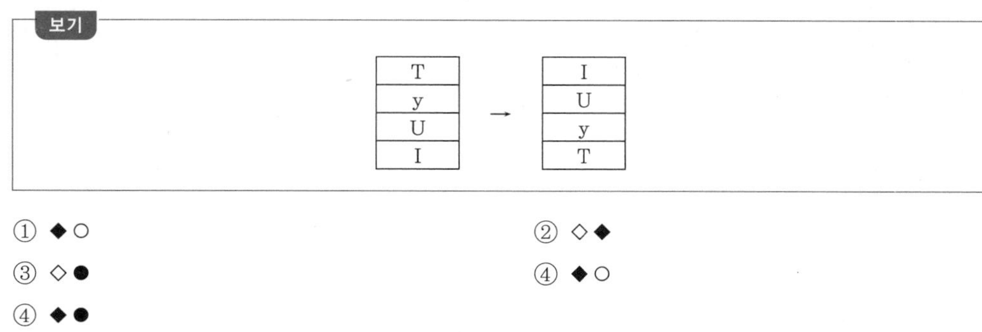

① ◆○
② ◇◆
③ ◇●
④ ◆○
④ ◆●

11 다음 기호들은 일정한 규칙에 따라 도형을 변화시킨다. 주어진 도형을 도식에 따라 변화시켰을 때의 결과로 옳은 것은?

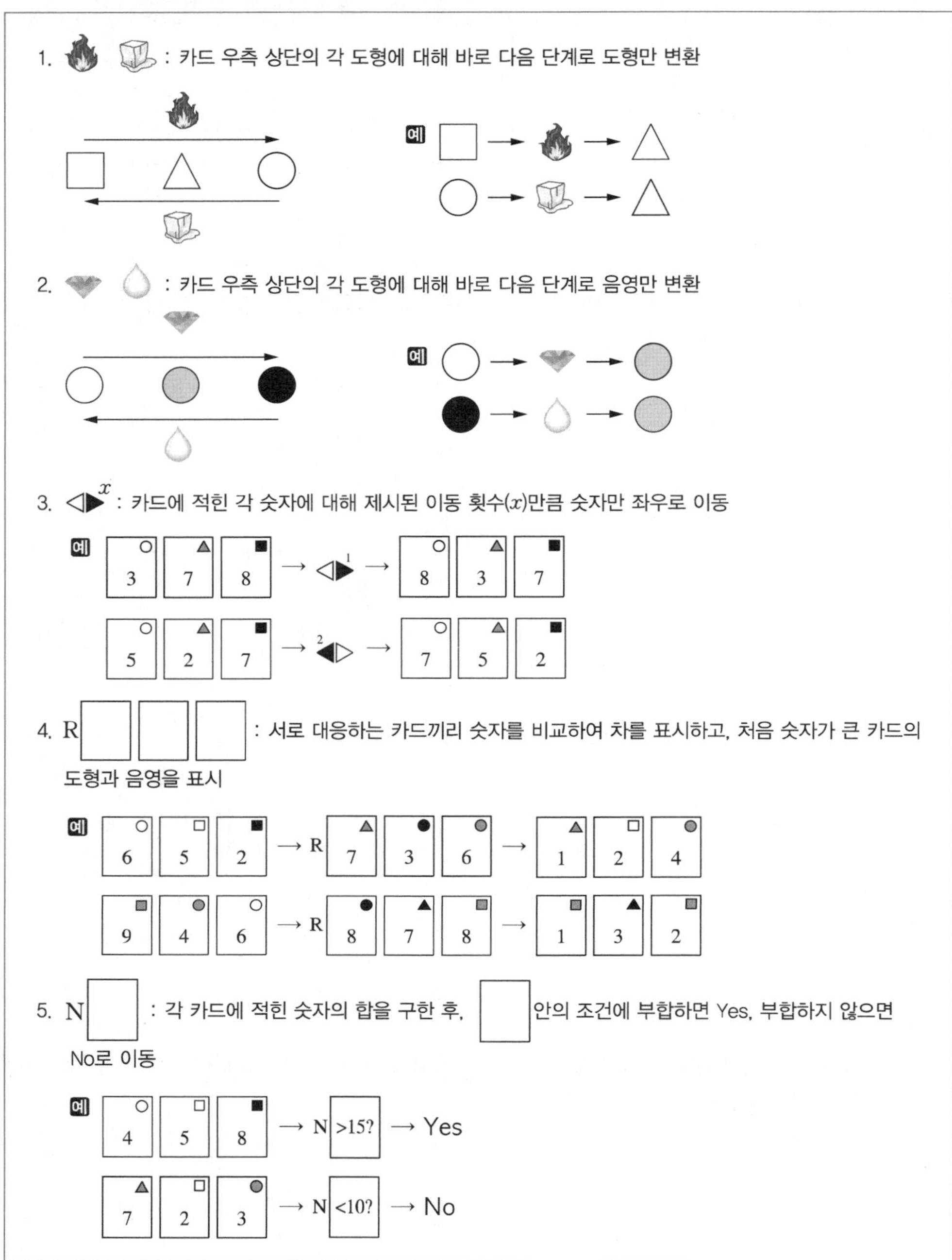

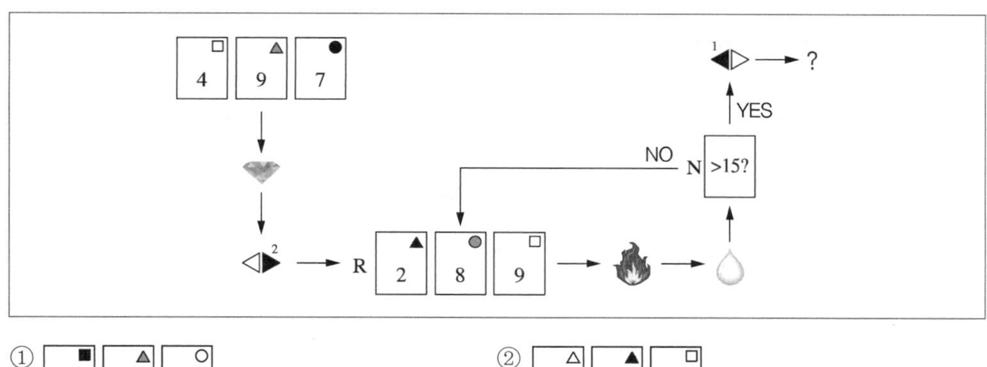

① 6 4 8

② 8 6 4

③ 7 4 5

④ 4 5 7

⑤ 8 9 2

12 다음 전개도를 접었을 때 나타나는 입체도형으로 알맞은 것은?

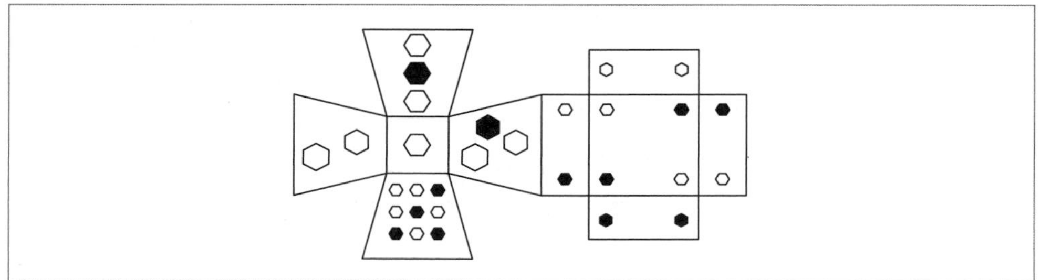

① 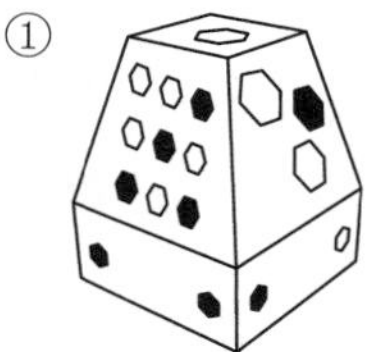

② 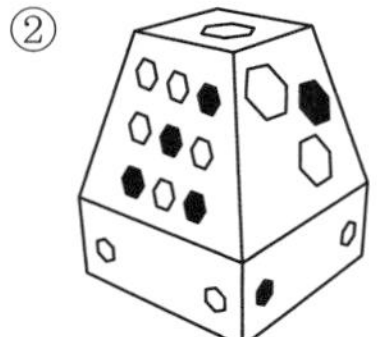

③ 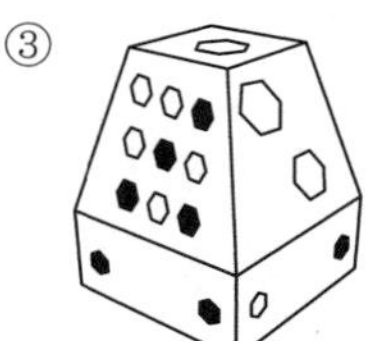

④ 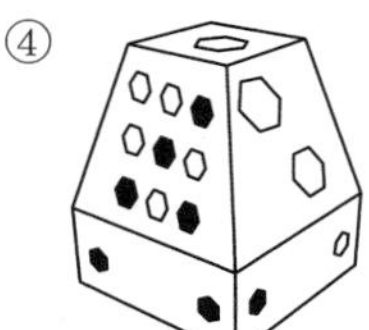

⑤ 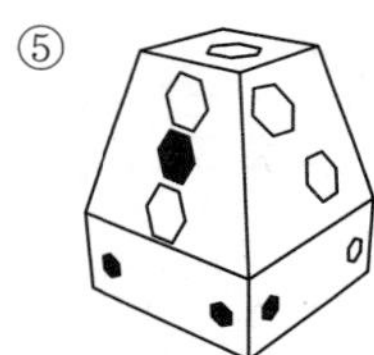

13 다음 도형 또는 내부의 기호들은 일정한 규칙을 가지고 변화한다. ?에 들어갈 도형으로 알맞은 것은?

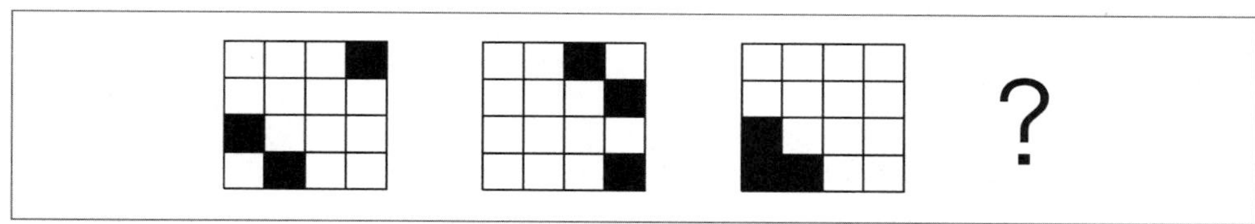

① 

② 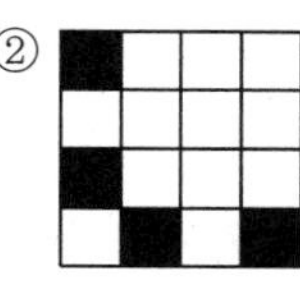

③ 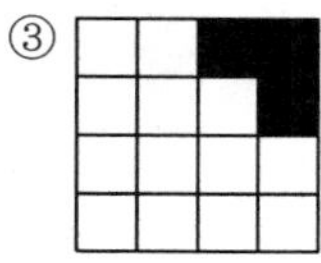

④ 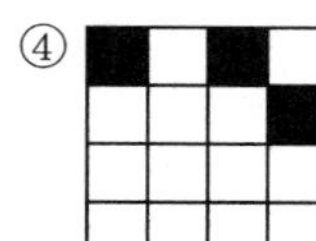

⑤ 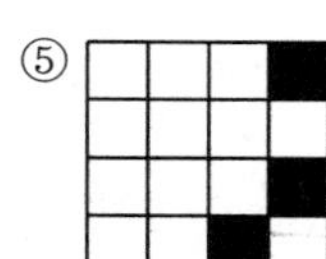

PART 3

※ 다음 중 규칙이 다른 하나를 고르시오. [14~15]

14 ① 1357
② ㄹㅂㅇㅊ
③ prtv
④ ㅏㅓㅜㅗ
⑤ 2468

15 ① srqp
② dcba
③ lkji
④ hfge
⑤ yxwv

※ 다음 제시된 문자 또는 기호와 같은 것의 개수를 고르시오. [16~19]

16

gq

pd	gq	gz	gp	pq	jp	qb	kz	qr	po	qb	gp
kz	pb	qt	xp	gr	dj	qt	xp	pd	pd	qz	gq
dp	po	gp	gq	jp	gz	gp	cs	xp	kz	ap	xp
jp	xp	qb	gz	gp	pd	cw	po	gw	jg	jp	qt

① 2개
② 3개
③ 4개
④ 5개
⑤ 6개

17

짱

쨍	캬	퓨	껀	짱	멩	걍	먄	녜	쨍	해	예
퓨	얘	뿌	쨍	멸	뚜	냥	압	랼	벧	쓴	빵
짱	멸	녜	뿌	해	쨍	캬	얘	쨍	뚜	벧	뺀
예	쨍	냥	먄	꺙	퓨	쓴	껀	취	빵	쟁	셤

① 1개
② 2개
③ 3개
④ 4개
⑤ 5개

18

セ

ゼ	テ	ネ	デ	ケ	ス	ケ	ス	ネ	ス	テ	ゼ
デ	ズ	セ	ゲ	ス	ゼ	ゲ	テ	デ	ゼ	ゲ	ゲ
セ	テ	ネ	ケ	テ	ケ	テ	ズ	セ	ケ	デ	ネ
ゲ	ネ	ゲ	ゼ	デ	ズ	ケ	ゼ	デ	ス	ス	セ

① 4개
② 5개
③ 6개
④ 7개
⑤ 8개

19

∵

∴	∻	∷	∹	∺	∵	∷	∣	∴	∣	∵	∷
∴	∷	∵	∺	∣	∹	∺	∻	∵	∹	∣	∴
∻	∺	∣	∻	∵	∷	∷	∹	∺	∺	∴	∻
∣	∵	∷	∴	∸	∺	∻	∵	∴	∷	∷	∵

① 5개
② 6개
③ 7개
④ 8개
⑤ 9개

20 다음 그림과 같이 접었을 때, 나올 수 있는 뒷면의 모양으로 가장 적절한 것은?

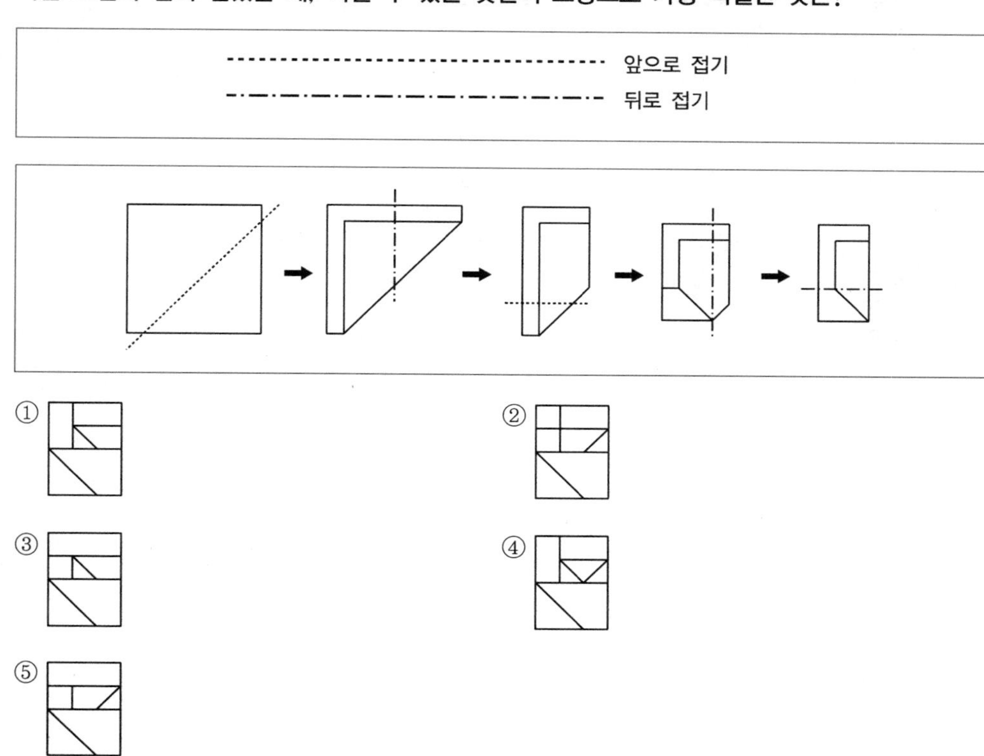

21 다음 그림과 같이 화살표 방향으로 종이를 접은 후, 펀치로 구멍을 뚫어 다시 펼쳤을 때의 그림으로 가장 적절한 것은?

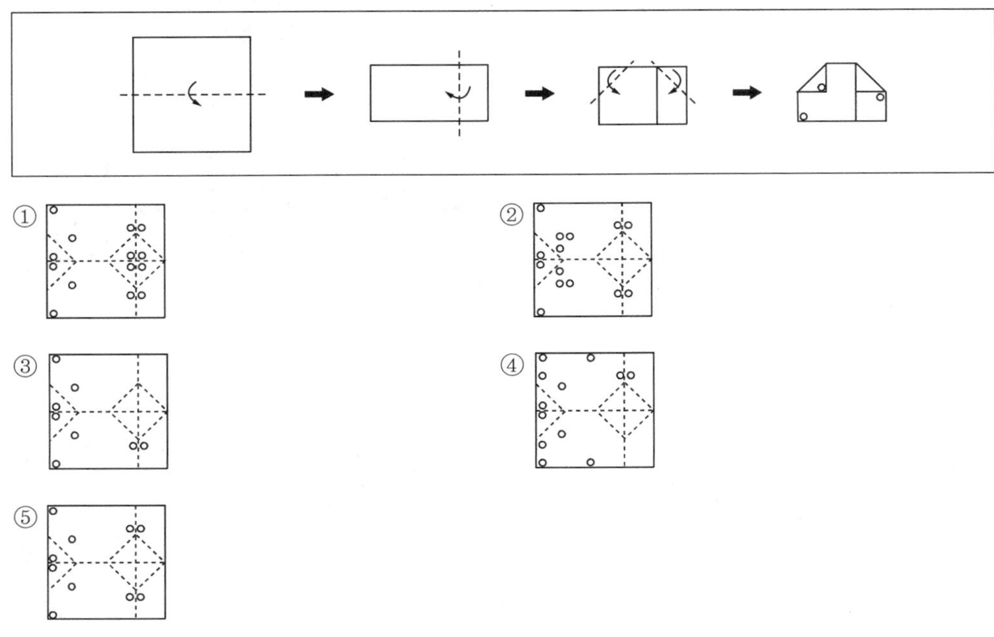

22 다음과 같은 모양을 만드는 데 사용된 블록의 개수는?(단, 보이지 않는 곳의 블록은 있다고 가정한다)

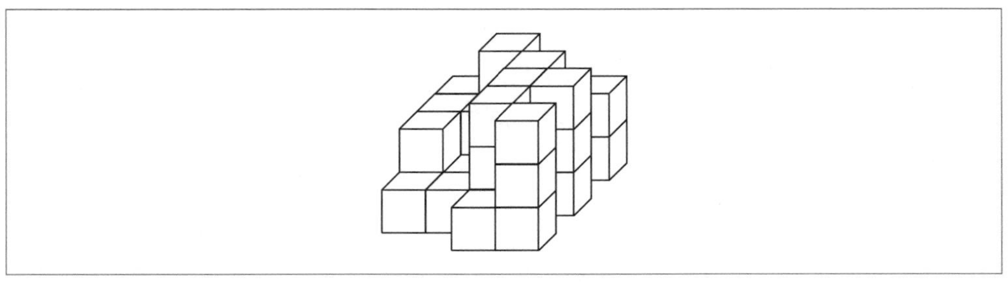

① 34개
② 35개
③ 36개
④ 37개
⑤ 38개

23 다음 입체도형 중 나머지와 다른 것은?

①

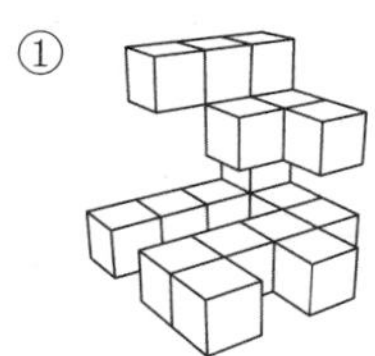

②

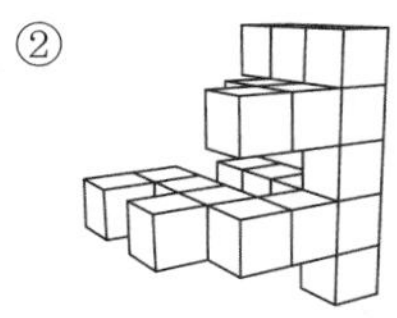

③

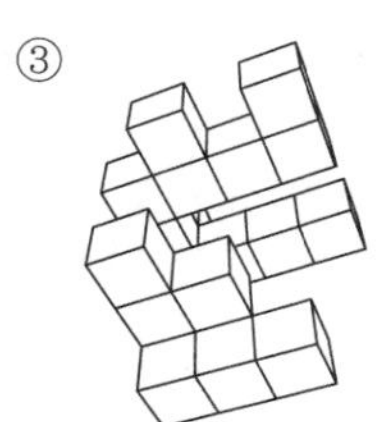

④

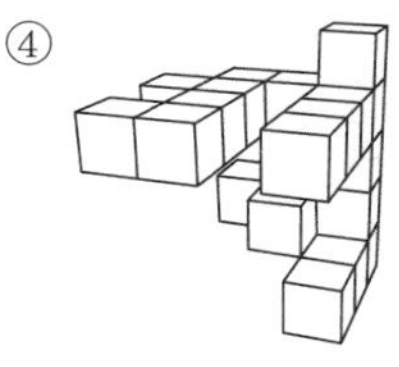

⑤

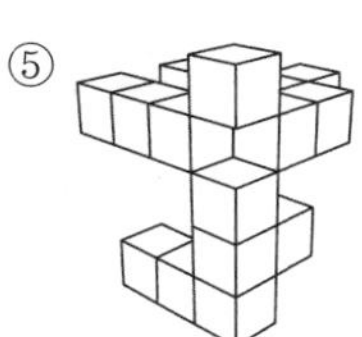

24 다음 블록의 개수는?(단, 보이지 않는 곳에 있는 블록은 있다고 가정한다)

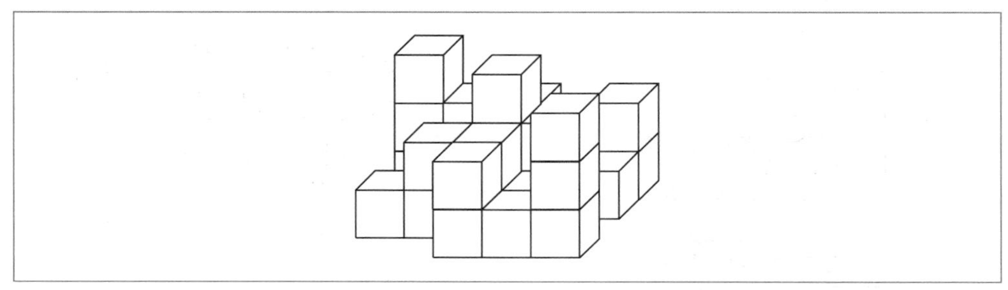

① 29개

② 30개

③ 31개

④ 32개

⑤ 33개

25 다음 규칙에 따라 바르게 변형한 것은?

♨◑▣♣Π - 12345

① ◑▣♨Π♣ - 23451
② ♣♨Π◑▣ - 41253
③ Π♣▣◑♨ - 54321
④ ▣◑♣♨Π - 32451
⑤ ◑▣♣♨Π - 12345

26 다음 두 블록을 합쳤을 때, 나올 수 없는 형태는?

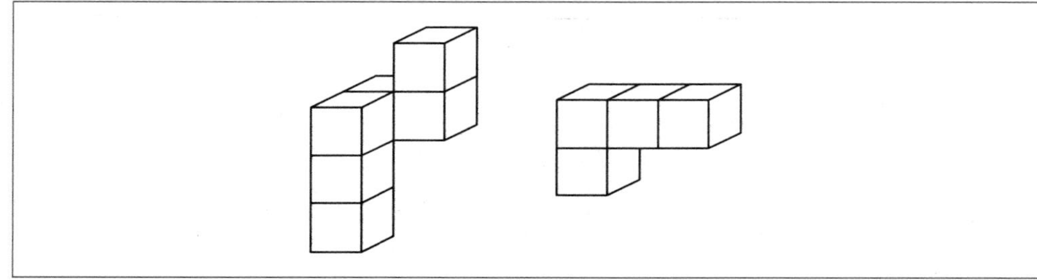

①
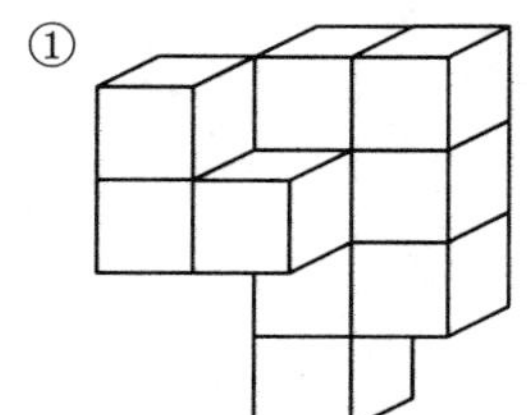

②
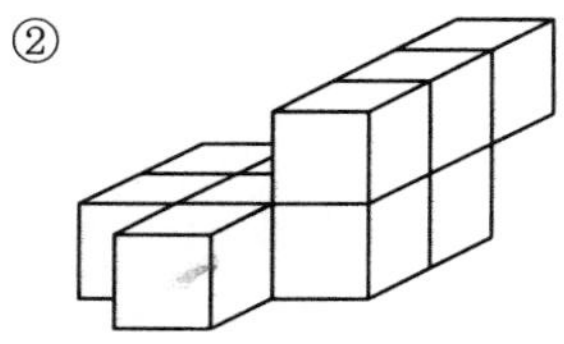

③
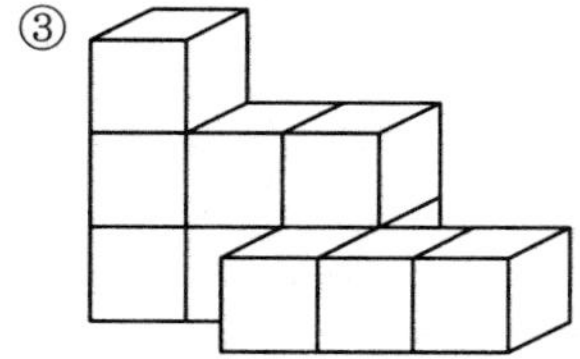

④
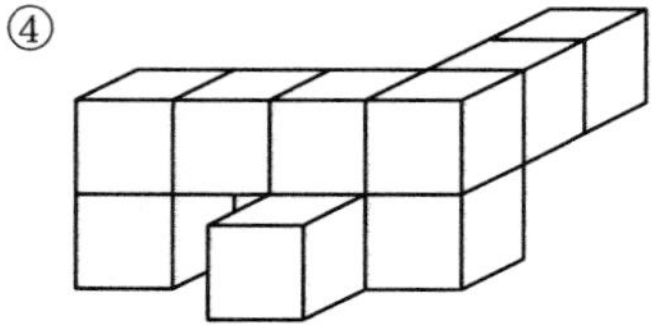

⑤
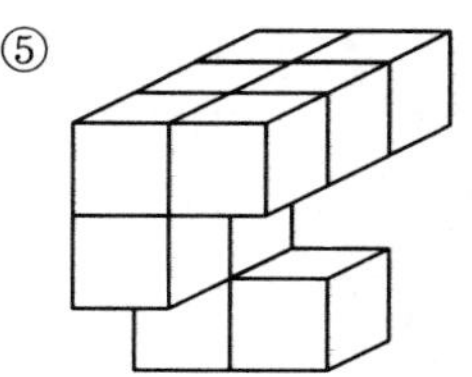

27 다음 제시된 그림에서 찾을 수 없는 조각은?

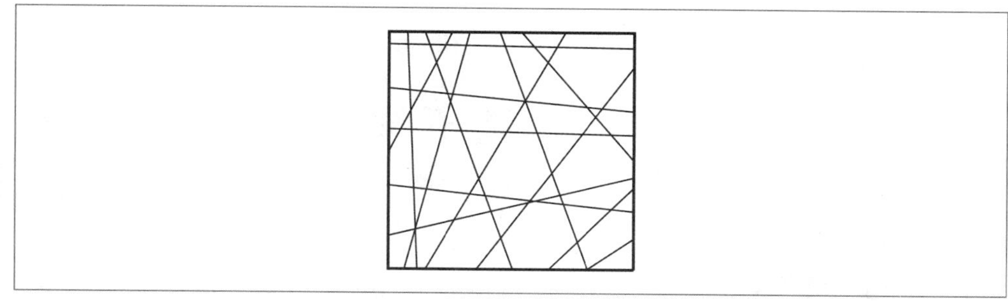

①　　②

③　　④

⑤

28 다음 주어진 도형을 만들기 위해 필요하지 않은 조각은?

①　　②

③　　④

⑤

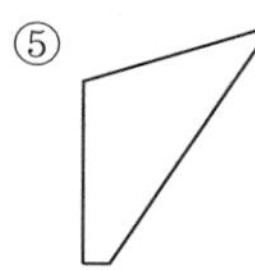

PART 3

29 다음 제시된 도형과 같은 것은?

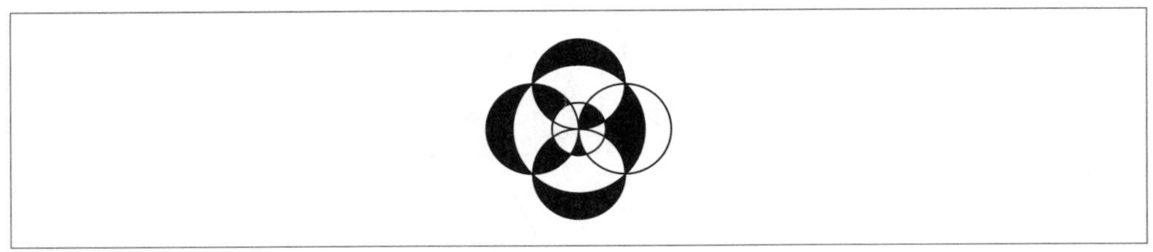

① 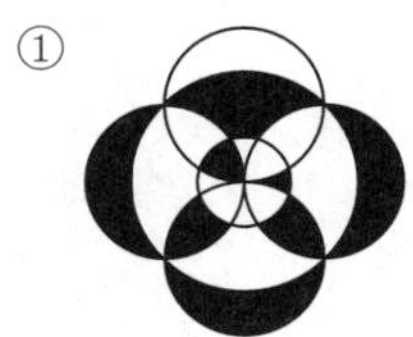

② 

③ 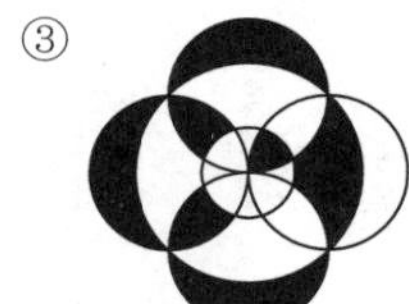

④ 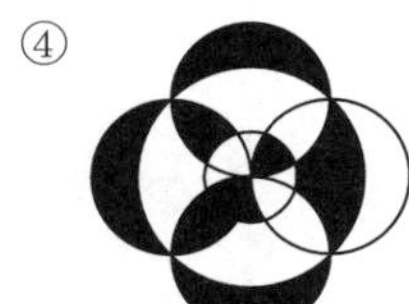

⑤ 

30 다음 중 나머지 도형들과 다른 것은?

① 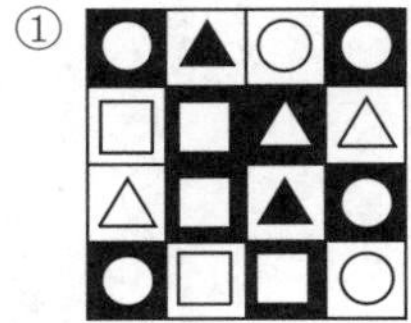

② 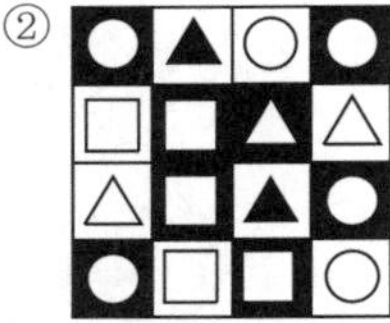

③ 

④ 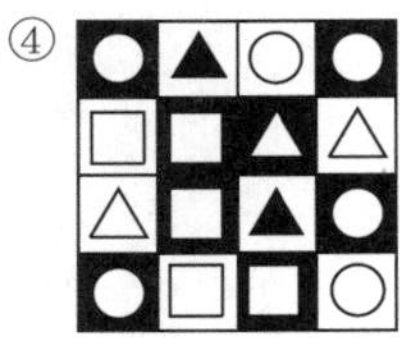

⑤ 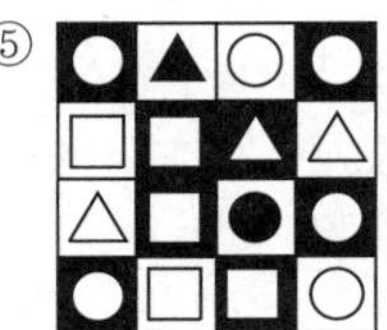

05 정보상식

01 **다음 중 국내 기업이 발행한 가상화폐로 국내 가상자산 거래소에 상장되어 거래가 가능한 코인을 가리키는 용어는?**

① 김치코인 ② 스캠코인
③ 알트코인 ④ 스테이블코인
⑤ 프라이버시코인

02 **다음 중 각국의 단기금리의 차이와 환율의 차이에 의한 투기적 이익을 위해 국제 금융시장을 이동하는 단기부동자본은?**

① 마진머니(Margin Money) ② 핫머니(Hot Money)
③ 스마트머니(Smart Money) ④ 시드머니(Seed Money)
⑤ 오일머니(Oil Money)

03 **다음 중 프랑스의 사회학자 자크 아탈리(Jacques Attali)가 그의 저서 『21세기 사전』에서 21세기형 신인류의 모습을 소개하면서 사용한 용어는?**

① 디지털 노마드 ② 디지털 코쿠닝
③ 디지털 디바이드 ④ 디지털 쿼터
⑤ 디지털 코어

04 **다음 중 도심의 낙후된 지역이 활성화되자 중산층이 이주해 오면서 땅값 및 임대료의 상승으로 기존의 살던 저소득층이 다른 지역으로 쫓겨나는 현상을 무엇이라 하는가?**

① 리제너레이션
② 공동화 현상
③ 스프롤 현상
④ 젠트리피케이션
⑤ 핌피 현상

05 **다음 중 유럽연합이 개인정보 보호와 자기 통제권 강화를 위한 법안을 입법화하려는 움직임을 보이면서 생겨난 권리로, 온라인상에 남아 있는 개인정보를 삭제 요청할 수 있는 권리는?**

① 잊힐 권리
② 사라질 권리
③ 삭제할 권리
④ 정보통제의 권리
⑤ 엠바고

06 **다음 중 1978년 첫 상업 운전을 시작하여 2017년 6월 19일 '영구정지'된 대한민국 1호 원전은?**

① 고리 1호기
② 한빛 1호기
③ 한울 1호기
④ 월성 1호기
⑤ 울진 1호기

07 **다음 중 클레이 수학연구소의 7개의 난제 중 하나인 푸앵카레 추측을 증명해 필즈상을 수상하였으나 수상식 참석을 거부한 수학자는?**

① 앤드류 와일즈(A. Wiles)
② 그레고리 페렐만(G. Perelman)
③ 밀턴 프리드만(M. Freedman)
④ 스티븐 스메일(S. Smale)
⑤ 존 케인즈(J. M. Keynes)

08 소설을 영화화함으로써 영상이 익숙한 세대들이 책을 친숙하게 여기는 계기가 되고 있으며 출판계는 새롭게 주목을 받고 있다. 이처럼 이미 출간된 소설이 영화나 드라마로 만들어져 다시 베스트셀러에 오르는 것의 명칭은?

① 스크린스페셜
② 스크린트렌드
③ 스크린셀러
④ 스크린부머
⑤ 스크린마케팅

09 다음 중 문학작품과 작가 연결이 잘못된 것은?

①『난장이가 쏘아 올린 작은 공』– 채만식
②『소나기』– 황순원
③『서시』– 윤동주
④『진달래꽃』– 김소월
⑤『그 남자네 집』– 박완서

10 스마트TV와 인터넷TV 각각의 기기는 서버에 연결되는 방식이 서로 달라 인터넷망 사용의 과부하가 발생할 수밖에 없다. 이와 관련해 통신사와 기기회사 사이에 갈등이 빚어지기도 했는데 무엇 때문인가?

① 프로그램 편성
② 요금징수 체계
③ 수익모델
④ 망중립성
⑤ 디지털 갈등

11 다음 현대 우주과학에 대한 설명 중 옳은 것은?

① 아리랑 1호는 우리나라가 발사한 최초의 다목적 실용 인공위성으로 1999년 러시아에서 발사되었다.
② 우리나라 최초의 우주인 이소연이 탑승한 우주선은 스푸트니크호이다.
③ 세종기지는 북극 노르웨이령 스발바르제도에 설립된 과학기지이다.
④ 나로호(KSLV – I)는 과학기술위성 2호를 지구 저궤도에 올려놓는 임무를 수행할 대한민국 최초의 우주발사체로, 2013년 발사에 성공했다.
⑤ 다산기지는 1988년 2월 17일 세계 16번째로 킹 조지 섬과 넬슨 섬으로 둘러싸인 맥스웰 만(Maxwell Bay)에 준공되었다.

12 다음 중 2019년 노벨상과 가장 관련이 없는 과학 연구 분야는?

① 리튬전지
② 암흑물질
③ 빈혈
④ 레이저
⑤ 외계행성

13 다음 중 빈칸에 들어갈 말로 가장 적절한 것은?

________은/는 컴퓨터 디자인 프로그램으로 만든 설계도를 바탕으로 실물의 입체모양을 그대로 찍어내는 기술이다. 어떤 제품 아이디어든 설계도만 있으면 다양한 소재로 1시간에서 하루 사이에 실물로 만들 수 있다.

① 스컴블링
② 핀테크
③ 3D 프린팅
④ 사물인터넷
⑤ 증강현실

14 다음 중 협상 단계를 세부적으로 나누어 하나씩 단계별로 해결해나가는 협상 전술은?

① 살라미 전술
② 쿼터리즘
③ 벼랑끝 전술
④ 니블링 전술
⑤ 조이기 전술

15 다음 중 야당이 정권을 잡는 경우를 대비하여 각료 후보로 예정해 두는 내각을 뜻하는 용어는?

① 키친 캐비닛
② 섀도 캐비닛
③ 이너 캐비닛
④ 세컨 캐비닛
⑤ 시크릿 캐비닛

16 다음 〈보기〉 중 남북 긴장이 고조될 때 발령되는 대비 태세에 대한 설명으로 옳지 않은 것을 모두 고르면?

보기

ㄱ. 인포콘 : 정보 작전 방호 태세. 총 5등급으로 사이버 공격이 있거나 예상될 때의 대비 태세
ㄴ. 데프콘 : 전면전에 대비한 전투 준비 태세. 총 5등급으로 평시는 상시적으로 4등급을 적용
ㄷ. 워치콘 : 대북 정보 감시 태세. 총 5등급으로 평시는 상시적으로 4등급을 적용
ㄹ. 진돗개 : 국지 도발에 대비한 방어 준비 태세. 총 5등급으로 평시는 상시적으로 4등급을 적용

① ㄱ
② ㄷ
③ ㄹ
④ ㄱ, ㄷ
⑤ ㄴ, ㄹ

17 다음은 FTA 독소조항 중 무엇에 대한 설명인가?

한 번 개방된 수준은 어떠한 경우에도 되돌릴 수 없는 조항으로, 예를 들어 한 번 의료보험이 영리화되고 병원이 사유화된 후에는 예전으로 되돌릴 수 없게 되는 것을 의미한다.

① 래칫조항
② 스냅백조항
③ 투자자국가소송제도(ISD)
④ 정부의 입증책임
⑤ 비위반 제소

18 다음 중 물가상승과 연동해 농산물의 가격을 산출할 때 사용하는 지수는?

① 엥겔지수
② 엔젤계수
③ 패리티지수
④ 슈바베지수
⑤ 앳킨슨지수

PART 3

19 **다음에서 공통으로 연상할 수 있는 용어은?**

> • 도시나 넓은 지역의 전기가 동시에 모두 끊기는 정전사태
> • 조종사가 전투기를 급상승하거나 급선회시킬 때 일시적으로 시야가 흐려지는 현상
> • 실신, 일시적 기억상실을 뜻하는 의학용어

① 화이트아웃
② 블랙아웃
③ 앨런튜닝
④ 바로미터
⑤ 암네시아

20 **다음 중 다른 사람들이 기대하는 것이 있으면 그에 부응하는 쪽으로 변하게 되는 현상을 가리키는 용어는?**

① 소크라테스 효과
② 피그말리온 효과
③ 가르시아 효과
④ 베르테르 효과
⑤ 플라시보 효과

21 **다음 중 잠재적 실업에 대한 설명으로 적절한 것은?**

① 형식적 · 표면적으로는 취업하고 있지만 실질적으로 실업상태에 있는 실업형태
② 노동에 대한 수요와 공급이 일시적으로 일치하지 않아 생기는 실업형태
③ 경제구조의 내재적인 모순에서 오는 만성적 · 고정적 실업형태
④ 계절적 조건에 의한 생산과정의 제약으로 노동에 변동이 생겨 나타나는 실업형태
⑤ 취업할 의사는 있으나 수요의 부족으로 취업하지 못하는 실업형태

22 **다음 중 가난을 대물림하지 않기 위해서 시민들이 자발적으로 벌이는 운동은?**

① 프로보노 운동
② 뉴스타트 운동
③ 뉴라이트 운동
④ 위스타트 운동
⑤ 뉴레프트 운동

23 **다음 중 매년 브로드웨이에서 상연된 연극과 뮤지컬의 우수한 업적에 대해 수여하는 상은?**

① 에미상
② 골든글러브상
③ 퓰리처상
④ 토니상
⑤ 아카데미상

24 **다음 중 플래시몹에 대한 설명으로 옳지 않은 것은?**

① 불특정 다수의 군중이 모여 약속된 행동을 하는 것이다.
② 2003년 미국 뉴욕에서 처음 시작되었다.
③ 짧은 시간 안에 주어진 행동을 하고 뿔뿔이 흩어진다.
④ 다수의 사람들이 모여 사회적 문제를 일으켜 논란이 되었다.
⑤ 플래시 크라우드와 스마트몹의 합성어이다.

25 다음 중 신문 · 방송에 관련된 용어의 설명으로 옳지 않은 것은?

① 커스컴(Cuscom) : 특정 소수의 사람들을 상대로 전달되는 통신체계
② 오프 더 레코드(Off the Record) : 기자회견이나 인터뷰의 경우 발언자의 이야기를 정보로 참고할 뿐 기사화해서는 안 된다는 조건을 붙여 하는 발표
③ 전파월경(Spill Over) : 방송위성의 전파가 대상지역을 넘어 주변국까지 수신이 가능하게 되는 것
④ 블랭킷 에어리어(Blanket Area) : 어느 시간까지만 보도를 중지하는 시한부 보도중지를 일컫는 말
⑤ 립 앤 리드(Rip and Read) : 뉴스 방송의 가장 간단한 형식으로, 전달받은 뉴스 원고를 그대로 읽는 뉴스 방송의 형태

26 다음에서 설명하는 것은?

하나의 주제를 중심으로 몇 개의 단편을 결합하여 전체적인 분위기를 내도록 만든 작품이다. '합승마차 · 합승 자동차'라는 뜻에서 유래했으며 책, 영화 등 여러 분야에서 사용된다.

① 옴니버스
② 에피소드
③ 피카레스크
④ 액자식 구성
⑤ 리메이크

27 다음 중 '자존감 부족'으로 인해 발생하는 현상과 가장 거리가 먼 것은?

ㄱ. 번아웃 증후군	ㄴ. 가면 증후군
ㄷ. 살리에리 증후군	ㄹ. 리셋 증후군

① ㄱ
② ㄷ
③ ㄹ
④ ㄱ, ㄴ
⑤ ㄴ, ㄷ

28 **다음 중 강한 중력으로 빛을 포함한 모든 것이 빠져나갈 수 없는 천체를 지칭하는 용어는?**

① 블랙홀
② 초신성
③ 퀘이사
④ 중성자성
⑤ 은하수

29 **밑줄 친 '이 사건'에 대한 설명으로 옳은 것은?**

> 진중일기는 조선 후기 평안도 가산과 곽산 일대에서 일어난 이 사건의 진압 과정을 일기체로 기록한 것이다. 이 책에는 참여세력에 대하여 "우군칙은 참모하였으며, 이희저는 와주(窩主)요, 김창시는 선봉이었다. 그리고 김사용과 홍총각은 손과 발의 역할을 하였다. 그 졸개로는 의주로부터 개성에 이르는 지역 거의 대부분의 부호・대상(大商)이 망라되어 있었다."라고 기록되어 있다.

① 청의 군대에 의해 진압되었다.
② 선혜청과 일본 공사관을 공격하였다.
③ 몰락 양반 출신인 유계춘이 주도하였다.
④ 남접과 북접이 연합하여 조직적으로 전개하였다.
⑤ 세도 정치기의 수탈과 지역 차별에 반발하여 일어났다.

30 **다음 중 고려시대의 사회 모습으로 옳은 것은?**

① 법률은 중국의 당률을 참작하였고, 관습법은 거의 사라졌다.
② 가부장적 사회로 일부다처제가 일반적이었다.
③ 특수집단인 향・소・부곡은 양인에 비해 세금이 적은 등의 혜택을 받았다.
④ 향도는 매향활동을 하는 신앙 조직에서 농민 공동체 조직으로 변화하였다.
⑤ 자급자족 및 물물교환의 일반화로 화폐를 제조하지 않았다.

모바일 OMR

제 2 회 NIAT 최종점검 모의고사

응시시간 : 100분　문항 수 : 105문항

정답 및 해설 p.054

01 언어능력

01 다음 글을 읽고 논리학과 심리학의 공통점과 차이점에 대해 설명한 내용으로 가장 적절한 것은?

논리학은 사고의 법칙과 형식을 연구하는 학문이다. 즉, 논리학이란 어떻게 하면 오류를 범하지 않고 옳게 사유할 수 있으며 참다운 지식을 얻으려면 어떤 형식을 따라야 하는지를 연구하는 학문이다. 다시 말해서 논리학은 사유작용의 형식과 법칙을 연구함으로써 참다운 지식을 얻기 위해 지켜야 할 규범을 정립하는 것을 목표로 삼는다. 구체적으로 논리학은 '타당한 추론의 원리들'을 취급하며, '타당성의 원리들에 대한 반성'도 함께 다룬다. 그러므로 논리학은 일상생활에서의 우리의 잘못된 추측과 오류를 지적해 주며 논리적으로 타당하게 사고하게끔 우리를 도와준다.

우리들의 사고는 내용과 형식으로 구분되는데, 논리학은 사유 내용은 취급하지 않고 사유 형식, 곧 사유의 법칙만을 연구대상으로 삼는다. 예컨대 '개는 동물이다.', '장미는 식물이다.' 등에서 내용을 문제 삼는 것이 아니라 'S는 P이다.'와 같은 명제의 형식만을 취급하는 것이 논리학이다. 논리학은 사고의 법칙, 그것도 추론의 타당한 원리만을 취급하기 때문에 형식과학이라고도 불린다. 사고작용을 탐구하는 학문으로는 논리학 이외에도 심리학을 들 수 있다. 심리학은 사실을 그대로 기술함에 비하여 논리학은 앞에서 지적한 것처럼 추론의 원리 내지 법칙을 취급한다. 심리학은 사고의 자연적 법칙을 탐구하는데 반하여 논리학은 옳게 사고(추론)하기 위하여 마땅히 지켜야 할 사고의 규범적 법칙을 탐구한다.

우리는 옳게 사고(추론)할 때도 있지만 잘못 사고(추론)할 때도 있다. 예컨대 3은 홀수이고 5도 홀수이므로 3과 5를 합한 수 역시 홀수라고 생각한다면 그것은 분명히 그릇된 생각이다. 심리학은 우리의 사고가 옳은지 그른지를 가리지 않고 사고하는 과정을 사실대로 연구하기 때문에 논리학과는 근본적으로 다르다. 논리학은 사고(추론)의 형식과 법칙만을 연구할 뿐만 아니라 학문연구의 방법을 고찰하며 새로운 진리탐구의 방법을 추구하기도 한다. 논리학이 사고의 내용을 취급하지 않기 때문에 비록 무미건조한 면이 있긴 해도 논리학의 지식을 알 때 비로소 정확하고 올바른 추론(사고)이 어떤 것인지 알 수 있다.

형식논리학은 아리스토텔레스에 의하여 처음으로 체계화되었다. 그의 『오르가논』은 후대에 편찬된 것으로서 논리학에 대한 고찰들, 곧 범주론, 해석론, 분석론 전서, 분석론 후서, 변증론, 궤변론 등 모두 6권으로 구성되어 있다. 아리스토텔레스 논리학의 주요 내용은 연역논리(演繹論理)이며 귀납논리(歸納論理)에 대해서도 불완전한 형태의 취급을 찾아볼 수 있다. 중세 스콜라철학은 기독교 교리를 확립하는 데 있어서 아리스토텔레스의 논리학 중에서 분석론을 주로 이용하였다. 따라서 분석론에 대한 연구가 지배적이었으므로 아리스토텔레스의 논리학 중에서 연역논리, 특히 삼단논법을 중심으로 하는 추리론이 논리학의 전부인 것처럼 여겨지게 되었다. 중세에는 일반적으로 아리스토텔레스의 논리학 테두리 안에서 논리학의 여러 문제들이 연구되었다. 형식적 연역법으로는 이미 알고 있는 지식을 증명하는 것으로 그칠 뿐, 새로운 지식을 발견할 수 없었다. 근세 초기 자연과학의 발달과 아울러 새로운 시대의 요청에 응하여 프란시스 베이컨은 『노붐 오르가논』(Novum Organon : 신기관)

을 저술하여 실험과 관찰을 내용으로 하는 새로운 과학 연구방법을 창안하였다. 이 책은 아리스토텔레스의 논리학(오르가논)을 혁신하기 위하여 쓰여진 것으로 귀납법(歸納法)을 주된 내용으로 삼는다. 베이컨 이후 귀납논리학이 성립함으로써 논리학에서는 연역논리와 귀납논리가 갖추어지게 되었다. 그 후 존 스튜어트 밀은 『논리학 체계』(Syste mof Logic)를 발표하여 귀납논리학을 최종적으로 정리하여 완성하였다.
칸트는 논리학을 일반논리학(Allgemeine Logic)과 선험논리학(Transzendentale Logic)으로 구분하였다. 일반논리학은 형식논리학을 뜻하며, 선험논리학은 경험이 성립하는 원리를 연구하는 학문을 의미한다. 선험논리학은 대상의 인식을 취급하는 인식론이다. 그러나 헤겔은 논리학이 단지 사유의 형식을 설명하는 것을 넘어서서 실재를 반영한다고 보았다. 헤겔에 의하면 사유와 존재는 변증법적으로 발전한다. 헤겔의 논리학은 형식논리학과 전혀 다른 변증법적 논리학이다. 헤겔의 변증법은 자연, 정신, 역사의 모든 과정을 일관하는 법칙이므로 세계는 변증법에 의해서 부단히 운동, 변화, 발전함으로써 결국 절대정신으로 복귀한다. 변증법적 논리학은 자연, 정신, 역사를 절대정신의 변증법적 전개과정으로 보며, 이와 같은 논리적 발전과정을 단계적으로 밝힌다. 마르크스와 엥겔스는 헤겔의 관념론적 변증법을 유물변증법으로 변형시켰다. 그런가 하면 라이프니츠를 시발점으로 하여 종래의 형식논리학을 수학적 논리학(수리논리)에 의하여 대치시키려는 노력이 강하게 대두하였다. 라이프니츠 이후 프레게, 부울, 럿셀 등에 의하여 일상언어 대신 기호를 사용하여 명제의 참과 거짓 문제를 탐구하고자 하는 기호논리학이 발전하게 되었다.

① 공통점은 인간의 사고작용에 대한 학문이라는 점이고, 차이점은 논리학이 사고과정상의 추론의 원리나 법칙을 연구대상으로 삼는 반면 심리학은 사고의 내용과 과정을 사실대로 연구하는 학문이라는 점이다.

② 공통점은 인간의 사고 과정을 연구한다는 점이고, 차이점은 논리학은 인간의 사고가 어떤 과정을 통해서 이루어지는지를 밝히는 학문인 데 비해 심리학은 왜 인간이 그와 같은 사고의 유형을 가지게 되는지를 밝히는 학문이라는 점이다.

③ 공통점은 인간의 사고 법칙성에 대한 형식을 연구한다는 데 있고, 차이점은 논리학은 인간의 보편적 사고 과정을 대상으로 하는 데 반해 심리학은 인간의 특수한 행위를 대상으로 한다는 데 있다.

④ 공통점은 인간의 형이상학적인 정신세계를 대상으로 한다는 점이며, 차이점은 논리학이 보편적인 논리성을 기반으로 그 행위에 대한 의미를 규정짓는 방법을 사용하는 데 비해 심리학은 인간의 행위를 분석해서 보편적인 규칙을 뽑아내는 방법을 사용하는 데 있다.

⑤ 공통점은 인간의 사고가 인간의 행위에 영향을 주는 요소를 대상으로 한다는 점이며, 차이점은 행위에 대한 의미 규정을 하는 것이 논리학의 영역인 데 반해 사고에 대한 의미를 규정하는 것이 심리학의 영역이라는 점이다.

02 다음 글의 필자가 궁극적으로 말하고자 하는 내용으로 가장 적절한 것은?

현대인을 공포 속에 떨게 하는 것은 핵전쟁에 의한 인류의 공동 사멸의 가능성이다. 옛사람들에게 있어서 전쟁은 인간의 공격욕을 충족시켜주는 하나의 유희로 간주되었을 수도 있으나, 이제는 결코 그러한 유희일 수 없다. 핵전쟁은 나는 살고 너만 죽는 그런 옛 전쟁이 아니기 때문이다. 핵전쟁의 가능성이야말로 어느 순간에라도 전 인류가 파멸할 수 있다는 무서운 가능성이다. 개인의 사멸이 도둑과 같이 찾아오던 것은 옛일이었으나, 인류 전체의 동시 사멸이 도둑과 같이 찾아올 수 있는 것은 오늘의 현실이 되었다. 인류 전체의 종말을 인간 자신의 힘으로 초래할 수 있게 되었다는 사실이 현대인의 자부심을 고양시킨다는 것은 가공스러운 패러독스가 아닐 수 없다. 이러한 상황 속에 있는 자신을 발견하는 현대인은 이 아이러니컬한 사태를 진단하고 처방을 강구하지 않을 수 없다.

이러한 상황 속에서 우리가 빠지기 쉬운 오류는 과학과 과학 기술을 매도하고 힐난하는 일이다. 즉, 이 불행스러운 사태의 책임을 과학과 과학 기술의 잘못으로 규정하는 것이다. 여기에 제기되는 중요한 문제가 바로 과학과 가치의 문제이다. 현대의 과학 철학은 과학적 명제가 가치 명제와 근본적으로 다른 범주에 속하는 명제임을 논증한다. 과학의 이론 속에 가치 명제가 포함될 때, 그것은 사이비 과학이 된다. 과학은 존재의 구조를 있는 그대로 드러내 주는 것으로 족하다. 그 존재에 대한 정보를 어떻게 사용하느냐 하는 것은 전적으로 과학 외적 문제이다. 그 실용의 방향을 결정하는 문제가 바로 가치의 문제이다.

여기서 우리는 과학과 과학 기술을 구별할 필요가 있다. 과학 기술은 과학이 드러내 주는 존재에 대한 정보를 사용하는 구체적 절차에 대한 연구이며, 그런 뜻에서 과학 기술은 일정한 가치 판단을 전제로 한 것이다. 만일 현대의 산업 사회가 안고 있는 병리적 현상이 과학 기술과 연관이 있다면, 그것은 과학 기술 자체라기보다는 그러한 활동을 주도해 온 가치 판단에 그 책임이 있다고 보아야 한다. 과학은 어떠한 가치 판단과도 무관하게 인간 자신을 포함한 존재 세계가 어떻게 되었는가를 드러내려는 인간의 이성적 활동이요, 그 결과이다. 그 결과를 어떻게 사용하는가는 가치 판단의 문제이므로, 현대 산업의 병리적 현상에 대한 문책은 과학을 어떤 특정한 방식으로 이용하기로 결정한 그 판단과 그 판단의 주체에게 물어야 한다. 그러기에 과학의 이론 자체에 무언가 잘못이 있는 듯이 생각하고 과학에 징그러운 눈길을 보내는 것은 하나의 미명이 아닐 수 없다. 과학 자체가 인간을 조정하지도 않으며, 인간을 해방시켜 주는 것도 아니다. 소위 프랑크푸르트 학파에 속하는 하버마스와 마르쿠제는 현대의 과학 기술 자체는 인간 조정의 주도자인 듯이 비난하는데 만일 비난받아야 할 주도자가 있다면 그것은 과학 기술을 그런 방식으로 사용한 가치관이요, 그 가치관을 소유한 서구의 인간들 자신이다. 역사적으로 볼 때, 과학 기술은 그 시발점에서는 인간을 자연의 변덕스러운 횡포로부터 해방시키는 효능을 지니나 그것이 차츰 그릇된 목적과 결부되어 거대한 체계로 성장해 나가면서 인간 조정의 수단으로 되었을 뿐 아니라, 인간 자신이 주인의 위치에서 한낱 기계에 예속된 위치로 전환되어 가는 도착현상이 나타나게 되었다고 봄이 옳을 것 같다.

그러므로 자연 과학은 인간과 자연을 기술적으로 통제하기 위한 방편으로 사회에 대한 학문은 인간 해방에 관심을 두고 개발되어 왔다는 하버마스의 견해는 과학 이론 자체와 그 사용의 문제인 가치의 문제를 혼동하는 오류를 범한 것이라고 보여진다. 과학은 그것이 자연에 대한 것이든 인간과 사회에 관한 것이든 인간과 자연의 통제와 조종을 위해서 사용될 수도 있고 인간 해방을 위해서 사용될 수 있는 것이기 때문이다. 마르쿠제에 의하면 자연 과학의 학문적 정신을 표현한 실증주의는 그 근본에 있어서 어떤 현상을(부정적 측면에서) 비판적으로 보는 정신이 결여된, 따라서 그것은 현상을 그대로 수납하는 보수적인 정신이라는 것이다. 이런 점에서 그것은 사물을 1차원적으로 보는 태도요, 따라서 과학적 사유를 하는 인간은 '1차원적 인간'이라는 것이다. 이러한 견해는 과학의 이론과 가치 판단의 문제(윤리의 문제)를 구별하지 않는 발상에 근거한 것이요, 과학의 기본정신을 잘못 해석한 말이라 하지 않을 수 없다.

그가 말하는 비판이란 사회의 가치 질서, 혹은 체제에 대한 비판인데 그것은 과학의 문제가 아니라 윤리학의 문제이다. 그러므로 과학이 그런 문제에 개입하지 않는다고 비난하는 것은 과학자에게 왜 교회에 가서 설교를 하지 않느냐고 윽박지르는 것과 흡사하다. 과학은 윤리적 문제, 가치의 문제에 관해 비판적 발언은 하지 않으나, 과학이야말로 비판적 태도 없이는 수행(隨行)될 수 없는 지적 작업(知的 作業)이다. 과학은 어떤 감정이나 선입견, 어떤 전통적 권위나 외적 압력을 배제하고 현상을 비판적으로 객관적으로 분석하고 검토하는 지적 작업이라 말하지 않을 수 없다.

① 과학은 어떠한 가치 판단과도 무관한 인간의 이성적 활동이요, 그 결과이므로 그것을 어떻게 사용하는가는 가치 판단의 문제인 것이다.
② 현대의 과학 철학은 과학적 명제가 가치 명제와 근본적으로 다르기 때문에 과학의 이론 속에 가치 명제가 포함될 때, 그것은 사이비 과학이 된다.
③ 과학과 과학 기술을 매도하고 힐난하거나 현대 사회의 불행스러운 사태의 책임을 과학과 과학 기술의 잘못으로 규정하는 일은 윤리학의 문제이다.
④ 자연 과학의 학문적 정신을 표현한 실증주의는 그 근본에 있어서 어떤 현상을 비판적으로 보는 정신이 결여된 보수적 정신이다.
⑤ 역사적으로 볼 때, 과학 기술은 그 시발점에서는 좋은 목적으로 출발한 것이 대부분이었으나 그것이 차츰 그릇된 목적과 결부되어 인간 조정의 수단으로 되었다.

03 다음 글의 수정 방안으로 적절한 것은?

우울증을 잘 초래하는 성향은 창조성과 결부되어 있기 때문에 생존에 유리한 측면이 있었다. 따라서 우울증과 관련이 있는 유전자는 오랜 역사를 거쳐오면서도 사멸하지 않고 살아남아 오늘날 현대인에게도 그 유전자가 상당수 존재할 가능성이 있다. 베토벤, 뉴턴, 헤밍웨이 등 위대한 음악가, 과학자, 작가들의 상당수가 우울한 성향을 갖고 있었다. ㉠ 천재와 우울증은 어찌 보면 동전의 양면으로, 인류 문명의 진보를 이끈 하나의 동력이자 그 부산물이라 할 수 있을지도 모른다.

우울증은 일반적으로 자기 파괴적인 질환으로 인식되어 왔지만 실은 자신을 보호하고 미래를 준비하기 위한 보호 기제일 수도 있다. 달성할 수 없거나 달성하기 매우 어려운 목표에 도달하기 위해 엄청난 에너지를 소모하는 것은 에너지와 자원을 낭비할 뿐만 아니라, 정신과 신체를 소진시킴으로써 사회적 기능을 수행할 수 없게 하고 주위의 도움이 없으면 생명을 유지하기 어려운 상태에 ㉡ 이르게도 할 수 있다. 이를 막기 위한 기제가 스스로의 자존감을 낮추고 그 목표를 포기하게 만드는 것이다. 이를 통해 고갈된 에너지를 보충하고 다시 도전할 수 있는 기회를 모색할 수 있다. ㉢ 또한 지금과 같은 경쟁사회는 새로운 기술이나 생각에 대한 사회적 요구가 커지기 때문에 정신적 소진 상태를 초래하기 쉬운 환경이 되고 있다.

오늘날 우울증은 왜 이렇게 급격하게 늘어나는 것일까? 창조성이란 그 사회에 존재하고 있는 기술이나 생각에 대한 도전이자 대안 제시이며, 기존의 기술이나 생각을 엮어서 새로운 조합을 만들어 내는 것이다. 과거에 비해 현대 사회는 경쟁이 심화되고 혁신들이 더 가치를 인정받기 때문에 창조성이 있는 사람은 상당히 큰 선택적 이익을 갖게 된다. ㉣ 그렇지만 현대 사회처럼 기존에 존재하는 기술이나 생각이 엄청나게 많아 우리의 뇌가 그것을 담기에도 벅찬 경우에는 새로운 조합을 만들어 내는 일은 무척이나 많은 에너지를 요한다. 결국 경쟁은 창조성을 ㉤ 발휘하게 하지만 지나친 경쟁은 정신적 소진을 초래하기 때문에 우울증이 많이 발생할 수 있다.

① ㉠ – 문단과 관련 없는 내용이므로 삭제한다.
② ㉡ – 문장의 주어와 호응되지 않으므로 '이른다'로 수정한다.
③ ㉢ – 두 번째 문단의 내용과 어울리지 않으므로 세 번째 문단으로 옮긴다.
④ ㉣ – 뒷 문장이 앞 문장의 결과이므로 '그리하여'로 수정한다.
⑤ ㉤ – 문맥상의 내용과 반대되는 내용이므로 '억제하지만'으로 수정한다.

04 다음 글의 빈칸에 들어갈 내용으로 가장 적절한 것은?

> 탁월함은 어떻게 습득되는가, 그것을 가르칠 수 있는가? 이 물음에 대하여 아리스토텔레스는 지성의 탁월함은 가르칠 수 있지만 성품의 탁월함은 비이성적인 것이어서 가르칠 수 없고, 훈련을 통해서 얻을 수 있다고 대답한다.
>
> 그는 좋은 성품을 얻는 것을 기술을 습득하는 것에 비유한다. 그에 따르면 리라(Lyra)를 켬으로써 리라를 켜는 법을 배우며 말을 탐으로써 말을 타는 법을 배운다. 어떤 기술을 얻고자 할 때 처음에는 교사의 지시대로 행동한다. 그리고 반복 연습을 통하여 그 행동이 점점 더 하기 쉽게 되고 마침내 제2의 천성이 된다. 이와 마찬가지로 어린아이는 어떤 상황에서 어떻게 행동해야 진실되고 관대하며 예의를 차리게 되는지 일일이 배워야 한다. 훈련과 반복을 통하여 그런 행위들을 연마하다 보면 그것들을 점점 더 쉽게 하게 되고, 결국에는 스스로 판단할 수 있게 된다.
>
> 그는 올바른 훈련이란 강제가 아니고 그 자체가 즐거움이 되어야 한다고 지적한다. 또한 그렇게 훈련받은 사람은 일을 바르게 처리하는 것을 즐기게 되고, 일을 바르게 처리하고 싶어하게 되며 올바른 일을 하는 것을 어려워하지 않게 된다. 이처럼 성품의 탁월함이란 사람들이 '하는 것'만이 아니라 사람들이 '하고 싶어 하는 것'과도 관련된다. 그리고 한두 번 관대한 행동을 한 것으로 충분하지 않으며, 늘 관대한 행동을 하고 그런 행동에 감정적으로 끌리는 성향을 갖고 있어야 비로소 관대함에 관하여 성품의 탁월함을 갖고 있다고 할 수 있다.
>
> 다음과 같은 예를 통해 아리스토텔레스의 견해를 생각해 보자. 갑돌이는 성품이 곧고 자신감이 충만하다. 그가 한 모임에 참석하였는데 거기서 다수의 사람들이 옳지 않은 행동을 한다고 생각했을 때, 그는 다수의 행동에 대하여 비판의 목소리를 낼 것이며 그렇게 하는 데에 별 어려움을 느끼지 않을 것이다. 한편 수줍어하고 우유부단한 병식이도 한 모임에 참석하였는데, 그 역시 다수의 행동이 잘못되었다는 판단을 했다고 하자. 이런 경우에 병식이는 일어나서 다수의 행동이 잘못되었다고 말할 수 있겠지만, 그렇게 하려면 엄청난 의지를 발휘해야 할 것이고 자신과 힘든 싸움도 해야 할 것이다. 그런데도 병식이가 그렇게 행동했다면 우리는 병식이가 용기있게 행동하였다고 칭찬할 것이다. 그러나 아리스토텔레스가 보기에 성품의 탁월함을 가진 사람은 갑돌이다. 왜냐하면 ______________________________ 우리가 어떠한 사람을 존경할 것인가가 아니라 우리 아이를 어떤 사람으로 키우고 싶은가라는 질문을 받는다면 우리는 아리스토텔레스의 견해에 가까워질 것이다. 왜냐하면 우리는 우리 아이들을 갑돌이와 같은 사람으로 키우고 싶어 할 것이기 때문이다.

① 그는 내적인 갈등이 없이 옳은 일을 하기 때문이다.

② 그는 옳은 일을 하는 천성을 타고났기 때문이다.

③ 그는 주체적 판단에 따라 옳은 일을 하기 때문이다.

④ 그는 자신이 옳다는 확신을 가지고 옳은 일을 하기 때문이다.

⑤ 그는 다른 사람들의 칭찬을 의식하지 않고 옳은 일을 하기 때문이다.

PART 3

05 다음 글의 필자가 작품을 대하는 관점과 동일한 것은?

흥부전의 주제를 파악하기 위해서는 작가의 등장인물을 바라보는 시각에 주목할 필요가 있다. 여기서 주의할 것은 작가의 시선이 곧 그 당시 서민들의 시선이라는 점이다. 판소리는 광대를 비롯하여 다수 서민들의 공동 참여로 이루어졌기 때문이다. 그러므로 작가의 시선은 곧, 서민의 시선이다. 서민들의 흥부를 바라보는 눈길에는 무한한 동정과 공감이 어려 있고 놀부에게는 강한 적개심을 나타내고 있다. 흥부는 양반이고 놀부는 천민이기 때문일까? 결코 그렇지 않다. 작품상에 나타난 흥부의 신분은 양반일 수도 있고 아닐 수도 있다. 고을 이방에게는 반말을 했으니 양반이지만, 마을의 장자(長者)에게는 존대를 했으니 양반일 수 없다. 서민들은 흥부가 양반의 의식을 가지고 있는 것을 비판한다. 흥부가 놀부에게 양식을 얻으러 갈 때 다 떨어진 의복으로라도 애써 양반 차림을 하는 것을 비웃는다. 가난에 찌들어 몸뚱이조차 가릴 수 없는 주제에 그래도 양반 흉내를 내려는 것은 실로 가소로운 허세이기 때문이다.

한편 놀부가 천민임은 분명하다. 박 속에 나온 양반이 "네 아비 개불이와 네 어미 개똥녀가 댁종으로 드난하다가 모야무지 도망한 지 수십 년에 이제야 찾았구나. 네 어미 아비 몸값이 삼천 냥이니 당장에 바치렸다."한 데서 분명히 알 수 있다. 그러나 놀부의 귀속 신분이 천민이어서 서민들이 부정적으로 보는 것은 아니다. 또 천민이 돈을 벌어 부자가 되었기 때문도 아니다. 서민들은 오직 자신들을 얽어매고 있는 봉건적 관념이나 신분 질서를 타파하려 했고, 이것은 조선 후기의 시대적 흐름이었다.

그렇다면 흥부는 어진 덕이 있는 사람이기에 공감을 얻고, 놀부는 부덕(不德)한 인물이기에 규탄을 받는다고 할 수 있다. 이 점은 옳다. 그러나 작가는 흥부의 청렴결백을 예찬만 하고 있지 않다. 흥부의 아내조차 청렴결백은 부질없다고 했다. 예의염치와 형제간의 우애를 중히 여긴 흥부에게 사회가 그 대가로 준 것은 가난뿐이었다. 사회는 이미 윤리 도덕이 존중되던 공동 사회에서 물질이 우선되는 차가운 이익 사회로 전환되었던 것이다. 이러한 상황에 윤리 도덕을 생명처럼 존중하는 흥부가 가난하지 않을 수가 없다.

그런데 작가와 서민들은 흥부에겐 공감을 표시하고 궁극적으로 일체감을 느끼고 있다. 그것은 흥부의 가난이 곧 자신들의 가난이기 때문이다. 그래서 흥부의 처지에 공감하고, 그 처절한 가난을 함께 이기기 위하여 비극적 고난을 오히려 희극적으로 묘사하기조차 한다. 그러나 이 웃음에는 눈물이 섞여 있다. 흥부와 같은 처지의 서민들은 너무도 절박한 가난을 이기기 위해 웃음이 필요했지만 거기에는 피눈물이 섞인 공감이 포함되지 않을 수가 없다. 흥부에 대한 이러한 공감은 놀부에 대한 적개심으로 이어진다. 놀부의 그 유명한 심술 묘사는 놀부의 온갖 반사회적 행동의 반영이다. 흥부를 내쫓아 부모의 유산을 독차지하는 것도 같은 행위이다. 놀부는 결국 수탈적인 방법으로 부(富)를 축적한 것이다. 실제 현실에서 이러한 경험을 겪는 서민들은 이러한 놀부를 비판적으로, 나아가서는 적대적으로 보지 않을 수가 없는 것이다.

흥부의 귀속 신분이 양반이든 아니든 서민들은 관계치 않는다. 작품 속의 흥부 신분이 양반이기도 하고 아니기도 한 것도 이 때문이다. 그러나 놀부의 귀속 신분은 천민으로 서민들과 가깝지만 이들은 오히려 무한한 거리감을 느낀다. 문제는 획득 신분인 것이다. 부모로부터 물려받은 귀속 신분보다 사회에서 스스로 확보한 획득 신분이 이 작품에서 중시되고 있는 것이다. 시대 자체가 사람의 지위가 귀천에서가 아니라 빈부에 의해 좌우되는 시대로 변한 것이다. 그러므로 수탈당한 흥부는 서민들과 같이 하층민에 속한다. 반면, 부를 축적하여 얻은 놀부의 획득 지위는 특권층에 속하는 것이다. 곧 서민들과는 대립된다. 이제 부자는 상류 계층이고 가난한 자는 천민층이다. 서민들은 불의한 방법으로 수탈을 하고 돈을 번 놀부가 박을 통하여 패가망신하자 쾌재를 부른다. 이것은 흥부와 처지가 같은 서민층의, 놀부류의 특권층에 대한 적대 의식에서 나왔다. 이제 '흥부전'의 주제는 분명해졌다.

① 고전은 역시 독자에게 감동을 주기 때문에 고전의 가치가 살아 있는 것 아니겠어? 그러므로 모든 고전의 진정한 가치는 독자에게 전달하고자 하는 교훈성에 있다고 보아야 해.

② 고전이 진정한 가치를 가질 수 있었던 것은 여러 사람의 손을 거치면서 많은 사람들에 의해 윤색되고 고쳐지고 다듬어지면서 생긴 창작 의도야. 따라서 고전은 작품에 참여한 사람들의 표현적인 의미를 중시해야 되는 것이 아닐까?

③ 물론, 작품을 여러 가지 측면에서 보아야 한다는 것은 이해할 수 있어. 하지만 원초적으로 작품은 시대를 반영하는 것이야. 따라서 그 시대의 의미를 먼저 생각해 보아야 고전을 바르게 이해하는 것이 아닐까?

④ 아니야. 작품의 가치는 그 내적 의미를 얼마나 정확하게 보느냐에 달려 있는 것이야. 즉, 절대적인 관점으로 작품의 진정한 내면 가치를 찾아봐야 되는 거야. 물론 고전일수록 더 그렇다고 볼 수 있겠지.

⑤ 무슨 얘기들을 하는 거야? 작품이란 하나의 유기적인 구조물이나 같은 것이 아니겠어? 따라서 어떤 유기체를 올바르게 보려면 먼저 그것에 대해 철저하게 분석해야 하는 것처럼 모든 작품은 분석을 해서 하나하나의 의미를 새겨 보아야 되는거야.

06 다음 글의 필자가 제시하는 도덕 철학의 과제를 수행하고 있는 예를 〈보기〉에서 모두 고르면?

어떤 삶이 좋은지에 대한 견해는 사회나 문화에 따라 다르지만 각 사회나 문화 속에는 그 구성원들이 바람직하다고 여기는 좋은 삶의 모습이 존재한다. 그렇다면 각 사회나 문화에서 무엇이 우리의 삶을 좋은 삶으로 만드는가? 좋은 삶을 판단하는 기준은 무엇인가? 이것은 '강한 가치 평가'와 관련된 문제로서 넓은 의미의 도덕적 문제라고 할 수 있다. 그런데 삶의 의미를 부여하거나 삶의 방향을 설정해 주는 이러한 강한 가치 평가의 기준은 '상위선(上位善)'을 배경으로 하고 있다. 상위선은 여러 선들 중에서 최고의 가치를 지닌 선으로 우리들의 일상적인 목적이나 욕구와는 비교할 수 없을 정도로 높은 가치를 지니며 여러 도덕적 가치 평가들의 근거가 된다. 상위선은 우리 자신의 욕구나 성향, 선택에 의해 형성되는 것이 아니라 그것들로부터 독립적으로 주어지며 그 욕구나 선택을 평가하는 기준이 된다. 상위선은 도덕적 판단들의 근거가 되는 도덕적 원천인 것이다.
강한 가치 평가의 기준이 되는 상위선은 역사적으로 형성되어 자리 잡은 것으로 사회나 문화에 따라 다를 수 있다. 예를 들어 효가 상위선인 사회도 있고, 자유가 상위선인 사회도 있다. 각 사회의 상위선은 명시적 또는 암시적으로 그 사회에 살고 있는 구성원들의 도덕적 판단이나 직관, 반응의 배경이 되기 때문에, 그 상위선이 무엇인지 규명하면 각 사회에서 이루어지는 도덕적 판단이나 반응을 제대로 이해할 수 있다. 도덕 철학의 주요 과제들 중의 하나는 도덕적 판단들의 배후에 있는 가치, 즉 상위선을 탐구하여 밝히는 것이다.
그런데 의무론이나 절차주의적 도덕 이론은 좋은 삶의 문제를 다루는 것을 회피하고 있다. 그 이유는 다원주의와 개인주의가 특징적인 근대 사회의 조건에서 좋은 삶의 모습을 제시하여 이를 따를 것을 요구하는 것은 개인의 삶에 간섭하는 것이 되어 다양성과 자율성의 가치를 훼손할 우려가 있다고 보았기 때문이다.
그래서 이와 같은 근대의 도덕 철학은 좋은 삶과 관련된 삶의 목적이나 의미 등에 대해 다루지 않고, 옳음과 관련된 기본적이면서도 보편적인 도덕 규칙이나 정당한 절차 등에 대해서만 다루는 것을 자신의 과제로 삼았다. 이는 사회를 유지하기 위한 기본적인 보편적 도덕 규범을 넘어서서 더 많은 것을 개인에게 요구하는 것이 개인의 자율성을 침해할 수 있다고 보았기 때문이다. 이러한 근대의 도덕 철학은 도덕성 개념을 협소화하여 옳음의 문제나 절차적 문제에만 자신의 과제를 제한함으로써, 도덕적 신념의 배경이 되고 있는 상위선을 포착할 수 없게 만들었다.
넓은 시각에서 보면 이러한 근대의 도덕 철학이 추구하거나 전제로 삼고 있는 가치나 권리는 보편적인 것이 아니며 근대라는 특정한 시대적 조건 속에서 형성된 특수한 것이다. 즉, 이러한 근대의 도덕 철학 자체도 그 시대의 특정한 상위선을 배경으로 형성된 것이다. 예를 들어 의무론은 자유나 보편주의와 같은 도덕적 이상, 즉 상위선을 배경으로 형성된 것이다. 마찬가지로 절차주의적 도덕 이론도 이성적 주체의 자율성 같은 상위선을 배경으로 형성된 것이다. 이러한 근대의 도덕 철학이 옹호하는 도덕 규칙도 근대적 가치나 상위선을 배경으로 형성되었기 때문에 그 도덕 규칙이 보편성을 지닌다는 주장은 타당하지 않다.
도덕 철학의 또 다른 과제는 어떤 삶이 좋은 삶인지에 대해 답하는 것이다. 우리의 삶이나 정체성이 혼란에 빠지거나 위기에 처했을 때, 도덕 철학은 도덕적 판단의 원천이 되는 상위선에 근거하여 문제의 해결 방안이나 나아갈 방향을 제시해야 한다.
그런데 절차주의적 도덕 이론은 도덕적 정당성을 확보하기 위한 형식적 절차에만 관심을 기울이고 있다. 이를테면 그중 한 형태인 담론 윤리학은 규범의 합리적 정초 가능성이나 정당한 절차의 문제만을 다룰 뿐, 좋은 삶의 모습과 같은 실질적인 문제는 합리적인 논의의 대상에서 배제한다. 따라서 여기서는 좋은 삶의 문제에 대한 대답이 전적으로 개인에게 맡겨져 있으며 개인들은 스스로 이에 대한 대답을 찾아야 하는 부담을 안게 된다. 삶의 의미와 같은 중요한 문제를 다루기를 포기하는 이러한 태도는 도덕 철학의 전통에서 지나치게 후퇴한 것이다.
어떻게 사는 것이 좋은가, 진정한 자아실현은 무엇인가 하는 문제는 단지 개인의 결단에만 맡겨서는 안 되며 개인이 속한 사회의 삶의 지평이 되는 상위선을 고려하여 다루어야 한다. 만약 자아실현의 문제를 전적으로 개인의 주관적인 실존적 결단에만 맡긴다면 우리는 이기주의나 나르시시즘에 빠질 우려가 있다. 좋은 삶의 문제는 상위선을 바탕으로 합리적으로 다루어질 수 있으며 도덕 철학은 이를 위해 기여해야 한다.

보기

ㄱ. 폴리스에서 덕이 있는 삶이란 무엇이며 덕이 왜 삶에서 중요한 가치를 지니는지를 다루는 도덕 철학
ㄴ. 시대를 초월하여 존재하는 보편타당한 도덕규범이 어떤 것인지를 다루는 도덕 철학
ㄷ. 담론 윤리학적 가치 판단이 어떤 도덕적 판단 근거에 바탕을 두고 있는지를 다루는 도덕 철학

① ㄱ
② ㄴ
③ ㄷ
④ ㄱ, ㄷ
⑤ ㄴ, ㄷ

07 다음 문단을 논리적 순서대로 바르게 나열한 것은?

(가) '정합설'은 관념과 대상의 일치가 불가능하다는 반성에서 출발한다. 새로운 경험이나 지식이 옳은지 그른지 실재에 비추어 보아서는 확인할 수 없으므로 이미 가지고 있는 지식의 체계 중 옳다고 판별된 체계에 비추어 볼 수밖에 없다는 것이다. 즉, 새로운 지식이 기존의 지식 체계에 모순됨이 없이 들어맞는지 여부에 의해 지식의 옳고 그름을 가릴 수밖에 없다는 주장이 바로 정합설이다. '모든 사람은 죽는다.'라는 것은 우리가 옳다고 믿는 명제이지만, '모든 사람' 속에는 우리의 경험이 미치지 못하는 사람들도 포함된다. 이처럼 감각적 판단으로 확인할 수없는 전칭판단*이나 고차적인 과학적 판단들의 진위를 가려내는 데 적합한 이론이 정합설이다.

(나) 우리가 일상생활, 특히 학문적 활동에서 추구하고 있는 진리란 어떤 것인가? 도대체 어떤 조건을 갖춘 지식을 진리라고 할 수 있을까? 여기에 대해서는 세 가지 학설이 있다.

(다) 실용주의자들은 대응설이나 정합설과는 아주 다른 관점에서 진리를 고찰한다. 그들은 지식을 그 자체로 다루지 않고 생활상의 수단으로 본다. 그래서 지식이 실제 생활에 있어서 만족스러운 결과를 낳거나 실제로 유용할 때 '참'이라고 한다. 관념과 생각 그 자체는 참도 아니고 거짓도 아니며, 행동을 통해 생활에 적용되어 유용하면 비로소 진리가 되고 유용하지 못하면 거짓이 되는 것이다.

(라) 그러나 진리가 행동과 관련되어 있다는 것은 행동을 통한 실제적인 결과를 기다려야 비로소 옳고 그름의 판단이 가능하다는 뜻이 된다. 하지만 언제나 모든 것을 다 실행해 볼 수는 없다. 또한 '만족스럽다.'든가 '실제로 유용하다.'든가 하는 개념은 주관적이고 상대적이어서 옳고 그름을 가리는 논리적 기준으로는 불명확하다. 바로 이 점에서 실용설이 지니는 한계가 분명하게 드러나는 것이다.

(마) 하지만 정합설에도 역시 한계가 있다. 어떤 명제가 기존의 지식 체계와 정합*할 때 '참'이라고 하는데, 그렇다면 기존의 지식 체계의 진리성은 어떻게 확증할 수 있을까? 그것은 또 그 이전의 지식 체계와 정합해야 하는데 이 과정은 무한히 거슬러 올라가 마침내는 더 이상 소급할 수 없는 단계에까지 이르고, 결국 기존의 지식 체계와 비교할 수 없게 된다.

(바) '대응설'에서는 어떤 명제나 생각이 사실이나 대상에 들어맞을 때 그것을 진리라고 주장한다. 우리는 특별한 장애가 없는 한 대상을 있는 그대로 정확하게 파악한다고 믿는다. 가령 앞에 있는 책상이 모나고 노란 색깔이라고 할 때 우리의 시각으로 파악된 관념은 앞에 있는 대상이 지닌 있는 성질을 있는 그대로 반영한 것으로 생각한다.

(사) 그러나 우리의 감각은 늘 거울과 같이 대상을 있는 그대로 모사하는 것일까? 조금만 생각해 보아도 우리의 감각이 언제나 거울과 같지는 않다는 것을 알 수 있다. 감각 기관의 생리적 상태, 조명, 대상의 위치 등 모든 것이 정상적이라 할지라도 감각기관의 능력에는 한계가 있다. 그래서 인간의 감각은 외부의 사물을 있는 그대로 모사하지는 못한다.

*전칭판단 : 주사(主辭)의 모든 범위에 걸쳐서 긍정하거나 부정하는 판단
*정합 : 모순이 없이 꼭 들어맞음

① (가) – (마) – (나) – (사) – (다) – (라) – (바)
② (나) – (바) – (사) – (다) – (라) – (가) – (마)
③ (나) – (바) – (사) – (가) – (마) – (다) – (라)
④ (마) – (나) – (바) – (다) – (라) – (사) – (가)
⑤ (사) – (가) – (마) – (나) – (바) – (다) – (라)

08 다음 글의 주제로 가장 적절한 것은?

우주 개발이 왜 필요한가에 대한 주장은 크게 다음 세 가지로 구분할 수 있다. 먼저 칼 세이건이 우려하는 것처럼 인류가 혜성이나 소행성의 지구 충돌과 같은 재앙에서 살아남으려면 지구 이외의 다른 행성에 식민지를 건설해야 한다는 것이다. 소행성의 지구 충돌로 절멸한 공룡의 전철을 밟지 않기 위해서 말이다. 여기에는 자원 고갈이나 환경오염과 같은 전 지구적 재앙에 대비하자는 주장도 포함된다. 그 다음으로 우리의 관심을 지구에 한정하다는 것은 인류의 숭고한 정신을 가두는 것이라는 호킹의 주장을 들 수 있다. 지동설, 진화론, 상대성 이론, 양자역학, 빅뱅 이론과 같은 과학적 성과들은 인류의 문명뿐만 아니라 정신적 패러다임의 변화에 지대한 영향을 끼쳤다. 마지막으로 우주 개발의 노력에 따르는 부수적인 기술의 파급 효과를 근거로 한 주장을 들 수 있다. 실제로 우주 왕복선 프로그램을 통해 산업계에 이전된 새로운 기술이 100여 가지나 된다고 한다. 인공심장, 신분확인 시스템, 비행추적 시스템 등이 그 대표적인 기술들이다. 그러나 우주 개발에서 얻는 이익이 과연 인류 전체의 이익을 대변할 수 있는가에 대해서는 쉽게 답할 수가 없다. 역사적으로 볼 때 탐사의 주된 목적은 새로운 사실의 발견이라기보다 영토와 자원, 힘의 우위를 선점하기 위한 것이었기 때문이다. 이러한 이유로 우주 개발에 의심의 눈초리를 보내는 사람들도 적지 않다. 그들은 우주 개발에 소요되는 자금과 노력을 지구의 가난과 자원 고갈, 환경 문제 등을 해결하는 데 사용하는 것이 더 현실적이라고 주장한다.

과연 그 주장을 따른다고 해서 이러한 문제들을 해결할 수 있는가? 인류가 우주 개발에 나서지 않고 지구 안에서 인류의 미래를 위한 노력을 경주한다고 가정해 보자. 그렇더라도 인류가 사용할 수 있는 자원이 무한한 것은 아니며 인구의 자연 증가를 막을 수 없다는 문제는 여전히 남는다. 지구에 자금과 노력을 투자해야 한다고 주장하는 사람들은 지금 당장은 아니더라도 언젠가는 이러한 문제들을 해결할 수 있다는 논리를 펼지도 모른다. 그러나 이러한 논리는 우주 개발을 지지하는 쪽에서 마찬가지로 내세울 수 있다. 오히려 인류가 미래에 닥칠 문제를 해결할 수 있는 방법은 지구 밖에서 찾게 될 가능성이 더 크지 않을까?

우주를 개발하려는 시도가 최근에 등장한 것은 아니다. 인류가 의식을 갖게 되면서부터 우주를 꿈꾸어 왔다는 증거는 세계 여러 민족의 창세신화에서 발견된다. 수천 년 동안 우주에 대한 인류의 꿈은 식어갈 줄 몰랐다. 그리고 그 결과가 오늘날의 우주 개발이라는 현실로 다가온 것이다. 이제 인류는 우주의 시초를 밝히게 되었고, 우주의 끄트머리를 바라볼 수 있게 되었으며 우주 공간에 인류의 거주지를 만들 수 있게 되었다. 우주 개발을 해야 할 것이냐 말아야 할 것이냐는 이제 문제의 핵심이 아니다. 우리가 선택해야 할 문제는 우주 개발을 어떻게 해야 할 것인가이다. "달과 다른 천체들은 모든 나라가 함께 탐사하고 이용할 수 있도록 자유지역으로 남아 있어야 한다. 어느 국가도 영유권을 주장할 수는 없다."라는 린든 B. 존슨의 경구는 우주 개발의 방향을 일러주는 시금석이 되어야 한다.

① 우주 개발의 한계
② 지구의 당면 과제
③ 우주 개발의 정당성
④ 친환경적인 지구 개발
⑤ 우주 개발 기술의 발달

PART 3

09 다음 글을 읽고 추론할 수 있는 내용으로 적절하지 않은 것은?

'정보 파놉티콘(Panopticon)'은 사람에 대한 직접적 통제와 규율에 정보 수집이 합쳐진 것이다. 정보 파놉티콘에서의 '정보'는 벤담의 파놉티콘에서의 시선(視線)을 대신하여 규율과 통제의 메커니즘으로 작동한다. 작업장에서 노동자들을 통제하고 이들에게 규율을 강제한 메커니즘은 시선에서 정보로 진화했다. 19세기에는 사진 기술을 이용하여 범죄자 프로파일링을 했는데, 이 기술이 20세기의 폐쇄회로 텔레비전이나 비디오 카메라와 결합한 통계학으로 이어진 것도 그러한 맥락에서 이해할 수 있다. 더 극단적인 예를 들자면 미국은 발목에 채우는 전자기기를 이용하여 죄수를 자신의 집 안과 같은 제한된 공간에 가두어 감시하면서 교화하는 프로그램을 운용하고 있다. 이 경우 개인의 집이 교도소로 변하고, 국가가 관장하던 감시가 기업이 판매하는 전자기기로 대체됨으로써 전자 기술이 파놉티콘에서의 간수의 시선을 대신한다.

컴퓨터나 전자기기를 통해 얻은 정보가 간수의 시선을 대체했지만, 벤담의 파놉티콘에 갇힌 죄수가 자신이 감시를 당하는지 아닌지를 모르듯이 정보 파놉티콘에 노출된 사람들 또한 자신의 행동이 국가나 직장의 상관에게 열람될지를 확신할 수 없다. "그들이 감시당하는지 모를 때에도 우리가 그들을 감시하고 있다고 생각하도록 한다."라고 한 관료가 논평했는데, 이는 파놉티콘과 전자 감시의 유사성을 뚜렷하게 보여준다.

전자 감시는 파놉티콘의 감시 능력을 전 사회로 확장했다. 무엇보다 시선에는 한계가 있지만 컴퓨터를 통한 정보 수집은 국가적이고 전 지구적이기 때문이다. "컴퓨터화된 정보 시스템이 작은 지역 단위에서만 효과적으로 작동했을 파놉티콘을 근대 국가에 의한 일상적인 대규모 검열로 바꾸었는가?"라고 말한 정보사회학자 롭 클링은, 시선의 국소성과 정보의 보편성 사이의 차이를 염두에 두고 있었다. 철학자 들뢰즈는 이러한 인식을 한 단계 더 높은 차원으로 일반화하여 지금 우리가 살고 있는 사회는 푸코의 규율 사회를 벗어난 새로운 통제 사회라고 주장했다. 그에 의하면 규율 사회는 증기 기관과 공장이 지배하고 요란한 구호에 의해 통제되는 사회이지만, 통제 사회는 컴퓨터와 기업이 지배하고 숫자와 코드에 의해 통제되는 사회이다.

① 정보 파놉티콘은 범죄자만 감시 대상에 해당하는 것이 아니다.
② 정보 파놉티콘이 종국에는 감시 체계 자체를 소멸시킬 것이다.
③ 정보 파놉티콘은 교정 시설의 체계를 효율적으로 바꿀 수 있다.
④ 정보 파놉티콘이 발달할수록 개인의 사생활은 보장될 수 없을 것이다.
⑤ 정보 파놉티콘은 기술이 발달할수록 더욱 정교해질 것이다.

10 다음 중 각 문단의 중심 내용으로 적절하지 않은 것은?

(가) 공동체적 지역 사회를 학교화한 사례를 플라톤 시대의 그리스 도시 국가(polis)에서 찾아볼 수 있다. 옛날 그리스의 폴리스는 인구가 5천 명을 넘지 않았기 때문에 도시 전체를 하나의 교육장으로 가꾸기 쉬웠을 것이다. 시대적 변천이 있음에도 불구하고 인구가 늘어난 지금의 도시에서도 옛날 그리스와 같이 도시를 학교화시킬 수는 있다. 왜냐하면 오늘날 대도시는 그 옛날 그리스 도시에서 볼 수 없었던 문명의 이기들이 있기 때문이다.

(나) 이 문제를 해결하기 위해서는 지역 사회 교육의 강화, 사회 교육의 지역화가 이루어져야 한다. 따라서 그리스 시대의 폴리스적인 사회 교육에 대한 이해를 범세계적, 만인 봉사적인 것으로 확대 해석하는 일은 삼가야 한다. 그런 제한점이 있음을 염두에 둔다 해도 한 가지 분명한 사실은 그리스 청소년들이 도시로부터 지배자와 시민이 되는 법을 사회 교육적으로 배울 수 있었으며, 그렇게 해서 그리스의 새로운 문명 창출(創出) 능력을 키워 나갔다는 점이다. 그들은 학교를 통해 교사로부터 기초 교육을 받음으로써 그리스 도시의 시민이 될 수 있었을 뿐만 아니라 더 나아가서 청소년들은 부모들과 함께 정치 집회나 각종 토론에 참여함으로써 새로운 문명과 정치적 발전을 위한 방법을 사회교육적으로 익혀 나갈 수가 있었다.

(다) 아리스토텔레스는 인간은 그 스스로 결정하는 일에 참여할 뿐만 아니라 그런 기회를 실제로 가짐으로써 비로소 결정하는 법을 배우게 되는 사회적 동물이라고 했다. 따라서 도덕적 결정을 어떻게 하는지 알기 위해서는 그런 일에 직접 참여해 보는 경험보다 더 중요한 것은 없다. 훌륭한 시민은 태어나는 것이 아니다. 사회 교육적으로 만들어지는 것이다. 그리스 도시는 그리스 청소년에게 전인격적 인간을 만들어 주는 사회 교육의 장이었으며 문명의 장이었던 것이다. 물론 도시를 학교화시키는 그리스의 사회 교육적 노력은 궁극적으로는 소수 시민이나 정치적 지배자를 양성하기 위한 정치 교육적 노력이었다는 점은 비판되어야 하지만 사회가 교실이라는 논리만큼은 현대의 산업 사회에서도 적용될 수 있다고 판단된다.

(라) 문화의 질적 성숙과 향상은 학교 교육으로는 부족하다. 문화의 질적 성숙을 위해서 학교 교육은 역부족일 뿐이다. 문화의 질적 성숙을 도모하기 위해 우리가 택해야 할 명제(命題)가 있다. 그것은 이렇게 주창(主唱), 선언되어야 할 것이다. "사회는 교실이다."라고. 사회는 문화의 질적 성숙과 향상을 도모하기 위해 숨쉬고 약동하는 것이며 사회는 평생 교육, 평생 학습의 현장이다. 자기의 능력대로, 자기의 관심대로, 자기의 시간에 따라 자신의 지적, 정서적 이익을 위한 배움을 제공받는 것이 사회이다.

(마) 사회가 교실이라는 명제는 교육이 시간, 공간, 연령에 구애받음 없이 문화의 질을 향상시키기 위한 주체임을 명시(明示)하고 있다. '사회가 교실이다.'라는 말은 평생 교육이라는 요즘의 교육 개념으로 다시 풀어 쓸 수도 있다. 평생 교육이라는 용어와 개념은 우리에게 결코 새롭지는 않다. 평생 교육이라는 말이 외국 문헌에 등장하기 이전부터 한국 사회는 삶과 평생 교육이라는 말을 사용해 왔기 때문이다. "우리나라에는 오히려 요람에 들어가기보다 훨씬 먼저인 모태 속에서부터 시작해서 무덤에 들어간 이후에는 죽은 영혼까지도 불러내어 교육시키는 종교적 교육 행사들과 전통적 문화가 있다. 사람은 평생 동안 배워야 한다는 말 역시 우리나라 사람들에게는 너무나 당연한 말이었다."라는 한 교육학자의 논지는 한국 교육이 사회 현장의 교육적 의미를 되씹고, 가다듬고, 활용하는 교육적 행위에 게을러 있었음을 정의(定義)해 주고 있다.

① (가) : 오늘날의 대도시도 그리스의 폴리스처럼 사회를 학교화시킬 수 있다.
② (나) : 그리스 도시의 시민들은 사회 참여를 통해 문명 창출 능력을 키워 나갔다.
③ (다) : 그리스의 사회 교육적 노력은 현대 산업 사회에서도 적용될 수 있다.
④ (라) : 사회의 질적 성숙을 위해 학교 교육은 사회 교육으로 대체되어야 한다.
⑤ (마) : 한국 교육은 사회 현장의 교육적 의미를 재음미해 볼 필요가 있다.

PART 3

11 다음 글의 내용으로 적절하지 않은 것은?

신체 내에 지방이 저장되는 과정과 분해되는 과정은 많은 연구들을 통해 명확히 알려져 있다. 지방은 지방세포 속에 중성지방의 형태로 축적된다. 이 과정을 살펴보면, 음식물 형태로 섭취된 지방은 소화 과정에서 효소들의 작용에 의해 중성지방으로 전환되어 작은창자에서 흡수되고 혈액에 의해 운반된 후 지방 조직에 저장된다. 이 과정에서 중성지방은 작은창자의 세포 내로 직접 흡수되지 못하기 때문에 췌장에서 분비된 지방 분해 효소인 리파아제에 의해 지방산과 글리세롤로 분해되어 흡수된다. 이렇게 작은창자의 세포에 흡수된 지방산과 글리세롤은 에스테르화라는 화학 반응을 통해 다시 합쳐져서 중성지방이 된다. 이 중성지방은 작은창자의 세포 내에서 혈관으로 방출되어 신체의 여러 부위로 이동한다. 중성지방이 지방세포 근처의 모세혈관에 도달하였을 때, 모세혈관 세포의 세포막에 붙어 있는 리파아제에 의해 다시 지방산과 글리세롤로 분해된 후 지방세포 내로 흡수된다.

이때의 리파아제는 지방 흡수를 위해 지방세포에서 분비되어 옮겨진 것이다. 지방세포는 흡수된 지방산과 글리세롤을 다시 에스테르화하여 중성지방의 형태로 저장한다. 만약 혈액 내에 중성지방의 양이 너무 많아서 기존의 지방세포가 커지는 것만으로는 더 이상 저장할 수 없을 경우, 지방세포의 수가 늘어나서 초과된 양을 저장한다.

지방세포에 저장된 중성지방은 다시 지방산과 글리세롤로 분해된 후 혈액으로 분비되어 신체 기관에 필요한 에너지를 만드는 데 중요한 에너지원이 된다. 이러한 중성지방의 분해는 카테콜아민이라는 신경 전달 물질에 의한 지방세포 내 호르몬-민감 리파아제의 활성화를 통해 일어나는 카테콜아민-자극 지방 분해와 카테콜아민의 작용 없이 일어나는 기초 지방 분해로 나뉜다. 이 가운데 기초 지방 분해는 특별히 많은 에너지가 필요 없는 평상시에 일어나며, 카테콜아민-자극 지방 분해는 격한 운동을 할 때와 같이 에너지가 많이 필요할 때 일어난다. 일반적으로 기초 지방 분해 과정에 의한 중성지방의 분해 속도는 지방세포의 크기가 클수록 빨라진다.

따라서 지방세포 내로 중성지방이 저장되는 것을 조절하거나 지방세포 내 중성지방의 분해를 조절하는 것이 체내 지방의 축적을 조절하는 방법이 된다. 이러한 지방 축적의 조절에는 성장 호르몬이나 성 호르몬 같은 내분비 물질이 관여한다. 이 가운데 성장 호르몬은 카테콜아민-자극에 대한 민감도를 증가시켜 지방 분해를 촉진하는 동시에, 지방세포가 분비한 리파아제의 활성을 감소시켜 지방세포 내 중성지방의 저장을 줄이는 것으로 알려져 있다. 이러한 이유로 성장 호르몬의 분비량이 많은 사춘기보다 분비량이 줄어드는 성인기에 지방세포 내 중성지방의 축적이 증가하게 되는 것이다.

한편 성 호르몬의 혈중 농도는 사춘기에 증가하며 성인기에 일정 수준 이상으로 유지되다가 노년기에 이르러 감소한다. 성 호르몬이 지방의 축적과 분해에 관여하는 기전은 아직 정확히 알려져 있지 않지만, 최근 연구들은 여성의 경우 둔부와 대퇴부의 피부 조직 아래의 피하 지방세포에 지방이 더 많이 축적되는 데 비해 남성의 경우 복부 창자의 내장 지방세포에 더 많이 축적된다는 사실로부터 지방 축적에 대한 성 호르몬의 기능을 설명하려고 한다.

성별 지방 축적의 차이를 밝히려는 이러한 시도들은 두 가지 부면으로 나누어 이해될 수 있다. 먼저 성별에 따른 지방의 축적 및 분해 양상의 차이이다. 성인의 내장 지방세포의 경우, 카테콜아민-자극 지방 분해 속도는 여성이 남성보다 빠르며 지방세포에서 분비된 리파아제의 활성은 남성이 여성보다 더 높다. 반면에 성인의 둔부와 대퇴부의 피하 지방세포의 경우, 카테콜아민-자극 지방 분해 속도는 남성이 여성보다 빠르며 에스테르화되는 중성지방의 양은 여성이 남성보다 더 많다. 다음은 신체 부위에 따른 지방 분해 양상의 차이이다. 여성의 경우는 카테콜아민-자극 지방 분해가 둔부와 대퇴부 피하 지방세포보다 내장 지방세포에서 더 빠르게 일어나는 반면, 남성의 경우는 그 속도가 비슷하다.

이처럼 성별 및 부위별 지방세포에 따라 중성지방의 저장과 분해 능력이 서로 다르다는 것은 성 호르몬이 지방세포에서 일어나는 중성지방의 저장과 분해 과정의 조절에 매우 복잡한 방법으로 관여하고 있음을 시사한다.

① 카테콜아민은 지방세포 내에서 지방산과 글리세롤의 에스테르화 반응을 일으킬 수 있다.
② 중성지방이 에너지원으로 작용하기 위해서는 지방산과 글리세롤로 분해되어야 한다.
③ 신체 내에 지방세포가 다른 부위보다 더 잘 축적되는 부위는 성별에 따라 다르다.
④ 음식물 형태의 지방은 작은창자에서 흡수되기 위해 효소의 작용이 필요하다.
⑤ 지방세포의 크기와 지방세포에서 일어나는 기초 지방 분해 속도는 비례한다.

12 다음 글을 읽고 구조화한 것으로 가장 적절한 것은?

㉠ 한국의 공공도서관의 이용을 활성화하기 위해서는 어떻게 해야 하는가? 지역주민이 이용 가능한 공공도서관을 더욱 확보해야 한다. ㉡ 대부분의 OECD 국가들의 공공도서관 수를 비교했을 때 한국의 도서관 수가 터무니없이 부족하다는 것을 알 수 있다. ㉢ 또한 국민들의 정보에 대한 수요가 늘어나면서 이에 대한 요구가 증가하고 있다. ㉣ 예컨대, 서울의 N구를 대상으로 한 설문에서 이용자 대부분이 공공도서관의 필요성을 느끼고 있다고 답했다. ㉤ 그러나 수의 증가가 이용률 향상으로 이어지지 않는다는 점에서 접근성에 대한 고려가 필요하다. ㉥ 연구 결과, 도서관 이용자의 대부분은 도서관 반경 2km 이내에 대부분 거주하는 것으로 나타났다. 또한 이용 가능한 대중교통 수단의 수가 많은 경우 이용률이 올라가는 것으로 나타났다.

①
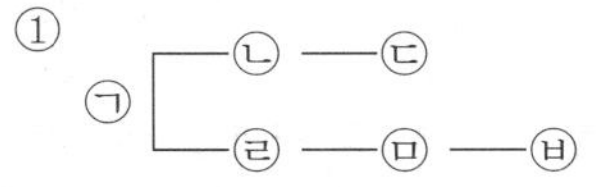

②
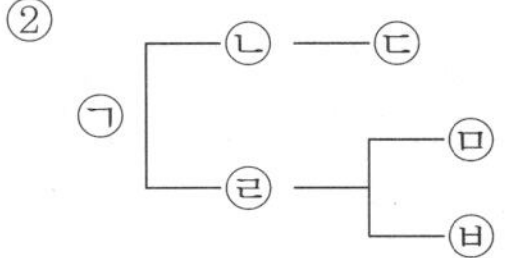

③
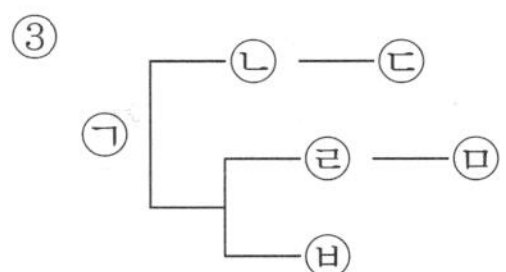

④
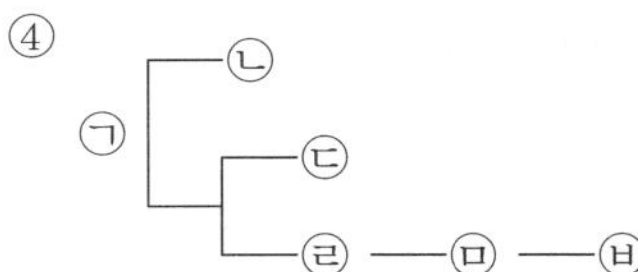

⑤
㉠
㉡
㉢ ㉣
㉤ ㉥

※ 다음 글을 읽고 이어지는 질문에 답하시오. [13~14]

아도르노는 문화산업론을 통해서 대중문화의 이데올로기를 비판하였다. 그는 지배 관계를 은폐하거나 정당화하는 허위의식을 이데올로기로 보고, 대중문화를 지배 계급의 이데올로기를 전파하는 대중 조작 수단으로, 대중을 이에 기만당하는 문화적 바보로 평가하였다. 또한 그는 대중문화 산물의 내용과 형식이 표준화·도식화되어 더 이상 예술인 척할 필요조차 없게 되었다고 주장했다. 그러나 그의 이론은 구체적 비평 방법론의 결여와 대중문화에 대한 극단적 부정이라는 한계를 보여 주었고, 이후의 연구는 대중문화 텍스트의 의미화 방식을 규명하거나 대중문화의 새로운 가능성을 찾는 두 방향으로 발전하였다. 전자는 알튀세를 수용한 스크린 학파이며 후자는 수용자로 초점을 전환한 피스크이다.
초기 스크린 학파는 주체가 이데올로기 효과로 구성된다는 알튀세의 관점에서 허위의식으로서의 이데올로기 개념을 비판하고 어떻게 특정 이데올로기가 대중문화 텍스트를 통해 주체 구성에 관여하는지를 분석했다. 이들은 이데올로기를 개인들이 자신의 물질적 상황을 해석하고 경험하는 개념틀로 규정하고, 그것이 개인을 자율적 행위자로 오인하게 하여 지배적 가치를 스스로 내면화하는 주체로 만든다고 했다. 특히 그들은 텍스트의 특정 형식이나 장치를 통해 대중문화 텍스트의 관점을 자명한 진리와 동일시하게 하는 이데올로기 효과를 분석했다. 그러나 그 분석은 텍스트의 지배적 의미가 수용되는 기제의 해명에 집중되어, 텍스트가 규정하는 의미에 반하는 수용자의 다양한 해석 가능성은 충분히 설명하지 못했다.
이 맥락에서 피스크의 수용자 중심적 대중문화 연구가 등장한다. 그는 수용자의 의미 생산을 강조하여 정치 미학에서 대중 미학으로 초점을 전환했다. 그는 대중을 사회적 이해관계에 따라 다양한 주체 위치에서 유동하는 행위자로 본다. 상업적으로 제작된 대중문화 텍스트는 그 자체로 대중문화가 아니라 그것을 이루는 자원일 뿐이며, 그 자원의 소비 과정에서 대중이 자신의 이해에 따라 새로운 의미와 저항적·도피적 쾌락을 생산할 때 비로소 대중문화가 완성된다.
피스크는 지배적·교섭적·대항적 해석의 구분을 통해 대안적 의미 해석 가능성을 시사했던 홀을 비판하면서, 그조차 텍스트의 지배적 의미를 그대로 수용하는 선호된 해석을 인정했다고 지적한다. 그 대신 그는 텍스트가 규정한 의미를 벗어나는 대중들의 게릴라 전술을 강조했던 드 세르토에 의거하여, 대중문화는 제공된 자원을 활용하는 과정에서 그 힘에 복종하지 않는 약자의 창조성을 특징으로 한다고 주장한다. 피스크는 대중문화를 판별하는 대중의 행위를 아도르노 식의 미학적 판별과 구별한다. 텍스트 자체의 특질에 집중하는 미학적 판별과 달리, 대중적 판별은 일상에서의 적절성과 기호학적 생산성, 소비 양식의 유연성을 중시한다. 대중문화 텍스트는 대중들 각자의 상황에 적절하게 기능하는 다양한 의미 생산 가능성이 중요하다. 따라서 텍스트의 구조에서 텍스트를 읽어내는 실천 행위로 "무엇을 읽고 있는가?"에서 "어떻게 읽고 있는가?"로 문제의식을 전환해야 한다는 것이다. 피스크는 대중문화가 일상의 진보적 변화를 위한 것이지만, 이를 토대로 해서 이후의 급진적 정치 변혁도 가능해진다고 주장한다.
그러나 피스크는 대중적 쾌락의 가치를 지나치게 높이 평가하고 사회적 생산 체계를 간과했다는 비판을 받았다. 켈러에 따르면 수용자 중심주의는 일면적인 텍스트 결정주의를 극복했지만 대중적 쾌락과 대중문화를 찬양하는 문화적 대중주의로 전락했다.

13 윗글을 읽고 이해한 것으로 가장 적절한 것은?

① 아도르노는 대중문화 산물에 대한 질적 가치 판단을 통해 그것이 예술로서의 지위를 가지지 않는다고 간주했다.

② 알튀세의 이데올로기론을 수용한 대중문화 연구는 텍스트가 수용자에게 미치는 일면적 규정을 강조하는 시각을 지양하였다.

③ 피스크는 대중문화의 긍정적 의미가 대중 스스로 자신의 문화 자원을 직접 만들어 낸다는 점에 있다고 생각했다.

④ 홀은 텍스트의 내적 의미가 선호된 해석을 가능하게 한다고 주장함으로써 수용자 중심적 연구의 관점을 보여 주었다.

⑤ 정치 미학에서 대중 미학으로의 발전은 대중문화를 이른바 게릴라 전술로 보는 시각을 극복할 수 있었다.

14 윗글에 따를 때, 〈보기〉에 대한 각 입장의 평가로 적절하지 않은 것은?

보기

큰 인기를 얻었던 뮤직 비디오 「Open Your Heart」에서 마돈나는 통상의 피프 쇼 무대에서 춤추는 스트립 댄서 역할로 등장하였다. 그러나 그녀는 유혹적인 춤을 추는 대신에 카메라를 정면으로 응시하며 힘이 넘치는 춤을 추면서 남성의 훔쳐보는 시선을 조롱한다. 이 비디오는 몇몇 남성에게는 관음증적 쾌락의 대상으로, 소녀 팬들에게는 자신의 섹슈얼리티를 적극적으로 표출하는 강한 여성의 이미지로, 일부 페미니스트들에게는 여성 신체를 상품화하는 성차별적 이미지로 받아들여졌다.

① 아도르노는 마돈나의 뮤직 비디오에서 수용자가 얻는 쾌락이 현실의 문제를 회피하게 만드는 기만적인 즐거움이라고 설명했을 것이다.

② 초기 스크린 학파는 마돈나의 뮤직 비디오에서 텍스트의 형식이 다층적인 기호학적 의미를 생산한다는 점을 높게 평가했을 것이다.

③ 피스크는 모순적 이미지들로 구성된 마돈나의 뮤직 비디오가 서로 다른 사회적 위치에 있는 수용자들에게 다른 의미로 해석된 점에 주목했을 것이다.

④ 피스크는 마돈나의 뮤직 비디오가 갖는 의의를 수용자가 대중문화 자원의 지배적 이데올로기로부터 벗어날 수 있는 가능성에서 찾았을 것이다.

⑤ 켈러는 마돈나의 뮤직 비디오에서 수용자들이 느끼는 쾌락이 대중문화에 대한 경험과 문화 산업의 기획에 의해 만들어진 결과라고 분석했을 것이다.

15 다음 글에서 다루고 있는 '시간 여행'에 대한 필자의 견해를 가장 적절하게 정리한 것은?

빛은 세상에서 가장 빠른 속도로 달린다. 그러나 우주는 매우 넓어서 그렇게 빨리 달리는 빛에게도 우주를 가로지르는 일은 보통 일이 아니다. 그래서 어떤 별에서 오는 빛은 우리 지구까지 오는 데 수억 년씩 걸리기도 한다. 결국 우리는 까마득한 과거의 하늘과 과거의 별을 보고 있는 것이다. 그렇다면 어차피 세상에는 과거와 현재가 공존하고 있는 것이 아닌가. 만약에 우리가 빛보다 더 빨리 달릴 수만 있다면 먼 과거를 따라잡을 수 있을 것이다. 빛보다 빨리 달리는 로켓이 발명되어 이 빛을 따라잡는다고 하면 그것은 시간 여행과 가장 비슷한 여행이 될 것이다.

어떤 별이 폭발하여 소멸(消滅)된 후에도 빛보다 빠른 속도로 달려가면 없어진 별을 다시 볼 수 있을 것이고, 없어진 별이 미치는 만유인력도 그대로 받을 것이다. 우주에는 빛보다 빠른 신호가 없으므로 빛이 도달하여 그 별이 폭발해 버렸다는 것을 전해 주기 전까지는 그 별은 실제로 존재(存在)하는 별일 수밖에 없다. 따라서 빛보다 빠른 속도로 달리는 사람에게는 별이 폭발하는 사건 자체가 미래에 일어날 사건이다. 그 사람은 모든 측정(測定)을 통해 그 별이 실제로 아직도 존재하고 있다는 것을 확인할 수 있기 때문이다.

그렇다고 해도 이런 여행이 간단한 일은 아니다. 우선 빛보다 더 빠른 속도는 우리 우주에 존재하지 않는다. 질량을 가진 물체는 빛보다 훨씬 느린 속도로밖에는 달릴 수가 없다는 것이 특수 상대성 이론의 결론이고 이것은 여러 가지 실험을 통해 확인되었다. 따라서 가장 빠른 속도로 달리는 빛을 따라 잡는다는 것은 가능하지 않다. 그러나 아직 희망은 있다. 자유 공간에서는 빛을 따라잡을 속도가 없지만 중력장 안에서는 어떻게 해 볼 수 있을지도 모른다. 중력장은 빛에 영향을 준다. 빛이 우리 태양의 옆을 지나는 동안 과연 휘어지는가 아닌가는 일반 상대성 이론이 맞는지 틀리는지를 검증하기 위한 중요한 관측(觀測)이었다. 영국의 에딩턴은 1919년 아프리카에서 관측된 개기 일식 때에 태양 옆을 지나온 별빛이 일반 상대성 원리에서 예측한 대로 휘어간다는 것을 확인하였다. 일반 상대성 이론에서는 빛이 휘어 온 것이 아니라 빛은 똑바로 왔는데 사실은 태양 주위의 공간이 휘어 있는 것이라고 설명한다. 결국 큰 질량이 만드는 중력장에서는 공간과 시간도 우리의 상식을 뛰어넘는다. 더구나 블랙홀과 같이 중력이 상상할 수 없을 정도로 큰 천체의 중력장 안에서는 보통의 공간에서는 일어나지 않는 일들이 일어날 수 있다. 여기서라면 어떻게 해 볼 수 있을지도 모른다. 실제로 이런 공간에서는 시간이 거꾸로 흐를 수도 있다고 주장하는 학자들도 있다.

이것 역시 우리가 자동 소총을 하나 들고 삼국시대로 돌아가는 여행과는 다를 것이다. 물리학자들이 가능할지도 모른다고 이야기하는 시간 여행하고 우리가 생각하는 시간 여행은 전혀 다른 것일 수밖에 없다. 원래 물리학자들이란 조금 별난 생각만을 하는 사람들이다. 과거로 여행하기 위해 블랙홀 속으로 뛰어들 수는 없지 않은가? 아무리 시간 여행을 하고 싶어도 다시는 돌아올 수 없는 그런 여행을 하려는 사람은 없을 것이다. 백보를 양보해서 블랙홀에 뛰어들어 삼국 시대의 태양계를 관찰하고 지구를 관찰했다고 해도 그것은 그 세계에서의 현재일 뿐이지, 우리가 살고 있는 세계와는 관계없는 일이다.

① 빛보다 빠른 물체가 존재하지 않으므로 시간 여행은 근본적으로 불가능하다.
② 빛보다 빠른 물체가 존재하지 않으므로 빛이 휘어지는 중력장 안에서 시간 여행은 불가능하다.
③ 빛보다 빠른 물체가 존재하지는 않지만 블랙홀과 같은 중력장 안에서는 시간 여행이 가능할 수도 있다.
④ 빛보다 빠른 물체가 존재한다면 블랙홀과 같은 중력장 안에서는 시간 여행이 가능할 수도 있다.
⑤ 빛보다 빠른 물체가 존재하더라도 중력장 안에서는 빛이 휘어지므로 시간 여행이 불가능하다.

02 언어추리

01 **각각의 혐의자들이 말한 세 가지 진술 중에 두 가지는 참이지만 한 가지는 거짓이라고 밝혀졌다고 할 때, 다음 중 지갑을 훔친 사람은?**

어느 모임에서 지갑 도난 사건이 있었다. 여러 가지 증거를 근거로 혐의자는 A～E 다섯 명으로 좁혀졌다. A～E 중 한 명이 범인이고, 그들의 진술은 다음과 같다.

- A : 나는 훔치지 않았다. C도 훔치지 않았다. D가 훔쳤다.
- B : 나는 훔치지 않았다. D도 훔치지 않았다. E가 진짜 범인을 알고 있다.
- C : 나는 훔치지 않았다. E는 내가 모르는 사람이다. D가 훔쳤다.
- D : 나는 훔치지 않았다. E가 훔쳤다. A가 내가 훔쳤다고 말한 것은 거짓말이다.
- E : 나는 훔치지 않았다. B가 훔쳤다. C와 나는 오랜 친구이다.

① A
② B
③ C
④ D
⑤ E

PART 3

02 **다음 자료를 통해 알 수 있는 사실을 〈보기〉에서 모두 고르면?**

어느 집단에서 두 가지 조사(조사 1, 조사 2)를 실시하였다. 각각의 조사는 하나의 질문이 주어지고, 그에 대한 응답을 4개의 선택지 중에서 선택하는 방식이다. 다음은 각 조사의 응답 비율을 정리한 자료이다. 이것은 전체 참가자에서 각 선택지를 선택한 사람의 수를 백분율로 표현한 것이다. 모든 응답은 문제없이 이루어졌으며 아무 선택지도 선택하지 않은 사람은 무응답자로 구분한다.

조사 1	조사 2
선택지 1번 – 20%	선택지 1번 – 20%
선택지 2번 – 30%	선택지 2번 – 22%
선택지 3번 – 53%	선택지 3번 – 10%
선택지 4번 – 12%	선택지 4번 – 23%

보기

ㄱ. 조사 1에서 무응답자는 없다.
ㄴ. 조사 1은 중복응답이 가능하다.
ㄷ. 조사 2는 중복응답이 불가능하다.
ㄹ. 조사 2에서 무응답자가 있다.
ㅁ. 조사 1에서 선택지 3만을 선택한 사람이 제일 많다.

① ㄱ, ㄴ
② ㄴ, ㄹ
③ ㄱ, ㄴ, ㄷ
④ ㄴ, ㄷ, ㄹ
⑤ ㄴ, ㄹ, ㅁ

03 **N팀에서 일하는 네 명의 여자 사원 A ~ D와 세 명의 남자 사원 E ~ G는 회식을 진행할 것인지를 두고 토론하고 있다. 그들 가운데 네 명은 회식 진행에 찬성하고, 세 명은 반대한다. 이들의 찬반 성향이 다음과 같다고 할 때, 반드시 참이라고 할 수 없는 것은?**

> • 남자 사원 가운데 적어도 한 사람은 반대하지만 그들 모두 반대하는 것은 아니다.
> • A와 B 가운데 한 사람은 반대한다.
> • B가 찬성하면 A와 E는 반대한다.
> • B가 찬성하면 C와 D도 찬성하고, C와 D가 찬성하면 B도 찬성한다.
> • F가 찬성하면 G도 찬성하고, F가 반대하면 A도 반대한다.

① A와 F는 같은 입장을 취한다.
② B와 F는 서로 다른 입장을 취한다.
③ C와 D는 같은 입장을 취한다.
④ E는 반대한다.
⑤ G는 찬성한다.

04 **다음 중 A ~ D의 주장과 논리적으로 가장 부합하는 것은?**

> • A : 이과·문과의 진로에 관계없이 고교생은 모든 과목을 폭넓게 공부하는 것이 중요하다.
> • B : 수험생이 수험 과목밖에 공부하려고 하지 않는 것도 어쩔 수 없는 것이어서 수험생에게 다른 과목도 공부하도록 강요하는 것은 어렵다.
> • C : 대학 수험은 공부의 습관을 몸에 익혀 노력하는 것을 배우는 좋을 기회이다.
> • D : 대학 진학이 학생의 주요 관심사인 이상 고등학교라고 해도 수험 과목을 우선해 배우고 싶다고 하는 학생의 요청을 무시하기 어려운 것은 당연하다.

① 나라는 학생이 진정한 공부의 재미에 눈을 뜰 수 있도록 우수한 교사의 육성을 정책의 중점 과제로 삼아야 한다.
② 고등학교는 학생의 요청에 귀를 기울이지 않고 교육의 본연의 목적과 자세에 대해 재차 생각해야 한다.
③ 대학에서는 전문 과정에 편중하는 일 없이 교양 과정의 중요성을 재검토해서 학생에게 폭넓은 교양 과목을 가르쳐야 한다.
④ 대학 입학시험에서는 가능한 한 많은 과목을 입시 과목으로 반영해야 한다.
⑤ 고교생에게 대학 수험의 부담을 주지 않게 대학은 입학의 문을 가능한 한 넓혀 졸업 자격을 어렵게 하는 방침으로 전환해야 한다.

05 다음 제시된 상황과 가정으로부터 추론한 것으로 가장 적절한 것은?

〈상황〉

- 총유권자가 60만 명인 어떤 나라에서 대통령 선출 방식으로 단순 다수제와 결선(투표)제를 두고 토론을 진행 중인데, 투표 방식이 결정되면 ○일 후 대통령 선거가 실시된다.
- 단순 다수제는 1회 투표에서 최다 득표자가 당선되는 방식이고, 결선제는 1차 투표에서 과반수 득표자가 없을 경우, 상위 1, 2위 득표자를 놓고 2차 투표를 실시하여 다득표자가 당선되는 방식이다(각 투표 시 유권자는 1명에게만 기표한다).

〈후보 선호도 및 연합의 가정〉

- 여섯 명의 후보 A～F가 출마할 경우, 4개 계층으로 나뉜 유권자의 선호도는 표와 같다. 투표율은 항상 100%이다.

구분	인원 수(만 명)	순위			
		1순위	2순위	……..	6순위
1계층	10	F	D	……..	A
2계층	26	C	B	……..	F
3계층	18	D	E	……..	F
4계층	6	A	D	……..	F

- 단순 다수제나 결선제 1차 투표에서 후보 간 연합이 이루어질 경우, 유권자의 후보에 대한 충성도가 높아 각 후보 지지자는 연합 후보를 100% 지지한다.
- 결선제 1차 투표에서 후보 연합을 통해서도 당선자를 결정하지 못할 경우, 2차 투표에서 후보들이 연합을 하더라도 유권자는 이를 고려하지 않고 선호도 표의 순위에 따라 투표한다. 예를 들면 4계층은 A가 후보에서 탈락되면 D를 선택하는 방식이다.
- 투표 전 이루어진 연합이 선거에서 최종 승리할 경우, 이 승리 연합은 연합 정부를 구성한다.

① 결선제를 채택하면 이번 선거에서 2차 투표를 실시할 수밖에 없을 것이고, 또한 이로 인해 단순 다수제보다 선거 비용이 증대될 것이다.

② 단순 다수제에서 D, A, B가 연합하고 F와 C는 독자 출마한 채 투표가 실시되는 경우, D－A－B 연합 정부가 나타날 수 있다.

③ 결선제 1차 투표에서 당선자를 결정하지 못할 경우 D－F－A 연합 정부가 탄생할 수밖에 없다.

④ 단순 다수제나 결선제 중 어느 것을 채택하든 D－F 연합 정부가 나타날 수 있다.

⑤ 결선제를 채택하면 C－A 연합 정부는 나타날 수 없다.

06 다음 글을 읽고 세 물질 A～C의 특성에 대하여 추정한 것으로 옳은 것을 〈보기〉에서 모두 고르면?

갑, 을, 병은 산행을 하다 식용으로 보이는 버섯을 채취하였다. 하산 후 갑은 생버섯 5g과 술 5잔, 을은 끓는 물에 삶은 버섯 5g과 술 5잔, 병은 생버섯 5g만을 먹었다.
다음 날 아침 갑과 을은 턱 윗부분만 검붉게 변하는 악취(顎醉) 현상이 나타났으며, 둘 다 5일 동안 지속되었으나 병은 그러한 현상이 없었다. 또한 세 명은 버섯을 먹은 다음 날 오후부터 미각을 상실했다가, 7일 후 모두 회복되었다. 한 달 후 건강 검진을 받은 세 명은 백혈구가 정상치의 1/3 수준으로 떨어진 것이 발견되어 무균 병실에 입원하였다. 세 명 모두 1주일이 지나 백혈구 수치가 정상이 되어 퇴원하였고 특별한 치료를 한 것은 없었다.
담당 의사는 만성 골수성 백혈병의 권위자였다. 만성 골수성 백혈병은 비정상적인 유전자에 의해 백혈구를 필요 이상으로 증식시키는 티로신 키나아제 효소가 만들어짐으로써 나타난다. 담당 의사는 3개월 전 문제의 버섯을 30g 섭취한 사람이 백혈구의 급격한 감소로 사망한 보고가 있다는 것을 알았으며 해당 버섯에서 악취 현상 원인 물질 A, 미각 상실 원인물질 B, 백혈구 감소 원인 물질 C를 분리하였다.

보기

ㄱ. A는 알코올과의 상호 작용에 의해서 증상을 일으킨다.
ㄴ. B는 알코올과의 상관관계는 없고, 물에 끓여도 효과가 약화되지 않는다.
ㄷ. C는 물에 끓이면 효과가 약화되며, 티로신 키나아제의 작용을 억제하는 물질로 적정량 사용하면 만성 골수성 백혈병 치료제의 가능성이 있다.

① ㄱ
② ㄷ
③ ㄱ, ㄴ
④ ㄴ, ㄷ
⑤ ㄱ, ㄴ, ㄷ

07 경찰서에서 목격자 A～C 세 사람이 범인에 대해 다음과 같이 진술하였다. 경찰에서는 이미 이 사건이 한 사람의 단독 범행인 것을 알고 있으며 한 진술은 거짓이고 나머지 두 진술은 참이라는 것이 나중에 밝혀졌다. 안타깝게도 어느 진술이 거짓인지는 밝혀지지 않았다. 다음 중 반드시 거짓인 것은?

- A : 영희가 범인이거나 순이가 범인입니다.
- B : 순이가 범인이거나 보미가 범인입니다.
- C : 영희가 범인이 아니거나 또는 보미가 범인이 아닙니다.

① 영희가 범인이다.
② 순이가 범인이다.
③ 보미가 범인이다.
④ 보미는 범인이 아니다.
⑤ 영희가 범인이 아니면 순이도 범인이 아니다.

08 다음 제시된 자료와 그에 근거한 추론에서 ⓐ~ⓔ를 도출하는 데 필요한 전제가 아닌 것은?

〈자료〉

• A : 연(燕)은 북쪽으로 오환, 부여와 가까이 있었고, 동쪽에 있는 예맥, 조선, 진번과 교역함으로써 이익을 얻었다.

－『사기』, 화식열전

• B : 부여는 현도에서 북쪽으로 천 리 떨어져 있다. 남쪽으로는 고구려, 동쪽으로는 읍루, 서쪽으로는 선비와 인접해 있고 북쪽에는 약수(弱水)라는 하천이 있다. … 부여는 동이의 지역에서 가장 평평한 곳으로 오곡이 자라기에 알맞다.

－『후한서』, 동이전 부여

〈추론〉

부여 건국의 연대에 관해서는 사서(史書)에 분명하게 기록된 것이 없으나 A에서 부여는 연, 오환과 함께 존재한 나라로 언급되어 있다. 여기에 나오는 연은 전국 시대의 연국(燕國)이거나 전한(前漢)의 연 지역이다. 그런데 동호족(東胡族)의 한 지파인 오환은 전한보다 조금 늦게 등장한 나라이므로, ⓐ 이 연은 전한의 연 지역을 가리킬 수밖에 없다. ⓑ 따라서 부여는 전한대 초에 이미 존재하고 있었다는 것을 알 수 있다.

부여의 위치에 관한 구체적 서술은 후한서에서 나타난다. ⓒ 『후한서』에 B와 같은 내용이 들어 있는 것으로 보아 부여는 후한(後漢)대에도 존재하였음을 알 수 있다. B를 보면 부여가 후한의 현도에서 북쪽으로 천 리 정도 떨어진 곳에 위치하였다고 했는데 여기에 나오는 현도는 현도군을 말한다. 현도군은 원래 전한대에 압록강 유역에 설치되었지만 기원전 1세기 말에 고구려의 공격을 받아 서북방으로 이동하였다가 1세기 말에서 2세기 초 사이에 혼하 유역으로 이동해 갔다.

후한은 1세기 초에 세워졌으므로 B의 현도는 고구려 밖의 서북지역에 있던 현도군이거나 혼하 유역에 있던 현도군 중 하나일 것이다. 그런데 B에서 부여가 현도에서 북쪽으로 천 리 떨어져 있고 동이 지역에서 가장 평평한 곳에 있다고 했으므로 ⓓ B의 현도는 혼하 유역의 현도군을 가리킨다고 할 수 있다. 따라서 ⓔ 부여는 송화강 유역에 있었다고 추정할 수 있다.

① ⓐ : 전국 시대의 연국은 전한이 등장했을 때 존재하지 않았다.
② ⓑ : 부여는 전국 시대에 존재하지 않았다.
③ ⓒ : 『후한서』는 후한대의 사실을 기록한 사서이다.
④ ⓓ : 고구려 밖 서북 지역에서 북쪽으로 천 리쯤 떨어진 곳에는 넓은 평야 지대가 없다.
⑤ ⓔ : 혼하 유역에서 북쪽으로 천 리쯤 떨어진 곳에는 송화강이 있다.

※ 다음 주어진 조건을 읽고 각 문제가 참이면 ①, 거짓이면 ② 알 수 없으면 ③을 고르시오. [9~11]

- A사의 통신 속도는 C사보다 빠르지만 D사보다는 느리다.
- B사의 통신 속도는 C사보다는 빠르지만 E사보다는 느리다.
- E사의 통신 속도는 A사와 D사의 사이이다.

09 E사보다 통신 속도가 느린 회사는 3곳이다.

① 참 ②거짓 ③ 알 수 없음

10 A사와 B 사의 통신 속도는 동일하다.

① 참 ②거짓 ③ 알 수 없음

11 통신 속도가 가장 빠른 곳은 C 사이고, 통신 속도가 가장 느린 곳은 D 사이다.

① 참 ②거짓 ③ 알 수 없음

12 마지막 명제가 참일 때, 빈칸에 들어갈 말로 가장 적절한 것은?

- 너무 많이 먹으면 살이 찐다.
- ________________________________
- 너무 많이 먹으면 둔해진다.

① 둔하다면 적게 먹은 것이다.
② 둔하지 않다면 너무 많이 먹지 않은 것이다.
③ 살이 찌면 둔해진다.
④ 너무 많이 먹어도 살이 찌지 않는다.
⑤ 둔해졌다면 살이 쪘다는 것이다.

PART 3

13 다음 글을 읽고 〈조건〉에 따라 추론할 때, 하나의 조건을 추가하면 조선왕조의궤가 세계기록유산으로 지정된 연도를 알 수 있다고 할 때, 이 하나의 〈조건〉이 될 수 있는 것은?

UNESCO(국제연합교육과학문화기구)는 세계 여러 나라의 기록물들 가운데 미적・사회적・문화적 가치가 높은 자료들을 선정하여 세계기록유산으로 지정해 왔다. 2010년 현재 UNESCO가 지정한 대한민국의 세계기록유산은 총 7개로 동의보감, 승정원일기, 조선왕조실록, 조선왕조의궤, 직지심체요절, 팔만대장경판, 훈민정음이다. UNESCO는 1997년에 2개, 2001년에 2개, 2007년에 2개, 2009년에 1개를 세계기록유산으로 지정하였다.

조건

- 조선왕조실록은 승정원일기와 팔만대장경판보다 먼저 지정되었다.
- 훈민정음은 단독으로 지정되지 않았다.
- 직지심체요절은 단독으로 지정되지 않았다.
- 동의보감은 조선왕조의궤보다 먼저 지정되지 않았다.
- 2002년 한・일 월드컵은 승정원일기가 지정된 이후에 개최되었다.
- 직전의 지정이 있은 때로부터 직지심체요절이 지정되기까지의 시간 간격은 가장 긴 간격이 아니었다.

※ 동일 연도에 세계기록유산으로 지정된 기록물들은 같이 지정된 것으로 봄

① 훈민정음은 2002년 이전에 지정되었다.
② 동의보감은 2002년 이후에 지정되었다.
③ 직지심체요절은 2002년 이전에 지정되었다.
④ 팔만대장경판은 2002년 이후에 지정되었다.
⑤ 팔만대장경판은 동의보감보다 먼저 지정되었다.

14 다음 〈조건〉으로부터 갑 ~ 정 네 나라를 추론할 수 있는 것은?

조건

- 이들 나라는 시대 순으로 연이어 존재했다.
- 네 나라의 수도는 각각 달랐는데 관주, 금주, 평주, 한주 중 어느 하나였다.
- 한주가 수도인 나라는 평주가 수도인 나라의 바로 전 시기에 있었다.
- 금주가 수도인 나라는 관주가 수도인 나라의 바로 다음 시기에 있었으나, 정보다는 이전 시기에 있었다.
- 병은 가장 먼저 있었던 나라는 아니지만, 갑보다는 이전 시기에 있었다.
- 병과 정은 시대 순으로 볼 때 연이어 존재하지 않았다.

① 금주는 갑의 수도이다.
② 관주는 병의 수도이다.
③ 평주는 정의 수도이다.
④ 을은 갑의 다음 시기에 존재하였다.
⑤ 한주가 수도인 나라가 가장 오래되었다.

15 소희와 선미는 함께 여행할 여행지로 A ~ E 다섯 개 장소를 제의하였는데, 소희와 선미의 의견이 서로 같지 않았다. 다음은 두 사람의 의견을 종합한 것이다. 만일 두 사람의 의견을 다 존중해야 한다면 여행지는 최소 몇 개 장소를 선정해야 하는가?

- A장소에 간다면 B장소에도 반드시 가야 한다.
- D, E 두 장소 중 적어도 한 곳에는 반드시 가야 한다.
- B, C 두 장소 중 한 곳에만 가야 한다.
- C, D 두 장소를 가면 다 가고, 가지 않으면 다 가지 말아야 한다.
- E장소에 간다면 A, D 두 장소에도 반드시 가야 한다.

① 1개
② 2개
③ 3개
④ 4개
⑤ 5개

03 수리력

01 다음은 보험업계에서 경쟁하고 있는 업체들에 대한 실적 지표이다. 이에 대한 설명으로 옳지 않은 것은?

〈3사 간 시장 점유율 추이〉

(단위 : %)

구분	2021년	2022년	2023년	2024년 1분기
H해상	15	14.9	14.7	14.7
D화재	13.9	14	14	14.2
L화재	13.3	13.5	13.7	14.3

〈3사의 2024년 1분기 지표〉

(단위 : 억 원, %)

구분	매출액	성장률	순익	손해율
H해상	7,663	8.3	177	69.8
D화재	7,372	10.0	336	77.8
L화재	7,464	12.3	116	78.0

① H해상의 점유율이 제자리걸음하고 있는 사이에 D화재와 L화재가 점유율을 끌어 올려 H해상을 압박하고 있다.

② 2024년 1분기 점유율에서는 L화재에 D화재에 밀렸지만 순익면에서는 D화재가 알찬 성장을 하고 있다.

③ 세 기업 중 손해율이 가장 낮은 H해상은 그만큼 안정성이 높다는 증거이다.

④ L화재는 성장률, D화재는 순익, H해상은 손해율에서 각각 우위를 점하고 있어 향후 업계의 순위는 예측하기 어렵다.

⑤ 2024년 한 해 동안 L화재는 시장 점유율 2위를 지킬 것이다.

02 효민이와 준우는 돈을 3회로 나누어 내기로 하고 제습기를 공동으로 구입하였다. 1회에는 둘 중 한 사람이 다른 사람보다 많이 내기로 하고, 2회, 3회에는 1회에 많이 낸 사람이 1회보다 25% 적게 내고, 적게 낸 사람은 1회보다 2,000원 더 많은 금액을 내기로 했더니 효민이와 준우가 각각 부담한 총액이 같았다. 2회에 준우가 지불한 금액은 효민이보다 5,000원 많았을 때, 제습기 가격은?

① 13만 원
② 17만 원
③ 19만 원
④ 26만 원
⑤ 28만 원

PART 3

03 다음 글을 읽고 그림 1과 그림 2의 A, B, C를 적절하게 짝지은 것은?

여러 종교와 인종의 사람들이 섞여 사는 미국 남부의 묘지를 살펴보면, 가톨릭교 묘지는 개신교 묘지에 비해 십자가 묘표를 사용한 묘의 비율이 높다. 또한 가톨릭교 묘지에 비해 개신교 묘지는 그리스도의 재림을 기대하는 상징으로 묘를 동향으로 쓰는 비율이 높다.
그림 1과 그림 2는 미국 남부 L주(州)에 속한 K군(郡)의 묘지를 1984년에 조사한 결과이다. 이 조사는 20세기 이후에 조성된 공동묘지를 대상으로 하였다. 프랑스인이 군 서부의 M강(江) 연안 지역부터 농경지를 개간한 K군은 원래 가톨릭교도가 많은 지역이었다. 개발 초기에 농장의 흑인 노예들은 백인인 주인을 따라 가톨릭교회에 다니는 경우가 많았는데, 1860년대 노예해방과 함께 점차 군 전체로 고르게 퍼져 나갔다. 한편 1880년대에 철도가 개통되면서 앵글로색슨계 백인들이 북동부 주들에서 군의 동부로 많이 이주해 왔고, 이들과의 접촉을 통해 개신교로 개종하는 흑인이 늘어났다. 그런데 M강 연안 지역에 거주하는 흑인 개신교도들은 타 지역 흑인 개신교도와 달리, 이 지역의 가톨릭 관습을 종교적인 특징으로 생각하기보다는 지역적 전통으로 여기는 경향이 있었다.

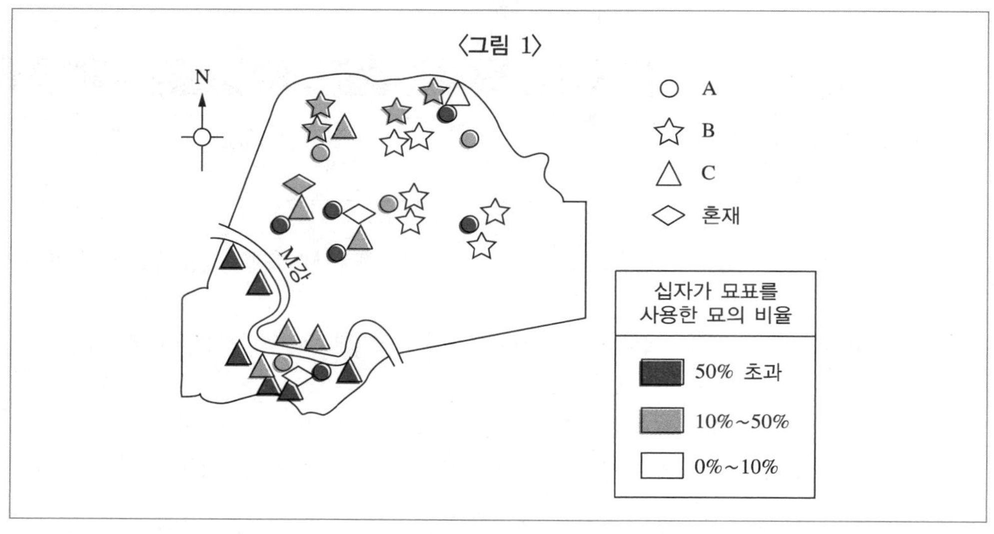

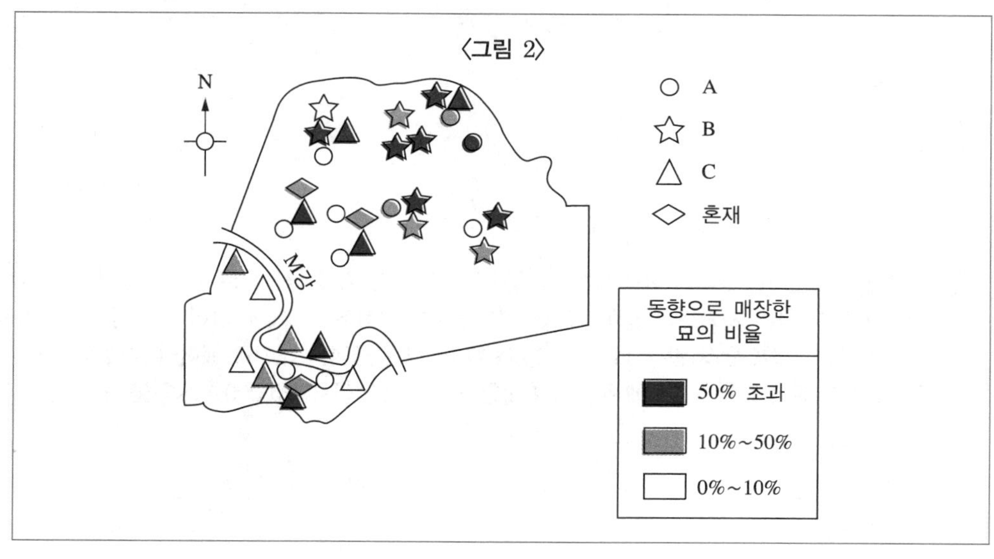

	A	B	C
①	가톨릭교	백인 개신교	흑인 개신교
②	가톨릭교 흑인	개신교 백인	개신교
③	백인 개신교	가톨릭교 흑인	개신교
④	흑인 개신교	가톨릭교 백인	개신교
⑤	흑인 개신교	백인 개신교	가톨릭교

04 다음 표는 A국의 고용 유발계수의 추이를 나타낸 자료이다. 고용 유발계수가 일정한 규칙에 따라 변화할 때, 빈칸에 들어갈 수는?

〈고용 유발계수 추이〉

구분	2018년	2019년	2020년	2021년	2022년
최종수요	8.2	6.0	4.2	2.8	
소비	9.6	6.7	4.8	3.3	2.4
투자	4.7	3.9	2.7	2.1	1.7
수출	9.5	6.5	4.7	2.6	1.5

※ 고용 유발계수 : 2022년 화폐가치 기준, 10억 원 지출에 따른 고용 유발 인원수

① 1.8
② 2.0
③ 2.2
④ 2.4
⑤ 2.6

05 수도권 지하철 5호선의 배차간격은 4분이고, 6호선의 배차간격은 7분이다. 오전 9시에 5호선과 6호선의 환승역인 공덕역에서 동시에 정차했다면, 오전 10시부터 오전 11시 사이 공덕역에서 동시에 정차하는 횟수는?

① 1번
② 2번
③ 3번
④ 4번
⑤ 5번

06 다음은 ○○구청의 민원사무처리규정의 일부이다. 이를 참고하여 A, B, C가 요청한 민원이 처리·완료되는 시점을 각각 구하면?

■ 민원사무처리기본표(일부)

구분	민원명	처리기간(일)	수수료(원)
공통	진정, 단순질의, 건의	7	없음
	법정질의	14	없음
주민복지	가족, 종중, 법인묘지설치허가	7 ~ 30	없음
	개인묘지설치(변경)신고	5	없음
	납골시설(납골묘, 납골탑)설치신고	7 ~ 21	없음
종합민원실	토지(임야)대장등본	즉시	500
	지적(임야)도등본	즉시	700
	토지이용계획확인서	1	1,000
	등록사항 정정	3	없음
	토지거래계약허가	15	없음
	부동산중개사무소 등록	7	개인 : 20,000 / 법인 : 3,000
	토지(임야)분할측량	7	별도

■ 민원사무처리기간 산정방식(1일 근무시간은 8시간으로 한다)

- 민원사무처리기간을 "즉시"로 정한 경우
  - 정당한 사유가 없으면 접수 후 3근무시간 내에 처리하여야 한다.
- 민원사무처리기간을 "5일" 이하로 정한 경우
  - 민원 접수 시각부터 "시간" 단위로 계산한다.
  - 토요일과 공휴일은 산입하지 않는다.
- 민원사무처리기간을 "6일" 이상으로 정한 경우
  - 초일을 산입하여 "일" 단위로 계산한다.
  - 토요일은 산입하되, 공휴일은 산입하지 않는다.
- 신청서의 보완이 필요한 기간은 처리기간에 포함되지 않는다.

〈4월 29일(금) 민원실 민원접수 현황〉

1. 오전 10시 / A씨 / 부동산중개사무소 개점으로 인한 등록신청서 제출
2. 오후 12시 / B씨 / 토지의 소유권을 이전하는 계약을 체결하고자 허가서 제출
3. 오후 14시 / C씨 / 토지대장에서 잘못된 부분이 있어 정정요청서 제출

※ 공휴일 : 5/5 어린이날, 5/6 임시공휴일, 5/14 석가탄신일

	A씨	B씨	C씨
①	5/9(월)	5/19(목)	5/4(수) 10시
②	5/9(월)	5/19(목)	5/4(수) 14시
③	5/9(월)	5/23(월)	5/10(월) 14시
④	5/10(화)	5/19(목)	5/3(화) 14시
⑤	5/10(화)	5/23(월)	5/4(수) 14시

07 다음은 2023년 5월 10일 A프랜차이즈의 지역별 가맹점 수와 결제 실적에 대한 자료이다. 이에 대한 설명으로 옳지 않은 것은?

〈A프랜차이즈의 지역별 가맹점 수, 결제건수 및 결제금액〉

(단위 : 개, 건, 만 원)

구분		가맹점 수	결제건수	결제금액
서울		1,269	142,248	241,442
광역시	부산	34	3,082	7,639
	대구	8	291	2,431
	인천	20	1,317	2,548
	광주	8	306	793
	대전	13	874	1,811
	울산	11	205	635
전체		1,363	148,323	257,299

〈A프랜차이즈의 가맹점 규모별 결제건수 및 결제금액〉

(단위 : 건, 만 원)

구분	결제건수	결제금액
소규모	143,565	250,390
중규모	3,476	4,426
대규모	1,282	2,483
전체	148,323	257,299

① 서울 지역 소규모 가맹점의 결제건수는 137,000건 이하이다.
② 6대 광역시 가맹점의 결제건수 합은 6,000건 이상이다.
③ 결제건수 대비 결제금액을 가맹점 규모별로 비교할 때 가장 작은 가맹점 규모는 중규모이다.
④ 가맹점 수 대비 결제금액이 가장 큰 지역은 대구이다.
⑤ 전체 가맹점 수에서 서울 지역 가맹점 수 비중은 90% 이상이다.

08 다음은 2016년부터 2022년까지 개방형 공무원 임용 현황에 대한 자료인데, 일부가 삭제되었다. (가), (나)에 들어갈 수를 순서대로 짝지은 것은?[단, (나)는 소수점 둘째 자리에서 반올림한다]

〈개방형 공무원 임용 현황〉

(단위 : 천 명)

구분	2016년	2017년	2018년	2019년	2020년	2021년	2022년
충원 수	136	146	166	196	136	149	157
내부임용 수	75	79	(가)	86	64	82	86
외부임용 수	61	67	72	110	72	67	71
외부임용률(%)	44.9	45.9	43.4	56.1	52.9	(나)	45.2

※ (외부임용률)$=\frac{\text{(외부임용 수)}}{\text{(충원 수)}}\times 100$

① 94, 45
② 94, 55
③ 84, 45
④ 84, 55
⑤ 84, 50

09 다음 글에서 디지털금고를 개방하려면 다섯 개의 암호 중 최소 몇 개의 암호가 필요한가?

국정원은 중요한 물건이나 서류를 보관하기 위해 특수하게 제작된 디지털금고를 구입하였다. 디지털금고는 n차 다항식 $f(x)=a_nx^n+\cdots+a_1x+a_0$을 암호생성 알고리즘으로, 계수($a_n$, a_{n-1}, $\cdots$, a_0)를 열쇠로 사용한다. 사장은 n의 값과 열쇠(a_n, a_{n-1}, $\cdots$, a_0)의 값을 선택하여 디지털금고를 초기화시켜야 한다. 디지털금고는 초기화 시 설정된 개수 이상의 암호가 입력되어야 개방되며, 각 암호는 입력된 값 x와 함숫값 f(x)의 순서쌍 (x, $f(x)$)로 구성된다. 설정된 개수 이상의 암호가 입력되면 열쇠가 계산되지만, 그보다 적은 개수의 암호로는 계산되지 않는다. 디지털금고는 계산된 열쇠와 설정된 열쇠가 서로 일치하면 개방된다. 사장은 n을 2로, 열쇠를 (A, B, C)로 선택하여 디지털금고를 초기화하고, 아래와 같은 다섯 개의 암호를 생성하여 임원들에게 안전하게 분배하였다.

- 암호－1 : (3, 85)
- 암호－2 : (5, 187)
- 암호－3 : (7, 329)
- 암호－4 : (11, 733)
- 암호－5 : (13, 995)

① 1개
② 2개
③ 3개
④ 4개
⑤ 5개

10 다음은 OECD 개발원조위원회(DAC; Development Assistance Committee) 회원국들의 공적개발원조(ODA; Official Development Assistance)에 대한 자료이다. 이에 대한 설명으로 옳은 것은?

〈2023년 국가별 ODA 현황〉

GNI 순위	국가	ODA 총액 (백만 달러)	ODA/GNI 비율 (%)	1인당 ODA (달러)	1인당 GNI (달러)
1	미국	23,532	0.18	79	44,970
2	일본	11,187	0.24	88	37,410
3	독일	10,435	0.35	127	36,620
4	영국	12,459	0.51	207	40,180
5	프랑스	10,601	0.46	167	36,550
6	이탈리아	3,641	0.20	62	32,020
7	캐나다	3,684	0.31	113	36,170
8	스페인	3,814	0.31	85	27,570
9	한국	455	0.05	9	17,690
10	호주	2,123	0.29	104	35,990
11	네덜란드	5,452	0.78	333	42,670
12	스위스	1,646	0.39	220	57,230
13	터키	714	0.18	10	5,400
14	벨기에	1,978	0.49	188	38,600
15	스웨덴	3,955	1.00	434	43,580

① 2023년 일본의 GNI는 영국 GNI의 2배 이상이다.
② 공적개발원조(ODA)의 지원액이 가장 큰 나라와 가장 작은 나라의 차이는 100배 이상이다.
③ ODA/GNI 비율로 볼 때 독일은 스웨덴의 1/3에 미치지 못한다.
④ ODA 총액이 가장 낮은 나라가 1인당 ODA 비용도 가장 낮다.
⑤ 위 조사 대상국 중 ODA/GNI 비율로 볼 때 이탈리아는 10위권 안이다.

PART 3

11 다음은 산업통상자원부에서 수집한 각국의 물가수준을 비교한 자료이다. 이에 대한 설명으로 옳지 않은 것은?

〈연도별 각국의 물가수준 비교〉

구분	2018년	2019년	2020년	2021년	2022년
한국	100	100	100	100	100
일본	217	174	145	129	128
프랑스	169	149	127	127	143
터키	88	78	84	77	106
캐나다	138	124	126	114	131
멕시코	96	81	84	76	77
미국	142	118	116	106	107
체코	86	76	69	72	91
독일	168	149	128	128	139
헝가리	86	85	72	75	91
영국	171	145	127	132	141

※ (해당 연도 한국물가수준)=100

① 한국보다 물가수준이 높은 나라는 2018년에는 6개국, 2022년에는 7개국이다.

② 2018 ~ 2022년 동안 한국이 매년 3%의 물가상승률을 기록하였다면, 2018년 대비 2022년에 한국보다 더 높은 물가상승률을 보인 나라는 3개국이다.

③ 2022년 일본의 물가는 전년에 비해 약간 하락하였다.

④ 2020 ~ 2021년 동안 한국과 프랑스의 물가변동률은 같다.

⑤ 2018 ~ 2022년 동안 헝가리와 영국의 물가의 변화 방향은 매년 동일하다.

12 다음은 2023년 성 · 학력별 컴퓨터 사용시간 분포 자료이다. 이에 대한 설명으로 옳지 않은 것은?

〈성 · 학력별 컴퓨터 사용시간 분포〉

(단위 : %, 시간)

구분		6시간 이하	7 ~ 13시간	14 ~ 20시간	21 ~ 27시간	28 ~ 34시간	35 ~ 41시간	42시간 이상	일주일 평균 사용시간
전체		35.1	26.4	18.1	5.8	5.2	3.9	5.4	14
성별	남자	29.3	26.1	19.9	6.8	6.6	4.6	6.7	15.9
	여자	42	26.8	15.9	4.6	3.7	3.1	3.9	11.8
학력별	초졸 이하	30.9	35.8	22	6.5	3.2	1.1	0.6	11.1
	중졸	39.5	28.6	17.9	5.8	4.1	2.5	1.6	11.1
	고졸	41.5	23.1	15.8	5.3	5.1	3.9	5.3	13.2
	대졸 이상	26.6	22.1	18.4	6.1	7.8	7.1	11.8	19.4

① 일주일 평균 14시간 이상 사용자는 전체의 50% 미만이다.
② 학력이 높아질수록 컴퓨터 사용시간이 많아진다.
③ 일주일 평균 사용시간은 남자가 여자보다 4시간 이상 많다.
④ 여자의 경우 일주일 평균 컴퓨터 사용시간이 14시간을 초과하는 경우는 전체의 1/3 이하이다.
⑤ 대졸 이상 학력자의 일주일간 컴퓨터 사용시간은 초졸 이하의 1.5배 이상이다.

PART 3

13 다음은 최근 5년간 우표 발행 현황이다. 이에 대한 설명으로 옳은 것은?

〈우표 발행 현황〉

(단위 : 천 장)

구분	2018년	2019년	2020년	2021년	2022년
보통우표	163,000	164,000	69,000	111,000	105,200
기념우표	47,180	58,050	43,900	35,560	33,630
나만의 우표	7,700	2,368	1,000	2,380	1,908
합계	217,880	224,418	113,900	148,940	140,738

① 기념우표 발행 수효가 나만의 우표 발행 수효와 등락폭을 같이 한다는 점을 보면 국가적 기념 업적은 개인의 기념 사안과 일치한다고 볼 수 있다.
② 모든 종류의 우표 발행 수가 가장 낮은 연도는 2020년이다.
③ 보통우표와 기념우표 발행 수가 가장 큰 차이를 보이는 해는 2018년이다.
④ 2020년 전체 발행 수와 비교해 나만의 우표의 비율은 1% 이상이다.
⑤ 2022년 전체 발행 수와 비교해 기념우표의 비율은 30% 이상이다.

14 다음은 A지역의 연도별 아파트 분쟁신고 현황에 대한 자료이다. 이를 참고하여 작성한 그래프로 적절한 것을 〈보기〉에서 모두 고르면?

〈연도별 아파트 분쟁신고 현황〉

(단위 : 건)

구분	2020년	2021년	2022년	2023년
관리비 회계 분쟁	220	280	340	350
입주자대표회의 운영 분쟁	40	60	100	120
정보공개 관련 분쟁	10	20	10	30
하자처리 분쟁	20	10	10	20
여름철 누수 분쟁	80	110	180	200
층간소음 분쟁	430	520	860	1,280

ㄱ. 연도별 층간소음 분쟁 현황

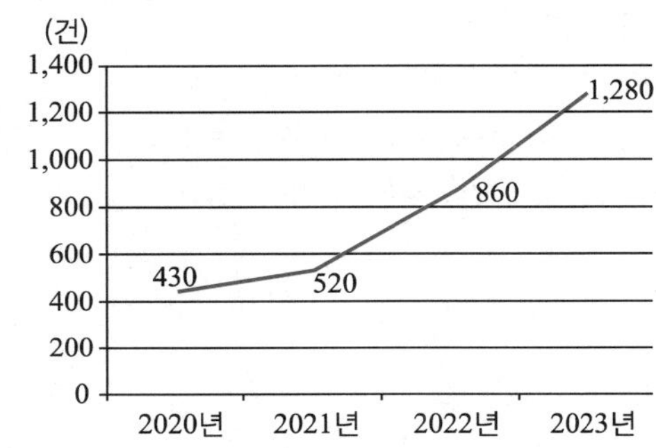

ㄴ. 2021년 아파트 분쟁신고 현황

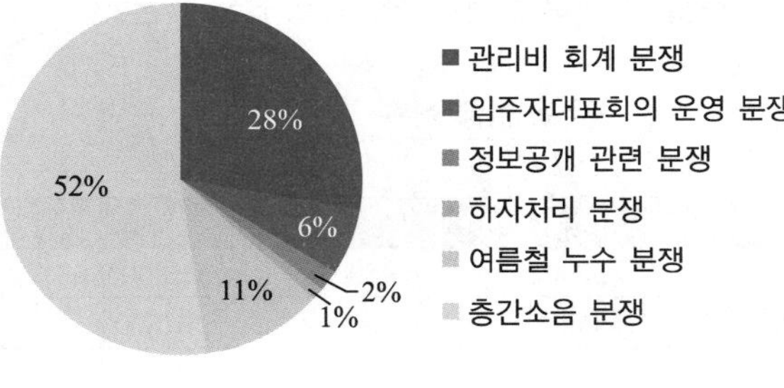

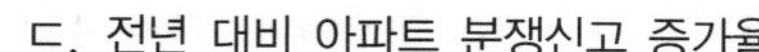
ㄷ. 전년 대비 아파트 분쟁신고 증가율

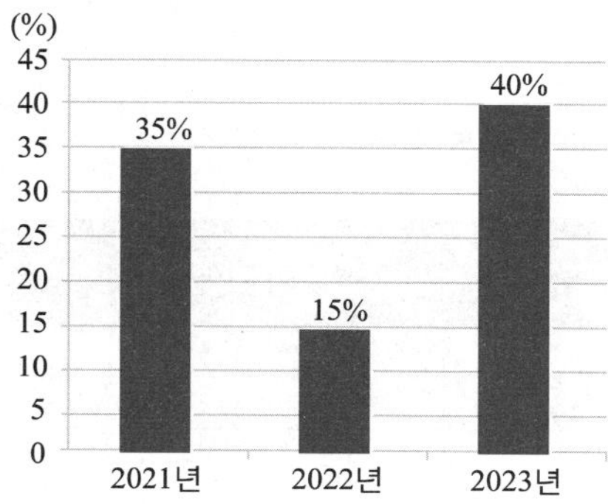

ㄹ. 3개년 연도별 아파트 분쟁신고 현황

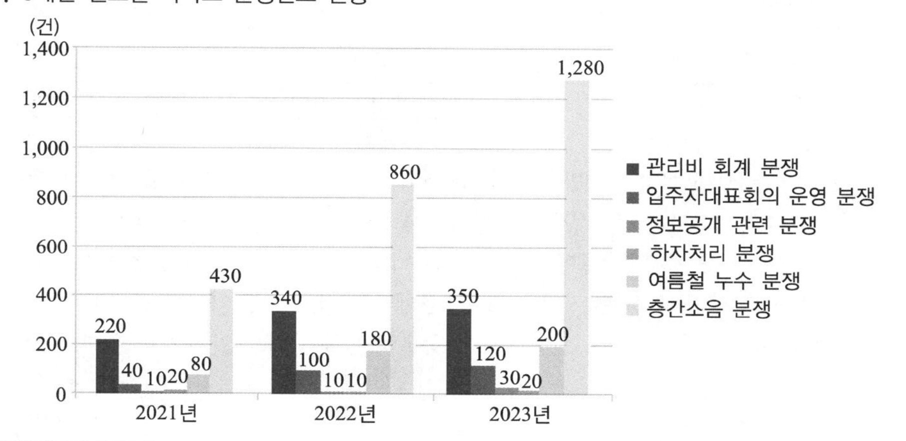

① ㄱ, ㄴ
② ㄱ, ㄷ
③ ㄴ, ㄷ
④ ㄴ, ㄹ
⑤ ㄷ, ㄹ

15 다음은 IMF에서 발표한 세계 경제성장률과 주요국의 경제성장률 전망이다. 이에 대한 설명으로 옳지 않은 것은?

〈세계 경제성장률 및 주요국 경제성장률 전망〉

(단위 : %)

구분	2023년	2024년	2025년 전망(↓전망시점)			2026년 전망
			2024.6	2024.9	2025.4	
세계	2.8	△0.7	5.3	3.9	3.5	4.1
선진국	0.2	△3.7	3.2	1.6	1.4	2.0
개도국	6.0	2.8	7.5	6.2	5.7	6.0
미국	0.0	△3.5	3.0	1.7	2.1	2.4
유럽	0.5	△4.3	1.9	1.4	△0.3	0.9
일본	△1.2	△6.3	4.4	△0.7	2.0	1.7
중국	9.6	9.2	10.4	9.2	8.2	8.8
인도	6.4	6.8	10.6	7.2	6.9	7.3

① IMF는 2026년 경제 전망을 전년도에 비해 조사국 모두 나빠질 것이라고 예측을 한다.

② 2026년 선진국의 경제성장률 유형에 가장 부합하는 나라는 일본이다.

③ 조사기간 중 경제성장률이 다른 나라에 비해 월등히 높은 나라는 중국이다.

④ 조사대상국 중 2026년 세계 경제성장률에 미치지 못하는 나라는 모두 3개국이다.

⑤ 2023년 대비 2026년의 전망이 가장 높은 차이를 보이고 있는 나라는 미국이다.

04 도형추리

01 다음 〈보기〉와 같은 방법으로 만든 암호로 옳은 것은?

> **보기**
>
> 모든 공무원은 법령을 준수하며 성실히 직무를 수행하여야 한다.
> → 모공 원법을수 며실직 를행여한 든무은 령준하 성히무수하 야다.

공무원은 종교에 따른 차별 없이 직무를 수행하여야 한다.

① 다한야여 하행수 를무 직히 실성 며하수 준을령법은 원무.
② 공한무다 원은종 수교 행에 하여 야따직 른무를차없 별이.
③ 공무한다 종교하 따이 차른 없별 를무직 수행에여야 원은.
④ 모다든한 공야무 여원 하은 행법 수령를 을무준직수 히하.
⑤ 공원종에 른별이 무수 하야 다무 은교따 차없직를행 여한.

02 다음 그림과 같이 접었을 때, 나올 수 있는 뒷면의 모양으로 가장 적절한 것은?

------------------------------	앞으로 접기
-·-·-·-·-·-·-·-·-·-·-	뒤로 접기

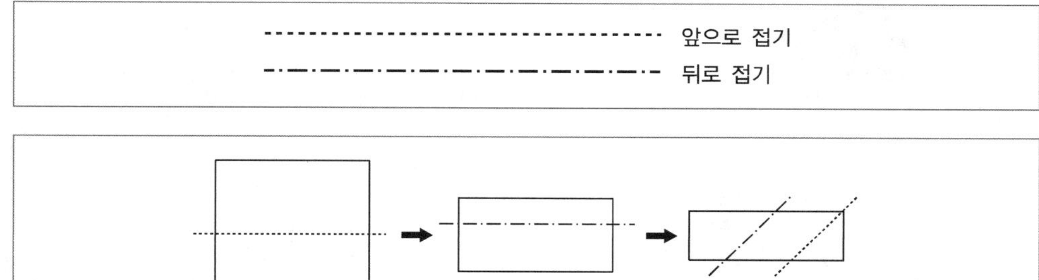

①
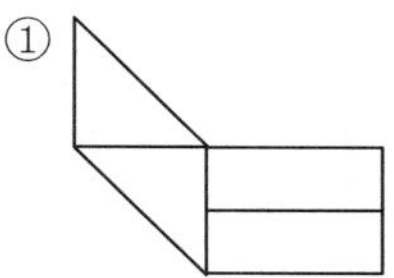

②
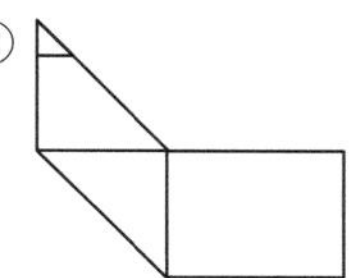

③
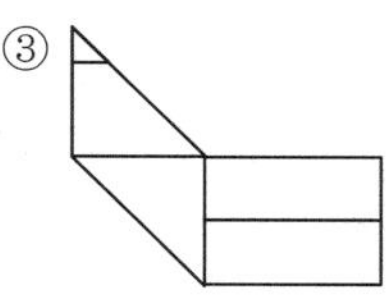

④
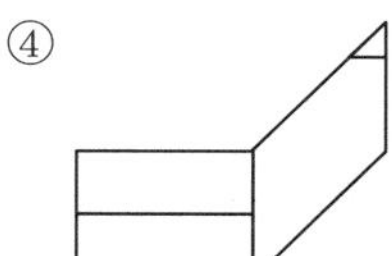

⑤
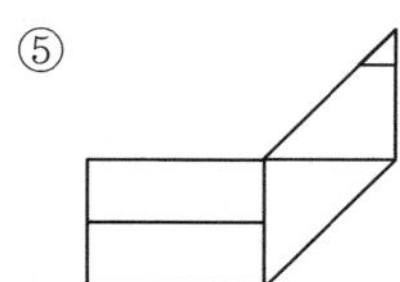

03 다음 제시된 도형의 규칙을 보고 ?에 들어갈 알맞은 도형을 고르면?

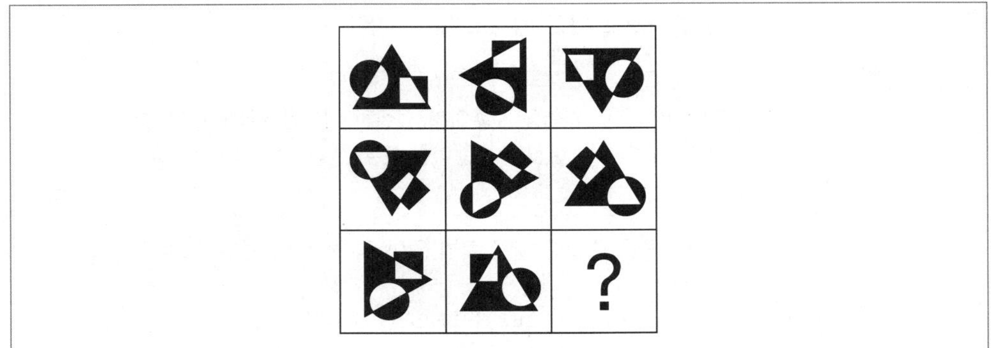

① 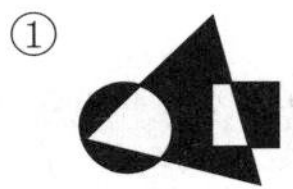

② 

③ 

④ 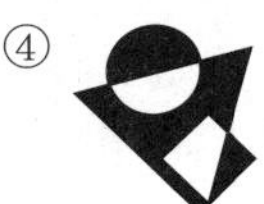

⑤ 

04 다음 〈보기〉와 같은 방법으로 만든 암호로 옳은 것은?

> **보기**
>
> To see is to believe. → Ts eso ei vo eitblee

Match made in heaven.

① Macad neve th meihan
② Mtcdi nhve na hmaeea
③ Mthae nevn ac mdihae
④ Mhade eava tc minhen
⑤ Mcmen hvea th adiean

05 다음 제시된 그림에서 찾을 수 없는 도형은?

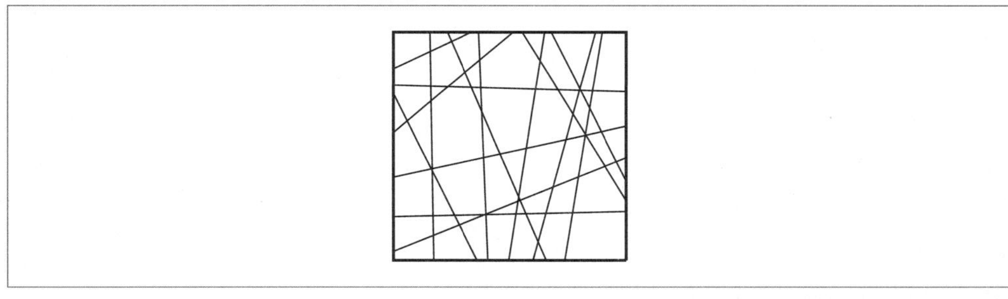

①

②

③

④

⑤ 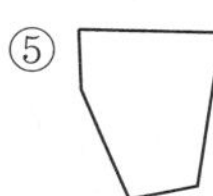

06 다음 제시된 도형의 규칙을 보고 ?에 들어갈 알맞은 도형을 고르면?

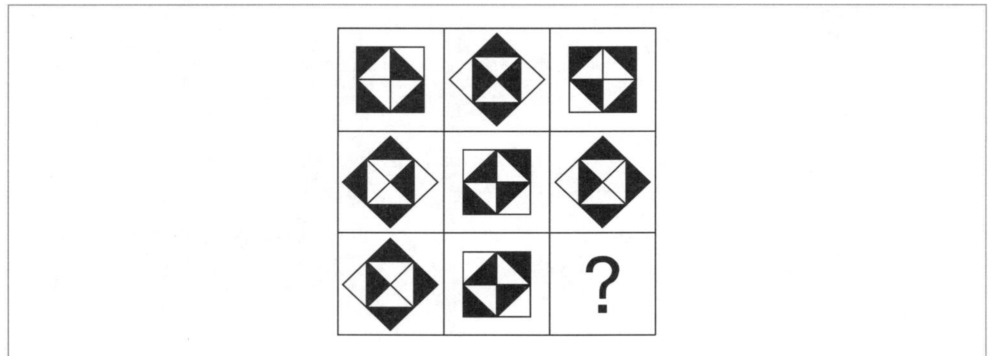

①
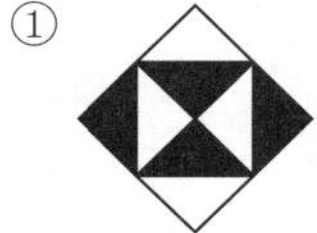

②
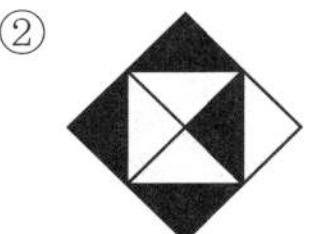

③
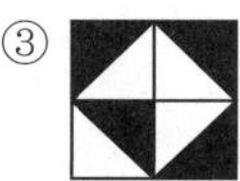

④

⑤
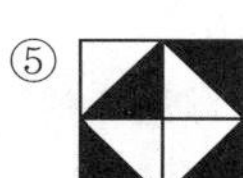

07 다음 제시된 문장과 다른 것은?

Self-Confidence is the first requisite to great undertakings.

① Self-Confidence is the first requisite to great undertakings.
② Self-Confidence is the first requisite to graet undertakings.
③ Self-Confidence is the first requisite to great undertakings.
④ Self-Confidence is the first requisite to great undertakings.
⑤ Self-Confidence is the first requisite to great undertakings.

08 다음 그림과 같이 화살표 방향으로 종이를 접은 후, 일부분을 잘라내어 다시 펼쳤을 때의 그림으로 가장 적절한 것은?

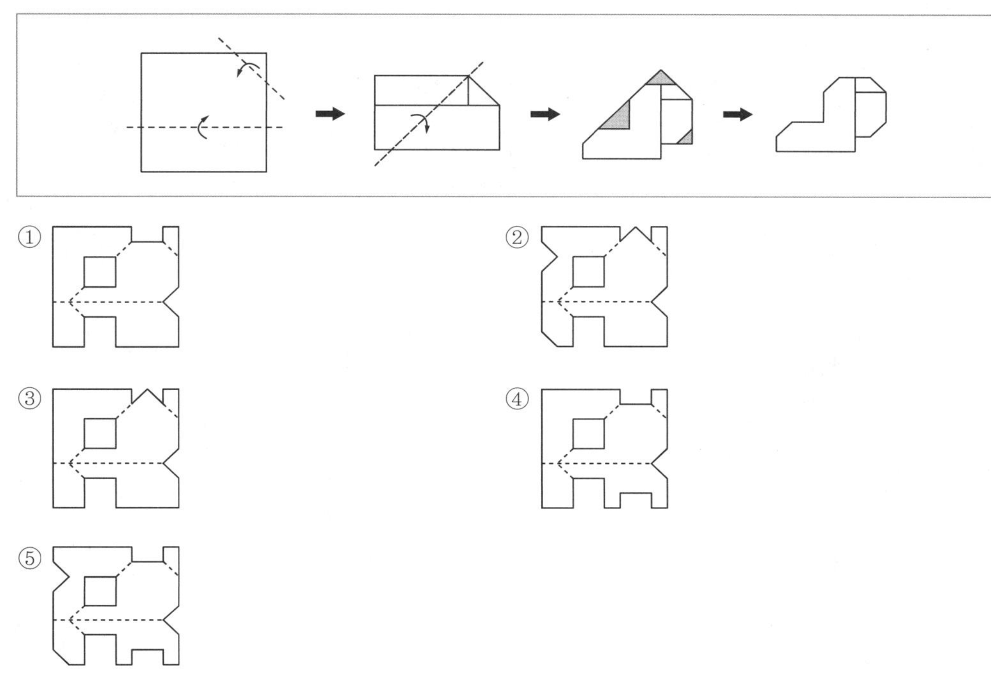

09 다음 블록의 개수는?(단, 보이지 않는 곳에 있는 블록은 있다고 가정한다)

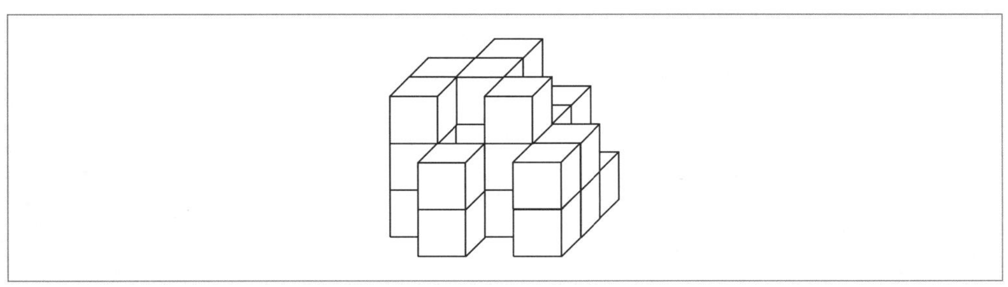

① 32개 ② 31개
③ 30개 ④ 29개
⑤ 28개

PART 3

10 다음 도형 내부의 기호들은 일정한 패턴을 가지고 변화한다. 다음 중 ?에 들어갈 도형으로 알맞은 것은?

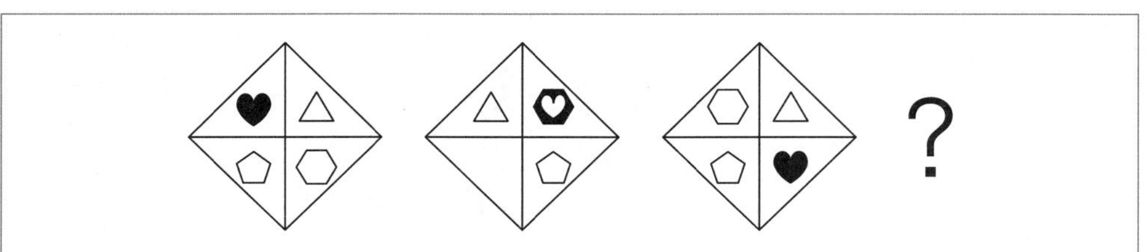

①
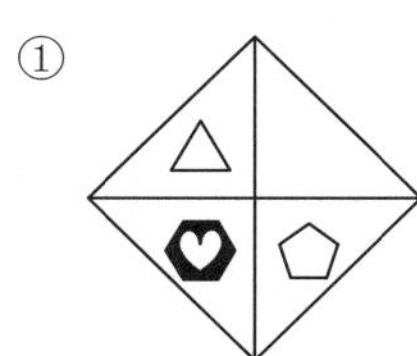

②
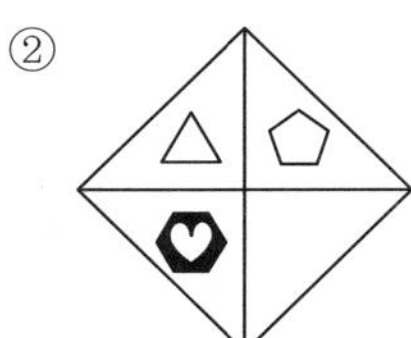

③
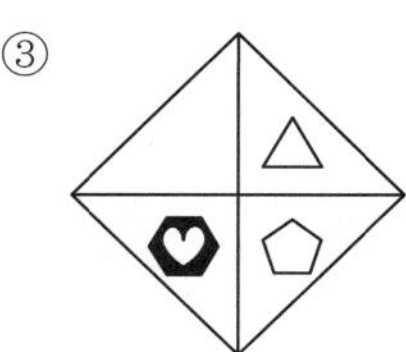

④
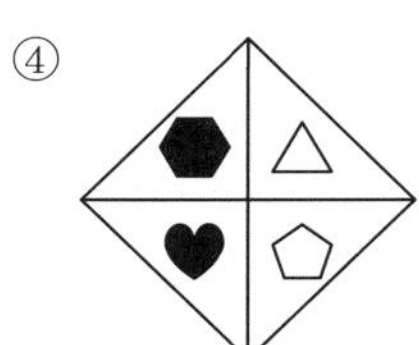

⑤
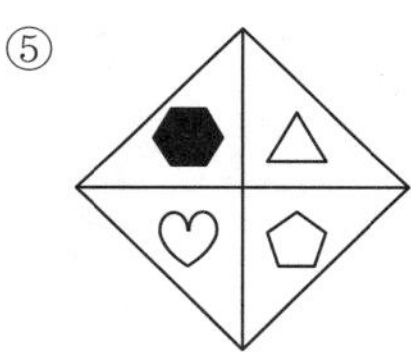

11 다음과 같은 정사각형의 종이를 화살표 방향으로 접고 〈보기〉의 좌표가 가리키는 위치에 구멍을 뚫었다. 다시 펼쳤을 때 뚫린 구멍의 위치를 좌표로 나타낸 것으로 옳은 것은?(단, 좌표가 그려진 사각형의 크기와 종이의 크기는 일치하며, 종이가 접힐 때 종이의 위치는 바뀌지 않는다)

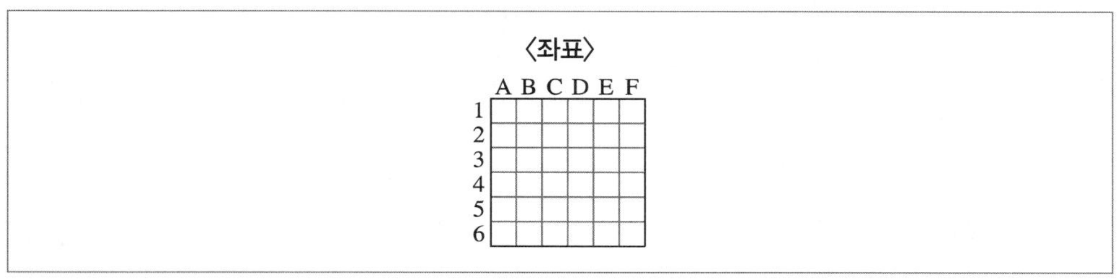

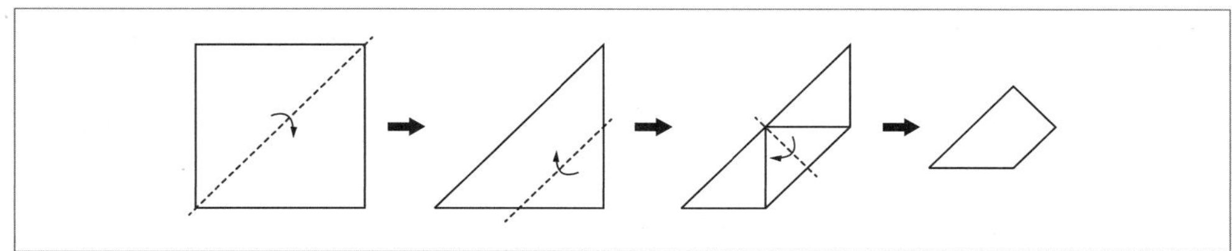

보기

C6

① A1, A4, C6, D6
② A2, B3, C6, D6
③ A4, C6, D1, F3
④ A4, C6, D6, F4
④ A4, C6, F4

12 다음 〈보기〉와 같은 방법으로 만든 암호로 옳은 것은?

> **보기**
>
> He must kill you. → Gd ltrs jhkk xnt

> Silence is gold.

① Yetuslh il kumo
② Rhkdmbd hr fnkc
③ Gdltrsk hk xntq
④ Vxyihgf db amlo
⑤ Tkjchwo ps jswx

13 다음 제시된 그림에서 찾을 수 없는 도형은?

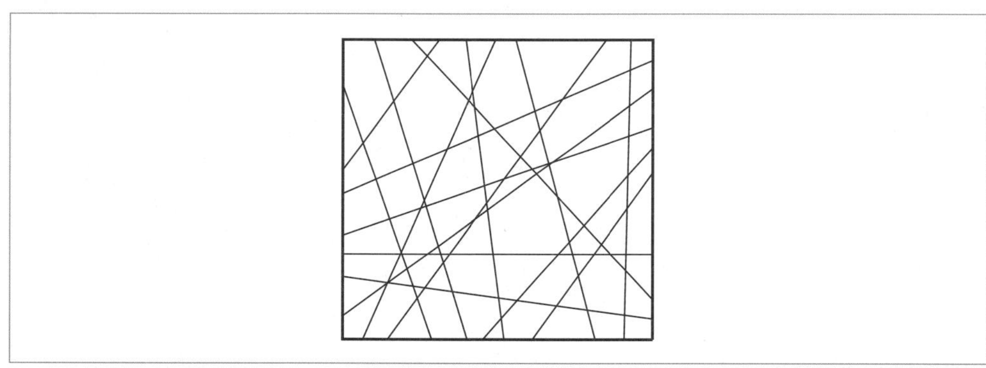

①

② 

③

④ 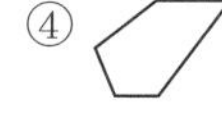

⑤

※ 다음 규칙을 읽고, 이어지는 질문에 답하시오. [14~15]

작동버튼	기능
♤	모든 숫자에 2를 곱한다.
♠	첫 번째 칸의 숫자와 네 번째 칸의 숫자를 바꾼다.
♡	모든 숫자에 3을 곱한다.
♥	두 번째 칸의 숫자와 세 번째 칸의 숫자를 바꾼다.

14 〈보기〉의 처음 상태에서 작동버튼을 두 번 눌렀더니, 다음과 같은 결과가 나타났다. 다음 중 작동버튼의 순서를 바르게 나열한 것은?

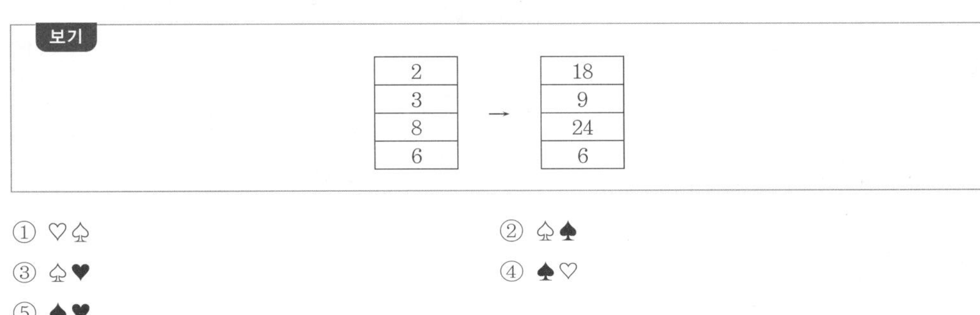

① ♡♤
② ♤♠
③ ♤♥
④ ♠♡
⑤ ♠♥

15 〈보기〉의 처음 상태에서 작동버튼을 두 번 눌렀더니, 다음과 같은 결과가 나타났다. 다음 중 작동버튼의 순서를 바르게 나열한 것은?

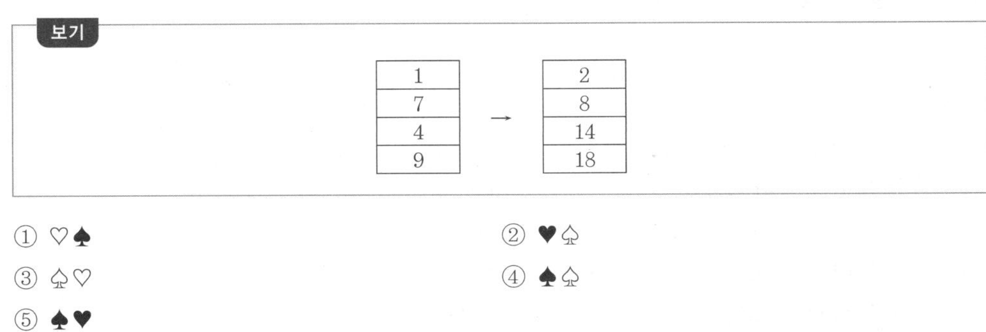

① ♡♠
② ♥♤
③ ♤♡
④ ♠♤
⑤ ♠♥

16 각 얼굴은 코드를 가지고 있다. 이 얼굴과 코드의 관계를 바탕으로 ?에 들어갈 알맞은 것을 고르면?

① △▽■
② △▼■
③ ▲▽□
④ ▲▼■
⑤ ▲▼□

17 다음 제시된 문장과 다른 것은?

Nothing succeeds like the appearance of success.

① Nothing succeeds like the appearance of success.
② Nothing succeeds like the appearance of success.
③ Nothing succeeds like the appearance of success.
④ Nothing succeeds like the appearence of success.
⑤ Nothing succeeds like the appearance of success.

18 다음 제시된 도형을 조합할 때 만들 수 없는 것은?

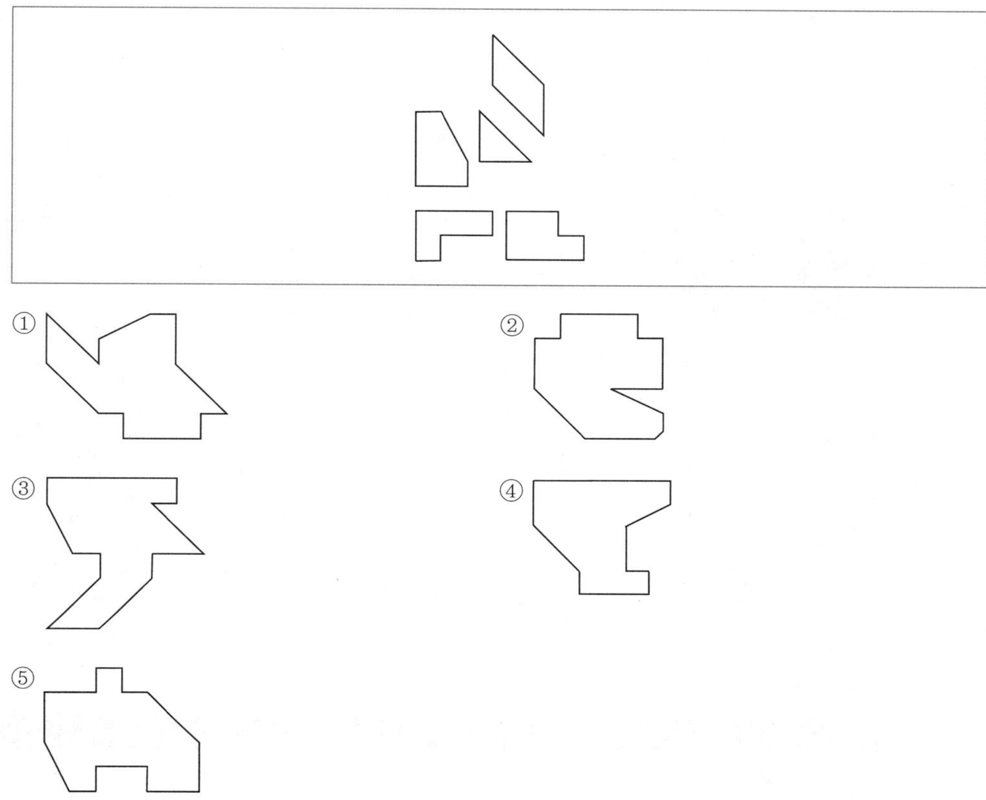

19 다음 제시된 문장과 다른 것은?

Wheresoever you go, go with all your heart.

① Wheresoever you go, go with all your heart.
② Wheresoevar you go, go with all your heart.
③ Wheresoever you go, go with all your heart.
④ Wheresoever you go, go with all your heart.
⑤ Wheresoever you go, go with all your heart.

PART 3

20 다음 신호등과 방향표지판은 일정한 규칙에 따라 도형을 변화시킨다. 주어진 도형을 규칙에 따라 변화시켰을 때, 그 결과로 알맞은 것은?

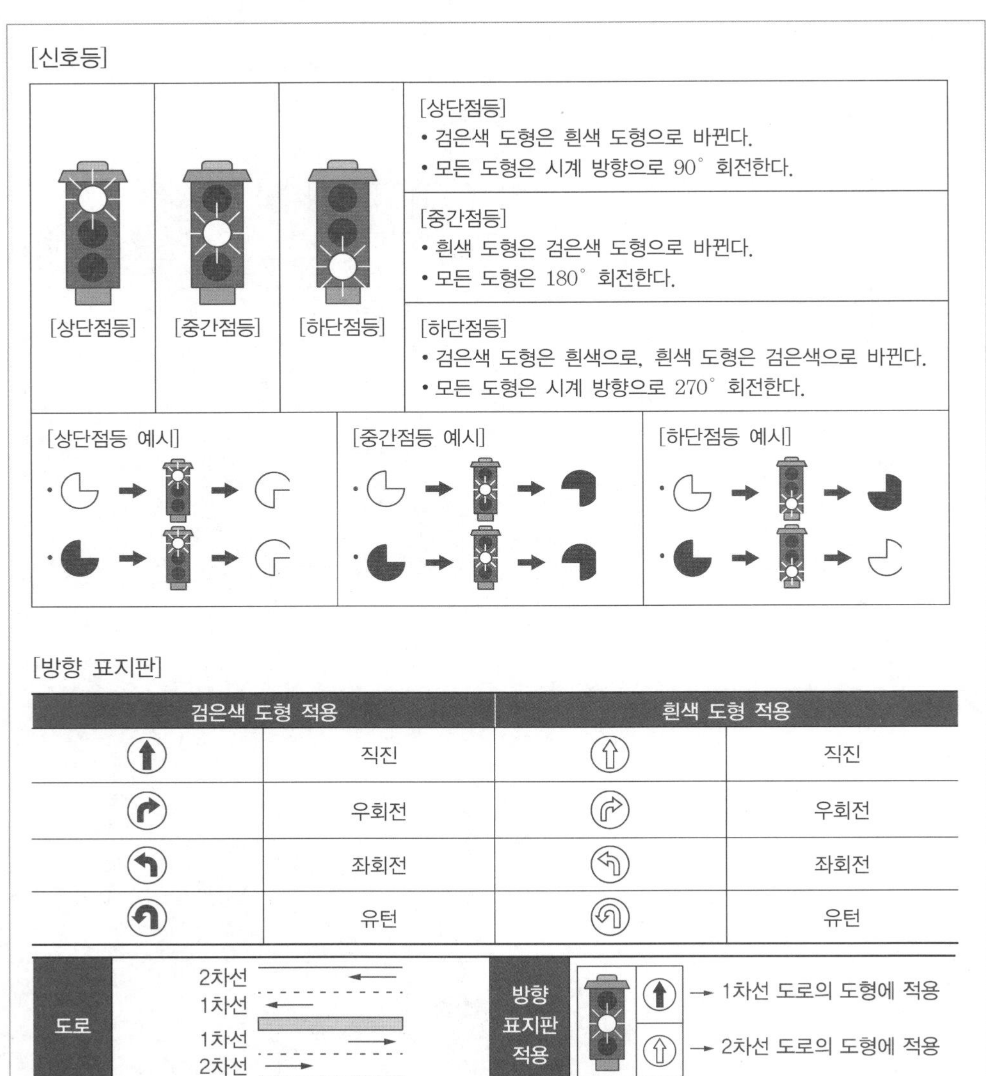

- 도형은 각 차선에 따라 움직이며, 신호등을 마주칠 경우 신호등의 규칙에 따라 모습이 변화된다. 이후 변화된 도형은 방향표지판의 지시에 따라 다른 도형과 독립적으로 움직인다.
- 변화된 도형이 방향표지판의 색과 맞지 않아 통과하지 못할 경우, 도형은 다음 신호등을 기다려 방향표지판의 색과 맞는 도형으로 변화된 후에 통과해야 한다.
- 신호등은 순차적으로 [상단점등] → [중간점등] → [하단점등] → [상단점등] 순서로 바뀐다.

예

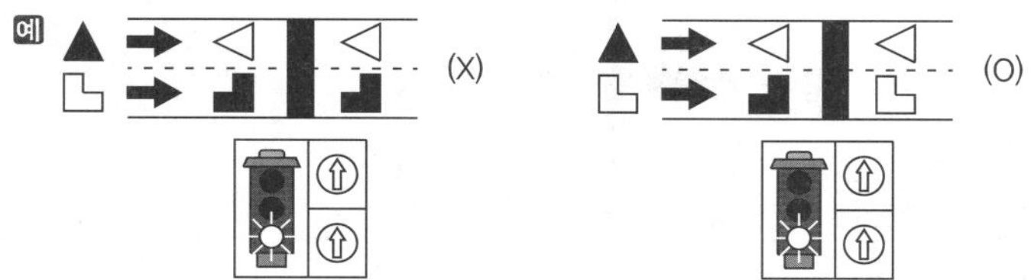

※ 2차선의 도형은 신호등의 다음 점등(상단점등)을 기다려 2차선 도로 표지판의 맞는 색의 도형으로 변화 후 통과

- 도형의 차선은 변경되지 않는다(직진, 좌회전, 우회전, 유턴을 통해 차선이 변경되지 않는다).
- 좌회전, 우회전, 유턴의 과정에서 도형의 모습은 변화하지 않는다(신호등의 점등에 의해서만 도형의 모습이 변화된다).
- 도형이 도착지점에 1차선으로 도착 시 ①에 도착하게 되며, 2차선으로 도착 시 ②에 도착하게 된다.

예

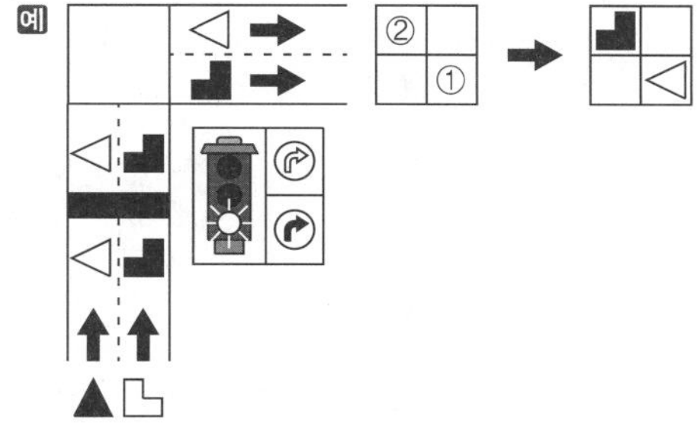

PART 3

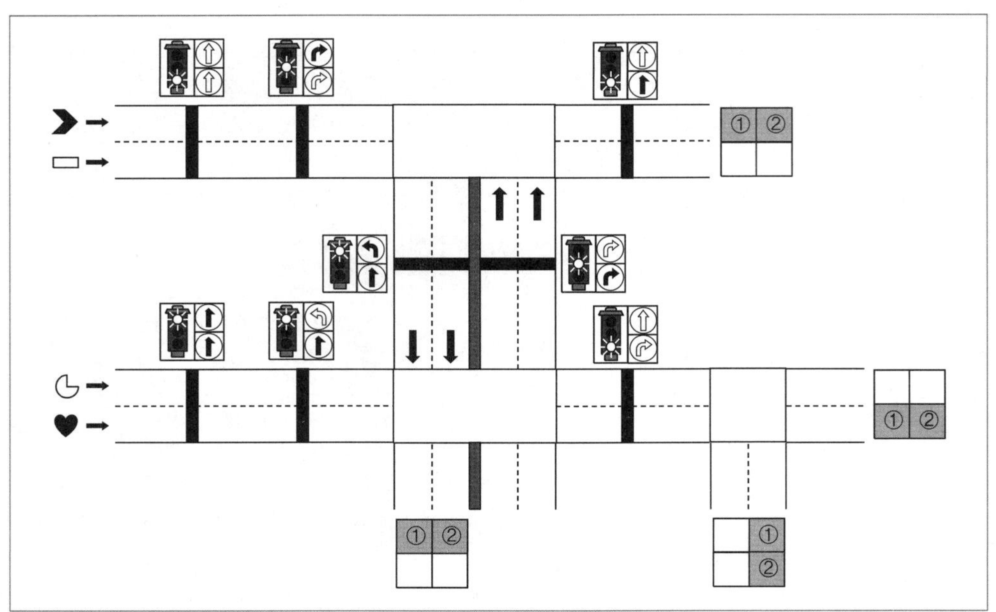

①

②
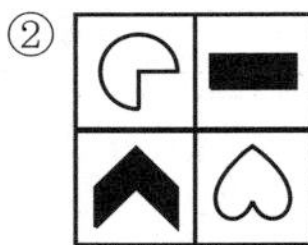

③
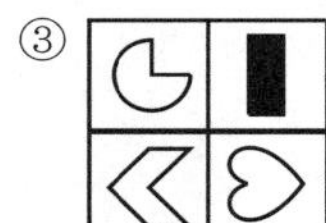

④
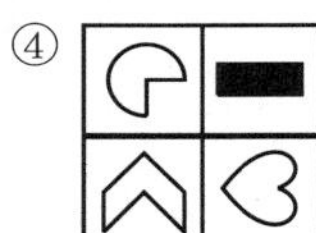

⑤
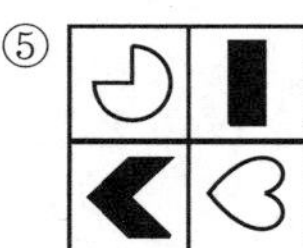

21 다음 그림과 같이 접었을 때, 나올 수 있는 뒷면의 모양으로 가장 적절한 것은?

선	의미
------------------------------------	앞으로 접기
-·—·—·—·—·—·—·—·—·—·—	뒤로 접기
-··—··—··—··—··—··—··—	앞 또는 뒤로 접기

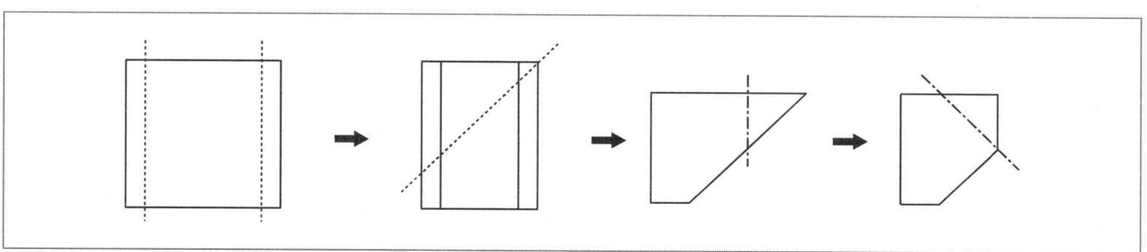

① 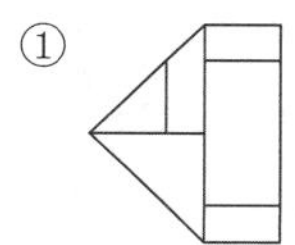

② 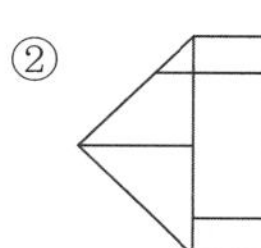

③ 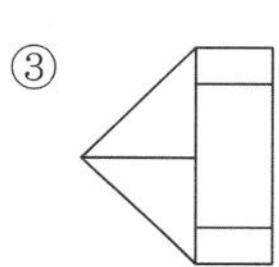

④ 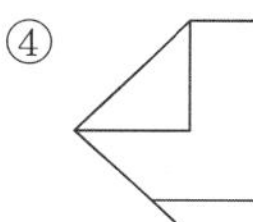

⑤ 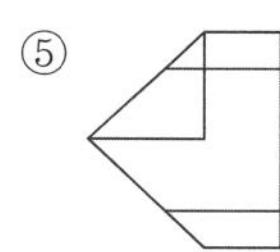

22 다음 주어진 전개도로 정육면체를 만들 때, 만들어질 수 없는 것은?

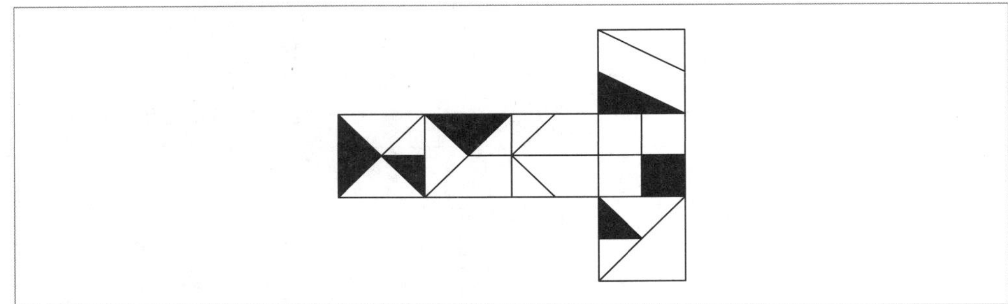

① 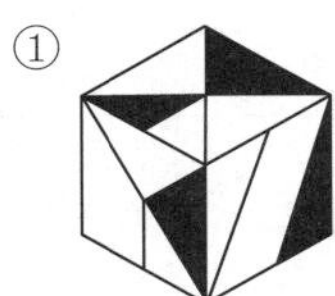

② 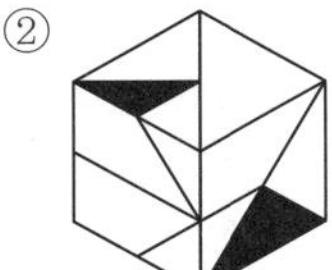

③ 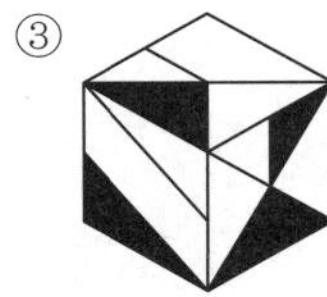

④ 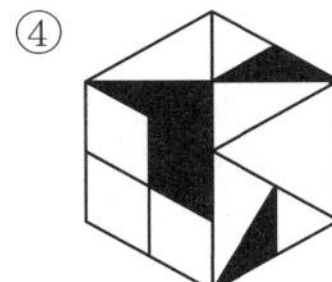

⑤ 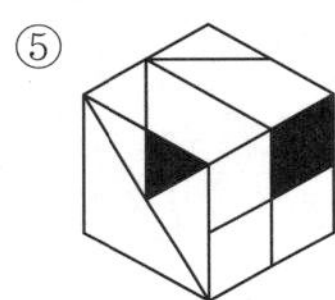

※ 다음 도식에서 기호들은 일정한 규칙에 따라 문자를 변화시킨다. ?에 들어갈 알맞은 문자를 고르시오 (단, 규칙은 가로와 세로 중 한 방향으로만 적용된다). **[23~24]**

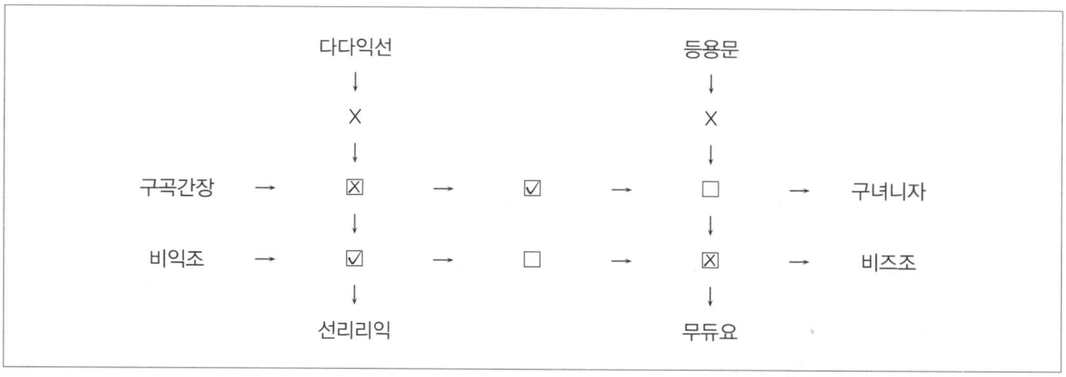

		다다익선				등용문		
		↓				↓		
		X				X		
		↓				↓		
구곡간장	→	☒	→	☑	→	□	→	구녀니자
		↓				↓		
비익조	→	☑	→	□	→	☒	→	비즈조
		↓				↓		
		선리리익				무듀요		

23

각곡유목 → □ → ☑ → ?

① 가고유모
② 가노쥬모
③ 목각곡유
④ 가녹쥬모
⑤ 각녹쥬목

24

형설지공 → ? → ☑ → X → 지공경얼

① □
② V
③ ☑
④ X
⑤ ☒

25 다음 블록의 개수는?(단, 보이지 않는 곳에 있는 블록은 있다고 가정한다)

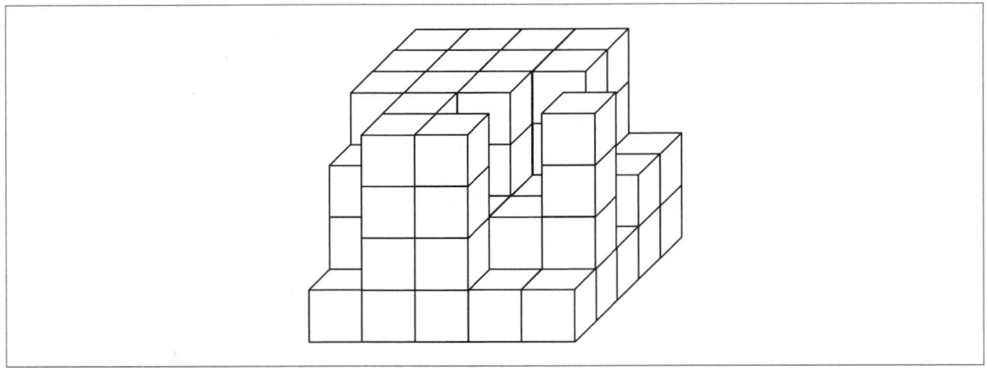

① 75개
② 76개
③ 77개
④ 78개
④ 79개

26 다음 제시된 단면과 일치하는 입체도형은?

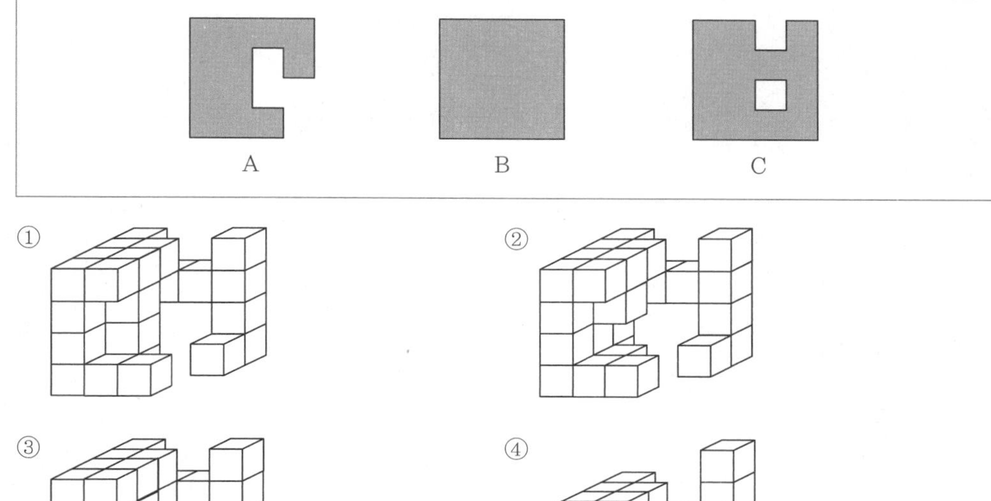

①

②

③

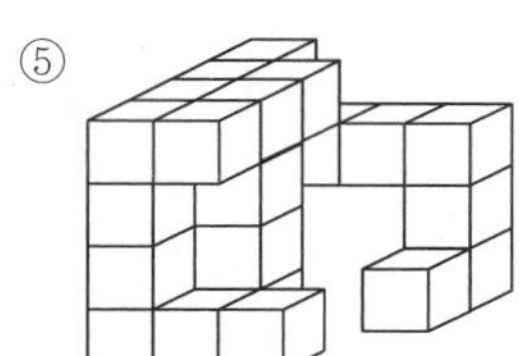

④

⑤

27 다음 제시된 그림에서 찾을 수 없는 도형은?

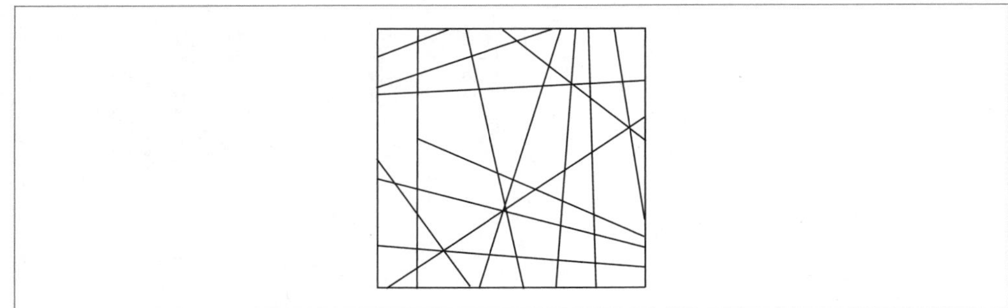

① 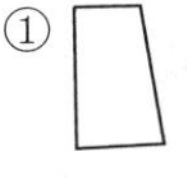

② 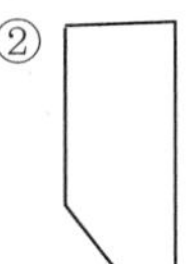

③ 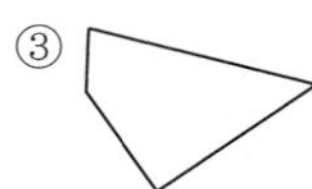

④ 

⑤ 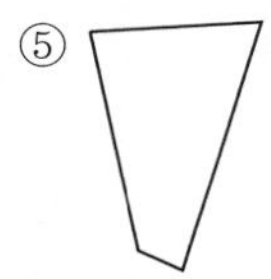

28 다음 그림과 같이 접었을 때 나올 수 있는 뒷면의 모양으로 가장 적절한 것은?

-------------------------------------	앞으로 접기
-·-·-·-·-·-·-·-·-·-·-·-	뒤로 접기

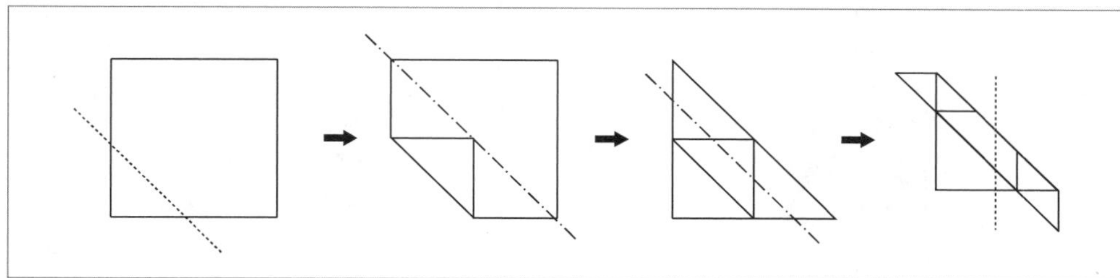

① 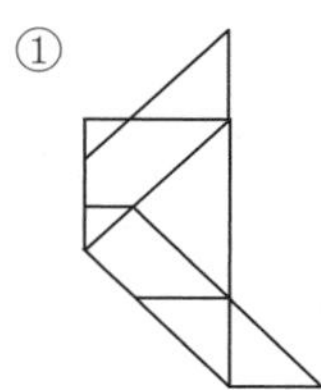

② 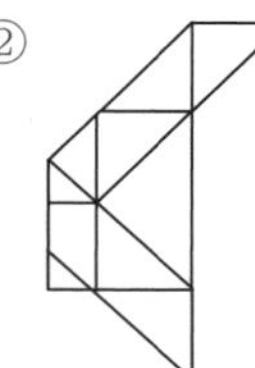

③ 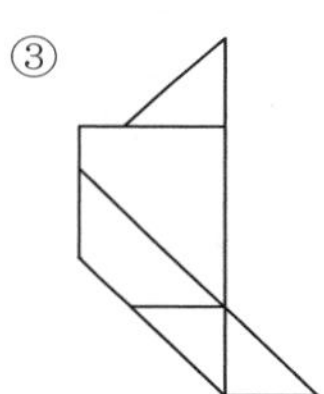

④ 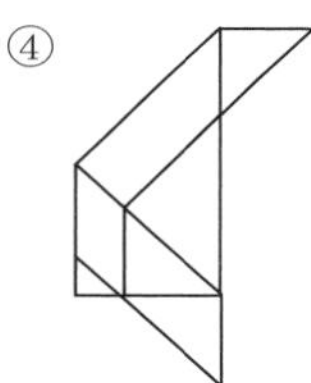

⑤

29 다음 중 입체도형을 만들었을 때, 다른 모양이 나오는 것은?

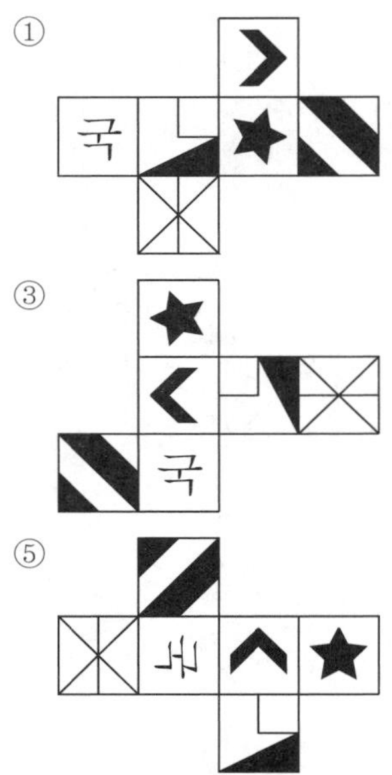

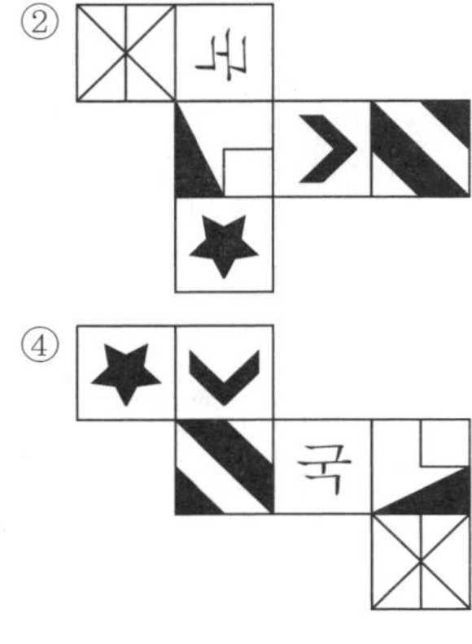

30 다음 제시된 문자와 같은 것의 개수는?

ioqr

qoie	uoro	qroi	ruoh	wtuo	wrjw	qjow	oqdn	wfkk	qwuf	abgg	woie
folq	lhma	nadg	eitq	ioqr	lmqi	wklq	csij	ofmi	ajsn	kbdd	sknw
oqdn	nadg	ruoh	lmqi	woie	ajsn	eitq	folq	uoro	ioqr	jiew	wfkk
qoie	csij	qroi	wrjw	lhma	abgg	wtuo	ofmi	sknw	wklq	qjow	qwuf

① 1개
② 2개
③ 3개
④ 4개
⑤ 5개

05 정보상식

01 한 국가의 금융·통화 위기가 주변의 다른 국가로 급속히 확산되는 현상을 가리키는 말은?

① 카페라테 효과
② 테킬라 효과
③ 카푸치노 효과
④ 스필오버 효과
⑤ 백로 효과

02 사하라 사막의 남쪽에 있고 농·어업에 공헌하고 있으며, 고대부터 대상의 십자로로서 중시되어온 호수로, 지난 20년간 물이 지속적으로 말라 90%가 고갈되면서 지구 온난화의 심각성을 경고하고 있는 호수는?

① 니아사호
② 탕가니카호
③ 빅토리아호
④ 차드호
⑤ 나이바샤호

03 유명한 상표·회사·제품이름 등으로 인터넷 주소를 선점하는 행위는?

① 사이버스쿼팅
② 사이버배팅
③ 폴리스패머
④ SPA
⑤ 디지털 노마드

04 방송사의 위탁을 받아 광고주에게 광고를 팔고 판매 대행 수수료를 받는 '방송광고 판매 대행회사'를 가리키는 말은?

① 뉴스에이전시(News Agency)
② 미디어렙(Media Rep)
③ ABC제도
④ 발롱데세
⑤ OTT

05 **다음 세계 골프 대회 중에서 가장 역사가 오래된 대회는?**

① PGA챔피언십
② 브리티시오픈
③ 마스터스오픈
④ US오픈
⑤ 뒤모리에클래식

06 **다음 중 탄소나노튜브에 대한 설명으로 옳지 않은 것은?**

① 탄소 6개로 이뤄진 육각형들이 서로 연결되어 관 모양을 이루고 있다.
② 전기 전도도는 구리와 비슷하고, 열전도율은 자연계에서 가장 뛰어난 다이아몬드와 같다.
③ 머리카락보다 훨씬 가늘면서도 다이아몬드보다 강한 특성(강철의 100배)을 가지고 있다.
④ 분자들의 끌어당기는 힘으로 인해 안정적인 다발 형태로 존재하기 때문에 산업에 쉽게 응용할 수 있다.
⑤ 수용액에 들어가면 서로 뭉쳐버리는 성질을 갖고 있다.

07 **'식물이 분비하는 살균 물질'이라는 뜻을 가지고 있으며, 자신을 위협하는 각종 해충, 병균, 곰팡이, 박테리아 등에게는 킬러의 역할을 하지만 인간에게는 도리어 이롭게 작용한다고 알려진 물질은?**

① 옥시토신
② 바소프레신
③ 피톤치드
④ 나이트로사민
⑤ 프로폴리스

08 **지금보다 수백 배 빠른 반도체, 고효율 태양전지, 슈퍼 커패시터, 셀로판지처럼 얇은 두루마기 형태의 디스플레이, 손목에 차는 휴대전화, 종이처럼 지갑에 넣고 다니는 컴퓨터, 고강도 필름을 포함한 고강도 복합재료 등에 활용될 것으로 예상되는 '꿈의 신소재'는?**

① 그래핀
② 탄소나노튜브
③ 풀러렌
④ 라듐
⑤ 힉스

09 **국민들이 배심원으로 형사재판에 참여할 수 있는 국민참여재판제도에 대한 내용으로 옳지 않은 것은?**

① 만 20세 이상의 국민 가운데 무작위로 배심원을 선정한다.
② 만 70세 이상인 국민일 경우 배심원의 면제 사유가 된다.
③ 군인인 경우 직업 등의 사유로 인해 배심원에서 제외된다.
④ 판사는 배심원의 결정과 다른 판결을 내릴 수 없다.
⑤ 우리나라에서는 2008년 1월부터 시행되고 있다.

10 **다음 글이 설명하는 현상은?**

사람이 많을수록 어려움에 처한 사람을 돕지 않는 현상으로 1964년 뉴욕의 한 여인이 살해당하는 동안 아무도 구하거나 신고하지 않은 사건에서 유래했다.

① 루키즘
② 포비아
③ 제노비스신드롬
④ 제노포비아
⑤ 님비현상

11 **다음 중 센카쿠열도(중국명 : 댜오위다오)에 대한 설명으로 옳지 않은 것은?**

① 8개 무인도로 구성되어 있다.
② 중동과 동북아를 잇는 해상교통로이자 전략 요충지로 주목받고 있다.
③ 현재 중국이 점유하고 있으나 일본과 대만이 영유권을 주장하고 있다.
④ 2012년 일본의 국유화에 따라 중·일 간의 갈등이 격화되었다.
⑤ 2010년 9월에는 센카쿠열도 주변에서 일본의 해상보안청 순시선과 중국 어선이 충돌한 사건이 있었다.

12 미국의 부시 대통령이 주장한 말로 '완전하고 확인 가능하며 불가역적인 비핵화'를 뜻하는 말의 줄임말은?

① CPD
② PVID
③ FFVD
④ CVID
⑤ CVIID

13 다음 중 이슬람 저항운동을 전개하는 팔레스타인의 무장단체는?

① 하마스
② 알카에다
③ 헤즈볼라
④ 탈레반
⑤ 무자헤딘

14 다음 중 예금자보호의 주체가 다른 하나는?

① 은행
② 새마을금고
③ 증권회사
④ 저축은행
⑤ 보험회사

15 다음 중 4차 산업혁명에 대한 설명으로 옳지 않은 것을 〈보기〉에서 모두 고르면?

보기

ㄱ. 4차 산업혁명은 IT 산업의 발달로 인해 등장하게 된 산업혁명을 말한다.
ㄴ. 이전의 산업혁명보다 일자리 창출의 폭이 증가할 것으로 기대되고 있다.
ㄷ. 4차 산업혁명을 통해 각 공장 기기가 중앙시스템의 명령·통제 아래 수동적으로 작동하는 공장 자동화가 실행되었다.
ㄹ. 4차 산업혁명은 정보의 파급력 및 전달 속도가 기존 산업혁명보다 더 넓은 범위에서 더 크고 빠르게 진행되고 있다.

① ㄴ, ㄷ
② ㄷ, ㄹ
③ ㄱ, ㄴ, ㄷ
④ ㄱ, ㄴ, ㄹ
⑤ ㄱ, ㄷ, ㄹ

16 다음 중 인터넷 주소창에 사용하는 'http'의 의미로 옳은 것은?

① 인터넷 포털 서비스
② 종합 디지털 서비스망
③ 인터넷 사용 경로 규제
④ 인터넷 데이터 통신 규약
⑤ 인터넷 포털 경로 규약

17 다음 중 가중평균자본비용(WACC)에 대한 내용으로 옳지 않은 것을 〈보기〉에서 모두 고르면?

보기

ㄱ. WACC는 타인자본비용과 자기자본비용을 각각의 자금조달 방법의 비율에 따라 가중평균한 비용을 뜻한다.
ㄴ. 부채 비율이 증가하면 가중평균자본비용 또한 항상 증가하게 된다.
ㄷ. A회사의 자기자본이 65억 원(배당수익률 13%), 타인자본이 35억 원(연이율 12%)이고, 법인세율이 20%라고 할 때, A회사의 WACC는 12% 이상이다.
ㄹ. A회사의 우선주, 보통주, 회사채 등의 수익률이 WACC보다 높으면 A회사의 수익창출 능력이 양호한 것으로 볼 수 있다.

① ㄱ, ㄴ
② ㄱ, ㄹ
③ ㄴ, ㄷ
④ ㄴ, ㄹ
⑤ ㄷ, ㄹ

18 다음 중 기업이 임직원에게 자사의 주식을 일정 수량, 일정 가격으로 매수할 수 있는 권리를 부여하는 개념으로 옳은 것은?

① 스캘핑(Scalping)
② 풋옵션(Put Option)
③ 콜옵션(Call Option)
④ 스톡옵션(Stock Option)
⑤ 아웃옵션(Out Option)

19 다음 중 정보통신에 대한 설명으로 옳지 않은 것을 〈보기〉에서 모두 고르면?

> 보기
>
> ㄱ. 광통신은 신호가 변형될 우려가 없으며, 별도의 전환 과정도 필요하지 않다.
> ㄴ. 머드(MUD)는 컴퓨터 통신상에서 사용자들이 함께 사용하는 게임, 프로그램을 뜻한다.
> ㄷ. 컴퓨터에 주변장치를 연결하기 위한 접선 규격 중 하나인 'USB'의 'S'는 'Security'의 약자이다.
> ㄹ. 퀀텀점프는 양자 컴퓨터 시스템에서 사용되는 최소 정보 단위로서, 두 개의 상태를 가진 양자계(System)을 뜻한다.

① ㄱ, ㄹ
② ㄴ, ㄷ
③ ㄱ, ㄴ, ㄷ
④ ㄱ, ㄴ, ㄹ
⑤ ㄱ, ㄷ, ㄹ

20 다음 중 경제 용어에 대한 설명으로 옳지 않은 것을 〈보기〉에서 모두 고르면?

> 보기
>
> ㄱ. '클린빌'은 담보가 확실해 은행에서 매입할 가능성이 높은 외국환을 뜻한다.
> ㄴ. '눔프족(族)'은 젊었을 때 극단적으로 절약한 후 노후자금을 빨리 모아 일찍 퇴직하려는 사람들을 뜻한다.
> ㄷ. '모노컬처 경제'는 정부에서 경기를 부양하려고 어떠한 정책을 내놓아도 경제 주체들의 반응이 거의 없는 경제 상황을 뜻한다.
> ㄹ. '자원의 저주'는 자연 자원이 풍부한 국가일수록 경제성장이 둔해지고 1인당 국민소득이 낮아지는 현상을 뜻한다.
> ㅁ. '달러쇼크'는 1970년대 미국 경제의 재건과 달러 가치의 회복을 위해 닉슨 대통령이 발표한 신경제 정책에 대해 각국이 받은 충격을 뜻한다.

① ㄱ, ㅁ
② ㄴ, ㄹ
③ ㄷ, ㅁ
④ ㄱ, ㄴ, ㄷ
⑤ ㄴ, ㄷ, ㄹ

21 우리나라의 대통령과 국회의원, 지방자치단체장 선거의 출마 하한 연령을 모두 더한 숫자로 옳은 것은?

① 76
② 80
③ 84
④ 88
⑤ 92

22 다음 중 MZ세대를 중심으로 자리 잡은 일상에 활력을 불어넣는 규칙적인 습관을 뜻하는 개념으로 옳은 것은?

① FIVVE
② 소셜 버블
③ 미라클 모닝
④ 리추얼 라이프
⑤ 에코 라이프

23 다음 중 일과 가정의 조화를 위해 근무하는 시간과 장소를 탄력적으로 조정하여 일하는 근로자를 뜻하는 개념으로 옳은 것은?

① 골드칼라
② 블랙칼라
③ 퍼플칼라
④ 그레이칼라
⑤ 화이트칼라

24 다음 중 강한 경쟁자로 인해 조직 전체가 발전하는 것을 뜻하는 용어로 옳은 것은?

① 승수 효과
② 샤워 효과
③ 메기 효과
④ 메디치 효과
⑤ 이케아 효과

25 다음 채식주의자 중 가장 유연한 태도를 보이는 낮은 단계의 사람들을 일컫는 말로 옳은 것은?

① 에코테리언
② 폴로테리언
③ 프루테리언
④ 플렉시테리언
⑤ 베지테리언

26 다음 중 상황을 조작해 타인의 마음에 스스로에 대한 의심을 갖게 해 현실감과 판단력을 잃게 만드는 것을 뜻하는 용어로 옳은 것은?

① 원 라이팅
② 가스라이팅
③ 언더라이팅
④ 브레인 라이팅
⑤ 워터라이팅

27 다음 중 일제강점기의 독립운동가로 신민회의 창립자 중 한 사람이자 신흥무관학교를 설립한 인물은?

① 윤세주
② 신규식
③ 이동녕
④ 이회영
⑤ 한유천

28 다음 중 특허가 만료된 바이오 의약품의 복제약을 지칭하는 용어로 옳은 것은?

① 바이오베터
② 바이오트론
③ 바이오시밀러
④ 바이오매스
⑤ 바이오밀러

29 **다음은 새로운 소비 세대에 대한 기사이다. 빈칸에 공통으로 들어갈 용어로 옳은 것은?**

> '디지털 원주민'을 넘어 '인공지능 원주민(AI Native)'인 ________의 등장 이후 새로운 시장에 대한 연구는 양적 · 질적으로 급성장하고 있다. ________는 Z 세대의 다음 세대이자 2010년 이후에 태어난 세대이다. 또한 이들은 1980년대 초반 ~ 2000년대 초반 출생한 밀레니얼 세대의 자녀 세대이기도 하다.
> 이전에는 겪어보지 못한 완전히 다른 세상을 사는 디지털 · 모바일 호모 사피엔스의 진정한 시작, ________가 새로운 트렌드를 써내려가기 시작했다. ________는 저출산의 흐름 속에 태어났고 아직 미성년자이기 때문에 시장에서 큰 관심을 끌지 못했지만, 이들은 부모, 친가 · 외가 조부모, 삼촌, 외삼촌, 이모, 고모라는 '10포켓'을 차고 있다. 특히 이들의 부모는 자녀에 대한 지출을 아끼지 않기 때문에 실제로는 교육 등 이들을 둘러싼 시장의 숨은 주역이다.

① 알파 세대
② 림보 세대
③ 미어캣 세대
④ 에코붐 세대
⑤ MZ 세대

PART 3

30 **다음 밑줄 친 '이 농서'가 처음 편찬된 시기의 문화에 대한 설명으로 옳지 않은 것은?**

> 『농상집요』는 중국 화북 지방의 농사 경험을 정리한 것으로서 기후와 토질이 다른 조선에는 도움이 될 수 없었다. 이에 농사 경험이 풍부한 각 도의 농민들에게 물어서 조선의 실정에 맞는 농법을 소개한 <u>이 농서</u>가 편찬되었다.

① 『석보상절』, 『월인천강지곡』 등의 서적을 편찬하였다.
② 수시력과 회회력을 참고하여 한양을 기준으로 새로운 역법(曆法)을 만들었다.
③ 성현이 당시의 음악을 집대성하여 『악학궤범』을 편찬하였다.
④ 측우기를 한양과 각 도의 군현에 설치하였다.
⑤ 다양한 종류의 금속활자가 주조되었다.

계속 갈망하라. 언제나 우직하게.

– 스티브 잡스 –

PART 4

국가정보원 논술 핵심 가이드

PART

4 국가정보원 논술 핵심 가이드

01 개요

논술 시험은 객관식 시험과 같이 명확한 '정답'이 정해져있는 시험은 아니다. 논술 시험은 얼마나 논리적이고, 설득력 있게 주어진 주제에 대해 자신의 의견을 피력할 수 있는지가 중요하다. 따라서 논술 시험을 위해서는 기초 논리학에 대해서도 숙달되어 있어야 하고, 이러한 기초 논리학의 베이스 위에 다양한 주제에 대한 기본적 상식을 보유하고 있어야 하며 평소 신문의 논설 혹은 사설을 많이 읽으면서 논리적인 글쓰기 및 자신만의 생각을 정리해 두는 연습도 필요하다.
국가정보원 논술의 경우 2019년까지는 논술 주제가 한국사로 한정되어 있었다. 그러나 2020년부터는 북한정보, 안보조사, 대테러·방첩, 해외정보 분야에서는 일반논술을 볼 수 있도록 변경되어 주제를 한정짓지 않고, 다양한 분야에서 문제가 출제되고 있다. 국가정보원 논술 시험의 경향이 이처럼 변경되면서 주제가 한국사로 한정되었을 때보다는 문제의 깊이는 얕아질 것이다. 따라서 이제는 한국사를 비롯하여 다양한 방면에 관심을 갖고 신문 기사나 사설을 통해 특정 주제에 관해 자신의 의견을 1,500자로 정리해 보는 연습이 필요하다.

02 논술 핵심 가이드

(1) 논술 답안 작성의 기본

명확한 주장과 논점 제시	• 논술문에는 명확한 주장이 담겨 있어야 한다. • 논술 시험의 목적은 문제와 자료에 대한 자신의 주장을 시험관에게 전달하는 것이다. 시험관은 글에서 드러나는 수험생의 주장과 가치관, 분석능력을 평가한다. → 따라서 답안에는 문제에 대한 분석과 주장이 뚜렷하게 드러나야 한다. • 또한 주장의 타당성을 뒷받침할 부연 내용이 필요하다. → 중심 주제에서 벗어난 내용은 감점 요인이 될 수 있다.
논리적 절차에 따라 작성	• 논술문은 논리적 구조를 갖춰야 한다. → 논술문의 구조는 서론 · 본론 · 결론의 체계를 갖추어야 한다. • 자신의 주장을 논리적 순서에 맞게 제시한다. • 본론의 각 주장은 글의 논리 구조 안에서 연결되어야 하며, 답안의 핵심 주제와 부합해야 한다. → 중심 생각을 끊어서 정리하되, 이를 논리적으로 연결해 보는 연습이 필요하다. • 구체적이고 객관적인 근거와 예시는 타당성을 높일 수 있다.
간결하고 정확한 언어	• 쉬운 어휘와 길지 않은 문장을 사용하는 것이 좋다. → 문장의 길이는 30자 안팎으로 하는 것이 가장 좋다. • 주제에서 벗어난 내용은 삭제한다. • 반복되는 단어, 문장은 삭제하거나 변형하여 작성한다.

(2) 논술 작성 과정

국정원 논술의 특징	• 국가정보원 논술은 일반적으로 1,500자 분량의 글을 요구한다. 이는 약 A4 한 장에서 조금 모자란 정도로, 평소에 국가정보원 논술의 특징에 맞는 글을 써보는 연습이 필요하다. • 국가정보원은 2014년 이전에는 일반논술, 2014 ~ 2019년도에는 한국사논술을 실시하였으며 2020년 이후로는 다시 일반논술을 실시하고 있다(어학 · 정보통신 분야는 전공논술 실시). • 국가정보원 논술의 특징 – 한국사논술 : 근현대사 위주로, 역사적 사건과 현대의 쟁점을 연계하여 출제. 사건의 현대적 의의, 현재와 과거를 비교하는 유형으로 출제 – 일반논술 : 국가관, 사회 · 문화관, 사회 문제 등에 관한 주제들이 출제. 윤리, 법, 정치, 북한 관련 안보 주제 등 다양한 분야에서 출제
답안 작성 방식	자신의 주장을 적절하게 표현하기 위해서는 문제에서 원하는 내용에 맞는 답안 작성 방식을 선택하는 것이 중요하다. • 논쟁형 : 시험에서 가장 많이 사용하는 방법으로 가장 기본이 되는 작성 방식이다. 주제에 대해 찬성 / 반대 / 제3의 견해를 제시해야 하는 문제 유형에 적합하다. – 찬반형 : 서로 다른 두 의견이 제시된 상태에서 어느 한쪽의 입장을 택하고 반대 의견을 반박해야 할 경우에 적용되는 유형이다. 찬반형의 논술문은 특정 견해를 제시하고 이를 비판하는 경우와 반대되는 두 견해를 주고 어느 한쪽을 택하여 논하는 경우가 있다. – 제3견해형 : 서로 대립되는 견해를 제시하고 이를 절충할 수 있는 종합적인 견해를 요구하는 문제에 적용되는 유형이다. 대립되는 의견은 둘 이상이 될 수 있다. 이 유형에서는 문제에 대한 해결책을 설득력 있게 서술하는 것이 필요하다. • 과제 해결형 : 특정한 문제 상황을 제시하고 원인 또는 해결 방안을 찾아야 하는 유형에 적합하다. – 원인 규명형 : 특정한 문제 상황을 제시해 주고, 그 원인이나 문제점 자체를 분석하도록 하는 문제 유형이다. 응용하여 해결법까지 요구하는 유형에 적용 가능하다. 통계, 연구 자료 등 구체적인 근거를 제시하면 주장의 설득력을 높이기 좋다. – 결과 분석형 : 특정한 문제 상황을 제시하고, 다음에 나타나게 될 현상이나 영향을 예측하는 문제에 적합하다.

	– 목표 지향형 : 개인이나 사회가 지향해야 할 방향이나 목표를 제시해 주고, 이를 달성하기 위해 구체적인 방안을 논하도록 요구하는 문제에 적용할 수 있는 유형이다. 원인 규명형은 현재 문제 상황에 처한 것을 전제로 하지만 목표 지향형은 그러한 전제 없이 제시된 목표를 달성하기 위한 방법을 찾는다는 차이점이 있다. 답안을 작성할 때 어느 한쪽에 치우침 없이 작성해야 한다. • 논증・설명형 : 어떤 주장이나 개념을 제시해 주고 이를 증명하거나 설명하는 문제에 적절하다. – 단순 논증형 : 특정 규범이나 가치에 대해 논하는 유형에 적용 가능하다. 규범이나 가치는 문제에서 줄 수도 있지만 자료만으로 제시될 수 있다. 심화하여 규범에 대한 내용과 그 근거까지 제시하는 문제에도 적용 가능하다. – 단순 설명형 : 어떤 개념의 의미나 의의를 구체적으로 설명할 것을 요구하는 문제에 적합하다. 주어진 자료를 정확하고 적절하게 분석하고 설명하는 것이 중요하다. 이 유형은 수험생의 견해까지도 밝히는 유형으로 변형하여 적용 가능하다. – 비교・대조형 : 둘 혹은 그 이상의 대상들을 여러 각도에서 비교・대조하거나 하나의 대상을 여러 관점에서 비교・대조하는 유형이다. 이 유형에서는 단순히 그 특징을 비교・대조하는 데 그치지 않고 극복・해결 방안이나 이상적인 상태에 관해서도 논할 수 있어야 한다. 따라서 관점을 제대로 설정하는 것이 중요하다. 대상의 개념을 명확히 정의하는 것은 관점 설정에 도움이 된다. – 비판형 : 주어진 상황에 대하여 특정한 조건이나 준거에 견주어 비판하는 유형으로, 조건이나 준거는 수험생이 주어진 자료를 통해 찾아 정해야 한다. 비판의 근거는 합리적이며 타당해야 한다. – 이상 제시형 : 바람직한 문제 해결법 또는 더 나은 사회의 모습 등은 무엇인가 논하는 문제에 적용 가능하다. 이를 응용하여 문제 해결을 위한 바람직한 역할과 태도를 논할 수 있다. 이상을 제시할 때는 이상적인 방향이나 상태가 현실과 너무 동떨어지지 않게 제시해야 한다.

(3) 주제별 논술 학습법

국가 관련 주제	• 수험생의 국가관과 사회관을 평가할 수 있는 주제는 자주 출제된다. • 평등과 사회에 대한 응시자의 견해를 요구한다. → 국가・사회의 역할, 권력 등과 관련한 문제로 출제 가능하다. 예 우리사회가 추구해야 할 평등의 올바른 방향에 대한 견해를 서술하라(2011년 기출문제). • 정의와 사회를 관련지어 출제할 수 있다. 예 자료를 읽고 정의로운 사회 구현을 위한 과제가 무엇일지 설명하라(2012년 기출문제).
북한 관련 주제	• 북한과 관련된 주제는 수험생의 안보관과 민족관을 평가할 수 있어 빈출되는 주제이다. • 분단국가의 문제와 해결 방안, 통일에 대한 문제로 출제 가능하다. 예 남한과 북한의 GDP 그래프를 보고 이러한 현상이 나타나는 이유와 관련된 국제관계를 바탕으로 이런 경제력 격차가 앞으로의 남북관계에 미칠 영향에 대해 논하라(2012년 기출문제). • 심화 주제로 민족주의와 세계화 등을 엮어서 출제 가능하다. 예 보편문화론을 비판하고 자신의 생각을 논하라(2007년 기출문제).
현안 쟁점과 관련된 주제 출제	• 국가정보원의 한국사 논술에서는 역사적 사건과 현재의 쟁점을 연결한 주제들이 출제되었다. 일반 논술 에서도 제시문과 현안을 연결하여 출제할 수 있다. → 수험생들은 시사 현안에도 관심을 갖고 관련 내용을 접해 두는 것이 좋다. 예 「지부복궐척화의소」가 현재에 주는 의미를 주어진 글의 관점에서 논하여라(2016년 기출문제).

(4) 2014년 이전 국가정보원 논술 기출문제

- (2013년) 자유민주주의의 의미 및 자유민주주의가 대한민국의 정치 제도와 사상의 자유에 어떻게 관련되어 있는지 서술하고 현재의 안보환경에서 자유민주주의의 약점을 보완하는 방안을 논하시오.
- (2012년) 정의로운 사회의 구현을 위한 정부의 과제는 무엇일지 대해 자신의 견해를 논하시오.
- (2012년) 1990년대의 남북간 경제 격차를 참고하여 이런 차이가 벌어진 이유는 무엇이며 이러한 격차가 세계정세와 남북관계에 미칠 영향에 대해 서술하시오.
- (2011년) 우리사회가 추구해야 할 평등의 올바른 방향에 대한 견해를 서술하시오.
- (2011년) 북한 사회의 민주화 가능성에 대한 본인의 견해를 서술하시오.
- (2011년) 우리나라의 민주화 과정을 설명하고 정치 엘리트(정치, 언론, 지식인)들이 나아가야 할 방향에 대해 자신의 견해를 서술하시오.
- (2010년) 국가에 대한 두 견해를 참고하여 자신의 견해를 서술하시오.

(5) 답안 작성 연습

① 다음 글을 읽고 자유민주주의의 의미 및 자유민주주의가 대한민국의 정치 제도와 사상의 자유에 어떻게 관련되어 있는지 서술하고 현재의 안보환경에서 자유민주주의의 약점을 보완하는 방안을 논하시오(1,500자).

(가) 최근 교육과학기술부는 한국현대사학회 같은 단체들의 건의를 받아들여, 앞으로 역사교과서에서 '민주주의'라는 말을 '자유민주주의'라는 말로 대체하도록 했다. 한마디로 소가 웃을 일이다. 대한민국이 자유민주주의인가? 결론부터 말하면 대한민국은 자유민주주의 국가가 아니다. 대한민국에 진정한 자유가 있는지 하나하나 짚어보기에 앞서 가장 중요한 사상의 자유부터 살펴보자. 대한민국에 사상의 자유가 있는가? 결론부터 말하면 대한민국에는 사상의 자유가 없다. 대한민국 국민은 자본주의 사상만 가져야 한다. 대한민국 국민은 공산주의 사상이나 사회주의 사상을 가질 수가 없다. 사상의 자유가 없는 나라를 '자유민주주의' 국가로 부르는 것은 말도 안 되는 거짓말이다.

(나) 자유민주주의는 사상의 자유를 기반으로 하는 것은 자명한 일이다. 우리나라는 스스로 자유민주의 국가를 자처하나 실상 공산주의 또는 북한을 옹호하는 것은 「국가보안법」으로 금지되어 있다. 우리나라가 진정한 자유민주주의 국가로 거듭나기 위해서는 사상의 자유를 옥죄는 「국가보안법」을 폐지해야 한다.

(다) 공산주의 세력에게 자유민주체제가 어느 정도 관용을 베풀 것인가는 각국에서 자유민주체제가 처한 환경에 따라 달라진다. 의미 있는 위협이 없는 환경에서는 보다 폭넓게 관용되는 것이고, 위협이 심각한 국가에서는 보다 협소하게 관용되는 것이다. 한국의 자유민주체제는 내외로부터 전복위협이 심각한 환경에 처해있다. 따라서 한국에서는 공산주의에 대한 관용의 폭이 매우 협소할 수밖에 없다. 따라서 「국가보안법」의 존재는 당연히 필요한 것이다. 파시즘, 북한 위협이 있는 상황에서 다른 사상을 허용하지 않는 독단적 사상까지 허용하는 것은 자기 파괴적인 행위이다.

[제시문 분석]
(가)와 (나)는 사상의 자유가 제한하는 대한민국은 진정한 자유민주주의 국가가 아니라는 입장이고, (다)는 상황에 따라 허용할 수 있는 사상의 자유의 폭은 다르므로 「국가보안법」을 유지해야 한다는 입장이다.

[배경 지식]
- 자유민주주의
  자유민주주의는 자유주의와 민주주의가 결합된 정치 체제이다. 개인의 인권을 존중하며 정치적 자유를 허용하고 시민의 자유로운 선택으로 정치권력을 구성한다. 경제적으로는 시장경제를 존중하는 자본주의 사상과 동반하여 발전해 왔다. 자유주의는 개인주의를 바탕으로 하였고 자유주의 헌법은 법 앞의 평등뿐만 아니라 개인의 다양한 시민적 자유권과 자유주의 사상 및 경제적 자유권을 중심으로 하였다.
- 공산주의
  사유재산 제도를 인정하지 않고, 생산수단과 생산물을 공동으로 소유하며 평등한 소비를 목적으로 하는 사상이다. 일반적으로는 마르크스・레닌주의 사상을 말한다. 사회주의와 비슷하거나 같은 개념으로 인식되기도 하나, 공산주의는 생산의 사회화뿐만 아니라 분배에 있어서도 평등을 요구하는 '공동생산, 공동분배'를 원칙으로 사유재산 제도를 전면으로 부정하고 공유재산 제도를 실현하여 빈부 격차 타파를 목표로 한다.
- 「국가보안법」
  국헌을 위배하여 정부를 참칭하거나 국가를 변란할 목적으로 단체를 구성하는 등 국가안보를 위태롭게 하는 각종의 행위를 처벌하기 위해 1948년 12월 1일 제정된 대한민국의 법률이다. 반국가활동 또는 범죄행위를 목적으로 하는 집단을 처벌하고 그 방조범 또한 처벌하는 내용을 담고 있다.

[답안 작성 요령]
- 자유는 인간의 가장 기본적인 권리이며, 평등은 사회 속에서 인간으로서 받아야 할 동등한 대우를 받는 것이다.
- 사회 구성원들에게 최대한의 자유가 보장되어야 하나 국가 체제 유지를 위해서 사상의 자유에는 제한이 필요하다.
- 기본권 간의 균형이 유지되어야 한다.
  - 구성원 전체의 의식화
  - 법률, 사회・제도적 장치의 보완과 정착 노력

② 다음 자료를 읽고 우리사회가 추구해야 할 평등의 올바른 방향에 대한 견해를 서술하시오(1,500자).

(가) 성적 차이와 나이 차이를 제외하고 인간은 모두 같게 대해야 한다. 같은 태양, 같은 공기에 만족하며 사는 사람에게 제공되는 식사의 질과 양이 같을 수 없는 이유가 무엇인가? 사람이라면 누구에게나 같은 교육, 같은 질과 양의 식사가 제공되어야 한다.

(나) 기회균등의 원칙 – 경쟁을 하기 위한 출발선이 같아야 한다. 애초에 출발선이 다르면 그 경기는 공정하다고 볼 수 없다. 모든 이는 재능을 개발하고 교육을 받을 기회, 업적을 이룰 기회를 균등하게 가질 수 있어야 하며 같은 업적은 같은 보상을 받아야 한다. 사회 제도에 대한 접근 가능성에 있어서 부당한 차별을 두어서는 안 된다. 즉 혈통, 종교적 배경, 종족, 가문과 같은 객관적 조건에 관계없이 개인의 주관적 능력에 따라 기회가 동등하게 주어져야 하는 것이다.

(다) 차등의 원칙 – 천부적인 재능을 타고난 사람은 우연한 차이로 행운을 타고난 수혜자이다. 이렇게 태어나면서 혜택을 받은 사람들은 단지 재능이 많다는 이유만으로 이득을 얻어서는 안 되며 훈련하고 교육하는 데 들어간 비용만 보상받고, 남은 돈은 자신의 재능을 이용해 그러한 행운을 얻지 못한 사람들을 돕는 데 사용해야 한다. 애초에 뛰어난 능력을 타고날 자격이 있거나 사회에서 다른 사람보다 유리한 출발선에 설 자격이 있는 사람은 없다. 그러나 재능이 제거되어야 한다는 것은 아니다.

(라) 평등이란 모두에게 똑같은 음식물을 똑같은 양으로 나누어주는 것이 아니다. 휠체어를 탄 장애인과 일반인이 똑같이 경쟁할 수 있을 리 없고 같은 것이 필요할 리 없다. 더 많은 영양섭취가 필요한 임산부에게는 더 많은 음식물이 주어지는 그러한 평등이야말로 올바른 평등인 것이다.

[배경 지식]

• J.롤스의 정의론

롤스는 정의의 개념을 사회 구성원 간 이익의 충돌과 갈등을 제도적 원리를 통해 해결하는 절차를 확립하는 것으로 정리하고 있다. 롤스가 제시한 정의의 원칙은 다음과 같다.

– 제1원칙 : 모든 사람들의 최대한의 자유(평등한 자유의 원칙) 보장
– 제2원칙 : 모든 사람들에게 평등한 기회가 주어져야 한다는 것(기회균등의 원칙), 최소 수혜자에게 최대한의 이익이 돌아가도록 해야 한다는 것(차등의 원칙)
– 제2원칙보다 제1원칙이, 차등의 원칙보다 기회균등의 원칙이 우선 적용

• 아리스토텔레스의 정의

아리스토텔레스에 따르면 정의는 보편적 정의와 특수한 정의로 나눌 수 있다. 특수한 정의는 다시 시정적 정의와 분배적(기하학적) 정의로 나눌 수 있다.

– 보편적 정의 : 개인 권리의 상호적 존중을 규정하고 개인이 단체의 일원으로서 단체에 대하여 의무를 다하는 것. 이는 법과 연결되어 있다.
– 시정적 정의 : 인간은 인간으로서 동일한 가치를 가지고 있는 것이기 때문에 평등하게 다루어져야 한다. 만약 다른 사람을 해쳤다면 그만큼 보상해 주어야 정의롭고, 다른 사람에게 이익을 준 경우 그만큼 받아야 정의로운 것으로 본다.
– 분배적 정의 : 시민들 사이에 분배되는 권력, 명예, 재화와 관련된 것으로 분배는 각자의 가치에 따라 지위, 명예, 재화를 분배받는 것을 의미한다. 분배적 정의는 인간의 가치에 비례하는 평등을 의미한다.

[답안 작성 요령]
• 사회 제도의 방향
 – 인간은 사회 안에서 자신의 욕구를 충족
  → 이를 위해 권력이나 부의 공평한 분배가 필요하므로 사회 제도는 정의를 지향해야 함
 – 사회 제도의 운영 과정에서도 공정함은 필요
• 분배 정의의 필요성
 – 인간의 존엄성과 평등에 대한 논의는 사회의 중요한 문제
 – 형식적 평등만으로는 실질적 평등이 실현되기 어렵고, 실질적 평등을 실현하기 위해서는 분배 정의를 세우는 일이 중요
 – 불평등과 불공정의 문제로 소득격차가 발생 사회 갈등과 분열을 조장할 수 있음

③ 제시된 자료를 참고하여 국가의 필요성과 (나) 글과 같은 주장의 긍정적 측면과 부정적 측면에 대해 논하시오 (1,500자).

(가) 내가 생각하기로는 국가가 생기는 것은 우리 각자가 자족하지 못하고 여러 가지 것이 필요하게 되기 때문일세. 한 사람이 한 가지 필요 때문에 다른 사람을 맞아들이고 또 다른 필요 때문에 또 다른 사람을 맞아들이는 식으로 하는데, 사람들에게는 많은 것이 필요하니까, 많은 사람이 동반자 및 협력자들로서 한 거주지에 모이게 되었고, 이 공동 생활체를 우리는 국가라고 부르지.

– 플라톤, 『국가』

(나) 자연은 인간에게 언어의 능력을 부여하였다. 인간은 언어를 통해 무엇이 유리하고 무엇이 불리한지, 또 무엇이 올바르고 무엇이 올바르지 않은지를 표현할 수 있다. 다른 동물과 비교해 볼 때, 인간만이 선과 악, 정의와 불의와 같은 성질들을 파악할 수 있는 능력을 지닌다. 인간은 이러한 공통된 능력을 통해 가족이나 국가를 형성하게 된다. 개인이나 가족이 시간상으로 국가에 선행한다 할지라도, 논리적으로 볼 때 전체가 부분에 선행하듯이 국가는 본성상 가족이나 개인에 선행한다. 만약, 온몸이 파괴된다면 팔이나 다리는 더 이상 존재할 수 없다. 국가가 전체라면 개인은 부분에 해당되는 것이다. 고립된 개인은 스스로 자족적일 수 없으므로 국가에 의존하지 않으면 안 된다. 국가 안에 살 수 없는 존재는 짐승이거나 신(神)일 뿐이다. 국가는 개인의 경제적, 물질적 필요와 같은 생존의 차원뿐만 아니라 개인의 자아실현과 같은 좋은 삶의 차원을 충족시킬 때 자족적이라 할 수 있다. 사물의 본성이 그 사물의 최후 형태 또는 궁극 목적의 실현을 의미하듯, 자족적인 국가는 자연적으로 존재하는 결사체의 최후 형태이자, 그 궁극 목적의 실현을 목표로 하는 최선의 단계이다. 그러므로 국가는 가족이나 마을 과 같은 결사체처럼 자연의 산물들 중 하나이며 인간은 본성상 국가에 살도록 되어 있는 동물이라는 점이 명백하다.

– 아리스토텔레스, 『정치학』

[제시문 분석]

(가) 자료는 개인은 혼자서는 삶에서 필요한 것들을 채울 수 없으므로 다른 사람들을 동반자로 인정하고 국가를 형성한다고 보고 있다.

(나) 자료는 개인보다 국가가 우선함을 주장한다. 긍정적 측면은 인간의 삶에서 공동체의 중요성을 강조함으로써 시민 정신과 협동의 중요성을 다시 생각해 보게 한다는 점이며 부정적 측면은 사적 영역을 배제하고 국가 공동체에 충성하는 것만을 최고의 가치로 여긴다는 점이다.

[배경 지식]

• 사회 계약론

자연 상태에서 인간의 천부적 권리를 보호하기 위하여 국가를 구성하는 계약을 맺어 개인의 권리와 자유를 보호하였다는 이론이다. 대표적 사상가로는 홉스, 로크, 루소 등이 있다.

– 홉스 : 자연 상태는 '만인 대 만인의 투쟁 상태'이므로 이러한 자연 상태에서 개인의 권리를 보호하기 위해 국가를 구성한다. 이때 사람들은 자신의 모든 권리를 절대 군주에게 모두 양도하였으므로 개인은 군주에게 복종해야 한다.

– 로크 : 자연 상태는 자연법이 지배하는 평화로운 상태이다. 자연 상태에서 권리를 침해당하는 것을 방지하기 위해 국가를 구성하고 국가는 개인들의 권리를 보호한다. 따라서 국가가 개인들의 권리를 침해한다면 개인들은 국가에 저항할 수 있다.

– 루소 : 자연 상태는 개인들이 평등하며 자유로운 상태이다. 개인의 권리는 양도할 수 없다. 국가를 구성하는 계약은 개인의 자유의지에 의한 것으로, 개인들이 국가에 복종하는 것은 국가가 개인들을 대변하는 존재이기 때문이다. 루소의 사상은 프랑스 혁명의 바탕이 되었다.

• 국가의 기능

일반적으로 정치의 기능은 사회 내부의 저마다 다른 이해(利害)를 조정하고, 사회의 질서와 안정을 유지해 나가는 점에 있는데, 이러한 기능 달성을 위해서는 사회의 조직화가 필요하다. 국가는 정치 기능을 수행하기 위해 만들어진 사회 조직이다. 사회의 구성원은 국가라는 조직에서 볼 때는 국민 또는 공민(公民)이다. 사회에서 개인과 집단 상호간의 분쟁이 공통의 규범에 의해 해결되고, 필요한 경우에 상호의 협력을 충분히 기대할 수 있는 상태를 질서 있는 상태라고 한다면, 국가의 기능은 무엇보다도 사회의 질서를 세우고 유지하며 또한 외적(外敵)의 침입에 대하여 그 질서를 방위함에 있다. 국가에는 그를 위해 필요한 권력이 부여되어 있다. 예를 들면 근대 이전의 서구 사회에서는, 교회・영주(領主)・길드와 같은 다양한 개인이나 집단이 각각 사회의 질서를 유지해 나가는 데 필요한 권력을 차지하고 있었다. 그러나 근대 사회에서는 질서를 유지하는 데에 필요한 권력이 국가에 집중되어, 다른 집단이 가지는 권력은 그 집단의 목적에 필요한 한정된 범위에서만 허용되었다. 오늘날의 국가는 질서의 형성과 유지 이외에도 많은 공적(公的)인 문제를 처리할 책임을 지고 있다. 그러나 질서가 유지되지 않는 한 이러한 책임을 완수하는 것은 거의 불가능하므로, 오늘날에도 국가의 기능은 먼저 사회의 질서를 세우고 유지하는 데 있다고 해야 할 것이다.

–『파스칼 세계대백과사전』

[답안 작성 요령]

• 국가의 역할
  - 국민의 보호, 치안 유지는 국가의 가장 기본적인 역할
  - 현대 사회에서는 개인 또는 집단 간의 갈등 중재 · 조정과 대안 제시 등의 역할 또한 요구됨
  - 법 · 규칙 · 규범을 제작하여 사회 질서 유지
  - 공공재의 보급과 각종 복지를 통해 국민들의 삶 보장
• 국가의 효율적 기능 수행
  - 국가에 요구되는 역할은 시대에 따라 차이가 있음
  - 근대 사회에서는 국가에게 국방, 치안 등 최소한의 역할을 요구(작은 정부)
  - 현대 사회에서는 복지, 공익, 경제적 평등 실천 등 인간다운 삶을 위한 국가의 적극적인 개입을 추구
• (나) 글에 담긴 주장 : 국가는 개인보다 우선하는 존재
  - 긍정적 측면 : 시민들의 공동체 의식을 강조
  - 부정적 측면 : 개인보다 국가를 강조하여 사적 영역을 매몰시킬 위험성이 있음

④ 제시된 자료와 같은 변화가 대북관계 및 우리나라의 대외 무역과 국내 산업에 미치는 영향에 대해 서술하시오(1,500자).

(가) 중국 경제전문지 21세기경제보도(21世紀經濟報道)는 10월로 계획된 18기 5차 중앙위원회 전체 회의(5중전회)에서 2016년도 GDP(국내총생산) 성장률 목표치가 6.5%로 결정될 가능성이 매우 크다고 20일 보도했다. 올해는 중국의 12차 5개년 경제 개발 계획(12.5규획)을 마무리하는 한 해로, 이번 5중전회에서는 13차 5개년 경제 개발 계획(13.5규획)에 대한 구체적인 논의가 이뤄질 전망이다. 2016 ~ 2020년을 아우르는 13.5규획은 중국과 시진핑(習近平) 정부에 있어 매우 중요한 시기다. 시진핑 정부의 정책이 본격적으로 집행되는 단계이자, 40여 년에 걸친 중국의 개혁개방이 결실을 보는 시점이기 때문이다. 자본시장 개방, 전면적 소강사회(小康샤오캉, 국민경제 수준이 의식주 해결 단계에서 부유한 단계로 가는 중간 단계) 건설, 경제규모 2010년의 두 배로 확대 등 많은 장기적 국가계획의 완성 시점이 2020년으로 설정돼 있다.

– 기사자료1

(나) 제1조 조선민주주의인민공화국 합영법은 합영을 통하여 세계 여러 나라들과의 경제기술협력과 교류를 확대발전시키는데 이바지한다.

제2조(합영의 당사자)

기관, 기업소, 단체는 투자관리기관의 승인을 받고 다른 나라 법인 또는 개인과 합영기업을 창설할수 있다. 합영기업은 생산부문에 창설하는 것을 기본으로 한다.

제5조(합영기업의 소유권과 독자성, 채무에 대한 책임)

합영기업은 당사자들이 출자한 재산과 재산권에 대한 소유권을 가지며 독자적으로 경영활동을 한다. 합영기업은 경영활동과정에 발생한 채무에 대하여 자기의 등록자본으로 책임진다.

[제시문 분석]

(가) 자료는 중국의 경제 발전의 전망에 대한 신문 기사이고 (나) 자료는 북한의 「합영법」이다. 북한은 경제 위기를 극복하고, 사회주의 국가의 붕괴로 인한 지원 및 교역국 감소 문제의 대안책을 마련하기 위해 부분적인 개방 정책을 추진하였다. 이를 위해 「합작 회사 경영법(합영법)」을 제정하였으며(1984), 나진・선봉 경제 무역 지대 등이 설치되기도 하였다(1991).

[배경 지식]

• 조선 민주주의 인민공화국 「합영법」

북한은 경제 위기를 극복하기 위해 1984년 9월 「합작 회사 경영법」을 제정하였다. 「합영법」의 주요 내용으로는 합작 당사자는 화폐・재산・현물・발명권・기술 등을 출자하며 그 가격은 국제 시장 가격에 준해 평가되고, 외국인의 임금과 출자자의 소득에 대해서는 북한 「소득세법」에 의해 과세되며 소득의 일부를 해외 송금할 수 있다는 것 등이 있다. 북한이 최초로 외국 자본과의 합작을 법제화한 정책으로 북한 개방 정책의 하나로 주목받았다. 하지만 수익성과 투자 여건 등의 이유로 서방 국가의 투자를 유치하는 데 실패하였다. 외국으로부터의 투자는 1989년까지 29건 정도였고, 그마저도 해외 동포의 대북 투자가 대부분이었다. 북한은 외국인 자본 투자를 활성화하기 위해 「합영법」을 보완하였다. 1992년 「합영법 시행규칙」을 개정, 1993년 「외국 투자 기업법」, 「외국인 세금법」, 「(신)합영법」 등을 제정하여 외국 자본 투자 제도의 보완을 꾀했다. 외국 자본에 대한 특혜가 확대되었으나 북한은 여전히 주변국들과 갈등을 겪고 대외 협력에 차질을 빚고 있어 경제적 어려움이 계속되고 있다.

• 북한의 개방 정책

북한은 주체 농법의 실패, 사회주의적 집단 영농 방식에 따른 농업 생산력의 침체 등으로 식량난, 경제난을 겪기 시작했다. 이 위기를 극복하고자 북한은 대외 개방 정책을 추진하였다. 먼저 1991년에 경제특구인 나진・선봉 경제 무역 지대를 설치하고 외국 자본과의 합작 및 투자를 적극 추진하였다. 나진・선봉 경제 무역 지대는 1993년부터 2010년까지 동북아시아의 국제적 화물 중계지와 수출・가공, 관광, 금융 기지로 발전시키기 위해 설정한 자유 경제 무역 지대이다. 특구에는 선진 과학 기술을 도입하였고 외국인은 북한과 협력하여 기업을 운영할 수 있었다. 또한, 외국 자본 지원과 각종 기업 설립, 서비스 참여 등을 허용하였다. 하지만 미국과의 관계 악화와 유엔의 대북 제재 조치로 외국 자본 유치가 저조해지면서 사실상 실패하였다. 북한은 나진・선봉 외에도 신의주, 개성, 금강산 등 경제특구를 확대하려 하였다. 그러나 신의주 행정 특구 설치는 중국과의 갈등으로 성사되지 못하였고, 개성 공업 지구와 금강산 관광 지구만 한국의 단독 자본 투자 방식으로 추진되었다.

[답안 작성 요령]

• 북한과의 관계에 미치는 영향
  - 북한의 개혁・개방을 유도할 수 있음
    → 북한의 개방은 남북 교류를 증가시키고 화해 협력에도 긍정적인 작용을 할 수 있음
  - 장기적으로 중국의 영향력에 대비가 필요
    → 중국의 압력을 이겨낼 수 있는 국력을 위해 통일이 필요
• 우리나라의 대외 무역과 국내 산업에 미치는 영향
  - 세계 최대의 인구를 가진 중국 시장과의 교역 증대를 기대할 수 있음
  - 국산 제품의 가격 경쟁력 상실
    → 제조업 분야 타격
  - 중국 투자가 집중됨
    → 외국인의 국내 투자 감소
  - 장기적으로 중국이 현재 우리가 세계적으로 경쟁력이 있는 분야에서 우리를 추월할 가능성이 있음

⑤ 다음 자료를 참고하여 자신이 1970년대에 있다면 경제와 민주주의 중 어떤 가치를 중시할 것인지 선택하고 그 이유에 대해 서술하시오(1,500자).

(가) “지난 10년간, 우리는 앞을 가로막은 험난한 시련과 난관을 극복하고 비약적인 경제 발전을 이룩하였고, 10년 성장의 과정에서 우리의 민족적 저력에 대한 자신과 긍지를 되찾아 의욕에 넘친 줄기찬 전진을 거듭하고 있습니다. 이번 3차 계획은 바로 10년 개발의 성과와 경험을 보다 큰 약진의 발판으로 삼아, 우리들의 의욕과 자신과 노력을 더욱더 새로이 하여, 우리 나라를 상위 중진국 수준을 넘어 선진국 대열에 육박하게 하려는, ‘완전 민족 자립’의 청사진입니다.”

(나) “경제 발전이 국력 배양에 중요하다는 것을 우리는 잘 안다. 그렇다고 경제력이 곧 국력인 것은 아니다. 그런데 현 정권은 경제력이 곧 국력이라는 좁은 생각을 가지고 모든 것을 희생시켜 가면서 경제 발전에 전력을 쏟아 왔다. …… 국민의 경제력을 키우면서 그 기반 위에 수출 산업을 육성하지 않은 것이 잘못이었다. 농촌 경제의 잿더미 위에 거대한 현대 산업을 세우려고 한 것이 망상이었다. 차관에만 의존한 경제 체제는 처음부터 부패의 요인을 안고 있었다.”

(다) “우리는 모든 면에서 한시바삐 안정을 이룩하고 능률을 극대화하여 번영과 통일의 영광을 차지해야 하겠습니다. 그러기 위해서는 몸에 알맞게 옷을 맞추어서 입는 것과 마찬가지로 우리의 역사와 문화적 전통, 그리고 우리의 현실에 알맞은 국적 있는 민주주의적 정치 제도를 창조적으로 발전시켜서 이것을 신념을 갖고 운영해 나가야 할 것이라고 믿습니다.”

(라) “민주주의는 대한민국의 국시이다. 따라서 대한민국의 정통성은 민주주의에 있다. 그러므로 어떤 구실로도 민주주의가 위축되어서는 안 된다. …… 국민은 복종을 원하지 않고 주체적인 참여를 주장한다. 국민은 정부를 감시하고 비판할 기본권을 포기할 수 없다. 그것은 민주주의를 포기하는 길이기 때문이다.”

[제시문 분석]

(가)와 (다) 자료는 경제 개발 5개년 계획과 관련된 문서로 경제 개발을 우선시하고 있으며, (나)와 (라) 자료는 3·1 민주 구국 선언으로 경제 개발보다 민주주의의 실현이 더 중요하다고 강조하고 있다.

[배경 지식]

• 경제 개발 5개년 계획 경제 개발 계획이 처음 수립된 것은 이승만 정부였으나 4·19 혁명으로 이승만 대통령이 하야하며 실행하지는 못하였다. 장면 내각은 경제 개발 계획을 7개년에서 5개년으로 수정하였다. 그러나 실행은 5·16 군사 정변으로 좌절되었다. 경제 개발 계획의 본격적인 시행은 박정희 정부에 들어 시작되었다. 박정희 정부는 고도성장과 수출 증대를 이뤄내었고 국민의 생활수준은 향상되었다. 경제 개발 5개년 계획으로 우리나라는 아시아 신흥 공업국으로 부상하는 등 성장을 이루었으나 빈부 격차 심화와 정경유착, 미국과 일본에 대한 경제 의존 심화, 외채 증가 등의 문제가 발생했다.
  - 제1차(1962 ~ 1966) : 공업화와 자립 경제 구축을 목표로 하고 수출 산업 육성에 집중하였다. 에너지원과 사회 간접 자본을 확충하였다.
  - 제2차(1967 ~ 1971) : 경공업 중심의 수출 주도형 공업화를 추진하였고, 베트남 특수로 빠른 성장과 수출 증대를 이루었다. 경부고속도로 건설이 시작되었다.
  - 제3차(1972 ~ 1976) : 중화학 공업 중심으로 구조를 전환하였으며, 수출 주도형 성장 정책은 유지되었다. 또한 농촌의 개발을 위해 새마을운동을 병행하였다.
  - 제4차(1977 ~ 1981) : 수출과 건설업의 중동 진출로 제2차 석유 파동을 극복하였다. 수출 100억 달러를 달성했다(1977).

• 3·1 민주 구국 선언

  1976년 3월 1일 재야 정치인들과 가톨릭 신부·개신교 목사·대학 교수 등이 명동성당에서 '민주구국 선언문'을 발표한 사건이다. 선언문은 긴급조치 철폐, 민주인사 석방, 언론·출판·집회 등의 자유 보장, 의회정치 회복, 대통령 직선제 시행, 사법권의 독립, 박정희 정권 퇴진 등을 요구를 내용으로 담고 있다. 발표 이후 검찰은 관련인물 20명을 긴급조치 위반 혐의로 입건하였고, 18명이 기소되어 실형을 선고받았다.

[답안 작성 요령]

• 경제 발전이 더 중요하다고 생각하는 경우
  - 광복 이후 우리 국민들은 기아와 빈곤으로 고통 받았음
  - 민주주의의 발전을 위해서도 이를 받쳐줄 경제 육성이 필요함
  - 민주주의 또한 국민의 윤택한 삶을 위해 필요한 장치이므로 이러한 삶의 보장 없이 민주주의를 우선시 하는 것은 순서가 잘못된 것

• 민주주의가 더 중요하다고 생각하는 경우
  - 민주주의는 대한민국의 정체성
  - 민주주의가 없는 상황에서의 경제 발전은 다수의 국민을 희생시킬 수 있음
  - 1970년대 우리 경제는 크게 발전하였으나 이득은 소수 권력층과 재벌에게 집중되었음
  - 경제 발전만을 우선시하는 것은 우리 사회의 이기주의와 부정부패 인식에 영향을 줌

• 종합

  1970년대에는 경제 성장과 민주주의 발전이라는 두 선택에 대해 견해가 갈렸다. '경제 발전과 근대화를 위해 민주주의 실현을 유보할 수 있다.'와, '민주주의 없이는 국민 경제가 발전할 수 없다.'는 입장이었다. 이 시기에는 두 견해 간의 충돌로 인해 많은 희생을 치러야 했다. 그러나 1980년대 후반부터 경제 성장과 민주주의 발전이라는 두 가지 과제를 함께 실현할 수 있게 되었다.

03 논술 레벨 업 포인트

(1) POINT 1

명확한 정답이 없는 논술 시험이라고 하더라도 논술 시험을 시행하는 기관, 즉 자신이 들어가고자 하는 기관의 성격에 맞는 주장을 펼치는 것이 중요하다. 국가정보원의 경우 국가 내부와 외부의 정보와 관련된 업무를 담당하며 대한민국의 체제와 정체성을 지켜나가는 데 필요한 업무를 하는 곳이다. 따라서 우리나라의 체제인 자유민주주의와 자본주의 경제체제를 긍정적인 시각으로 바라보고, 이를 적극적으로 수호해야 한다는 인식이 필요하며 북한에 의한 우리나라의 분열과 혼란을 막아내야 한다는 의식이 중요하다. 따라서 이와 관련된 주제가 논술 시험에 주어졌을 때는 이러한 인식과 의식 하에서 논지를 정하고 글을 작성해나가야 한다.

(2) POINT 2

신문기사와 신문에 수록된 사설을 꾸준히 읽어가면서 앞서 언급한 국가정보원의 성격에 맞는 논지로 재구성 해보는 연습이 필요하다. 이러한 논설문 형식의 글을 많이 읽어보고, 스스로의 주장을 수립해나가며 논리적으로 글을 쓰는 연습을 충분히 해야 한다. 또한 안보와 국제정세에 대한 이해가 필수적이며 대북정책, 우리를 둘러싼 중국과 일본의 역사 왜곡 문제 등 안보와 국제정세에 대한 주제들로 자신의 생각을 정리하는 글쓰기 연습을 꾸준히 해나가야 한다.

(3) POINT 3

논술 시험을 준비하면서 글쓰기 연습을 할 때는 막연하게 쓰는 것이 아니라 논리적 구성에 맞춰 설득력 있게 쓰는 연습을 해야 한다. 그러기 위해서는 글을 본격적으로 쓰기 전에 먼저 개요를 작성해보는 것이 좋다. 개요를 통해 글의 구조를 먼저 정하고, 논리적 전개 순서를 확립한 후에 그에 따라 글을 작성해야 논리적 모순이 발생하지 않는다. 다양한 주제에 관한 글쓰기 연습을 하면서 먼저 해당 주제의 논제가 무엇인지 파악해야 하고, 파악한 논제에 맞춰 개요를 작성하여 글의 구조를 탄탄하게 만들어놔야 한다. 이렇게 연습해 나간다면 논리적인 글쓰기에도 도움이 될 뿐만 아니라 추후 복습에도 용이하므로, 연습할 때는 반드시 개요를 작성해 보는 것을 추천한다.

04 논술 필수상식

(1) 정치 · 국제 · 법률

분양가상한제	**주택의 분양가격을 산정가 이하로 제한하는 규제** 분양가격을 안정시켜 아파트 가격을 일정 수준 아래로 공급하도록 규제하는 것으로, 감정평가된 토지비용과 정부가 정한 기본형 건축비에 개별 아파트에 따라 추가된 비용인 가산비용을 더해 분양가의 상한선을 결정하여 그 가격 이하로 분양하도록 하는 제도이다. 기존에는 공공주택과 공공택지지구에 한하여 분양가상한제를 적용하였으나 이를 확대하여 민간택지인 재건축이나 재개발 지역에도 분양가상한제를 적용하여 과도한 분양가격으로 인한 아파트값 상승을 막기 위한 조치를 취하고 있다. 2019년 11월 6일 정부는 서울지역 27개동의 민간택지에 분양가상한제를 적용하는 방안과 조정대상지역을 일부 해제하는 방안을 결정했다.
화이트리스트 (백색국가)	**전략물자 수출 시 통관절차 간소화 혜택을 주는 안보상 우호국가** 일본이 첨단기술과 전자부품 등을 타 국가에 수출할 때 자국의 안보에 문제가 되지 않는다고 판단하여 허가신청을 면제하거나 간소화하는 국가, 즉 '안전보장우호국'을 의미한다. 2019년 7월 4일 일본은 고순도 불화수소(에칭가스), 플루오린 폴리이미드, 포토레지스트 등 3개 품목에 대해 화이트리스트 목록에서 제외해 수출규제에 나섰으며 2019년 8월 2일에는 한국을 '화이트(백색)국가' 목록에서 제외했다. 이에 따라 우리정부 역시 8월 12일 일본을 우리의 백색국가에서 제외하기로 결정했다. • 에칭가스 반도체 제조와 세정 공정에 쓰이는 핵심재료이다. 불량률을 최소화하기 위해 초고순도(99.999%)의 에칭가스가 필요한데 삼성 등 국내 반도체 제작 기업들은 지금까지 일본산 제품을 사용해왔다.
한일군사정보보호협정 (GSOMIA)	**1945년 광복 이후 한일양국이 맺은 첫 군사협정** 2016년 11월에 체결된 것으로, 양국의 1급 비밀을 제외한 정보를 직접 공유한다. 한국은 주로 북 · 중 접경지역 인적 정보를 일본에 공유하고, 일본은 첩보위성이나 이지스함 등에서 확보한 정보자산을 한국에 제공한다. 우리나라는 지소미아를 34개국과 협정을 맺고 있다. 단, 일본과의 세부 내용이 다른데 유효기간 1년에, 90일 전에 협정종료를 서면통보하면 종료된다. 문재인 정부는 한일군사정보보호협정에 긍정적인 입장이었던 것으로 알려졌으나 2019년 7월 일본이 일부 품목에 대해 한국 수출규제를 내리면서 입장이 바뀌었다. 2019년 8월 22일 일본의 수출규제조치에 대한 '맞대응 카드'로 2019년 11월 23일 0시를 기해 한일군사정보보호협정 종료가 발효 예정이었지만, 결국 정부는 지소미아를 언제든 종료할 수 있다는 조건으로 조건부 연장을 발표했다.
민식이법	**어린이 보호구역 교통사고 가해자 처벌에 대한 법안과 어린이 교통안전관련법 개정 내용** 충남의 한 중학교 앞 어린이 보호구역에서 교통사고로 숨진 고(故) 김민식 군의 이름을 딴 법안이다. 2019년 9월 11일, 9살 김민식 군이 사고를 당한 어린이 보호구역에는 단속카메라는커녕 신호등조차 없었다. 이에 따라 발의된 민식이법은 신호등 및 과속단속 카메라 설치 의무화와 사망사고 발생시 3년 이상 징역형으로 가중 처벌하는 내용을 담고 있다.
홍콩 범죄인 인도법	**홍콩과 범죄인 인도조약을 체결하지 않은 국가나 지역에도 용의자를 쉽게 넘겨줄 수 있도록 하는 법** 중국 본토와 대만, 마카오 등 홍콩과 범죄인 인도조약을 체결하지 않은 국가나 지역에도 범죄인을 인도할 수 있도록 하는 내용을 담고 있다. 홍콩은 영국, 미국 등 20개국과 인도조약을 맺었지만 중국, 대만, 마카오와는 이 조약을 체결하지 않았다. 홍콩 시민들은 중국 정부가 부당한 정치적 판단을 바탕으로 홍콩의 반중인사나 인권운동가를 중국 본토로 송환하는 데 해당 법안을 악용할 수 있다는 점을 우려하며 거세게 반발하고 있다. 홍콩 「범죄인 인도법」 저지에 대한 홍콩시위는 2019년 3월 31일부터 시작되어 휴업, 동맹 휴학, 파업, 국제연대 등으로 항의가 이어졌는데 6월에는 100만 명이 넘는 시민들이 참여하는 대규모 시위로 확산됐다. 2019년 9월 16일로 100일째를 맞으며 장기화된 시위는 당초 송환법 폐지 요구에서 중국의 정치적 간섭에서 벗어나려는 민주화 운동으로까지 그 성격이 확대됐다.

연동형 비례대표제	**정당의 득표율에 따라 의석을 배분하는 제도** 총 의석수는 정당득표율로 정해지고, 지역구에서 몇 명이 당선됐느냐에 따라 비례대표 의석수를 조정하는 방식이다. 예컨대 A정당이 10%의 정당득표율을 기록했다면 전체 의석의 10%를 A정당이 가져갈 수 있도록 하는 것이다. 연동형 비례대표제는 지역구 후보에게 1표, 정당에게 1표를 던지는 '1인 2표' 투표방식이지만, 소선거구에서의 당선숫자와 무관하게 전체 의석을 정당득표율에 따라 배분한다. 그리고 정당 득표율로 각 정당들이 의석수를 나눈 뒤 배분된 의석수보다 지역구 당선자가 부족할 경우 이를 비례대표 의석으로 채우게 된다. 연동형 비례대표제는 '혼합형 비례대표'로도 불리는데, 이를 택하고 있는 대표적 국가로는 독일, 뉴질랜드 등이 있다.
윤창호법	**「특정범죄가중처벌 등에 관한 법률(특가법)」 정안 및 「도로교통법」 정안** 음주운전 사고로 숨진 윤창호 씨 사망사건을 계기로 마련된 법안이다. 「특가법」 개정안은 2018년 11월 29일 국회에서 통과돼 그해 12월 18일부터 시행됐으며, 「도로교통법」 개정안은 2018년 12월 7일 국회를 통과해 2019년 6월 25일부터 시행되었다.
패스트트랙	**쟁점 법안의 빠른 본회의 의결을 진행하기 위한 입법시스템** 국회에 발의된 법안처리가 무한정 미뤄지는 것을 막고, 신속하게 처리하기 위한 제도이다. 우리나라의 입법과정은 해당 분야를 담당하는 상임위원회의 의결 → 법제사법위원회의 의결 → 본회의 의결 → 대통령 거부권 행사여부 결정 순으로 진행된다. 본회의 의석수가 많더라도 해당 상임위 혹은 법사위 의결을 진행시킬 수 없어 법을 통과시키지 못하는 경우가 있는데, 이런 경우 소관상임위 혹은 본회의 의석의 60%가 동의하면 '신속처리안건'으로 지정하여 바로 본회의 투표를 진행시킬 수 있다. 하지만 이를 위해 상임위 심의 180일, 법사위 회부 90일, 본회의 부의 60일, 총 330일의 논의기간을 의무적으로 갖게 된다. • 패스트트랙으로 지정된 사례 – 사회적 참사 특별법 – 유치원 3법 – 2019년 패스트트랙 지정 4개 법안
고위공직자범죄 수사처 (공수처)	**공직자의 범죄사실을 수사하는 독립된 기관** 검찰개혁 방안의 하나로, 대통령·국회의원·법관·지방자치단체장·검사 등 고위공직자 및 그 가족의 비리를 수사 및 기소할 수 있는 독립기관이다. 검찰이 독점하고 있는 고위공직자에 대한 수사권, 기소권, 공소유지권을 공수처로 넘겨 검찰의 정치권력화를 막는 데 의의가 있다. 「공수처법」은 여야 4당 합의안 (더불어민주당 백혜련 의원 안)과 바른미래당안(권은희 의원 안) 두 개가 패스트트랙 법안으로 지정됐다. 두 법안은 고위공직자 범죄를 처벌한다는 목표는 같지만 내용은 다른 점이 적지 않다. 가장 큰 차이는 '기소심의위원회' 유무다. 권은희 안은 20세 이상 국민 7～9명으로 구성된 기소심의위를 설치하고 공수처가 기소권을 행사할 때 이를 심의·의결케 했다.
검·경 수사권 조정안	**정부가 내놓은 수사·기소를 분리한 검·경 수사권 조정안** 경찰이 검찰로부터 1차적 수사권을 받는 내용과 그에 대한 검찰의 견제권한을 보장하는 「형사소송법」 개정안이다. 검찰이 수사, 기소, 영장청구 권한을 모두 독점하고 있는 현재의 상황에서 경찰과 수사권한을 나누는 방향으로 조정하는 것이다. 특수사건(공직·경제·선거·안보·위증범죄 등)의 경우를 제외하고 모든 사건은 경찰이 1차적으로 수사를 하며 검찰에 송치하지 않고 종결할 수 있다. 검찰은 자신들에게 사건이 송치된 뒤 사건을 수사할 수 있으나, 경찰단계에서 사건이 불송치된다면 수사할 수 없다. 경찰의 불송치가 불합리적이라면 검찰은 경찰에 보완수사를 요구하거나 해당 경찰의 징계를 요구할 수 있다. 해당 법안은 패스트트랙으로 상정되었고, 관련 법안이 2020년 1월 국회 본회의를 통과하였다.
한미방위비분담 특별협정(SMA)	**한미가 주한미군 주둔비용의 분담을 위해 1991년부터 하고 있는 협정** 한미양국은 1991년 제1차 협정을 시작으로 2019년까지 총 10차례의 협정을 맺어 왔다. 이 협정은 주한미군 주둔비용에 관한 방위비 분담을 위해 체결하고 있는 특별협정에 기본을 두고 있다. 한미양국은 2019년 2월 제10차 협정에서 한국이 부담해야 할 주한미군 주둔비를 1조 389억 원으로 책정한 바 있으며, 이 협정은 2019년 말까지 유효하다.

타운홀미팅 (Town Hall Meeting)	**누구나 참여하여 자유롭게 의견을 주고 받는 회의 방식** 정책결정권자 또는 선거입후보자가 지역 주민들을 초대하여 정책 또는 주요 이슈에 대하여 설명하고 의견을 듣는 비공식적 공개회의로, 미국 참여민주주의의 토대로 평가된다. 식민지 시대 미국 뉴잉글랜드 지역에서 행해졌던 타운미팅(Town Meeting)으로부터 유래되었다. 당시 뉴잉글랜드 지역에서는 주민 전체가 한자리에 모여 토론을 한 후 투표를 통하여 예산안・공무원선출・조례제정 등 지역의 법과 정책, 행정절차에 대한 결정을 내리곤 했다고 한다. 2019년 11월 문재인 대통령은 100분이 넘는 시간동안 타운 홀미팅형식으로 국민과의 대화를 진행했다.
도이머이	**1980년대 베트남의 개혁・개방정책** 베트남어로 '쇄신'이라는 뜻이다. 1986년 베트남 공산당 제6차 대회에서 제기된 슬로건으로 '사회주의 기반의 시장경제 시스템을 달성하자.'는 구호 아래 진행된 개혁을 말한다. 베트남은 1975년 끝난 베트남전에 이어 1979년 발발한 중국과의 국경 전쟁, 사회주의 계획경제의 한계로 돌파구를 찾아나섰고, 이런 쇄신 정책을 추진했다. 도이머이의 기본 토대는 토지를 국가가 소유하고 공산당 지배체제를 유지하는 가운데 시장경제를 도입해 경제발전을 도모하는 것을 말한다. 제2차 북미정상회담이 베트남에서 열린 배경 중 하나로 북한이 이러한 혁신정책을 도입하기 위한 것이라는 분석이 나오면서 다시금 주목을 받고 있다.
홍위병	**중국의 문화대혁명 추진을 위해 모택동이 자신을 따르는 학생들을 모아 조직한 집단** 1966년 5월 장칭 등에 의해 베이징대학과 칭화대학을 중심으로 조직되어 전국 고등학교・대학교・군인으로 확대되었다. 1966년 수백만의 홍위병들이 베이징으로 집결하여 모택동과 함께 8회에 걸쳐 대규모 집회를 가졌으며, 전국적으로 그 수는 1,100만 명에 육박하였다. 1967년 초에 이르러서는 전국에 걸쳐 촌락과 도시, 성 등의 기존 당 체제를 전복하였다. 그러나 1968년 8월 모택동이 "노동자 계급이 모든 것을 지도한다."라고 제기하고 노동자선전대와 빈농선전대를 각급 학교에 파견하면서 홍위병 운동은 쇠퇴하기 시작하였고, 1978년 8월 19일 중국 중앙공산당에 의하여 결국 홍위병 조직은 해산되었다. • 문화대혁명 모택동에 의해 주도된 사회주의에서 계급투쟁을 강조하는 대중운동이었으며, 그 힘을 빌어 중국 공산당 내부의 반대파들을 제거하기 위한 권력투쟁이었다. 모택동은 유소기와 등소평의 새로운 권력이 실세로 떠오르자 권력의 위기를 느꼈고, 부르주아 세력의 타파와 자본주의 타도를 외치면서 홍위병을 조직했다.
잠수함발사 탄도미사일 (SLBM)	**잠수함에서 발사되는 탄도미사일** 잠수함에 탑재되어 잠항하면서 발사되는 미사일 무기로, 대륙간탄도미사일(ICBM), 다탄두미사일(MIRV), 전략 핵폭격기 등과 함께 어느 곳이든 핵탄두 공격을 감행할 능력을 갖췄는지를 판단하는 기준 중 하나다. 잠수함에서 발사할 수 있기 때문에 목표물이 본국보다 해안에서 더 가까울 때에는 잠수함을 해안에 근접시켜 발사할 수 있으며, 조기에 모든 미사일을 탐지하기가 어렵다는 장점이 있다. 최근 북한이 북미실무협상을 앞두고 신형잠수함발사탄도미사일(SLBM) '북극성-3형'을 성공적으로 시험 발사했다.
데이터 3법	**「개인정보보호법」, 「신용정보법」, 「정보통신망법」 개정안을 일컫는 말** 개인정보보호에 대한 법이 소관 부처별로 나뉘어 있어 발생하는 중복규제를 없애고, 4차 산업혁명 도래에 맞춰 개인과 기업이 정보를 활용할 수 있는 폭을 넓히기 위해 마련되었으며 2018년 11월 국회에 발의되었다. 1년 동안 국회에 계류중이었다가 2019년 11월 말 여야지도부가 국회 본회의를 열어 법안을 처리하기로 하였고 2020년 1월 국회 본회의를 통과하였다. • 「개인정보보호법」 주요 개정사항 – 가명정보 이용 시 안전장치 및 통제수단 마련 – 가명정보 개념 도입 및 동의 없이 사용가능한 목적 범위 구체화 – 개인정보 관리・감독 '개인정보보호위원회(개보위)'로 일원화 • 「신용정보법」 주요 개정사항 – 신용정보통합조회(마이데이터) 도입 및 금융분야 규제 정비 – 금융분야 빅데이터 분석・이용 법적 근거 명확화 – 신용주체자의 본인 정보통제 기능 강화 • 「정보통신망법」 주요 개정사항 – 온라인 이용자들의 개인정보 규제・감독권 개보위로 이관

일국양제 (一國兩制)	**「특별자치구 기본법」에 의거한 홍콩 · 마카오에 대한 중국의 통치방식** 한 국가 안에 두 체제가 공존한다는 뜻으로 1980년대 덩샤오핑이 영국으로부터 홍콩을, 포르투갈로부터 마카오를 반환받고자 할 때 제안한 것이다. 반환 이후에도 두 도시의 자유주의 · 자본주의 체제를 보장할 것을 시민들과 상대국에게 보장함으로써 1997년에 홍콩을, 1999년에 마카오를 반환받을 수 있었다. 현재 홍콩과 중국은 중국의 「특별자치구 기본법」에 의거하여 고도의 자치권을 영유할 수 있으며, 독자적인 외교권을 행사할 수 있게 되어 있다.
유치원 3법	**「유아교육법」, 「사립학교법」, 「학교급식법」 개정안** 유치원이 정부지원금을 부정하게 사용하는 것을 막기 위해 마련된 법으로, 대표발의자의 명칭을 따서 '박용진 3법'이라고도 한다. 유치원 3법은 2018년 통과가 유력한 것으로 보였지만, 자유한국당의 반대로 국회 교육위원회 법안심사소위에서의 통과가 연이어 무산되면서 패스트트랙으로 지정되었고, 2020년 1월 국회 본회의를 통과했다.
국가의 3요소	**국민 · 영토 · 주권** 국가가 존립하기 위해서는 국민(사람)과 영토, 주권(정부)이라는 3가지 요소가 있어야 한다. 그중 주권은 국가의 의사를 결정할 수 있는 권력을 말한다.
국민의 4대 의무	**납세의 의무, 국방의 의무, 교육의 의무, 근로의 의무** 대한민국 「헌법」은 국민의 기본적 의무에 대해 납세 · 국방 · 교육 · 근로 · 재산권의 행사 · 환경보전의 의무 6가지 의무로 규정하고 있다. 그중 납세의 의무, 국방의 의무, 교육의 의무, 근로의 의무를 국민의 4대 의무라 한다.
민주선거의 4대 기본 원칙	**보통선거, 평등선거, 직접선거, 비밀선거** • 보통선거 : 만 18세 이상 국민은 성별 · 재산 · 종교 · 교육에 관계없이 선거권을 갖는 제도 ↔ 제한선거 • 평등선거 : 모든 유권자에게 한 표씩 주고, 그 한 표의 가치를 평등하게 인정하는 제도 ↔ 차등선거 • 직접선거 : 선거권자가 대리인을 거치지 않고 자신이 직접 투표 장소에 나가 투표하는 제도 ↔ 대리선거 • 비밀선거 : 누구에게 투표했는지 알 수 없게 하는 제도 ↔ 공개선거
보궐선거	**지역구 국회의원 · 지역구 지방의회의원, 지방자치단체장 및 교육감의 임기개시 후에 사퇴 · 사망 · 피선거권 상실 등으로 신분을 상실하여 궐원 또는 궐위가 발생한 경우에 실시하는 선거** 임기개시 후에 발생한 사유로 인해 실시하는데, 보궐선거의 선거일은 4월과 10월의 마지막 수요일로 법정되어 있다. 임기만료에 의한 지방선거가 있는 때에는 그 임기만료 선거일부터 50일 후 첫 번째 수요일에 실시하고 임기만료에 의한 국회의원 선거 및 대통령 선거가 있는 때에는 선거일에 동시 실시한다. 비례 대표 국회의원, 비례대표 지방의회의원의 궐원 시에는 보궐선거를 실시하지 않고 의석승계를 하게 된다. 대통령이 궐위된 때에는 보궐선거라고 하지 않고 '궐위로 인한 선거'라 하며, 궐위로 인한 선거에서 당선된 대통령의 임기는 전임자의 잔임 기간이 아니라 당선이 결정된 때부터 새로 임기가 개시되어 5년간 재임하게 된다.
게리맨더링 (Gerrymandering)	**집권당에 유리하도록 한 기형적이고 불공평한 선거구 획정** 1812년 미국 매사추세츠주지사 게리가 당시 공화당 후보에게 유리하도록 선거구를 재조정하였는데 그 모양이 마치 그리스 신화에 나오는 샐러맨더와 비슷하다고 한 데서 유래한 말이다. 이는 특정 정당이나 후보자에게 유리하도록 선거구를 인위적으로 획정하는 것을 의미하며, 이를 방지하기 위해 선거구 법정 주의를 채택하고 있다.
대통령의 지위와 권한	**대통령은 한 나라의 원수이자 외국에 대해 국가를 대표하는 자로서, 국가 원수로서의 권한과 행정부 수반으로서의 권한을 가짐** 선출 방식이나 임기는 나라 또는 정부 형태에 따라 다르다. • 국가 원수로서의 권한 : 긴급명령권, 조약체결 · 비준권, 국민투표부의권 등 • 행정부 수반으로서의 권한 : 국군통수권, 법령집행권, 국가 대표 및 외교에 관한 권한 등

스윙보터 (Swing Voter)	**선거 등의 투표행위에서 누구에게 투표할지 결정하지 못한 유권자** 스윙보터들은 지지하는 정당과 정치인이 없기 때문에 그때그때의 정치상황과 이슈에 따라 투표하게 된다. 이들은 선거에서 큰 영향력을 발휘하기 때문에 선거를 앞둔 정치인들은 스윙보터의 표를 얻기 위해 총력을 다한다. • 스윙스테이트(Swing States) 미국에서 정치적 성향이 뚜렷하지 않은 주(States)를 뜻하며 '부동층 주'라고도 불린다. 어느 후보도 우세를 점하지 못하고 있기 때문에 미국 대선의 향방을 좌우하는 중요한 지역이다.
특별검사의 임명 등에 관한 법률	**상설특별검사제도의 도입 근거를 마련한 법률** 대통령 측근이나 고위공직자 등 국민적 관심이 집중된 대형 비리사건에 있어 검찰 수사의 공정성과 신뢰성 논란이 생길 때마다 특별검사제도를 도입·운용했다. 그러나 특별검사제도를 도입하기 위한 근거 법률을 제정하는 과정에서 그 도입 여부 및 특별검사의 수사대상, 추천권자 등을 둘러싼 여야 간의 갈등이 끊이지 않았다. 이를 해결하고자 미리 특별검사제도의 발동경로와 수사대상, 임명절차 등을 법률로 제정해두고 대상 사건이 발생하면 곧바로 특별검사를 임명하여 최대한 공정하고 효율적으로 수사하기 위해 마련한 법률이다. • 주요 내용 – 수사대상 : 국회가 정치적 중립성과 공정성 등을 이유로 특별검사의 수사가 필요하다고 본회의에서 의결한 사건, 법무부 장관이 이해충돌이나 공정성 등을 이유로 특별검사의 수사가 필요하다고 판단한 사건 – 임명 : 대통령이 특별검사 후보 추천위원회에 2명의 특별검사 후보자 추천을 의뢰하고 추천을 받은 날부터 3일 내에 추천된 후보자 중에서 1명을 특별검사로 임명 – 수사기간 : 준비기간이 만료된 날의 다음 날부터 60일 이내에 담당사건에 대한 수사를 완료하고 공소제기 여부 결정, 대통령의 승인을 받아 한 차례만 30일까지 연장 가능
고노 담화	**일본군 위안부 모집에 대해 일본군이 강제 연행했다는 것을 인정하는 내용이 담긴 담화** 1993년 8월 4일 당시 일본의 관방장관 고노 요헤이가 위안부 문제와 관련해 일본군 및 관헌의 관여와 징집·사역에서의 강제를 인정하고 문제의 본질이 중대한 인권 침해였음을 승인하면서 사죄한 것으로, 일본 정부의 공식 입장이다. 아베 총리는 고노 담화를 수정할 필요가 있다고 언급해 논란을 일으키기도 했다. • 무라야마 담화 1995년 당시 일본의 무라야마 총리가 식민지 지배와 침략의 역사를 인정하고 사죄하는 뜻을 공식적으로 표명한 담화이다. 일본이 식민지배에 대해 가장 적극적으로 사죄한 것으로 평가되지만 강제동원 피해자에 대한 배상이나 위안부 문제 등에 대한 언급은 없었다.
조선노동당	**1945년 창당한 북한의 집권당** 1945년 10월 10일 창당하여 북한의 국가·사회·군대를 유일적으로 통제하는 최고의 권력기구이다. 북한 헌법에는 '조선민주주의 인민공화국은 조선노동당의 영도 밑에 모든 활동을 진행한다.'라고 규정하고 있으며 당 중앙위원회는 당의 노선과 정책 또는 전략전술에 관한 긴급한 문제를 토의·결정하기 위해 당 대표자회의를 소집할 수 있도록 되어 있다. 북한은 2016년 5월 36년 만에 개최한 제7차 노동당대회에서 김정은을 '당 위원장'으로 추대하고 당 규약을 개정하였으며 당 중앙지도기관 선거 등을 하였다.
조선민주주의 인민공화국 국무위원회	**북한 국가주권의 최고정책적 지도기관** 2016년 북한의 헌법 개정으로 기존의 국방위원회가 해체되고 이를 대체하여 국정 전반을 관할하는 국무위원회가 신설되었다. 국무위원회는 북한 헌법에 명시되어 있듯이 국가주권의 최고 정책적 지도기관이다. 국무위원회는 위원장, 부위원장, 위원들로 구성하였다가 2019년 4월 헌법을 수정하여 제1부위원장 직책을 신설하였다. 이들은 모두 최고인민회의에서 선출되며 임기는 최고인민회의와 같다.

(2) 경제 · 경영 · 금융

오픈뱅킹	**하나의 금융앱만 있으면 모든 은행 입출금계좌의 조회 · 이체가 가능한 서비스** 은행이 보유한 결제 기능 및 고객 데이터를 오픈 API 방식으로 제3자에게 공개하는 것을 말한다. 출금이체 · 입금이체 · 잔액 · 거래내역 · 계좌실명 · 송금인정보 등 핵심 금융서비스를 표준화해 오픈 API 형태로 제공한다. 오픈뱅킹 제도가 정착되면 핀테크 진입이 제약된, 폐쇄적이었던 기존 금융시장의 진입장벽이 낮아지고 비용부담과 이용자의 불편이 줄어들게 된다. 기존에는 은행별로 앱이나 프로그램을 설치해야 이용할 수 있었던 서비스가 오픈뱅킹 시스템에서는 단 하나의 앱으로 가능해진다.
펠리컨 경제	**국내 대기업과 중소기업이 함께 긴밀하게 협력해 한국의 산업을 발전시키는 경제** 부리 주머니에 머리를 담아 자기 새끼에게 먹이는 펠리컨처럼 국내 대기업과 중소기업이 긴밀한 협력을 통해 한국 산업을 발전시키는 경제를 뜻하는 말로, 한국의 소재 · 부품 · 장비 산업의 자립도를 높이는 것을 의미한다. 정부는 2019년 9월 소재, 부품, 장비 산업에 대한 정부대책을 발표하고 100대 핵심 전략 품목을 1 ~ 5년 내 국내에서 공급하는 방안을 추진한다고 밝혔다. 이와 반대되는 개념으로는 가마우지 경제가 있다. • 가마우지 경제 중국, 일본 일부 지방의 낚시꾼이 가마우지 새의 목 아래를 끈으로 묶어두었다가 새가 먹이를 잡으면 끈을 잡아당겨 먹이를 삼키지 못하게 해 목에 걸린 고기를 가로채는 낚시 방법에 빗댄 용어다. 1980년대 말 일본 경제평론가 고무로 나오키가 『한국의 붕괴』라는 책에서 처음 사용하였다.
페그제	**자국 통화가치를 달러 가치에 고정하는 제도** 각국 화폐 사이의 환율을 일정 수준에 고정시키는 제도이다. 달러 등 기축통화에 대해 자국 화폐의 교환 비율을 고정시키고 이 환율로 무한정의 교환을 약속하는 환율 제도로 원래는 19세기 영국 식민지에 적용된 제도였다. 이 제도에서는 한 국가의 통화와 연계되는 통화 사이의 환율은 변하지 않으나 연계된 통화와 다른 통화들 사이의 환율은 변하기에 다른 통화와는 간접적으로 변동환율 제도를 택한 것과 동일한 효과를 가진다.
서민형 안심전환대출	**주택담보대출을 최소 연 1%대의 낮은 금리로 갈아탈 수 있는 상품** 시가 9억 원 이하 주택 보유자 중 부부 합산 소득이 8,500만 원을 넘지 않는 1주택자가 이용할 수 있다. 신혼부부이거나 2자녀 이상 가구는 1억 원의 소득한도가 적용된다. 대출은 기존 대출 범위 내 최대 5억 원까지 가능하다. 주택담보대출비율(LTV) 70%와 총부채상환비율(DTI) 60%를 적용하지만, 중도상환수수료(최대 1.2%)만큼은 증액이 가능하다. 2015년에 공급된 안심전환대출의 대출 금리는 2.53 ~ 2.65% 수준이었지만, 2019년 10월부터 본격적으로 공급된 서민형 안심전환대출의 금리는 1.85 ~ 2.20% 정도이다.
볼피피 지수	**도널드 트럼프 미국 대통령의 트윗이 채권시장에 미치는 영향을 분석하는 지수** 미국투자은행 JP모건체이스가 2019년 9월 발표한 것으로, 트럼프 미국 대통령의 트위터 트윗이 미국 채권시장의 변동성에 미치는 영향력을 지수로 나타낸 것이다. 볼피피(Volfefe)는 변동성(Volatility)과 트럼프 대통령이 이전에 트윗에서 언급한 '코브피피(Covfefe)'를 조합해서 만든 단어이다. 'Covfefe'라는 단어는 지난 2017년 5월 트럼프 대통령이 자신의 트위터 계정에 적은 "계속되는 부정적인 언론의 covfefe에도 불구하고"라는 문장 속에 포함된 의문의 용어다. 2018년 초부터 현재까지 개장시간 중에 나온 트럼프 개인계정에서 리트윗되지 않은(트럼프 대통령이 직접 작성한) 4,000여 건의 트윗 중 146건이 시장을 움직였던 것으로 나타났다.
사모펀드	**비공개적으로 소수의 투자자로부터 돈을 모아 기업을 사고파는 것을 중심으로 운영되는 펀드** 소수의 투자자로부터 모은 자금을 주식 · 채권 등에 운용하는 펀드로, 49인 이하 투자자에게 비공개로 자금을 모아 투자하는 상품을 말한다. 사모펀드는 자산가를 중심으로 비공개적으로 설정되는 경우가 대부분이어서 가입기회가 많지 않고 최저 가입액도 커 문턱이 높은 편이다. 또 금융 당국의 투자자 보호 등의 규제가 가장 느슨하기 때문에 가입자 스스로 상품구조나 내용을 정확히 파악할 수 있어야 한다. 사모펀드는 절대 수익을 추구하는 전문투자형 사모펀드(헤지펀드)와 회사경영에 직접 참여하거나 경영 · 재무자문 등을 통해 기업가치를 높이는 경영참여형 사모펀드(PEF)로 나뉜다.

유턴기업	**중국 등 인건비가 저렴한 해외국가로 생산시설을 이전했다가 자국으로 복귀하는 기업** 「해외진출기업의 국내복귀지원에 관한 법률(해외진출기업복귀법)」에 따르면 2년 이상 운영하던 국외 제조사업장을 청산하거나 25% 이상 축소하고, 국내에 동일제품 생산사업장을 신·증설하는 기업을 말한다. 한국은 해외진출기업의 국내 복귀를 촉진하기 위해 2013년 8월부터 「해외진출기업복귀법」을 시행하고 있다. 유턴기업으로 선정되면 청산컨설팅 지원, 산업단지 및 경제자유구역 우선입주, 국내입지·설비 투자보조금, 고용보조금, 해외인력에 대한 비자지원, 자금융자, 신용보증, 수출보증 등 다양한 지원을 받을 수 있다. 하지만 최근 5년간 해외에서 국내로 돌아온 우리나라의 기업이 연 평균 10.4개에 그치면서 법 개정에 대한 목소리가 높아졌고, 이에 따라 국회는 「해외진출기업의 국내복귀지원에 관한 법률(해외진출기업복귀법)」 개정안을 2019년 11월 19일 의결했다.
DLS (Derivatives Linked Securities)	**기초자산의 가격변동 위험성을 담보로 하는 주식상품** 유가증권과 파생금융계약이 결합된 증권으로 기초자산의 가치변동과 연계한 증권이다. 이때 기초자산은 원유, 금, 설탕, 밀가루 같은 각종 원자재와 농산물뿐 아니라 금리, 환율, 탄소배출권, 신용 등 다양하다. DLS는 기초자산이 일정기간에 정해진 구간을 벗어나지 않으면 약정수익률을 지급하고, 구간을 벗어가게 되면 원금손실을 보게 되는 구조이다. 최근 일부은행으로부터 관련 상품을 구입한 일반투자자들이 단체로 막대한 손해를 입는 사건이 발생하면서 문제가 되었다.
항공환경세	**온실가스 배출량을 줄이기 위해 국가가 항공기를 이용하는 고객들에게 부과하는 요금** 온실가스를 배출하는 항공기 이용을 억제하기 위해 공항을 이용하는 항공편승객에게 부과하는 요금을 말한다. 온실가스를 배출하는 항공기 이용을 억제하기 위해 유럽 국가들을 중심으로 도입이 논의되고 있다. 항공기의 이산화탄소배출량이 다른 교통수단보다 많다는 인식이 확산하면서 이러한 움직임도 본격화했다는 평가다.
기후금융	**국제적으로 기후변화 대응을 위해 금융서비스를 제공하는 것** 온실가스 감축과 기후변화에 대응하여 기업과 사회의 탄소배출경감을 유도하고 저탄소 경제에 기여하는 대출과 투자, 금융상품 등을 제공하는 것을 가리킨다. 공기·수질·토양 등 기타 환경오염 방지를 지원하는 녹색금융과 지속 가능 금융보다 좁은 의미를 지니고 있다. 주요 20개국(G20)을 중심으로 구성된 금융 안정위원회(FSB)는 금융회사가 대출평가 시 기후변화 리스크를 반영할 수 있도록 기업의 기후변화 정보 공시 의무제도화를 추진하고 있다.
일반특혜관세제도 (GSP)	**개발도상국에서 수입하는 제품에 무관세 또는 낮은 세율을 부과하는 제도** 선진국이 개발도상국으로부터 수입하는 농수산품·완제품 및 반제품에 대하여 일반적·무차별적·비상호주의적으로 관세를 철폐 또는 세율을 인하해주는 제도를 의미한다. 여기서 일반적이라 함은 기존 특혜가 몇 개 국가에 국한된 데 비하여, 일반특혜관세제도는 범세계적인 것임을 의미하며, 무차별적·비상호주의적이란 지역통합·자유무역지역 및 관세동맹으로 동맹에 가입되지 않은 국가들로부터의 수입품에 관세를 부과하는 차별을 배제한다는 것을 내포한다. 특혜관세의 편익은 경제 개발도상단계에 있는 국가로서, 특혜의 편익을 받기를 희망하는 국가 중에서 공여국이 적당하다고 인정하는 국가에 대해서 공여된다.
다크넛지	**상술에 속았지만 귀찮아서 그냥 넘어가는 귀차니스트들을 노린 마케팅** 옆구리를 슬쩍 찌른다는 뜻의 넛지(Nudge)와 어두움을 의미하는 다크(Dark)가 결합된 단어로 팔꿈치로 툭 옆구리를 찌르듯 비합리적 구매를 유도하는 상술을 지칭한다. 이때 다크넛지는 선택을 긍정적인 쪽이 아니라 부정적인 쪽으로 이끈다. 소비자들이 선택을 번복하기 귀찮아한다는 사실에 착안해 비합리적인 소비를 유도한다. 최저가를 찾아 결제하려고 하면 추가비용이 생기는 것, 디지털 음원할인행사 후 이용권이 자동 결제되는 것 등이 대표적인 예이다.
캐리트레이드 (Carry Trade)	**국가별 금리 차이를 이용해 수익을 내고자 하는 투자행위** 금리가 낮은 국가에서 자금을 차입해 이를 환전한 후 상대적으로 금리가 높은 국가의 자산에 투자해 수익을 올리고자 하는 거래를 말한다. 이때 저금리 국가의 통화를 '조달통화', 고금리 국가의 통화를 '투자통화'라고 부른다. 수익은 국가간의 금리 또는 수익률 차에 의해 발생하는 부분과 환율변동으로 인해 발생하는 환차익으로 나누어진다. 캐리트레이드가 통상적인 금리차 거래와 구분되는 점은 금리차에 의한 수익과 환율변동에 의해 발생하는 수익을 동시에 추구한다는 데 있다.

보호무역주의	**자국의 산업보호를 위해 타국 기업을 제재하는 것** 자유무역에 반대되는 개념으로 자국의 경제적 이익과 산업의 보호를 위해 무역수출입에 정부가 관여하는 것을 말한다. 국가가 특정 산업을 육성하고 싶으나 국제 경쟁력이 떨어져 조치를 취하지 않으면 자연히 도태될 우려가 있는 경우, 해당 산업이 경쟁력을 갖게 되도록 여러 방법을 취하게 된다. 보호무역을 시행 하는 방법으로는 수입 경쟁물품에 강한 관세를 매기거나 수입량을 제한하는 방식, 수입업체에 페널티를 가하는 방식 등을 들 수 있다. • CPTPP(포괄적 · 점진적 환태평양 경제동반자협정) 도널드 트럼프 미국 행정부의 보호무역주의와 이로 인해 촉발된 미 · 중 무역전쟁에 위기감을 느낀 아시아 · 태평양 주요 국가들이 의기투합한 새로운 경제동맹체이다. 일본 주도로 아시아 · 태평양 11개국이 참여하는 '포괄적 · 점진적 환태평양 경제동반자협정'으로, 2018년 12월 30일 발효되었다.
탄력점포	**은행의 일반적인 영업시간(평일 오전 9시에서 오후 4시)과 달리 운영되는 점포** 현재 국내에서 운영되는 탄력점포는 관공서 소재 점포, 외국인 근로자 특화 점포, 상가 및 오피스 인근 점포, 환전센터, 고기능 무인자동화기기 등 총 5가지 유형으로 나뉜다. 관공서 소재 점포가 453개로 가장 많았고 고기능 무인자동화기기(133개), 상가 및 오피스 인근 점포(87개), 외국인 근로자 특화 점포(40개), 환전센터(20개)가 뒤를 이었다. 이 가운데 최근 가장 눈에 띄게 증가한 탄력점포는 고기능 무인자동화기기이다. 2016년 6월 19개였던 점포는 2019년 6월 776개까지 증가했다. 고기능 무인자동화기기는 예 · 적금 신규가입, 카드발급, 인터넷 · 모바일뱅킹가입 등 창구업무의 90%를 수행한다.
게이미피케이션	**게임적 매커니즘을 활용하여 해결하기 어려운 문제를 재미있게 해결하는 패러다임** 2002년 영국의 프로그래머 닉 펠링에 의해 처음 사용되었고, 이후 2011년 미국에서 열린 '게이미피케이션 서밋'을 통해 공식적으로 사용되었다. 게임 외적인 분야에서 문제해결, 지식전달, 행동 및 관심유도 혹은 마케팅을 위해 게임의 '매커니즘(Mechanism)'과 사고방식을 접목시키는 것을 의미한다. 현재는 마케팅, 경영, 교육, 헬스케어 등 다양한 분야에서 활용되고 있으며, 특히 마케팅 분야에서 고객몰입도 향상을 통해 매출증대를 목적으로 많이 사용되는 추세이다. 카페에서 도장 10개를 찍으면 무료 음료 하나를 제공하는 것도 게임의 방식을 도입한 것이며, 네이버 지식IN의 지식인 단계도 게임적인 요소가 적용된 것이라 볼 수 있다.
구독경제	**신문처럼 매달 구독료를 내고 재화나 서비스를 받아쓰는 경제 활동** 신문이나 잡지를 구독하는 것처럼 일정기간 구독료를 지불하고 상품, 서비스 등을 사용할 수 있는 경제 활동을 일컫는 말이다. 국내에는 2010년대를 전후하여 도입되기 시작했으며 초반에는 화장품이 주를 이루었으나 점점 생활용품, 홈쇼핑, 식음료, 명품의류 등으로 서비스 품목이 다양해지고 있다. 이는 소비자의 소비가 소유에서 공유, 더 나아가 구독 형태로 진화하면서 유망사업모델로 주목받고 있음을 말해준다. 불황기에 목돈을 들여 상품을 구매하는 것보다 매월 저렴한 가격에 다양한 경험을 함으로써 실속을 챙기는 성향이 구독 서비스의 성장에 일조하고 있다.
살찐 고양이법	**기업 임직원의 최고 임금을 제한하는 법안** 공공기관 임원의 보수 상한액을 정해 양극화 해소와 소득 재분배를 꾀하는 법령이나 조례이다. 미국의 저널리스트 프랭크 켄트가 1928년 출간한 도서『정치적 행태(Political Behavior)』에서 처음 등장한 용어로, 살찐 고양이는 탐욕스러운 자본가나 기업가를 뜻한다. 지난 2008년 세계경제를 어려움에 빠트린 글로벌 금융위기를 초래했지만 세금 혜택과 보너스 등으로 큰 이익을 챙겼던 은행가와 기업인을 비난하는 말로 쓰이면서 널리 알려졌다. '살찐 고양이' 조례라 불리는 「최고임금법」은 2019년 5월 부산시 의회가 전국 최초로 도입했으며 경기도 의회, 울산시 의회, 경남도 의회 등이 뒤를 이었다.
시장의 종류	**완전경쟁시장 · 독점시장 · 과점시장 · 독과점시장 등** • 완전경쟁시장 : 수많은 판매자와 수많은 구매자가 주어진 조건에서 동일한 재화를 사고파는 시장 • 독점적경쟁시장 : 기업들이 독점적 입장의 강화를 꾀하면서도 서로 경쟁하는 시장 • 독점시장 : 특정 기업이 생산과 시장을 지배하고 있는 시장 • 과점시장 : 소수의 공급자가 시장을 지배하고 있는 시장

PART 4

국내총생산 (GDP: Gross Domestic Product)	**일정 기간 동안에 한 나라의 국경 안에서 생산된 모든 최종생산물의 시장가치** • 일정 기간 동안 : 유량개념을 의미하며 보통 1년을 단위로 측정 • 한 나라의 국경 안 : 속지주의 개념으로, 외국인이 국내에서 생산한 것은 포함되지만 내국인이 국외에서 생산한 것은 제외 • 최종생산물 : 중간생산물은 제외 • 시장가치 : 시장에서 거래된 것만 포함 • 리디노미네이션(Redenomination) 한 나라에서 통용되는 화폐의 액면가(디노미네이션)를 동일한 비율의 낮은 숫자로 변경하는 조치를 말한다. 이전에는 디노미네이션(Denomination)이라 불렸으나 디노미네이션이 화폐, 채권, 주식 등의 액면금액을 의미하는 것이므로 한국은행은 화폐단위 변경을 영어로 표현하려면 '리디노미네이션' 또는 '디노미네이션의 변경'이라는 표현을 사용하도록 독려하고 있다.
비경제활동인구	**만 15세가 넘은 인구 가운데 취업자도 실업자도 아닌 사람** 일을 할 수 있는 능력은 있으나 일할 의사가 없거나, 일할 능력이 없어 노동에 기여하지 못하는 사람을 이르는 말이다. 조사대상 주간 중 취업자도 실업자도 아닌 만 15세 이상인 자로, 집안에서 가사와 육아를 전담하는 가정주부, 학교에 다니는 학생, 일을 할 수 없는 연로자와 심신장애자, 자발적으로 자선사업이나 종교단체에 관여하는 자 등을 말한다.
애그플레이션 (Agflation)	**곡물가격 급등에 따른 물가상승** '농업(Agriculture)'과 '인플레이션(Inflation)'을 합친 신조어로 농산물 상품의 가격이 올라 일반 물가도 덩달아 오르는 현상이다. 밀, 쌀, 옥수수 등 국제 곡물가격이 치솟으면 세계적으로 애그플레이션의 위험이 높아진다.
스크루플레이션 (Screwflation)	**쥐어짤 만큼 어려운 경제상황에서 체감물가가 올라가는 상태** '돌려조인다', '쥐어짜다'라는 의미의 스크루(Screw)와 인플레이션(Inflation)의 합성어이다. 물가상승과 실질임금 감소, 주택가격 하락과 임시직의 증가 및 주가 정체 등으로 중산층의 가처분 소득이 줄어들었을 때 발생한다. 중산층의 소비가 이루어져야 생산과 고용이 늘어나게 되고 궁극적으로 경제가 성장하기 마련이지만 물가상승과 실질임금 감소 등의 원인으로 중산층이 더 이상 활발한 소비를 하지 않게 되면서 스크루플레이션이 발생한다.
테킬라효과 (Tequila Effect)	**한 국가의 금융·통화위기가 주변의 다른 국가로 급속히 확산되는 현상** 1994년 멕시코의 외환사정 악화로 발생한 경제위기가 브라질, 아르헨티나 등 주변의 중남미국가로 번진데서 유래했다. 멕시코의 전통 술인 테킬라에 빗댄 표현으로, 한 나라의 경제위기로 인해 주변 국가들이 덩달아 취하는 것처럼 확산된다는 의미에서 만들어졌다. 1997년 태국의 외환위기가 필리핀·한국·말레이시아 등에 영향을 끼쳐 우리나라가 IMF로부터 구제금융을 받게 된 것도 테킬라효과의 하나로 볼 수 있다.
공유경제	**물품을 소유의 개념이 아닌, 서로 대여 및 차용해 쓰는 개념으로 인식하는 경제활동** 한번 생산된 제품을 여럿이 공유해 쓰는 협업소비를 기본으로 하여 자동차나 빈방 등 활용도가 떨어지는 물품이나 부동산을 다른 사람과 함께 공유함으로써 자원 활용을 극대화하는 경제활동을 말한다. '공유경제'라는 용어는 2008년 하버드 대학교의 로렌스 레식 교수가 그의 저서 『리믹스』에서 처음 사용하면서 등장하였다. 현대사회에 맞춘 합리적인 소비를 하자는 인식에서 부각되었고, 스마트폰의 발달이 활성화에 기여하면서 보편적인 개념으로 발전하였다. 모바일 차량서비스인 '우버', 집을 공유하는 '에어비앤비', 카 셰어링 서비스인 '쏘카' 등이 공유경제의 대표적인 사례이다.
마케팅믹스 4요소 (Marketing mix, 4P's)	**마케팅의 목표 달성을 위해 필요한 요소를 최적으로 조합하는 것** 마케팅믹스란 표적시장에서 마케팅 목표를 달성하기 위해 필요한 요소들의 조합을 말한다. 마케팅믹스는 크게 제품(Product), 가격(Price), 유통(Place), 촉진(Promotion)이라는 4가지 요소로 구성되는데, 이 요소들을 조합해서 마케팅 목표를 달성하는 것이 마케팅믹스의 핵심이다.
모라토리엄 (Moratorium)	**국가가 외국에 대해 채무의 지불을 일정 기간 유예하는 것** 외채의 상환시점이 찾아왔지만 상환할 능력이 없어 국가가 채무상환을 일시적으로 연기하겠다고 대외적으로 선언하는 것을 말한다. 모라토리엄이 선언되면 해당 국가는 빚을 갚기 위한 시간을 벌기 위해 정부 차원에서 긴급 발표를 하여 해외 채권자들에게 알리고 협의를 통해 갚아나가게 된다. 모라토리엄 선언국은 대외 신인도가 크게 떨어지게 되며 구조조정, 세금 인상 등 불이익도 감수해야 한다.

넛 크래커 (Nutcracker)	**중국과 일본 사이에 끼여 아무것도 하지 못하는 우리나라의 경제상황** '넛 크래커'는 원래 호두를 눌러서 까는 기계를 뜻하는데 우리나라의 경제상황을 표현하는 말로 쓰이고 있다. 일본에 비해 품질과 기술력이 뒤처지고, 중국에 비해 가격 경쟁력에서 뒤처지는 상황에 처한 우리나라의 모습과 같다는 것이다. 또한 최근 시장 변화로 '신 넛크래커'라는 용어도 등장했는데, 아베노믹스로 엔화 약세 및 선제적 구조조정으로 경쟁력을 회복한 일본기업과 기술력 및 구매력을 갖춘 중국기업 틈에서 한국기업이 고전하고 있는 현상을 가리킨다.
시코노믹스 (Chiconomics)	**시진핑 중국 주석의 경제정책** 시 주석의 경제정책을 일컫는 말이다. 이는 시 주석이 2016년 11월부터 언급하기 시작한 '공급측 개혁'을 핵심으로 하는데, 공급측 개혁이라 함은 '신창타이(중국식 뉴노멀)의 새로운 성장엔진'이라 할 수 있다. 과잉생산력을 해소하는 한편 규제를 완화해 기업활동을 자유롭게 하고, 국영기업이 지배하는 영역에 시장원리를 도입하는 것 등이 핵심이다.

(3) 사회 · 노동 · 환경

흑사병	**페스트균에 의해 발생하는 급성 열성 감염병** 쥐에 기생하는 벼룩에 의해 페스트균(Yersinia Pestis)이 옮겨져 발생하는 급성 열성 감염병으로 국내에서는 4군 감염병으로 관리되고 있다. 흑사병은 1 ~ 7일의 잠복기를 거치며 증상으로는 발열, 현기증, 구토 등 전염성이 강하고 사망률도 높다. 인체 감염은 동물에 기생하는 감염된 벼룩에 물리거나, 감염된 동물의 체액 및 혈액 접촉 또는 섭취를 한 경우, (의심) 환자나 사망환자의 체액(림프절 고름 등)과 접촉한 경우, 혹은 폐 페스트 환자의 비말(침방울)에 노출된 경우에도 호흡기를 통해 전파가 가능하다. 페스트균에 감염돼도 2일 이내에 발견하고 항생제를 투여하면 치료가 가능하다.
노(유)튜버존	**유튜버의 촬영을 금지하는 공간** '노'(No)와 '유튜버존'(Youtuber+Zone)을 합친 단어로 유튜버의 촬영을 금지하는 공간을 뜻한다. 일부 유튜버가 영상을 촬영한다며 허락을 구하지 않고 주방에 들어가거나, 손님과 점원에게 인터뷰를 요청해 피해를 끼치자 식당 측이 이를 금지한 것을 말한다. 아울러 후기 영상을 올려주는 대가로 무료 식사 서비스를 요구하고 시청자 수 확보를 위해 자극적인 연출을 주문하는 유튜버가 늘어나면서 노튜버존을 선언하는 식당이 늘고 있다. 노튜버존에 대해 '노키즈존'과 같은 차별이라는 일부 의견에 대해서는 아예 들어오지 말라는 것이 아니라 단지 촬영하지 말라는 것이라며, 이를 차별로 생각해서는 안 된다는 입장이다. • 노 틴에이저 존(No Teenage Zone) 청소년들이 카페에서 욕설, 무례한 언행, 바닥에 침 뱉기 등으로 다른 손님들에게 피해를 주는 행위로 인해 청소년들이 카페 안에 들어오는 것을 금지하는 행위를 말한다.
텐포켓	**출산율 저하로 아이를 위해 온 가족이 지갑을 여는 현상** 한 명의 자녀를 위해 부모와 친조부모, 외조부모, 이모, 삼촌 등 8명의 어른들이 주머니에서 돈을 꺼낸다는 의미인 에잇 포켓(Eight Pocket)에 주변 지인들까지 합세하는 것을 뜻하는 용어다. 이러한 경향은 출산율이 줄어들고 외동이가 늘면서 남부럽지 않게 키우겠다는 부모의 마음, 조부모의 마음이 반영된 결과로 볼 수 있다. 텐포켓 현상으로 한 명의 아이를 위해 온 가족이 지갑을 열게 되면서 고가의 프리미엄 완구가 인기를 끌고 있다. • 골드 키즈(Gold Kids) 최근의 저출산 현상과 맞물려 왕자나 공주와 같은 대접을 받으며 귀하게 자란 아이들을 의미하는 신조어다. • VIB(Very Important Baby)족 한 명의 자녀를 위해 아낌없이 지갑을 여는 부모를 의미하는 신조어다.

고교학점제	**고교의 이수 과목을 학생들의 선택에 맡기는 교과 방식** 교육부에서 발표한 고교 교육 전면 개편안이다. 대학교에서 강의수강을 하는 것처럼 학생들이 자신들의 진로 계획에 따라 수강하고 싶은 과목을 학기 초에 선택해 수강하는 방식으로 진행된다. 현재 시범학교로 선정된 학교에서 다양하게 고교학점제가 운영되고 있다. 고교학점제는 2021년까지는 학점제의 도입 기반을 마련하기 위해 연구·선도학교를 운영하고, 운형 모형 및 제도개선 사항 파악을 추진한다. 2022～2024년까지는 현행 교육과정을 고교학점제에 적합하게 수정해 전국 고등학교를 대상으로 제도를 도입하고, 2025년에는 전국 고등학교에 완성된 형태의 고교학점제를 본격 시행한다.
MZ세대	**밀레니얼 세대와 Z세대를 합친 세대** 밀레니얼 세대와 Z세대를 합친 합성어로서, 1980년부터 2004년생까지 일컫는 밀레니얼 세대와 1995년부터 2004년 출생자를 뜻하는 Z세대를 합친 말이다. 통계청 인구 총조사에 따르면 15～39세에 이르는 이 MZ세대는 1,736만 6,041명으로 국내 인구의 약 33.7%를 차지한다. 『트렌드 MZ 2019』에 따르면 이들의 트랜드가 사회 주류 트랜드로 진화하는 데에 걸리는 시간은 1년 내외이다. MZ세대의 등장으로 각 업계에서는 이들을 사로잡기 위한 다양한 마케팅이 등장하고 있다. • 밀레니얼 세대 현재 전 세계 노동 인구의 절반을 차지하고 있고, 향후 경제를 이끌어갈 핵심 주도층 • Z세대 당장 경제력을 갖춘 세대는 아니지만 사회 진출을 막 시작한 미래 소비의 주역
아프리카돼지열병 (ASF: African Swine Fever)	**돼지농가 집단 폐사 사유가 되는 돼지 전염병** 아프리카 지역의 야생돼지들이 보균숙주이며, 물렁진드기가 바이러스를 전파시킨다고 알려진 돼지 전염병이다. 돼지과 동물들만 걸릴 수 있는 질병이나, 양돈 돼지가 아프리카돼지열병에 걸릴 경우 치사율이 100%에 이르고 치료제나 백신이 없기 때문에 우리나라에서는 가축전염병예방법에 제1종 법정전염병으로 분류하고 있다. 이 병에 걸린 돼지는 고열(40.5～42℃), 식욕부진, 기립불능, 구토, 피부 출혈 증상 등을 보이다가 보통 10일 이내에 폐사한다. • 구제역 소, 돼지, 양, 사슴 등 발굽이 둘로 갈라진 우제류에 속하는 동물에게 퍼지는 감염병이다. 발굽이 하나인 말이나 당나귀 등의 기제류 동물은 구제역에 걸리지 않는다. 구제역에 걸린 동물은 입안에 물집이 생기고, 침을 많이 흘리며, 발굽이 헐어서 제대로 서있기가 힘들어지며, 치사율은 5～55%에 달한다.
홈루덴스족	**밖이 아닌 집에서 주로 여가 시간을 보내는 사람들을 지칭하는 말** 집을 뜻하는 '홈(Home)'과 놀이를 뜻하는 '루덴스(Ludens)'를 합친 단어로 자신의 주거공간에서 휴가를 즐기는 이들을 가리키는 신조어이다. 홈캉스를 즐기는 사람들의 대표적인 형태라고 말할 수 있다. 홈루덴스족은 취향에 맞는 아이템을 구비해 자신만의 공간을 꾸미는 데 적극적이어서 새로운 소비계층으로 떠오르고 있다. 집에서 휴가를 보내는 '홈캉스족', 내가 하고 싶은 시간에 편안한 장소인 집에서 운동을 즐기는 '홈트(홈+트레이닝)족' 등 '집돌이'와 집순이'를 지칭하는 '홈○○'이라는 단어가 어느새 익숙해지고 있다.
인터라인	**다수의 운항사가 여정을 한 티켓(예약)에 묶는 것** 복수의 항공사가 제휴를 맺고 각각 운항하는 노선을 연계해 티켓을 한데 묶어 판매하는 협력형태를 말한다. 이미 취항 중인 업체 간 이뤄지는 협약이기 때문에 항공사로서는 비용절감 효과를 누리면서 동시에 노선 확대를 꾀할 수 있다. 예를 들어 인천에서 출발해 하와이 호놀룰루로 도착하는 노선을 운항 중인 항공사가, 근방 다른 지역을 취항 중인 항공사와 연계해 티켓을 판매하는 방식이다. 국내에서는 저비용항공사(LCC)들이 해외 항공사와 인터라인을 확대하는 추세에 있다.
녹색기후기금 (GCF: Green Climate Fund)	**개발도상국의 기후변화 대응과 온실가스 감축을 지원하는 국제금융기구** 국제연합 산하의 국제기구로서 선진국이 개발도상국들의 온실가스 규제와 기후변화 적응을 위해 세운 특화 기금이다. 2010년 멕시코에서 열린 UN기후변화협약(UNFCCC) 제16차 당사국 총회에서 GCF 설립을 공식화하고 기금 설립을 승인하였다. UN기후변화협약에 따라 만들어진 녹색기후기금은 선진국을 중심으로 2012년에서 2020년까지 매년 1,000억 달러씩, 총 8,000억 달러의 기금을 조성하여 개발도상국을 지원한다. 본부는 우리나라 인천광역시 송도국제도시에 위치해있다. • UN기후변화협약(UNFCCC) 이산화탄소를 비롯한 온실가스의 배출을 제한해 지구온난화를 방지하기 위해 세계 각국이 동의한 협약이다. 이 협약이 채택된 브라질 리우의 지명을 따 리우환경협약이라고 부르기도 한다.

잡호핑족	**자신의 경력을 쌓고 전문성을 발전시키기 위한 목적으로 2～3년씩 직장을 옮기는 사람** 영어단어 'hop'에서 유래된 용어로 장기간의 경기불황과 저성장 속에 주기적인 이직을 통해 새로운 활로를 개척하려는 젊은 직장인들을 가리킨다. 최근 자신의 경력을 쌓고 전문성을 높이기 위한 목적으로 2～3년씩 단기간에 직장을 옮기는 '잡호핑족'이 늘고 있다고 한다. 이는 장기간의 경기불황 아래 고용불안이 심화되고 평생직장의 개념이 사라져가는 사회적 현실을 배경으로 하고 있다고 볼 수 있다. • 링크드인(LinkedIn) 유럽과 북미 등지에서 이용 계층이 늘어나고 있는 SNS 형식의 웹 구인구직 서비스이다. 이곳에서는 '1촌 맺기'와 같이 다양한 연결망을 통한 일자리 매칭 서비스를 갖추고 있다. 링크드인에서 개인 정보가 공개된 사람이라면 검색을 통해 특정 사람의 경력을 살펴볼 수 있다.
퍼네이션 (Fudnation)	**'재미있게 할 수 있는 기부' 혹은 '기부하면서 느끼는 재미'** 재미(Fun)와 기부(Donation)의 합성어로 쉽고 재밌는 방법으로 기부하는 새로운 형태의 기부문화를 의미한다. 퍼네이션은 '얼마를 기부하느냐(금액)'보다 '어떻게 기부하는지(방법)'에 대한 관심이 커지면서 등장했다. 액수 중심의 틀에 박힌 기부보다 참여자가 흥미와 즐거움을 느끼는 기부문화를 중요시한다. 스마트폰 앱 등을 활용한 퍼네이션은 기존의 번거롭고 부담스러운 기부방식에서 벗어나 간편하고 재밌게 기부하는 것이 특징이다.
도리마 범죄	**일본에서 불특정다수에 피해를 입히는 '묻지마 살인' 사건** '도리마'란 '길거리의 악마'라는 의미로 길에서 다수의 시민을 무차별하게 살해하는 범죄자를 말한다. 일본에서는 2010년대부터 대낮 길거리에서 '도리마 범죄'가 약 70건 발생했다고 한다. 최근에는 2019년 5월 28일 아침, 일본 도쿄에서 51세 남성이 통학버스를 기다리던 초등생 등을 상대로 흉기를 휘둘러 3명이 숨지고 20명이 다치는 비극적 사건이 일어났다.
직장 내 괴롭힘 금지법	**직장 내 괴롭힘을 금지하는 「근로기준법」으로 2019년 7월 16일부터 시행** 직장 내 괴롭힘은 사용자 또는 근로자가 직장에서의 지위 또는 관계 등의 우위를 이용해 업무상 적정범위를 넘어 다른 근로자에게 신체적·정신적 고통을 주거나 근무환경을 악화시키는 행위를 의미한다.
파이어족	**경제적으로 자립해 조기에 은퇴한다는 것의 줄인 말** 'FIRE'는 'Financial Independence, Retire Early'의 약자이다. 젊었을 때 극단적으로 절약한 후 노후자금을 빨리 모아 이르면 30대, 늦어도 40대에는 퇴직하고자 하는 사람들을 의미한다. 파이어족은 심플한 라이프 스타일을 통해 저축금을 빨리 마련하고 조기에 은퇴함으로써 승진, 월급, 은행 대출 등의 고민에서 벗어나고자 한다. 영국 BBC의 보도에 따르면 파이어족이라는 단어는 '타이트워드 가제트(Tightwad Gazetle)'라는 한 뉴스레터에서 처음 사용된 후 미국에서 인기를 얻기 시작했다.
로맨스 스캠 (Romance Scam)	**웹상에서 연애 감정을 빌미로 돈을 갈취하는 사기수법** 웹상에서 접촉하여 신뢰 관계를 형성한 후 피해자에게 연애 감정을 심어주어 돈을 갈취하는 행위를 가리키는 말이다. 연인관계가 될 것이나 결혼을 약속하여 급전이 필요함을 어필하여 돈을 갈취하는 기존의 '연애사기'가 인터넷상에서 벌어지는 사건을 가리키는 용어로 사용한다. 이메일, 만남 어플 등의 개인 웹 서비스를 통해 은밀하게 접근하기도 하지만 유튜브, SNS 등에서 인플루언서로 활동하던 이들이 자신의 팬을 상대로 자행한 뒤 뒤늦게 밝혀져 논란이 되었다.
먼지차별	**일상 속에서 벌어지는 미묘한 차별** '마이크로어그레션(Microaggression)'에서 착안해 만든 단어이다. 마이크로어그레션은 '아주 작은 (Micro)'과 '공격(Aggression)'의 합성어로, 말 그대로 미세하지만 공격적인 차별을 뜻한다. 먼지차별에 속하는 표현은 일상적으로 사용하는 말이지만 성별, 나이, 인종, 성정체성, 장애 등 소수자에 대한 차별이나 혐오를 담고 있다. 연구원들은 먼지차별이 지속해서 쌓이면 낮은 자존감과 소외감, 정신 건강 문제로 이어질 수 있어 직장생활에도 영향을 미칠 수 있다고 한다.
화이트 불편러	**개인의 이익이 아닌 사회의 부조리에 목소리를 내는 사람** 화이트 불편러는 화이트(White)＋불편(不便)＋-er(~하는 사람)을 합친 신조어이다. 화이트 해커에서 '화이트'가 '선의'를 의미하는 것과 같이 '화이트 불편러'도 불편을 표출하긴 하지만 그것이 개인적인 이익이나 부정적인 여론형성을 위한 것이 아니라 사회의 부조리에 대해 정의로운 목소리를 내는 것을 말한다. 이들의 대표적인 특징은 '정의로운 예민함'이다. 사소해 보이는 일이라도 사회적으로 나쁜 영향을 미친다면 소신표현을 통해 문제를 제기하고 해결하고자 한다. 화이트 불편러의 확산 배경에는 SNS의 대중화와 다양한 인터넷 서비스의 발달을 들 수 있는데, 대표적으로 국민청원 청원동참이나 SNS 해시태그 운동이 있다.

가동연한	**노동에 종사해 수익을 얻을 것으로 예상되는 연령의 상한** 가동연한은 사람이 일을 해서 돈을 벌 수 있는 마지막 나이를 뜻한다. 소득기한 · 소득연한이라고도 한다. 교통사고를 비롯한 각종 사고로 인해 사망하거나 또는 영구적인 장해를 입었을 경우 손해배상액을 산정하는 데 중요한 척도가 된다. 대법원 전원합의체가 2019년 2월 21일 가동연한을 만 60세에서 만 65세로 상향해야 한다고 판단했는데 이는 1989년 55세였던 가동연한을 60세로 높인 이후 30년 만에 처음 바뀐 것이다.
고령사회 (高齡社會)	**전체 인구 중에서 65세 이상의 인구가 14% 이상을 차지하는 사회** 우리나라는 세계에서 가장 빠르게 고령화가 진행되고 있다. 2000년에 65세 이상 고령인구가 전체 인구의 7%인 '고령화 사회'에 진입했고, 이후 2017년 8월 조사에서 65세 이상의 인구가 전체 인구의 14.02%를 차지하며 본격적인 고령사회에 진입했다. 2000년 고령화 사회 진입 후 17년 만인데, 고령화 속도가 빠르다는 일본의 경우(24년)와 비교할 때 7년이나 빠른 것이다.
베버리지 보고서	**영국의 사회보장에 관한 문제를 조사 · 연구한 보고서** 영국의 경제학자이며 사회보장제도 · 완전고용제도의 주창자인 윌리엄 헨리 베버리지(1879 ~ 1963)가 정부의 위촉을 받아 사회보장에 관한 문제를 조사 · 연구한 보고서이다. 이 보고서는 국민의 최저생활의 보장을 목적으로 5대악(결핍, 질병, 무지, 불결, 나태)의 퇴치를 주장하였으며 사회보장제도상의 원칙도 제시했다. • 사회보장제도상의 6원칙 – 포괄성의 원칙(Principle of the comprehensiveness) – 급여적절성의 원칙((Principle of the benefit adequacy) – 정액갹출의 원칙(Principle of the flat rate contribution) – 정액급여의 원칙(Principle of the flat rate benefit) – 행정통일의 원리(Principle of the administrative uniformity) – 피보험자분류의 원칙(Principle of the classification)
미세먼지	**눈에 보이지 않는 지름 10μm(마이크로 미터) 이하의 작은 먼지** 공장에서 배출하는 매연, 산업현장에서 발생하는 비산 먼지, 자동차가 배출하는 매연 등으로 인해 생성된다. 보통의 먼지는 코털이나 기관지 점막에서 걸러져 배출되지만 입자가 매우 작은 미세먼지는 걸러지지 않고 신체 내부로 들어와 문제가 된다. 세계보건기구는 이러한 미세먼지를 '1급 발암물질'로 분류하고 있으며 우리나라는 바람을 타고 중국으로부터 전해지는 미세먼지의 영향에 직접적으로 노출돼 있어 그 위험성이 심각하다. • 초미세먼지 미세먼지 중에서 지름이 2.5μm보다 작은 먼지를 말한다. 각종 질환을 일으킬 뿐만 아니라 0.1 ~ 2μm 크기의 먼지는 햇빛을 가장 잘 산란시켜 앞을 뿌옇게 만든다. 이는 사람의 심리를 불안하게 만드는 요소가 되기도 한다.
노동3권 (勞動三權)	**「헌법」상 노동자가 기본권으로 갖는 단결권 · 단체교섭권 · 단체행동권** 근로자는 근로조건의 향상을 위하여 자주적인 단결권 · 단체교섭권 및 단체행동권을 가진다(「헌법」 제33조 제1항).
유니언숍 (Union Shop)	**고용이 확정되면 일정 기간 동안 반드시 노동조합에 가입해야 한다고 명시한 제도** 채용된 근로자가 일정 기간 내에 조합에 가입하지 않으면 해고되고, 조합에서 제명 혹은 탈퇴한 근로자는 해고된다. 유니언숍은 채용할 때에는 조합원 · 비조합원을 따지지 않지만 일단 채용되면 반드시 노동조합에 가입해야 한다는 점에서 오픈숍과 클로즈드숍을 절충한 것이다.
아웃플레이스먼트 (Outplacement)	**퇴직 또는 해고된 근로자가 일자리를 찾도록 지원하는 활동** 해고된 근로자가 단기간에 재취업을 할 수 있도록 실질적인 지원과 컨설팅을 해주는 전직지원서비스, 정년퇴직 등 비자발적인 상황에 의해 퇴직한 근로자가 새로운 일자리를 찾거나 직접 창업을 할 수 있도록 지원하는 서비스 등을 말한다. 구조조정에 대한 거부감을 줄이고 인력을 효율적으로 관리해 기업의 경쟁력을 높일 수 있다는 장점이 있다. 또한 퇴직한 근로자는 자신의 적성을 고려한 새로운 일자리를 구할 가능성이 커져 긍정적이다.
제노비스 신드롬 (Genovese Syndrome)	**타인에 대한 무관심** '방관자 효과'라고도 부르는 이 현상은 미국 뉴욕에서 발생한 '키티 제노비스 살해사건'에서 유래됐다. 범죄 현장에서는 주위에 사람이 많을수록 책임감이 약해져 '내가 아니어도 누군가 돕겠지.'라는 생각을 하는 경향이 강해진다고 한다. 결국 제노비스 신드롬은 개인의 이기심에서 생겨난 타인에 대한 무관심인 것이다.

잊힐 권리 (Right to be forgotten)	**인터넷상에 기록되고 검색되는 개인정보에 대한 삭제를 요구할 수 있는 권리** 모바일 서비스가 발전하면서 이용자의 정보가 이곳저곳에 기록되고 손쉽게 검색되기 때문에 시간이 지난 후 이렇게 기록돼 있던 정보가 자신에게 불리한 정보로 돌아와 고통받는 사람들이 늘고 있다. 개인정보라고 하면 흔히 이름, 이메일, 주민등록번호, 주소 등의 정보만 생각하기 쉽지만 인터넷상에 등록한 글, 사진 등도 개인저작물에 포함되는 개인정보이므로 중요하다고 볼 수 있다. 이러한 개인정보를 개인이 삭제하고 싶어도 기업이 보관하고 있어 문제가 되고 있으며 스스로 삭제를 요청할 수 있도록 법으로 보장해 개인정보에 대한 자기 통제권을 강화하자는 것이 잊힐 권리의 핵심이다.
번아웃증후군 (Burnout Syndrome)	**한 가지 일에 몰두하던 사람이 극도의 신체적 · 정서적 피로로 무기력증이나 자기혐오 · 직무거부 등에 빠지는 것** 어떤 일에 불타오르듯 집중하다 갑자기 불이 꺼진 듯 무기력해지면서 업무에 적응하지 못하는 증상이다. 단순 스트레스는 물론 수면장애와 우울증, 인지능력 저하와 같은 질병을 유발할 수 있으며, 심한 경우에는 자살과 같은 극단적인 선택을 할 수도 있다. 주로 생각대로 일이 실현되지 않거나 육체적 · 정신적 피로가 쌓였을 때 나타난다.
인구보너스 & 인구오너스 (Demographic Bonus & Demographic Onus)	**총 인구 대비 생산연령인구의 비중** • 인구보너스 : 전체 인구에서 생산연령인구(15 ~ 64세)의 비중이 증가하여 노동력이 증가하고, 경제성장이 활성화되는 것 • 인구오너스 : 전체 인구에서 생산연령인구의 비중이 하락하여 경제성장이 지체되는 것
임금피크제 (Salary Peak System)	**일정 나이가 지나면 정년은 보장하지만 임금을 삭감하는 제도** 임금은 줄어들지만 대신 정년을 보장받을 수 있는 제도이다. 임금피크제는 크게 정년보장형과 정년연장형으로 나뉘며 우리나라 대다수의 기업들은 정년보장형을 채택하고 있다. 임금피크제를 시행하면 기업의 입장에서는 인건비 절감, 숙련된 인력의 안정적 확보라는 효과를 얻고 근로자는 생활의 안정, 근로기회 확보 등의 효과를 얻을 수 있다.

(4) 과학 · 컴퓨터 · IT

양자우월성 (Quantum Supremacy)	**양자컴퓨터가 기존 슈퍼컴퓨터의 성능을 능가하는 지점** 양자컴퓨터는 관측 전까지 양자가 지닌 정보를 특정할 수 없다는 '중첩성'이라는 양자역학적 특성을 이용한 컴퓨터다. 물질 이온, 전자 등의 입자를 이용해 양자를 만든 뒤 여러 개의 양자를 서로 관련성을 지니도록 묶는다. 이렇게 만든 양자를 제어해 정보 단위로 이용한다. 디지털의 정보단위 비트는 0 또는 1의 분명한 하나의 값을 갖지만, 양자정보는 관측 전까지 0이기도 하고 1이기도 하기에 이들이 여럿 모이면 동시에 막대한 정보를 한꺼번에 병렬로 처리할 수 있다. 2019년 11월 구글이 양자컴퓨터로 기존 컴퓨터를 능가하는 연산 성능을 보이는 이른바 '양자우월성'을 달성했다는 논문을 정식 발표하면서 과학계와 공학계에 파장을 일으켰다. • 시커모어 존 마르티니스 미국 UC샌타바버라 교수팀과 구글 전문가들이 개발한 현존하는 최고 성능의 슈퍼컴퓨터로, 기존의 슈퍼컴퓨터로 1만 년 걸리는 난제를 단 200초 만에 풀어버리는 양자컴퓨터 칩을 말한다.
콜드체인 (Cold Chain)	**냉동냉장에 의한 신선한 식료품의 유통방식** 신선한 식품의 품질을 보전하여 품질이 높은 상태로 소비자에게 공급하기 위해 유통과정에서 상온보다 낮은 온도를 유지하여 품질이 나빠지는 것을 방지하는 유통근대화 정책이다. 콜드체인은 농축수산물, 식료품부터 화학제품, 의약품, 전자제품, 화훼류에 이르기까지 광범위한 품목에서 적용된다. 콜드체인 시스템을 적절히 활용해 장기간 신선도를 유지할 경우 농 · 축 · 수산물판매 시기를 조절할 수 있어 안정적 유통체계를 확립할 수 있다.
딥페이크 (Deep Fake)	**인공지능을 기반으로 한 인간 이미지 합성 기술** 인공지능(AI) 기술을 이용해 제작된 가짜 동영상 또는 제작 프로세스 자체를 의미한다. 적대관계생성신 경망(GAN)이라는 기계학습 기술을 사용, 기존 사진이나 영상을 원본에 겹쳐서 만들어낸다. '딥페이크'의 단어 유래 역시 동영상 속 등장인물을 조작한 이의 인터넷 아이디에서 비롯됐다. 2017년 12월 온라인 소셜 커뮤니티 레딧(Reddit) 유저인 '딥페이커즈(Deepfakes)'는 포르노 영상 속 인물의 얼굴을 악의적으로 유명인의 얼굴과 교체 · 합성해 유통시켰다.

총유기탄소 (Total Oganic Carbon)	**유기물에 의한 수질오염도를 측정하는 가장 좋은 방식** 총탄소(TC)는 총유기탄소(TOC)와 총무기탄소(TIC)로 구성되며, 이중에서 반응성이 없는 총무기탄소를 제외한 물질을 총유기탄소라고 한다. TOC는 시료의 유기물을 측정하기 위하여 시료를 태워 발생되는 CO_2 가스의 양을 측정하여 수질 오염도를 측정한다. 시료를 직접 태워 발생되는 CO_2 가스의 양으로 수질 오염도를 측정하는 방식이므로 난분해성 유기물의 측정에 매우 적합하며, 유기물에 의한 수질 오염도를 측정하는 가장 좋은 방식이다.
프롭테크 (Proptech)	**빅데이터 분석, VR 등 하이테크 기술을 결합한 서비스** 부동산(Property)과 기술(Technology)의 합성어로, 기존 부동산 산업과 IT의 결합으로 볼 수 있다. 프롭테크의 산업 분야는 크게 중개 및 임대, 부동산 관리, 프로젝트 개발, 투자 및 자금조달 부분으로 구분할 수 있다. 프롭테크 산업 성장을 통해 부동산 자산의 고도화와 신기술 접목으로 편리성이 확대되고, 이를 통한 삶의 질이 향상될 전망이다. 무엇보다 공급자 중심의 기존 부동산 시장을 넘어 정보 비대칭이 해소되어 고객중심의 부동산 시장이 형성될 것으로 보인다. • 핀테크(FinTech) 금융(Finance)과 기술(Technology)이 융합된 신조어로, 금융과 기술을 융합한 각종 신기술을 의미한다. 핀테크의 핵심은 기술을 통해 기존의 금융기관이 제공하지 못했던 부분을 채워주고 편의성 증대, 비용 절감, 리스크 분산, 기대 수익 증가 등 고객에게 새로운 가치를 주는 데 있다.
펄프스 (PULPS)	**핀터레스트, 우버, 리프트, 팰런티어, 슬랙 등 5개 테크기업** 이미지 공유 플랫폼 기업 핀터레스트(Pinterest), 세계 1·2위 차량공유 서비스 업체인 우버(Uber)와 리프트(Lyft), 빅데이터 전문 기업 팰런티어(Palantir), 기업용 메신저 앱 기업인 슬랙(Slack) 등 5개사를 지칭하는 용어다. 펄프스는 기존 미국 증시의 5대 기술주로서 주목받은 '팡(FAANG)'을 대체할 종목으로 관심을 받고 있다. 이들 업체는 큰 범주에서 모두 공유경제와 4차 산업혁명 관련 종목으로 분류되는데, 향후 미국증시를 새롭게 이끌 것으로 기대되고 있다. • FAANG 페이스북(Facebook), 애플(Apple), 아마존(Amazon), 넷플릭스(Netflix), 구글(Google)의 이니셜을 딴 것으로 미국증시 기술주를 뜻한다. 5개 기업의 시가 총액은 미국 국내 총생산(GDP)의 13% 정도를 차지한다.
AOS알파 (Automobile repair cost On-line Service-α	**자동차사고 시 수리비 견적을 사진 한 장으로 실시간 파악할 수 있는 인공지능(AI) 시스템** 고객이 사고 현장에서 스마트폰으로 차량 파손 부위를 촬영하면 AI가 손상된 부위의 판독부터 수리비까지 자동으로 산출·처리한다. 이에 따라 보상직원의 손해사정 업무시간이 일평균 1일당 30 ~ 50분, 현장 출동 관련 업무시간은 연간 약 6,000시간 단축될 것으로 예상된다. 보험개발원의 연구결과에 따르면 차량부품 인식 정확도는 99%, 부품손상인식도는 81%로 실무 적용 가능성을 확인했다고 한다. AOS알파가 가동되면 국내에서 자동차보험을 판매하고 있는 보험사 11곳에 모두 도입될 전망이다.
탄소중립	**지구온난화를 일으키는 탄소의 배출량만큼 탄소 감축 활동을 해 이를 상쇄하는 것** 기업이나 개인이 발생시킨 이산화탄소 배출량만큼 이산화탄소 흡수량도 늘려 실질적인 이산화탄소 배출량을 '0(Zero)'으로 만든다는 개념이다. 다시 말하면 대기 중으로 배출한 이산화탄소의 양을 상쇄할 정도의 이산화탄소를 다시 흡수하는 대책을 세움으로써 이산화탄소 총량을 중립 상태로 만든다는 뜻이다. 각 나라에서는 지구온난화의 주범인 이산화탄소의 배출량을 조절하기 위해 탄소중립 운동을 활발히 시행하고 있다. • 에코디자인 자원을 효율적으로 디자인에 활용하여 의식주 전반에 걸쳐 친환경적 가치를 실현하는 것을 말한다. 이와 더불어 환경과의 공존과 생활에서의 편리성을 모두 고려해 가장 실용적인 결과를 찾는 것에 목표를 두고 있으며, 크게 업사이클링과 탄소중립으로 나뉜다.
RPA 시스템	**로봇이 단순 업무를 대신하는 업무자동화 시스템** RPA란 Robotic Process Automation의 줄임말로 사람이 수행하던 반복적인 업무 프로세스를 소프트웨어 로봇을 적용하여 자동화하는 것을 말한다. 즉 저렴한 비용으로 빠르고 정확하게 업무를 수행하는 디지털 노동을 의미한다. RPA를 도입함으로써 기업이 얻을 수 있는 가장 큰 장점은 로봇이 단순 사무를 대신 처리해 주는 것에 따른 '인건비 절감'과 사람이 고부가가치 업무에 집중할 수 있는 것에 따른 '생산성 향상'이다.

그로스 해킹 (Growth Hacking)	**상품 및 서비스의 개선사항을 계속 점검하고 반영해 성장을 꾀하는 온라인 마케팅 기법** 그로스 해커라는 개념은 수많은 스타트업이 인터넷 기반 산업 분야에 뛰어들기 시작하면서 본격적으로 쓰이게 되었다. 마케팅과 엔지니어링, 프로덕트 등 다양한 각도에서 생각해낸 창의적 방법으로 고객에게 마케팅적으로 접근해 스타트업의 고속 성장을 추구하는 것을 의미한다. 페이스북(Facebook), 인스타그램(Instagram), 트위터(Twitter), 에어비앤비(AirBnB), 드롭박스(Dropbox) 등이 그로스 해킹 기술을 사용하고 있다. • 그로스 해커 2010년대 페이스북, 트위터 등 인터넷에 기반한 스타트업이 본격 성장하기 시작한 미국에서 처음으로 등장했다. Growth(성장), Hacker(해커)의 합성어로 인터넷과 모바일로 제품 및 서비스를 이용하는 소비자들의 사용패턴을 빅 데이터로 분석해 적은 예산으로 효과적인 마케팅 효과를 구사하는 마케터를 의미한다.
뉴로모픽 반도체	**인간의 두뇌 구조와 활동 방법을 모방한 반도체 칩** 인공지능, 빅 데이터, 머신러닝 등의 발전으로 인해 방대한 데이터의 연산과 처리를 빠른 속도로 실행해야 하는 필요성에 따라 개발되었다. 뇌신경을 모방해 인간 사고과정과 유사하게 정보를 처리하는 기술로 하나의 반도체에서 연산과 학습, 추론이 가능해 인공지능 알고리즘 구현에 적합하다. 또한 기존 반도체 대비 전력 소모량이 1억분의 1에 불과해 전력 확보문제를 해결할 수 있는 장점이 있다.
킬러로봇	**기계가 스스로 판단해 적을 살상하는 인공지능(AI) 로봇** 전장에서 적군을 살상하는 역할을 담당하는 인공지능(AI) 로봇으로, 감정없이 기계적 판단에 의해 인간이 프로그램 해놓은 대로 수류탄을 던지거나 총을 쏴 적군을 살상한다. 국제인권감시기구는 킬러로봇을 인간의 관여 없이 자율적으로 공격하는 무기라고 정의한다. 킬러로봇을 두고 찬반양론이 팽팽하게 맞서고 있는 상황인데 찬성 측은 인간의 잘못된 판단을 예방할 수 있다고 주장하며 반대 측은 킬러로봇이 민간인을 살상할 수 있다고 주장한다.
코드커팅 (Cord-cutting)	**유료 방송 시청자가 가입을 해지하고 새로운 플랫폼으로 이동하는 현상** 유료 방송 시청에 필요한 케이블을 '끊는' 것을 빗댄 용어로, 인터넷 속도 증가와 플랫폼 다양화를 바탕으로 전 세계적으로 일어나고 있다. 각자 환경과 취향에 맞는 서비스 선택이 가능해지자 소비자들은 유선방송의 선을 끊는 사회적 현상을 보였다. 미국은 넷플릭스, 구글 크롬 캐스트 등 OTT 사업자가 등장 하면서 대규모 코드커팅이 발생했다. 우리나라에서는 코드커팅이라는 말보다는 가전제품인 TV가 없다는 의미에서 '제로(Zero)TV'가 일반적으로 사용된다. 코드커팅이나 제로TV 현상은 주로 스마트폰 등 모바일 기기의 확산 때문에 일어난다.
바이오시밀러 (Biosimilar)	**특허가 만료된 바이오의약품의 복제약** 오리지널 바이오의약품과 비슷한 효능을 갖도록 만들지만 바이오약품의 경우처럼 동물세포나 효모, 대장균 등을 이용해 만든 고분자의 단백질 제품이 아니라 화학적 합성으로 만들어지기 때문에 기존의 특허 받은 바이오의약품에 비해 약값이 저렴하다. 즉, 효능은 비슷하게 내지만 성분과 원료는 오리지널 바이오의약품과 다른 '진짜 같은 복제약'인 것이다. 당뇨, 류머티스 관절염과 같은 만성·난치성질환의 치료제 분야에서 활용되고 있다.
스마트 그리드 (Smart Grid)	**집이나 사무실에서 효율적으로 전기를 쓸 수 있게 하는 지능형전력망시스템** 기존의 전력망에 정보기술을 접목해 전력 공급자와 소비자가 양방향으로 실시간 정보를 교환함으로써 가장 효율적으로 전력을 생산·소비할 수 있는 시스템을 말한다. 전체적인 전력 사용 상황에 따라 5 ~ 10분마다 전기요금 단가가 바뀌는 것이 특징이다. 산업통상자원부는 2030년까지 국내 전역에 스마트 그리드 설치를 완료하는 것을 골자로 한 스마트 그리드 확산 사업을 진행 중이다
사물인터넷 (IoT : Internet of Things)	**인터넷에 연결된 기기들이 센서 등을 통해 수집한 정보를 가지고 스스로 일을 처리하는 것** 사물에 센서를 부착해 실시간 데이터를 인터넷으로 주고받는 기술이나 환경을 의미하는 사물인터넷은 1999년 케빈 애시튼 미국 MIT 교수가 처음 사용했다. 가전기기부터 자동차, 물류, 유통, 헬스케어 등 다양한 분야에서 활용폭이 크다. 가령 어디서나 스마트폰만 있으면 집안의 전자기기, 가스검침 등을 제어 할 수 있다. 물류에서는 상품 등 자산의 위치추적, 현황파악, 원격지 운영관리에 사용이 가능하다.

DNA 바코드	**고유 DNA 정보를 이용해 생물종을 식별하는 코드** 동식물이 보유한 고유의 DNA 정보를 이용해 생물종을 빠르고 정확하게 식별하게 하는 일종의 '유전자 신분증'을 말한다. 보통의 바코드들은 검은선과 흰색의 여백을 이용한 2진법으로 구성된 반면 DNA 바코드는 아데닌, 티민, 구아닌, 사이토신의 4가지 염기 요소를 이용한 4진법을 사용하여 구성한다. 생물체는 비슷한 종이라도 DNA는 모두 다르기에 이렇게 생물이 가지는 고유 유전정보를 이용해 빠르고 정확하게 식별하게 한다. 비행기 충돌사고의 주범인 새의 종류를 판단하거나 마약범죄 단속 등에 활용되고 있다.
GMO (Genetically Modified Organism)	**유전자 재조합 식품** 제초제와 병충해에 대한 내성과 저항력을 갖게 하거나 영양적인 가치와 보존성을 높이기 위해 해당 작물에 다른 동식물이나 미생물과 같은 외래 유전자를 주입하는 등 식물 유전자를 변형하여 생산한 농작물을 일컫는다. 1994년 무르지 않는 토마토를 시작으로 유전자 재조합이 시작되었고, 미국의 몬샌토사에 의해 본격적으로 상품화되었다. 우리나라는 현재 세계 2위의 GMO 수입국인데, GMO의 안전성이 검증되지 않아 그 표시 문제가 논란이 되고 있다. • GMO완전표시제 DNA 및 유전자변형 단백질의 잔류와 상관없이 GMO 원료를 표시하는 제도다. 우리나라의 경우 가공 후 제품에 유전자변형 DNA 또는 외래 단백질이 남아있지 않거나 식품의 주요 원재료 함량 중 5위 안에 포함되지 않을 경우 이를 표시하지 않아도 되는 면제 규정이 있다. 시민단체는 GMO의 안전성이 입증되지 않은 만큼 '알 권리'를 보장받아야 한다며 완전표시제 도입을 촉구했다.
유전자가위	**인간 또는 동식물이 가진 세포의 유전자를 교정하는 데 사용하는 기술** 동식물 유전자의 특정 DNA 부위를 자른다고 하여 '가위'라는 표현을 사용하는데, 정확히는 손상된 DNA를 잘라낸 후에 정상 DNA로 바꾸는 기술이라 할 수 있다. 1·2세대의 유전자가위가 존재하며 최근 3세대 유전자가 위인 '크리스퍼'가 개발되었다. 크리스퍼는 세균이 천적인 바이러스를 물리치기 위해 관련 DNA를 잘게 잘라 기억해두었다가 다시 침입했을 때 물리치는 면역체계를 부르는 용어인데, 이를 이용해 개발한 것이 크리스퍼 유전자가위이다. 줄기세포·체세포 유전병의 원인이 되는 돌연변이 교정, 항암세포 치료제와 같이 다양하게 활용할 수 있다. • 영국 '세 부모 아이' 시술 첫 승인 2016년 4월 세계 최초로 유전자가위 시술을 통해 '세 부모 아이'가 태어났다. 세 부모 체외수정은 미토 콘드리아 DNA 결함을 지닌 여성의 난자로부터 핵만 빼내 미토콘드리아가 정상인 다른 여성의 핵을 제거한 난자에 주입한 뒤 정자와 수정시키는 것인데, 생물학적 부모가 3명이 된다는 점에서 윤리성 논란이 끊이지 않았지만 영국 보건당국은 세계 최초로 이른바 '세 부모 아이' 시술을 승인했다. 영국 인간수정·배아관리국(HFEA)은 의료진이 미토콘드리아 질환을 자녀에게 물려주지 않기 위해 이른바 '세 부모 체외수정'을 사용하는 것을 승인했다고 영국 언론들이 보도했다.
키오스크	**터치스크린 방식으로 공공장소에 설치된 정보전달시스템** 정보 서비스와 업무의 무인화·자동화를 통해 누구나 이용할 수 있도록 한 무인단말기를 말한다. 공공장소에 설치하여 각종 행정절차나 상품정보, 시설물의 이용방법, 인근 지역 관광정보 등을 제공한다. 대부분 터치스크린을 채택하여 단계적으로 쉽게 검색할 수 있다.
힉스입자 (Higgs Boson)	**물질을 구성하는 기본입자에 질량을 부여하는 존재** 우주가 막 탄생했을 때 몇몇 소립자들에 질량을 부여한 존재로 알려져 '신의 입자'라 불리는 힉스입자는 우주 탄생의 원리를 설명하기 위한 가설 중 가장 유력한 표준 모형(Standard Model)에서 없어서는 안 될 소립자다. 힉스입자의 존재를 증명하기 위해 유럽입자물리학연구소(CERN)는 대형강입자충돌기(LHC)를 통한 실험을 거듭했고 2012년 7월 실험으로 마침내 힉스입자의 존재를 증명했다.
랜섬웨어 (Ransomware)	**컴퓨터 사용자의 파일을 인질로 금전을 요구하는 악성 프로그램** '몸값'을 의미하는 '랜섬(Ransom)'과 '소프트웨어(Software)'의 혼성어로, 사용자의 동의 없이 컴퓨터에 설치되어 사용자의 문서 등 중요 파일을 암호화함으로써 파일을 사용할 수 없게 만든 뒤 이를 인질 삼아 대가를 요구하는 것이다.

알파고 (AlphaGo)	**구글 딥마인드가 개발한 인공지능 바둑 프로그램** 프로기사와 맞바둑을 두어 최초로 승리한 바둑 프로그램이다. 2016년 3월 한국기원은 알파고가 정상 프로기사 실력인 입신(入神)의 경지에 올랐다고 명예 프로 9단을 수여하여 언제든지 한국기원에서 개최하는 대회에 참가할 수 있도록 했다. 알파고를 개발한 딥마인드사는 알파고의 알고리즘을 더욱 개발·활용 하여 기후변화의 예측, 질병·건강관리시스템, 스마트폰 개인비서, 무인주행자동차 등 미래의 핵심서비스 용도에 적용시킬 계획이다. • 알파고 제로(Alphago Zero) 인간의 지식으로부터 전혀 도움을 받지 않았다는 점에서 '0(zero)'을 딴 인공지능 바둑 프로그램 알파고 버전의 명칭이다. 인간 고수들이 둔 기보 16만 건을 제공받은 이전 알파고 버전과 달리 인간 기보의 자료 없이 오직 강화학습의 방법론에만 의존한다.
빅 데이터 (Big Data)	**데이터의 생성량·주기·형식 등이 기존 데이터를 넘어서기 때문에 수집·저장·분석이 어려운 데이터** 기존 데이터베이스 관리도구의 데이터 수집·저장·관리·분석의 역량을 넘어서는 대량의 정형 또는 비정형 데이터 세트 및 이러한 데이터로부터 가치를 추출하고 결과를 분석하는 기술을 의미한다. 대규모 데이터의 생성·수집·분석을 특징으로 하는 빅 데이터는 과거에는 불가능했던 기술을 실현시키기도 하며 전 영역에 걸쳐서 사회와 인류에 가치 있는 정보를 제공하기도 한다.
딥러닝 (Deep Learning)	**인공신경망을 기반으로 데이터를 조합·분석·분류하는 기계 학습 기술** 컴퓨터가 다양한 데이터를 통해 사람처럼 스스로 학습할 수 있도록 인공신경망(ANN; Artificial Neural Network)을 기반으로 구축한 기계 학습 기술이다. 인간의 두뇌가 방대한 데이터 속에서 패턴을 발견하고 사물을 구분하는 정보처리과정을 모방하여 컴퓨터에 적용시킨 것이다. 이 기술을 적용하면 컴퓨터가 스스로 인지하고 판단할 수 있다. 이 기술은 사진·동영상·음성정보 등을 분류하는 데 활용되고 있다.
희토류	**원소기호 57～71번의 란탄계 원소 15개, 21번 스칸듐(Sc), 39번 이트륨(Y) 등 총 17개 원소의 총칭** 화학적으로 안정되어 있고 건조한 공기에서도 잘 견디며 열전도성도 높은 희토류는 상대적으로 탁월한 화학적·전기적·자성적·발광적 성질을 갖고 있어 각종 디스플레이와 스마트폰, 카메라 등의 필수 원료로 사용된다. 따라서 희토류는 자원무기화가 되기도 한다. 희토류 생산국이 생산량을 제한하거나 가격을 높이면 전량을 수입에 의존하는 우리나라가 큰 타격을 입는 것을 예로 들 수 있다.
인슐린 (Insulin)	**탄수화물의 대사를 조절하는 호르몬** 혈액 속의 포도당을 일정하게 유지하는 기능을 하는 호르몬이며 췌장에서 합성·분비된다. 음식을 소화하고 흡수할 때도 순간적으로 혈당이 높아지는데 그 혈당의 양을 조절하는 것이 인슐린의 역할이다. 그러나 인슐린의 합성과 분비가 잘 이루어지지 않으면 제 기능을 못하게 되고 결국 포도당을 함유한 소변을 배설하는 당뇨병에 걸릴 수 있다.

(5) 문화·예술·미디어

뉴스큐레이션 (News Curation)	**뉴스 취향 분석 및 제공 서비스** 뉴스 구독 패턴을 분석하여 사용자의 관심에 맞는 뉴스를 선택해 읽기 쉽게 정리해 제공해주는 서비스이다. 인터넷 뉴스 시대에 기사가 범람함에 따라 피로를 느낀 신문 구독자들이 자신에게 맞는 뉴스를 편리하게 보기 위해 뉴스큐레이션 서비스를 찾고 있다고 한다. 이러한 뉴스큐레이션 작업은 포털에서부터 SNS의 개인에 이르기까지 다양한 주체에 의해 이뤄지고 있으며 최근에는 뉴스큐레이션만을 전문으로 담당하는 사이트도 생겨나고 있다.
알 바그다디	**이슬람 수니파 극단주의 무장단체 이슬람국가(IS)의 수괴** 1971년 이라크 수도인 바그다드 북쪽에 위치한 사마라에서 태어났으며 본명은 '이브라힘 아와드 이브라힘'으로 알려져 있다. 2014년 6월 IS 수립을 선언하고 스스로를 칼리프로 칭한 뒤 전 세계를 대상으로 한 테러 공격을 자행한 인물이다. 시리아의 락까에 본부를 뒀던 IS는 이전의 다른 무장단체나 테러조직들과는 비교하기 힘들 만큼 위협적인 자금력과 조직 동원력, 군사력을 지니고 있는 것으로 밝혀졌다. 알 바그다디는 2019년 10월 26일 시리아에서 펼쳐진 미군 특수부대의 작전 과정에서 체포될 위기에 몰리자 자폭해 숨졌다.

확증편향 (Confirmation Bias)	**자신의 생각을 확인하려 하는 인지적 편향성** 통계학과 심리학에서 사용되는 사람의 인지적 편향성을 말한다. 심리학적으로 사람은 주변 환경에 노출 되었을 때 자신이 알고 있는 것에 더 쉽게 반응하는 경향을 보이며 자신의 평소 신념과 반대되는 정보를 얻게 되더라도 그 정보를 부정해버리고 오히려 자신의 신념을 더욱 확고히 하는 경향을 보이게 된다. 기존의 신념에 부합되는 정보는 취하고, 그렇지 않은 정보들은 걸러냄으로써 개인은 신속한 의사결정을 내릴 수 있다.
일루미나티	**계몽주의가 대두되던 1776년 프로이센에서 조직된 비밀 결사 조직** 1776년 5월 1일 독일 출신 아담 바이스하우프트가 설립한 비밀결사 일루미나티는 '빛을 받아 우주 만물의 법칙을 깨닫는다.'는 정신을 표방한다. 이들은 당시 유럽을 지배하던 가톨릭과 절대왕정에 맞서 계몽주의를 전파하다가 바티칸으로부터 이단으로 규정됐다. 이후 회원 대다수가 빠져나가며 공식적으로 해산한 것으로 알려졌다. 그러나 서구에서 1920년대 일루미나티가 특정 국가를 중심으로 활동하는 자발적 결사 단체로 특정 가문에 의해 관리되어왔다는 설이 광범위하게 유포됐다.
치팅데이	**식단조절 중 부족했던 탄수화물 보충을 위해 1 ~ 2주에 한 번 먹고 싶은 음식을 먹는 날** '몸을 속인다.'라는 뜻의 'Cheating'과 '날(日)'이라는 'Day'가 합성된 단어로, 다이어트 기간 동안 먹고 싶은 것을 참고 있다가 부족했던 탄수화물을 보충하기 위해 1 ~ 2주에 1회 혹은 정해진 시간마다 1회 정도 먹고 싶은 음식들을 먹는 날을 말한다. 다이어트 기간에는 인체에 에너지를 내는 글리코겐이 급격히 떨어지게 되는데, 치팅데이에 탄수화물 위주의 식단을 구성하면 이러한 부작용을 막는 효과가 있다. 또한 치팅데이를 가지면 스트레스를 크게 받지 않으면서 장기적으로 꾸준히 다이어트를 지속하는 데 도움이 된다.
베를린 장벽	**서베를린을 동베를린과 그 밖의 동독으로부터 분리하는 장벽** 동·서 베를린 경계선 약 45.1킬로미터에 걸친 콘크리트 벽으로, 1961년 8월에 동독 정부가 서베를린으로 탈출하는 사람들과 동독 마르크의 유출을 방지하기 위하여 축조하였다. 서베를린을 공산주의 국가 안의 유일한 자본주의 지역이라고 해서 '육지의 섬'이라고 불렀다. 하지만 동독의 관리들은 이 장벽을 반파시스트 보호벽이라고 불렀다. 오랜 기간 동·서 냉전의 상징물로 인식되어온 베를린 장벽은 동유럽의 민주화로 1989년 11월 9일에 철거되었다.
가스라이팅 (Gaslighting)	**상황조작을 통해 판단력을 잃게 만들어 지배력을 행사하는 것** 연극 「가스등(Gas Light)」에서 유래한 말로 세뇌를 통해 정신적 학대를 당하는 것을 뜻하는 심리학 용어이다. 타인의 심리나 상황을 교묘하게 조작해 그 사람이 스스로 의심하게 만들어 타인에 대한 지배력을 강화하는 행위다. 거부, 반박, 전환, 경시, 망각, 부인 등 타인의 심리나 상황을 교묘하게 조작해 그 사람의 현실감과 판단력을 잃게 만들고, 이로써 타인에 대한 통제능력을 행사하는 것을 말한다. • 가스라이팅의 유래 1938년 영국에서 상연된 연극 「가스등(Gas Light)」에서 유래됐다. 이 연극에서 남편은 집안의 가스 등을 일부러 어둡게 만들고는 부인이 "집안이 어두워졌다."라고 말하면 그렇지 않다는 식으로 아내를 탓한다. 이에 아내는 점차 자신의 현실 인지 능력을 의심하면서 판단력이 흐려지고, 남편에게 의존하게 된다. 아내는 자존감이 낮아져 점점 자신이 정말 이상한 사람이라고 생각하게 된다.
미래도서관 (Future Library)	**인기 작가의 비공개 작품을 모아 2114년 출간하는 노르웨이의 공공예술 프로젝트** 2014년부터 100년 동안 매해 1명의 작가를 선정하여 총 100명의 작품을 2114년에 출판하는 공공예술 프로젝트이다. 이 프로젝트의 책들은 노르웨이 오슬로 외곽 숲에서 100년 동안 심은 나무 1,000그루로 만들어진다. 1,000그루의 나무는 노르웨이 오슬로의 노르드마르카(Nordmarka) 숲에 이 프로젝트를 위해 특별히 심어졌다. '미래도서관' 사업의 선정 작가로는 현재까지 캐나다 소설가 '마거릿 애트우드', 영국 소설가 '데이비드 미첼', 아이슬란드 작가 '숀', 터키 작가 '에리프 샤팍' 등이 참여했다.
비건 패션	**동물의 가죽이나 털을 사용하지 않고 만든 옷이나 가방 등을 사용하는 행위** 채식을 추구하는 비거니즘에서 유래한 말로, 동물의 가죽이나 털을 사용하는 의류를 거부하는 패션철학을 뜻한다. 살아있는 동물의 털이나 가죽을 벗겨 옷을 만드는 경우가 많다는 사실이 알려지면서 패션업계에서는 동물학대 논란이 끊이지 않았다. 과거 비건 패션이 윤리적 차원에서 단순한 대용품으로 쓰이기 시작했다면, 최근에는 윤리적 소비와 함께 합리적인 가격, 관리의 용이성까지 더해지면서 트렌드로 자리 잡아가고 있다.

팜므파탈 (Femme Fatale)	**프랑스어로 '치명적인 여인'을 뜻하는 용어** '치명적'인을 의미하는 프랑스어 파탈(Fatale)과 '여성'을 의미하는 팜므(Femme)의 합성어이다. 19세기 낭만주의 작가들에 의해 문학작품에 나타나기 시작한 이후 미술・연극・영화 등 다양한 장르로 확산되어, 남성을 죽음이나 고통 등 치명적 상황으로 몰고 가는 '악녀', '요부'를 뜻하는 말로까지 확대・변용되어 사용되고 있다. 남성을 압도하는 섬뜩한 매력과 강인한 흡인력 앞에서 남성은 끝내 파국을 맞을 수밖에 없는 것이 팜므파탈의 속성이다. • 옴므파탈(Homme Fatale) 프랑스어로 '남성'을 뜻하는 옴므(Homme)와 '치명적인'이라는 뜻을 가진 파탈(Fatale)의 복합어이다. 말뜻 그대로 하면 '치명적인 남자'라는 뜻으로 저항할 수 없는 매력으로 상대 여성을 유혹해 파멸시키는 부정적이고 숙명적인 남자를 의미한다.
기린 대화법	**마셜 로젠버그 박사가 개발한 비폭력 대화법** 미국의 심리학자 마셜 로젠버그가 개발한 비폭력 대화법이다. 상대방을 설득시키는 데 '관찰 – 느낌 – 욕구 – 요청'의 네 단계 말하기 절차를 밟는다. 평가하고 강요하기보다는 감상과 부탁을 하여 상대방의 거부감을 줄이는 것이다. 기린은 목이 길어 키가 가장 큰 동물이기에 포유류 중 가장 큰 심장을 지니고 있다. 또한 온화한 성품의 초식동물로 높은 곳에서 주변을 살필 줄 아는 동물이기도 하다. 이런 기린의 성품처럼 상대를 자극하지 않고 배려할 수 있는 대화법이다.
인티머시 코디네이터 (Intimacy Coordinator)	**배우들이 수위 높은 애정 장면을 촬영할 때 성폭력을 감시하는 사람** 배우들이 '육체적 친밀함(Intimacy)'을 연기할 때 불쾌감을 느끼거나, 성희롱으로 이어지는 일을 방지하는 직업을 가진 사람을 말한다. 뉴욕타임스는 '미투(Me Too)' 시대를 맞아 방송, 공연계에 이 직종이 새로 등장했다고 보도했다. '인티머시 코디네이터'의 주요 임무는 이런 일이 없도록 현장을 모니터하고 배우들의 기분을 파악하는 것이다. 연기 도중 성희롱이 발생하지 않도록 교육하는 워크숍도 열고 있다.
빈지 워칭 (Binge Watching)	**방송 프로그램이나 드라마, 영화 등을 한꺼번에 몰아보는 현상** '폭식・폭음'을 의미하는 빈지(Binge)와 '본다.'를 의미하는 워치(Watch)를 합성한 단어로 주로 휴일, 주말, 방학 등에 콘텐츠를 몰아보는 것을 폭식에 비유한 말이다. 빈지 워칭은 2013년 넷플릭스가 처음 자체 제작한 드라마 '하우스 오브 카드'의 첫 시즌 13편을 일시에 선보이면서 알려졌고, 이용자들은 전편을 시청할 수 있는 서비스를 선호하기 시작했다. 빈지 워칭 현상은 구독경제의 등장으로 확산되고 있다.
아벨상 (Abel Prize)	**수학의 노벨상이라 불리는 국제 공로상** 노르웨이 수학자 닐스 헨리크 아벨을 기념하기 위해 노르웨이 정부가 2003년 아벨의 탄생 200주년을 맞아 제정한 것으로, 필즈상(Fields Medal)과 함께 수학계에 공로한 인물에 시상하는 상이다. 같은 수학계 공로상인 필즈상이 4년에 한 번씩, 40세 이하의 수학자에게만 시상하는 것과 달리 아벨상은 1년에 한 번씩, 평생에 걸친 수학자의 공로를 시상한다는 점에서 '수학의 노벨상'이라 불리기도 한다.
드레스덴 인권평화상	**독일에서 주최되는 국제 인권평화상** 드레스덴 상은 '독일 드레스덴우호협회'가 주관하는 국제공로상이다. 지난 2011년 제정되었으며, 첫 수상자는 미하일 고르바초프 옛 소련 공산당 서기장이었다. 한국인으로서는 2015년 김문수 전 경기도지사가 북한인권법 최초 발의 등으로 첫 수상의 영예를 안았다. 드레스덴은 독인 통일의 밑거름이 된 '시민봉기'가 최초로 일어났던 동독의 중심 도시로 알려져 있다.
쿰브멜라 (Kumbh Mela)	**인도 힌두교의 종교 축제** 가장 큰 규모의 힌두교 순례축제로 쿰브는 '주전자, 항아리'의 뜻이며, 멜라는 '축제'를 가리킨다. 갠지스 강의 하르드와르(Haridwar), 시프라 강의 웃자인(Ujjain), 고다바리 강의 나시크(Nasik), 그리고 갠지스 강, 야무나 강, 사라스와 티 강이 만나는 알라하바드(Allahabad) 4곳에서 12년을 주기로 돌아가며 열린다. 힌두교 경전에 따르면 축제기간 중 음력으로 계산되는 성스러운 기일에 강물에 몸을 담그는 자들은 자신의 죄를 씻어낼 수 있다고 하여 신자들은 죄를 정화하기 위해 이들 강에서 목욕을 한다.

블랙 프라이데이 (Black Friday)	**미국의 최대 쇼핑시즌** 매년 11월 마지막 목요일인 추수감사절 다음날로, 미국 각지에서 최대 규모의 쇼핑이 이뤄지는 날을 말한다. 이날 시작되는 쇼핑 시즌은 연말까지 세일이 이어지며 미국 연간 소비의 약 20%가 이때 이루어진다. 매출장부가 적(Red)자에서 흑(Black)자로 전환된다고 하여 블랙 프라이데이라는 이름이 붙었다. • 코리아 세일 페스타(Korea Sale Festa) 2016년에 시작한 대한민국의 쇼핑관광축제를 말한다. 이 행사는 정부 부처인 산업통상자원부가 직접 참가업체 200여개의 신청을 받고 진행했다는 점에서 다른 나라의 블랙 프라이데이와 조금 차이가 있다. 'FESTA'에는 축제라는 의미뿐만 아니라 'Festival(축제)', 'Entertainment(한류)', 'Shopping(쇼핑)', 'Tour(관광)', 'Attraction(즐길거리)'가 모두 어우러진 축제라는 의미도 담겨있다. 한국판 블랙 프라이데이라고 불리는 코리아 세일 페스타는 매년 11월에 진행된다.
노벨상 (Nobel Prize)	**노벨의 유언에 따라 인류복지에 공헌한 사람·단체에게 수여하는 상** 다이너마이트를 발명한 스웨덴의 화학자 알프레드 노벨(Alfred B. Nobel)은 인류복지에 가장 구체적으로 공헌한 사람들에게 나누어주도록 그의 유산을 기부하였고, 스웨덴의 왕립과학아카데미는 노벨재단을 설립하여 1901년부터 노벨상을 수여하였다. 노벨상은 해마다 물리학·화학·생리의학·경제학·문학·평화의 6개 부문에서 인류 문명의 발달에 공헌한 사람이나 단체를 선정하여 수여한다. 평화상을 제외한 물리학, 화학, 생리의학, 경제학, 문학상의 시상식은 노벨의 사망일인 매년 12월 10일에 스톡홀름에서, 평화상 시상식은 같은 날 노르웨이 오슬로에서 열린다. 노벨상은 생존자 개인에게 주는 것이 원칙이나 평화상은 단체나 조직에 줄 수 있다. • 노벨경제학상 1901년 노벨상을 처음 수여할 때는 평화·문학·생리의학·물리·화학의 5개 부문이었는데, 1968년 스웨덴 중앙은행이 은행설립 300주년을 기념하여 노벨경제학상을 제정했다. 기금을 노벨재단에 기탁함에 따라 1969년부터 노벨상은 경제학 부문을 추가한 6개 부문의 시상이 이루어지게 되었다.
카피레프트 (Copyleft)	**지적 창작물에 대한 권리를 모든 사람이 공유할 수 있도록 하는 것** 1984년 리처드 스톨먼이 주장한 것으로 저작권(Copyright)과 반대되는 개념이며, 정보의 공유를 위한 조치이다. 카피레프트를 주장하는 사람들은 지식과 정보는 소수에게 독점되어서는 안 되며 모든 사람에게 열려 있어야 한다고 말한다.
셰익스피어의 4대 비극	**「햄릿」, 「오셀로」, 「리어왕」, 「맥베스」** 대표적인 4대 비극 중 가장 먼저 발표된 「햄릿」은 복수 비극이다. 두 번째 작품 「오셀로」는 인간적 신뢰가 돋보이는 작품이다. 세 번째 작품 「리어왕」은 혈육 간 유대의 파괴가 우주적 질서의 붕괴로 확대되는 과정을 그린 비극이다. 마지막 작품인 「맥베스」에서는 장수의 왕위 찬탈과 그것이 초래하는 비극적 결말을 볼 수 있다.
4대 뮤지컬	• 캣츠 영국의 대문호 T.S 엘리어트의 시 「지혜로운 고양이가 되기 위한 지침서」를 뮤지컬로 만들었다. 시적 상상력을 바탕으로 고양이로 분장한 배우들이 인간 구원이라는 주제를 표현한 작품이다. 30여 개국에서 공연되어 관람객 5,000만 명에 공연 수입 22억 달러를 올리는 등 경이로운 기록을 세웠다. • 레미제라블 빅토르 위고의 소설을 뮤지컬화한 작품으로, 나폴레옹 제국 시대 이후 동맹국이 프랑스 왕으로 추대한 샤를르 10세의 시대가 멸망하기까지의 이야기이다. 1987년 뉴욕 공연 후, 그해 토니상에서 작품상, 남우조연상, 여우조연상, 연출상, 극본상, 작사, 작곡상을 비롯한 8개 부문의 상을 수상하였다. • 미스 사이공 클로드 미셸 쇤베르크가 작곡하고, 니콜라스 아리트너가 연출한 것으로 베트남 전쟁을 배경으로 하여 미군 병사와 베트남 여인의 슬픈 사랑을 애절하게 표현한 작품이다. 1989년 런던에서 초연되었는데 당시 미국의 베트남 전쟁 참가를 미화했다는 비난을 받기도 했다. • 오페라의 유령 프랑스의 작가 가스통 노와의 원작 소설을 찰스 하트가 뮤지컬 극본으로 만들어 무대에 올린 작품이다. 한때 오페라 작곡가로 명성을 날렸으나 잊힌 천재가 되어버린 '오페라의 유령'이 호숫가에서 은둔 생활을 하던 중 미모의 오페라 가수 크리스틴에게 반하지만 결국 사랑은 실패로 끝난다는 내용을 담고 있다. 1988년 토니상에서 작품상을 비롯해 남우주연상, 여우주연상, 연출상, 장치상, 조명상 등을 수상했다.

세계 3대 영화제	**베니스 영화제 · 칸 영화제 · 베를린 영화제** • 베니스 영화제(이탈리아) – 1932년 창설, 매년 8 ~ 9월 열리는 가장 오래된 영화제 – 최고의 작품상(그랑프리) '황금사자상', 감독상 '은사자상', 남 · 여 주연상 '볼피컵상' 수여 – 2012년 김기덕 감독 「피에타」 황금사자상 수상 • 칸 영화제(프랑스) – 1946년 시작되어 매년 5월 개최 – 대상 '황금종려상', 시상은 경쟁 부문과 비경쟁 부문, 주목할 만한 시선 부문 등으로 나뉨 – 우리나라는 「춘향뎐(1999)」으로 경쟁 부문에 최초 진출 – 2019년 봉준호 감독의 영화 「기생충」이 황금종려상 수상 • 베를린 영화제(독일) – 1951년 창설하여 매년 2월 개최 – 최우수 작품상 '금곰상', 심사위원 대상 · 감독상 · 남녀 배우상 등에 수여되는 '은곰상' 등 – 2017년 우리나라의 배우 김민희는 「밤의 해변에서 혼자」로 여우주연상 수상
트랜스미디어 (Trans Media)	**트랜스(Trans)와 미디어(Media)의 합성어로 미디어 간 경계선을 넘어 결합 · 융합하는 현상** 장동련 교수가 '횡단, 초월(Trans)'과 '미디어(Media)'를 합성하여 창안한 용어로, '미디어를 초월한 미디어' 즉, 미디어 간의 경계선을 넘어 서로 결합 · 융합되는 현상을 의미한다. 방송 · 신문 · 인터넷 · 모바일 등의 미디어를 유기적으로 연결한 콘텐츠를 제공하며 시청자의 요구에 다각적으로 반응할 수 있는 양방향 소통이 가능해져 시청자의 편의를 도모할 수 있다. 이는 기술과 감성이 조화를 이룬 미디어 단계를 일컫는다.
엠바고 (Embargo)	**잠정적인 출항 정지 또는 언론보도 유보를 가리키는 말** 원래는 국제법상 사용되는 법률용어로 국가 간 분쟁 또는 어떠한 문제가 발생한 상태에서 자국의 항구에 입항하여 정박 중인 외국 선박의 출항을 허가하지 않고 문제해결 때까지 잠정적으로 출항을 정지시켜 억류하여 놓는 것을 가리키는 말이었으며 언론에서 이를 차용하여 보도를 한시적으로 유보하는 것을 의미하는 용어로도 쓰이게 되었다.
스낵컬처 (Snack Culture)	**스낵처럼 짧은 시간에도 쉽게 즐길 수 있는 새로운 문화 · 예술 콘텐츠의 신개념 소비문화** 시간과 장소에 구애받지 않고 즐길 수 있는 스낵처럼 출퇴근 시간이나 점심시간 등 5 ~ 15분의 짧은 시간에 즐길 수 있는 문화 · 예술 콘텐츠의 신개념 소비문화를 말한다. 웹툰, 웹소설과 웹드라마가 대표적인 스낵컬처로 인기를 끌고 있다. 짧은만큼 진지하거나 의미 있는 내용보다, 재미를 추구하는 스낵처럼 가벼운 콘텐츠가 주를 이룬다. 최근 네이버 · 카카오 · SK커뮤니케이션즈 등 IT업체의 스낵컬처 분야에서의 경쟁이 치열해지고 있다.
미디어셀러 (Media Seller)	**드라마나 영화로 제작된 영상물과 관련된 책** 미디어셀러는 영화나 드라마, 예능, CF 등 미디어에 노출된 이후 주목을 받으면서 베스트셀러가 된 책을 말한다. 김용택 시인의 『어쩌면 별이 너의 슬픔을 가져갈지도 몰라』가 드라마 「도깨비」의 흥행 이후 종합 베스트셀러 순위에서 연속 1위를 차지하는가 하면 신카이 마코토 감독의 애니메이션 「너의 이름은」은 영화의 흥행과 더불어 동명소설 역시 베스트셀러 순위에 진입하기도 했다.
팝아트 (Pop Art)	**대중문화적 시각이미지를 미술의 영역 속에 수용한 구상미술의 경향** 1950년대 영국에서 시작된 팝아트는 추상표현주의의 주관적 엄숙성에 반대하며 TV, 광고, 매스미디어 등 주위의 소재들을 예술의 영역 안으로 받아들인 사조를 말한다. 대중문화속에 등장하는 이미지를 미술로 수용함으로써 순수예술과 대중예술의 경계를 깨뜨렸다는 평도 있지만, 이를 소비문화에 굴복한 것으로 보는 시선도 있다. 앤디 워홀, 리히텐슈타인 등이 대표적인 작가이다.
와하비즘 (Wahhabism)	**극단적인 이슬람교리** 와하비즘은 엄격한 율법을 강조하는 이슬람 근본주의를 의미하는데 사우디아라비아의 건국이념이기도 하다. 여성의 종속화, 이교도들에 대한 무관용적인 살상 등 폭력적이고 배타적이다. 이슬람국가(IS)와 알카에다, 탈레반, 보코하람, 알샤바브 등 국제적인 이슬람 테러조직들이 모두 와하비즘을 모태로 하고 있다.
앙가주망 (Engagement)	**문학에서 정치나 사회적 문제에 자진해서 적극적으로 참여하는 경향** 본래 '계약 · 구속 · 약혼 · 연루됨'을 의미한다. 프랑스의 문학가 사르트르가 그의 논문에서 앙가주망의 개념을 체계적으로 정리하고, 창작은 자유를 실현하는 방식이며 산문은 민주주의를 전제로 한다고 본 이후 실존주의자들이 '사회에 참여하는 문학'이라는 의미로 널리 사용하였다.

배우기만 하고 생각하지 않으면 얻는 것이 없고,
생각만 하고 배우지 않으면 위태롭다.

– 공자 –

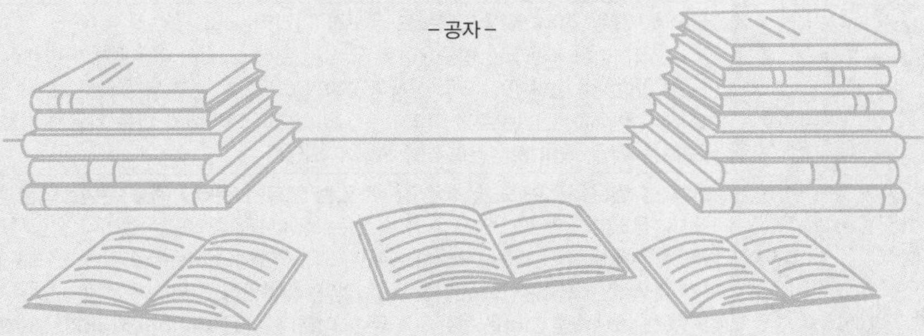

PART 2

NIAT 적중예상문제

CHAPTER

01 언어능력

01	02	03	04	05	06	07	08	09	10	11	12	13	14	15	16	17	18	19	20
④	④	②	③	④	③	④	②	①	④	⑤	②	②	③	④	④	②	④	⑤	③
21	22	23	24	25															
⑤	②	④	②	⑤															

01

정답 ④

ㄴ. 인간의 행동이 유전자와 환경의 상호작용으로 결정된다면 ㉠ 주장의 핵심인 '자유의지' 이론을 약화시킨다.

ㄷ. '발견된 인간 유전자의 수는 유형화된 행동 패턴들을 모두 설명하기에 적지 않다'면 역시 ㉠ 주장의 핵심인 '자유의지' 이론을 약화시킨다.

오답분석

ㄱ. 인간의 행동결과가 유전자에 종속된 것인지 아니면 자유의지에 의한 자유발현인지를 논하는 것이 제시문의 핵심이므로 '자유의지가 없는 동물 중에는 인간보다 더 많은 유전자 수를 가지고 있는 경우'가 증명이 된다 해도 ㉠ 주장을 강화하거나 약화하지 않는다.

02

정답 ④

제시문의 내용을 정리해 보면, 낭만주의 화가 A는 감정과 상상력을 통해 이국의 역사나 배경을 묘사한다. 사실주의 화가 B는 눈으로 직접 볼 수 있는 것만을 그린다. C는 색채의 다양한 변화를 통해서 사실성을 획득했다. D는 자연법칙을 변형시킨, 독립적인 세계를 표현했다. 이들을 종합해 보면 독자적인 세계의 표현 여부가 네 작품을 나누는 기준이 될 수 있다. 이러한 기준에 의거할 경우, D만이 독립적인 세계를 그리고 있다고 판단할 수 있다.

오답분석

① 자연과의 일치 여부를 기준으로 한다면 ㉠, ㉣과 ㉡, ㉢으로 나누어야 한다.
② 새로운 방법에 대한 자각을 기준으로 한다면 ㉢, ㉣이 묶여야만 한다.
③ 실재하는 것만을 그린다는 믿음을 기준으로 한다면 ㉡, ㉢이 묶여야만 한다.
⑤ 음영과 색채의 이용 여부가 기준이 된다면 적어도 ㉠, ㉡과 ㉢으로 나누어야 한다.

03

정답 ②

마지막 문단에서 태양의 흑점은 보통 11년을 주기로 활동하는데, 매번 차이가 있어 정확히 계산할 수는 없다고 하였다.

04

정답 ③

첫 번째 문단에서 기존의 인터넷과 사물인터넷을 대조하여 설명하였고, 세 번째 문단에서 사물인터넷이 침대와 실내등에 연결되는 것 등의 예시를 들어 설명하였다.

㉢ 예시 : 예를 들어 보임
㉣ 역설 : 어떤 주의나 주장에 반대되는 이론이나 말
㉤ 대조 : 둘 이상인 대상의 내용을 맞대어 같고 다름을 검토함

오답분석

㉠ 인용 : 남의 말이나 글을 자신의 말이나 글 속에 끌어 씀
㉡ 구분 : 일정한 기준에 따라 전체를 몇 개로 갈라 나눔

05

정답 ④

(가)는 장마철을 대비한 차량 관리의 필요성을 언급하고 있으므로 글의 서두로 다른 문단들을 아우른다. (나)는 장마철 사고의 원인인 수막현상에 대한 설명이고 (다)는 수막현상을 예방하는 방법이므로 (나) 뒤에 (다)가 이어져야 한다. (라)는 장마철 시야 확보를 위해 와이퍼와 워셔액, 유리 방수 관리를 해야 한다는 내용, (마)는 시야 확보와 자신의 위치 노출을 위한 전조등 점검, (바)는 배터리 상태를 점검해야 한다는 내용이다. 따라서 (나), (라), (마), (바)는 (가)의 하위 항목으로 장마철 차량 관리 방법에 해당하므로 글의 구조를 올바르게 표현한 것은 ④이다.

06

정답 ③

보기의 '또한'이라는 접속어를 보면 외래문화나 전통문화의 양자택일에 대한 내용이 앞에 와야 함을 알 수 있고, ㉢ 다음의 내용은 '전통 문화는 계승과 변화가 다 필요하고 외래문화의 수용과 토착화를 동시에 요구한다.'이므로 보기는 ㉢에 들어가야 한다.

07

정답 ④

제시문은 대륙 이동설이 어떻게 주장되었으며 어떻게 받아들여지고 발전했는가에 대해 시간적 순서에 따라 설명하고 있다.

08

정답 ②

(나)의 서두에서 필자는 마이크로 과학과 비교를 통해 나노 과학의 문제점을 설명하겠다고 말하고 있다. 하지만 정작 나노 과학의 문제점은 (다)에서 상세화하여 원자 핀셋에 대한 설명으로 이어지고 해결책은 제시되지 않았으므로 (나)는 해당 단락에 대한 주된 내용으로 거리가 멀다.

09

정답 ①

제시문에서 언급되지 않은 내용이므로 적절하지 않다.

오답분석

② 두 번째 문단의 '위인지학이란, 내면의 공허함을 감추고 관심을 바깥으로 돌려 지위와 명성을 취하는 공부'라고 한 부분에서 알 수 있다.
③ 첫 번째 문단에서 '위기(爲己)란 자아가 성숙하는 것을 추구'한다는 내용으로 확인할 수 있다.
④ 첫 번째 문단에서 공자는 학자를 자기를 위해 공부하는 학자와 남을 위해 공부하는 학자의 두 부류로 나누었다.
⑤ 마지막 문단의 '당시 사대부들은 출사(出仕)를 통해 정치에 참여하는 것 외에 학문과 교육에 종사하면서도 자신의 사회적 존재 의의를 주장할 수 있다고 믿었다.'는 부분을 통해 알 수 있다.

10

정답 ④

제시문을 전반적으로 볼 때, 코르테스의 파괴와 새로운 도시 건설에 대한 내용은 확인할 수 없으므로 ④는 빈칸에 포함될 필요가 없다.

오답분석

① (가)에 들어갈 내용으로, '아메리카'로 반박하려는 필자의 의견에 근거가 되는 인용문이다.
② (나)에 들어갈 내용으로, 180여 명의 군대에 의해 멸망한 것이 아니라 민간 사설 무장 집단이 주도했다고 언급하고 있다.
③ (가)에 들어갈 내용으로, 코르테스는 16세기 중반이 아니라 16세기 초반인 1519년에 멕시코의 베라크루스 지역에 도착했다.
⑤ (가)에 들어갈 내용으로, 엘도라도는 '황금으로 가득 찬 도시'가 아니라 '황금의 사나이'란 뜻이다.

11 정답 ⑤

'이는 결국 기업의 진정한 가치에 관한 중요한 정보의 공시와 관련된 분쟁에서 부정 공시로 인한 피해 여부를 어떻게 입증할 것인가 하는 어려운 문제를 해결할 확실한 논리'라는 내용을 볼 때, '공시자료를 근거로 주식 투자를 해왔다는 사실이 입증되어야 한다.'는 것은 적절하지 않다.

오답분석

① '㉠ 원고 측의 손을 들어주는 판결'의 구체적인 내용을 보면 '해당 기업의 진정한 가치에 관한 모든 정보는 주가에 반영되므로, 기업의 진정한 가치와 주가는 일치한다.'는 법적 적용 내용이 있으므로 적절하다.
② 제시문에 따르면 '투자자들로 하여금 잘못된 결정을 하게 하여 재산상의 손실을 입게 했다고 추정할 만한 충분한 합리적 근거가 있다는 것'이라는 내용이 있으므로 적절하다.
③ · ④ '이러한 상황에서는 사람들이 주가만 가지고도 투자 결정을 내린다고 볼 수 있으므로, 베이식 사가 합병 과정을 공개하지 않음으로써 투자자들로 하여금 잘못된 결정을 하게 하여 재산상의 손실을 입게 했다.'는 내용이 있으므로 적절하다.

12 정답 ②

제시문에서 '적응주의자들은 자연계에 효과적인 적응의 산물로 보기 힘든 형질들이 존재한다는 점을 인정'한다고 하였으나, ②는 사람의 눈이 자연에 적응하기 가장 좋은 상태로 진화했다는 것을 전제하고 있으므로 적절하지 않다.

오답분석

① 굴드는 반적응주의자이므로 그들이 주장한 '적응주의가 생물의 진화에서 적응과 자연선택의 역할을 지나치게 강조한다고 비판한다.'는 내용을 볼 때 적절하다.
③ "'적응과 자연선택이라는 하나의 원리가 진화에서 지배적 역할을 하는가, 아니면 다른 원리들과 복수적으로 작용하는가'이다."를 근거로 볼 때 적절하다.
④ '반적응주의자들은 적응주의자들이 그렇고 그런 식의 임기응변을 통해 빠져 나간다고 비판하고,'라는 부분에서 추측할 수 있다.
⑤ '매우 급격한 생태학적 변동이 발생할 경우 그 영향력이 기존의 자연선택력을 초과할 수 있고, 그 결과 선택노선이 예측 불가능하게 붕괴될 수 있다.'에서 볼 때 소행성 충돌은 자연선택권에 대한 예측이 불가능한 변동이므로 적절하다.

13 정답 ②

네 번째 문단의 첫 문장을 보면, 계급사회에서 사회 동력을 억제한 것은 개인의 의지보다 신분이었다고 말했으므로 ②가 적절하지 않다.

14 정답 ③

조선시대의 의리는 지배층의 필요에 의해 권장된 사회 규범이다. 백성들은 이에 대해 관성적으로 복종하는 의식이 굳어져 갔을 뿐이다.

15 정답 ④

(가) ~ (라)는 '말과 글'의 필요성을 중점적으로 다루었고, (마)와 (바)는 '말과 글'의 기능을 설명하였다. 따라서 이 글을 둘로 나눈다면 (라)와 (마) 사이를 경계로 삼는 것이 가장 적절하다.

16 정답 ④

백성은 '스스로의 뜻에 관계없이 사회가 부과한 위치와 역할을 감수할 수밖에 없다. 그에게는 선택권이 없으며 살아남기 위해서는 아무리 싫어도 사회의 요구에 복종해야 한다.'는 내용으로 볼 때 항민에 해당이 되고, 체제 도전자는 '사회가 돌아가는 모습이 자신의 기대에 미치지 못함을 발견할 때, 그는 바람직한 새로운 사회질서의 건설을 위해 주어진 사회질서에 도전한다.'는 것이 특징이므로 호민에 해당한다.

17

정답 ②

(가) 이어지는 부연, 즉 '철학도 ~ 과학적 지식의 구조와 다를 바가 없다.'라는 진술로 볼 때 동일한 의미의 내용이 들어가야 하므로 ㄴ이 적절하다.

(나) 이어지는 부연, 즉 현상학의 관점과 분석 철학의 관점에서 나타난 차이점에 유의하면 현상학은 철학을 존재 차원으로, 분석 철학은 의미 차원으로 인식한다는 ㄱ이 적절하다.

(다) 앞부분에서는 '철학과 언어학의 차이'를 제시하고 있고, 뒤에는 언어학의 특징이 구체적으로 서술되어 있다. 그 뒤에는 분석 철학에 대한 설명이 따르고 있으므로 여기에는 언어학에 대한 일반적인 개념 정의가 서술되어야 한다. 따라서 ㄷ이 적절하다.

(라) 앞부분에서 '철학의 기능은 한 언어가 갖고 있는 개념을 해명하고 이해한 것'이라고 설명하고 있다. 따라서 '철학은 개념의 분석에 지나지 않는다.'라는 ㅁ이 적절하다.

(마) 앞 문장의 '어떤 언어가 갖고 있는 개념은 인식의 대상이 될 수 없고 오직 이해의 대상이 될 수 있을 뿐이다.'라는 진술로 보아 철학은 인식의 문제가 아니라 개념의 문제임을 확인할 수 있으므로 '인식'과 '이해'가 별개의 것이라는 ㄹ이 적절하다.

18

정답 ④

(라)는 피아노의 한계와 피아노를 대체할 새로운 악기의 출현 가능성에 대해 서술하고 있으므로 적절하지 않다.

19

정답 ⑤

두 번째 문단을 보면 '근래 조정을 보건대 각자 자기의 고집만을 내세워 시비를 결단하지 못하고 있다.'고 하였으므로, '고집을 내세워 시비를 결단하지 못하는 것'은 임금의 문제가 아닌, 조정의 신하들의 문제임을 알 수 있다.

20

정답 ③

(가)에서는 숲과 나무의 경우에 비유하여 사회현상을 파악하는 방법에 대해 논의를 시작하고 있고, (나)에서는 은행의 돈 세는 기계의 경우를 예로 들어 판단의 근거로 삼고 있다. (라)에서는 '채플린'이 출연한 영화를 예로 들어 실업문제에서 감시, 감독의 문제로 논지를 심화시켰고, (마)에서는 앞에서 언급한 내용들을 정리하여 고정 관념의 문제점을 지적하고 있다. 그러나 (다)에서는 글쓴이와 반대 측인 기업 측의 입장은 나타나지만, 타협점을 찾는 노력은 찾아볼 수 없다.

21

정답 ⑤

글쓴이는 '가족이기주의의 문제점'을 화제로 제시한 후에 '가족이기주의의 여러 병폐'에 대해 말하고, 이를 바탕으로 '가족제도 변화의 방향'과 그 구체적인 해결책을 제시하고 있다. 따라서 이 제시문은 '우리 사회의 가족제도는 가족이기주의의 폐단이 심하게 나타나고 있으므로 개방적 사고를 통해 사회 전체의 공동체적 연대와 진정한 사회통합이 이루어질 수 있도록 다양한 공동체적 삶을 보장해야 한다.'로 핵심어를 정리할 수 있다.

22

정답 ②

ㄱ의 핵심 내용은 '국가는 시장경제에 간섭해서는 안 된다.'이므로 (라)의 핵심 내용인 'A를 옹호하는 자들은 모호한 부정으로 대답한다.'는 적절하므로 이를 포함한 ③을 제거한다. ㄴ의 핵심은 '시장제도가 평화롭고 부유하며 민주적인 사회를 이룰 수 있는 필수불가결한 조건이라고 주장'하는 것이므로 (다)의 '재산권이 없다면 어떤 다른 권리들도 누릴 수 없다.'는 내용은 적절하다. 따라서 이를 포함한 ①, ④을 제거하면 ㄷ이 공통이며, ㄹ의 핵심은 '시장질서의 절대적 우월성에 대한 믿음으로 시장질서의 기초인 소유권 개념을 정당화'하는 것이므로 이는 위에서 분석한 (다), (라)의 내용으로 적절하다. 따라서 답은 이를 포함하지 않은 ②가 된다.

23

정답 ④

(가)에서는 일급품 가야반이 어쩌다 갈라지는 불측의 사고를 당하더라도 이를 잘 극복하면 오히려 특급품이 될 수 있다는 내용을 통해 인생에서의 실수도 잘 극복하면 오히려 전화위복의 계기가 될 수 있다는 교훈을 담고 있다. 반면에 (나)에서는 줄타기를 하는 사나이가 실수를 할 경우에는 죽음이라고 하는 비극적인 결과 외에는 아무 것도 있을 수 없으므로, 실수하지 않는 신중한 삶을 살아야 함을 강조하고 있다.

24

정답 ②

마지막 문단에서 이성은 심의 일면이라는 내용이 언급되어 있으므로 ②가 가장 적절하다.

25

정답 ⑤

(마)는 예술과 과학의 협력 관계에서 컴퓨터가 가장 좋은 매체 역할을 하게 되어 그 영향이 커질 것이라는 내용이므로 적절하지 않다.

CHAPTER

02 언어추리

01	02	03	04	05	06	07	08	09	10	11	12	13	14	15	16	17	18	19	20
④	⑤	⑤	①	①	④	③	⑤	①	②	②	④	③	③	③	②	③	④	③	③
21	22	23	24	25	26	27	28	29	30										
③	④	④	①	②	②	④	①	④	④										

PART 2

01

정답 ④

우선 A의 아이가 아들이라고 하면 A의 진술에 따라 B, C의 아이도 아들이므로 이것은 아들이 2명밖에 없다는 조건에 모순된다. 그러므로 A의 아이는 딸이다. 다음에 C의 아이가 아들이라고 하면 C의 대답에서 D의 아이는 딸이 되므로 B의 아이는 아들이어야 한다. 그런데 이것은 B의 대답과 모순된다(아들의 아버지인 B가 거짓말을 한 것이 되므로). 따라서 C의 아이도 딸이다. 그러므로 아들의 아버지는 B와 D이다.

02

정답 ⑤

한 사람이 거짓이므로 서로 상반된 주장을 하고 있는 박과장과 이부장을 비교해 보면 다음과 같다.

- 박과장이 거짓일 경우 : 김대리와 이 부장의 말이 참이므로 이부장의 차는 가장 왼쪽에, 김대리의 차는 가장 오른쪽에 위치하게 된다. 이 경우 김대리의 차가 자신의 옆에 있다는 박과장의 주장이 참이 되므로 모순이 된다.
- 이부장이 거짓일 경우 : 김대리와 박과장의 말이 참이므로 이부장의 차는 가장 왼쪽에 위치하고, 이부장의 말은 거짓이므로 김대리 차는 가운데, 박과장의 차는 가장 오른쪽에 위치하게 된다. 이 경우 이부장의 옆에 주차하지 않았으며 김대리 옆에 주차했다는 박과장의 주장과도 일치한다.

따라서 주차장에 이부장 – 김대리 – 박과장 순서로 차가 주차되어 있다.

03

정답 ⑤

제시된 경우는 적어도 하나의 진술은 참이므로 먼저 진짜 열쇠가 들어있는 곳을 판정하는 것이 가장 좋다.

1) 진짜 열쇠가 있다고 진술한 안내문은 B – 2, C – 1, D – 1이므로 먼저 B – 2가 참인 경우부터 설정해 보면 다음과 같다.

구분	A		B		C		D	
진짜 열쇠 위치	○							
진위 판정	1	2	1	2	1	2	1	2
	T	F	?	T	F	T (모순)	F	T (모순)

C – 2, D – 2가 서로 모순되기 때문에 성립이 불가하다.

2) C – 1이 참인 경우

구분	A		B		C		D	
진짜 열쇠 위치					○			
진위 판정	1	2	1	2	1	2	1	2
	?	T	T	F	T	F	F	T

A – 1의 경우는 참인지 거짓인지를 판정할 수 없다.

3) D－1이 참인 경우

구분	A		B		C		D	
진짜 열쇠 위치							○	
진위 판정	1	2	1	2	1	2	1	2
	T(모순)	F	T	F	F	T	T	F

A－1이 D－1과 모순이 되기 때문에 성립이 불가하므로 진위를 알 수 없는 것은 ⑤이다.

04

정답 ①

먼저 그림을 보면서 甲 정당에게 불리한 쪽을 유리하게 뒤집을 수 있는 조합을 판단해 보면 (C+D)라는 것을 알 수 있다. 그 다음은 이 조합이 선택지에 있는지를 확인해 본다. ①, ②, ④에 있으므로 이를 중심으로 다른 유리한 조합의 구성을 살펴보면 (E+F), (G+H)가 있음을 알 수 있다. ①, ②, ④ 중 이 조합이 있는 선택지는 ①밖에 없다.

05

정답 ①

문제의 평가 결과에 따라 점수를 확인해 보면 A는 10점, C는 11점, D는 8점이다. 이 경우 'B가 선발되지 않고 C가 선발된다면 A는 선발된다.'는 조건에 따라 B는 9점이고, 최고 합격선이 10점이므로 ㄱ은 옳게 추론하였다.

오답분석

ㄴ. 'D가 선발되지 않을 경우, 나머지 세 명의 지원자는 선발된다.'는 조건에 따라 이 경우는 합격선이 9점이므로 올바르지 않다.
ㄷ. B의 9점을 구성해 보면 2223(중중중상)의 경우가 나오므로 항상 옳지는 않다.

06

정답 ④

먼저 다음과 같은 기본 안배표를 만들어야 한다.

구분	봄	여름	가을	겨울
물리		③		
유기		○		⑤
분석	①	②		
무기		○	④	

표를 보면 ④는 '두 계절 연속으로 같은 분야에 상을 수여하지 않는다.'는 규정 때문에 불가능함을 알 수 있다.

07

정답 ③

제시된 예측 중 C와 D가 '조합수학'에 대한 중첩되는 예측이므로 이를 풀어낼 E의 예측을 통해 보기의 내용이 맞고 틀리는지 확인한다. 먼저 E의 예측이 맞을 경우, B의 예측은 틀리므로 다음과 같은 결과가 나온다.

A	B	C	D	E
정수론 or 위상수학	수학사	정수론 ×	정수론 or 위상수학	조합수학

또한 E의 예측이 틀릴 경우, B의 예측은 옳으므로 다음과 같은 결과가 나온다.

A	B	C	D	E
정수론 or 위상수학	수학사	정수론	정수론 or 위상수학	조합수학

이때 A의 'C는 강좌를 맡지 않을 것이다.'가 B의 예측과 충돌하기 때문에 옳지 않다는 것을 알 수 있다. 따라서 E의 예측이 맞고 B의 예측이 틀리다는 것을 알 수 있다.

08

정답 ⑤

A가 D와 E에게 우세하므로 다음과 같은 관계표가 만들어진다.

경우	B	C
1	D, F	E, F
2	E, F	D, F

따라서 'ㄱ. E는 반드시 C에게 열세'라고 할 수 없고, 'ㄴ. F는 B, C 모두에게 열세'이므로 올바른 판단이며, ㄷ은 위 표에 의해 확인되었으므로 올바른 판단이다.

09

정답 ①

A와 B는 하루 안에 거래를 마쳐야 할 정도로 빨리 시드는 청과물을 생산한다. 따라서 도매시장에 도착해서 거래가 끝날 때까지도 최소 하루가 걸리는 '경매' 방식을 가장 기피한다. 또한 A는 안정된 가격에 팔기 원하기 때문에 가격변동이 발생하지 않는 '밭떼기' 방식을 가장 선호하고, B는 가격의 변동을 이용하여 평균 가격보다 높게 팔려고 하기 때문에 '수의계약' 방식을 가장 선호한다.

10

정답 ②

A, B와 다르게 C, D는 거래에 일주일 이상의 여유가 있으므로 '경매' 방식도 가능하다. 이때 두 명 모두 가격의 변동을 이용하여 평균가격보다 높게 팔려고 하는 성향이 있으므로 '밭떼기' 방식을 가장 기피한다. 또한 이러한 성향의 정도가 동일하다고 했으므로 두 명이 가장 선호하는 거래 방식은 같다.

11

정답 ②

농장이 가장 먼 곳이라도 도매시장까지 6시간이면 도착한다. 또한 C와 D가 생산하는 청과물은 빨리 시들지 않아 거래에 일주일 이상의 여유가 있다. 따라서 청과물의 품질 하락으로 인한 손실 가능성이 가장 적은 농가는 C와 D이다.

12

정답 ④

ⓖ와 ⓗ는 충돌하는 것이 아니라 ⓖ의 문제점을 ⓗ에서 비판해서 문제를 제기한 것이므로 ⓐ는 부정되지 않고 ⓒ의 '가정'만 부정된다. 따라서 ④는 논증에 대한 분석으로 적절하지 않다.

오답분석

① 내용상 정당화된 전개이므로 적절하다.
② 모든 지식이 추론적 지식이라면 결국 연쇄적으로 계속 추론 과정이 전개되어 끝나지 않으므로 적절하다.
③ '과정'이 순환적이라는 뜻은 어떤 증명 또는 추론 과정이 시작점으로 다시 돌아오는 경우를 말한다. 따라서 가장 짧은 경우는 3개 이상의 추론적 지식의 전개과정만 보여주면 되므로 적절하다.
⑤ 위 논증의 핵심이 비추론적 지식이 있어야만 추론적 지식이 있다는 것을 증명한 것이므로 적절하다.

13

정답 ③

ㄱ. 심사위원 3인이 같은 의견을 낸 경우엔 다수결에 의해 예선 통과 여부가 결정되므로 누가 심사위원장인지 알 수 없다.
ㄷ. 심사위원장을 A, 나머지 심사위원을 B, C, D라 하면 두 명의 ○ 결정에 따른 통과 여부를 표로 정리하면 다음과 같다.

○ 결정	A, B	A, C	A, D	B, C	B, D	C, D
통과여부	○	○	○	×	×	×

- 경우 1 : 참가자 4명 중 2명 이상이 A가 포함된 2인의 심사위원에게 ○ 결정을 받았고 그 구성이 다르다면 심사위원장을 알아낼 수 있다.
- 경우 2 : 참가자 4명 중 1명만 A가 포함된 2인의 심사위원에게 ○ 결정을 받아 통과하였다고 하자. 나머지 3명은 A가 포함되지 않은 2인의 심사위원에게 ○ 결정을 받아 통과하지 못하였고 그 구성이 다르다. 통과하지 못한 참가자에게 ○ 결정을 준 심사위원에는 A가 없고 통과한 참가자에게 ○ 결정을 준 심사위원에 A가 있기 때문에 심사위원장이 A라는 것을 알아낼 수 있다.

오답분석

ㄴ. 4명의 참가자 모두 같은 2인의 심사위원에게만 ○ 결정을 받아 탈락했으므로 나머지 2인의 심사위원 중에 심사위원장이 있다는 것만 알 수 있고, 누가 심사위원장인지는 알 수 없다.

14

정답 ③

1라운드의 점수는 A : 6, B : 6, C : 6, D : 8, E : 11, F : 8로 A, B, C가 공동 꼴찌인데 가위바위보 순서에 따라 1회전 무승부, 2회전 A 승, 3회전에서 C가 탈락한다. 2라운드에서는 B, D가 가위바위보를 해서 B가 탈락하고, 3라운드에서는 A가 8점으로 1위, D와 F는 7점으로 공동 2위, E는 6점으로 꼴찌가 되어 탈락한다.
따라서 실내 취침자는 A, D, F이다.

15

정답 ③

다음의 논리 순서를 따라 주어진 조건을 정리하면 쉽게 접근할 수 있다.

- 첫 번째 조건 : 대우(B 또는 C가 위촉되지 않으면, A도 위촉되지 않는다)에 의해 A는 위촉되지 않는다.
- 두 번째 조건 : A가 위촉되지 않으므로 D가 위촉된다.
- 다섯 번째 조건 : D가 위촉되므로 F도 위촉된다.
- 세 번째, 네 번째 조건 : D가 위촉되었으므로 C와 E는 동시에 위촉될 수 없다.

따라서 위촉되는 사람은 C 또는 E 중 1명과 D, F 2명이므로 총 3명이다.

16

정답 ②

우선 제시된 내용을 정리하면 다음과 같다.

- 진화 심리학의 가르침과 유전자 결정론이 둘 다 옳다면, 인간에게 자유 의지는 없다.
- 인간에게 자유 의지가 없다면, 양심과 도덕의 문제에 관심을 가질 필요가 없다.
- 유전자 결정론이 옳지 않다면, 현대 생물학의 몇몇 이론을 포기해야 한다.

이에 따르면 3개의 명제들은 모두 후건이 부정(후건부정의 법칙)되고 있다. 따라서 차례대로 반드시 참인 세 개의 명제를 다음과 같이 얻을 수 있다.

- 유전자 결정론은 옳다.
- 인간에게 자유 의지가 있다(ㄱ).
- 진화 심리학의 가르침이 옳지 않거나 (또는) 유전자 결정론이 옳지 않다.

그런데 첫 번째 명제에 의해 세 번째 명제의 선언지가 부정되면(선언지부정의 법칙), 진화 심리학의 가르침만이 옳지 않은 것(ㄷ)이 된다. 따라서 ②가 참이다.

17

정답 ③

인과적 판단에 대한 대표적인 문제로 영민의 분석이 곧 판단의 준거가 되므로 이를 적용해 보면 다음과 같다.

ㄱ. 판단 ⓐ "S1의 낙하가 S2 낙하의 원인이다."라는 인과 이론인 '사건 A가 B의 원인이라는 것은 A가 발생하지 않으면 B도 발생하지 않는다.'에 의해 지지된다. 줄이 끊어져서 접착력을 파괴시키지 않았다면 S2가 낙하하지 않았을 것이기 때문이다.

ㄴ. S2의 낙하가 S1의 낙하에 시간적으로 앞선다면 판단 ⓑ "S2의 낙하가 S1 낙하의 원인이다."라는 지지된다. 지탱하고 있던 S2가 낙하해서 S1이 낙하했기 때문이다.

오답분석

ㄷ. 판단 ⓐ는 옳지 않게 된다. 일단 S2의 낙하가 일어나야 S1 낙하가 발생하기 때문이다.

18

 ④

이 문제를 해결하기 위해 제시된 글을 통해 실재론자와 반실재론자의 4유형을 정리하면 다음과 같다.

- 강한 유형의 실재론자 : 추상적 대상들은 구체적 대상과 같이 우리 세계에 존재한다. 지각 불가
- 약한 유형의 실재론자 : 추상적 대상들은 우리 세계와 독립해서 존재한다. 지각 불가
- 약한 유형의 반실재론자 : 추상적 대상들의 존재 인정. 인간의 구성물
- 강한 유형의 반실재론자 : 추상적 대상들은 이름만 존재. 어느 세계에도 존재하지 않음

이를 바탕으로 한다면, 강한 유형의 반실재론자인 영수가 수 2의 존재를 부정하는 것(ㄷ)은 반드시 참이며 수 2가 독립해 존재한다고 하는 것(ㄹ)은 당연히 모순이므로 반드시 거짓이 되는 진술이므로 정답은 ④가 된다.

오답분석

ㄱ. 수 2가 존재한다고 생각한다면, 영수는 강한 유형의 실재론자이거나 약한 유형의 실재론자이거나 약한 유형의 반실재론자이다. 그러므로 이 진술은 참이거나 거짓이다.

ㄴ. 수 2가 존재한다고 주장한다면, 영수는 강한 유형의 실재론자일 수도 있고 아닐 수도 있으므로 참이거나 거짓이다.

ㅁ. 수 2가 책상처럼 존재한다고 주장하지는 않는다면, 영수는 약한 유형의 실재론자, 약한 유형의 반실재론자, 또는 강한 유형의 반실재론자가 되므로 참이거나 거짓이다.

19

 ③

E가 당직을 하면 세 번째, 네 번째 조건이 모순이다. 그러므로 E는 당직을 하지 않는다. E가 당직을 하지 않으므로 두 번째, 다섯 번째 조건에 의해, A, C, D는 당직 근무를 하지 않는다. 따라서 당직을 맡을 수 있는 사람은 B, F이다.

20

세 사람의 판단 논거는 다음과 같다.

- 갑 : 인지의 발달이나 외형의 수리(복원, 변형) 등은 동일개체로 보지만 복제에 대해서는 동일개체로 보지 않는다.
- 을 : 부품을 교체한 종류는 원래 있던 원형과는 다른 것으로 보고 있다.
- 병 : 소프트웨어(정신)를 업그레이드하거나 복제한 제품은 신체적 손상이나 결함을 수리하거나 부품을 교체한 경우와 다르게 보고 있다.

따라서 제시된 판단 기준으로 보기의 항을 판단해 보면 다음과 같다.

ㄱ. 을이 '왕자의 정신과 거지의 몸이 결합'되었다면, 원래 거지와는 다르긴 해도 신체적 특징에 의해 거지라고 할 것이며 병이 '왕자의 정신과 거지의 몸이 결합'되었다면 정신적 특징이 바뀌었으므로 거지가 아닌 왕자로 볼 것이다.

ㄷ. 병은 정신이 동일하면 같은 대상이라고 보고 갑은 복제된(t5) 것은 원래의 대상과 다르다고 생각하므로 올바르다.

오답분석

ㄴ. 갑은 '두뇌와 신체를 일부 교체'했더라도(t2, t3) 원래의 철수(t1)와 같다고 생각할 것이며 을은 t2, t3이 t1과 다르다고 생각할 것이므로 을의 입장은 옳지만 갑의 입장은 옳지 않다.

21

정답 ③

A는 갑에게 102호를 배정, 을에게는 배정불가 통보하였고, 병에게는 201호, 정에게는 202호, 무에게는 301호를 배정할 것이며 C는 갑에게 102호를 배정, 을에게는 배정불가 통보하였고, 병에게는 201호, 정에게는 101호를 배정할 것이므로 202호에 같은 고객을 배정한다는 것은 올바르지 않은 설명이다.

22

정답 ④

주어진 조건을 표로 정리하면 다음과 같다.

구분	1일	2일	3일	4일	5일	6일
경우 1	B	E	F	C	A	D
경우 2	B	C	F	D	A	E
경우 3	A	B	F	C	E	D
경우 4	A	B	C	F	D	E
경우 5	E	B	C	F	D	A
경우 6	E	B	F	C	A	D

따라서 B영화는 어떠한 경우에도 1일 또는 2일에 상영된다.

오답분석

① 경우 3 또는 4에서 A영화는 C영화보다 먼저 상영된다.
② 경우 1 또는 5, 6에서 C영화는 E보다 늦게 상영된다.
③ D영화는 경우 1 또는 3, 6에서 폐막작으로, 경우 4 또는 5에서 5일에 상영된다.
⑤ 경우 1 또는 3에서 E영화는 개막작이나 폐막작으로 상영되지 않는다.

23

정답 ④

네 번째 원칙에 의해서 반드시 신입 사원이 두 명 이상이 된다는 점을 유념하면서 원칙에 따라 표를 정리하면 다음과 같다.

뽑히는 사람	A(남)	B(여)	C(남)	D(여)
A		불가	가능	필수
B	불가		불가	불가
C	가능	불가		필수
D	~C 경우 필수, 가능	~C면 가능	~A면 필수, ~B면 가능	

따라서 A와 D는 반드시 선발되어야 하며, B와 C는 선발될 수도 있고 탈락할 수도 있다.

24

정답 ①

제시된 조건을 통해 A ~ E의 관계는 다음과 같다.
A는 B의 딸이고, A와 C는 남매이며, C는 E를 매제라 부른다고 하였으므로 A와 E는 부부관계이다. 따라서 E는 B의 사위이다.

25

정답 ②

A는 B의 딸이고 D는 B의 외손녀이므로, D는 A(女)의 딸이다.

26

정답 ②

C가 B의 아들이면, C의 아들은 B의 친손자가 된다.

27

정답 ④

A. '3인의 평가결과는 서로 다르다.'는 뜻은 네 개의 분야는 '우수와 미흡'의 둘 중 하나이므로 다음과 같은 표를 구성해 보면 쉽게 파악할 수 있다.

평가구성	우우우우	우우우미	우우미미	우미미미	미미미미

B. '각각의 경리사원은 정확성의 평가결과와 신속성의 평가결과가 상반된다.'는 내용은 누구든 위의 '우우우우'나 '미미미미'는 없다는 내용으로 해석할 수 있다. 따라서 가능한 것은

우우우미	우우미미	우미미미

의 상황이다.

C. '각각의 경리사원은 책임감의 평가결과와 사회성의 평가결과가 동일하다.'는 단서에서 위에서 '우우미미'가 성립되지 않고

우우우미		우미미미

만 성립한다는 것을 알 수 있다.

D. '갑과 을은 4개 분야 중 3개 분야에서 우수로 평가를 받았다.'에서 갑과 을은 '우우우미'로 평가되었으며 병은 '우미미미'로 평가되었다는 것을 알 수 있다.

따라서 ㄴ은 3 : 1 상황이므로 타당하며, ㄹ은 같은 결과로 평가되는 것은 '우미'이고 상반된 결과로 평가되는 것은 '우우'와 '미미'이므로 결국 확률은 50%라는 것을 알 수 있다.

오답분석

ㄷ. 갑과 을의 경우는 동일하므로 둘의 경우의 수는 $4! \div 2 = 12$가지이며 여기에 병의 4가지 경우를 더하면 총 16가지의 경우가 나온다.

28

정답 ①

커피숍에 오는 차례를 중심으로 구성을 해보면 다음과 같은 표가 만들어진다.

차례	성	이름	커피
1	정 or 윤	민수	+프림
2	박	창호 or 영섭	−프림
3	정 or 윤	동준	+프림
4	한	창호 or 영섭	−프림

따라서 항상 옳은 것은 ㄱ뿐이다.

29

정답 ④

첫 번째 명제의 대우는 '군만두를 좋아하지 않는 사람은 짬뽕을 좋아하지 않는다.'이다. 따라서 탕수육을 좋아하지 않는 사람은 군만두를 좋아하지 않고, 군만두를 좋아하지 않는 사람은 짬뽕을 좋아하지 않으므로 ④와 같은 결론이 타당하다.

30

정답 ④

대우를 적용해서 푸는 전형적인 명제추론인데 문제의 실마리는 'D와 E 가운데 적어도 한 사람의 증언은 참이다.'이므로 이를 이용해서 도입을 하고자 할 때, 'B의 증언이 참이면, E의 증언은 참이 아니다.'의 대우를 이용해야 하므로 E의 증언이 참인 상황을 만들어야 한다. 그러면 결정적 정보는 D가 참이 아닌 경우가 된다.

증명을 해보면 D가 참이 아니라면 E가 참이므로 B는 참이 아니고 'A의 증언이 참이면, C의 증언도 참이고 D의 증언도 참이다.'의 대우인 'D의 증언이 참이 아니거나 C의 증언이 참이 아니면 A의 증언이 참이 아니다.'에 의해 C와 E만 참이 된다.

CHAPTER

03 수리력

01	02	03	04	05	06	07	08	09	10	11	12	13	14	15	16	17	18	19	20
②	①	③	⑤	④	⑤	④	③	③	③	④	②	④	②	③	①	②	②	③	⑤
21	22	23	24	25	26	27	28	29	30										
⑤	⑤	①	②	④	④	②	④	①	③										

01

정답 ②

제시된 자료를 통해 법정 필요 교원 수를 계산하면 다음과 같다.

- A : 900÷22≒41명
- B : 30,000÷19≒1,579명
- C : 13,300÷20=665명
- D : 4,200÷21=200명
- E : 18,000÷20=900명

따라서 충원해야 하는 교원의 수는 A대학 0명(필요 교원 수보다 재직 교원 수가 많으므로 충원할 필요가 없다), B대학 319명, C대학 215명, D대학 70명, E대학 40명으로 충원해야 할 교원 수가 많은 순서대로 나열하면 B–C–D–E–A이다.

02

정답 ①

6월 18일을 기준으로 40일 전은 5월 9일이다.

3월 1일에서 69일 후가 5월 9일이다.

69÷7=9…6이다.

따라서 최종 명단이 발표되는 날은 일요일이다.

03

정답 ③

정삼각형의 무대를 한 변의 길이가 3m인 네 개의 정삼각형으로 분할하게 되면 적어도 두 명은 같은 정삼각형에 위치하게 된다. 따라서 그 두 명의 거리는 3m 이하가 된다.

04

정답 ⑤

2021년 대비 2023년 특허부문 출원 증가율은 $\frac{178,924-163,523}{163,523}\times 100 \fallingdotseq 9.4$이므로 10% 미만이다.

오답분석

① 구체적인 계산을 하지 않더라도 2020년 등록률[(193,939÷372,697)×100]보다 2023년 등록률 [(214,013÷371,116)×100]이 더 크다는 것을 알 수 있다.

② 계산할 필요 없이 디자인 부문의 등록률[(42,185÷56,524)×100≒74.6%]이 75% 가까이 되기 때문에 이 분야가 가장 높다는 것을 알 수 있다.

③ 2022년 실용신안 부문의 출원건수 대비 등록률은 (4,301÷13,661)×100≒31.4%이다.

05

정답 ④

4ℓ, 9ℓ 들이의 그릇을 각각 A, B라 하면 (0, 5) → ㉮ → (0, 1)을 만들기 위해서 B의 5ℓ를 A에 가득 부으면 (4, 1)이 되고 A의 물을 버리면 (0, 1)이 된다. 또, (4, 6) → ㉯ → (1, 0)이 되기 위해 A의 4ℓ 중 3ℓ를 B의 6ℓ에 가득 부으면 (1, 9)가 되고 B의 물을 모두 버리면 (1, 0)이 된다.

06

정답 ⑤

ㄱ. 대당 일일 연료 소모량은 '일일 통행 거리/연비'이므로 연비가 높고 통행 거리가 짧은 휘발유 차량이 가장 적다.

ㄴ. 일일 연료비는 '(일일 통행 거리/연비)×연료 가격'이므로 휘발유는 (40÷12)×2,000≒6,666.6원, 경유는 (55÷12)×1,900≒8,708.3원, LPG는 (50÷8)×1,000=6,250원, 기타는 (60÷12)×1,900=9,500원이므로 옳다.

ㄷ. 경유 차량의 일일 총 연료비는 8,708.3×240만=20,899,920,000원으로 209억 원에 근접한다.

ㄹ. 대당 일일 이산화탄소 발생량은 연비가 높으며 통행거리가 짧고, ℓ당 이산화탄소 발생량이 적은 휘발유가 가장 적다.

07

정답 ④

효과성 수치를 구해보면 $A=\frac{500}{(가)}$, $B=\frac{1,500}{1,000}=1.5$, $C=\frac{3,000}{1,500}=2$, $D=\frac{800}{1,000}=0.8$이다.

효과성 순위에서 A는 3번째이므로, $0.8<\frac{500}{(가)}<1.5$ → $333.33\cdots<(가)<625$이다.

또한 능률성 순위에서 B는 1번째이므로,

$A<B$ → $\frac{500}{200+50}<\frac{1,500}{(나)+200}$ → $(나)+200<750$ → $(나)<550$이다.

08

정답 ③

소비자 물가를 연도별로 계산해 보면 다음과 같다. 서비스는 존재하지 않기 때문에 재화만 고려한다.

구분	소비자물가	소비자물가지수
2021년	120×200+180×300=78,000원	100
2022년	150×200+220×300=96,000원	123
2023년	180×200+270×300=117,000원	150

보리와 쌀이 유일한 재화이므로, 물가지수는 보리와 쌀의 가격으로 구할 수 있다.
기준시점의 소비자 물가와 대비한 해당연도의 소비자 물가가 해당연도의 물가지수이므로 기준연도의 물가 : 기준연도의 물가지수 =해당연도의 물가 : 해당연도의 물가지수이다.
그러므로 2023년 물가지수를 x로 두면, 다음과 같은 부등식이 성립한다.
$78,000 : 100=117,000 : x$
$\therefore\ x=150$

따라서 2023년도 물가상승률은 $\frac{150-100}{100}\times100=50\%$이다.

09

정답 ③

ㄴ. 완치된 환자 수가 많은 약물부터 나열하면 B(26명) – D(23명) – A(21명) – C(14명)이므로 옳다.
ㄷ. 가 : 20명, 나 : 27명, 다 : 37명이므로 옳다.

오답분석

ㄱ. • 완치된 전체 남성 환자 수 : 11+12+8+10=41명
• 완치된 전체 여성 환자 수 : 10+14+6+13=43명
따라서 완치된 전체 남성 환자 수가 여자 수보다 적기 때문에 옳지 않다.
ㄹ. 전체 환자 수 120명의 25%는 30명인데 D약물을 투여 받고 완치된 환자 수는 23명이므로 옳지 않다.

10

정답 ③

내일 검은 펜을 사용하려면 오늘은 파란 펜이나 빨간 펜을 사용해야 한다.

$$\left(\frac{1}{2}\times\frac{1}{2}\right)+\left(\frac{1}{3}\times\frac{2}{3}\right)=\frac{17}{36}$$

따라서 내일 수현이가 검은 펜을 사용할 확률은 $\frac{17}{36}$이다.

11

정답 ④

수영장에 물이 가득 찼을 때의 물의 양을 1이라 하면, 수도관은 1분에 $\frac{1}{60}$만큼 물을 채우며, 배수로는 1분에 $\frac{1}{100}$만큼 물을 빼낸다.

따라서 $\dfrac{1}{\frac{1}{60}-\frac{1}{100}}=\dfrac{1}{\frac{1}{150}}=150$분으로 2시간 30분이 걸린다.

12

정답 ②

평년의 경우 365=7×52+1이므로 1년 후 같은 날의 요일은 하루씩 뒤로 밀리게 되고, 윤년의 경우는 이틀씩 밀리게 된다. 2003년과 2403년 사이의 윤년은 4의 배수의 해 중 2100년, 2200년, 2300년은 100의 배수의 해이므로 제외되고 2400년은 400으로 나누어 떨어지는 해이므로 포함되어 97번 존재하게 된다. 따라서 요일은 (2403−2003)+97=497번 뒤로 밀리게 되고, 497=7×71이므로 2403년 6월 11일은 2003년 6월 11일과 같은 수요일이다.

13

정답 ④

빠른 확인법은 대각선을 그어서 보는 방법이다.
ㄴ. 대각선을 그었을 때 선에서 가장 멀리 떨어진 것이 가장 큰 격차를 나타내므로 옳다.
ㅁ. A사는 뉴스 20%, 오디션프로그램 21% 이상, B사는 뉴스 22% 이상, 오디션프로그램 20% 미만이므로 옳다.

오답분석

ㄱ. B사가 조사한 일일연속극 시청률은 40% 이상이다.
ㄷ. B사의 조사결과는 20% 이하이나 A사의 조사결과는 20% 이상이므로 옳지 않다.
ㄹ. 주말연속극 시청률은 A사의 조사결과와 B사의 조사결과가 25%로 같으므로 옳지 않다.

14

정답 ②

ㄴ. 중소기업의 검색지수는 매년 바깥쪽으로 증가하고 있으므로 옳다.
ㄷ. 대기업의 검색지수가 오른쪽 수평점의 끝을 향하고 있는 것이 뚜렷하므로 옳다.

오답분석

ㄱ. 전체 검색 건수가 가장 적다는 것은 전체 너비 분포가 가장 작은 것을 말하는 것이므로 2020년의 면적이 가장 적기 때문에 옳지 않다.
ㄹ. 2022년에는 대기업의 검색 건수가 가장 많았으므로 옳지 않다.

15

정답 ③

2023년 10월 전체 자동차 월매출 총액을 x억 원이라 하자.
J자동차의 10월 매출액과 시장점유율을 이용해 10월 전체 자동차 월매출 총액을 구하면 다음과 같다.

$\frac{27}{x}\times100=0.8$

$\therefore\ x=3,375$

따라서 2023년 10월 A국의 전체 자동차 월매출 총액은 4,000억 원 미만이다.

16

정답 ①

'보다 적성에 맞는 다른 일을 위해' 항목은 -0.8과 $+1.2$가 반복되고 있음을 알 수 있다.
따라서 ㉠에 들어갈 값은 $7.1-1.2=5.9$이다.

17

정답 ②

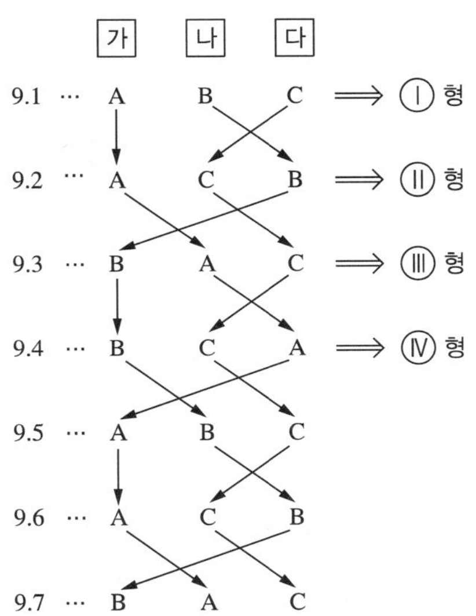

$30=4\times7+2$이므로 Ⅱ형이 된다.
따라서 9월 30일에 진열될 상품은 각각 가 : A, 나 : C, 다 : B이다.

18

정답 ②

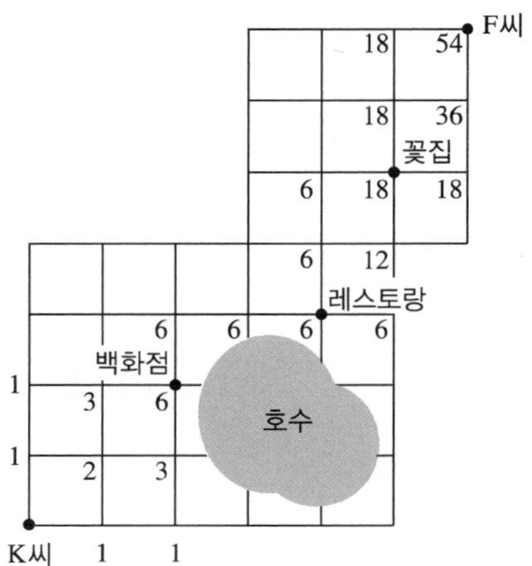

따라서 K씨가 아내 F씨를 만나러 가는 최단 경로의 경우의 수는 54가지이다.

19

정답 ③

천km^2 당 인구수는 A국 13.27만 명, B국 8.44만 명, C국 2.96만 명, D국 0.50만 명으로 인구밀도가 가장 높은 나라는 A국이다.

오답분석

① 2020년 대비 2023년 인구 증가율은 A국은 [(4,700−4,400)÷4,400]×100=6.81%, B국과 C국은 마이너스, D국은 6.57%이다.

② 구체적 계산을 하지 않더라도 비율로 볼 때 A국 2,880÷4,700, B국 2,010÷2,450, C국 11,030÷23,150, D국 940÷1,620이므로 B국이 가장 높다는 것을 알 수 있다.

④ 구체적 계산을 하지 않더라도 A국 30, B국 60, C국 100 증가했으므로 C국의 증가율이 가장 높다.

⑤ 2020년부터 2023년까지 매년 인구가 감소한 나라는 C국이므로 옳다.

20

정답 ⑤

2025년 전체 인구 수가 49,836천 명, 생산가능인구 구성비가 68.3%이므로 생산가능인구 수는 약 34,038천 명이다. 2025년 유년인 구 수 N은 주어진 정의에 의해 다음과 같은 식이 성립한다.

$$\frac{N}{34,038} \times 100 = 17.3$$

$\therefore \ N \fallingdotseq 5,888.574$

따라서 2025년 유년인구 수는 약 5,889천 명이다.

오답분석

① 2000년에 처음 넘는지는 확인 불가능하다.

②·④ 주어진 자료로 확인이 불가능하다.

③ 일정하게 증가하다면 2015년과 2020년의 구성비 차이는 2.8%이고 이것이 5년에 걸쳐 일정하게 증가한다면 1년에 0.56%씩 증가해야 한다. 그 결과 2017년에 처음 고령사회가 된다.

21

정답 ⑤

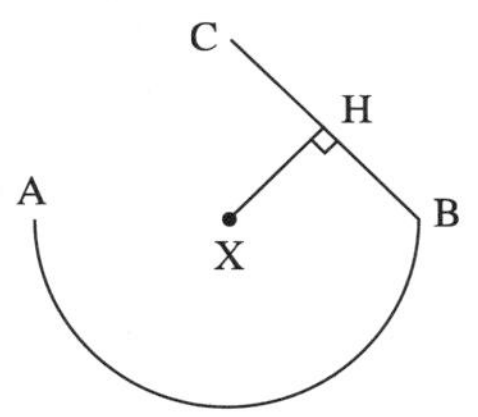

순시선이 반원 AB 위에 있을 때, 점 X에서 순시선까지 거리는 일정하다. 점 X에서 BC에 내린 수선의 발을 H라 하면, 순시선이 BH 위에 있을 때, 점 X에서 순시선까지의 거리는 감소하고 순시선이 HC 위에 있을 때, 점 X에서 순시선까지의 거리는 증가한다. 따라서 그래프의 개형은 다음과 같다.

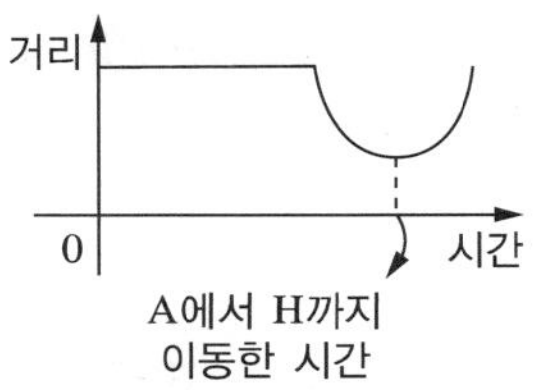

22

정답 ⑤

먼저 주어진 정보로 총점을 구성해서 순위를 표로 정리하면 다음과 같다.

업체	총점(순위)	품질 점수	가격	직원
甲	92.1(2위)	44점	38.4원	9.7점
乙	92.2(1위)	42.5점	40원	9.7점
丙	91.3(3위)	43.5점	38.4원	9.4점

ㄱ. 乙의 총점이 가장 높고 丙의 총점은 가장 낮으므로 옳다.
ㄴ. 가격 점수가 0.8점 올라가므로 옳다.
ㄹ. 가격 점수가 1.6점이 상승해서 1위로 올라가게 되므로 옳다.

오답분석

ㄷ. 직원 점수가 0.3점 올라가서 가격과 직원 점수가 동일하지만 품질 점수에서 0.5점이 뒤지므로 불가능하다.

23

정답 ①

ㄱ. 남자사원의 중징계 수는 22건으로 가장 크다.
ㄴ. 경징계와 중징계를 합하면 57건이므로 옳다.

오답분석

ㄷ. 남자사원 중 경징계를 받은 사원의 비율은 $(15\div55)\times100\fallingdotseq27\%$, 징계를 받은 여자사원 중 경징계를 받은 사원은 $(15\div45)\times100\fallingdotseq33\%$이므로 여자사원의 비율이 더 높다.
ㄹ. 남자사원의 경우는 중징계 수가 더 많다.

24

정답 ②

A세트는 매월 B세트보다 30개 더 많이 팔렸으며, G세트는 매월 F세트보다 40개 더 많이 팔렸다.
따라서 8월의 A세트 판매 개수는 184+30=214개이고, 11월 G세트 판매 개수는 211+40=251개이다.

25

정답 ④

'한국 서비스업의 1인당 실질 부가가치는 35,000달러로 OECD 30개국 중 28위에 불과'는 '총 부가가치 대비 제조업과 서비스업의 실질 부가가치(원화기준) 비중 추이'와는 다른 내용이므로 자료와 무관하다.

오답분석

① '서비스 산업의 경상 GDP 내 비중은 1995년 46.7%에서 2008년 54.2%로 증가하였다.'에서 사용되었다.
② '2007년에 한국의 서비스업 고용비중은 OECD 20위이나 1997 ~ 2007년 한국 서비스업의 고용증가율은 OECD 10위를 기록할 정도로 높은 점을 감안할 때,'에서 사용되었다.
③ '2009년 상반기 중 제조업의 일자리는 전년동기 대비 15.7만 명 감소해 전체산업 일자리 감소폭을 상회하였다.'에서 사용되었다.
⑤ '2000년에 비해 2007년의 경우, 전체 산업의 취업계수는 8.2로 감소하였다.'에서 사용되었다.

26

정답 ④

홀수 항에는 3을 곱하고 짝수 항에는 4를 곱하는 수열이다.
따라서 ( )$=12\times3=36$이다.

27

정답 ②

나열된 수를 각각 A, B, C라고 하면 다음과 같은 관계가 성립된다.
$A\ B\ C \rightarrow A+B-8=C$
따라서 ( )$=3+5-8=0$이다.

28

정답 ④

$+2^0$, $+2^1$, $+2^2$, $+2^3$, $+2^4$을 하는 수열이다.

ㄱ	B	ㄹ	H	ㄴ	(F)
1	2	4	8	16 (=14+2)	(32) (=26+6)

29

정답 ①

위 칸의 연속된 세 수를 더한 것이 아래 칸 가운데 수가 된다.
따라서 ( )$=2+8+5=15$이다.

30

정답 ③

삼각형 내부의 숫자와 외부의 숫자의 합이 같다.
따라서 ( )$=8+4+3=15$이다.

CHAPTER

04 도형추리

01	02	03	04	05	06	07	08	09	10	11	12	13	14	15	16	17	18	19	20
③	②	③	③	①	①	②	④	⑤	③	①	①	②	④	④	③	⑤	②	③	③
21	22	23	24	25	26	27	28	29	30										
③	⑤	①	②	④	①	③	②	④	③										

PART 2

01

정답 ③

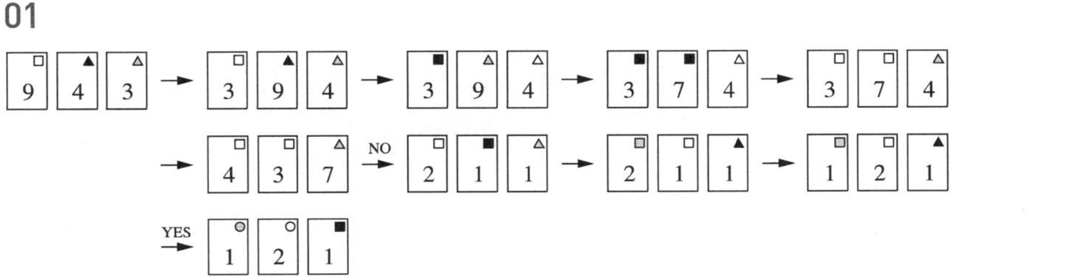

02

정답 ②

조건 1의 도형은 덧셈에 의해 변화하고 있다. 이 규칙은 삼각형을 1, 사각형은 2, 오각형은 3으로 치환한다면, 삼각형(1)+삼각형(1)=사각형(2), 사각형(2)+사각형(2)=삼각형(4)과 같다는 것을 알 수 있다. 이는 삼각형, 사각형, 오각형이 3을 주기로 회전하고 있다는 것을 알 수 있다. 그리고 조건 3은 각 도형을 A, B, C, D로 치환해서 나타낸 규칙이다. 이는 조건 1과 연계하여 도형의 자리 이동, 도형의 합을 나타낸 것이다. 이를 토대로 조건 1, 조건 2, 조건 3을 적용한다면 다음과 같다.

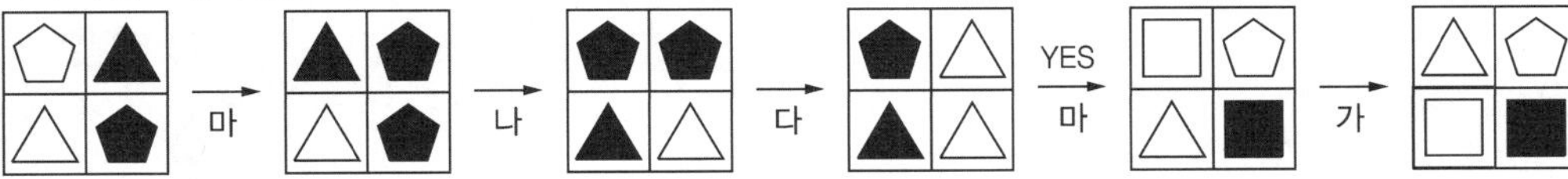

03

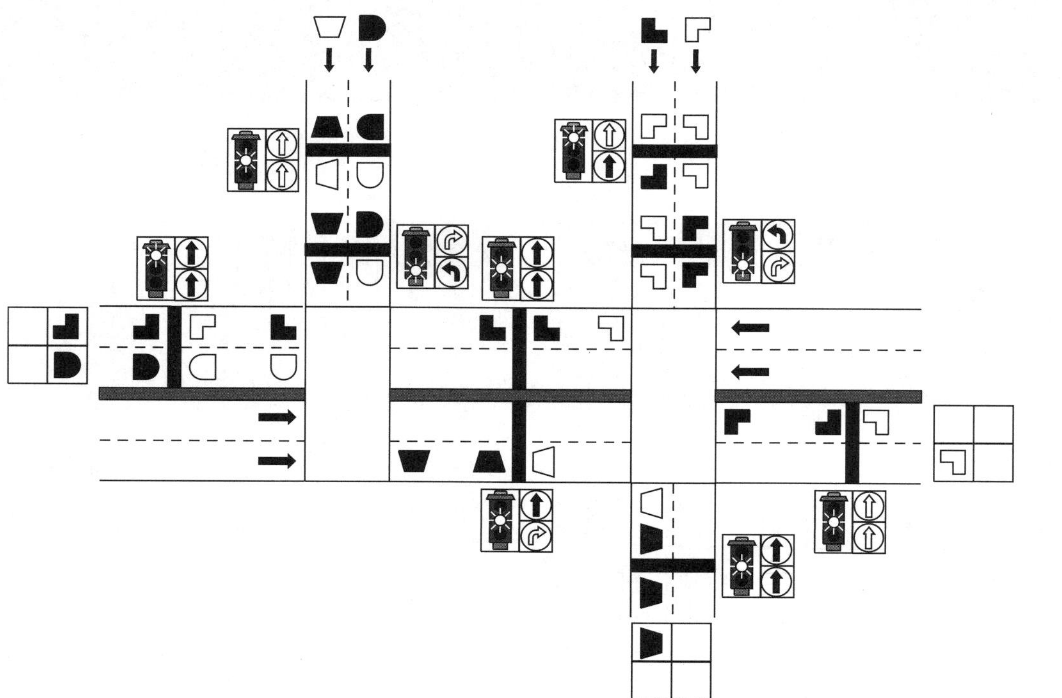

04

정답 ③

규칙은 가로로 적용된다.
첫 번째 도형을 반시계 방향으로 45° 회전시킨 게 두 번째 도형이다.
두 번째 도형을 좌우 반전시킨 게 세 번째 도형이다.

05

정답 ①

규칙은 가로로 적용된다.
첫 번째 도형을 좌우 대칭하여 합친 것이 두 번째 도형이다.
두 번째 도형을 시계 방향으로 90° 돌리면 세 번째 도형이다.

06

정답 ①

- 1 : x축 대칭
- 2 : y축 대칭
- 3 : 내부 도형 시계 방향으로 2칸 자리 이동

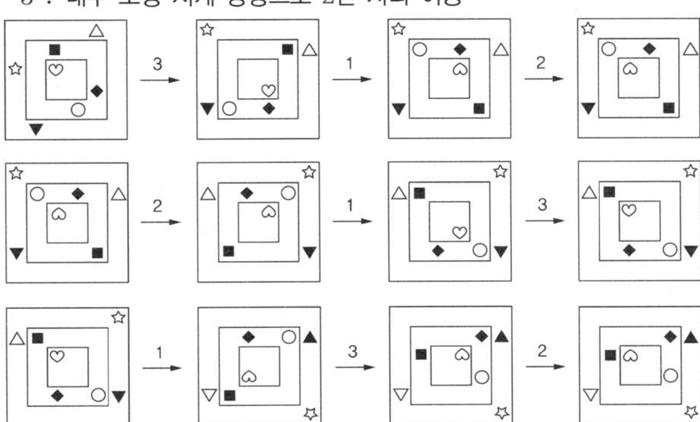

07

정답 ②

가장 큰 도형은 그대로, 외부도형은 시계 방향으로 꼭짓점과 변을 기준으로 번갈아 가며 시계 방향으로 이동하는 규칙이다.

08

 ④

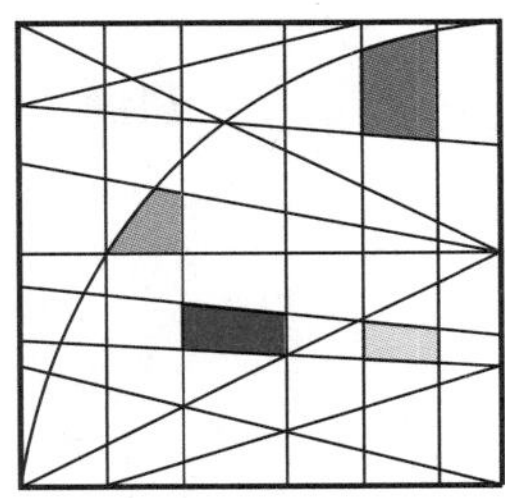

09

 ⑤

10

정답 ③

- 1층 : 4×5−4=16개
- 2층 : 20−9=11개
- 3층 : 20−15=5개

∴ 16+11+5=32개

11

정답 ①

12

정답 ①

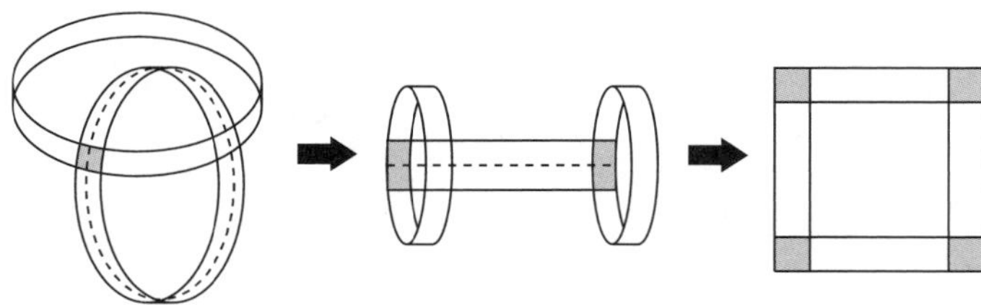

13

정답 ②

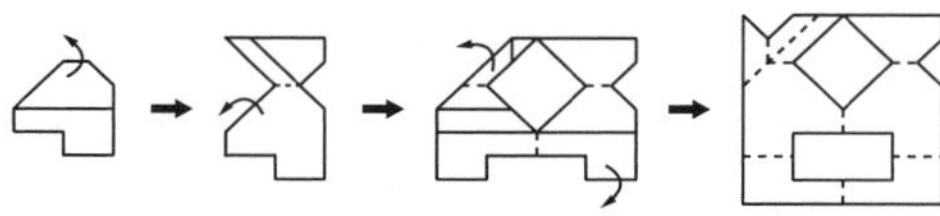

14

정답 ④

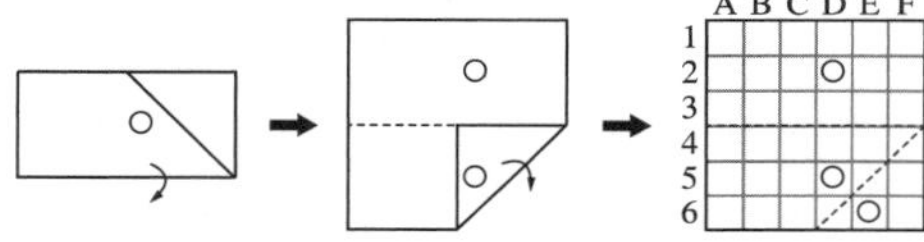

15

정답 ④

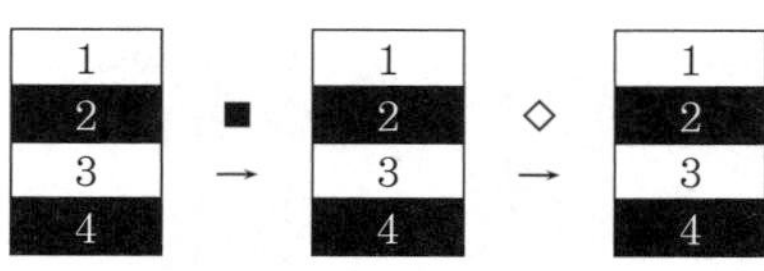

16

정답 ③

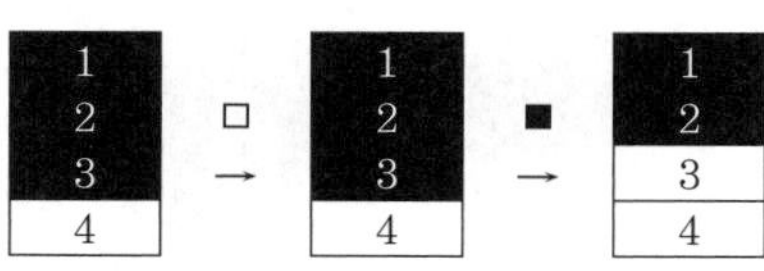

17

정답 ⑤

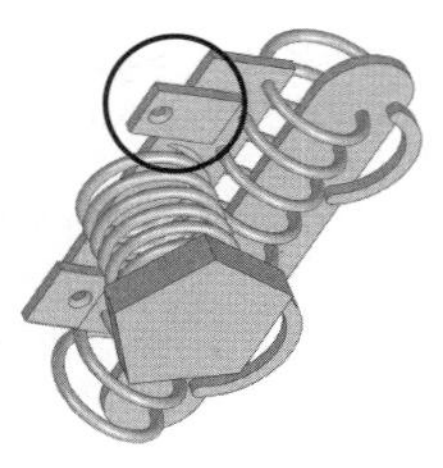

18

 ②

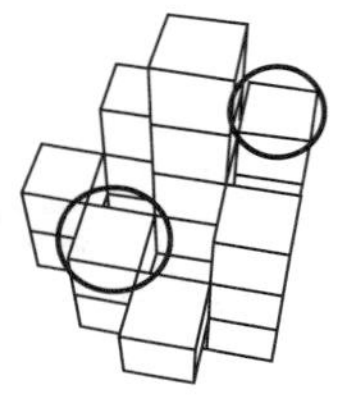

19

 ③

오답분석

①

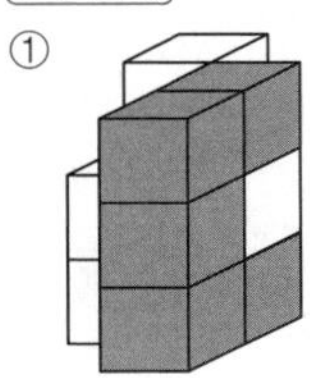

②

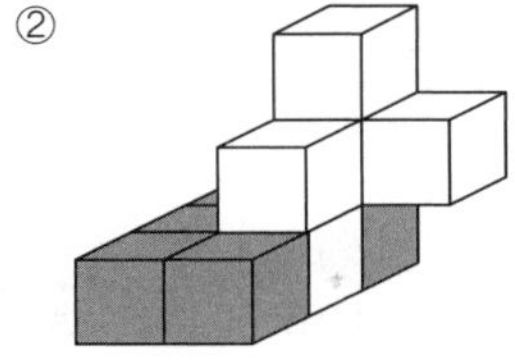

④

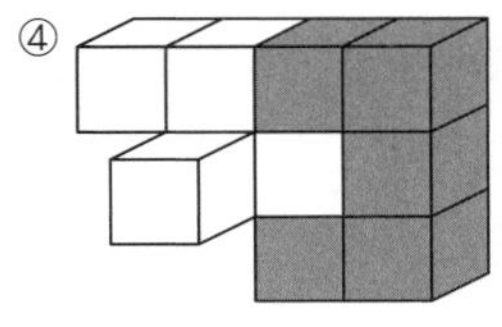

⑤

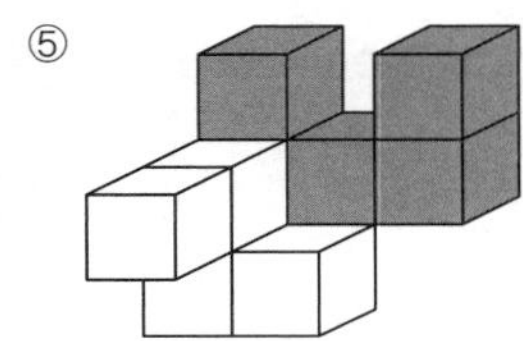

20

정답 ③

지도를 보았을 때, W주택이 북쪽에 있고 Y주택은 서쪽, H마트는 동쪽에 위치해있으므로 '나'는 C에 서 있는 것이 적절하다.

21

정답 ③

- □ : 각 자릿수 +2, −2, +2, −2
- ▩ : 1234 → 1243
- ▣ : 1234 → 3412
- ■ : 각 자릿수 +3, +2, +1, +0

VEN8 → N8VE → N8EV

▣ ▩

22

정답 ⑤

n번째 가로줄이 뒤집어진 횟수를 a_n, 세로줄이 뒤집어진 횟수를 b_n이라 할 때, 카드의 색깔이 바뀌는 경우는 a_n+b_n이 홀수이고, 바뀌지 않는 경우는 a_n+b_n이 짝수이다.

카드 4장으로 이루어진 정사각형 모양 부분 ⊞의 뒤집어진 횟수의 총합은 항상 짝수이다. 따라서 이를 만족하는 경우는 ⑤뿐이다.

23

정답 ①

보기의 암호는 카이사르 암호법을 사용한 것으로, 알파벳을 일정한 간격으로 이동시켜 암호를 만드는 방법이다. 제시된 암호는 알파벳 순서를 3개씩 옮겨 구현한 것이다.

A sound mind in a sound body → D vrxqg plqg lq d vrxqg ergb

24

정답 ②

보기의 암호는 울타리 암호를 응용한 것이다. 해당 문장을 순서대로 번갈아가며 윗줄과 아랫줄로 써서 나온 두 문장을 붙여주는 방식으로 해결한다.

우는랑런한국국이(윗줄)+리자스대민의민다(아랫줄). → 우는랑런한국국이리자스대민의민다.

25

정답 ④

보기의 암호는 해당 문장을 순서대로 번갈아가며 윗줄과 아랫줄로 써서 나온 두 문장을 붙여주는 방식으로 해결한다.

공자자가은을수야다(윗줄)+직는기맡일완해한(아랫줄). → 공자자가은을수야다직는기맡일완해한.

26

정답 ①

보기의 암호는 해당 문장의 짝수 번째 글자를 먼저 나열하고, 이어서 홀수 번째 글자를 나열하면 된다.

천	안	두	섯	십	분	항	정
인	연	부	다	시	오	입	예

→ 천안두섯십분항정인연부다시오입예

27

정답 ③

The directer hasn't decided where to release the product.

28

정답 ②

09598787245123865098762598747523

29

정답 ④

공중을 활동무대로 하여 항공기를 주요한 무기로 사용하는 군대

30

정답 ③

The planes were part of the South Korean Air Force.

CHAPTER

05 정보상식

01	02	03	04	05	06	07	08	09	10	11	12	13	14	15	16	17	18	19	20
③	④	②	④	③	④	②	④	①	④	①	②	②	①	④	④	④	④	②	①
21	22	23	24	25	26	27	28	29	30										
③	③	①	①	②	②	①	③	②	③										

PART 2

01

정답 ③

챗GPT를 개발한 미국 오픈AI가 2024년 2월 15일 공개한 영상제작 AI시스템인 AI 소라(Sora)는 기존의 이미지를 활용하거나 텍스트로 간단히 명령어를 입력하면 고화질 영상을 제작해준다. 또한 '소라'는 일본어로 '하늘'이라는 뜻하며, 오픈AI는 '무한한 잠재력을 의미한다.'고 밝혔다.

오답분석

① AI 동맹 : 메타와 IBM을 비롯해 50개 이상 인공지능 관련 기업과 기관이 결성한 연합체로 2023년 12월 5일 출범했다.
② AI 워싱(Washing) : '워싱'은 눈가림하다는 비유로, 인공지능과 무관하거나 관련성이 적지만 AI 소프트웨어를 사용한 제품이나 서비스인 것처럼 홍보하는 행위를 말한다.
④ AI 얼라이언스(Alliance) : 인공지능(AI) 분야의 개방성 향상과 업계 간 협력 촉진을 위한 국제단체로 2023년 12월 출범했으며, 누구나 AI 기술을 활용할 수 있는 개방형 AI 생태계를 구축하고 보안을 강화해 신뢰할 수 있는 AI기술을 만드는 것을 목표로 한다.
⑤ AI 챗봇(Chatbot) : 인공지능 챗봇으로 사람이 사용한 언어 자료를 인공 지능을 통해 스스로 학습하여 채팅하는 소프트웨어 프로그램을 말한다.

02

정답 ④

'Hecto-'는 '100'을 뜻하는 접두사이며, 헥토콘(Hectocorn) 기업은 기업 가치가 1,000억 달러 이상인 신생 벤처기업을 지칭하는 말이다.

오답분석

① 유니콘(Unicorn) 기업 : 'Uni-'는 '하나'를 뜻하는 접두사이며, 유니콘(Unicorn) 기업은 기업 가치가 10억 달러 이상인 신생 벤처기업을 지칭하는 말이다.
② 데카콘(Decacorn) 기업 : 'Deca-'는 '10'을 뜻하는 접두사이며, 데카콘(Decacorn)은 머리에 10개의 뿔이 달린 상상 속의 동물을 의미하고, 데카콘 기업은 기업 가치가 100억 달러 이상인 신생 벤처기업을 지칭하는 말이다.
⑤ 좀비(Zombie) 기업 : 정부나 채권단의 지원을 받아 파산은 면했지만 회생할 가능성이 없는 기업을 지칭하는 말이다.

03

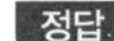

정답 ②

- (A) 큐리오시티 : 미국 항공우주국(NASA)의 4번째 화성탐사선으로 높이 213m, 무게 약 900kg의 대형 탐사선이다. 2012년 8월 화성 표면에 안착했으며 화성 적도지역을 돌아다니며 탐사 연구를 진행한다.
- (B) 힉스 : 우주가 막 탄생했을 때 몇몇 소립자들에 질량을 부여한 것으로 간주되는 힉스입자는 '신의 입자'라고 불려왔다. 마침내 2013년 10월 그 존재가 과학적으로 증명됨으로써 현대 이론물리학에서의 '표준모형'이 완성되었다.

04

정답 ④

델린저 현상은 27일 또는 54일을 주기로 10분 내지 수십 분 동안 급격하게 일어나는 단파 통신의 장애 현상을 말한다. 현상의 원인은 태양면의 폭발에 의하여 생긴 자외선이 전리층 중 E층의 하부를 강하게 이온화시켜 거기에 전파가 흡수되기 때문이다.

05

정답 ③

위안화가 절상되면 중국의 핫머니(투기성 단기 유동자금) 유입은 감소한다.

06

정답 ④

서해 5도는 백령도, 대청도, 소청도, 연평도, 우도이다.

07

정답 ②

국제앰네스티는 10년간 사형이 집행되지 않을 경우, 사실상의 사형제 폐지국으로 인정한다.

08

정답 ④

정치적 책임에 둔감한 것은 대통령제에 대한 내용이다. 의원내각제가 내각불신임권으로 내각의 잘못에 대해 사퇴하도록 할 수 있는 것과는 달리, 대통령제는 잘못에 대해 비판은 할 수 있지만 직접적인 영향력을 행사할 수는 없기 때문에 책임에 민감하지 못할 수 있다는 단점이 존재한다.

09

정답 ①

국제원자력기구(IAEA; International Atomic Energy Agency)는 원자력의 평화적 이용을 위한 연구와 국제적인 공동 관리를 위하여 설립된 국제연합기구로, 본부는 오스트리아의 수도 빈(Wien)에 있다. 국제연합 총회 아래 설치된 준독립기구로서, 전 세계 평화를 위한 원자력의 사용을 촉진·증대하기 위해 노력하며, IAEA의 원조가 군사적 목적으로 이용되지 않도록 보장하는 데 설립 목적을 두고 있다. 1970년에 발효된 NPT(핵확산금지조약)에 따라 핵무기 비보유국은 IAEA와 평화적 핵이용 활동을 위한 안전협정을 체결해야 하며, IAEA는 핵무기 비보유국이 핵연료를 군사적으로 전용하는 것을 방지하기 위해 현지에서 직접 사찰할 수 있다. 한국은 설립연도인 1957년에 가입했다.

10

정답 ④

오답분석

① 토미즘(Thomism) : 토마스 아퀴나스의 중세철학
② 다위니즘(Darwinism) : 찰스 다윈의 진화론
③ 쇼비니즘(Chauvinism) : 광신적 애국주의, 극단적 배타주의
⑤ 알렉산드리아니즘(Alexandrianism) : 알렉산드리아의 그리스 문인들이 라틴 문학에 준 영향

11

정답 ①

국정조사는 공개를 원칙으로 하고, 비공개를 요할 경우에는 위원회의 의결을 얻도록 한다.

12

정답 ②

포트폴리오는 본래 서류가방 또는 자료수집철을 뜻하며 수익을 극대화하기 위해 분산 투자하는 방법이다.

오답분석

① 리베이트 : 지불대금이나 이자의 일부 상당액을 지불인에게 되돌려주는 일이나 돈을 말한다.
③ 베이시스 : 정상 시장에서 형성된 현물가격과 선물가격 간의 차이이다.
④ 골든크로스 : 주가를 예측하는 기술적 분석의 지표로, 중기 이동평균선이 장기 이동평균선을 아래에서 위로 뚫고 올라가는 현상을 말한다.
⑤ 서킷브레이커 : 주식시장의 일시적인 매매 거래 중단 제도이다.

13

정답 ②

2013년 시진핑 주석이 AIIB 창설을 처음 제의하였으며, 2014년 10월 아시아 21개국이 설립을 위한 양해각서(MOU)에 서명함으로써 자본금 500억 달러 규모로 출범했다.

오답분석

① IMF : 개별 국가에 자금을 융통해주는 국제기구로 선진국들이 펀드 형태로 기금을 조성한다. 1944년 미국 달러의 금태환제인 브레 튼 우즈 체제의 합의와 함께 설치되었다.
③ ASEAN : 인도네시아를 수장으로 하는 동남아시아의 국가 연합체이다. 가입국은 미얀마, 라오스, 타이, 캄보디아, 베트남, 필리핀, 말레이 시아, 브루나이, 싱가포르, 인도네시아이다. ASEAN＋3으로 중국, 한국, 일본을 포함하기도 한다.
④ WB : 유엔 산하의 금융기관으로 빈곤 구제를 목적으로 자금을 대출해준다. 1944년 미국 달러의 금태환제인 브레튼 우즈 체제의 합 의와 함께 설치되었다.
⑤ ASEM : 한국, 중국, 일본과 동남아시아 ASEAN 회원국, 유럽연합(EU)이 참여하는 아시아－유럽 간의 정상회의를 말한다.

14

정답 ①

윔블던 테니스 대회를 개최하는 것은 영국이지만, 우승은 외국 선수들이 더 많이 한다는 데서 따온 말로 개방된 시장을 외국 기업이 석권하는 현상을 뜻한다.

오답분석

② 롱테일 법칙 : 인터넷 쇼핑몰에서 비인기 상품이 올리는 매출을 모두 합하면 인기상품 매출만큼 커지는 의외의 현상을 말한다. '우수고객(상품) 20%가 전체 매출의 80%를 만든다'는 파레토 법칙과 반대되는 개념이다.
③ 서킷브레이커(Circuit Breakers) : 주식거래를 일시적으로 중단하는 제도로 '주식거래중단제도'라고도 하며, 주가가 폭락하는 경우 거래를 정지시켜 시장을 진정시키는 목적으로 도입됐다.
④ 스핀오프(Spin Off) : 기업 경쟁력 강화를 위해 다각화된 기업이 한 회사를 독립시키는 '회사 분할'을 말한다. 회사 분할은 경영 효율성 증진 및 필요 없는 부분을 정리하려는 목적으로 실시한다.
⑤ 프리거니즘(Freeganism) : 환경 보호를 위해 버려진 음식물 쓰레기에서 얻은 채소 따위의 음식으로 연명하며, 물질주의와 세계화 등에 반대하는 주의 또는 운동을 말한다.

15

정답 ④

공동변동환율제는 역내에서는 제한환율제를 채택하고, 역외에 대해서는 공동으로 변동환율제를 채택하는 환율제도이다.

16

정답 ④

「노동조합 및 노동관계 조정법」에 따르면 노동조합을 '노동자가 주체가 되어 민주적으로 단결하여 노동조건의 유지・개선 및 기타 경제적・사회적 지위 향상을 도모하는 조직체 또는 그 연합체'라고 규정하고 있다. 따라서 노동조합은 근로자의 조직적 단결력에 의해 그 이익을 옹호하고, 또 기업에서 근로자의 지위를 향상시키기 위해서 근로자의 자주적 협력에 의하여 결정된 조직이라고 집약할 수 있다.

17

정답 ④

사이코패스는 유전적인 원인으로 인해 잘못을 인지하지 못하지만 소시오패스는 잘못을 알면서도 잘못을 저지르는 반사회적 인격장애이다. 자신의 성공을 위해 수단과 방법을 가리지 않고 나쁜 일을 저지르며, 이에 대한 양심의 가책도 전혀 느끼지 않는 특성을 갖는다.

오답분석

① 아도니스증후군 : 남성들이 외모에 집착하는 것을 말한다. 외모를 중시하는 사회 풍조에 따라 타인에게 인정받고 매력적인 사람이 되기 위해 남성들도 외모에 관심을 갖게 되면서 나타난 현상이다.
② 아스퍼거증후군 : 관심 분야나 활동 분야가 한정되어 있으며 같은 일만 계속 반복하는 증세를 보인다. 사회적인 대인관계에 문제가 생긴다.
⑤ 조현병 : 현실에 대한 잘못된 지각과 비정상적인 정서·사고·동기·행동의 총체적인 손상과 괴리 등을 수반하는 정신장애를 말한다.

18

정답 ④

로하스(LOHAS)는 공동체 전체의 더 나은 삶을 위해 소비생활을 건강하고 지속가능한 친환경 중심으로 전개하자는 생활양식·행동양식·사고방식을 뜻한다. 환경보전과 '웰빙'뿐 아니라 건강과 관련된 현재 시점의 개인적 소비행위와 미래에도 지속가능한 경제발전과 소비활동을 연결시키는 데 주안점을 둔다. 이런 점이 사회참여운동으로서 자연의 중요성과 보전의 당위성을 강조하는 '친환경주의'와 다른 점이라고 할 수 있다. 한국표준협회는 2006년 세계 최초로 로하스 인증제도를 도입했다.

19

정답 ②

- 라 트라비아타 – 베르디
- 마탄의 사수 – 베버

주요 오페라 작곡가와 작품

- 푸치니 : 나비부인, 라보엠, 토스카, 투란도트
- 베르디 : 리골레토, 라 트라비아타(춘희), 아이다, 오셀로
- 모차르트 : 피가로의 결혼, 돈 조반니, 마적
- 바그너 : 탄호이저, 니벨룽겐의 반지, 트리스탄과 이졸데

20

정답 ①

POP광고는 소비자가 상품을 구입하는 점포에 의해 제작·게시되는 광고로 구매시점광고라고도 한다. 이 광고는 구매 시점에서 소비자가 상품에 주목하게 만들고, 구매를 직접적으로 촉진하는 역할을 한다.

21

정답 ③

리튬폴리머 전지(Lithium Polymer Battery)는 외부전원을 이용해 충전하여 반영구적으로 이용하는 고체전해질 전지로, 안정성이 높고 에너지 효율성이 높은 차세대 2차 전지이다. 따라서 리튬폴리머 전지는 전해질이 고체 또는 젤 형태이기 때문에 전지가 파손되어도 발화하거나 폭발할 위험이 없어 안정적이며, 제조공정이 간단해 대량생산이 가능하며 노트북 등에 주로 사용된다.

22

정답 ③

가상현실은 가상환경에 사용자를 몰입하게 하여 실제 환경을 볼 수 없지만 증강현실은 실제 환경을 볼 수 있게 하여 현실감을 제공한다.

23

정답 ①

파이어니어 1호는 달 궤도 진입에 실패했고, 1959년 발사된 루나 1호(소련)가 최초로 달 궤도에 진입했다.

24

정답 ①

노니즘은 영어의 Non-ism에서 유래했으며 원래의 의미는 극단적 금욕주의로, 정신적·육체적 건강에 해로운 음식이나 행동을 철저히 멀리하는 극단적 절제주의를 의미한다.

25

정답 ②

삼지연관현악단은 북한의 관현악단으로 2018년 평창올림픽에 파견할 악단으로 새로이 구성되었다가 지속적으로 유지되고 있는 악단이다. 구 삼지연악단(만수대예술단)을 개편한 것으로, 2009년 김정일의 '인민의 지향과 요구에 들어맞는 음악을 만들라'는 지시를 강령으로 두었다고 한다.

PART 2

26

정답 ②

절대 강자가 지배하는 세상에서 약자에게 연민을 느끼며 이들이 언젠가는 강자를 이겨 주기를 바라는 현상을 언더독 효과라 한다.

- 언더독(Under Dog) 효과 : 약세 후보가 유권자들의 동정을 받아 지지도가 올라가는 경향을 말한다. 여론조사 전문가들은 밴드왜건과 언더독 효과가 동시에 발생하기 때문에 여론조사 발표가 선거 결과에 미치는 영향은 중립적이라고 말한다.

오답분석

① 밴드왜건(Bandwagon) 효과 : 선거에서 유권자들이 승리할 가능성이 큰 후보를 더욱더 지지하게 되는 경향을 말한다.
③ 스케이프고트(Scape Goat) 현상 : 국민의 지지를 상실한 정부가 가상의 적을 만들어 국민의 관심과 불만을 유도하여 분출시킴으로써, 위기를 모면하는 현상을 말한다.
④ 레임덕(Lame Duck) 현상 : 절름발이 오리라는 뜻으로, 임기 종료를 앞둔 대통령 등의 지도자 또는 그 시기에 있는 지도력의 공백 상태에 이르게 되는 것을 말한다.
⑤ 후광 효과 : 어떤 대상을 평가할 때에, 그 대상의 어느 한 측면의 특질이 다른 특질들에까지도 영향을 미치는 일을 말한다.

27

정답 ①

독수독과(**毒樹毒果**)는 고문이나 불법 도청 등 위법한 방법으로 수집한 증거는 증거로 쓸 수 없다는 말로 '독이 있는 나무의 열매도 독이 있다.'라는 뜻을 가진 법률 용어이다.

28

정답 ③

환율이 상승하면 수출가격이 낮아져 수출이 증가하고 수입가격이 높아져 수입이 감소한다. 따라서 국제 무역수지가 개선된다. 또한 환율이 올라 동일한 외환과 교환되는 원화가 증가하므로 해외여행비가 증가해 해외여행의 부담이 증가한다.

29

정답 ②

경기가 침체하면 기준 금리를 내리거나 재정지출을 확대하여 유동성 공급을 늘리는 조치를 취하는데, 이는 경기가 회복되는 과정에서 유동성이 과도하게 공급됨으로써 물가가 상승하고 인플레이션을 초래할 수 있다. 이에 따라 경제에 미칠 후유증을 최소화하면서 각종 비상조치를 정상화하여 재정 건전성을 강화해나가야 하는데 이를 출구전략이라 한다.

30

정답 ③

위르겐 힌츠페터는 독일(당시 서독) 제1공영방송 기자로서, 그가 촬영한 5·18 민주화운동 당시의 영상은 독일에서 보도됐다. 토마스 크레취만은 관련 실화를 담은 영화 「택시 운전사」에서 힌츠페터 역할을 맡은 배우 이름이다.

계속 갈망하라. 언제나 우직하게.

– 스티브 잡스 –

PART 3

NIAT 최종점검 모의고사

제 1 회 NIAT 최종점검 모의고사

01 언어능력

01	02	03	04	05	06	07	08	09	10	11	12	13	14	15					
②	①	②	④	②	⑤	④	⑤	③	③	④	②	④	②	②					

01

정답 ②

첫 번째 문단은 '민주 국가는 다수 국민의 지지를 받아야 정당성을 얻을 수 있다.'는 것이 중심 내용이며, 두 번째 문단은 '국민 전체의 의견을 물을 수 없으니 소수 전문가 집단이 정책을 결정하는 것이 더 효율적이다.'라는 것이 중심 내용이다. 따라서 이 글을 요약하면 '소수가 의견을 결정하되 민주 국가이므로 다수의 뜻을 항상 잊지 않아야 한다.'가 될 것이다.

02

정답 ①

제시문의 마지막 문장인 '(아기가) 당분을 섭취하면 흥분한다는 어떤 연구 결과도 보고된 바 없다.'에서 ㄴ의 내용을 추론할 수 있다.

오답분석

ㄱ. 제시문을 통해 엄마의 모유에 알레르기 반응을 일으키는 아기는 없다는 것을 알 수 있으나, 엄마가 갖지 않은 알레르기를 아기도 갖지 않는지는 알 수 없다.

ㄷ. A박사는 200여 개의 속설이 왜 잘못된 것인지 설명하고 있으나 모든 속설들이 비과학적이라고 말하는 것은 아니며, 모든 속설이 비과학적인지는 알 수 없다.

03

정답 ②

제시문은 신뢰의 중요성에 대해 설명하고 있다. 우선 신뢰에 대한 정의가 나오기 전에 신뢰의 사례로 스위스를 제시하고 있는 (나) 문단이 가장 먼저 오는 것이 적절하다. 다음으로 스위스는 우리나라와 비슷한 점이 많다고 제시하는 (마) 문단이 뒤에 와야 한다. 그리고 (마) 문단의 마지막 문장에서 글의 핵심 주제인 신뢰를 제시하고 있기 때문에 이어서 신뢰의 의미를 설명하는 (다) 문단이 와야 하며, (다) 문단의 프랜시스 후쿠야마가 말한 신뢰가 낮은 나라의 사례인 (라) 문단이 뒤에 오는 것이 적절하다. 다음으로 우리나라의 신뢰를 확보할 수 있는 대안을 설명하는 (가) 문단이 오고, 마지막은 (바) 문단으로 신뢰의 중요성을 강조함이 적절하다.

04

정답 ④

제시문은 미국 대통령 후보 선거제도 중 하나인 '코커스'에 대한 설명과 아이오와주에서 코커스 개최시기가 변경된 아이오와주 그리고 아이오와주 선거 운영 방식의 변화에 대하여 서술하고 있다. 빈칸 앞에서는 개최시기를 1월로 옮긴 아이오와주 공화당의 이야기를, 빈칸 뒤에서는 아이오와주 선거 운영 방식의 변화의 서로 다른 주제에 대해서 다루고 있다. 따라서 빈칸에는 빈칸 앞과 이어지는 ④ '아이오와주는 미국의 대선후보 선출 과정에서 민주당과 공화당 모두 가장 먼저 코커스를 실시하는 주가 되었다.'가 오는 것이 적절하다.

오답분석

① 선거 운영 방식이 달라진 것이 아니라 코커스를 실시하는 시기가 달라진 것이다.
② 제시문에서는 민주당과 공화당 사이가 악화될 계기가 언급되어 있지 않다.
③ 제시문에서는 아이오와주에서 코커스의 개정을 요구했다는 근거를 찾을 수 없다.
⑤ 아이오와주가 코커스 제도에 대해 부정적이었다는 근거를 찾을 수 없다.

05

정답 ②

용해는 '물질이 액체 속에서 균일하게 녹아 용액이 만들어지는 현상'이고, 융해는 '고체에 열을 가했을 때 액체로 되는 현상'을 의미한다. 따라서 ㉡은 글의 맥락상 '용해되지'가 적절하다.

06

정답 ⑤

과당은 포도당보다 더 쉽게 지방으로 축적되기 때문에 사람들은 과당의 비율이 높은 액상과당을 꺼릴 것이다. 따라서 ㉤에는 '거리낌이나 불만이 있어 마음이 흡족하지 아니하다.'의 의미를 지닌 '달갑잖게'가 적절하다.

07

정답 ④

제시문은 대중과 미술의 소통을 목적으로 공공장소에 미술 작품을 설치하는 공공미술의 변화 과정을 설명하고 있다. 장소 중심의 공공미술은 이미 완성된 작품을 어디에 놓느냐에 주목했기 때문에 ④와 같이 대중의 참여를 중요시했다고 볼 수 없다.

08

정답 ⑤

두 별의 등급 차이는 2등급이다. 한 등급 간에는 밝기가 약 2.5배 차이가 나므로, 두 별은 약 6.25배의 밝기 차이가 난다.

오답분석

① 두 번째 문단을 통해 알 수 있다.
② 첫 번째 문단을 통해 알 수 있다.
③ 세 번째 문단을 통해 알 수 있다.
④ 마지막 문단을 통해 알 수 있다.

09

정답 ③

제시문에는 기존 분자 생물학의 환원주의적 접근에 나타난 문제점 그리고 시스템 생물학자인 데니스 노블의 실험 과정과 그의 주장 등이 나타나 있지만, 시스템 생물학자들의 다양한 연구 성과에 대해서는 언급하고 있지 않다.

10

정답 ③

'하지만 산수화 속의 인간은 산수에 부속된 것일 뿐이다. 산수화에서의 초점은 산수에 있지, 산수 속에 묻힌 인간에 있지 않다.'라는 문장을 통해 확인할 수 있다.

오답분석

① 조선 시대 회화의 주류가 인간의 외부에 존재하는 대상을 그리는 것이 대부분이었다면, 조선 후기에 등장한 풍속화는 인간의 모습을 화폭 전면에 채우는 그림으로 인간을 중심으로 하고, 현세적이고 일상적인 생활을 소재로 한다.
② 풍속화에 등장하는 인물의 주류는 이미 양반이 아닌 농민과 어민 그리고 별감, 포교, 나장, 기생, 뚜쟁이 할미까지 도시의 온갖 인간들이 등장한다.
④ 조선 시대 회화의 주류는 산수화였다.
⑤ 여성이 회화의 주요대상으로 등장하는 것은 조선 후기의 풍속화에 와서야 가능하게 되었다.

11

정답 ④

(가)의 핵심 논점은 유전자 조작을 통한 우생학적인 간섭은 '악의 제거'라는 극히 제한된 영역에서만 그 정당성을 인정받을 수 있으며, 그렇지 않으면 현재의 또는 과거로부터 지속되어 왔던 인간관계에 심각한 문제를 야기할 수 있다는 것이다.
(나)의 핵심 논점은 부모는 자식을 유전자 조작을 통해서라도 우성적인 유전자를 가지게 하고 싶어 하는데 만약 그렇다 하더라도 세계가 갑자기 돌변하지는 않으리라는 것이다. 즉, 유전자 조작을 통해 변화할 수 있는 것의 한계는 정해져 있으며, 이를 인지하는 대다수의 사람들은 후대에 대한 유전자 조작을 시도하지 않을 거라는 것이다.
따라서 (가)와 (나)에서 공통적으로 추론할 수 있는 것은 ④이다.

12

정답 ②

ㄴ과 ㄷ은 인터넷을 통한 유비쿼터스 환경을 이용하여 자본이나 노동력을 이동하는 새로운 인간형이다. ㄴ의 경우 인터넷을 통해 자본을 이동한 경우이며, ㄷ의 경우 인터넷을 통해 공간을 초월하여 노동력을 이동하고 있는 경우이므로 디지털 노마드의 사례로 적절하다고 볼 수 있다.

오답분석

ㄱ. 전통적 의미의 육체노동 형태에 해당한다.
ㄹ. 유비쿼터스 환경에 관한 내용을 찾을 수 없다.

13

정답 ④

㉠은 디지털 노마드로의 변신을 제대로 하지 못했을 경우 발생하는 상황이다. 가난한 유랑민이 되어 이곳저곳을 전전하는 상황을 의미하는 한자성어는 '남부여대(男負女戴)'이다.

오답분석

① 지록위마 : 윗사람을 농락하여 권세를 마음대로 함을 이르는 말
② 전화위복 : 재앙과 화난이 바뀌어 오히려 복이 됨
③ 오리무중 : 무슨 일에 대하여 방향이나 갈피를 잡을 수 없음을 이르는 말
⑤ 상전벽해 : 세상의 모든 일이 엄청나게 변해버린 것

14

정답 ②

마지막 문단에는 앞으로의 세계가 남북 격차에 디지털 격차가 겹쳐짐으로써 부정적 상황이 올 수 있다는 가능성을 경고하는 내용이 나와 있다. 그러므로 남북 격차를 디지털 노마드 증가의 원인처럼 제시한 ②는 적절하지 않다.

15

정답 ②

제시문은 5060세대에 대해 설명하는 글로, 기존에는 5060세대들이 사회로부터 배척당하였다면 최근에는 사회적인 면이나 경제적인 면에서 그 위상이 높아졌고, 이로 인해 마케팅 전략 또한 변화될 것이라고 보고 있다. 따라서 글의 제목으로는 ②가 가장 적절하다.

02 언어추리

01	02	03	04	05	06	07	08	09	10	11	12	13	14	15					
①	②	②	③	④	②	②	④	②	③	①	②	③	④	④					

01

정답 ①

1층부터 순서대로 '경영지원실 – 보험급여실 – 급여관리실 – 기획조정실 – 빅데이터운영실'이다. 경영지원실이 가장 아래층이니 1층이며, 보험급여실이 경영지원실 바로 위층에 있으니 2층이다. 빅데이터운영실과 보험급여실 사이에는 두 층이 있으므로 빅데이터운영실이 5층이 된다. 나머지 3 ~ 4층 중 기획조정실의 층수에서 경영지원실의 층수를 빼면 3이 된다고 했으니 기획조정실이 4층이 되고 자동으로 3층은 급여관리실이 된다.

02

정답 ②

자리배치

조건에서 갑은 3번 주방, 무는 5번 주방을 이용한다고 했다. 다섯 번째 조건과 세 번째 조건에 따르면 을은 갑, 정과 맞닿아 있는 주방에 있으면 안 된다. 따라서 을은 1번 주방, 정은 4번 주방, 병은 2번 주방을 이용한다.

요리순서

- 무 : 네 번째 조건에 따라 1시부터 수프, 4시부터 디저트를 만든다. 따라서 2시와 3시에는 전채 또는 메인을 만든다.
- 정 : 두 번째 · 마지막 조건에 따라 3시 이전에는 디저트를 만들 수 없다. 무가 4시부터 디저트를 만든다. 따라서 정은 3시부터 디저트를 만든다. 또한 세 번째 · 다섯 번째 조건에 따라 4시부터 메인을 만든다. 그러면 1시부터 전채, 2시부터 수프를 만든다.
- 병 : 마지막 조건에 따라 1시부터 전채를 만든다.
- 갑 : 두 번째 조건에 따라 2시부터 디저트를 만든다. 1시부터 메인 또는 수프를 만들 수 있는데, 4시부터 정이 메인을 만든다. 따라서 갑은 1시부터 메인을 만든다.
- 을 : 다섯 번째 조건에 따라 4시부터 메인을 만든다.

위에서 정리한 내용을 표로 정리하면 다음과 같다.

구분	1 ~ 2시	2 ~ 3시	3 ~ 4시	4 ~ 5시
1번 주방(을)	수프 또는 디저트	전채 또는 디저트	전채 또는 수프	메인
2번 주방(병)	전채	수프 또는 메인	메인, 수프 또는 디저트	수프 또는 디저트
3번 주방(갑)	메인	디저트	전채 또는 수프	전채 또는 수프
4번 주방(정)	전채	수프	디저트	메인
5번 주방(무)	수프	전채 또는 메인	전채 또는 메인	디저트

따라서 갑이 3시부터 전채를 만들면, 을의 첫 요리는 수프가 된다.

오답분석

③ 을과 관계없이 갑은 첫 요리로 메인을 만들 수밖에 없다.
④ 병의 마지막 요리가 수프라고 할 경우, 갑은 마지막에 전채를 만들어야 한다.

03

정답 ②

'유행에 민감하다.'를 '유', '고양이를 좋아한다.'를 '고', '쇼핑을 좋아한다.'를 '쇼'라고 하면 다음과 같은 벤다이어그램으로 나타낼 수 있다.

i)

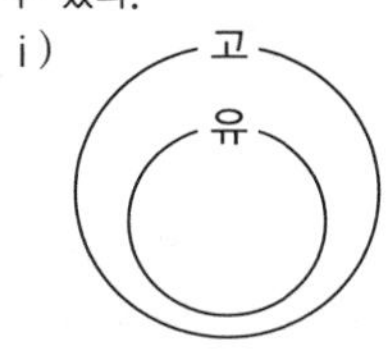

ii)

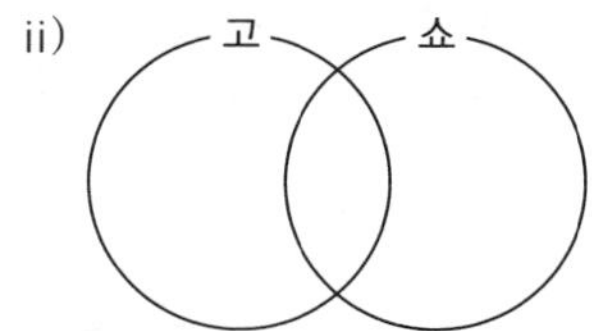

마지막 명제가 참이 되기 위해서는 '유'와 공통되는 '고'의 부분과 '쇼'가 연결되어야 한다. 즉, 다음과 같은 벤다이어그램이 성립할 때 마지막 명제가 참이 될 수 있으므로 빈칸에 들어갈 명제는 '어떤 유 → 쇼' 또는 어떤 '쇼 → 유'이다. 따라서 빈칸에 들어갈 명제는 '유행에 민감한 어떤 사람은 쇼핑을 좋아한다.'인 ②이다.

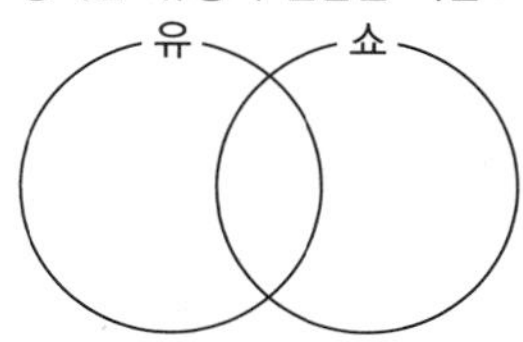

04

정답 ③

'바람이 분다.'를 A, '별이 회색이다.'를 B, '사과가 떨어진다.'를 C라고 한다면 첫 번째 명제는 'A → B'이다. '~B → ~C'라는 결론을 얻기 위해서는 'C → A' 또는 '~A → ~C'라는 명제가 필요하다.

05

정답 ④

A ~ D가 각각 범인인 경우, 네 명의 진술에 대한 참·거짓을 표로 만들면 다음과 같다.

구분	A의 진술	B의 진술	C의 진술	D의 진술
A	거짓	참	거짓	참
B	거짓	거짓	거짓	참
C	참	참	거짓	참
D	거짓	참	참	거짓

따라서 한 사람의 진술만이 참일 경우 범인은 B, 한 사람의 진술만이 거짓일 경우의 범인은 C임을 알 수 있다.

06

정답 ②

세 번째, 네 번째, 다섯 번째 조건에 의해 8등이 될 수 있는 사람은 A 또는 C가 되는데, 첫 번째 조건을 만족해야 하므로 8등은 A임을 알 수 있다. 8등이 A, 7등이 D이고 첫 번째 조건에 의해 C는 1 ~ 5등 중 하나가 되므로 A가 C보다 늦게 들어왔음이 확정된다. 한편, 5명의 순서를 구하면 8등이 A이므로 두 번째 조건에 의해 B는 4등이 된다. 그러면 네 번째 조건에 의해 E는 5등이 되고, 첫 번째 조건에 의해 C는 6등이 될 수 없으므로 1 ~ 3등 중에 하나이다.

07

정답 ②

조건을 하나씩 살펴보면 탈의실은 일주일에 최대 세 번 대여할 수 있다.
시대는 월, 화, 목에 대여했기 때문에 금요일에 탈의실을 대여할 수 없다. 나머지 단체는 대여가 가능하다.
전날 대여한 탈의실을 같은 단체가 대여할 수 없기 때문에, 우리는 D를 제외한 A, B 탈의실을 대여할 수 있다.
한 단체가 하루에 두 개를 대여하려면 인접한 탈의실을 대여해야 하므로, 나라는 B 또는 D 탈의실을 대여 가능하다.
한국은 A, B, D 탈의실을 대여할 수 있다. 따라서 금요일 빈 시간에 탈의실 대여가 가능한 단체는 우리, 나라, 한국이다.

08

정답 ④

첫 번째 명제의 대우와 두 번째 명제를 정리하면 '모든 학생 → 국어 수업 → 수학 수업'이 되어 '모든 학생은 국어 수업과 수학 수업을 듣는다.'가 성립한다. 마지막 명제에서 수학 수업을 듣는 '어떤' 학생들이 영어 수업을 듣는다고 했으므로, '어떤 학생들은 국어, 수학, 영어 수업을 듣는다.'는 항상 참이다.

09

정답 ②

고양이는 포유류이고, 포유류는 새끼를 낳아 키운다. 따라서 고양이는 새끼를 낳아 키운다.

10

정답 ③

제시된 조건을 다음과 같은 두 가지 경우로 정리할 수 있다.

구분	1번 방	2번 방	3번 방	4번 방	5번 방	6번 방
경우 1	A	C	D	B	E	F
경우 2	C	D	A	F	E	B

표에서 경우 1의 경우라면 F가 6번 방에 있다고 할 수 있으나, 경우 2의 경우라면 아니다. 따라서 정확히 알 수 없다.

11

정답 ①

조건에서 E는 5번 방에 있다고 주어져 있고, F는 4번 방과 6번 방에만 들어갈 수 있기 때문에 항상 참이 된다.

12

정답 ②

경우 1에는 A와 B의 방 사이에 C와 D의 방이 있고, 두 번째 경우에는 F와 E의 방이 있다. 그러므로 A와 B 방 사이에 C와 F의 방이 있다는 것은 거짓이다.

13

정답 ③

乙이 오전 7시 30분에 일어나면 숫자 합은 10인데 甲이 만일 6시 29분에 일어나면 합은 17이므로 지게 된다.

오답분석

① 오전 6시 정각에 일어나면 최저 수인 6이 되므로 옳다.
② 오전 7시 59분에 일어나면 가장 큰 수이므로 옳다.
④ 언제나 乙이 1이 많은 수이므로 옳다.
⑤ 50분 간격이 되려면 甲의 기상시간이 6시 10분부터여야 한다. 이때 乙은 7시이므로 甲과 乙 모두 숫자의 합은 7이 되며 같은 간격이므로 동일 수치가 계속된다.

14

정답 ④

지원자 4의 진술이 거짓이면 지원자 5의 진술도 거짓이고, 지원자 4의 진술이 참이면 지원자 5의 진술도 참이다. 즉, 1명의 진술만 거짓이므로 지원자 4, 5의 진술은 참이다. 그렇다면 지원자 1과 지원자 2의 진술이 지원자 4, 5의 진술과 충돌하므로 이를 살펴보면 다음과 같다.

i)지원자 1의 진술이 참인 경우

지원자 2는 A부서에 선발이 되었고, 지원자 3은 B 또는 C부서에 선발된다. 이때, 지원자 3의 진술에 따라 지원자 4가 B부서, 지원자 3이 C부서에 선발된다.

∴ A－지원자 2, B－지원자 4, C－지원자 3, D－지원자 5

ii)지원자 2의 진술이 참인 경우

지원자 3은 A부서에 선발이 되었고, 지원자 2는 B 또는 C부서에 선발된다. 이때, 지원자 3의 진술에 따라 지원자 4가 B부서, 지원자 2가 C부서에 선발된다.

∴ A－지원자 3, B－지원자 4, C－지원자 2, D－지원자 5

15

정답 ④

제시된 조건을 표로 정리하면 다음과 같다.

구분	활동 지역구	활동 요일	발의한 법안
신국가	송파구	목요일	C법안
한국민	강서구	수요일	D법안
박정치	영등포구	월요일	B법안
황의정	용산구	화요일	A법안

오답분석

①·⑤ 3번째 조건에 따르면 C법안을 발의한 국회의원의 지역구는 송파구이다.

② 5번째 조건에 따르면서 한국민은 월요일에 지역구 활동을 하지 않았다.

③ 1번째 조건과 7번째 조건에 따르면 신국가가 목요일, 황의정이 화요일에 지역구 활동을 하고, 5번째 조건에 따르면 한국민이 월요일에 활동하지 않아 수요일이 되므로, 박정치가 월요일에 지역구 활동을 한다.

03 수리력

01	02	03	04	05	06	07	08	09	10	11	12	13	14	15					
③	⑤	⑤	②	①	②	④	④	②	③	③	②	①	①	③					

01

정답 ③

총계인 66,966마리의 절반 이상이 3등급을 받았으므로 옳다.

오답분석

① 복잡한 계산 같지만 이런 경우 분모는 만 단위 이하를 생략하고 분자는 백 단위 이하를 생략해서 어림 계산을 해보면 쉽게 알 수 있다. 즉, 육우가 1++등급을 받는 비율은 $100\div60,000=\frac{1}{600}$이고 한우가 D등급을 받는 경우는 $3,000\div140,000=\frac{3}{140}$이므로 옳지 않다.

② 개략적인 방법으로 볼 때도 한우가 1등급을 받는 비율은 $4\div14=\frac{2}{7}$인데 비해 육우가 2등급을 받는 비율은 $23\div66\fallingdotseq\frac{1}{3}$이므로 육우가 2등급을 받는 비율이 더 높다. 따라서 옳지 않다.

④ 젖소가 1등급 이상을 받는 비율은 대략 $200\div26,000=\frac{2}{260}\fallingdotseq0.008$인데 육우가 1++등급을 받는 개략적인 비율은 $144\div67,000\fallingdotseq0.002$이므로 젖소가 1등급 이상을 받는 비율이 더 높다.

⑤ D등급을 차지하고 있는 한우의 비율은 개략적으로 $4\div150\fallingdotseq\frac{1}{40}$이고 1등급을 차지하고 있는 육우의 비율은 $6\div66=\frac{1}{11}$이므로 옳지 않다.

02

정답 ⑤

$$(\text{두 도시의 인구의 곱})=\frac{(\text{두 도시 간 인구이동량})\times(\text{두 도시 간의 거리})}{k}$$

- $(\text{A}\leftrightarrow\text{B도시의 인구의 곱})=\frac{60\times2}{k}=\frac{120}{k}$
- $(\text{A}\leftrightarrow\text{C도시의 인구의 곱})=\frac{30\times4.5}{k}=\frac{135}{k}$
- $(\text{A}\leftrightarrow\text{D도시의 인구의 곱})=\frac{20\times7.5}{k}=\frac{150}{k}$
- $(\text{A}\leftrightarrow\text{E도시의 인구의 곱})=\frac{55\times4}{k}=\frac{220}{k}$

A도시는 공통이고, k는 양의 상수이므로 두 도시의 인구의 곱에서 분자가 크면 인구가 많은 도시이다.
따라서 E－D－C－B 순으로 인구가 많다.

03

정답 ⑤

인구성장률이 2025년은 2020년에 비해 0.16%가 감소한 데 비해 2045년부터 2055년까지는 모든 연도에서 전 지표보다 0.21%가 감소하므로 옳지 않다.

오답분석

③ 2020년 남녀 차이는 206천 명이며 2060년의 남녀 차이는 875천 명이므로 옳다.

04

정답 ②

합이 짝수가 되려면 '(짝수)+(짝수)' 또는 '(홀수)+(홀수)'여야 한다.

'(짝수)+(짝수)'일 확률은 (2, 2), (2, 4), (2, 6), (4, 2), (4, 4), (4, 6), (6, 2), (6, 4), (6, 6) 총 9가지이므로 $\frac{9}{36}=\frac{1}{4}$이다.

'(홀수)+(홀수)'일 확률은 (1, 1), (1, 3), (1, 5), (3, 1), (3, 3), (3, 5), (5, 1), (5, 3), (5, 5) 총 9가지이므로 $\frac{9}{36}=\frac{1}{4}$이다.

따라서 주사위를 2번 굴려서 나온 수의 합이 짝수가 되는 확률은 $\frac{1}{4}+\frac{1}{4}=\frac{1}{2}$이다.

05

정답 ①

(ㄱ) : 2020년 대비 2021년 의료 폐기물의 증감율로 $\frac{48,934-49,159}{49,159}\times100≒-0.5(\%)$이고,

(ㄴ) : 2018년 대비 2019년 사업장 배출시설계 폐기물의 증감율로 $\frac{123,604-130,777}{130,777}\times100≒-5.5(\%)$이다.

06

정답 ②

2021년 대비 2023년에 가장 눈에 띄는 증가율을 보인 면세점과 편의점, 무점포 소매점의 증가율을 계산하면 다음과 같다.

- 2021년 대비 2023년 면세점 판매액의 증가율
  : $\frac{14,465-9,198}{9,198}\times100≒57\%$
- 2021년 대비 2023년 편의점 판매액의 증가율
  : $\frac{22,237-16,455}{16,455}\times100≒35\%$
- 2021년 대비 2023년 무점포 소매점 판매액의 증가율
  : $\frac{61,240-46,788}{46,788}\times100≒31\%$

따라서 두 번째로 높은 비율의 판매액 증가를 보인 업태는 편의점이며, 증가율은 35%이다.

07

정답 ④

4개, 7개, 8개씩 포장하면 각각 1개씩 남으므로 재고량은 4, 7, 8의 최소공배수보다 1 클 것이다.
4, 7, 8의 최소공배수는 56이므로 5개씩 포장하는 경우는 다음과 같이 나누어 생각해볼 수 있다.

- 재고량이 56+1=57개일 때 : 57=5×11+2
- 재고량이 56×2+1=113개일 때 : 113=5×22+3
- 재고량이 56×3+1=169개일 때 : 169=5×33+4

따라서 가능한 재고량의 최솟값은 169개이다.

08

정답 ④

ㄱ. 30세 미만 여성의 찬성 비율은 90%이고, 30세 이상은 60%이므로 옳다.
ㄴ. 30세 이상 여성의 찬성 비율은 60%이고, 30세 이상 남성의 찬성 비율은 48%이므로 옳다.
ㄹ. 30세 미만 남성 78명, 30세 이상 남성 48명으로 전체 남성의 63%가 찬성하고 있으므로 옳다.

오답분석

ㄷ. 성별 차이는 150−126=24명이고 연령별 차이는 168−108=60명이므로 연령별 차이가 더 크다.

09

정답 ②

주4일 근무제 실시 이후 가정의 소득이 줄어들 것이라고 생각하는 주부는 $\frac{56+12}{8+21+70+56+12}\times100 \fallingdotseq 41\%$이다.

한편, 모르겠다고 대답한 주부는 약 42%, 오히려 줄어들지 않을 것이라고 생각하는 주부는 약 17%이다.

10

정답 ③

소득이 줄더라도 주4일 근무제를 찬성하는 주부는 56+76=132명이다.

11

정답 ③

주4일 근무제 시행 이후 소득의 변화가 없을 것이라고 대답한 주부의 비율은 $\frac{76}{3+60+76+3}\times100 \fallingdotseq 53.5\%$이다.

12

정답 ②

남녀 국회의원의 여야별 SNS 이용자 구성비 중 여자의 경우 여당이 $\frac{22}{38}\times100 \fallingdotseq 57.9\%$이고, 야당은 $\frac{16}{38}\times100 \fallingdotseq 42.1\%$이므로 옳지 않은 그래프이다.

오답분석

① 국회의원의 여야별 SNS 이용자 수는 각각 145명, 85명이다.

③ 야당 국회의원의 당선 횟수별 SNS 이용자 구성비는 85명 중 초선 36명, 2선 28명, 3선 14명, 4선 이상 7명이므로 각각 계산해 보면 42.4%, 32.9%, 16.5%, 8.2%이다.

④ 2선 이상 국회의원의 정당별 SNS 이용자는 A당 29+22+12=63명, B당 25+13+6=44명, C당 3+1+1=5명이다.

⑤ 여당 국회의원의 당선 유형별 SNS 이용자 구성비는 145명 중 지역구가 126명이고, 비례대표가 19명이므로 각각 86.9%와 13.1%이다.

13

정답 ①

지상파 방송직 전체는 7,378명이고 이 중 기자는 2,298명이므로 그 비율은 $\frac{2,298}{7,378}\times100 \fallingdotseq 31.1\%$이다.

14

정답 ①

작년 A고등학교의 1학년과 3학년 학생 수를 각각 x, y명이라고 하면, 2학년 학생 수는 $\frac{x+y}{2}$명이다.

$x+\frac{x+y}{2}+y=1,200 \rightarrow \frac{3(x+y)}{2}=1,200 \rightarrow \frac{x+y}{2}=1,200\div3=400$

올해 2학년 학생 수는 400×1.05=420명이고, 3학년 학생 수는 420−12=408명이다.

따라서 올해 필요한 신입생의 수는 1,200−420−408=372명이다.

15

정답 ③

(ㄱ) : (전체 사업체수)=53+94+1+6+3=157개

(ㄴ) : (업체당 평균매출액)=(매출액)÷(사업체 수)=373,853÷1=373,853백만 원

(ㄷ) : (1인당 평균매출액)=(매출액)÷(종사자 수)=373,853÷295 ≒ 1,267백만 원

04 도형추리

01	02	03	04	05	06	07	08	09	10	11	12	13	14	15	16	17	18	19	20
①	⑤	①	③	①	②	③	④	④	②	③	①	④	④	④	②	⑤	①	④	②
21	22	23	24	25	26	27	28	29	30										
⑤	①	⑤	①	③	⑤	⑤	②	①	⑤										

01

정답 ①

①은 제시된 도형을 시계 반대 방향으로 90° 회전한 것이다.

02

정답 ⑤

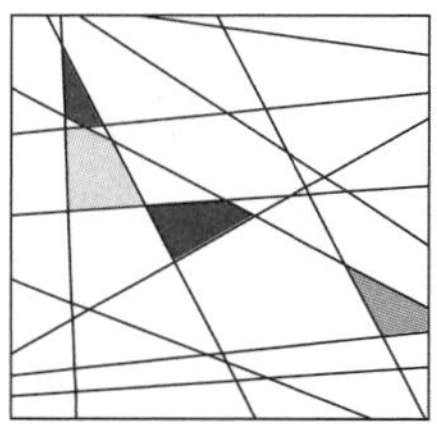

03

정답 ①

- ◉ : 1234 → 1324
- ♧ : 각 자릿수 −1, 0, +1, +2
- ▣ : 1234 → 4321
- ♤ : 각 자릿수 +2, +1, −1, −1

7ㅅ3ㄷ → ㄷ3ㅅ7 → ㄷㅅ37

(▣, ◉)

04

정답 ③

Pㄹㅎ U → Oㄹㄱ W → Qㅁㅎ V

(♧, ♤)

05

정답 ①

규칙은 세로로 적용된다.
첫 번째 도형을 시계 방향으로 90° 돌리면 두 번째 도형이다.
두 번째 도형을 좌우 반전시키면 세 번째 도형이다.

06

정답 ②

규칙은 세로로 적용된다.

첫 번째 도형과 두 번째 도형을 합치되, 두 번째 도형이 뒤로 가도록 하고, 첫 번째 도형과 겹치지 않는 부분을 색칠한 도형이 세 번째 도형이다.

07

정답 ③

보기에서 사용한 암호법은 카이사르 암호법으로, 알파벳을 일정 간격으로 이동시켜 암호화하는 방법이다.

보기에서는 제시된 문장의 알파벳 순서를 2개씩 앞당겨 구현하였다.

Go Straight → Em Qrpygefr

08

정답 ④

보기에서 사용한 암호법은 울타리 암호법을 응용한 것으로, 해당 문장의 각 글자를 순서대로 번갈아가며 윗줄과 아랫줄로 써서 나온 두 문장을 하나로 이어주는 방식으로 구현하였다.

국가와 국민을 위한 한없는 충성과 헌신

→ 윗줄 : 국와민위한는성헌

→ 아랫줄 : 가국을한없충과신

→ 암호 : 국와민위한는성헌+가국을한없충과신=국와민위한는성헌가국을한없충과신

09

정답 ④

a		a		d
B	●	b	◆	b
C	→	c	→	c
d		d		a

10

정답 ②

T		T		I
y	◇	U	◆	U
U	→	y	→	y
I		I		T

11

정답 ③

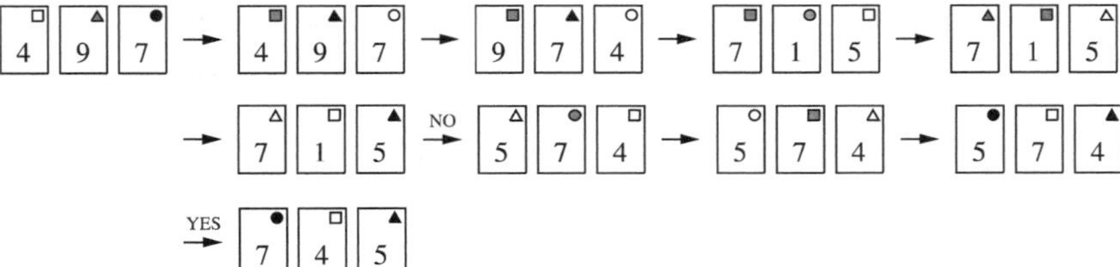

12

정답 ①

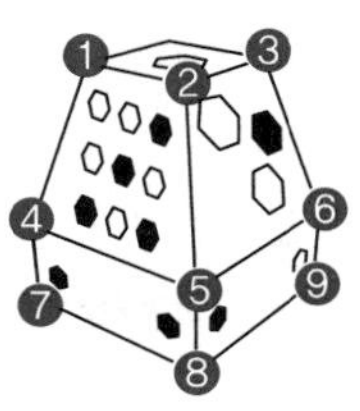

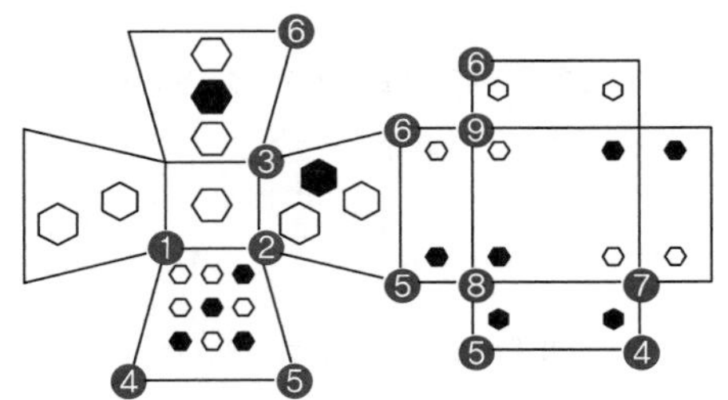

13

정답 ④

첫 번째 도형을 기준으로 3번째와 4번째 행 왼쪽 하단에 있는 두 개의 사각형은 대각선 방향으로 반복하여 대칭하고 있으며, 1번째 행 오른쪽에 색칠된 사각형은 시계 방향으로 90° 회전하고 있다.

14

정답 ④

오답분석

①·②·③·⑤ 앞 문자에 +2, +2, +2로 나열한 것이다.

15

정답 ④

오답분석

①·②·③·⑤ 앞 문자에 −1, −1, −1로 나열한 것이다.

16

정답 ②

pd	gq	gz	gp	pq	jp	qb	kz	qr	po	qb	gp
kz	pb	qt	xp	gr	dj	qt	xp	pd	pd	qz	gq
dp	po	gp	gq	jp	gz	gp	cs	xp	kz	ap	xp
jp	xp	qb	gz	gp	pd	cw	po	gw	jg	jp	qt

17

정답 ⑤

쨍	캬	퓨	껀	짱	멩	갸	먄	녜	쨍	해	예
퓨	얘	뿌	쨍	멸	뚜	냥	압	랼	벨	쓴	빵
짱	멸	녜	뿌	해	쨍	캬	얘	쨍	뚜	벨	빤
예	쨍	냥	먄	꺙	퓨	쓴	껀	취	빵	쟁	쎰

18

정답 ①

ゼ	テ	ネ	デ	ケ	ス	ケ	ス	ネ	ス	テ	ゼ
デ	ズ	セ	ゲ	ス	ゼ	ゲ	テ	デ	ゼ	ゲ	ゲ
セ	テ	ネ	ケ	テ	ケ	テ	ズ	セ	ケ	デ	ネ
ゲ	ネ	ゲ	ゼ	デ	ズ	ケ	ゼ	デ	ス	ス	セ

19

정답 ④

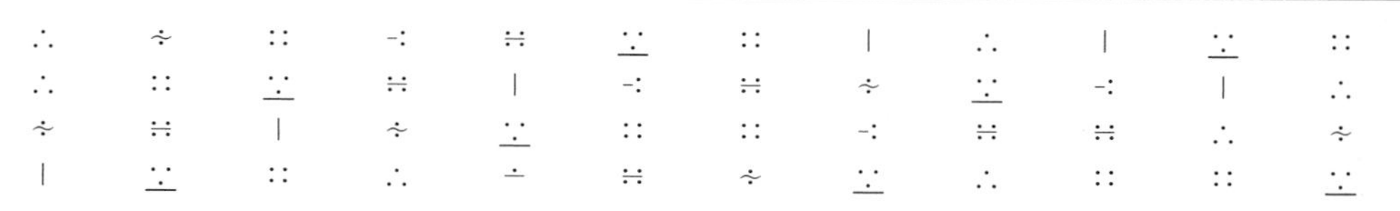

20

정답 ②

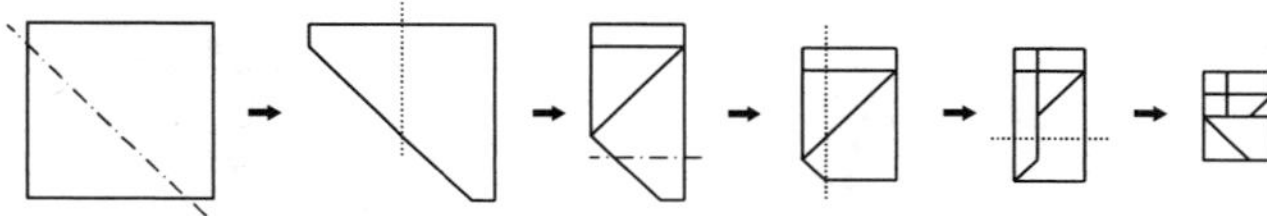

21

정답 ⑤

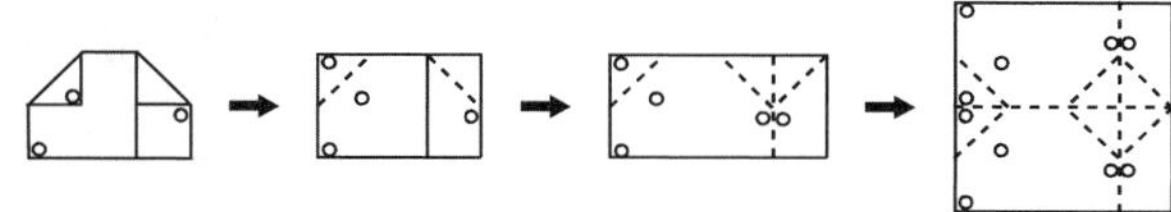

22

정답 ①

- 1층 : 4×5−4=16개
- 2층 : 20−8=12개
- 3층 : 20−14=6개

∴ 16+12+6=34개

23

정답 ⑤

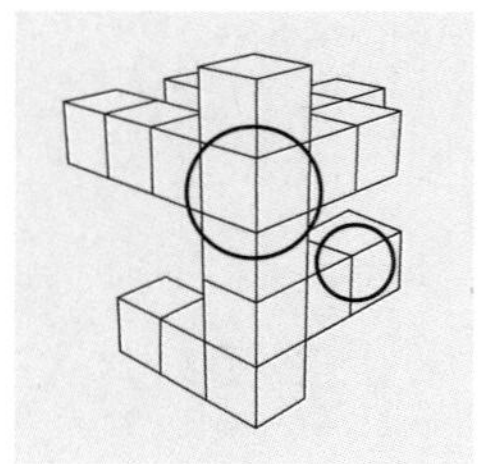

PART 3

24

정답 ①

- 1층 : 5×4−4=16개
- 2층 : 20−10=10개
- 3층 : 20−17=3개

∴ 16+10+3=29개

25

정답 ③

오답분석

① ◑▣♨Π♣ − 23154
② ♣♨Π◑▣ − 41523
④ ▣◑♣♨Π − 32415
⑤ ◑▣♣♨Π − 23415

26

정답 ⑤

①
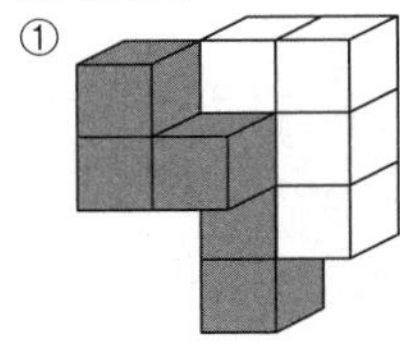

②
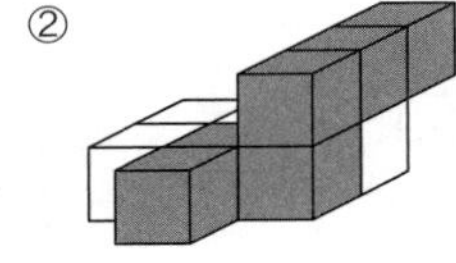

③
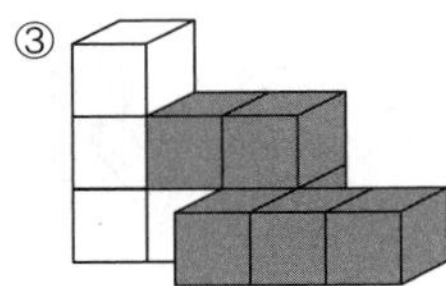

④
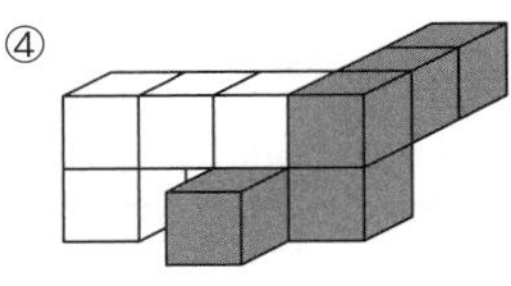

27

정답 ⑤

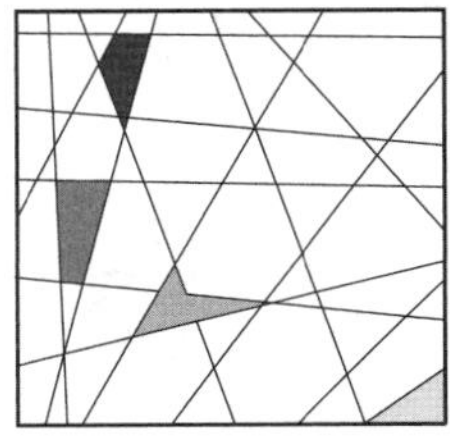

28

정답 ②

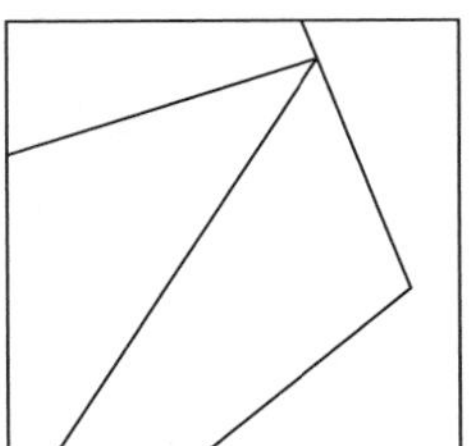

29

정답 ①

①은 제시된 도형을 시계 반대 방향으로 90° 회전한 것이다.

30

정답 ⑤

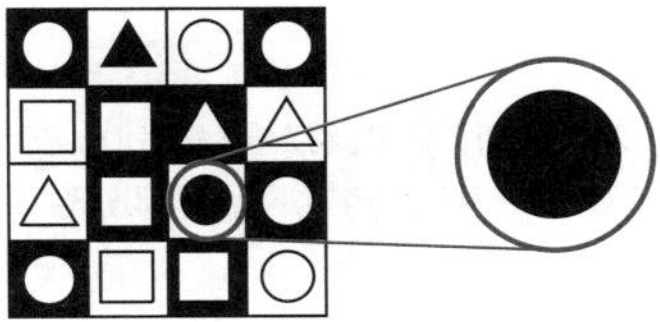

05 정보상식

01	02	03	04	05	06	07	08	09	10	11	12	13	14	15	16	17	18	19	20
①	②	①	④	①	①	②	③	①	④	④	④	③	①	②	③	①	③	②	②
21	22	23	24	25	26	27	28	29	30										
①	④	④	④	④	①	③	①	⑤	④										

01

정답 ①

김치코인는 국내 기업이 발행하여 국내 가상자산 거래소에서 거래가 가능한 가상화폐를 뜻한다. 따라서 해외 가상자산 거래소에만 상장되어 있는 코인은 김치코인에 포함되지 않는다. 김치코인은 시가총액이 작고 가격이 높지 않아 시세 변동성이 매우 크다. 또한 외부 세력에 의해 시세 조종이 일어날 수 있으며 불투명한 재무구조 등의 문제로 투자 위험도가 높은 편이다.

오답분석

② 스캠코인(Scam Coin) : 'Scam(사기)'과 'Coin'의 조합어로, 사실과 다른 내용으로 투자자를 속이기 위해 만들어진 가상화폐를 말한다. 투자금 환급 등을 내세운 미신고 거래소나 유명인과의 친분을 앞세워 투자자들의 신뢰를 높인 뒤 투자금만 챙겨 사라지는 방식이 대표적이다.

③ 알트코인(Altcoin) : 'Alternative(대체, 대안)'와 'Coin'의 조합어로, 비트코인을 제외한 다른 가상화폐들을 가리킨다. 비트코인 가치가 지나치게 올랐다는 생각 때문에 알트코인이 대체 투자처로 주목받고 있다.

④ 스테이블코인(Stable Coin) : 가격 변동성이 최소화되도록 설계한 암호화폐를 가리킨다. 미국 달러 등 법정 화폐와 1대 1로 가치가 고정되어 있으며, 보통 1코인이 1달러의 가치를 갖는다. 대표적인 스테이블 코인으로는 테더(Tether, USDT) 코인이 있다.

⑤ 프라이버시코인(Privacy Coin) : 개인정보를 중요시하는 익명성 기반의 암호화폐를 말한다. 예전에는 다크코인(Dark Coin)이라고 불렀으나 다크(Dark)라는 말이 부정적 이미지를 주기 때문에 프라이버시코인으로 바꾸어 사용하고 있다.

02

정답 ②

핫머니는 국제 금융시장을 이동하는 단기자금으로, 각국의 단기금리 · 환율의 차이에 의한 투기적 이익을 목적으로 하는 것과 국내 통화 불안을 피하기 위한 자본도피 등 두 가지가 있다.

03

정답 ①

디지털 노마드(Digital Nomad)는 자동차와 최첨단 정보통신기기를 가지고 시공간을 넘나드는 21세기형 신인류를 뜻하는 말로, '유목민, 정착하지 않고 떠돌아다니는 사람'을 뜻하는 노마드(Nomad)라는 용어를 활용해 붙인 이름이다. 인터넷, 모바일 컴퓨터, 휴대용 통신기기 등 디지털 시스템 덕분에 시간적 · 공간적 제약이 사라지고 인간의 삶이 정착보다는 유목으로 변모해 간다는 것이다.

04

정답 ④

젠트리피케이션(Gentrification)이란 지주계급을 뜻하는 'Gentry'에서 유래한 말로, 낙후된 지역이 다양한 이유로 활성화되어 유명세를 타면서 중산층이 유입되고 비싼 임대료를 감당하지 못한 원주민들은 내몰리는 현상을 말한다. 우리나라의 경우 '망리단길'로 불리는 망원동 일대, 서촌, 성수동 등에서 해당 현상이 나타났다.

05

정답 ①

생산은 쉽지만 인터넷 환경에서는 정보의 삭제와 파기가 쉽지 않기 때문에 '잊힐 권리'를 도입해야 한다는 필요성이 제기되었다. 잊힐 권리는 인터넷상에서 특정한 기록을 삭제할 수 있는 권리를 말하며, 자신의 정보가 더 이상 적법한 목적을 위해 필요하지 않을 때 그것을 지울 수 있는 개인의 권리이다.

06

정답 ①

국내 첫 상업 원전인 고리 1호기는 약 40년의 가동을 마치고, 우리나라의 첫 번째 폐쇄 원전이 되었다. 완전 해체까지는 15 ~ 20년이 걸릴 것으로 예상된다.

07

정답 ②

그레고리 페렐만은 수학계의 중요한 난제 중 하나인 푸앵카레 추측을 증명한 러시아의 수학자이다. 클레이 수학연구소는 페렐만에게 푸앵카레 추측을 증명한 공로로 100만 달러를 수여하겠다고 발표하였으나 그는 이를 거부하였다. 또한 2006년에 필즈상을 수상하였으나 수상식 참석을 거부하기도 했다.

08

정답 ③

스크린셀러(Screen-seller)는 영화를 뜻하는 스크린(Screen)과 베스트셀러(Bestseller)를 합친 신조어로 영화의 흥행 성공으로 주목을 받게 된 소설을 의미한다.

09

정답 ①

『난장이가 쏘아 올린 작은 공』은 1978년 간행된 조세희의 연작소설집으로 산업화의 과정에서 자기 삶의 터전을 일구지 못한 도시 노동자들의 비참한 생활과 절망이 인상적으로 결합되어 있다.

채만식의 작품으로는 『치숙』(1938), 『탁류』(1937 ~ 1938), 『태평천하』(1938) 등이 있다.

10

정답 ④

망중립성은 네트워크사업자가 관리하는 망이 공익을 위한 목적으로 사용돼야 한다는 원칙을 말한다. 통신사업자는 막대한 비용을 들여 망을 설치함으로써 과부하로 인한 망의 다운을 막으려고 하지만 스마트TV 생산회사들은 이에 대한 고려 없이 제품 생산에만 그쳐, 망중립성을 둘러싼 갈등이 불거졌다.

11

정답 ④

오답분석

① 1999년 12월 21일 미국 캘리포니아주에서 발사되었다.
② 이소연은 2008년 소유즈 TMA-12호를 타고 출발하여, 국제우주정거장(ISS)과의 도킹에 성공했다.
③ 다산기지에 대한 설명이다.
⑤ 세종기지에 대한 설명이다.

12

정답 ④

레이저는 2018년 노벨물리학상을 수상한 학자들과 관련된 연구 분야이다. 2019 노벨생리의학상은 빈혈과 유관한 '세포의 산소 이용 방식'을 연구한 학자들이 수상했고, 노벨물리학상은 '암흑물질, 외계행성'을 발견한 학자들이 수상했으며, 노벨화학상은 '리튬 이온 배터리'를 발명한 학자들이 수상했다.

13

정답 ③

3D 프린팅은 입체적으로 만들어진 설계도만 있으면 종이에 인쇄하듯 3차원 공간 안에 실제 사물을 만들어낼 수 있는 프린팅 기술로, 1984년 미국에서 처음 개발되었다.

14

정답 ①

살라미 전술은 얇게 썰어먹는 이탈리아 소시지 살라미에서 유래한 말로, 북한이 핵협상 단계를 세부적으로 나누어 하나씩 이슈화한 뒤 국제 사회로부터 최대한의 보상을 얻어내려 하는 것처럼 부분별로 문제를 세분화해 쟁점화한 뒤 차례로 대가를 얻어내면서 이익을 극대화하는 협상 전술을 말한다.

15

정답 ②

오답분석

① 키친 캐비닛 : 대통령의 가까운 지인이나 친구들
③ 이너 캐비닛 : 내각 안에서도 특히 중요한 소수의 내각

16

정답 ③

진돗개는 대간첩침투작전 경계 태세에 따라 발령되는 3단계 체계이다. 평상시에는 '셋'이며 적 침투 가능성이 농후할 때는 '둘', 대간첩작전이 전개될 때는 '하나'가 발령된다.

오답분석

ㄱ. 인포콘 : 적의 사이버 공격에 대비한 대비 태세이다. 5단계로 이뤄져 있다.
ㄴ. 데프콘 : 한미연합사가 유지하는 방어 준비 태세를 가리키는 5등급의 단계를 말한다. 데프콘5가 평시이나 우리는 평소 데프콘4를 유지하고 있다. 데프콘2가 되면 병사에게 실탄이 보급된다. 데프콘1은 발령과 함께 동원령이 선포되며 전시 상태로 간주한다.
ㄷ. 워치콘 : 대북 정보 감시 태세의 단계를 구분하는 5개 등급이다. 워치콘5가 평시이나 우리나라는 평소 워치콘4를 유지하고 있다. 상황이 긴박해질수록 1등급으로 단계가 올라간다.

17

정답 ①

래칫(Ratchet)은 한쪽 방향으로만 도는 톱니바퀴를 의미하는 것으로, 래칫조항은 '역진방지조항'이라고도 불린다. 한미 FTA 독소조항은 래칫조항, 금융 및 자본시장의 완전개방, 지적재산권 직접 규제조항, 스냅백조항, 서비스시장의 네거티브방식 개방, 미래의 최혜국 대우조항, 투자자 – 국가제소권(ISD), 비위반 제소, 정부의 입증책임, 간접수용에 의한 손실보상, 서비스 비설립권 인정, 공기업 완전민영화, 외국인 소유 지분제한 철폐 등이 해당한다.

18

정답 ③

패리티지수는 농가가 생산 또는 생활을 위해서 구입하는 재화와 서비스의 변동을 나타내는 것으로, 기준연도의 농가 총구입가격을 100으로 하여 비교연도(가격 결정 시)의 농가 총구입가격 등락률을 지수로 표시한다. 우리나라에서는 주로 쌀의 고시가격 기준을 계산할 때 사용한다.

19

정답 ②

블랙아웃(Blackout)은 대표적으로 도시나 넓은 지역에서 동시에 전기가 모두 끊기는 최악의 정전사태를 일컫는다.

20

정답 ②

오답분석

① 소크라테스 효과 : 소크라테스가 자기 제자들에게 질문을 던져 자발적으로 결론에 이르도록 한 것처럼 사람들도 자기의 태도에 일관성을 계속 유지하고자 하고, 또 일관성이 유지되기를 심리적으로 압박받는 현상을 뜻한다.

③ 가르시아 효과 : 대상이 어떤 음식을 섭취하고 불쾌함을 경험한 경우 이후부터 그 음식을 기피하는 현상을 이르는 말이다.

④ 베르테르 효과 : 자신이 모델로 삼고 있던 사람 또는 사회적으로 영향력 있는 유명인 등이 자살할 경우, 그 사람과 자신을 동일시해서 자살을 시도하는 현상으로 '동조자살' 또는 '모방자살'이라고도 한다. 독일의 문호 괴테의 소설 『젊은 베르테르의 슬픔』에서 유래하였다.

⑤ 플라시보 효과 : 약효가 전혀 없는 가짜 약이나 시술을 받은 환자의 병이 해당 약과 시술을 통해 호전되는 현상을 말한다.

21

정답 ①

오답분석

② 마찰적 실업

③ 구조적 실업

④ 계절적 실업

⑤ 비자발적 실업

22

정답 ④

위스타트 운동은 저소득층 아이들에게 복지와 교육의 기회를 제공함으로써 보다 동등한 삶의 출발선이 주어지도록 하는 활동을 말하며, 복지(Welfare)와 교육(Education)의 첫 글자와 출발(Start)을 합친 것이다. 지난 2004년 국내에서도 '가난의 대물림을 끊자'는 각계각층의 뜻이 모아져 사단법인 '위스타트 운동본부'가 만들어졌다.

23

정답 ④

토니상(Tony Awards)은 미국 브로드웨이에서 수여하는 연극상으로 '연극의 아카데미상'이라고도 불린다. 해마다 5월 하순 ~ 6월 상순에 최종 발표 후 시상식이 열리고, 연극 부문인 스트레이트 플레이와 뮤지컬 부문인 뮤지컬 플레이로 나누어 작품상, 남녀 주연상, 연출상 등을 수여한다.

24

정답 ④

플래시몹(Flash Mob)은 특정 웹사이트의 접속자가 폭발적으로 증가하는 현상을 의미하는 '플래시 크라우드(Flash Crowd)'와 '스마트몹(Smart Mob)'의 합성어로, 불특정 다수의 사람들이 약속된 장소에 모여 짧은 시간 동안 약속된 행동을 한 뒤 뿔뿔이 흩어지는 행위를 일컫는다. 2003년 미국 뉴욕에서 처음 시작되어 전 세계로 확산되었으며 사회적 문제를 일으키지 않고 행위 자체만을 즐기는 것이 특징이다.

25

정답 ④

엠바고(Embargo)에 대한 설명이며, 블랭킷 에어리어는 난시청지역을 말한다.

26

정답 ①

오답분석

② 에피소드 : 중심적인 갈등 구조에서 벗어나 어떤 이야기나 사건 사이에 끼어든 짧은 이야기
③ 피카레스트 : 각각 독립된 여러 개의 이야기를 같은 주제나 인물을 중심으로 모아서 연속적으로 전개하는 구성
④ 액자식 구성 : 문학 작품 등에서 하나의 이야기 속에 또 다른 이야기가 들어있는 구성
⑤ 리메이크 : 과거에 이미 발표된 작품을 부분적인 수정만 가하고, 원작의 의도에 충실히 따르면서 다시 만드는 것

27

정답 ③

리셋 증후군은 리셋 버튼만 누르면 처음부터 다시 시작할 수 있는 것처럼 착각하는 현상을 가리킨다. 이처럼 생각하는 일부 청소년층이 극단적인 범죄를 일으켜 물의를 빚기도 한다.

오답분석

ㄱ. 번아웃 증후군 : 어떤 일에 불타오르듯 집중하다 갑자기 불이 꺼진 듯 무기력해지면서 업무에 적응하지 못하는 증상이 나타나는 현대인의 정신 질환이다.
ㄴ. 가면 증후군 : 높은 성취의 증거에도 불구하고 자신이 무능하다고 믿으며, 자신이 남들을 기만하고 있다고 생각하는 현상이다.
ㄷ. 살리에리 증후군 : 1등을 질투하는 2등의 심리를 가리키는 말이다. 모차르트를 항상 시기하던 살리에리에서 따온 말이다.

28

정답 ①

블랙홀은 스티븐 호킹이 아인슈타인의 상대성 이론에 근거하여 주장한 것으로 항성이 폭발할 때 극단적으로 수축하면서 밀도와 중력이 어마어마하게 커진 천체를 뜻한다. 이때 발생한 중력으로부터 빠져나오려면 빛보다 빠른 속력을 가져야 하므로, 빛조차도 블랙홀 안으로 빨려 들어가는 것이다. 만약 지구만한 행성이 블랙홀이 된다면 그 반지름은 겨우 0.9cm로 줄어들게 될 정도로 중력이 크다. 블랙홀이라는 명칭이 붙게 된 이유도 직접 관측할 수 없는 암흑의 공간이기 때문이다.

29

정답 ⑤

홍경래의 난은 평안도의 몰락한 양반 출신인 홍경래를 중심으로 세도 정치와 삼정의 문란으로 인해 어려움을 겪던 농민들과 평안도 지역에 대한 차별 대우에 불만을 품던 평안도 지방 사람들이 가산 지역에서 일으킨 난이다(1811). 농민들은 평안도 일부 지역을 점령하였으나 관군에 의해 정주성에서 진압되었다.

30

정답 ④

고려 전기의 향도는 매향활동을 하는 신앙 조직이었으나 고려 후기에는 농민 공동체 조직으로 변하여 마을 노역, 혼례와 상장례, 마을 제사 등 공동체 생활을 주도하였다.

오답분석

① 법률은 중국의 당률을 참작하였으나, 대부분은 관습을 따랐다.
② 일부일처제가 일반적이었다.
③ 향·소·부곡은 양인에 비해 세금이 많은 등 차별을 받았다.
⑤ 건원중보(성종), 삼한통보·활구(숙종) 등의 화폐가 제조되었지만, 자급자족 경제활동으로 화폐의 필요성을 느끼지 못해 유통이 부진하였다.

제 2 회 NIAT 최종점검 모의고사

01 언어능력

01	02	03	04	05	06	07	08	09	10	11	12	13	14	15					
①	①	③	①	③	④	③	③	②	④	①	⑤	①	②	③					

01

정답 ①

두 번째 문단과 세 번째 문단에 따르면 논리학과 심리학은 둘 다 사고작용을 탐구한다는 공통점이 있지만 심리학은 사고하는 과정을 사실대로 연구하는 반면, 논리학은 사고의 법칙과 형식을 연구한다는 차이점이 있다. 따라서 공통점과 차이점에 대해 설명한 내용으로 가장 적절한 것은 ①이다.

02

정답 ①

제시문은 핵전쟁에 의한 인류의 공동 사멸 가능성에 대해 이야기하며 과학과 가치의 문제에 대해 이야기하는 글이다. 두 번째 문단에서 과학과 과학 기술을 매도하고 힐난하는 일이 우리가 빠지기 쉬운 오류라고 표현하며 과학을 어떻게 사용하느냐 하는 것은 전적으로 과학 외적인 문제, 즉 가치의 문제라고 표현한다. 따라서 필자가 말하고자 하는 내용으로 ①이 가장 적절하다.

03

정답 ③

두 번째 문단은 우울증의 긍정적인 면모인 보호 기제로서의 측면에 대한 내용을 다루고 있다. ㉢은 지금의 경쟁사회가 정신적인 소진 상태를 초래하기 쉬운 환경이라는 내용이므로, 오늘날 우울증이 급격히 늘어나는 원인을 설명하고 있는 마지막 문단의 마지막 문장 바로 앞에 들어가는 것이 더 적절하다.

오답분석

① 우울증과 창조성의 관계를 설명하면서 그 예시로 우울증을 갖고 있었던 위대한 인물들을 들고 있다. 따라서 천재와 우울증이 동전의 양면과 같으므로 인류 문명의 진보를 이끌었다고 볼 수 있다는 내용의 ㉠은 문단의 결론이므로 삭제할 필요가 없다.
② 문장의 주어가 '엄청난 에너지를 소모하는 것' 즉, 행위이므로 이 행위는 어떤 상태에 이르게 '만드는' 것이 되어야 문맥이 자연스럽다. 따라서 문장의 주어와 호응하는 것은 '이르게도 할 수 있다.'이다.
④ ㉣을 기준으로 앞 문장은 새로운 조합을 만들어내는 창조성 있는 사람이 이익을 갖게 된다는 내용이고, 뒤 문장은 새로운 조합을 만들어내는 일이 많은 에너지를 요하는 어려운 일이라는 내용이다. 따라서 뒤 문장은 앞 문장의 결과라고 보기 어렵다.
⑤ 세 번째 문단 앞 부분의 내용에 따르면 경쟁사회에서 창조성 있는 사람이 이익을 얻는다. 따라서 ㉤을 '억제하지만'으로 바꾸는 것은 어색하다.

04

정답 ①

제시문에서 '갑돌'의 성품이 탁월하다고 볼 수 있는 것은 그의 성품이 곧고 자신감이 충만하며, 다수의 옳지 않은 행동에 대하여 비판의 목소리를 낼 것이며 그렇게 하는 데에 별 어려움을 느끼지 않을 것이기 때문이다. 또한 세 번째 문단에 따르면 탁월한 성품은 올바른 훈련을 통해 올바른 일을 바르고 즐겁게 그리고 어려워하지 않으며 처리할 수 있는 능력을 뜻한다. 따라서 아리스토텔레스의 입장에서는 '엄청난 의지를 발휘'하고 자신과의 '힘든 싸움'을 해야 했던 '병식'보다는 잘못된 일에 '별 어려움' 없이 '비판의 목소리'를 내는 '갑돌'의 성품을 탁월하다고 여길 것이므로 빈칸에 들어갈 말로 ①이 가장 적절하다.

05

정답 ③

제시문은 '흥부전'의 주제를 조선 후기 사회상에서 찾는 글이다. 조선 후기의 사회는 신분 체제의 변동, 공동 사회에서 이익 사회로의 변화, 재편성되는 경제 체제로 인한 빈부 간의 갈등의 심화 등으로 범주화될 수 있는데 '흥부전'은 이것을 전형적으로 보여주고 있다는 것이다. 따라서 이와 동일한 관점으로 본 것으로 ③이 가장 적절하다.

06

정답 ④

ㄱ. 여섯 번째 문단의 '도덕 철학은 도덕적 판단의 원천이 되는 상위선에 근거하여 문제의 해결 방안이나 나아갈 방향을 제시해야 한다.'에서 추론할 수 있다.

ㄷ. 두 번째 문단의 '강한 가치 평가의 기준이 되는 상위선은 역사적으로 형성되어 자리 잡은 것으로 사회나 문화에 따라 다를 수 있다.'에서 추론할 수 있다.

오답분석

ㄴ. '시대를 초월하여 존재하는 보편타당한 도덕규범'의 문제는 다섯 번째 문단의 '이러한 근대의 도덕 철학이 옹호하는 도덕 규칙도 근대적 가치나 상위선을 배경으로 형성되었기 때문에 그 도덕 규칙이 보편성을 지닌다는 주장은 타당하지 않다.'에 위배되어 타당하지 않다.

PART 3

07

정답 ③

제시문은 진리에 대한 세 가지 이론인 대응설, 정합설, 실용설을 소개하고 그 한계점에 대하여 설명하고 있다. 따라서 (나) 진리에 대한 세 가지 이론 소개 – (바) 대응설 이론 소개 – (사) 대응설의 한계점 – (가) 정합설 이론 소개 – (마) 정합설의 한계점 – (다) 실용설 이론 소개 – (라) 실용설의 한계점 순으로 나열하는 것이 가장 적절하다.

08

정답 ③

제시문은 인류의 발전과 미래에 인류에게 닥칠 문제를 해결하기 위해 우주 개발이 필요하다는, 우주 개발의 정당성에 대해 논의하고 있다.

09

정답 ②

세 번째 문단의 첫 문장에서 전자 감시는 파놉티콘의 감시 능력을 전 사회로 확장했다고 말하고 있으므로 정보 파놉티콘은 발전된 감시 체계라고 할 수 있다. 따라서 '정보 파놉티콘이 종국에는 감시 체계 자체를 소멸시킬 것'이라는 추론은 적절하지 않다.

10

정답 ④

(라)는 문화의 질적 성숙과 향상을 도모하기 위해서는 사회가 평생 교육, 평생 학습의 장(場)이 되어야 한다는 내용으로 학교 교육 자체를 부정하지는 않았다. 따라서 학교 교육이 사회 교육으로 대체되어야 한다는 ④는 중심 내용으로 적절하지 않다.

11

정답 ①

두 번째 문단의 '지방세포는 흡수된 지방산과 글리세롤을 다시 에스테르화하여 중성지방의 형태로 저장한다.'와 세 번째 문단의 '중성지방의 분해는 카테콜아민이라는 신경 전달 물질에 의한 지방세포 내 호르몬 – 민감 리파아제의 활성화를 통해 일어나는 카테콜아민 – 자극 지방 분해와 카테콜아민의 작용 없이 일어나는 기초 지방 분해로 나뉜다.'는 내용을 통해 지방세포가 지방산과 글리세롤의 에스테르화 반응을 일으키면 중성지방이 만들어지고 이 중성지방을 분해해서 에너지화하는 물질이 카테콜아민이라는 것을 알 수 있으므로 ①은 적절하지 않다.

12

정답 ⑤

㉠ 문제 제기 및 주장, ㉡ 주장의 논거 1, ㉢ 주장의 논거 2, ㉣ 논거 2의 사례, ㉤ 주장의 논거 3, ㉥ 논거 3의 지지이다. 따라서 글을 구조화한 것으로 가장 적절한 것은 ⑤이다.

13

정답 ①

첫 번째 문단의 '대중문화 산물의 내용과 형식이 표준화·도식화되어 더 이상 예술인 척할 필요조차 없게 되었다고 주장했다.'는 내용을 통해 추론할 수 있다.

14

정답 ②

기호학적 생산성은 피스크가 주목하는 것으로서 초기 스크린 학파의 주장으로는 적절하지 않다.

오답분석

⑤ 피스크를 비판하는 켈러의 입장을 유추해 보았을 때 적절한 분석이다.

15

정답 ③

제시문에서 필자는 빛보다 빨리 달릴 수 있다면 시간 여행은 가능하지만 질량을 가진 물체는 빛보다 빨리 달릴 수 없으므로 시간 여행은 불가능하다고 말하고 있다. 그러나 블랙홀과 같이 중력이 상상할 수 없을 정도로 큰 중력장 안에서는 시간과 공간이 상식을 뛰어넘으므로 빛보다 빠른 물체가 아니더라도 시간 여행이 가능할 수 있다고 보고 있다. 따라서 필자의 견해를 정리한 것으로 ③이 가장 적절하다.

02 언어추리

01	02	03	04	05	06	07	08	09	10	11	12	13	14	15					
②	②	③	④	④	③	②	②	①	③	②	③	①	③	②					

01

정답 ②

질문에 포함된 핵심 조건이 진술 셋 중 두 가지는 참이고 하나는 거짓이라고 했는데 세 진술 중 첫 번째 진술은 공통되므로 실제 파악해야 하는 진술은 두 가지임을 알 수 있다. 즉, 첫 번째 진술의 여부를 참일 때와 거짓일 때로 나누어서 도입을 하는 것이 방법이다. 범인은 한 명이므로 첫 번째 진술이 참이라고 가정하고 판단한다.

A의 첫 번째 진술이 참이라면 두 번째 진술도 참이 되어야 한다. 왜냐하면 두 번째 진술이 거짓이라면 범인은 C와 D 두 명이 되기 때문이다. 따라서 C, D는 범인이 아님을 알 수 있으며, 이에 따라 C의 첫 번째 진술은 참이 되므로 두 번째와 세 번째 진술을 검토해 보면 두 번째 진술은 E의 진술과 상충됨을 알 수 있고 세 번째 진술은 이미 위 A의 진술에서 판단한 것이므로 거짓이 됨을 알 수 있다. 따라서 두 번째 진술도 참이어야 한다. 그렇게 되면 E의 세 번째 진술이 거짓이 되므로 첫 번째와 두 번째 진술은 참이 되어야 한다. 따라서 지갑을 훔친 범인은 B로 추정되며 B와 D의 진술을 판단할 때 B가 범인임을 확정지을 수 있다.

02

정답 ②

ㄴ. 조사 1에서 응답 비율의 합계가 100%가 넘으므로 중복응답이 가능했음을 알 수 있다.
ㄹ. 조사 2에서 응답자가 100%가 되지 않으므로 무응답자가 있음을 알 수 있다.

오답분석

ㄱ. 조사 1에서 중복응답이 있으므로, 무응답자는 있었는지 알 수 없다.
ㄷ. 조사 2에서 응답 비율의 합계가 100%가 넘지 않았다고 하여도 중복응답의 가능성은 있다.
ㅁ. 조사 1에서 선택지 3을 선택한 모든 사람의 비율만을 알 수 있을 뿐, 선택지 3만을 선택한 사람의 비율은 제시된 자료만으로는 알 수 없다.

03

정답 ③

- A가 찬성, B가 반대인 경우
  다섯 번째 조건과 대우 명제에 의해 F와 G가 찬성한다. 그러면 첫 번째 조건에 의해 E는 반대한다. 또한 문제에서 네 명이 찬성이라고 했기 때문에 C와 D 중 한 명은 찬성, 한 명은 반대를 한다.
  ∴ 찬성 – A, C(D), F, G, 반대 – B, D(C), E
- A가 반대, B가 찬성인 경우
  세 번째, 네 번째 조건에 의해 E는 반대, C, D는 찬성한다. F가 찬성을 하면 G도 찬성을 해서 찬성자가 다섯 명이 되므로 F는 반대, G는 찬성을 한다.
  ∴ 찬성 – B, C, D, G, 반대 – A, E, F

따라서 A가 찬성하고 B가 반대하는 경우, C와 D는 다른 입장을 취하므로 ③은 반드시 참이라고 할 수 없다.

04

정답 ④

제시된 주장을 정리하면 다음과 같다.
- A : 모든 과목을 다양하게 공부해야 한다.
- B : 수험생에게 수험 과목 외를 강요하는 것은 불합리하다.
- C : 대학입시는 공부습관을 익히는 좋은 기회이다.
- D : 수험 과목을 우선해 배우고 싶은 학생들의 바람을 수용해야 한다.

따라서 위의 주장들을 모두 포괄할 수 있는 것으로 ④가 가장 적절하다.

05

정답 ④

단순 다수제에서는 F – D의 연합으로 당선될 수 있으며 결선제로 가더라도 D – F가 연합하면 결선에 진출하여 당선되게 된다.

오답분석

① 결선제로 가더라도 연합을 하면 1차에서 끝나게 된다.
② D – A – B가 연합하더라도 C가 당선된다.
③ 결선제로 가면 C – D가 올라가는데 D는 연합을 하지 않아도 당선될 수 있다.
⑤ 단순 다수제에선 C가 당선되나 결선제로 가면 C, D가 결선에서 붙게 되고 D가 이기게 된다. 따라서 C – A 연합을 통해 1차에서 과반수를 얻으려 할 것이다.

06

정답 ③

ㄱ. 갑과 을은 술과 더불어 먹었는데 병은 술을 먹지 않았기 때문에 이들이 상이한 반응을 보였다는 것은 결국 이들이 먹은 버섯이 술(알코올)과 밀접한 관계에 있다는 것을 추론할 수 있다.
ㄴ. 미각 상실과 백혈구 수치 감소는 세 명 모두에게 증상이 일어났으므로 술(알코올)과는 상관이 없으며 갑과 병은 생으로 을은 끓는 물에 익혀 먹었는데도 모두 백혈구 수치 감소 증상을 보였으므로 끓이는 것과 물질의 반응은 서로 상관이 없다는 것을 알 수 있다.

오답분석

ㄷ. ㄴ의 해설을 통해서 적절하지 않다는 것을 알 수 있다.

07

정답 ②

- 영희가 범인인 경우 : B진술만 거짓
- 순이가 범인인 경우 : A, B, C가 참
- 보미가 범인인 경우 : A진술만 거짓

세 명제가 모두 참일 수는 없으므로 범인은 영희이거나 보미이다. 이를 표로 정리하면 다음과 같다.

범인 지목	영희가 범인인 경우	보미가 범인인 경우	순이가 범인인 경우
A : 영희∨순이	참	거짓	참
B : 순이∨보미	거짓	참	참
C : ~영희∨~보미	참	참	참

따라서 순이는 절대 범인이 될 수 없으므로 ②가 반드시 거짓이 된다.

08

정답 ②

제시된 추론에서 '여기에 나오는 연은 전국 시대의 연국(燕國)이거나 전한(前漢)의 연 지역이다.'라고 하였고, 오환은 전한 이후 등장했으므로 전국 시대에 존재하지 않았음을 추론할 수 있으며 ②는 필요한 전제가 아니다.

오답분석

① 제시문의 '동호족(東胡族)의 한 지파인 오환은 전한보다 조금 늦게 등장한 나라이므로'라는 조건에서 '연'이 전한의 연 지역만을 가리키려면 연국과 전한 둘 중 하나만 존재해야 한다.
③ '구체적 서술은 『후한서』에서 나타난다.'는 증거로 방증할 수 있다.
④ '현도는 고구려 밖의 서북지역에 있던 현도군이거나 혼하 유역에 있던 현도군 중 하나일 것이다. 그런데 B에서 부여가 현도에서 북쪽으로 천 리 떨어져 있고 동이 지역에서 가장 평평한 곳에 있다고 했으므로'에서 고구려 서북쪽에는 이런 지대가 없으므로 '혼하 유역의 현도군을 가리킨다고 할 수 있다.'는 판단을 한 것이므로 타당하다.
⑤ 제시문에 송화강의 위치에 대한 내용이 없기 때문에 타당한 추론이다.

09

정답 ①

제시된 조건을 통해 통신 속도가 빠른 순서는 다음의 두 가지 경우로 정리할 수 있다.

- 경우 1 : D사>E사>B사>A사>C사
- 경우 2 : D사>E사>A사>B사>C사 두 가지 경우 모두 E사보다 통신 속도가 느린 회사는 3곳이다.

10

정답 ③

제시된 조건만으로는 A사와 B사의 통신 속도를 비교할 수 없으므로 알 수 없다.

11

정답 ②

통신 속도가 가장 빠른 곳은 D사이고, 가장 느린 곳은 C사이다.

12

정답 ③

마지막 명제는 '너무 많이 먹으면 둔해진다.'이다. 삼단논법이 성립하려면 '살이 찌면 둔해진다.'라는 명제가 필요하다.

13

정답 ①

조건에 의해 먼저 순서의 임의적인 틀을 만든 다음, 조건을 수렴하는 것이 가장 좋은 방법이다.
명확한 기준이 되는 것은 [조선왕조실록>승정원일기, 팔만대장경판], [훈민정음(+), 직지심체요절(+?)], [동의보감<조선왕조의궤], [승정원일기>2002]이며, 이 조건을 합하면 다음과 같은 기준점이 나온다.

연도	1997년에 2개	2001년에 2개	2007년에 2개	2009년에 2개
1)	?	직지, 승정원	?	?
2)	실록, ?	직지, 승정원	대장경?, 의궤?	대장경?, 보감?
3)	실록, 정음	직지, 승정원	대장경, 의궤	?
4)	실록, 정음	직지, 승정원	대장경, 의궤	동의보감

기준점이 정해지면서 조선왕조실록의 자리가 첫째라는 것을 알 수 있으며 이때 팔만대장경판의 순서가 2007년 또는 2009년이라는 것을 알 수 있다. 훈민정음이 '2002년 이전'이라는 것이 확정되면 나머지 위치가 확정되어 4)와 같이 자리를 잡는다.

14

정답 ③

이 문제 유형을 빠르고 정확하게 풀기 위해서는 조건해석을 하는 대로 도식화시키는 것이 가장 좋은 방법이다. 먼저 조건해석을 할 것은 셋째인 '한주가 수도인 나라는 평주가 수도인 나라의 바로 전 시기에 있었다.'이다. 이를 보면 '한주 → 평주' 순이라는 것을 알 수 있고, 다음 조건인 '금주가 수도인 나라는 관주가 수도인 나라의 바로 다음 시기에 있었으나 정보다는 이전 시기에 있었다.'를 보면 '관주 → 금주' 순이며 정나라는 '한주나 평주'를 수도로 한 나라이고 도읍 순서는 '관주 → 금주 → 한주 → 평주'라는 것을 알 수 있다.
다음 조건인 '병은 가장 먼저 있었던 나라는 아니지만, 갑보다는 이전 시기에 있었다.'를 보면 관주는 병나라가 아니기 때문에 '금주 → 한주 → 평주' 중 하나인데 마지막 조건인 '병과 정은 시대 순으로 볼 때 연이어 존재하지 않았다.'를 보면 모든 순서가 정해진다. 즉, 병과 정이 연달아 있을 수 없고 갑보다 먼저 있었으며 정은 '한주나 평주'를 수도로 한 나라이기 때문에 병나라는 금주가 수도이고 정나라는 평주가 수도가 된다. 그러므로 자연히 갑나라는 한주, 을나라는 관주가 수도일 수밖에 없다.
따라서 각 나라를 순서대로 놓으면 '을 → 병 → 갑 → 정'의 순서이고 수도별로 순서를 놓으면 '관주 → 금주 → 한주 → 평주'의 순이 된다.

15

정답 ②

우선 선결조건을 먼저 찾으면 두 번째 조건인데 D나 E 중 반드시 한 곳은 가야 하므로 이것이 해결의 시작점이다. 그러므로 D부터 살펴보면 네 번째 조건에 의해 C가 추가되고, 세 번째 조건에 의해 B는 제외되며 첫 번째 조건과 마지막 조건에 의해 E를 갈 수 없고 A도 갈 수 없으므로 두 곳이 된다. 만일 E를 지정하면 마지막 조건에 의해 A, D가 추가되며 네 번째 조건에 의해서 C가 추가되고 첫 번째 조건에 의해서 B가 추가되는데, 이때 세 번째 조건을 위배한 것이 되므로 실제 둘의 의견대로 갈 수 있는 곳은 D와 C밖에 없다.
따라서 두 사람이 선정할 수 있는 여행지는 최소 2개이다.

03 수리력

01	02	03	04	05	06	07	08	09	10	11	12	13	14	15					
⑤	④	①	①	②	②	①	①	③	④	②	②	③	①	①					

01

정답 ⑤

2024년 1분기만의 지표를 가지고 남은 3분기 동안 일어날 일을 예측할 수 없다.

오답분석

① H해상의 점유율은 동일 또는 감소하고 있는 반면 D화재와 L화재의 점유율은 증가하고 있으므로 옳은 설명이다.
② D화재는 1분기 점유율은 L화재보다 낮지만, 순익은 336억 원으로 가장 높아 알찬 성장을 하고 있음을 알 수 있다.
③ 손해율이 낮다는 것은 보험상품이 안정적이라는 반증이므로 H해상의 안정성이 가장 높다고 볼 수 있다.
④ 업체들 모두 각각의 강점을 가지고 있기 때문에 향후 순위는 예측하기 힘든 상황이다.

02

정답 ④

2회에 지불한 금액이 준우가 5,000원 많았으므로 1회에 효민이가 준우보다 많이 낸 것을 알 수 있다.
1회에 효민이가 낸 금액을 x, 준우가 낸 금액을 y라 하면 2, 3회에 효민이가 낸 금액은 $(1-0.25)x=0.75x$원, 준우가 낸 금액은 $y+2,000$원이다.
효민이와 준우가 각각 부담한 총액이 같다고 했으므로 $x+0.75x\times2=y+(y+2,000)\times2$
→ $2.5x-3y=4,000$ … ㉠
2회에 준우가 지불한 금액이 효민이보다 5,000원 많다고 했으므로 $0.75x=(y+2,000)-5,000$
→ $0.75x-y=-3,000$ … ㉡
㉠ $-3\times$㉡을 하면 $0.25x=13,000$
$\therefore x=52,000$
따라서 제습기 가격은 $(x+0.75x\times2)\times2=260,000$원이다.

03

정답 ①

제시문에 따르면 카톨릭 묘지는 개신교 묘지에 비해 십자가 묘표를 사용한 묘의 비율이 높은 반면, 개신교 묘지는 묘를 동향으로 쓰는 비율이 높다는 것을 알 수 있다. 또한 M강(江) 연안 지역부터 K군(郡)은 원래 가톨릭이 많은 지역이었으며, 이 지역의 흑인 개신교도들은 자연스럽게 가톨릭 관습을 지역적 전통으로 여기는 경향이 있었다. 따라서 그림 1에서 50%를 초과하는 ○은 가톨릭 묘지로 볼 수 있고, M강 연안의 △은 흑인 개신교도의 묘지라는 것을 추측할 수 있다.

04

정답 ①

최종수요에 나열된 숫자를 보면, -2.2, -1.8, -1.4, …의 규칙을 보이고 있다.
따라서 빈칸에 들어갈 수는 $2.8-1.0=1.8$이다.

05

정답 ②

4와 7은 서로소이므로 4와 7의 최소공배수는 $4\times7=28$, 즉 5호선과 6호선은 28분마다 동시에 정차하게 된다. 오전 9시에 5호선과 6호선이 동시에 정차했으므로, 이후 동시에 정차하는 시각은 9시 28분, 9시 56분[=9시+(28×2)분], 10시 24분[=9시+(28×3)분], 10시 52분[=9시+(28×4)분], 11시 20분[=9시+(28×5)분], …이다.
따라서 오전 10시와 오전 11시 사이에 5호선과 6호선은 10시 24분과 10시 52분에 2번 동시에 정차한다.

06

정답 ②

제시된 자료를 바탕으로 민원처리 시점을 구하면 다음과 같다.

- A씨는 4/29(금)에 '부동산중개사무소 등록'을 접수하였고 민원처리기간은 7일이다. 민원사무처리기간이 6일 이상일 경우, 초일을 산입하고 '일' 단위로 계산하되 토요일은 포함하고 공휴일은 포함하지 않는다. 따라서 민원사무처리가 완료되는 시점은 5/9(월)이다.
- B씨는 4/29(금)에 '토지거래계약허가'를 접수하였고 민원처리기간은 15일이다. 민원사무처리기간이 6일 이상일 경우, 초일을 산입하고 '일' 단위로 계산하되 토요일은 포함하고 공휴일은 포함하지 않는다. 따라서 민원사무처리가 완료되는 시점은 5/19(목)이다.
- C씨는 4/29(금)에 '등록사항 정정'을 접수하였고 민원처리기간은 3일이다. 민원사무처리기간이 5일 이하일 경우, '시간' 단위로 계산하되 토요일과 공휴일은 포함하지 않는다. 따라서 민원사무처리가 완료되는 시점은 5/4(수) 14시이다.

일	월	화	수	목	금	토
					4/29	30
5/1	2	3	4	5	6	7
8	9	10	11	12	13	14
15	16	17	18	19	20	21
22	23	24	25	26	27	28
29	30	31				

PART 3

07

정답 ①

중규모 가맹점과 대규모 가맹점이 모두 서울에 있다고 가정하더라도, 서울 지역 소규모 가맹점의 최소 결제건수는 142,248−(3,476+1,282)=137,490건이다.

오답분석

② 서울 지역의 결제건수인 142,248건에 6,000건을 더하더라도 전체 결제건수인 148,323건에 미치지 못한다. 따라서 6대 광역시 가맹점의 결제건수 합은 6,000건 이상이다.
③ 결제건수 대비 결제금액은 대규모(약 1.9만 원) – 소규모(약 1.7만 원) – 중규모(약 1.2만 원) 순으로 크다.
④ 대구 지역의 가맹점 수 대비 결제금액은 약 303만 원으로 가장 크다.
⑤ 전체 가맹점 수의 약 90%인 1,227개보다 서울 지역의 가맹점 수가 더 크므로 90% 이상이다.

08

정답 ①

(충원 수)=(내부임용 수)+(외부임용 수)이므로 166=(가)+72 → (가)=166−72=94

(외부임용률)=$\frac{\text{(외부임용 수)}}{\text{(충원 수)}}$×100이므로, $\frac{67}{149}\times 100$=(나) → (나) ≒ 45

따라서 (가)는 94, (나)는 45%이다.

09

정답 ③

$n=2$일 때이므로 2차함수이다. $f(x)=Ax^2+Bx+C$라 하면 미지수가 3개이므로 서로 다른 식 3개가 필요하다.
따라서 $x=3, 5, 7, 11, 13$은 모두 다른 값이므로 이 중 세 개의 암호만 알고 있어도 해결할 수 있다.

10

정답 ④

ODA 총액이 가장 낮은 나라는 455백만 달러인 한국이고 1인당 ODA 비용도 9달러로 가장 낮다.

오답분석

① ODA/GNI 비율로 1인당 GNI를 나누면 풀 수 있는 문제로, 일본의 GNI는 37,410÷0.24=155,875달러이며 영국은 40,180÷0.51≒78,784달러이므로 약 1.97배이다.

② ODA 총액이 가장 큰 나라는 23,532백만 달러인 미국이고, 가장 작은 나라는 455백만 달러인 한국으로, 약 52배 차이이다.

③ 스웨덴이 1.00%이고 독일이 0.35%이므로 1/3이 넘는다.

⑤ ODA/GNI 비율로 순위를 나열하면 0.20%인 이탈리아는 12위이다.

11

정답 ②

실제로는 2018년 103%, 2019년 103+(103의 3%)처럼 누적 계산을 해야 하는 복잡한 문제이지만, 이를 매년 3%가 올랐으므로 3(상승지수)×4(기간)+0.03(상승지수)×4(누적기간)×5(누적기간+1)로 분리해서 쉽게 계산할 수 있다.

따라서 12+0.6=12.6%이고, 실제 포인트는 112.6이므로 5개국이 된다.

오답분석

① 100을 초과한 지수는 우리나라보다 물가가 비싸다는 뜻이다.

③·④·⑤ 제시된 표를 통해 쉽게 확인할 수 있다.

12

정답 ②

중졸과 초졸 이하는 일주일 평균 사용시간이 11.1시간으로 동일하므로 옳지 않다.

오답분석

① 13시간 이하 사용자의 비율은 35.1+26.4=61.5%이므로 옳은 설명이다.

③ 남자는 15.9시간이며 여자는 11.8시간이므로 4.1시간의 차이를 보인다. 따라서 옳은 설명이다.

④ 13시간 이하 사용자의 비율은 68.8%이므로 2/3인 66.6%를 초과하여 옳은 설명이다.

⑤ 초졸 이하의 1.5배는 11.1×1.5=16.65이므로 옳은 설명이다.

13

정답 ③

보통우표와 기념우표 발행 수의 차이가 2018년은 115,820천 장, 2019년은 105,950천 장이므로 옳은 설명이다.

오답분석

① 2019년에는 기념우표가 전년에 비해 증가했지만 나만의 우표는 감소했으며, 2021년에는 그 반대 현상을 보였다는 점에서 옳지 않은 설명이다.

② 기념우표의 경우에는 2022년이 가장 낮으므로 옳지 않은 설명이다.

④ 2020년 전체 발행 수는 113,900천 장인데 나만의 우표는 1,000천 장이므로 약 0.87%이다.

⑤ 2022년 전체 발행 수는 140,738천 장인데 기념우표는 33,630천 장이므로 약 23.8%이다.

14

정답 ①

ㄱ. 연도별 층간소음 분쟁은 2020년 430건, 2021년 520건, 2022년 860건, 2023년 1,280건이다.

ㄴ. 2021년 전체 분쟁신고에서 각 항목이 차지하는 비중을 구하면 다음과 같다.

- 2021년 전체 분쟁신고 건수 : 280+60+20+10+110+520=1,000건
- 관리비 회계 분쟁 : $\frac{280}{1,000} \times 100 = 28\%$
- 입주자대표회의 운영 분쟁 : $\frac{60}{1,000} \times 100 = 6\%$

– 정보공개 관련 분쟁 : $\frac{20}{1,000}\times100=2\%$

– 하자처리 분쟁 : $\frac{10}{1,000}\times100=1\%$

– 여름철 누수 분쟁 : $\frac{110}{1,000}\times100=11\%$

– 층간소음 분쟁 : $\frac{520}{1,000}\times100=52\%$

오답분석

ㄷ. 연도별 분쟁 건수를 구하면 다음과 같다.

- 2020년 : 220+40+10+20+80+430=800건
- 2021년 : 280+60+20+10+110+520=1,000건
- 2022년 : 340+100+10+10+180+860=1,500건
- 2023년 : 350+120+30+20+200+1,280=2,000건

연도별 전년 대비 아파트 분쟁신고 증가율을 구하면 다음과 같다.

- 2021년 : $\frac{1,000-800}{800}\times100=25\%$
- 2022년 : $\frac{1,500-1,000}{1,000}\times100=50\%$
- 2023년 : $\frac{2,000-1,500}{1,500}\times100\fallingdotseq33\%$

따라서 2021 ~ 2023년의 전년 대비 아파트 분쟁신고 증가율이 모두 잘못 입력되어 있다.

ㄹ. 2021년 관리비 회계 분쟁 건수가 2020년 값으로 잘못 입력되어 있다.

15

정답 ①

우선 2026년 세계 경제는 전년도에 비해 0.6% 나아질 것이라는 전망을 하고 있으며, 선진국과 개도국 모두 성장률이 높아질 것이라는 예측을 하고 있으므로 옳지 않은 설명이다.

오답분석

② 2026년 선진국의 경제성장률 전망이 2.0%이며 이 유형과 가장 유사한 나라는 1.7%의 일본이다.
③ 중국이 개도국 성장률을 항상 앞서고 있으므로 옳은 설명이다.
④ 2026년 세계 경제성장률 전망인 4.1%에 미치지 못하는 나라는 미국, 유럽, 일본의 3개국이다.
⑤ 미국은 2023년 0.0%에서 2026년 전망이 2.4%이므로 증가율이 가장 높다.

PART 3

04 도형추리

01	02	03	04	05	06	07	08	09	10	11	12	13	14	15	16	17	18	19	20
⑤	③	⑤	③	①	②	②	①	④	①	③	②	③	④	②	②	④	②	②	④
21	22	23	24	25	26	27	28	29	30										
③	⑤	②	④	③	①	④	⑤	②	②										

01

정답 ⑤

보기에 제시된 암호는 울타리 암호를 응용한 것이다. 울타리 암호는 글자를 순서대로 번갈아가며 윗줄과 아랫줄로 써서 나온 두 문장을 붙여주는 방식으로 해결해야 한다. 또한 원 문장의 음절 수에 맞춰 띄어쓰기한다.

공원종에른별이무수하야다(윗줄)+무은교따차없직를행여한(아랫줄)

→ 공원종에 른별이 무수 하야 다무 은교따 차없직를행 여한.

02

정답 ③

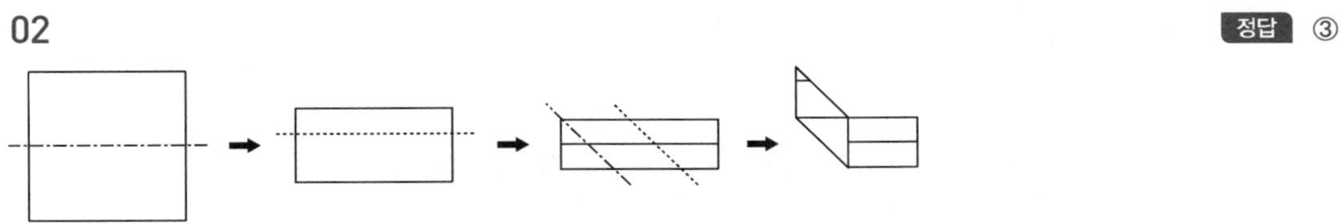

03

정답 ⑤

규칙은 가로 방향으로 적용된다.

첫 번째 도형을 시계 방향으로 270° 회전한 것이 두 번째 도형이고, 이를 시계 반대 방향으로 90° 회전한 것이 세 번째 도형이다.

04

정답 ③

문장의 홀수 번째 글자를 먼저 나열하고, 짝수 번째 글자를 나열하는 방식의 암호이다.

- 홀수 : Mthaenevn
- 짝수 : acmdihae

→ Mthae nevn ac mdihae

05

정답 ①

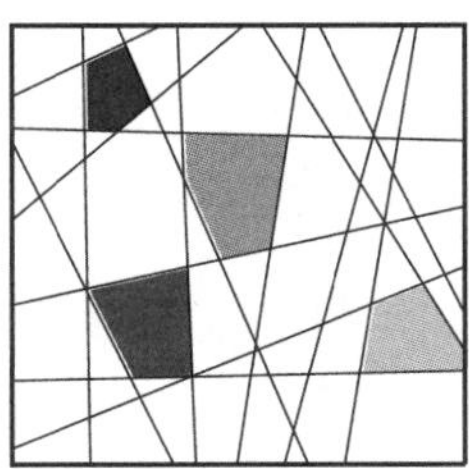

06

정답 ②

규칙은 세로 방향으로 적용된다.
첫 번째 도형을 시계 방향으로 45° 회전한 것이 두 번째 도형이고, 이를 180° 회전한 것이 세 번째 도형이다.

07

정답 ②

Self – Confidence is the first requisite to graet undertakings.

08

정답 ①

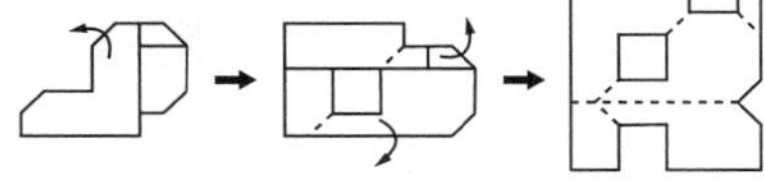

09

정답 ④

- 1층 : 4×4－3＝13개
- 2층 : 16－5＝11개
- 3층 : 16－11＝5개

∴ 13＋11＋5＝29개

10

정답 ①

도형이 오른쪽의 도형으로 변할 때 도형들은 각각의 규칙을 가지고 이동하는데 △와 ⬠은 좌우 이동, ♥은 시계 방향으로 한 칸씩 이동을 하며, ⬡은 시계 반대 방향으로 한 칸씩 이동한다. 또한 도형의 자리가 겹쳐질 경우, 해당 도형은 색 반전을 하게 된다. 따라서 주어진 마지막 도형을 기준으로 ?에 들어갈 도형에 △은 왼쪽으로 한 칸, ⬠은 오른쪽으로 한 칸, ♥은 시계 방향으로 한 칸 이동하게 되고, ⬡은 시계 반대 방향으로 이동하게 된다. 이때, 겹치는 ♥와 ⬡은 색 반전이 되므로 ①과 같은 모양이 된다.

11

정답 ③

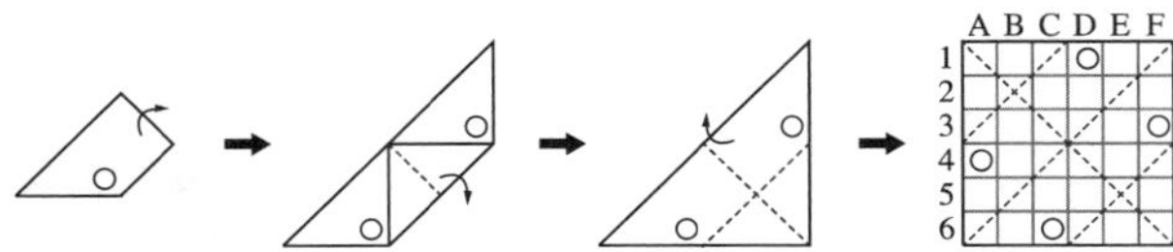

12

정답 ②

각 알파벳의 직전 알파벳에 －1을 한 규칙이다.

a	b	c	d	e	f	g	h	i	j	k	l	m	n	o	p	q	r	s	t	u	v	w	x	y	z

→ Rhkdmbd hr fnkc

13

정답 ③

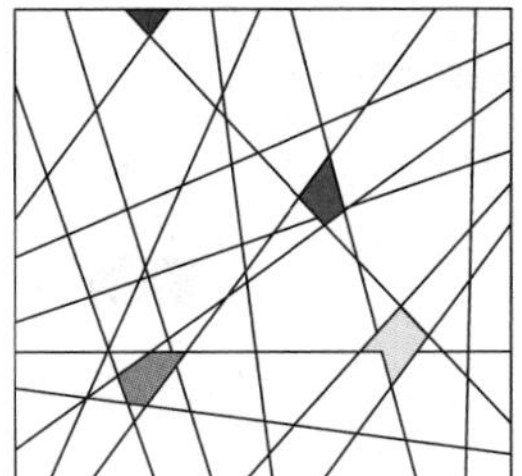

14

정답 ④

2		6		18
3	♠	3	♡	9
8	→	8	→	24
6		2		6

15

정답 ②

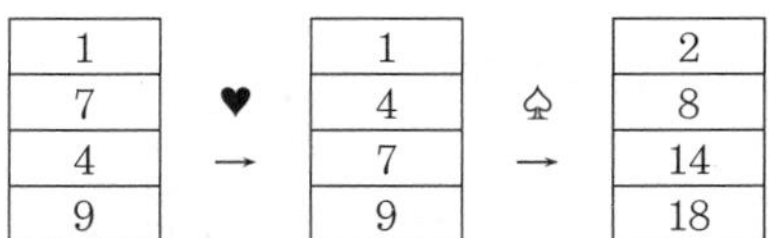

1		1		2
7	♥	4	♤	8
4	→	7	→	14
9		9		18

16

정답 ②

각 코드는 순서대로 눈, 코, 입 모양에 대응한다.

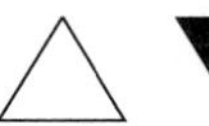

17

정답 ④

Nothing succeeds like the appearence of success.

18

정답 ②

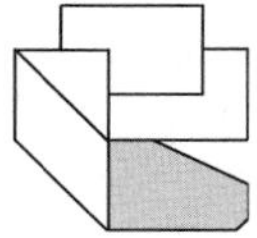

오답분석

① 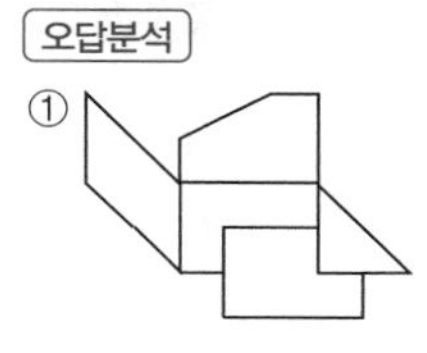

③ 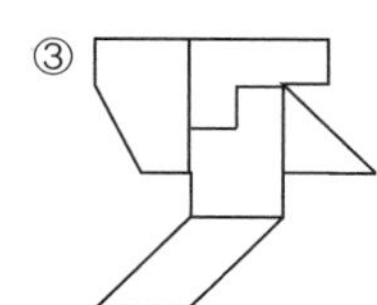

④ 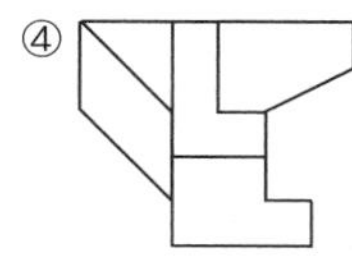

⑤ 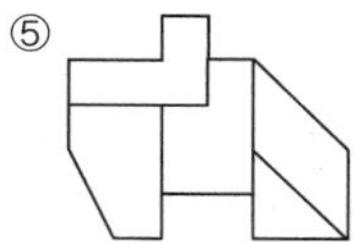

19

정답 ②

Wheresoevar you go, go with all your heart.

20

정답 ④

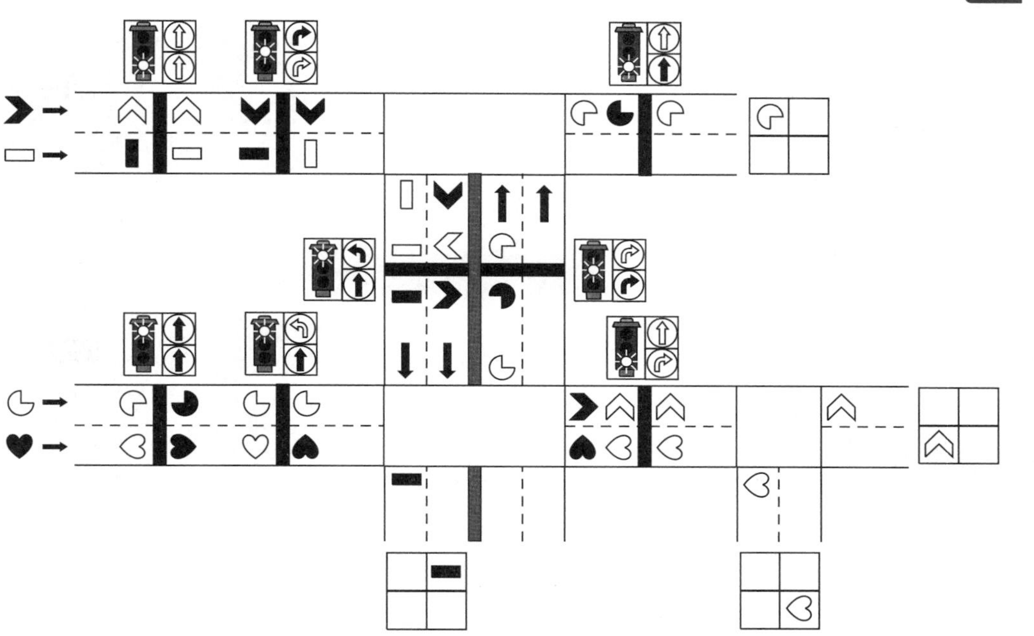

21

정답 ③

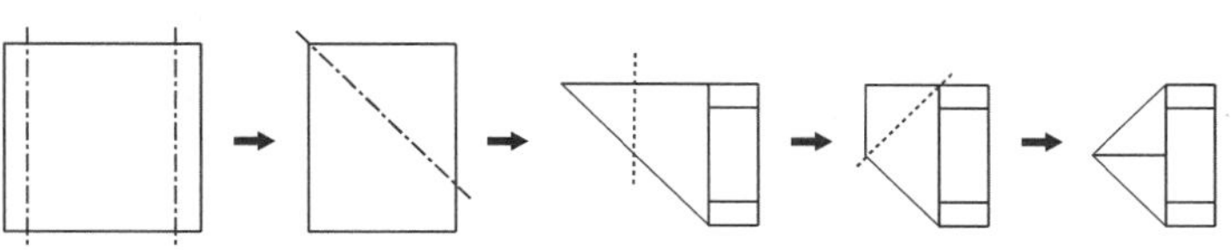

22

정답 ⑤

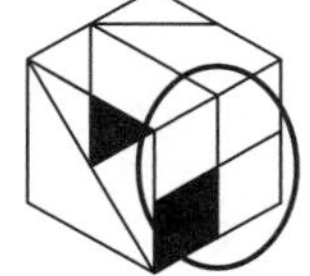

PART 3

23

정답 ②

- □ : 모든 받침 지우기
- ☑ : 첫 번째와 마지막 문자 제외한 문자의 초성에만 +1
- X : 마지막 문자 맨 앞으로 이동
- ☒ : 첫 번째와 마지막 문자 제외한 문자의 모음에만 −1

각곡유목	→	가고유모	→	가노쥬모
	□		☑	

24

정답 ④

형설지공	→	공형설지	→	공경얼지	→	지공경얼
	X		☑		X	

25

정답 ③

- 1층 : 5×5=25개
- 2층 : 25−4=21개
- 3층 : 25−9=16개
- 4층 : 25−10=15개

∴ 25+21+16+15=77개

26

정답 ①

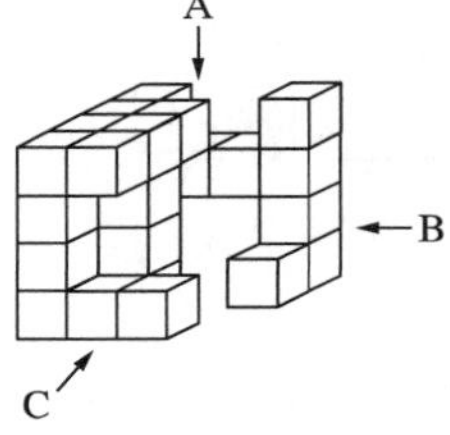

27

정답 ④

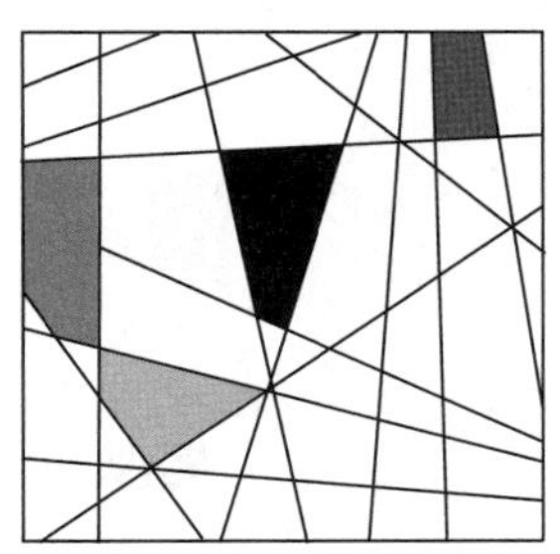

28

정답 ⑤

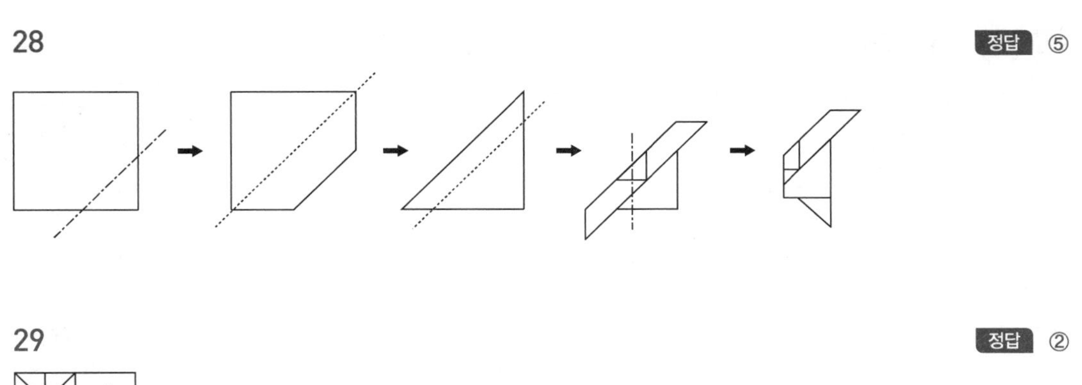

29

정답 ②

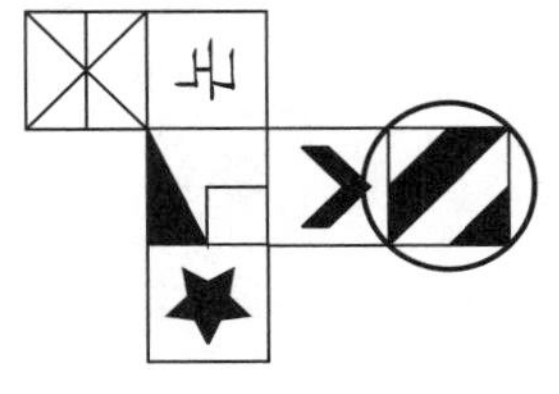

30

정답 ②

qoie	uoro	qroi	ruoh	wtuo	wrjw	qjow	oqdn	wfkk	qwuf	abgg	woie
folq	lhma	nadg	eitq	ioqr	lmqi	wklq	csij	ofmi	ajsn	kbdd	sknw
oqdn	nadg	ruoh	lmqi	woie	ajsn	eitq	folq	uoro	ioqr	jiew	wfkk
qoie	csij	qroi	wrjw	lhma	abgg	wtuo	ofmi	sknw	wklq	qjow	qwuf

05 정보상식

01	02	03	04	05	06	07	08	09	10	11	12	13	14	15	16	17	18	19	20
②	④	①	②	②	④	③	①	④	③	③	④	①	②	③	④	③	④	⑤	④
21	22	23	24	25	26	27	28	29	30										
①	④	③	③	④	②	④	③	①	③										

01

정답 ②

테킬라 효과(Tequila Effect)는 멕시코의 전통 술인 테킬라에 빗대 표현한 것으로, 한 나라의 경제위기로 인해 주변 국가들이 모두 취한 것처럼 금융·통화 위기가 급속히 확산된다는 의미에서 만들어졌다. 1997년 태국의 외환위기가 필리핀·한국·말레이시아 등에 영향을 끼쳐 우리나라가 IMF에 구제금융을 신청한 것도 테킬라 효과로 볼 수 있다.

오답분석

① 카페라테 효과 : 식사 후 마시는 커피 한 잔 값을 아낄 경우 기대 이상의 재산을 모을 수 있다는 뜻의 신조어이다.
③ 카푸치노 효과 : 거품이 많은 카푸치노처럼 실제보다 과대팽창되는 버블경제 효과를 말한다.
④ 스필오버 효과 : 특정지역에 나타나는 현상이나 혜택이 흘러 넘쳐 다른 지역에까지 영향을 미치는 것을 말한다.
⑤ 백로 효과 : 특정상품에 많은 사람이 몰리게 되면 희소성이 떨어져 차별화를 위해 다른 상품을 구매하려는 현상이다.

02

정답 ④

한때 세계에서 가장 큰 호수였던 차드호는 차드공화국의 수도 은자메나에서 100km 떨어져 있으며, 지구 온난화의 심각성을 단적으로 보여주는 곳이다.

03

정답 ①

유명한 상표, 회사, 제품이름 등과 동일한 인터넷 도메인네임을 영리 목적으로 선점하는 행위를 사이버스쿼팅이라고 하며, 도메인 불법점유, 도메인 선점 등으로 불리기도 한다.

04

정답 ②

미디어렙(Media Representative)은 'Media(매체)'와 'Representative(대표)'의 합성어로, 방송사의 위탁을 받아 광고주에게 광고를 판매해주고 판매 대행 수수료를 받는 회사를 말한다. 이런 대행 체제는 방송사가 광고를 얻기 위해 광고주한테 압력을 가하거나 자본가인 광고주가 광고를 빌미로 방송사에 영향을 끼치는 것을 일부 막아주는 장점이 있다.

05

정답 ②

브리티시오픈은 1860년 8명의 선수가 12홀 코스인 프레스트 위크 골프 클럽에서 벌인 첫 경기에서 출발하였으며 4대 메이저 대회 중 가장 오래된 역사를 가지고 있다.

오답분석

① PGA챔피언십 : 4대 메이저 대회 중 유일하게 프로만 참가할 수 있는 대회로 1916년 시작되었다.
③ 마스터스오픈 : 1930년 영국과 미국에서 개최된 오픈과 아마추어 대회를 휩쓴 바비 존스가 친구들과 골프를 즐기기 위해서 설립한 것이 시초로 1935년부터 마스터스로 불리게 되었다.
④ US오픈 : 1895년 뉴욕의 뉴포트 CC에서 최초로 개최되었다.
⑤ 뒤모리에클래식 : 1973년 최초로 개최된 대회로, LPGA(Ladies Professional Golf Association, 여자프로골프협회) 4대 메이저 대회에 속했으나, 2000년을 마지막으로 제외됐다.

06

정답 ④

탄소나노튜브는 엉켜진 다발 형태로 존재하기 때문에 수용액에 들어가면 서로 뭉쳐버리는 성질이 있어서 산업현장에 응용하기는 어렵다. 산업적 응용을 위해서는 탄소나노튜브를 고르게 분산시켜 원하는 소재에 흡착시킬 수 있는 기술이 필수적이다.

07

정답 ③

그리스어로 '식물'을 의미하는 'Phyton=Plant(식물)'과 '살균'을 의미하는 'Cide=Killer(살인자)'를 합성한 말이다. '식물이 분비하는 살균 물질'이라는 뜻으로 수목이 해충이나 미생물로부터 자기를 방어하기 위해 공기 중에 발산하는 천연 항균 물질을 말한다. 피톤치드의 주성분은 휘발성이 강한 테르펜류가 주를 이루며, 향기 이외의 성분도 다량 함유되어 있다.

08

정답 ①

영국 맨체스터 대학의 안드레 가임 박사와 콘스탄틴 노보셀로프 박사는 2004년 세계 최초로 흑연에서 그래핀을 분리해내는 데 성공하여 완벽한 단원자층 그래핀을 얻음으로써 그래핀의 성질을 밝혀냈다. 이에 대한 공로를 인정받아 2010년 노벨물리학상을 받았다.

PART 3

09

정답 ④

판사는 배심원들이 내린 결정에 반드시 따라야 되는 것이 아니라, 그것을 참고하여 결정을 내린다.

10

정답 ③

제노비스신드롬은 목격자가 많을수록 '내가 아닌 다른 사람이 나서겠지'라는 생각에 책임감이 덜 느껴져, 도움이 필요한 사람에게 먼저 손 내밀기보다 방관하게 되는 심리현상을 말한다.

11

정답 ③

센카쿠열도(중국명 : 댜오위다오)는 현재 일본이 실효지배를 하고 있지만 일본과 중국 간의 영유권 분쟁이 벌어지고 있다. 대만을 독립적인 정치적 실체로 인정하는 경우에는 3국 간의 대립으로 규정할 수도 있다.

12

정답 ④

'완전하고 확인 가능하며 불가역적인 비핵화'는 영어로 'Complete, Verifiable and Irreversible Dismantlement of North Korea's nuclear program'이며, 'CVID'는 이 단어의 줄임말이다. 미국은 불법 핵보유국의 비핵화 방법으로 다양한 표현을 사용한다. 이런 비핵화 정책 용어들은 불법 핵보유국의 비핵화가 국민 안전과 직결되어 있는 만큼, 완벽한 비핵화를 강조하기 위해 정부가 바뀔 때마다 새로운 단어가 나오는 수사여구에 가깝다.

오답분석

③ FFVD : 'Final Fully Verified Denuclearization'의 줄임말로 '최종적이고 완전히 검증된 비핵화'라고 번역할 수 있다. 트럼프 정부가 밝힌 비핵화의 강도를 말하는 용어로 원론적으로 완벽한 비핵화를 이룬다는 점에 대해선 'CVID'와 크게 다를 것이 없다.

13

정답 ①

하마스(HAMAS)는 이스라엘에 대한 테러 및 무장 투쟁을 전개하는 이슬람 저항운동 단체 겸 정당이다.

14

정답 ②

은행, 보험, 증권, 저축은행 등의 예금자보호는 「예금자보호법」을 근거로 하여 예금보험공사가 그 주체로서 보호하는 반면, 새마을금고 예금자보호는 「새마을금고법」을 근거로 하여 새마을금고중앙회가 주체가 되어 예금자보호를 한다.

15

정답 ③

ㄱ. IT 산업의 발달로 등장하게 된 산업혁명은 3차 산업혁명에 해당하며, 4차 산업혁명은 인공지능(AI)·사물인터넷(IoT)·빅데이터 등의 최첨단 시스템이 모든 제품·서비스에 구축되어 사물을 지능화시킨 산업혁명에 해당한다.

ㄴ. 무인 공장의 등장 및 인공지능 로봇의 확산으로 인해 오히려 이전의 산업혁명보다 일자리 창출이 현저히 적어질 것으로 예상되고 있다.

ㄷ. 이전 산업혁명에서의 공장 자동화가 각 공장 기기들이 중앙시스템에 의해 제어를 받는 수동적 과정이었다면, 4차 산업혁명은 중앙시스템의 제어 없이 각 공장 기기가 작업 단계에 따라 능동적으로 대처하는 능동적 과정에 해당한다.

오답분석

ㄹ. 4차 산업혁명에서의 사회는 고도로 연결되고 지능화되었기 때문에 이전의 산업혁명보다 정보의 파급력 및 전달 속도가 더 넓은 범위에서 더 크고 빠르게 진행되고 있다.

16

정답 ④

http(Hypertext Transfer Protocol)는 WWW(World Wide Web)상에서 클라이언트와 서버 사이에 정보를 주고받는 요청-응답 프로토콜로 인터넷 데이터 통신 규약이다. 클라이언트인 웹브라우저가 http를 통해서 서버로부터 웹페이지나 그림 정보를 요청하면 서버는 이 요청에 응답하여 필요한 정보를 해당 사용자에게 전달한다.

17

정답 ③

ㄴ. 타인자본비용이 경비로서 과세공제되는 것과 달리 자기자본비용은 과세의 대상이 되므로 자기자본비용은 타인자본비용을 웃도는 것이 보통이다. 이 때문에 부채 비율을 높임으로써 가중평균자본비용은 점차 낮아지게 된다. 다만 일정한 정도를 넘어 부채 비율이 오르면 가중평균자본비용은 상승으로 전환하는 것으로 보고 있다. 이는 부채 비율이 지나치게 높으면 자기자본의 위험이 커지고, 불황기에는 재무상의 지레의 원리가 역작용해 기업은 큰 적자로 전락해 주가 폭락, 신용 상실로 인해 자기자본비용이 빠르게 상승하기 때문이다. 또한 부채 비율이 지나치게 높으면 유동성이 저하되어 타인자본비용은 자기자본비용을 포함해 자본비용의 상승을 일으킨다.

ㄷ. 주어진 조건에 따라 A회사의 WACC를 계산하면 다음과 같다.

$$\left(\frac{65\text{억 원}}{100\text{억 원}}\times 0.13\right)+\left\{\left(\frac{35\text{억 원}}{100\text{억 원}}\times 0.12\right)\times(1-0.2)\right\}$$

$$=0.0845+(0.042\times 0.8)=0.0845+0.0336=0.1181$$

$$=11.81\%$$

오답분석

ㄱ. 가중평균자본비용은 타인자본비용(=채권자 등의 요구수익률)과 자기자본비용(=주주 등의 요구수익률)을 각각의 자금조달방법의 비율에 따라 가중평균한 비용을 뜻한다. 즉, 타인자본과 자기자본 등 자본의 원천별로 요구하는 수익률을 각각의 자본 구성 비율에 따라 가중평균해 계산한다. 기업은 주주(자기자본)와 채권자(타인자본)로부터 자금을 조달해 구성한 자산(총자본)을 토대로 수익을 창출하는데, 이 수익을 만들어내는 데 각각 자금을 받은 곳의 비용을 종합적으로 고려한 것이다.

ㄹ. 한 기업의 투자수익률이 WACC보다 높다는 것은 자금조달비용보다 투자수익률이 크다는 의미이므로 수익창출 능력이 충분히 높은 것으로 볼 수 있다.

18

정답 ④

스톡옵션(주식매수 청구권)은 회사의 임직원이 장래 일정한 시기에 이르러 미리 예정된 가격에 회사가 보유하고 있는 자기주식 또는 새로 발행하는 신주를 취득 또는 인수하거나 이를 포기할 수 있는 권리를 말한다.

오답분석

① 스캘핑(Scalping) : 주식 보유 시간을 짧게 잡아 수시로 거래를 하여 매매의 차익을 얻는 방법을 뜻한다.
② 풋옵션(Put Option) : 옵션 거래에서 특정한 기초자산을 장래의 특정 시기에 미리 정한 가격으로 팔 수 있는 권리를 매매하는 계약을 뜻한다.
③ 콜옵션(Call Option) : 옵션 거래에서 특정한 기초자산을 만기일이나 만기일 이전에 미리 정한 행사가격으로 살 수 있는 권리를 매매하는 계약을 뜻한다.

19

정답 ⑤

ㄱ. 광통신은 신호 변형의 우려가 없으나, 광섬유를 매체로 하여 빛 신호를 주고받으므로 전기 신호를 빛 신호로 전환해 전달하고, 다시 빛 신호를 전기 신호로 전환해 정보를 읽어야 하는 번거로움이 있다.
ㄷ. USB는 'Universal Serial Bus'의 약자이다. 공통되고 최신화된 컴퓨터 연결 규격을 만들기 위해 1994년 컴팩, DEC, IBM, 인텔, 마이크로소프트, NEC, 노텔 등의 IT 7개사가 공동으로 개발했다.
ㄹ. 큐비트(Qubit)는 'Quantum Bit'의 줄임말이다. 양자 정보는 '0'과 '1' 각각의 정보를 저장할 수 있을 뿐만 아니라 '0'과 '1'이 동시에 존재하는 중첩된 상태를 가질 수 있다. 따라서 기존의 일반적인 컴퓨터보다 훨씬 획기적인 속도로 계산할 수 있고, 기존의 일반적인 컴퓨터로는 불가능할 계산을 할 수도 있다. 또한 퀀텀점프는 양자가 어떤 단계에서 다음 단계로 갈 때 계단의 차이만큼 불연속적으로 뛰어오르는 현상을 뜻하며, 일반적으로 혁신을 통해 단기간에 비약적으로 실적이 호전되는 것을 비유하기도 한다.

오답분석

ㄴ. 머드(MUD; Multiple User Dungeon)는 온라인에서 다수의 사용자들이 동일한 게임 환경에 접속해 함께 즐기는 게임이나 프로그램을 뜻한다. 롤플레잉 등 단일한 장르 또는 복수의 장르가 혼합돼 나타나기도 한다.

20

정답 ④

ㄱ. 클린빌(Clean Bill)은 담보가 없는 외국환을 뜻하며, 신용장이 없으면 은행에서 매입하지 않는다. 담보물이 어음양도의 부대조건으로 되어 있지 않으므로 수입업자의 신용이 특히 확실하지 않다면 은행이 어음을 매입하지 않는다.
ㄴ. 파이어(Financial Independence, Retire Early)족에 대한 설명이며, 젊었을 때 극단적으로 절약한 후 노후자금을 빨리 모아 이르면 30대, 늦어도 40대에는 퇴직하고자 하는 사람들을 의미한다. 또한 눔프(Not Out of My Pocket)족은 복지가 필요하다고 생각하지만 복지 재원 마련을 위한 증세에는 반대하는 사람들을 가리킨다.
ㄷ. 좀비(Zombie) 경제에 대한 설명이며, 정부에서 경기 부양책을 시행해도 별다른 효과를 발휘하지 못하는 일본의 불안한 경제 상황을 빗대어 표현한 것에서 유래했다. 또한 모노컬처(Monoculture) 경제는 브라질의 커피, 가나의 카카오처럼 한 나라의 경제가 매우 적은 수의 1차 상품의 생산에 특화되어 단일생산에 의해 유지되는 경제를 뜻하며, 과거 식민지 침탈을 겪은 개발도상국에서 나타난다.

오답분석

ㄹ. 자원의 저주는 수출 대금의 유입으로 달러 대비 자국 화폐의 가치가 상승해 수출 경쟁력의 하락과 물가상승이 일어나 불황을 초래하는 현상을 뜻한다. 경제구조가 자원 생산에 편중되어 제조업·첨단산업 등 다른 산업의 발전이 상대적으로 더디며, 소득 분배가 제대로 이루어지지 않아 빈부 격차 심화로 인해 사회적 갈등이 고조될 수 있다.
ㅁ. 달러쇼크는 1971년 8월 미국 경제의 재건과 달러 가치의 회복을 위해 금과 달러의 교환 정지, 10%의 수입 과징금의 실시 등의 정책 때문에 각국이 받은 충격을 뜻한다. 흔히 닉슨쇼크라고도 부르며, 오일쇼크의 도화선이 됐다.

21

정답 ①

우리나라 대통령의 피선거권은 만 40세(선거일 현재 5년 이상 국내에 거주), 국회의원과 지방자치단체장(선거일 현재 계속하여 60일 이상 해당 지방자치단체의 관할구역에 주민등록이 되어 있어야 함)은 만 18세이다.

「공직선거법」 개정안이 2022년 1월 18일부터 시행됨에 따라 국회의원, 지방의회의원 및 지방자치단체 등의 후보로 출마 가능한 연령이 만 25세 이상에서 만 18세 이상으로 하향 조정된 것이다(공직선거법 제16조 제2항 · 제3항). 이는 2019년 선거권 연령이 19세 이상에서 18세 이상으로 조정되었음에도 피선거권 연령은 25세로 유지되어 청년의 정치적 권리와 참여가 제대로 보장되지 못하고 있다는 지적이 제기되어 왔으며, OECD 36개국 중 31개국이 국회의원(양원제 국가 중 일부 상원 제외) 피선거권을 18 ~ 21세로 정하고 있는 점 등을 고려하여 국회의원, 지방자치단체의 장 및 지방의회의원의 피선거권 연령을 25세 이상에서 18세 이상으로 조정함으로써, 청년을 비롯한 시민들의 공무담임권을 폭넓게 보장하고 민주주의 발전에 기여하려는 것이다.

22

정답 ④

리추얼 라이프는 규칙적으로 행하는 의식 · 의례를 뜻하는 '리추얼(Ritual)'과 일상을 뜻하는 '라이프(Life)'의 합성어이다. 자기계발을 중시하는 MZ세대 사이에 자리 잡은 하나의 트렌드로, 취업난 · 주택난 등에서 오는 무력감을 극복하고 심리적 만족감과 성취감을 얻으려는 욕구가 반영된 것으로 분석된다.

오답분석

① FIVVE : 재미(Fun), 비일관성(Inconsistency), 가치(Value), 바이러스 보복소비(Virus Revenge), 표현(Expression) 등 MZ세대에서 새롭게 나타난 소비 행태를 뜻한다. 한편 '바이러스 보복소비'는 소비를 통해서 결핍 · 억압감으로부터 벗어나려는 현상을 뜻한다.

② 소셜 버블 : 코로나19 사태가 장기화 이후 사회적 거리두기 전략의 하나로, 사람들을 비눗방울로 싸듯 집단화해 비눗방울 안에서는 거리두기를 완화하고, 비눗방울 바깥은 엄격하게 거리를 두도록 이원화하는 것을 뜻한다.

③ 미라클 모닝 : 아침 일찍 본격적인 일상을 시작하기 2 ~ 3시간 전에 기상해 운동이나 독서 습관 등으로 자기계발을 하는 것을 뜻한다. 이때 아침 일찍 일어나는 이유는 누구에게도 방해받지 않기 위해서이다.

⑤ 에코라이프 : 친환경적인 삶이란 뜻으로, 환경보호 및 개선을 위한 실천적인 삶을 뜻한다.

23

정답 

퍼플칼라(Purple Collar)는 근무시간과 근무장소가 자유로워 일과 가정을 함께 돌보면서 일할 수 있는 노동자를 말한다. 적은 시간 동안 일하여 보수가 적지만, 정규직으로서의 직업 안정성과 경력을 보장받는다는 점에서 파트타임이나 비정규직과는 다르다.

오답분석

① 골드칼라(Gold Collar) : 명석한 두뇌와 기발한 상상력으로 자발성과 창의성을 발휘하여 새로운 가치를 창조해 내고, 정보화 시대를 이끌어 가는 능력 있는 전문직 종사자를 뜻한다. 정보통신, 금융, 광고, 서비스, 첨단 기술 관련 분야에서 두각을 나타내고 있는 직업인들이 이에 해당한다.

② 블랙칼라(Black Collar) : 화이트칼라로 불리던 이전의 엘리트층에 비교되는 용어로, 매우 지적이며 창의적인 전문직 종사자를 가리킨다. 기존의 전문직 종사자보다 뚜렷한 개성을 가지고 살며, 소득 또한 높은 편이다.

④ 그레이칼라(Gray Collar) : 사무직에 종사하는 화이트칼라와 생산 현장에서 일하는 블루칼라의 중간적인 성격을 지닌 노동자를 통틀어 이르는 말이다.

⑤ 화이트칼라(White Collar) : 보통 하얀색 칼라가 달린 정장 셔츠를 입고 사무실 책상에 앉아서 일하는 직장인을 가리킨다.

24

정답 ③

메기 효과는 치열한 경쟁 환경이 오히려 개인과 조직 전체의 발전에 도움이 되는 것을 말한다. 정어리들이 천적인 메기를 보면 더 활발히 움직인다는 사실에서 유래한다. 정어리를 운반할 때 수족관에 천적인 메기를 넣으면 정어리가 잡아먹힐 것 같지만, 오히려 정어리가 생존을 위해 꾸준히 움직여 항구에 도착할 때까지 살아남는다는 것이다. 조직 내에 적절한 자극이 있어야 기업의 경쟁력을 높일 수 있다는 의미로 해석된다.

오답분석

① 승수 효과 : 어떤 경제 요인의 변화가 다른 경제 요인의 변화를 유발하여 파급적 효과를 낳고 최종적으로는 처음의 몇 배의 증가 또는 감소로 나타나는 총효과를 뜻한다.
② 샤워 효과 : 백화점 등에서 위층에서 열리는 특별 행사의 영향으로 그 아래층 매장에도 고객이 몰리게 되는 효과를 뜻한다. 위층 매장으로 소비자들이 몰리게 하면 샤워기의 물줄기가 아래로 흐르듯 소비자들이 아래층에도 들르며 추가적인 소비를 하게 된다는 것이다.
④ 메디치 효과 : 유럽 르네상스 시기에 이탈리아의 유력 가문인 메디치 가문이 문학인과 예술가를 보호・후원하던 것에서 비롯된 용어로, 전혀 다른 분야의 결합이 획기적인 아이디어를 만들어 내거나 뛰어난 생산성을 가져오는 현상을 뜻한다.
⑤ 이케아 효과 : 소비자들이 조립형 제품을 구매해 직접 조립함으로써 기성 제품을 구입하는 것보다 큰 만족을 얻는 효과를 의미한다. 직접 노동을 해서 얻은 결과물에 애정을 느끼는 인지적 편향 때문에 발생한다고 한다.

25

정답 ④

플렉시테리언(Flexitarian)은 유연함을 뜻하는 '플렉시블(Flexible)'과 채식주의자를 뜻하는 '베지테리언(Vegetarian)'의 조합어로, 기본적으로 채식을 하지만 때때로 육식도 하는 가장 낮은 단계의 채식주의자를 일컫는 말이다.

오답분석

① 에코테리언(Ecotarian) : 자연에 악영향을 미치지 않는 친환경 재료와 방식으로 만든 음식만 먹는 사람을 가리킨다.
② 폴로테리언(Pollotarian) : 붉은 고기와 포유류 고기는 먹지 않으나 가금류 고기, 생선, 유제품, 달걀은 먹는 채식주의자를 가리킨다.
③ 프루테리언(Fruitarian) : 과일만 먹는 채식주의자를 가리킨다.
⑤ 베지테리언(Vegetarian) : 채식주의자 전체를 가리킨다.

26

정답 ②

가스라이팅(Gaslighting)은 타인의 심리나 상황을 조작해 그 사람이 스스로 의심하게 만듦으로써 자존감과 판단력을 잃게 해 타인에 대한 지배력을 강화하는 것이다. 즉, 조종자가 피조종자를 위한다는 명분으로 어떻게 생각하고 행동할지를 결정하고 이를 수용하도록 강제하는 것이다. 위력에 의한 성폭력이나 데이트 폭력 등을 대표적인 사례로 볼 수 있다.

오답분석

① 원 라이팅(One Writing) : 전표나 문서 등 최초의 1매를 기록하면 동일 항목이 동시에 다량으로 복사되는 것을 뜻한다. 자료 기입 항목이나 그 모양 등을 사전에 통일해 작성하는 것으로, 옮겨 적기로 인한 오기를 방지하고 기입 작업의 중복을 막음으로써 사무 처리의 합리화를 높일 수 있다.
③ 언더라이팅(Underwriting) : 보험자가 위험, 피보험 목적, 조건, 보험료율 등을 종합적으로 판단해 계약의 인수를 결정하는 것이다. 보험자가 피보험자의 손실을 담보하는 의미로 요약할 수 있다.
④ 브레인 라이팅(Brain Writing) : 큰 집단을 4 ~ 5명의 작은 집단으로 세분해 회의 안건이 적혀 있는 용지에 참여자들이 돌아가며 아이디어를 적어 제출하는 아이디어 창출 방법이다. 회의는 참가자들의 아이디어가 고갈될 때까지 계속되며, 완료된 후에는 모든 참가자가 아이디어를 공유한다.

27

정답 ④

일제강점기의 독립운동가인 우당(友堂) 이회영은 서울의 명문가에서 태어나 계몽운동과 독립운동에 참여했다. 1905년 안창호를 비롯한 신민회의 창립 멤버가 되었고, 1910년 경술국치 때 가족과 함께 만주로 이주하면서 1912년 신흥무관학교를 설립하였다. 1919년 임시정부 수립에도 참여했으나 임정 내의 알력 다툼과 내분이 심해지자 무정부주의자가 되어 임정을 떠났다. 이후로 아나키즘 운동과 항일투쟁을 계속하다가 일제에 붙잡혀 1932년 고문 끝에 순국했다.

28

정답 ③

바이오시밀러(Biosimilar)는 '바이오(Bio)'와 'Similar(유사한)'의 조합어로, 생물체에서 유래한 원료로 생물공정을 통해 만든 기존의 바이오의약품(오리지널)과 비슷하지만 똑같지는 않은 제품이다. 화학물질을 합성해 화학공정을 거쳐 만든 합성의약품(오리지널)의 복제약을 뜻하는 '제네릭(Generic)'과는 다른 개념이다.

오답분석

① 바이오베터(Biobetter) : 바이오시밀러에 신규 기술을 적용하여 더욱 우수하게 개량하고 최적화한 의약품을 뜻한다.
② 바이오트론(Biotron) : 생물의 생존과 번식에 필요한 기본 조건을 인공적으로 조절하여 생물을 사육하는 시설을 뜻한다.
④ 바이오매스(Biomass) : 특정한 어떤 시점에서 특정한 공간 안에 존재하는 생물의 양을 뜻하며, 중량이나 에너지양으로 나타낸다.

29

정답 ①

알파 세대는 밀레니얼 세대(1980년대 초반 ~ 2000년대 초반 출생한 세대)의 자녀 세대로서, 스마트폰이 보편화된 2010년 이후 태어나 인공지능(AI), 로봇 기술 등 최첨단 기술의 진보를 체험한 세대를 뜻한다. 이들은 1995 ~ 2009년생을 일컫는 Z 세대의 다음 세대이다. 또한 '알파(그리스 문자의 첫째 자모)'라는 명칭은 'X, Y, Z'라는 알파벳을 썼던 이전 세대들의 시대를 마무리하고 새로운 인류사를 열 완전히 새로운 세대의 탄생을 기대하는 은유적 표현이다. 알파 세대는 차기 소비 집단이자 인재 집단이며 사회와 환경 이슈를 선도하는 활동가로서 존재감을 드러내고 있다. 그러나 사람보다는 기계와의 일방적 소통에 익숙하기 때문에 정서나 사회성 발달에 부정적인 영향을 받을 수 있다고 우려하는 학자들도 있다.

오답분석

② 림보 세대 : 높은 수준의 교육을 받았지만 경력을 쌓을 기회를 얻지 못하고 가능성 없는 일을 하는 20대 젊은이들을 뜻한다.
③ 미어캣 세대 : 극심한 취업난 속에서도 적극적인 도전과 다재다능함으로 자신의 가치를 높이고자 노력하는 오늘날의 젊은 세대를 뜻한다. 어려운 현실에 좌절하지 않고 능동적으로 극복하며 스펙을 쌓으려는 모습을 강한 생존력을 지닌 미어캣에 빗대어 이르는 말이다.
④ 에코붐 세대 : 베이비 붐 세대의 자녀 세대로서, 일반적으로 1980년대에 태어난 이들을 뜻한다. 전쟁 후의 대량 출산이 세대를 걸쳐 연속적으로 대량 출산을 이끄는 상황이 마치 메아리가 되돌아오는 것과 비슷하다 하여 붙여진 이름이다. 참고로 베이비 붐 세대는 전쟁 후 베이비 붐의 사회적 경향에서 태어난 세대를 가리키는 말로, 우리나라에서는 전후 세대, 특히 1955 ~ 1963년에 태어난 세대를 지칭한다.
⑤ MZ 세대 : MZ 세대는 1981 ~ 1996년생인 밀레니얼 세대(M 세대)와 1997 ~ 2012년생인 Z 세대를 MZ로 묶어 부르는, 대한민국의 신조어이다.

30

정답 ③

제시문의 '조선의 실정에 맞는 농법'을 소개한 이 농서는 세종 때 간행된 『농사직설』이다.
성현이 『악학궤범』을 편찬한 때는 성종 때의 일이다.

오답분석

① 세종은 훈민정음을 반포한 이후 훈민정음을 이용한 서적들을 편찬하기 시작하였는데, 대표적인 것이 바로 『용비어천가』, 『석보상절』, 『월인천강지곡』 등이다.
② 세종 때 만들어진 새로운 역법인 칠정산 내·외편에 대한 설명이다.
④ 1441년(세종 23년) 서운관에서 측우기가 제작되었고, 다음해인 1442년 5월에 측우에 대한 제도를 신설하고 한양과 각 도의 군현에 설치하였다.
⑤ 세종 때 기존 계미자를 보완한 경자자(세종 2년), 갑인자(세종 16년), 병진자(세종 18년)와 같이 다양한 금속활자가 주조되어 인쇄술이 크게 발전하였다.

국가정보원 NIAT 최종점검 모의고사 답안지

성 명

지원 분야

문제지 형별기재란	
(　　　)형	Ⓐ Ⓑ

수 험 번 호						
⓪	⓪	⓪	⓪	⓪	⓪	⓪
①	①	①	①	①	①	①
②	②	②	②	②	②	②
③	③	③	③	③	③	③
④	④	④	④	④	④	④
⑤	⑤	⑤	⑤	⑤	⑤	⑤
⑥	⑥	⑥	⑥	⑥	⑥	⑥
⑦	⑦	⑦	⑦	⑦	⑦	⑦
⑧	⑧	⑧	⑧	⑧	⑧	⑧
⑨	⑨	⑨	⑨	⑨	⑨	⑨

감독위원 확인
인

언어능력		언어추리		수리력	
1	① ② ③ ④ ⑤	1	① ② ③ ④ ⑤	1	① ② ③ ④ ⑤
2	① ② ③ ④ ⑤	2	① ② ③ ④ ⑤	2	① ② ③ ④ ⑤
3	① ② ③ ④ ⑤	3	① ② ③ ④ ⑤	3	① ② ③ ④ ⑤
4	① ② ③ ④ ⑤	4	① ② ③ ④ ⑤	4	① ② ③ ④ ⑤
5	① ② ③ ④ ⑤	5	① ② ③ ④ ⑤	5	① ② ③ ④ ⑤
6	① ② ③ ④ ⑤	6	① ② ③ ④ ⑤	6	① ② ③ ④ ⑤
7	① ② ③ ④ ⑤	7	① ② ③ ④ ⑤	7	① ② ③ ④ ⑤
8	① ② ③ ④ ⑤	8	① ② ③ ④ ⑤	8	① ② ③ ④ ⑤
9	① ② ③ ④ ⑤	9	① ② ③ ④ ⑤	9	① ② ③ ④ ⑤
10	① ② ③ ④ ⑤	10	① ② ③ ④ ⑤	10	① ② ③ ④ ⑤
11	① ② ③ ④ ⑤	11	① ② ③ ④ ⑤	11	① ② ③ ④ ⑤
12	① ② ③ ④ ⑤	12	① ② ③ ④ ⑤	12	① ② ③ ④ ⑤
13	① ② ③ ④ ⑤	13	① ② ③ ④ ⑤	13	① ② ③ ④ ⑤
14	① ② ③ ④ ⑤	14	① ② ③ ④ ⑤	14	① ② ③ ④ ⑤
15	① ② ③ ④ ⑤	15	① ② ③ ④ ⑤	15	① ② ③ ④ ⑤

※ 본 답안지는 마킹연습용 모의 답안지입니다.

〈절취선〉

국가정보원 NIAT 최종점검 모의고사 답안지

도형추리				정보상식			
1	① ② ③ ④ ⑤	16	① ② ③ ④ ⑤	1	① ② ③ ④ ⑤	16	① ② ③ ④ ⑤
2	① ② ③ ④ ⑤	17	① ② ③ ④ ⑤	2	① ② ③ ④ ⑤	17	① ② ③ ④ ⑤
3	① ② ③ ④ ⑤	18	① ② ③ ④ ⑤	3	① ② ③ ④ ⑤	18	① ② ③ ④ ⑤
4	① ② ③ ④ ⑤	19	① ② ③ ④ ⑤	4	① ② ③ ④ ⑤	19	① ② ③ ④ ⑤
5	① ② ③ ④ ⑤	20	① ② ③ ④ ⑤	5	① ② ③ ④ ⑤	20	① ② ③ ④ ⑤
6	① ② ③ ④ ⑤	21	① ② ③ ④ ⑤	6	① ② ③ ④ ⑤	21	① ② ③ ④ ⑤
7	① ② ③ ④ ⑤	22	① ② ③ ④ ⑤	7	① ② ③ ④ ⑤	22	① ② ③ ④ ⑤
8	① ② ③ ④ ⑤	23	① ② ③ ④ ⑤	8	① ② ③ ④ ⑤	23	① ② ③ ④ ⑤
9	① ② ③ ④ ⑤	24	① ② ③ ④ ⑤	9	① ② ③ ④ ⑤	24	① ② ③ ④ ⑤
10	① ② ③ ④ ⑤	25	① ② ③ ④ ⑤	10	① ② ③ ④ ⑤	25	① ② ③ ④ ⑤
11	① ② ③ ④ ⑤	26	① ② ③ ④ ⑤	11	① ② ③ ④ ⑤	26	① ② ③ ④ ⑤
12	① ② ③ ④ ⑤	27	① ② ③ ④ ⑤	12	① ② ③ ④ ⑤	27	① ② ③ ④ ⑤
13	① ② ③ ④ ⑤	28	① ② ③ ④ ⑤	13	① ② ③ ④ ⑤	28	① ② ③ ④ ⑤
14	① ② ③ ④ ⑤	29	① ② ③ ④ ⑤	14	① ② ③ ④ ⑤	29	① ② ③ ④ ⑤
15	① ② ③ ④ ⑤	30	① ② ③ ④ ⑤	15	① ② ③ ④ ⑤	30	① ② ③ ④ ⑤

※ 본 답안지는 마킹연습용 모의 답안지입니다.

국가정보원 NIAT 최종점검 모의고사 답안지

성 명

지원 분야

문제지 형별기재란	
(　　)형	Ⓐ Ⓑ

수 험 번 호						
⓪	⓪	⓪	⓪	⓪	⓪	⓪
①	①	①	①	①	①	①
②	②	②	②	②	②	②
③	③	③	③	③	③	③
④	④	④	④	④	④	④
⑤	⑤	⑤	⑤	⑤	⑤	⑤
⑥	⑥	⑥	⑥	⑥	⑥	⑥
⑦	⑦	⑦	⑦	⑦	⑦	⑦
⑧	⑧	⑧	⑧	⑧	⑧	⑧
⑨	⑨	⑨	⑨	⑨	⑨	⑨

감독위원 확인
인

언어능력		언어추리		수리력	
1	① ② ③ ④ ⑤	1	① ② ③ ④ ⑤	1	① ② ③ ④ ⑤
2	① ② ③ ④ ⑤	2	① ② ③ ④ ⑤	2	① ② ③ ④ ⑤
3	① ② ③ ④ ⑤	3	① ② ③ ④ ⑤	3	① ② ③ ④ ⑤
4	① ② ③ ④ ⑤	4	① ② ③ ④ ⑤	4	① ② ③ ④ ⑤
5	① ② ③ ④ ⑤	5	① ② ③ ④ ⑤	5	① ② ③ ④ ⑤
6	① ② ③ ④ ⑤	6	① ② ③ ④ ⑤	6	① ② ③ ④ ⑤
7	① ② ③ ④ ⑤	7	① ② ③ ④ ⑤	7	① ② ③ ④ ⑤
8	① ② ③ ④ ⑤	8	① ② ③ ④ ⑤	8	① ② ③ ④ ⑤
9	① ② ③ ④ ⑤	9	① ② ③ ④ ⑤	9	① ② ③ ④ ⑤
10	① ② ③ ④ ⑤	10	① ② ③ ④ ⑤	10	① ② ③ ④ ⑤
11	① ② ③ ④ ⑤	11	① ② ③ ④ ⑤	11	① ② ③ ④ ⑤
12	① ② ③ ④ ⑤	12	① ② ③ ④ ⑤	12	① ② ③ ④ ⑤
13	① ② ③ ④ ⑤	13	① ② ③ ④ ⑤	13	① ② ③ ④ ⑤
14	① ② ③ ④ ⑤	14	① ② ③ ④ ⑤	14	① ② ③ ④ ⑤
15	① ② ③ ④ ⑤	15	① ② ③ ④ ⑤	15	① ② ③ ④ ⑤

※ 본 답안지는 마킹연습용 모의 답안지입니다.

〈절취선〉

국가정보원 NIAT 최종점검 모의고사 답안지

도형추리				정보상식			
1	① ② ③ ④ ⑤	16	① ② ③ ④ ⑤	1	① ② ③ ④ ⑤	16	① ② ③ ④ ⑤
2	① ② ③ ④ ⑤	17	① ② ③ ④ ⑤	2	① ② ③ ④ ⑤	17	① ② ③ ④ ⑤
3	① ② ③ ④ ⑤	18	① ② ③ ④ ⑤	3	① ② ③ ④ ⑤	18	① ② ③ ④ ⑤
4	① ② ③ ④ ⑤	19	① ② ③ ④ ⑤	4	① ② ③ ④ ⑤	19	① ② ③ ④ ⑤
5	① ② ③ ④ ⑤	20	① ② ③ ④ ⑤	5	① ② ③ ④ ⑤	20	① ② ③ ④ ⑤
6	① ② ③ ④ ⑤	21	① ② ③ ④ ⑤	6	① ② ③ ④ ⑤	21	① ② ③ ④ ⑤
7	① ② ③ ④ ⑤	22	① ② ③ ④ ⑤	7	① ② ③ ④ ⑤	22	① ② ③ ④ ⑤
8	① ② ③ ④ ⑤	23	① ② ③ ④ ⑤	8	① ② ③ ④ ⑤	23	① ② ③ ④ ⑤
9	① ② ③ ④ ⑤	24	① ② ③ ④ ⑤	9	① ② ③ ④ ⑤	24	① ② ③ ④ ⑤
10	① ② ③ ④ ⑤	25	① ② ③ ④ ⑤	10	① ② ③ ④ ⑤	25	① ② ③ ④ ⑤
11	① ② ③ ④ ⑤	26	① ② ③ ④ ⑤	11	① ② ③ ④ ⑤	26	① ② ③ ④ ⑤
12	① ② ③ ④ ⑤	27	① ② ③ ④ ⑤	12	① ② ③ ④ ⑤	27	① ② ③ ④ ⑤
13	① ② ③ ④ ⑤	28	① ② ③ ④ ⑤	13	① ② ③ ④ ⑤	28	① ② ③ ④ ⑤
14	① ② ③ ④ ⑤	29	① ② ③ ④ ⑤	14	① ② ③ ④ ⑤	29	① ② ③ ④ ⑤
15	① ② ③ ④ ⑤	30	① ② ③ ④ ⑤	15	① ② ③ ④ ⑤	30	① ② ③ ④ ⑤

※ 본 답안지는 마킹연습용 모의 답안지입니다.

국가정보원 NIAT 최종점검 모의고사 답안지

성 명

지원 분야

문제지 형별기재란	
(　　　)형	Ⓐ Ⓑ

수 험 번 호						
⓪	⓪	⓪	⓪	⓪	⓪	⓪
①	①	①	①	①	①	①
②	②	②	②	②	②	②
③	③	③	③	③	③	③
④	④	④	④	④	④	④
⑤	⑤	⑤	⑤	⑤	⑤	⑤
⑥	⑥	⑥	⑥	⑥	⑥	⑥
⑦	⑦	⑦	⑦	⑦	⑦	⑦
⑧	⑧	⑧	⑧	⑧	⑧	⑧
⑨	⑨	⑨	⑨	⑨	⑨	⑨

감독위원 확인
㊞ 인

언어능력		언어추리		수리력	
1	① ② ③ ④ ⑤	1	① ② ③ ④ ⑤	1	① ② ③ ④ ⑤
2	① ② ③ ④ ⑤	2	① ② ③ ④ ⑤	2	① ② ③ ④ ⑤
3	① ② ③ ④ ⑤	3	① ② ③ ④ ⑤	3	① ② ③ ④ ⑤
4	① ② ③ ④ ⑤	4	① ② ③ ④ ⑤	4	① ② ③ ④ ⑤
5	① ② ③ ④ ⑤	5	① ② ③ ④ ⑤	5	① ② ③ ④ ⑤
6	① ② ③ ④ ⑤	6	① ② ③ ④ ⑤	6	① ② ③ ④ ⑤
7	① ② ③ ④ ⑤	7	① ② ③ ④ ⑤	7	① ② ③ ④ ⑤
8	① ② ③ ④ ⑤	8	① ② ③ ④ ⑤	8	① ② ③ ④ ⑤
9	① ② ③ ④ ⑤	9	① ② ③ ④ ⑤	9	① ② ③ ④ ⑤
10	① ② ③ ④ ⑤	10	① ② ③ ④ ⑤	10	① ② ③ ④ ⑤
11	① ② ③ ④ ⑤	11	① ② ③ ④ ⑤	11	① ② ③ ④ ⑤
12	① ② ③ ④ ⑤	12	① ② ③ ④ ⑤	12	① ② ③ ④ ⑤
13	① ② ③ ④ ⑤	13	① ② ③ ④ ⑤	13	① ② ③ ④ ⑤
14	① ② ③ ④ ⑤	14	① ② ③ ④ ⑤	14	① ② ③ ④ ⑤
15	① ② ③ ④ ⑤	15	① ② ③ ④ ⑤	15	① ② ③ ④ ⑤

※ 본 답안지는 마킹연습용 모의 답안지입니다.

〈절취선〉

국가정보원 NIAT 최종점검 모의고사 답안지

도형추리				정보상식			
1	① ② ③ ④ ⑤	16	① ② ③ ④ ⑤	1	① ② ③ ④ ⑤	16	① ② ③ ④ ⑤
2	① ② ③ ④ ⑤	17	① ② ③ ④ ⑤	2	① ② ③ ④ ⑤	17	① ② ③ ④ ⑤
3	① ② ③ ④ ⑤	18	① ② ③ ④ ⑤	3	① ② ③ ④ ⑤	18	① ② ③ ④ ⑤
4	① ② ③ ④ ⑤	19	① ② ③ ④ ⑤	4	① ② ③ ④ ⑤	19	① ② ③ ④ ⑤
5	① ② ③ ④ ⑤	20	① ② ③ ④ ⑤	5	① ② ③ ④ ⑤	20	① ② ③ ④ ⑤
6	① ② ③ ④ ⑤	21	① ② ③ ④ ⑤	6	① ② ③ ④ ⑤	21	① ② ③ ④ ⑤
7	① ② ③ ④ ⑤	22	① ② ③ ④ ⑤	7	① ② ③ ④ ⑤	22	① ② ③ ④ ⑤
8	① ② ③ ④ ⑤	23	① ② ③ ④ ⑤	8	① ② ③ ④ ⑤	23	① ② ③ ④ ⑤
9	① ② ③ ④ ⑤	24	① ② ③ ④ ⑤	9	① ② ③ ④ ⑤	24	① ② ③ ④ ⑤
10	① ② ③ ④ ⑤	25	① ② ③ ④ ⑤	10	① ② ③ ④ ⑤	25	① ② ③ ④ ⑤
11	① ② ③ ④ ⑤	26	① ② ③ ④ ⑤	11	① ② ③ ④ ⑤	26	① ② ③ ④ ⑤
12	① ② ③ ④ ⑤	27	① ② ③ ④ ⑤	12	① ② ③ ④ ⑤	27	① ② ③ ④ ⑤
13	① ② ③ ④ ⑤	28	① ② ③ ④ ⑤	13	① ② ③ ④ ⑤	28	① ② ③ ④ ⑤
14	① ② ③ ④ ⑤	29	① ② ③ ④ ⑤	14	① ② ③ ④ ⑤	29	① ② ③ ④ ⑤
15	① ② ③ ④ ⑤	30	① ② ③ ④ ⑤	15	① ② ③ ④ ⑤	30	① ② ③ ④ ⑤

※ 본 답안지는 마킹연습용 모의 답안지입니다.

2025 최신판 시대에듀 국가정보원 NIAT

개정11판1쇄 발행	2025년 02월 20일 (인쇄 2024년 09월 30일)
초 판 발 행	2014년 06월 10일 (인쇄 2014년 04월 23일)
발 행 인	박영일
책 임 편 집	이해욱
편 저	시대공무원시험연구소
편 집 진 행	안희선 · 윤지원
표지디자인	박종우
편집디자인	양혜련 · 채현주
발 행 처	(주)시대고시기획
출 판 등 록	제10-1521호
주 소	서울시 마포구 큰우물로 75 [도화동 538 성지 B/D] 9F
전 화	1600-3600
팩 스	02-701-8823
홈 페 이 지	www.sdedu.co.kr

I S B N	979-11-383-7860-4 (13350)
정 가	28,000원